# 고려후기 정치사

# 고려후기 정치사

김 창 현

景仁文化社

# 들어가며

고려시대는 한국사에서 중세에 해당한다. 한국의 중세는 통일신라부터 조선까지 잡을 수도 있지만 고려가 한국사에서 가장 중세적인 모습을 보여준다. 태조 왕건이 궁예왕을 이어 고려를 재건 내지 개창해 후삼국을 통일한 이후, 중앙집권과 지방분권이 갈등을 겪으면서 조화를 이루어 가고, 문반과 무반의 분화가 진행되면서 갈등과 조정을 거쳐 나갔다. 정치체제도 시기에 따라 신라의 관제, 궁예 태봉의 관제, 중국의 관제, 몽골의 관제를 도입해 고려에 맞게 수용해 나갔다.

고려시대를 전기와 후기, 두 시기로 구분할 때 통상 무신정변을 기준으로 한다. 무신정변 이전은 고려전기, 이후는 고려후기로 구분하는 것이 그것이다. 조선초기에 편찬된 『고려사』와 『고려사절요』는 이렇게 명시적으로 드러내 구분했던 것은 아니지만 그러한 인식이 담겨 있어 후대까지 영향을 미쳤다. 『고려사』와 『고려사절요』가 무신정변을 기준으로 그 이전의 고려와 그 이후의 고려를 달리 본 것은 타당한 측면이 있지만, 무신정변 이전은 밝은 시기인 반면 이후는 어두운 시기였다는 인식은 문제가 많다.

『고려사』와 『고려사절요』에는 이것을 편찬한 조선초 儒者의 시각이 담겨 있다. 즉 이것은 유학 내지 유교의 입장에서 고려사를 정리한 것이었다. 그러하니 무신이 지배한 무신정권기, 실용적인 능력이 중시된 원간섭기, 계속된 전쟁으로 인해 무장이 권력을 차지한 공민왕~공양왕기는 당연히 부정적으로 묘사되었다. 이렇게 보면 고려후기는 암흑기가 되어 버린다.

고려후기는 진정 암흑기였을까? 결코 그렇지 않다. 어두운 측면도 있었지만 역동적인 변화를 통한 발전의 측면이 훨씬 더 많았다. 고려가 후삼국을 통일한 후 고려의 제도와 문물은 11세기 후반 문종 때 완성되었지만 이후 계속 보완을 거쳐 발전해 나갔다. 여진정벌 실패와 묘청정변 실패로 인해 문치주의가 지나쳐 무신정변이 일어나 무신정권이 성립해 문무의 소통이 추진되었다. 무신정변 이후 고려의 정치와 사회와 문화가 역동적으로 확 바뀌므로 발전적인 시각에서 무신정변을 기준으로 삼아 전기와 후기로 구분하는 것은 타당하다.

조선 유교의 시대에 대한 향수를 느끼는 사람들 때문인지, 5.16 군사정변과 군사정권을 폄하하는 시각이 존재해서 그런지, 고려 무신정권에 대해 부정적으로 바라보는 사람들이 아직도 많다. 민이 주인이 아닌 전근대 왕조시대에서, 정치가 왕권과 중앙집권이 강하다고 좋게 행해지는 것만은 아니었고, 문신이 집권하면 잘 된다거나 무신이 집권하면 잘 되지 못한다는 것은 아니었다. 고려 무인정권기는 무려 100년 동안 유지된 것 자체로도 의미가 있지만, 우리역사에서 임금과 집권자가 권력의 공유 내지 분점을 실험했다는 점에서 의미가 크다.

원간섭기 고려는 몽골 원의 내정간섭과 공물수탈로 시달린 측면이 있다. 하지만 권력이 여러 곳에서 나오면서 합의를 찾아가는 정치체제를 만들어갔다는 점, 몽골 원이 고려국을 없애 한 지방으로 만들려는 합병 시도를 끝내 극복해 냈다는 점에서 의미가 있다. 공민왕의 개혁은 실패했다는 시각도 있지만 1356년(공민왕 5년)의 개혁으로 85년가량의 몽골 지배에서 벗어나고 쌍성총관부 관할 지역을 수복한 것만으로도 성공한 것이었다. 또한 홍건적을 격퇴하고 미천한 출신의 신돈을 등용해 과감한 민생개혁을 단행한 것도 대단한 업적이었다. 우왕대 정치도 왜구의 집요한 침략을 분쇄했을 뿐만 아니라, 한족 명과 몽골 북원 사이에서 균형과 중립의 외교를 추구하고 명의 고려영토 약탈 시도를 정면으로 돌파했다는 점은 평가해 주어야 한다.

이 글에서는 고려후기 정치사를 다룬다. 제1장에서 제4장까지는 무인

정권기를 주제로 한 것인데, 제1장과 제2장에서는 무인정권의 성립 및 변화와 집권자의 위상을, 제3장에서는 집권자의 집 경영과 정치의 관계를, 제4장에서는 대몽항쟁기 피난수도였던 江都의 공간구조와 궁궐이 어떠했는지를 고찰하려 한다. 제5장부터 제9장까지는 원간섭기를 포함한 고려 말기를 주제로 한 것이다. 제5장에서는 고려국왕과 몽골공주 사이에서 태어난 혼혈군주 충선왕에 대해 고찰하고, 제6장에서는 고려말기 금강산 신앙의 유행과 정치적 배경을 금강산보살도를 키워드로 조명하려 한다. 제7장에서는 공민왕 때 신돈정권의 구조를 들여다보고, 제8장과 제9장에서는 고려말기 정치를 이끈 도평의사사와 별청재추·내재추의 추이와 성격을 규명하려 한다.

충선왕에 대해서는 혼혈이라는 관점에서 접근해 자칫 오해를 살까 염려된다. 그는 고려 국왕 충렬왕과 몽골 제국대장공주 사이에서 태어나 고려궁주 소생인 형을 제치고 세자를 거쳐 왕위에 올랐다. 나는 2009년 한국중세사학회 학술대회에서 충선왕에 대해 발표하면서 '혼혈왕자', '혼혈군주'라는 용어를 써서 논란을 맞은 적이 있다. 나는 결코 인종차별주의자도 아니고 순수혈통주의자도 아니다. 한국사 연구자들이 충선왕에 대해 자주적인 개혁을 추진했다느니 하면서 이상적인 고려군주로 너무 미화하는 경향을 보여 왔다. 이에 대한 충격요법으로 충선왕이 고려국의 이익만 대변한 존재가 아니었다는 사실을 부각시키기 위해 '혼혈'이라는 용어를 사용함을 이해해 주기 바란다.

충선왕은 절반은 고려인, 절반은 몽골인이었다. 원간섭기 고려의 국정 혼란과 재정파탄은 거의 다 그로 인해 초래되었다. 그는 조상 중에 후삼국을 통일한 태조 왕건과 세계제국을 건설한 칭기스칸 중에 누구를 더 자랑스러워했을까? 중국까지 지배하며 원 제국을 건설한 외조부 쿠빌라이 칸과 대칸에 오르기 전의 쿠빌라이를 찾아가 항복한 조부 원종 중에 누구를 더 자랑스러워했을까? 그는 고려국왕 복위기와 상왕으로 實權을 행사한 시기의 대부분을 원에 머물며 보냈다.

　고려후기는 여러 모양의 정치형태가 나타나 역동적인 사회 변동과 조응하며 자리잡아 갔다. 무인정권기와 원간섭기를 거치면서 다양한 정치세력이 등장하고 실용적인 정치운영이 모색되었다. 고려 후기, 특히 말기의 정치는 사회·문화와 더불어 중층적이고 복합적이어서 너무 단선적이거나 국수주의적인 시각에서 접근하면 오류에 빠질 수 있어 경계해야 한다고 생각한다.

　요즘은 인문학이 인기가 적고 특히 전공서적이 그러하고 게다가 전자책이 선호된다. 그러함에도 이 저서를 종이책으로 간행하도록 허락해준 경인문화사에 깊이 감사드린다.


　　　　　　　　　　　　　　　　　　2017년 가을에
　　　　　　　　　　　　　　　　　　저자 김창현 씀

‖ 목차 ‖

x

# 제1장
# 고려 무인정권의 성립과 집권자의 위상

# 머리말

우리나라 역사에서 문무가 분리된 이래 무신정권이 오랫동안 지속된 경우는 흔치 않아 우리에게 익숙하지 않다. 현대사에서 5.16 정변 이후의 군사정권을 싫어하는 사람들은 무신정권을 외면하거나 비판하기도 한다. 우리나라에서 무려 100년 동안 지속된 무신정권이 있었으니 바로 고려중기의 그것으로 1170년부터 1270년까지 존속했다. 이렇게 고려중기 무인정권은 오래 지속되었고 현대사의 군사정권과는 다른 면모가 많으므로 역사적으로 무시할 수 없는 의의를 지닌다.

고려 의종 24년인 1170년에 무신정변을 일으켜 무인정권을 창출한 사람들은 바로 무신과 군졸이었다. 무신과 군졸은 문신을 대거 숙청하고 무신이 권력을 장악했는데 무신과 군졸의 상승 욕구가 폭발하면서 하극상의 풍조가 만연했다. 무신정변의 주역인 정중부, 이의방, 이고 등이 치열하게 권력투쟁을 벌였다. 이의방이 승리해 그의 정권을 수립했지만 조위총의 봉기를 진압하는 과정에 암살당하고 정중부 정권이 성립했다. 경대승이 정중부 정권을 타도해 그의 정권을 세웠지만 病死하고 이의민이 집권했다.

무신정변 성공부터 이의민 집권기까지는 정변 주역들이 활발하게 활동한 시대로 역사적 의미가 크다. 이 시기에 무인정권의 이념이 구현되고 성격이 드러났다. 무신들은 새로운 관제를 만들기보다 기존 관제를 유지하면서 그 운용을 자기들에게 유리하게 바꾸었다. 무반직을 기본으로 유지하면서 문반직을 대거 겸임했고 요직을 차지했다. 무신회의기구인 중방, 장군방 등을 권력기구로 상승시키면서도 재상 제도를 유지해, 재상이 못된 무신들은 재상으로의 승진을 추구했다.

초기 무신 최고집권자들은 자신의 武力 동원 능력으로 그 지위를 차지

했는데 그들이 권위를 쌓고 통치력를 발휘하기 위해 적절한 관작을 띠어
가는 것이 필요했다. 성립기의 무신정권에서 집권무인은 가급적 중요한
관직을 차지하고 超資越序하여 고위관직에 진급했지만 관직이 곧 그의
권력을 표시하는 것이 아니어서 점차로 관직을 무시하게 되었다는 견해[1]
가 있다. 집권무인에게 관직이 곧 권력의 크기를 표시한 것은 아니었지만
집권무인도 관직을 무시한 것은 아니었다.

초기 무인정권을 이해하기 위해 정권의 추이를 면밀히 고찰하고 무인
집권자가 띤 관작을 분석해 무인집권자의 위상을 조명할 필요가 있다. 이
를 위해 초기 무인정권을 이의방~정중부 정권과 경대승~이의민 정권으로
나누어 정국의 추이는 어떠했는지, 그 속에서 무인집권자의 관직과 위상
이 어떠했는지 조명해 보려 한다.

## 1. 이의방~정중부 정권과 집권자의 위상

의종이 18년에 달령원에 들렀을 때 정중부 이하 諸將이 不軌의 마음을
비로소 지니게 되었다. 그 후 이고와 이의방이 난을 일으키고자 우학유에
게 '主兵者'를 부탁했지만 거절당했다. 의종이 24년에 화평재에 행차했을
때 이의방과 이고가 정중부에게 거사를 종용하자 정중부가 좋다고 대답하
니 마침내 兇謀를 꾸몄다.[2]

---

1) 변태섭, 『고려정치제도사연구』, 일조각, 1971, 400~427쪽.
2) 『고려사』 권128, 정중부전, 『고려사』 권100, 우학유전. 정중부는 해주 사람인데 용
  모가 雄偉하고 鬚髯이 아름답고 신장이 7尺餘여서 그를 바라보면 두려움을 느낄 정
  도였다. 해주가 軍籍을 올리면서 그의 팔을 封하여 개경으로 보내니 재상 崔弘宰가
  選軍하면서 보고는 이상하게 여겨 그 封을 풀고 慰勉해 控鶴禁軍에 충당시켰고, 仁
  宗朝에 비로소 牽龍隊正에 보임되었고, 의종의 총애를 받아 승진을 거듭했다. 그러
  하니 그는 군졸 출신으로 무반에 진입한 인물이었다.

의종 24년(1170) 8월 병자일(29일)에 왕이 연복정에서 흥왕사에 갔고, 그 다음날인 정축일(30일)에 왕이 흥왕사를 출발해 저녁에 보현원으로 향했다. 이고와 이의방이 앞서 출발해 왕명을 빙자해 巡檢軍을 모아 보현원에 매복시켰다. 왕이 보현원에 들어서자마자 이고와 이의방이 순검군을 발동해 문신들을 덮치면서 무신정변이 발생했다. 상장군 정중부, 牽龍行首 散員 李義方·李高가 보현원에서 정변을 일으켜 문신들을 많이 죽여 권력을 장악했던 것이다. 의종이 곧바로 이고와 이의방을 鷹揚龍虎軍 中郎將에 제수하고 그 나머지 武人은 상장군은 守司空 僕射를 더하고 대장군은 상장군을 더하고, 이의방의 형 李俊儀로 承宣을 삼았다. 정중부 등이 의종과 함께 보현원을 출발해 還宮했다.3) 9월 기묘일(2일)에 의종을 巨濟縣으로, 태자를 珍島縣으로 추방하고 幼少한 太孫을 죽였다. 이날에 정중부, 이의방, 이고 등이 領兵해 王弟 翼陽公 晧를 맞이해 대관전에서 왕으로 즉위시켰는데 그가 곧 명종이었다.4)

명종은 9월에 즉위하자마자 修文殿에 나아가니 이준의와 정중부와 이의방과 이고가 侍從했다. 文克謙을 석방해 批目을 쓰게 해, 任克忠으로 중서시랑평장사를, 鄭仲夫와 盧永醇과 梁淑으로 참지정사를, 韓就로 樞密院使를, 尹鱗瞻으로 지추밀원사를, 金成美로 僕射를, 金闡으로 樞密院副使를, 李俊儀로 左承宣 給事中을, 文克謙으로 右承宣 御史中丞을, 李

---

3) 『고려사』 권128, 정중부전·이의방전 ; 『고려사』 권19 및 『고려사절요』 권11, 의종 24년 8월. 김당택은 정변 가담집단을 온건집단, 주동집단, 행동집단으로 분류하고 이의방·이고와 더불어 채원을 주동집단의 구성원으로 취급한 반면 정중부를 정변에 소극적으로 가담한 온건집단의 일원으로 취급했다(「이의민 정권의 성격」, 『역사학보』 83, 1979 ; 『고려무인정권연구』, 새문사, 1987). 하지만 무신정변 과정을 보면 정중부도 주역이었다.

4) 『고려사』 권128, 정중부전 ; 『고려사』 권19 및 『고려사절요』 권11, 의종 24년(명종 즉위년) 9월 ; 『고려사』 권19, 명종 즉위년 9월. 의종이 추방되고 명종이 즉위한 날이 『고려사절요』에는 乙卯로 되어 있지만 『고려사』에는 己卯로 되어 있는데 己卯가 맞다.

紹膺으로 좌산기상시를, 李高로 대장군 衛尉卿을, 李義方으로 대장군 殿中監을 삼았는데 이고와 이의방은 모두 執奏를 겸했다. 奇卓成으로 御史臺事를, 蔡元으로 장군을 삼았다. 그 나머지 武夫가 超資越序해 직책이 華要를 겸한 자가 셀 수 없을 정도로 많았다. 계미일(6일)에 群臣이 대관전에 나아가 즉위를 축하했다.[5] 무신이 문반직을 겸대하는 현상이 본격화했다.

정중부는 이윽고 중서시랑평장사를 거쳐 문하평장사에 오르고 일등 공신에 책봉되어 閣上에 圖形되었다.[6] 명종 즉위년 10월 경술일(4일)에 大赦하면서, 정중부·이의방·이고로 壁上功臣을 삼아 閣上에 圖形하고, 梁淑·蔡元이 그 다음이었으며, 朝臣에게 爵 1級을 더했으며, 정중부가 西海道郡縣을 그 鄕인 海州에 소속시켰고, 이의방이 外鄕인 金溝를 縣令官으로 삼았다.[7] 무신정변을 정중부·이의방·이고가 주도했고 梁淑과 蔡元이 그 다음으로 주도했음을 알려준다.

상장군 정중부가 참지정사를 거쳐 평장사에 올랐고, 李高는 대장군(종3품) 衛尉卿(종3품), 이의방은 대장군 殿中監(종3품)에 임명되어 문신직을 겸한데다가 또한 執奏를 겸했다. 이고와 이의방은 執奏를 맡음으로써 承宣이 아니면서도 승선의 역할을 할 수 있었다.

무인집권자의 집권은 기본적으로 무력의 동원 내지 장악이 있었기에 가능했다. 정중부, 이의방, 이고는 무반으로서 군대를 움직여 정변을 일으켜 무신정권을 탄생시켰다. 정중부는 상장군으로 정변 주역 중에 계급은 가장 높았지만, 군대에 대한 장악력은 군대의 동원을 직접 주도한 이의방

---

5) 『고려사』 권19, 명종 즉위년 9월 ; 『고려사절요』 권11, 의종 24년(명종 즉위년) 9월.
6) 『고려사』 권128, 정중부전.
7) 『고려사』 권19, 명종 즉위년 10월 ; 『고려사절요』 권11, 의종 24년(명종 즉위년) 10월. 金貽永·李綽升·鄭敍 등을 소환해 모두 職田을 회복하고, 畫雞流矢의 사건으로 인해 流竄된 자도 모두 赴京하도록 했다.

과 이고가 정중부보다 더 커서 이 둘이 권력을 독점하기 위해 대립했다.

이고는 蔡元과 더불어 아직 폐위되기 전의 의종을 시해하려 할 정도로 이의방보다도 강경파였다. 명종 즉위년 9월에 諸武臣이 重房에 모여 文臣의 遺者를 다 불렀는데 李高가 모조리 죽이려 하자 정중부가 만류했다.8) 李高가 非望의 뜻을 지녀 몰래 惡小 및 法雲寺僧 修惠, 開國寺僧 玄素 등과 결탁해 명종 원년 정월에 元子(太子) 璹의 冠(元服) 착용을 기념하는 연회가 열리는 麗正宮을 습격하려 하다가 이의방과 채원의 반격을 받아 죽임을 당했다.9) 이의방이 이처럼 맞수인 이고를 제거하면서 이의방 정권이 성립했다. 명종 원년 4월에, 蔡元이 몰래 朝臣을 모조리 살해하기를 도모했지만 이의방이 채원을 꺼려 朝에서 죽이고 門客輩小를 잡아서 모두 죽였다.10) 이의방은 또 다른 경쟁자인 채원까지 죽임으로써 권력 독점의 기반을 닦았다. 이의방이 자기를 압박하는 李高와 蔡元을 미워해 죽이자 정중부가 禍가 미칠까 염려해 辭位하고자 杜門不出했다. 그러자 이의방 형제가 정중부의 집에 나아가 정성을 다해 공경의 뜻을 보이며 '結爲父子'하기를 절실히 約誓하니 정중부가 이에 안도했다고 한다.11) 하지만 이는 표면적인 평온이었다.

명종 원년 9월 무자일(17일)에 金莘尹, 金甫當 등 諫官이 이준의와 문극겸이 승선이면서 臺省을 겸해 居中 用事한다며 겸관을 해제하기를 요청했다. 이로 인해 분란이 야기되자 경인일(19일)에 간관을 좌천하고 승선 이준의와 문극겸의 대성 겸임을 해제했다.12) 이의방 세력의 힘이 너무 커지는 것을 간관이 우려해 제동을 건 것으로 보이지만 이의방은 형 이준

---

8) 『고려사』 권128, 정중부전 ; 『고려사절요』 권11, 의종 24년(명종 즉위년) 9월.
9) 『고려사절요』 권12 및 『고려사』 권19, 명종 원년 정월 ; 『고려사』 권128, 이의방전.
10) 『고려사절요』 권12, 명종 원년 4월 ; 『고려사』 권128, 열전41, 이의방전.
11) 『고려사』 권128, 정중부전.
12) 『고려사』 권99, 문극겸전 ; 『고려사』 권19 및 『고려사절요』 권12, 명종 원년 9월.

의가 여전히 승선을 맡음으로써 용이하게 권력을 행사할 수 있었다.

명종 2년 6월에 左承宣 李俊儀가 아뢰어 諸州任內 53縣 監務를 두기를 요청하니 群臣에게 명해 의논하게 했는데 이준의가 勢重하고 성격이 猜險해서 감히 異同을 제기함이 없었다. 西北面兵馬使 대장군 宋有仁이 北人을 제어하지 못해 해임을 요청하니 金吾衛大將軍 于學儒로 대신하게 했는데 우학유 역시 제어할 수 없었다.13) 송유인은 의종말에 이미 대장군에 올랐지만 평소 文官과 交通해 무관의 질시를 받았기 때문에 무신정변으로 정중부가 用事하자 貲財가 巨萬인 妻를 海島로 내쫓고 정중부의 딸과 혼인한 자였다.14) 좌승선 이준의가 감무 설치를 주도해 이의방 정권의 영향력을 지방으로 확산했고, 재력이 풍부한 송유인이 처부 정중부의 세력 기반으로 성장하고 있었다. 정중부는 명종 2년에 西北面兵馬 判行營兵馬가 되고 中軍兵馬判事를 겸했으니15) 서북면 군대와 五軍의 통수권자로서 군부에 대한 영향력을 유지했다. 이의방은 명종 3년 4월에 아뢰어 平斗量都監을 설치해 斗·升에 모두 鐵를 사용하도록 하고 犯者는 섬에 黥配하도록 했으니,16) 도량형의 통일에 힘썼다.

이의방 정권에 본격적으로 도전한 사건이 일어났으니 김보당이 東界에서 起兵한 것이 그것이었다. 동북면병마사 간의대부 金甫當이 그를 꺼린 정중부와 이의방을 토벌하고 의종을 다시 옹립하고자 명종 3년 8월에 錄事 李敬直 및 張純錫과 모의해, 張純錫 및 柳寅俊으로 南路兵馬使를, 裵允材로 西海道兵馬使를 삼아 發兵하게 하고 東北面知兵馬事 韓彦國과 더불어 擧兵해 호응하기로 했다. 張純錫과 柳寅俊이 巨濟에 이르러 의종

---

13) 『고려사절요』 권12, 명종 2년 6월.
14) 『고려사』 권128, 정중부전 附 宋有仁 ; 『고려사절요』 권12, 명종 4년 12월조. 송유인이 初娶한 妻는 원래 宋商 徐德彦의 妻로 본래 賤者였지만 貲財가 巨萬이었다.
15) 『고려사』 권128, 정중부전.
16) 『고려사』 권77, 백관지2, 諸司都監各色 ; 『고려사절요』 권12, 명종 3년 4월. 踰年이 못되어 다시 이전처럼 되었다고 한다.

을 모시고 나와 雞林에 거처했다. 정중부와 이의방이 장군 李義肞과 散員 朴存蔵로 하여금 병력을 거느려 南路로 달려가게 하고 또한 西海道에 병력을 파견해 도모했다. 9월에 한언국이 잡혀 죽임을 당했고, 安北都護府가 김보당과 이경직을 잡아 개경에 보내니 이의방이 迎恩館에서 국문하고 市에서 죽였다. 김보당이 죽기 직전에 말하기를, 무릇 文臣 중에 누가 모의에 참여하지 않았으리오 하니 이에 일체 誅戮하고 혹 강물에 던져 旬日 사이에 文士가 죽어 없어지니 中外가 洶洶했다고 한다. 승선 李俊義가 陳俊과 더불어 이의방에게 살육 중지를 요청하고, 낭장 金富가 정중부와 이의방에게 중지를 설득하면서 吾輩 중에 子女가 있는 자가 文吏와 通婚해 그 마음을 안정시키면 오래 권력을 유지할 수 있다고 하자, 많은 사람이 따르니 이로부터 禍가 점차 그쳤다.[17] 명종 3년 9월 정사일에 계림인(경주인)이 전왕(의종)을 客舍에 유폐했고, 10월 庚申日 초하루에 이의민이 전왕(의종)을 坤元寺 北淵 가에서 시해했다.[18]

이의방은 명종 3년 10월 혹은 11월에 衛尉卿 興威衛攝大將軍 知兵部事에 임명되었다.[19] 그는 이미 최고 집권자로서 관료의 인사에 간여해 왔는데 知兵部事를 겸함으로써 무반 인사를 공식적으로 주도할 수 있었고, 무반이 문반직을 많이 겸했으므로 문반 인사에도 개입할 수 있었다. 물론 관료 인사에는 힘이 커진 중방, 장군방 등 군부의 의견이 꽤 반영되었다.

그런데 이의방 정권에 대한 도전은 개경 일대 사원의 승려에 의해 이어졌다. 명종 4년 정월에 歸法寺僧 100餘人이 城北門을 공격하자 이의방이 兵 1000餘를 거느려 반격해 數十 僧을 죽였다. 다음날 重光·弘護·歸法·弘化寺 僧 2000餘人이 城東門에 모여 城外 人家를 불태워 崇仁門을 延燒해 들어가 이의방 형제를 죽이고자 했다. 이의방이 府兵을 징집해 그들

---

17) 『고려사』 권128, 정중부전 ; 『고려사절요』 권12, 명종 3년 8월과 9월.
18) 『고려사』 권19, 명종 3년 9월과 10월.
19) 『고려사절요』 권12, 명종 3년 10월 ; 『고려사』 권128, 이의방전.

을 공격해 僧 100餘를 베었고, 府兵을 파견해 重光·弘護·歸法·龍興·妙
智·福興寺 등을 이준의의 만류에도 불태우고 貨財器皿을 취하여 돌아오
다가 僧徒의 邀擊을 받아 빼앗겼다. 宮中에서 이준의가 이의방에게 三大
惡이 있다며 꾸짖으니 이의방이 대노해 칼로 죽이려 하자 동생 李隣의
처부로 사이가 좋은 문극겸이 만류했다. 이준의와 이의방이 서로 집을 방
문해 사과했다.[20] 이의방이 개경성 밖 사원의 승려의 공격을 받고 반격해
승리를 거두었지만 승려의 미움을 샀고 형 이준의와의 갈등을 야기했다.
이린이 문극겸의 딸과 언제 혼인했는지 확실하지 않지만 김보당의 봉기
여파로 문신이 많이 처형되어 불안이 확산되자 무신과 文吏의 통혼을 추
진한 때가 아닌가 싶다. 이의방이 명망 높은 문신인 문극겸과 통혼 관계
로 묶인 것은 그의 정권 유지에 도움이 되었을 것이다.

　　이의방은 명종 4년 정월 승려와의 전투가 끝난 무렵에 左承宣에 임명
되고 3월 기축일(2일)에 딸을 태자(강종)의 妃로 들였다.[21] 승선은 왕의
비서로 왕명을 出納해 왕의 대리자의 성격을 띠었는데, 무인집권자가 승
선직을 맡음으로써 왕궁을 마음대로 드나들면서 왕을 꼭두각시로 만들고
왕명을 내세워 권력을 행사하기 용이했다. 이의방의 승선 보임은 무인집
권자가 승선직을 띠는 관례를 만들었고 승선의 위상이 상승하는 계기를
만들었다. 이의방은 좌승선에 임명됨으로써 執奏에서 탈피해 권력을 보
다 공적으로 행사할 수 있게 되었으며 딸을 태자비로 만드는 데 성공함으
로써 권력 독점에 다가갈 수 있었는데, 그의 권력 독점에 대한 정적의 우
려를 고조시키기도 했다.

　　이의방 정권은 이처럼 개경에서 안정화되어 가는 모습을 보였다. 하지
만 개경 밖에서 이전보다 강력한 위기가 다가왔다. 명종 4년 9월 기유일

---

20)『고려사절요』권12, 명종 4년 정월 ;『고려사』권128, 이의방전.
21)『고려사』권128, 이의방전 ;『고려사』권19 및『고려사절요』권12, 명종 4년 3월 ;
　　『고려사』권88, 열전1, 后妃1, 康宗의 思平王后李氏.

(25일)에 西京留守 兵部尙書 조위총이 起兵해 정중부와 이의방을 토벌하기를 도모해 격문을 보내 東北兩界諸城兵을 부르기를, 듣건대 上京 重房이 의논해 北界諸城이 桀驁가 많다며 토벌하고자 하여 병력을 이미 대규모로 발동했다며 속히 西京으로 나아오라고 하자 岊嶺 이북 40餘城이 오직 延州를 제외하고 모두 호응했다.<sup>22)</sup> 10월 기미일(5일)에 중서시랑평장사 윤인첨을 보내 삼군으로 조위총을 공격하게 했다. 병인일(12일)에 윤인첨은 岊嶺에서 西兵의 습격을 받고 대패했다. 윤인첨이 敵中으로 돌격하려 하자 都知兵馬事 鄭筠이 만류해 겨우 탈출했다.<sup>23)</sup> 杜景升이 왕에 의해 東路加發兵馬副使에 임명되어 병력 5千餘人을 거느리고 孤山에 이르러 西兵을 급히 공격해 大破해 千餘級을 斬首하고 宜州에 이르러 조위총의 將인 金朴升이 방어하는 宜州城을 함락하니 諸州鎭이 점차 歸附했다. 定州·長州 및 宣德鎭이 女眞에 투탁하려 하자 두경승이 사람을 보내 안무했다. 女眞 千餘人이 定州門外에 이르러 위기를 틈타 鈔掠하려 하자 두경승이 諭解하니 여진이 물러났다.<sup>24)</sup> 李義旼이 이의방에 의해 征東大將軍 知兵馬事에 임명되어 병력을 거느리고 출진해 流矢가 눈을 적중했지만 鐵嶺으로 進軍해 大破했다.<sup>25)</sup> 두경승이 孟州에 이르자 西兵이 항거하니 이의민·石麟(石磷) 등과 함께 격파해 400級을 베니 孟州·德州兵이 성을 버리고 도주했다.<sup>26)</sup>

조위총의 군대는 명종 4년 10월 병인일(12일)에 윤인첨을 절령에서 대파한 후 개경 방면으로 진출했다. 西兵이 京都를 향해 와 京西에 주둔하

---

22) 『고려사』권19, 명종 4년 9월 ; 『고려사』권100, 조위총전 ; 『고려사절요』권12, 명종 4년 9월 ; 『고려사』권128, 이의방전.

23) 『고려사』권19 및 『고려사절요』권12, 명종 4년 10월 ; 『고려사』권96, 尹瓘傳 附 尹鱗瞻 ; 『고려사』권100, 조위총전.

24) 『고려사』권100, 杜景升傳 ; 『고려사절요』권12, 명종 4년 10월.

25) 『고려사』권128, 이의민전.

26) 『고려사』권100, 杜景升傳 ; 『고려사절요』권12, 명종 4년 10월.

자 이의방이 심히 노하여 西京人을 잡아 貴賤 없이 다 죽여 市에 梟首하고 병력을 거느려 출진했다. 먼저 崔淑 등 數十騎를 보내 衝陣突擊해 數人을 죽이자 諸軍이 이를 타서 공격하니 西兵이 놀라 무너져 大敗해 도주했다. 이의방이 승기를 타서 북으로 쫓아 大同江에 이르렀다. 조위총이 散兵을 거두어 다시 守城하니 이의방이 城外에 병력을 月餘 동안 주둔시켰는데 추위로 인해 전투할 수 없어 西兵에게 패배하고는 돌아왔다.[27]

명종 4년 11월 경술일(27일)에 윤인첨에게 다시 명해 원수로 삼아 三軍을 거느리고 서경을 공격하게 했다. 윤인첨이 元帥, 樞密院副使 奇卓誠이 부원수이고, 知樞密院事 陳俊이 左軍兵馬使, 同知樞密院事 慶珍이 右軍兵馬使, 상장군 崔忠烈이 中軍兵馬使이고, 攝大將軍 鄭筠이 知兵馬事이고, 상장군 趙彦이 前軍兵馬使, 攝大將軍 文章弼이 知兵馬事이고, 상장군 李齊晃이 後軍兵馬使, 司宰卿 河斯淸이 知兵馬事였다. 僧軍 역시 동원되었다.[28] 그러하니 실상은 三軍이 아니라 五軍 편제였다. 元帥(副元帥) 奇卓誠이 조위총을 공격하러 갈 때 최충헌의 용감을 듣고 別抄都令에 選補했다.[29] 12월에 두경승이 돌아오니 왕이 공로를 치하하고 後軍摠管使로 삼아 다시 파견하자 두경승이 鐵關을 넘어 耀德雲中路를 따라 가니 이르는 곳마다 風靡했다.[30] 이의방은 그 동생인 李隣이 이해 12월 계해일(10일)에 執奏에 임명됨으로써[31] 권력기반이 강화되는 듯 보였지만 그의 권력독점 시도와 서경에서의 패배는 정적을 고양시켰다.

이의방은 스스로 딸을 東宮에 들이면서 더욱 威福을 마음대로 해 朝政을 濁亂하니 衆心이 憤怨했다고 한다. 정중부의 아들인 知兵馬事 상장군

---

27) 『고려사절요』 권12, 명종 4년 10월 ; 『고려사』 권128, 이의방전.

28) 『고려사』 권19 및 『고려사절요』 권12, 명종 4년 11월 ; 『고려사』 권96, 尹瓘傳 附 尹鱗瞻 ; 『고려사』 권100, 奇卓誠傳.

29) 『고려사』 권129, 최충헌전 ; 최충헌 묘지명.

30) 『고려사절요』 권12, 명종 4년 12월 ; 『고려사』 권100, 杜景升傳.

31) 『고려사』 권19 및 『고려사절요』 권12, 명종 4년 12월.

鄭筠이 비밀리에 僧 宗旵을 꾀어 이의방 형제를 죽이고자 하니 宗旵이 정균을 추대해 謀主로 삼고 왕에게 親近하도록 하자 後庭에 꺼림 없이 출입했다. 명종 4년 12월 신미일(18일)에 윤인첨이 다시 조위총을 토벌하고자 諸將을 거느리고 西郊에서 治兵하는데 이의방이 우연히 선의문 밖으로 나갔다. 정균이 몰래 從軍僧 宗旵 등을 꾀니 그들이 求訴함이 있다고 의탁해 이의방의 뒤를 따르다가 틈을 엿보아 이의방을 베었다. 정균이 이준의 兄弟 및 그 黨 高得元·柳允元 등을 체포해 모두 죽였다. 왕이 軍中 驚擾를 염려해 近臣 庾應圭를 보내 효유했지만 軍中이 모두 文臣이 僧軍을 사주해 變을 일으켰다고 의심해 윤인첨을 죽이고자 했다. 유응규가 돌아와 정중부에게 고하니 정중부가 사람을 보내 諭解하자 중지했다. 僧徒(僧軍)가 賊臣의 딸은 東宮의 배필이 될 수 없다며 아뢰어 그녀를 내쫓도록 했고, 보제사에 모여 출발하지 않았다. 윤인첨 등은 서경을 향해 출발했다.[32] 12월 임신일(19일)에 知奏事 李光挺과 左副承宣 文克謙을 보제사에 보내 僧徒를 慰諭했다.[33]

　이의방이 많은 사원을 불태우고 많은 승려들을 죽인 것이 승려들의 울분을 초래했고 딸을 태자비로 만든 것이 정적의 불만과 불안을 야기했다. 그러한 불만과 불안을 폭증시킨 것이 조위총의 거병과 이의방의 패배였다. 이것을 정중부의 아들 정균이 이용해 종군 승려를 사주해 이의방을 암살한 것이었다. 서경 토벌군 지휘부가 대개 정중부·정균과 친밀한 자들로 구성된 점[34]이 이의방 암살을 가능하게 만들었는데, 여기에는 정중부가 서북면 兵馬와 五軍에 대한 통수권을 지녔던 점이 작용했다. 이의방은 승선에까지 올라 최고 권력을 행사했다. 그의 권력이면 언제든지 재추에

---

32) 『고려사』 권128, 이의방전·정중부전 ; 『고려사절요』 권12 및 『고려사』 권19, 명종 4년 12월 ; 『고려사』 권96, 尹瓘傳 附 尹鱗瞻.
33) 『고려사』 권19 및 『고려사절요』 권12, 명종 4년 12월.
34) 元帥 윤인첨은 절령 전투에서 정균이 구해주었고, 陳俊과 慶珍 등은 정책에서 정중부와 성향이 비슷했다.

오를 수 있었지만 젊은 나이로 원로들을 의식한 때문인지 재추에 오르지 않았다. 그는 무신정변을 주도하고 많은 무반과 군졸의 지지를 받았기에 관작의 고하에 관계없이 최고집권자로 인정받았다. 그가 연한에 따른 관직 승진을 어느 정도 지킨 것은 관례로 자리잡아 후일 다른 무인집권자, 특히 어리거나 젊은 무인집권자의 관직 승진에 영향을 미친다.

이의방은 무반은 물론 군졸의 광범위한 지지를 받았기에 장기집권할 가능성이 컸었다. 이의방의 독주로 정중부는 위협을 받아 한때 칩거하기도 했다. 무력이 약한 쪽이 반격할 수 있는 거의 유일한 수단은 암살이었다. 이의방은 개경 주변 사원의 승려들이 무신정권에 반기를 들자 그 사원을 불태우고 그 승려들을 대거 죽임으로써 많은 승려들을 적으로 만들었다. 이의방의 이 약점을 정중부 세력이 파고들었다 정중부의 아들 정균은 서경 조위총의 거병을 진압하기 위해 동원된 승병을 꾀어 시찰 중인 이의방을 암살했다. 무반과 군졸은 이 충격적인 사건에 반발하는 분위기였지만 정중부도 무신정변의 주역이었기에 정중부의 집권을 받아들였다. 훗날 정균의 사망 직후인 명종 10년 7월에 重房이 宗旵 등 10餘僧을 海島에 유배하는데, 一時 武臣이 모두 이의방 麾下이고 또한 軍國權柄을 重房에 속하게 한 것은 실로 이의방의 힘이라 여겨 마침내 그들을 유배한 것이었다.[35] 이의방은 그를 추종하는 휘하가 많았고 상장군과 대장군의 회의기구인 중방을 최고권력기구로 만들었기 때문에 무반의 존경을 받았던 것이다. 이의방이 중방을 통해 권력을 행사했음은 그의 사적 권력 내지 독점적 권력에는 한계가 있었음을 의미한다.

정중부의 아들 정균의 주도에 의해 이의방이 살해되면서 정중부 정권이 성립했다. 명종 4년 12월 임오일(29일)에 정중부로 문하시중을, 陳俊으로 참지정사를, 慶珍으로 지문하성사를, 奇卓成으로 지추밀원사를, 宋

---

35) 『고려사』 권128, 이의방전 ; 『고려사절요』 권12, 명종 10년 7월.

有仁으로 樞密院副使 병부상서를, 李光挺으로 樞密院副使 어사대부를 삼았다.[36] 이 무렵 정균은 승선에 임명되었다.[37] 이중에 진준, 경진, 기탁성, 정균이 서경 토벌군의 지휘자였다.

정중부는 성격이 본래 貪鄙해 한없이 殖貨했는데 侍中이 됨에 미쳐 田園을 廣殖하고 家僮門客이 권세에 의지해 橫恣하니 中外가 괴로워했다고 한다.[38] 정균은 이의방을 죽인 주역이었으니 정중부의 단순한 아들이라기보다 막강한 實勢로 정중부의 후계자였다고 할 수 있다. 정중부의 사위 송유인이 추밀로 병부상서를 겸함으로써 승선 정균과 더불어 정중부 정권의 핵심으로 떠올랐다. 송유인의 이 임용에 대해 갑자기 樞府에 올라 禍福을 大張하고 인물을 進退하는 것이 모두 그 입에서 나왔다고 한다. 하지만 명종 5년 정월 기축일에 陳俊으로 병부상서를, 송유인으로 형부상서를 삼았으니,[39] 송유인이 병부상서에서 형부상서로 이동된 것인데 송유인의 인사권에 대한 반발이 컸기 때문일 것이다. 정중부는 송유인의 막강한 재력이 탐나 그를 사위로 삼았을 것이고 그 재력이 정중부 정권 유지에 도움을 주었을 터이지만 송유인의 親文臣 이력은 많은 무반의 불만을 사 정권의 불안 요인으로 작용하기도 했다.

정중부가 명종 5년에 보제사를 중수해 낙성회를 개설하고 왕에게 臨幸하기를 요청했지만 有司가 중지하기를 간언했다. 정중부가 僧錄司로 하여금 奏請하게 하자 親幸하니 정중부가 盛饌을 갖추어 올렸는데, 왕이 兩府宰樞·承宣·諸司侍臣에게 동시에 연회에 참석하도록 했다. 당시 정중부는 이미 70세였지만 權位를 떠나고 싶지 않아 禮官을 사주해 几杖을 하사받아 國事를 모두 關決하고 때로 重房에 앉아 人罪를 의결하도록 하

---

36) 『고려사』 권19 및 『고려사절요』 권12, 명종 4년 12월 ; 『고려사』 권128, 정중부전 및 附 宋有仁. 정중부는 판이부사를 띠었을 것이다.
37) 『고려사』 권128, 정중부전.
38) 『고려사』 권128, 정중부전.
39) 『고려사』 권19, 명종 5년 정월.

니 百僚가 門에 나아가 축하했다.[40]

정중부 정권에 대한 외부적인 위협으로, 서경 조위총의 군대가 여전히 위력을 떨치고 있었고, 게다가 명종 6년 정월에 公州 鳴鶴所 民인 亡伊와 亡所伊 등이 黨與를 불러모아 자칭 山行兵馬使라 하며 公州를 공격해 함락하고는 충청도 일대를 휩쓸었다. 6월에 尹鱗瞻이 西京 通陽門을, 杜景升이 大同門을 공격해 돌파해 조위총을 베면서 서경 조위총의 봉기는 일단 끝났다.[41] 이로써 정중부 정권은 한숨을 돌렸지만 망이와 망소이는 더욱 맹위를 떨쳤다. 諸領府 軍人이 匿名榜을 게재해 이르기를, 侍中 정중부 및 아들인 承宣 정균, 사위인 僕射 宋有仁이 擅權 橫恣해, 南賊의 일어남은 그 원인이 이 때문이라, 군대를 동원해 남적을 토벌하려면 반드시 먼저 이 무리를 제거해야 한다고 했다. 정균이 이를 듣고 두려워 解職을 요청하고 累日 동안 나오지 않았다.[42] 군인들이 시중 정중부, 승선 정균, 복야 송유인을 제거 대상으로 거론했으니 정중부 정권을 불신했던 것이다. 명종 6년 9월에 이의방의 문객이었던 장군 李永齡, 別將 高得時, 隊正 敦章 등이 이의방을 위해 정중부에게 복수하기를 도모하다가 重房에 의해 체포되어 먼 섬에 유배되었다. 良醞令同正 盧若純과 主事同正 韓受圖가 망이와 연결해 난을 일으키려다가 망이의 비협조로 실패해 중방의 요청에 의해 먼 섬으로 유배되었다. 정중부 정권은 이처럼 군인과 이의방 세력과 同正職者에게 연이어 도전을 받았다.

명종 7년 7월에 兵馬使 鄭世猷 등이 망이와 망소이 등을 체포해 淸州獄에 가두고 勝捷을 보고했다[43] 망이와 망소이의 봉기가 이렇게 진압되면서 정중부 정권은 안정기에 접어드는 듯했다. 송유인이 중서문하성의

---

40)『고려사』권128, 정중부전.
41)『고려사절요』권12, 명종 6년 ;『고려사』권128, 정중부전.
42)『고려사절요』권12, 명종 6년 ;『고려사』권128, 정중부전.
43)『고려사절요』권12, 명종 6년 및 7년.

참지정사에 올랐는데, 명종 8년 7월에 外官 文武交差 원칙에 어긋나게 文吏가 보임되자 서명을 거부했고, 重房을 꾀어 駁奏해 文吏 편중 외관 보임을 막기도 했다.[44] 명종 8년 7월에 정중부가 자기 家奴의 犯禁(紫羅衫 착용) 문제로 어사대와 갈등을 빚었고, 旗頭의 告變으로 인해 정중부가 獄事를 연달아 일으켰다.[45] 명종 8년 9월에 藏經道場을 明仁殿에 7일 동안 개설했는데 참지정사 송유인에게 명해 行香하도록 했다.[46] 8년 11월에 八關大會를 개설하고 內侍 大府少卿 鄭國儉을 보내 花酒를 省宰幕次에 하사했는데, 시간이 조금 늦자 參政 宋有仁이 노하여 받지 않으니 왕이 承宣을 보내 敦諭하자 받았다.[47] 문하시중 정중부의 위세는 정점을 찍고 있었고, 참정 송유인도 기세를 떨치고 있었다.

명종 8년 11월에 문하시중 정중부는 致仕하고, 송유인은 문하시랑평장사에 오른다. 이전에 정중부가 冢宰로 중서성에 있을 때 송유인이 親嫌으로 인해 相位에 오르지 못해 累年 동안 추밀에 있었는데 추밀은 侍從官으로 오래도록 일해도 無益하고 오직 尙書省이 處할만하다고 여겨 몰래 內人에 의탁해 아뢰어 守司空 尙書僕射에 제배되었다가, 정중부가 致仕함에 미쳐 문하시랑평장사에 제배된 것이라고 한다.[48] 하지만 송유인은 정

---

44) 『고려사』 권128, 정중부전 附 宋有仁 ; 『고려사절요』 권12, 명종 8년 7월.
45) 『고려사』 권128, 정중부전 ; 『고려사절요』 권12, 명종 8년 7월. 정중부전에는 명종 8년에 정중부가 致仕한 다음에 家奴의 犯禁 사건이 일어난 것처럼 배열되었지만 『고려사절요』에 의하면 家奴의 犯禁 사건은 명종 8년 7월에 일어났고, 정중부가 致仕한 때는 명종 8년 11월이었다.
46) 『고려사절요』 권12, 명종 8년 9월.
47) 『고려사절요』 권12, 명종 8년 11월. 정국검은 탄핵당해 禁籍에서 삭제되었다가 송유인에 아부해 다시 內侍가 된다.
48) 『고려사』 권128, 정중부전 附 宋有仁 ; 『고려사절요』 권12, 명종 8년 11월. 송유인이 僕射를 선호한 것은, 洪仲方이 僕射가 되자 外官長吏의 職을 관장해 予奪를 마음대로 했다는 사례(『고려사절요』 권12, 명종 9년 5월 홍중방 卒記)에서 알 수 있듯이, 복야가 外官長吏의 職을 관장해 현실적 이익을 가져다주기 때문이었을 것이다. 한편, 송유인의 아들 宋群秀는 年少頑黠해 不義를 많이 행했지만 父勢에 기대어 갑자기 高官에 제배되었는데, 일찍이 全羅道按察使가 되었을 때 升黜이 好惡를

중부의 致仕 이전에 이미 복야에서 참지정사로 옮겼으니 시중 정중부와 더불어 한동안 참지정사로서 중서성에 함께 있었다. 명종 9년 5월 병인일에 閔令謨로 동중서시랑평장사 判吏部事를, 宋有仁으로 동중서시랑평장사 判兵部事를 삼았고, 左承宣 知兵部事 鄭筠을 고쳐 知都省事로 삼았다. 정균이 오랫동안 知兵部로 西班 注擬를 관장해 請謁이 輻湊하니 자못 그것을 염증내 누차 求免했지만 윤허하지 않음에 정균이 單騎로 天神寺에 가서 피하자, 왕이 內侍郎將 柳得義를 보내 돌아오도록 효유해 使者가 줄을 이으니 정균이 돌아오자 知都省事로 고쳐 제수한 것이라고 한다.[49] 정균은 知兵部事를 겸해 오랫동안 무반의 인사를 관장해 왔는데 누이의 남편인 송유인까지 판병부사로서 무반의 인사를 관장하게 되자 그 집안의 인사독점을 흘겨보는 시선의 부담을 느껴 知兵部事를 사퇴한 것이라 볼 수 있다.

## 2. 경대승~이의민 정권과 집권자의 위상

정중부 정권은 정중부가 퇴임해 뒤로 물러나자 평장사 송유인과 승선 정균이 앞에서 끌어가는 형국이 되어 송유인의 권력이 고조되면서 오히려 흔들렸다. 명종 9년 7월에 樞密院使 문극겸을 좌천해 左僕射로 삼고, 樞密院副使 韓文俊을 좌천해 判司宰寺事로 삼았다. 문극겸과 한문준은 名儒로 왕이 倚重해 동중서문하평장사 판병부사 송유인의 질시를 받았다.

___

따르고 政績을 묻지 않았지만 權門의 아들이라서 감히 議者가 없었다고 한다(송유인전).

49) 『고려사』 권128, 정중부전 ; 『고려사절요』 권12 및 『고려사』 권20, 명종 9년 5월. 정균이 일찍이 尙書 金貽永의 딸을 꾀어 妻로 삼고 舊妻를 疎弃해 縱欲 無節했다고 한다.

한문준이 일찍이 한 군졸을 위해 송유인에게 서신을 보내 求官하고 또 친히 요청하자 송유인이 노하여 樞機大臣이 私事로 執政의 門을 伺候한다며 탄핵했다. 당시 문극겸은 복상 중이라 法駕를 호종하지 않았지만 송유인이 近臣의 體를 잃었다며 아울러 탄핵했다. 왕이 미적거리자 송유인이 더욱 굳건히 論執했다. 왕이 右承宣 文章弼을 그 집에 보내 密諭했지만 奉詔하지 않았다. 문극겸 등이 密奏해, 자기들이 不測의 患을 당할 수 있다며 劾奏를 따라 그 마음을 유쾌하게 하기를 요청하자 왕이 左遷시킨 것이었다.[50] 송유인의 이러한 행동은 관료들을 두려움에 떨도록 만들었지만 동시에 불만에 가득 차도록 만들었다.

이러한 분위기를 이용해 정국을 뒤집는 사람이 등장했으니 바로 淸州人 慶珍의 아들인 慶大升이었다.[51] 그는 부친이 무신정변에 참여해 재상에 올랐기에 그 자신은 그 정변에 참여하지 않았음에도 고속으로 승진했다. 하지만 명종 8년 3월에 청주인끼리의 살육사건으로 인해 파직된 적이 있어[52] 정중부 정권에 불만을 품고 있었다. 송유인이 문극겸과 한문준을 좌천시키자 재상 이하가 두려워 숨을 죽이고 側目하여 보았다. 경대승이 衆怒로 인하여 마침내 송유인을 죽였다.[53] 장군 경대승은 평소 정중부가 하는 것에 분노하고 또한 그 아들 鄭筠이 몰래 公主와 혼인하려 도모함에 분노하고 왕 또한 이를 근심했다. 경대승이 銳意해 토벌하려 했지만 송유인을 두려워해 틈을 얻지 못하다가 송유인이 문극겸과 한문준을 배척해

---

50) 『고려사』 권128, 정중부전 附 宋有仁 ; 『고려사절요』 권12, 명종 9년 7월.
51) 『고려사』 권100, 경대승전.
52) 명종 8년 3월에 淸州人이 그 州의 사람으로 京籍에 係했다가 退居한 자와 틈이 생겨 거의 다 잡아 죽였다. 그 黨의 在京者가 이를 듣고 복수하고자 矯旨하여 死士를 모집해 淸州로 향하니 장군 韓慶賴를 파견해 추격해 중지하려 했지만 미치지 못해 州人과 싸워 이기지 못해 사망자가 百餘人이었다. 禁制하지 못했다고 해서 牧副使 趙溫舒, 事審官 대장군 朴純弼과 장군 慶大升을 파직했다. 『고려사절요』 권12, 명종 8년 3월 ; 『고려사』 권100, 경대승전.
53) 『고려사』 권128, 열전41, 정중부전 附 宋有仁.

인심을 크게 잃어 朝臣이 모두 側目하자 정중부와 정균과 송유인을 토벌
했다.[54] 이 정변 과정을 보면, 경대승이 친하게 지내는 勇士인 牽龍 許升
을 포섭해 명종 9년 9월 藏經會가 끝나는 밤에 宿衛士가 피곤해 잠드는
때에 거사하기로 했다. 장경회가 끝난 다음날인 신미일 夜四鼓(새벽2~4
시)에 許升이 수창궁 안에서 直廬의 정균을 죽이자 和義門(수창궁 서문)
밖에 매복 중인 경대승이 死士 30餘人을 거느리고 宮墻을 넘어 수창궁을
점령해 禁軍을 동원해 정중부와 송유인 등을 잡아 죽였다.[55]

정중부는 무반과 군졸에게 이의방만큼 인기는 없었지만 무신정변 세력
은 정중부정권을 거부하지 않았다. 이 정권의 몰락을 가져온 자는 엉뚱한
쪽에서 나왔으니 무신정변을 부정적으로 바라본 장군 경대승이었다. 그는
자신이 모집한 死士 30여명에다가 자신과 친밀한 견룡 許升, 隊正 金光
立 등을 포섭했다. 勇力이 있어 사람들에게 탄복을 받은 허승은 정균의
총애를 받았지만 경대승의 설득에 넘어갔다. 경대승이 허승에게 정변을
제안할 때 "그대가 따르면 거사가 이루어질 수 있다"고 한 것처럼 이번
거사는 정균의 총애를 받아 수창궁에 직숙한 허승이 내응해 정균을 살해
하고 이에 힘입은 경대승이 수창궁을 점령해 왕을 확보해 금군을 동원했
기에 성공할 수 있었다.

경대승은 정균이 맡고 있던 승선 직임을 주겠다는 명종의 제안을 字를
알지 못한다며 거절했다. 명종이 이부시랑 吳光陟에게 승선 직임을 주려
하자 경대승은 승선이 왕명을 出納해 儒者가 아니면 不可하다며 오광척
은 비록 조금 書를 알지만 역시 武臣이라 鄭筠과 흡사할까 두렵다고 했
다. 경대승은 왕이 오광척의 승선 임용을 버리려 하지 않자 오광척을 살
해했다.[56] 그는 문무의 구별을 추구해 승선직을 사양했고 승선직에 다른

54) 『고려사』 권128, 열전41, 정중부전 ; 『고려사절요』 권12 및 『고려사』 권20, 명종
   9년 9월.
55) 『고려사절요』 권12 및 『고려사』 권20, 명종 9년 9월 ; 『고려사』 권100, 경대승전.

무신이 임명되어 힘을 가져 자신의 경쟁자가 되는 것을 바라지 않았던 것이다.

경대승이 정중부 세력을 제거하자 朝士가 詣闕해 축하했는데, 경대승이 말하기를, 弑君者가 아직 있는데 어찌하여 축하하는 것이오 하니, 李義旼이 이를 듣고 크게 두려워했다. 武官이 혹 宣言하기를, "鄭侍中은 大義를 首唱해 文士를 억제해 우리들의 累年의 울분을 설욕해 武威를 넓혀 功이 莫大한데, 지금 경대승이 하루아침에 四公(정중부, 정균, 송유인, 오광척)을 죽였으니 누가 그를 토벌하지 않으리오" 했다. 이에 경대승이 두려워해 死士 百數十人을 招致해 門下에 留養해 방비하게 해 '都房'이라 불렀는데 長枕과 大被를 갖추어 날을 번갈아 直宿하게 하고 혹 자신이 함께 이불을 덮어 誠款을 보였다. 경대승은 정중부를 토벌할 때 공로를 세운 牽龍 金子格을 총애해 도방을 거느리게 했다.[57] 경대승은 얼마없어 辭職해 家居했지만 나라에 大事가 있으면 반드시 나아가 關決했다. 그는 鄭宋(정중부, 정균, 송유인)을 제거한 이래 마음이 自保하지 않아 항상 數人으로 하여금 里巷을 몰래 엿보아 飛語를 들으면 문득 잡아 가두어 鞫問해 大獄을 누차 일으켜 형벌 운용이 심히 준엄했다.[58] 경대승은 무신정변에 참여하지도 않았고[59] 무신에게 인기가 부족해 세력기반이 약했기에 사병조직인 도방을 설치해 호위하도록 하고 里巷에 정보원을 보내 옥사를 일으켜 공포정치를 폄으로써 권력을 유지했다.

명종 10년 6월에 內嬖 明春이 죽으니 왕이 哀戀하기를 그치지 않아 목 놓아 號哭하니 太后가 놀라 너그러이 타이르기를, 重房에 들리게 해서는 안된다고 했다. 하지만 오히려 嗚咽을 멈추지 않고 친히 悼亡詩를 지어

---

56) 『고려사』 권100, 경대승전.
57) 『고려사』 권100, 경대승전.
58) 『고려사』 권100, 경대승전.
59) 무신정변이 일어났을 때 경대승은 막 성인으로 접어든 때라 정변에 참여하지 않았다고 해서 무신들에게 거부당하지는 않았다.

宗親으로 하여금 和進하도록 하여 自慰했다. 왕은 天資가 屛弱한데가 누차 變이 더해졌기 때문에 일이 조금만 발생해도 문득 驚懼했고, 무릇 軍國機務가 모두 武臣에게 牽制되었다. 심지어 聲色같은 것도 감히 自專하지 못하다가 賊臣이 誅夷됨에 미쳐 비로소 牀第에 溺愛할 수 있었다. 內嬖 專房者가 5인이었고 그 중에 더욱 寵幸者는 純珠와 明春 2인 뿐이었는데, 去年 겨울에 純珠가 사망하고 明春이 이제 또 사망하자 後宮에 悅意할만한자가 없었다. 이에 명하여 二公主를 불러 入內하게 해 服御諸務를 관장하도록 하여 朝夕으로 곁을 떠나지 말도록 했는데, 간혹 同禍 共寢하여 眷念하니 차마 말할 수 없는 일이 발생하기도 했다. 그 사위가 累月동안 曠居하니 憤悲를 이기지 못해 絕婚하고자 하자 왕이 듣고 그 사위를 불러 太后宮에 거처하도록 하고 日에 公主로 하여금 微服으로 가서 만나보도록 해 慰藉하고, 11월에 이르러 공주를 私第로 돌려보냈다. 또한 純珠·明春 및 諸嬖가 낳은 兒女 數10을 宮內에 불러모아 모두 斑襴을 입히고 鳩車를 태워 內庭에서 嬉戲하도록 하니 부르짖고 시끄러워 宮禁과 같지 않았다. 때문에 武臣들이 모두 비난했고 혹 偶語로 咨嗟하는 자도 있었다. 왕이 의종의 不孝弟를 징계로 삼았기 때문에 즉위 이래 至誠으로 太后를 섬기고 宗戚과 敦睦했다. 太后가 乳癰을 앓자 동생인 승려 冲曦를 불러 侍病하게 하니 충희가 宮女를 많이 亂하고 또 公主와 사통하니 穢聲이 밖에까지 들렸다. 右司諫 崔詵이 상소해 충희의 穢行을 諷諫해 내보내기를 요청하자 왕이 크게 놀라 말하기를, 司諫이 我兄弟를 이간시킨다며 최선을 파직하니 이후부터 臺諫이 감히 말하는 자가 없었고 朝臣이 모두 충희에게 붙어 賄賂가 공공연히 행해졌다.[60]

---

60) 『고려사절요』 권12, 명종 10년 6월. 한편 이의민 집권기인 명종 14년 8월에 왕이 嬖姜의 사망 때문에 慟哭하며 오랫동안 고기를 먹지 않고 聽政하지 않자, 사람들이 웃으며 말하기를, 母后喪에는 5旬도 안되어 復膳하더니 지금 도리어 이렇게 하니 얼마나 失禮인가 했다고 한다(『고려사절요』 권13).

명종은 무신정변으로 인해 즉위한 이래 軍國機務를 모두 武臣에게 牽制 당해 왔고 聲色 즉 여성에 대해서도 마음대로 하지 못해 왔다. 그러다가 賊臣(이의방)이 죽임을 당한 이후에 비로소 袵第[61]에 溺愛할 수 있었다. 內嬖 5인, 특히 純珠와 明春을 총애했는데 순주와 명춘이 차례로 사망하자 重房에 울음 소리가 들려서는 안된다는 태후의 만류에도 불구하고 목놓아 울었던 것이다. 공주를 入內시켜 곁에 머물도록 하자 차마 말하지 못할 일 즉 근친상간이 발생하기도 했다. 명종은 또한 諸嬖가 낳은 많은 兒女를 궁중에 들여 무신과 대간의 비판을 받기도 했다. 명종은 정중부 정권 이래 어느 정도 기를 펴 왔다고 할 수 있다.

명종 10년 12월에 장군 경대승이 太子府指諭 別將 許升과 御牽龍行首 金光立을 죽였다. 許升, 金光立 등이 그 同功을 믿고 방자해 惡少를 몰래 기르고 東宮을 昵侍해 後壁에 寢臥해 밤새도록 歌吹해 旁若無人하니 경대승이 그들을 꺼려 자신의 집에 허승을 불러 베고 길에서 김광립을 보자 죽이고 병력으로 自衛하며 왕에게 보고했던 것이다. 왕이 근신에게 명령해 慰諭하고, 재상 이하가 모두 경대승 집에 나아가 축하하니 경대승이 점차 自安해 그 兵衛를 罷했다.[62] 경대승은 정변 동지였지만 경쟁자로 부상하던 허승 등을 제거함으로써 정권은 안정기에 접어드는 듯 했다. 명종이 속으로는 경대승을 꺼렸지만 겉으로는 優寵을 보여 날마다 珍羞服玩을 하사하고 奏請은 曲從하지 않음이 없었기 때문에 사람들이 많이 趨附했다. 學識·勇略을 가진 자가 아니면 경대승이 거부하니 武官이 모두 그 위엄을 두려워해 감히 縱肆하지 못했다고 한다.[63]

무신정변 이래 하극상의 풍조가 만연했는데 경대승 정권 때에도 그러

---

61) 袵第는 閨房의 內 혹은 枕席의 사이를 가리키는데 男女 房中의 일을 의미한다.

62) 『고려사』 권100, 경대승전 ; 『고려사절요』 권12, 명종 10년 12월. 한편 명종 11년에 前隊正 韓信忠·蔡仁靖·朴敦純 등이 作亂을 도모했지만 경대승에 의해 체포되어 유배된다.

63) 『고려사』 권100, 경대승전.

했다. 명종 11년 정월에 郞舍가 아뢰어 외관 보임의 연한을 제대로 지켜야 한다고 했다. 당시 政이 權門에서 나와 廉恥 없이 奔競賄賂했는데 武臣으로 氣勢가 있는 자가 각기 1인을 천거해 占官하고 얻지 못하면 執政家에 나아가 極口 爭詰하면 執政이 모두 畏縮해 부득이 허락했다. 冡宰閔令謨는 성격이 訥怯해 操履에 조금 이지러졌고 判兵部 李光挺은 頑貪無識했기 때문에 銓注가 猥濫되어 이 아룀이 있었다고 한다.[64] 윤3월에 右諫議 宋詝를 폄출해 巨濟縣令으로 삼았다. 宋詝가 서북면병마사로 나갔을 때 文武가 分道하면서 1城에 거주하니 供費를 지급하기 어렵다는 의주 사람들의 하소연을 듣고 아뢰어 文官으로 義州分道를, 武官으로 靜州分道를 삼자고 요청하자 왕이 따랐는데, 諸將軍이 노하여 이는 武臣의 權을 빼앗고자 하는 것이라며 송저를 베기를 요청하니 왕이 놀라 송저를 폄출한 것이었다. 識者가 말하기를, "지금 重房 制事를 將軍房이 저지하고, 장군의 의견을 郞將房이 저지해 상호 矛盾하니 政令의 발동을 民이 適從하지 못하며, 하물며 刑殺은 人主의 柄인데 신하가 그것을 마음대로 한다"라고 했다고 한다.[65] 장군들이 왕명을 무시하고, 낭장방이 장군방의 일을, 장군방이 중방의 일을 저지하는 현상이 이어오고 있었다. 경대승은 장군이었기에 장군방에서 일하는 것이 원칙이었지만 중방에도 나가 일했을 가능성도 있다. 어쨌거나 그가 최고집권자에 올랐으면서 장군직을 고수한 것도 하극상을 부추겼을 것이다.

장군 경대승이 홀연히 꿈을 꾸었는데 정중부가 劍을 쥐고 질타하니 그로 인해 질병을 얻어 명종 13년 7월에 나이 30세로 卒했다.[66] 장사를 지냄에 도로에서 哀哭하지 않음이 없었다고 하는데,[67] 역사를 편찬한 儒者

---

64) 『고려사절요』 권12, 명종 11년 정월.
65) 『고려사』 권101, 宋詝傳 ; 『고려사절요』 권12, 명종 11년 윤3월.
66) 『고려사』 권100, 경대승전 ; 『고려사절요』 권12, 명종 13년 7월.
67) 『고려사』 권100, 경대승전.

의 시각이 반영된 표현으로 보인다. 무신들은 대부분 哀哭하지 않았을 것이다.

경대승은 명종 9년 9월에 장군으로서 26세의 젊은 나이로 정변을 일으켜 집권해 문반직을 마다하고 무반직도 그대로인 채 정권을 유지하다가 명종 13년 7월에 장군으로 30세에 돌연사했다. 그가 정중부 정권 타도에 성공한 데에는 이의민 등 무인 실력자들이 反무인정권 난을 진압하느라 개경을 떠나 있는 상황도 요인으로 작용했다. 그가 장군으로 끝난 것은 관제와 승진규정을 중시했기 때문이기도 하지만 젊은 나이 때문이기도 했다. 만약 그도 좀더 살았으면 재상까지 올랐을 것이다.

경대승의 집권기간은 대략 4년에 불과했다. 그는 집권기반이 약해 암살 위협에 시달려 사병집단인 도방을 만들어 직숙하게 하고 자신의 집에 칩거하며 중대사가 있으면 조정 내지 궁궐에 나아가 처리했다. 그는 주로 자신의 집에 머물며 정권을 유지했기에 私第 정치의 양상을 보였지만 중대사는 조정 내지 궁궐에 나아가 처리했기에 그 양상은 약했다. 권력기반이 약했기에 정보정치, 공포정치를 통해 권력을 유지했지만 불안과 압박에 시달리다가 4년이 채 못되어 종말을 맞이했다. 그가 죽은 직후 도방의 영도자 金子格이 오히려 도방이 난을 꾀한다고 무고해 도방을 일망타진하도록 한 것[68]은 경대승 정권의 취약성을 말해준다. 평소 경대승을 꺼리던 명종은 중방에게 명해 도방원을 체포하게 해 가혹하게 고문해 먼 섬으로 유배했는데 그들은 도중에 거의 다 사망했다. 경대승은 정중부 정권의 전복에 그와 더불어 가장 큰 공을 세운 許升이 사병을 기르고 태자와 결탁하는 모습을 보이자 허승을 죽여 독재의 길을 열었다. 하지만 의종을 죽인 이의민을 축출하려 함을 내비치면서도 그것을 끝내 실행하지 못했으니, 이것이 경대승 권력의 한계였다. 집권 4년 동안 무신정변 주역들을 몰아내

---

68) 『고려사』 권100, 경대승전.

기에는 권력과 시간이 부족했다. 경대승이 죽자 이의민이 집권한다.

　이의민은 慶州 사람이었는데 부친이 소금과 체(篩)를 판매했고 모친은
延日縣 玉靈寺의 婢였다.[69] 그가 경주 사람인 것은 商人인 부친의 본관
내지 고향이 경주였기 때문일 터인데, '一賤則賤' 원칙에 따라 노비였을
것이다. 그는 신장이 8尺이고 膂力이 絶人해 鄕曲을 횡행하다가 안렴사
의 혹독한 처벌을 받았지만 살아나니 안렴사가 그를 京軍에 選補하면서
경군에 복무했는데 手搏을 잘해 의종의 총애를 받아 隊正을 지내다가 別
將에 승진했다. 정중부의 난 즉 무신정변 때 그가 죽인 자가 많아 중랑장
을 거쳐 장군에 올랐다. 그는, 기병한 김보당에 의해 파견된 자들의 도움
으로 거제에서 경주로 탈출한 의종을 죽인 공로로 대장군에 올랐고, 조위
총 봉기에 호응하는 세력을 진압하는 데 혁혁한 공로를 세워 상장군에 올
랐으며 8장군을 이끌고 조위총 餘兵을 성공적으로 진압했다.[70] 노비 출
신의 군인이 무신정변 때 활약과 反무신 봉기 진압에 눈부신 성과를 올림
으로써 신분제를 파괴해 무반 최고직에 올랐던 것이다.

　그런데 이의민은 명종 9년에 경대승이 정중부를 죽이고 정권을 장악하
면서 위기에 빠진다. 경대승이 정중부를 죽이니 朝士가 闕에 나아가 축하
하자 경대승이 말하기를, 임금을 죽인 자가 아직 생존해 있는데 어찌 축
하하리오 했다. 이에 이의민이 크게 두려워해 勇士를 집에 모아 대비했
다. 경대승 도방이 꺼리는 자들을 해치려 한다는 것을 듣고 더욱 두려워
里巷에 大門을 세워 警夜해 부르기를 '閭門'이라 하니 경성의 坊里가 모
두 이를 본받아 그것을 세웠다고 한다. 명종 11년에 형부상서 상장군에
임명되어 병마사로서 北塞에 出鎭했을 때, 경대승이 許升을 죽인 것을 국
가가 大升(경대승)을 죽인 것으로 잘못 전해 들어 크게 기뻐하며 내가 大
升을 죽이고자 했지만 이루지 못했는데 누가 자신보다 앞서 도모했다고

---

69) 『고려사』 권128, 이의민전.
70) 『고려사』 권128, 이의민전.

했다. 경대승이 이를 듣고 銜하니 이의민이 돌아와 두려워 自安하지 못해 질병을 칭탁해 그 鄕(경주)으로 돌아가 왕이 누차 불렀지만 돌아오지 않았다.[71]

경대승이 명종 13년 7월에 卒해도 이의민이 오히려 돌아오지 않자 14년 2월에 왕이 그가 난을 일으킬까 두려워해 공부상서를 제수하고 中使를 파견해 敦諭하자 그제야 개경에 이르니 왕이 그를 便殿에 引見했다. 명종이 속으로는 그를 畏忌했지만(그의 凶暴를 畏했지만) 겉으로는 恩慰를 더하니 中外가 왕의 柔懦를 탄식했다고 한다.[72] 명종이 경대승 사후에 이의민을 부른 것은 이의민이 무신정변에서 맹활약한데다가 反무인정권 봉기 진압에 혁혁한 전공을 세워 많은 무신들의 지지를 받으며 독자적인 세력을 지녔기 때문이었다. 노비출신 이의민은 이제 상장군 공부상서로서 무인 최고집권자가 되었다.

이의민은 이윽고 守司空 左僕射에 임명되는데,[73] 명종 14년 12월의 인사발령 때였다. 이 때 韓文俊으로 문하시랑평장사 판이부사를, 崔世輔로 문하시랑평장사 판병부사를, 문극겸으로 太子太保를, 文章弼로 참지정사를, 金光植·林民庇로 樞密院副使를, 이의민으로 守司空 左僕射를, 鄭邦祐로 知御史臺事를, 鄭允當으로 吏部員外郞을, 李居正으로 左正言을 삼았다.[74] 문신 한문준이 문반의 인사를, 무신 최세보가 무반의 인사를 총

---

71) 『고려사』 권128, 이의민전 ; 『고려사절요』 권12, 명종 13년 및 『고려사절요』 권13, 명종 14년.
72) 『고려사』 권128, 이의민전 ; 『고려사절요』 권12, 명종 13년 및 『고려사절요』 권13, 명종 14년. '畏忌'는 이의민전의 표현이고, 凶暴를 畏했다는 것은 고려사절요의 표현이니, 고려사절요가 이의민을 더 깎아내렸다고 볼 수 있다.
73) 『고려사』 권128, 이의민전.
74) 『고려사』 권20 및 『고려사절요』 권13, 명종 14년 12월. 宰相班次가 한문준이 제2, 문극겸이 제3, 최세보가 제4였는데, 한문준이 冢宰가 되면서 문극겸이 당연히 亞相으로 옮겨야 되었지만 최세보의 위에 자리하고자 않아 사양해 최세보로 하여금 亞相이 되게 했다.

괄하는 형국이었는데 이의민도 최고집권자로서 인사에 영향력을 행사했을 것이다.

정윤당은 年少 無知했지만 그 부친 鄭世裕가 兵馬使로 나가 民의 財貨를 거두어 연달아 內府에 바치고 復命함에 미쳐 그 아들에게 銓曹를 제수하기를 요청했기 때문에 이 제배가 있었다. 李居正은 다른 才能이 없는데 왕이 그에게 正言을 제수하고자 그의 인품을 임민비에게 물으니 임민비가 소시적에 그와 同學한 사이라 그를 천거하기를, 이거정은 성품이 和平 訥默한 반면 耿介하지 않다고 하니, 왕이 말하기를, 만약 그렇다면 마땅히 정언에 제배해야 한다며 그렇게 한 것이었다.[75] 이를 통해 이의민정권기에 임금인 명종의 관료 인사에 대한 영향력이 꽤 컸음을 알 수 있다.

왕(명종)은 무릇 用人을 오직 嬖臣·宦竪와 의논하고 叅官 이상을 親署하여 그 草를 封하여 政曹(이부와 병부)에 直付해 이름하기를 '下批'라 했는데, 政曹는 草에 의거해 謄寫할 뿐 다시 奏議하지 않으니 이로 말미암아 奔競이 풍속을 이루고 賄賂가 공공연히 행해져 賢否가 混淆했고, 嬖臣·宦竪가 청탁하면 왕이 뇌물의 양을 묻고 많으면 기뻐해 그 요청을 따랐기 때문에 近習(宦寺)이 竊權(盜主權)해 威福을 만듦이 前朝보다 심하다고 했다. 왕은 潛邸 시절에 光靖王后가 일찍 세상을 뜨자 다시는 后를 세우지 않았기 때문에 즉위 이후 嬖姬孼子가 권력을 농단하며 뇌물을 받고 威柄을 훔쳐 농단하니 朝野가 觖望했다고 한다.[76] 명종이 이의민정권기에 인사를 嬖臣·宦竪 즉 측근과 의논하고 叅官 이상을 親署해 이부와 병부에 곧바로 내려보내면 이부와 병부가 더 이상 이의를 제기하지 않았

---

75) 『고려사절요』 권13, 명종 14년 12월.
76) 『고려사』 권20 및 『고려사절요』 권13, 명종 14년 12월조. 명종이 인사를 결정할 때 뇌물의 양을 중시했다고 하는데, 무신정권기에 왕실의 재정이 넉넉하지 않았기 때문에 그러했을 것이다.

다는 것이다. 그러하니 이의민정권기에 명종의 입지가 강화되어 관료인사를 친히 결정하는 경우가 많았다고 볼 수 있다. 이의민정권기는 최고집권자 이의민이 권력을 장악하면서도 임금(명종), 재추, 重房과 권력을 분점해 공존하는 형태로, 꽤 조화를 이루었다고 평가하고 싶다.

이의민 정권은 조원정의 난으로 도전을 받는다. 曹元正은 그 부친이 玉工이고 모친과 祖母가 官妓여서 '限職七品'이었는데 정중부의 난 때 이의방을 도왔기 때문에 郎將이 되더니 장군과 공부상서를 거쳐 樞密院副使에 올랐다. 그는 타인의 貨貨를 빼앗고 타인의 긴 머리카락을 잘라 髻를 만들고 타인의 밭을 많이 빼앗아 부자가 되었다. 명종 17년 7월에 曹元正이 또 中書省 公廨田租를 탈취하자 평장사 문극겸·崔世輔·文章弼·杜景升, 좌상시 李知命, 直門下 金純, 給事中 文迪 등이 章을 다섯 번이나 올려 그 죄를 다스리기를 요청하니 공부상서로 좌천해 致仕시켰다. 그 아들 英植·英迪·應倫과 사위 李柱 등이 심히 貪暴하며 近密에 있어 重房이 역시 아뢰어 폄출시켰다. 이 달 그믐 밤 二鼓에 賊 70餘人이 墻을 넘어 壽昌宮에 들어와 樞密使 梁翼京, 內侍郎中 李挾·李粲 등을 죽이고 殺傷이 심히 많으니 宿衛가 모두 도주해 숨었다. 賊이 內侍院 燭을 꺼내 비추며 이르는 곳마다 문득 살해하고 御所에 이르러 소리지르기를, 高令文과 俊白 등이 이미 惡徒를 제거했다고 했다. 좌승선 權節平이 賊徒가 이어지지 않음을 알고 몰래 나가 街衢에 도달해 병력을 소집해 宮門(수창궁문) 外에 이르러 소리 질러 땅을 진동하니 賊이 두려워 도주해 西門을 통해 나갔다. 중랑장 高安祐가 變을 듣고 말을 달려 市樓橋邊에 이르렀을 때 수상한 一僧을 체포해 국문하니 조원정이 문극겸을 원망해 그를 제거하고자 石隣·石冲·石夫·朱迪 등과 모의해 그 家臣 高令文·林椿幹·俊白 등을 보내 난을 일으킨 것이었다. 병력을 동원해 조원정·석린 등을 체포하니 衆心이 점차 안정되었다. 8월에 臺省과 형부가 市街에서 高令文·林椿幹 등을 베고 또 조원정 등 10餘人을 그 黨 30餘人과 함께 保定門

밖에서 베고 그들의 집을 적몰했는데 무릇 170餘戶였다.[77]

조원정이 문극겸을 제거하기 위해 난을 일으킨 것은 그가 田租 탈취를 이유로 탄핵받을 때 문극겸이 그 탄핵을 주도했기 때문이었다. 그런데 그 탄핵은 이의민 정권의 주요 관료들에 의해 이루어졌으니, 조원정의 난은 결국 이의민 정권에 대한 도전이었지만 실패로 끝나면서 이의민 정권은 한숨을 돌리게 되었다.

명종 19년 12월에 崔世輔로 (평장사) 判吏部事를, 杜景升으로 (참지정사) 權判兵部事를 삼았다.[78] 명종 20년 12월에 崔世輔로 特進 守太師를, 杜景升으로 守太尉를, 李義旼으로 同中書門下平章事(同中書門下平章事 判兵部事)를, 朴純弼로 중서시랑평장사를, 史正儒로 守司空 左僕射 참지정사를, 李奕蕤로 참지정사를, 李知命으로 太子少傅를, 白任至로 지문하 성사를 삼았다. 이에 앞서 省宰가 증가해 七員에 이르자 時論이 古制가 아니라고 했었는데 이에 미쳐 또 증치해 八員으로 했던 것이다.[79] 두경승이 갑자기 守大尉 참지정사 判吏部事 修國史에 올라 銓注를 관장하니 비록 內寵이라도 감히 어지럽히지 못했다고 한다.[80] 그러하니 명종 20년 12월 인사발령으로 守大尉 참지정사 두경승은 판이부사로서 문반의 銓注를, 평장사 이의민은 판병부사로서 무반의 銓注를 관장하게 되었다. 참지정사 두경승은 관직상으로는 평장사 이의민보다 낮았지만 守大尉를 띰으로써 서열이 상승해 판이부사가 될 수 있었고, 이의민은 판병부사로 무반 인사를 관장해 실리를 챙길 수 있었다.

---

77)『고려사』권128, 曹元正傳 ;『고려사절요』권13, 명종 17년 7·8월. 石隣(石麟)은 本이 微賤해 倉 옆에 世居해 米를 주어먹으며 생활하다가 禁軍에 보임되었는데 庚寅亂에 이의방을 따라 활약해 郎將에 제배되고 杜景升을 따라 趙位寵을 토벌해 공로를 세워 累陞해 상장군, 東西北面兵馬使를 역임했다.

78)『고려사』권20, 명종 19년 12월. 두경승은 명종 15년 12월에 참지정사에 임명되었다.

79)『고려사절요』권13 및『고려사』권20, 명종 20년 12월 ;『고려사』권128, 이의민전.

80)『고려사』권100, 두경승전.

명종 21년 12월에 杜景升으로 判吏部事 修國史를, 李義旼으로 判兵部事를 삼았다. 당시 재상은 武人이 많았는데 金永存과 孫碩이 추밀원에서 서로 꾸짖으며 포효하니 同列이 畏縮했다. 이의민이 두경승과 중서성에서 議事하다가 의견이 충돌하자 주먹으로 기둥을 치면서, "당신은 무슨 공로가 있어 지위가 나의 위에 있는가 했다.[81] 이 때 두경승은 평장사에 오른 것으로 판단된다.[82] 명종 23년 2월에 두경승으로 三韓後壁上功臣을 삼으니 兩府와 文武百官이 第에 나아가 축하하고 重房諸將이 宴賀했는데, 두경승과 재상들이 노래하고 악기를 연주하자 이의민이 노해 꾸짖으니 罷歸했다.[83] 이후 두경승은 '目不知書'했지만 명종 23년 9월에 문하평장사로 監修國史를 겸했다.[84] 명종 24년 정월에 두경승과 이의민을 책봉해 공신으로 삼으니 백관이 第에 나아가 축하했다. 10월에 평장사 두경승 등이 아뢰어 祖代諸功臣이 大業을 贊定해 그 功이 卓然하다며 爵命을 추가하기를 요청하니 왕이 따랐다.[85] 이후 두경승은 이의민과 더불어 동시에 門下侍中에 제배되는데, 지위가 이의민의 위에 있자, 이의민이 중서성에서 크게 꾸짖었지만 두경승은 웃으며 답하지 않았다.[86] 둘이 동시에 문하시중에 임명된 때는 명종 25년 무렵이었을 것이다.

두경승은 反무인정권 봉기를 진압하는 데 이의민을 능가할 정도로 워낙 혁혁한 공로를 세웠기 때문에, 그러면서도 최고 권력을 탐내지는 않았기 때문에 무신정변의 주역인 이의민도 두경승을 밀어내기 어려웠다. 이처럼 이의민 집권기는 두경승과의 공동정권으로 보일 정도로 이의민이 권

---

81) 『고려사』 권128, 이의민전 ; 『고려사절요』 권13 및 『고려사』 권20, 명종 21년 12월. 時人이 말하기를 "摭垣 李杜, 密院 孫金"이라 했다고 한다.
82) 두경승은 그의 전기에 따르면 守大尉 叅知政事 判吏部事를 거친 다음에 평장사에 오른다.
83) 『고려사절요』 권13, 명종 23년 2월 ; 『고려사』 권100, 두경승전.
84) 『고려사절요』 권13, 명종 23년 9월.
85) 『고려사절요』 권13, 명종 24년.
86) 『고려사』 권100, 두경승전.

력을 독점하지는 못했지만 군사적 기반이 강하고 그의 뜻이 대개 관철되었기에 그가 최고집권자였음은 부인하기 어렵다.

명종 24년에 왕이 이의민을 功臣에 책봉하니 兩府와 文武群臣이 모두 第에 나아가 축하했다. 이의민은 銓注를 마음대로 해 政(인사)이 貨로써 이루어져 支黨이 連結하니 廷臣이 감히 誰何하지 못했고, 民居를 많이 占해 第宅을 大起하고 人의 土田을 빼앗아 그 貪虐을 마음대로 하니 中外가 震慴했다고 한다.[87] 인사를 마음대로 한 것은 무인집권자의 공통점인데, 이의민은 그 支黨이 連結하니 廷臣이 감히 誰何하지 못했다는 것은 오히려 그가 권력과 관직을 개방함으로써 그의 세력기반이 넓었음을 말해준다. 이의민은 권력을 독점하지 않았기에 오히려 명종과의 관계도 무난했고[88] 관료들과의 관계도 별로 나쁘지 않았고 무반과 군졸의 지지도가 높아 그 정권은 비교적 안정을 유지했다. 이의민 妻 崔氏가 兇悍해 투기로 인해 家婢를 格殺하고 奴와 사통하니 이의민이 奴를 죽이고 妻를 쫓아내고 良家女子 중 姿色者를 많이 끌어들여 혼인하고는 버렸다고 하는데,[89] 사적인 문제가 부풀려진 것으로 보인다.

이의민 정권에 불안 요소는 개경의 정치보다 그의 고향인 경주를 중심으로 한 경상도 일대의 봉기였다. 명종 20년 정월에 盜가 동경에서 일어나니 按察副使 周惟氏가 병력을 거느리고 賊을 습격하려 하자 賊이 알아채 항거해 殺傷이 심히 많았다.[90] 명종 23년 2월에 東南路按察副使 金光濟가 討賊했지만 이기지 못하자 京兵을 파견하기를 요청했다. 명종 23년에 南賊이 蜂起했는데 극렬한 자로 金沙彌는 雲門에 據하고, 孝心은 草

---

87) 『고려사』 권128, 이의민전.
88) 명종 23년 11월에 공예태후 諱辰이라 內殿에 設齋하자 諸王·兩府宰輔부터 近衛의 臣까지 각기 餚饌을 바쳤는데, 諱辰에 群下가 供饌함이 이로부터 시작되었다(『고려사절요』 권13).
89) 『고려사』 권128, 이의민전.
90) 『고려사절요』 권13, 명종 20년.

田에 據해 亡命을 불러모으고 州縣을 摽掠했다. 왕이 근심해 이해 7월에
대장군 全存傑을 파견해 장군 李至純(이의민의 아들)·李公靖·金陟侯·金
慶夫·盧植 등을 거느리고 토벌하게 했다. 이지순은 매우 貪婪했는데 賊
의 재물을 鉤致하고자 몰래 交通해 衣糧鞋襪로써 資하여 賊勢를 도왔기
때문에 軍中 動靜이 누설되어 누차 패배하자, 전존걸이 忿憤해, 만약 법
으로 이지순을 다스리면 그 부친이 반드시 자기를 해칠 것이요, 그렇지
않으면 賊이 더욱 치열하리라며 약을 먹고 죽었다고 한다.[91] 명종 23년
11월에 상장군 崔仁으로 南路捉賊兵馬使를, 대장군 高湧之로 都知兵馬
事를 삼아 장군 金存仁·史良柱·朴公襲·白富公·陳光卿을 거느리고 가서
토벌하게 했다. 12월에 南賊魁 得甫가 詣闕해 安業을 허락하기를 요청하
니 放還해 兵馬使 區處를 듣도록 했다. 명종 24년 2월에 南賊魁 金沙彌
가 行營에 自投해 항복을 요청하니 베었다. 左道兵馬使 崔仁이 銳卒 數
千을 거느리고 賊을 공격해 江陵城에 이르러 매복했다가 공격해 150級을
베었다. 4월에 南路兵馬使가 密城에서 賊을 공격해 7千餘級을 斬獲했다.
右道兵馬使가 擊賊해 40級을 擒斬하고 또 3일 동안 連戰하니 賊이 패배
했다. 8월에 南賊魁가 그 黨 李純 등 4인을 파견해 詣闕해 항복하기를 요
청하니 이순 등에게 隊正을 제수하고 布를 하사해 돌려보냈다. 12월에 南
路兵馬使가 賊魁 孝心을 사로잡았다.[92] 경주를 중심으로 한 경상도 일대
봉기는 이의민의 지지기반과 관련이 있어 정권에 불안 요인이었지만 이렇
게 토벌군에 의해 진압됨으로써 이의민 정권은 한층 안정되는 듯했다.

　명종 말엽 경상도 사람들의 봉기가 이의민과 관련이 있는 듯 기록되어
있어 문제이다. 이의민이 일찍이 꾼 꿈에 紅霓가 두 겨드랑이 사이에서
일어나니 자못 자부했다고 한다. 또한 들기를, 古讖에 "龍孫十二盡 更有
十八子"라는 말이 있고 '十八子'는 곧 李字여서 非望을 품어 貪鄙를 점점

---

91) 『고려사절요』 권13, 명종 23년 7월 ; 『고려사』 권128, 이의민전.
92) 『고려사절요』 권13, 명종 23년 및 24년.

줄이고 名士를 收用해 虛譽를 낚고, 자기 籍이 慶州에서 나왔다고 여겨 몰래 신라를 興復하려는 뜻을 지녀, 김사미·효심 등과 通하였고 賊 역시 鉅萬을 贈遺했다고 한다.[93] 이의민이 왕이 되어 신라를 부흥하려는 마음을 품었을 수는 있지만 그것을 실제로 추진했는지, 봉기 세력과 내통했는지는 의문이다. 그가 경상도 일대 봉기에 대한 진압에 있어서 초기에 소극적인 모습을 보인 것은 자신의 세력기반을 다치게 하고 싶지 않아서였을 것이다. 그가 貪鄙를 점점 줄이고 名士를 收用한 것을 非望을 품어 虛譽를 낚기 위한 것이라고 부정적으로 기록되었지만 어쨌거나 그가 貪鄙를 점점 줄이고 名士를 등용했음이 드러난다.

  이의민의 몰락은 아들과 어느 정도 상관이 있었다. 이의민의 諸子가 부친에 기대어 肆橫했는데 李至榮과 李至光이 더욱 심해 세상에서 이르기를 '雙刀子'라 했다고 한다. 이지영은 뜻을 거스르는 자는 문득 죽이고, 人에게 美室이 있음을 들으면 그 夫가 외출함을 엿보아 반드시 위협해 亂하고 길에서 美婦人을 만나면 문득 從者로 하여금 擁去해 汚하고 왕의 嬖姬를 逼淫해도 왕이 죄를 줄 수 없어 朝野가 痛憤했다고 한다. 李至純이 그 부친 이의민을 諫하기를, 公이 孤寒으로 將相에 올랐으니 敎方이 있어 富貴를 지켜야 하는데 지금 子孫이 橫暴해 사람들에게 원망을 맺어 禍가 닥칠 수 있다고 말했다고 한다.[94] 이의민 아들들에 대한 이러한 기록도 정적이나 儒者에 의해 부풀려진 측면이 있다. 명종 26년 4월에 정변이 발생할 때 이지순은 대장군, 이지영과 이지광은 장군이니 최고권력자의 아들치고는 승진이 별로 빠르지 않았다. 이는 이지순이 명종 23년 7월 남적 토벌군에 참여했을 때 장군이었던 데에서도 뒷받침된다. 이지순 정

---

93) 『고려사절요』 권13, 명종 23년 7월조 ; 『고려사』 권128, 이의민전.
94) 『고려사』 권128, 이의민전. 이의민의 딸이 承宣 李賢弼의 妻가 되었는데 濫縱하기가 모친과 동일해 이현필이 醜하게 여겨 同居하지 않았다고 하니, 승선 이현필은 처부 이의민의 정권에 별로 도움이 되지 못했다.

도이면 정균처럼 승선과 인사직을 맡아 실력자가 될 수도 있었지만 그러하지 않았다. 이의민이 아들들의 초고속 승진과 요직 진출을 많이 자제한 것인데, 이는 다른 관료들을 배려한 포용 정책으로 볼 수 있고, 그가 지닌 권력의 한계이기도 했다.

이의민의 직접적 몰락을 가져온 것은 엉뚱하게도 애완용 비둘기였다. 아들 이지영이 최충수의 鵓鴿 즉 집비둘기를 빼앗은 것이 불씨로 작용해 최충헌과 최충수 형제가 이의민을 주살한다.

최충헌의 동생으로 猜險 勇悍한 최충수가 東部錄事로 근무하고 있었다. 장군 이지영이 최충수 집의 鵓鴿을 빼앗자 최충수가 강력히 항의하니 이지영이 노하여 家僮으로 하여금 묶게 했다가 풀어주었다. 최충수가 곧바로 장군 최충헌에게 이의민 4父子를 베고자 결정했다고 고하니 최충헌이 그렇게 하자고 했다. 명종 26년 4월에 이의민이 몰래 彌陀山 別墅에 갔는데, 최충헌 형제가 조카 隊正 朴晉材, 族人 노석숭 등을 데리고 그곳으로 가서 이의민을 습격해 죽였다. 최충헌 형제는 5월까지 이의민 세력에 대한 대대적인 숙청을 진행해 완료했다.[95]

최충헌 형제가 이의민을 습격했을 때 이의민의 從者는 數十餘人으로 나타난다. 이의민이 비밀리에 별장에 갔기 때문에 수행원 내지 경호원을 많이 대동하지 않았을 수도 있지만 체계적인 사병조직을 따로 만들지 않아 경호가 허술한 측면이 있었기 때문에 갑작스러운 공격에 당했을 것이다. 최충헌이 朝臣을 많이 죽임으로 인해 人心이 惱懼하자 이해 5월에 諸道에 使를 보내 慰安했다.[96] 그렇게 해야만 할 정도로 최충헌 형제의 관료에 대한 숙청은 대규모였으니 이는 그만큼 이의민 정권이 안정적으로 운영되어 지지기반이 넓었음을 시사한다.

---

95) 『고려사절요』 권13, 명종 26년 4월·5월 ; 『고려사』 권129, 최충헌전 ; 『고려사』 권128, 이의민전.
96) 『고려사절요』 권13, 명종 26년 5월.

史臣이 말하기를, 이의민은 본래 奴隷의 微로서 의종 親昵의 은혜를 외람되이 입어 累遷하고 通顯해 은총이 지극한데 감히 大事를 행하여 그 兇逆함이 위로 天에 통하여 절대 용납할 수 없다며, 의종이 호랑이를 길러 후환을 남긴 것이 애석하다고 했다. 身이 大逆을 범했으니 屠身 赤族이 불행이 아니라, 天網이 넓디넓어 성기면서도 새지 않음을 믿어야 한다고 했다.[97] 역사를 편찬한 儒者가 천예 출신으로 최고권력을 잡은 이의민에 대해 내린 평가가 얼마나 부정적인지 보여주는데, 이는 거꾸로 신분의 제약을 뛰어넘은 이의민의 위대성을 보여준다.

경주와 노비 출신 이의민의 혁명적인 출세와 갑작스러운 피살은 하층민과 노비와 지역민을 자극했다. 신종 원년 5월에 私僮 萬積·味助伊·延福·成福·小三·孝三 등 6인이 北山에서 樵하다가 公私奴隷를 불러모아 모의하기를, 國家가 庚癸이래 朱紫가 賤隷에서 많이 일어났으니 將相이 어찌 種이 있으리오, 때가 오면 역시 될 수 있으니, 吾輩가 어찌 筋骨을 勞苦해 箠楚의 下에서 困하리오 하자, 諸奴가 모두 그렇게 여겼다, 이에 黃紙 數千을 잘라 모두 丁字를 새겨 標識로 삼고 약속하기를, 갑인일에 興國寺(興國寺步廊)에 모여 同時에 鼓噪해 毬庭으로 달려가 난을 일으키면 內外 相應해 內에서 宦者가 반드시 호응하고 官奴 등이 內에서 誅鋤하리니, 吾徒가 城中에서 蜂起해 먼저 崔忠獻 등을 죽이고 이어서 그 주인을 格殺해 賤籍을 불살라 三韓으로 하여금 賤人이 없도록 하면 公卿將相을 모두 얻을 수 있다고 했다. 기약한 날에 모두 모였지만 무리가 數百에 차지 않아 濟事하지 못할까 두려워 다시 약속하기를 무오일에 普濟寺에 모이기로 했다. 律學博士 韓忠愈의 家奴인 順貞이 한충유에게 變을 고하니 한충유로부터 전해들은 최충헌이 萬積 등 百餘人을 잡아 강에 던지고 餘黨은 다 죽일 수 없어 詔하여 不問하도록 조치했다.[98]

---

97) 『고려사절요』권13, 명종 26년 4월조.
98) 『고려사절요』권14, 신종 원년 5월 ; 『고려사』권129, 叛逆3, 최충헌전. 한충유

이 사건 직후 李義旼 沙堤를 파괴했다. 이전에 이의민이 駱駝橋부터 猪橋까지 堤를 축조해 堤를 끼고 버들을 심었는데, 사람들이 감히 斥言하지 못해 그를 '新道宰相'이라 일컬었다. 후에 東南盜賊이 大起하고 또 奴隷가 謀逆하니 術家가 지적해 說로 삼았기 때문에 그것을 파괴한 것이었다.[99]

이의민의 출세와 몰락은 노비의 동향과 밀접한 관련이 있었다. 노비 출신이 무신정변 이래 고급관료에 많이 진출하고, 특히 이의민이 최고집권자가 된 것에 노비들도 얼마든지 출세할 수 있다는 의식이 팽배했는데, 이의민이 최충헌에게 암살당하자 위기를 느낀 노비들이 봉기해 최충헌과 주인을 죽이고 대궐을 접수해 권력을 장악함으로써 賤人 없는 사회를 만들려 했다. 노비끼리 동료의식을 지녔고, 노비와 宦者가 피해의식을 공유해 만적 등은 그들과 연대해 거사하려 했지만 주인 몰래 개경 중심부에 모이는 것이 쉽지 않아 밀고로 실패했다. 東南 盜賊이 大起하고 奴隷가 謀逆한 것이 이의민의 집권과 실각 때문이라 인식되어 이의민 관련 시설이 파괴되었다. 경주 일대 민란과 만적 등의 봉기 시도는 경주와 노비 출신인 이의민의 집권 및 실각과 밀접한 관련이 있었다. 이는 최충헌이 경주 일대 민란을 진압하고 여러 지역 노비의 봉기를 차단해야만 집권의 안정을 꾀할 수 있었음을 의미했다.

---

는 閣門祗候에 임명되고, 順貞은 白銀 80兩을 하사받고 免賤해 良이 되었다. 한편 신종 6년 4월에 諸家僮이 樵蘇로 인해 隊를 나누어 東郊에서 習戰하자 최충헌이 사람을 보내 체포하게 했는데 대부분 달아나 단지 50餘人만 획득해 掠問하고 강물에 던졌다(『고려사절요』 권14). 이는 최충헌이 얼마나 노예들의 동향에 민감하게 반응했는지 알려주는데 만적과 같은 모의, 이의민과 같은 노예의 출현을 미리 차단하려 했을 것이다.

99) 『고려사절요』 권14, 신종 원년 5월.

# 맺음말

상장군 정중부와 산원 이의방과 이고는 무신정변에 성공한 후 정중부는 재상에 오르고 이의방과 이고는 문반직과 執奏를 겸했으며, 다른 무신들도 대거 문반직을 겸했다. 이후 무신의 문반직 겸대는 관례로 자리잡았다. 이고가 자신의 정권을 수립하기 위해 정변을 꾀하자 이의방이 이고를 제거해 자신의 정권을 창출했다. 이의방은 대장군으로 중방을 이끌면서 執奏를 겸해 왕과의 통로를 마련했고 지병부사를 겸해 인사를 관장했으며 승선에 올라 공식적인 통로로 왕명을 내세울 수 있었다. 그가 무인집권자로서 승선직을 띤 것은 무인집권자가 재상이 되기 전에 이 직을 띠는 관례를 만들었다.

이의방 정권을 심각한 위기에 빠뜨린 것은 서북면과 동북면을 휩쓸고 개경을 위협한 서경 조위총의 봉기였다. 그는 결국 개경 군대가 서경 군대를 토벌하는 과정에서 정중부의 아들 정균의 사주를 받은 승려에게 암살당해 재상에 오르지 못한다. 정중부는 문하시중에 올라 그의 정권을 열었고 정균이 승선으로서 지병부사를 맡아 인사를 장악했고 송유인이 재상에 올라 정권의 한 축을 담당했다. 정균은 이의방을 제거한 주역으로 승선을 맡아 권력을 장악해 부친 외의 또 하나의 집권자로 볼 수 있다. 정중부 정권은 조위총 봉기와 망이·망소이의 봉기를 진압함으로써 안정기에 접어들었다. 정중부는 무신정변의 주역으로 무인정권을 창출했으니 封侯될만했지만 그러하지 못했는데, 정중부·정균·송유인의 권력농단을 비난하는 벽서가 붙는 등 그들에 대한 비판적인 여론의 흐름을 의식했기 때문이 아닐까 한다.

그런데 젊은 장군 경대승이 정중부 정권, 특히 송유인에 대한 비판적인 분위기를 틈타 牽龍 許升의 내용을 받아 수창궁에 직숙 중인 정균을 암살한 후 정중부와 송유인을 죽여 그의 정권을 열었다. 그는 승진과 승선직을 거부해 계속 장군으로 집권했는데 관제의 정상적인 운영을 추구한 것으로도 볼 수 있지만 나이가 20대 후반이었던 점도 고려해야 할 것이다. 경대승은 도방을 설치해 신변을 보호하려 했지만 급사하면서 그의 정권은 일찍 문을 닫았고 그가 제거하고 싶어했던 이의민이 정권을 장악했다.

이의민은 노비 출신의 군졸로 무반에 진입해 무신정변 때 별장으로 맹활약하고 의종을 죽이고 反무인 봉기를 진압하는 데 연달아 공로를 세워 출세해 상장군에 올랐다. 경대승이 죽자 공부상서로 집권하고 守司空 左僕射에 오르는데 인사직을 겸임하지 않았다. 평장사에 오르면서 비로소 인사직을 겸임했고 두경승과 동시에 문하시중에 올랐다. 그는 권력을 몇몇 관료와, 특히 두경승과 어느 정도 분점했다. 또한 명종의 왕권도 어느 정도 보장했다. 이의민 정권기는 권력 분점과 협력 통치의 시기로 볼 수 있다.

초기 무인정권은 대개 기존의 관제를 유지하면서도 문반직과 무반직의 경계를 무너뜨려 무반의 문반직 겸대, 지방관의 文武交差 등 무인의 이익에 부합하도록 운영했다. 초기 무인실력자도 관직을 중시해 경대승을 제외하고 과도한 승진은 자제하면서도 요직의 대유와 고위직으로의 승진에 힘쓰고, 무반직을 기본으로 가지면서 인사직을 겸해 군사권과 인사권을 장악하려 했다. 이러한 기조는 중기와 후기 무인정권에도 이어진다. 무인 권력자인 이의방, 정균, 송유인, 이의민은 병부직책 겸대를 선호했는데, 무반에 대한 장악력을 높일 수 있는데다가 무반의 문반직 겸대로 인해 무반 인사를 담당해도 문반 인사까지 간여할 수 있기 때문이었다. 이는 무반의 문반직 겸대 및 지방관의 문무교차와 더불어 훗날 최충헌의 문무인사 통합 처리, 최우의 정방 설치를 초래하는 요인으로 작용한다.

# 제2장
# 고려 무인정권의 변화와 집권자의 위상

# 머리말

고려중기 100년 동안의 무인정권에서 이의방 정권부터 이의민 정권까지의 초기 무인정권은 무신정변 주역들이 활발히 활동하던 시기였다. 반면 최충헌 정권부터는 세대와 인물이 교체되면서 새로운 국면이 전개되었고, 최우 정권 후반기부터 몽고의 침략을 받아 개경에서 江都로 천도하면서 전시체제로 전환했다.

최충헌은 이의민 정권을 타도해 私第에 도방을, 市街에 교정도감을 설치하고 자신의 사제에서 문무의 인사를 주관해 무인정권의 제도화에 초석을 마련했다. 그 아들 최우는 거기에 덧붙여 정방과 서방과 마별초를 사제에 설치하고 야별초를 捕盜 명목으로 설치해 제도화를 완성했다. 이 덕택에 최우의 아들 최항과 손자 최의가 연달아 계승해 집권할 수 있었지만 최씨 집안의 가노와 문객이 성장해 최의를 제거하더니 김준과 임연과 임유무 정권을 연달아 탄생시켰다. 江都 시기는 몽고와의 전쟁이 지속되면서 무인 집권자의 권위를 점점 떨어뜨렸다.

무인의 집권은 무력으로 되거나 선대를 계승해 되었는데 집권자가 되기 이전이나 이후나 어떠한 관작을 띠는가는 중요했다. 확립기의 무신정권에서 최씨집정은 공식적인 관직에 대한 관심이 적어져 무관심했다는 견해[1]가 있다. 하지만 무인집권자는 무인정권 내내 자신의 관작에 관심이 많았고 중요한 관작을 차지하려 했다. 최충헌, 최우, 최항 집권기를 중기 무인정권기로, 최의·김준·임연·임유무 집권기를 말기 무인정권기로 설정해 그 추이를 살펴보고 집권자의 관작과 칭호를 고찰해 그 위상을 조명해 보려 한다.

---

1) 변태섭, 『고려정치제도사연구』, 일조각, 1971, 400~427쪽.

# 1. 중기 무인정권과 집권자의 위상

## 1) 최충헌의 집권과 위상

고려 명종 26년 4월에 왕이 보제사에 행차했는데 집권자 이의민은 몰래 미타산 別墅에 갔다. 장군 최충헌과 東部錄事 최충수 형제가 조카 隊正 朴晉材, 族人 盧碩崇 등을 이끌고 미타산 別墅를 습격해 이의민을 죽였다.[2] 최충헌은 그의 묘지명에 따르면 牛峰郡 사람인데 처음에 門蔭으로 良醞令에 散補 즉 良醞令同正이 되었고 成陵直을 거쳐 衛尉注簿에 散加 즉 衛尉注簿同正이 되었지만 刀筆吏가 됨을 부끄러워해 功名으로 현달하기 위해 興威衛保勝散員으로 改點했다. 大定甲午(명종 4년)에 西都를 정벌하는 군대에 최충헌이 勇敢으로 別抄(戰鋒別抄)의 都領(都令)에 選補되어 공로를 세워 本衛別將에 임명되었다. 이후 여러 관직을 거쳐 을묘년(명종 25) 여름에 左右衛精勇攝將軍에 이르렀다.[3] 그는 胥吏였다가 출세하기 위해 무반으로 전환한 인물로 서경의 조위총 토벌 때 선봉에서 공로를 세워 승진을 거듭해 명종 25년 여름부터 좌우위 攝將軍에 올라 있었던 것이다. 그는 그의 묘지명에 따르면 거사 성공 직후 監門衛 攝大將軍에 임명되었다가 이윽고 左右衛 대장군으로 改任되었다.

최충헌 형제가 이의민 세력에 대한 대대적인 숙청을 완료한 명종 26년 5월에 封事를 올리자 왕이 嘉納했다. 최충헌이 아뢰기를, 內侍인 호부시랑 李尙敦과 군기소감 李芬 등 50人이 모두 勢로써 冒進했으니 內侍가 되어서는 안된다며 이들을 아울러 내쫓았다. 최충헌이 王子 僧小君 洪

---

2) 『고려사절요』 권13, 명종 26년 4월 ; 『고려사』 권129, 최충헌전 ; 『고려사』 권128, 이의민전. 東部錄事는 개경 五部錄事(甲科權務)의 하나였다. 『고려사』 권77, 백관지2.

3) 별장 다음에는 知安東府事副使, 鷹揚府 攝郎將과 郎將, 慶尙晋州道 안찰사, 龍虎軍 攝中郎將과 중랑장, 監門衛中郎將, 本衛 借將軍과 攝將軍을 역임했다.

機·洪樞·洪規·洪鈞·洪覺·洪貽 등이 內에 있으면서 干政했다며 아뢰어
本寺로 돌려보내고 또 嬖僧 雲美·存道를 내쫓았다. 6월에 최충헌으로 左
承宣 知禮部 兼知御史臺事 太子詹事를, 于承慶으로 우승선을 삼았다.4)
8월에 왕이 壽昌宮에서 延慶宮(본궐의 오류)으로 移御했는데 최충헌 형
제의 요구에 따른 것이었다.5) 명종이 27년 2월에 制하기를, 좌승선 최충
헌과 대장군 최충수가 惡을 원수처럼 미워해 이의민을 손수 베어 宗社를
안정시켰다며 최충헌에게 忠誠佐理功臣을, 최충수에게 輸忠贊化功臣을
하사했다.6) 이제 최충헌은 좌승선 知御史臺事로서 집권하게 된 것인데
동생 최충수와의 공동정권의 성격이 강했으며 둘은 공신에 책봉되었다.
최충헌이 이의방 이래 집권자나 실력자가 맡아 왔던 승선직을 맡은데다가
감찰권과 署經權까지 장악하면서 동생 최충수보다 우위를 차지했다.

　명종 27년 9월에 최충헌이 홍왕사에 가고자 했는데, 어떤 사람이 匿名
書를 던져 이르기를, 興王寺僧 寥一이 杜景升과 더불어 최충헌을 해치기
를 도모한다고 하니 중지했다. 갑인일에 최충헌 형제가 設醮해 廢立事로
告天했다. 庚申日에 崔忠粹가 甥 朴晉材와 함께 최충헌에게 가서 모의했
는데, 최충수는 자신이 사랑하는 婢의 주인인 司空 縝을 새 왕으로 밀었
지만 최충헌이 上(명종)의 母弟인 平涼公 旼을 밀고 박진재가 금국 인준
의 용이함을 이유로 平涼公을 지지하자 平涼公으로 결정되었다. 신유일
에 최충헌 형제가 박진재 및 그 族 金躍珍·盧碩崇 등과 더불어 市街에서
勒兵해 中軍이 되고, 諸衛兵을 나누어 左右前後軍으로 삼아 四街에 주둔

---

4) 『고려사절요』 권13, 명종 26년 ; 『고려사』 권129, 최충헌전 ; 최충헌 묘지명. 한편
　11월에 시중 杜景升으로 中書令을 삼는다.
5) 『고려사절요』 권13, 명종 26년 ; 『고려사』 권129, 최충헌전. 辛卯 宮闕 화재부터
　金使를 영접하기 위해 康安·大觀 兩殿을 先創해 金使가 이르면 康安殿에 入御하고
　大觀殿에 引見했는데, 그 新創을 꺼려 留御한 적이 없어 禮畢하면 곧바로 壽昌宮에
　還御해 오다가, 이에 이르러 延慶宮(본궐의 오류)에 御한 것이라고 한다.
6) 『고려사절요』 권13, 명종 27년 2월.

하고 將卒을 보내 諸城門을 닫고, 杜景升을 紫燕島에, 樞密院副使 柳得
義, 상장군 高安祐, 대장군 白富公, 친종장군 周元迪, 장군 石城柱, 시랑
李尙敦, 낭중 宋豔・廉克龒, 어사 申光漢 등 12인 및 淵湛 등 10餘僧을
嶺南에 유배했다. 임술일에 또 小君 洪機 등 10餘人을 海島에 유배했다.
계해일에 최충헌 형제가 사람을 보내 入闕해 왕(명종)을 핍박해 單騎로
向城門(向成門)을 나오게 해 昌樂宮에 유폐했고, 內園北宮에 있던 태자
를 妃와 함께 강화도에 추방했다. 平涼公 旼을 맞이해 大觀殿에서 즉위
시키고 아들 淵으로 태자를 삼았다. 최충헌 형제가 擁兵해 樞密院에 들어
가고 諸衛將軍으로 하여금 毬庭에 주둔하게 했다. 최충헌이 아뢰어 內侍
閔湜 등 70餘人을 내쫓고 炟艾井을 허물어 廣明寺井으로 御水를 삼았다.
俗傳에 君王이 炟艾井을 마시면 宦者가 用事한다고 했기 때문에 廢한 것
이었다. 새 왕(신종)이 大觀殿에 나아가 群臣 축하를 받고 의봉루에 이어
해 친히 毬庭宿衛軍을 위로하고 罷歸시켰다. 다음날 최충헌 형제 역시
추밀원으로부터 나와 집으로 돌아갔다. 최충헌으로 靖國功臣 三韓大匡
大中大夫 상장군 柱國을, 최충수로 輸誠濟亂功臣 三韓正匡 中大夫 응양
군대장군 衛尉卿 知都省事 柱國을, 朴晉材로 형부시랑을 삼고, 趙永仁으
로 判吏部事를, 奇洪壽로 참지정사 判兵部事를 삼았다.[7] 최충헌과 최충
수가 공신 칭호를 더하고 勳階 종2품인 柱國[8]을 받은 것은 공신으로서의
권위가 상승했음을 보여주는 것이다.

최충헌과 최충수가 무력을 대대적으로 동원해 시위하여 명종의 측근세
력을 숙청하고 명종을 폐위해 신종을 새 임금으로 옹립함으로써 권력의
기반을 새롭게 다졌으며 신종에게 즉위 은혜를 입혀 공신 칭호를 받았다.

---

7) 『고려사절요』 권13 및 『고려사』 권20, 명종 27년 및 신종 즉위년 9월. 최충헌은
   그의 묘지명에 따르면 上(명종)이 耄倦해 皇太弟(신종)에게 遜位하자 새 임금이 최
   충헌에게 定策迎立의 功이 있다며 특별히 大中大夫 上將軍 □□ 餘官如故를 제수
   하고 有司에게 명해 功臣閣에 畵形하라 했다고 한다.
8) 『고려사』 권77, 백관지 2, 勳.

최충헌은 이제 상장군 좌승선 知御史臺事로서 권력을 보다 효율적으로 행사할 수 있게 되었다. 이의민이 명종의 측근세력을 용인해 왕권의 행사를 꽤 인정했던 반면, 최충헌 형제는 명종의 측근세력을 용인하지 않아 숙청하고 명종까지 폐위했으니 신종 옹립 이후에도 왕의 측근세력을 용납하지 않았다.

　명종의 폐위와 관련해 史臣이 말하기를, 정중부와 이의방과 이의민 등이 의종을 시해해 國柄을 竊弄한 이래, 명종을 위한 계책은 마땅히 誓心自强해 반드시 討賊하고자 할 뿐이었는데, 만약 힘이 부족했다면 慶大升이 王室의 微弱을 분노하고 强臣의 跋扈를 미워해 一朝에 擧義해 狐兎를 사냥하듯 정중부 父子를 주살하자 이의민이 쥐처럼 달아나 鄕間에 假息해, 이는 바로 賢良을 任用하고 紀綱을 修明해 다시 왕실을 신장할 때였건만, 왕은 그러하지 못해 宴安에 빠져 그 施爲가 平居無事의 때와 같았다고 했다. 이의민같은 자는 특히 一匹夫일 뿐이라 一介使를 파견해 그 弑君의 罪로써 주살하고 멸족해야 했는데, 반대로 招置해 爵位에 驟登해 그로 하여금 왕실을 陵轢하고 朝臣을 살해하고 賣官鬻獄하고 朝政을 濁亂하게 했으니 그 禍가 참혹하다고 했다. 최충헌이 틈을 타서 일어나 왕이 오히려 放逐 당해 이로부터 權臣이 서로 이어 執命했다며 슬퍼했다.[9]

　史臣은 명종이 이의민을 죽이지 않았기 때문에 최충헌이 일어나 폐위당했다고 본 것인데 서슬이 퍼런 경대승도 죽이지 못한 이의민을 명종이 어떻게 죽일 수 있었겠는가. 명종의 폐위는 오히려 명종이 이의민 정권과 결탁해 자신의 권한을 꽤 발휘했기 때문이었다. 史臣은 이의민이 朝臣을 많이 살해했다고 비난했지만 신료가 이의민 집권기에 다른 무인의 집권기보다 많이 살해당하지도 않았다. 史臣 내지 儒者의 이의민에 대한 비판은 그가 노비 출신으로 출세하고 임금을 직접 죽인 인물이라는 시각이 전제

---

9) 『고려사절요』 권13, 명종 27년(신종 즉위년) 9월조.

되어 있어 객관적이지 않다.

최충헌과 최충수 정권은 형제가 권력투쟁을 하면서 삐걱거린 끝에 신종 즉위년 10월에 최충헌과 최충수가 개경에서 시가전을 벌여 최충헌이 승리했다. 태자가 이미 昌化伯 祐의 딸을 娶하여 妃로 삼았는데 최충수가 자신의 딸을 태자의 배필로 만들고자 왕에게 固請해 태자비를 내보내자 최충헌이 반대하면서 두 진영으로 갈려 전투해 최충헌이 승리하고 최충수 가 도망쳤다가 살해당했던 것이다.10) 최충헌은 일찌감치 무반으로 전환 해 조위총 토벌에 공로를 세워 무반과 군졸 사이에 입지를 다져온 반면 최충수는 이의민을 제거한 직후에야 무반직으로 전환했기에 입지가 상대 적으로 약했고 이것이 형제의 승패를 결정한 근본 요인이었다.

최충수 몰락 직후인 신종 즉위년 12월 계사일(25일)에 趙永仁으로 守 太師 문하시랑평장사 監修國史 判吏部事를, 奇洪壽로 守司徒 중서시랑 평장사 監修國史 判兵部事 太子太傅를, 任濡와 崔譢으로 중서시랑평장 사를, 李文中으로 참지정사를, 于述儒로 守司空 左僕射 判刑部事를, 崔 詵으로 지추밀원사 太子少師를, 金曉으로 동지추밀원사 太子賓客을, 蔡 順禧와 車若松으로 樞密院副使를, 金彦으로 尙書左僕射를, 林惟謙으로 尙書右僕射 判三司事를, 최충헌으로 樞密院知奏事 知御史臺事를 삼았 다.11) 최충헌은 강력한 경쟁자인 동생 최충수를 제거함으로써 권력 독점 의 계기를 마련했고 좌승선에서 승선들의 우두머리인 知奏事로 승진하고 여전히 知御史臺事를 겸해 권위와 장악력이 더 올라갔다.

신종 원년 정월에 山川神補都監을 설치했다. 최충헌이 宰樞와 重房 및

---

10) 『고려사절요』 권13, 명종 27년(신종 즉위년) 10월 ;『고려사』 권129, 최충헌전.
11) 『고려사』 권21 및 『고려사절요』 권13, 신종 즉위년 12월. 문신 수상과 무신 아상이 각각 監修國史를 겸해 역사편찬에 문무 균형을 꾀한 점이 보인다. 左右 僕射는 당 시 추밀보다 아래였지만 左僕射 于述儒는 守司空을 띰으로써 추밀보다 상위에 위 치해 判刑部事를 차지할 수 있었다. 한편 조영인은 『고려사』 권99, 조영인전에 따 르면, 신종초에 開府儀同三司 守太師 門下侍郎平章事 判吏部事에 加해졌다.

術士를 모아 國內山川의 裨補延基 일을 의논하더니 이것을 설치한 것이었다.12) 최충헌은 이 도감을 통해 山川의 裨補延基와 관련된 일까지 장악하게 되었다. 원년 5월에 私僮 萬積 등이 봉기해 최충헌 정권을 타도하려 했지만 최충헌이 그 계획을 사전에 입수해 萬積 등 100餘人을 잡아 강물에 던졌는데,13) 이는 이의민의 사례와 같은 노예 출신의 정권 장악을 원천봉쇄하려는 조치이기도 했다.

신종 2년 6월 계유일(13일)에 崔讜이 문하평장사로, 于述儒가 중서평장사로 致仕했는데, 무릇 요청하지 않았음에도 관직 그대로 致仕한 자가 20인이었다. 知奏事 최충헌이 兵部尙書 知吏部事로 文武 銓注를 총괄해 禁闥에 출입했는데 병력으로 自衛했다.14) 최충헌이 문무의 인사를 총괄해 그 권한을 행사한 것이었다. 2년 12월 을유일(27일)에 奇洪壽로 守大尉 문하시랑평장사를, 최충헌으로 開府儀同三司 依前 知奏事를 삼았다.15) 知奏事 최충헌은 지어사대사로서 감찰권과 서경권을 행사했을 뿐만 아니라 兵部尙書 知吏部事로 文武의 인사를 총괄해 막강한 권한을 합법적으로 행사할 수 있게 되었다. 관직은 아직 정3품 지주사에 머물렀지만 종1품 文散階인 開府儀同三司를 받음으로써 고위급 재상이나 마찬가지의 위상을 지니게 되었다. 신종 3년 12월에 崔詵으로 守大尉 문하시랑동중서문하평장사 判吏部事를, 奇洪壽로 守大師 柱國을, 任儒(任濡)로 守大傅 문하시랑평장사를, 최충헌으로 三重大匡 守太尉 上柱國 依前 知奏事를 삼았다.16) 최충헌은 아직 지주사였음에도 鄕職의 최고인 삼중대

---

12) 『고려사절요』 권14, 신종 원년 정월.
13) 『고려사절요』 권14, 신종 원년 5월 ; 『고려사』 권129, 叛逆3, 최충헌전.
14) 『고려사절요』 권14 및 『고려사』 권21, 신종 2년 6월. 한편, 『고려사』 권99, 최유청전 첨부 최당전에는 최당이 守太尉 門下侍郞同中書門下平章事로 승진하고 上章해 乞退했다고 되어 있어 최당의 致仕가 자발적인 듯 기록되었지만 최충헌이 최당을 致仕시킨 것이었다.
15) 『고려사』 권21 및 『고려사절요』 권14, 신종 2년 12월.
16) 『고려사』 권21 및 『고려사절요』 권14, 신종 3년 12월. 安有孚로 右副承宣 中書舍

광에다가 三師三公의 하나로 정1품인 太尉와 勳階로 정2품인 上柱國까
지 받으면서[17] 서열상으로는 거의 최고에 올랐다. 더구나 최충헌이 이해
12월에 자신을 호위하는 私兵 부대인 都房을 설치하면서[18] 그의 정권은
안정기에 접어들었다.

신종 4년 1월에 문하시랑 趙永仁이 眼昏을 이유로 乞退하니 守太師
문하시중을 더하여 致仕하게 했다.[19] 이해 12월에 崔詵으로 (문하시랑동
중서문하평장사 판이부사) 開府儀同三司 上柱國을, 奇洪壽로 문하시랑
동중서문하평장사(판병부사)를, 任儒로 守大尉 柱國을, 金晙으로 중서시
랑평장사를, 車若松으로 守司空 참지정사를, 최충헌으로 樞密院使 吏兵
部尙書 御史大夫를 삼았다.[20] 최충헌이 드디어 추밀에 진입해 재상이 되
었고 이부상서와 병부상서를 겸해 문무 인사권을, 어사대부를 겸해 감찰
권과 서경권을 더욱 장악하게 되었다. 그의 인사권 장악은 신종 5년에 완
성된다. 최충헌이 이부와 병부를 겸한 후부터 항상 二部(이부와 병부)에
왕래하며 銓注했는데, 신종 5년 3월에 이르러 私第에서 외척인 吏部員外

---

人을, 趙準으로 戶部侍郎 右諫議大夫를 삼았는데, 최충수의 女壻인 趙準에게 최충
헌이 淸要官을 주고자 해 이 職을 特除한 것이었다. 한편, 崔詵은 『고려사』 권99,
최유청전 첨부 최선전에는 왕이 崔詵이 年高하고 德이 있다고 여겨 守太傅 門下侍
郎同中書門下平章事 判吏部事에 超拜했으며, 이윽고 최선이 引年해 致政했다고 되
어 있다.

17) 三師三公과 官階와 勳에 대해서는 『고려사』 권76, 백관지 1, 三師三公 및 『고려사』
권77, 백관지 2, 勳·文散階 참조.

18) 『고려사절요』 권14, 신종 3년 12월.

19) 『고려사절요』 권14, 신종 4년 1월 ; 『고려사』 권99, 조영인전. 신종 5년 9월 병오일
(5일)에 문하시중 조영인이 나이 70세로 卒하니 왕이 심히 애도해 시호 '文景'을 증
여했다. 조영인은 博學하고 글을 잘 지었으며, 明宗이 명해 태자를 輔導하게 했고,
承宣이 됨에 匡救한 바가 많아 物論이 歸重했다고 한다. 후에 神宗廟庭에 配享되었
다. 고려사 21, 신종 5년 9월 ; 고려사 99, 조영인전 ; 『고려사절요』 권14, 신종 5년
9월.

20) 『고려사』 권21 및 『고려사절요』 권14, 신종 4년 12월. 한편 신종 5년 3월 정사일(12
일)에 冢宰 崔詵과 承宣 于承慶이 禮賓省에 앉아 譯語를 試取한다(『고려사』 권21).

郞 盧琯과 더불어 문무관을 注擬하여 아뢰면 왕은 고개를 끄덕일 뿐이고, 二部(이부와 병부) 判事는 檢閱만 할 뿐이었다.[21] 최충헌이 이부와 병부의 尙書이면서도 자신의 私第에서 문무의 인사를 함께 처리하기 시작한 것인데 훗날 아들 최우가 설치하는 정방의 효시였다.

신종 5년 윤12월에 최충헌으로 守太傅 참지정사 吏兵部尙書 判御史臺事를, 王珪로 어사대부를, 白存儒로 동지추밀원사를, 金平과 李自貞으로 樞密院副使를 삼았다.[22] 최충헌이 중서성의 재신인 참지정사에 올라 이부상서와 병부상서를 겸해 인사권을, 판어사대사를 띠어 감찰권을 행사했다. 신종 6년 11월에 최충헌이 詣闕하는데 御史臺官이 麗景門에서 迎候했고 還第함에 미처 雜端 琴克儀(琴儀)가 馬 앞에 서서 말하니 사람들이 그 아첨을 기롱했다고 한다.[23] 『고려사』와 『고려사절요』에 따르면 신종 6년 12월에 車若松으로 중서평장사를, 최충헌으로 중서평장사 吏部尙書 判御史臺事를, 王珪로 참지정사를, 丁光敍와 金鳳毛로 樞密院副使를 삼았다.[24] 그런데 최충헌은 그의 묘지명에 따르면 임술년(신종 5년)에 '守太傅 참지정사 吏兵部尙書 判御史臺事'에 超遷했고, 계해년(신종 6년)에 守太師 중서시랑평장사로 轉했다고 하니, 그는 신종 6년 12월에 '守太師 중서시랑평장사 吏兵部尙書 판어사대사'에 올랐다고 여겨진다. 그러니까 최충헌이 평장사에 오르면서도 여전히 이부상서와 병부상서를 띠어 문무의 인사를 총괄하고 판어사대사를 띠어 감찰권을 행사했다고 볼 수 있다. 평장사는 대개 6부의 판사를 겸했던 반면 최충헌은 특이하게 이부와 병부의 상서를 겸했는데 이는 이부와 병부의 장악 즉 인사권을 장악하기 위한 변칙이었다. 그는 崔詵에게 평장사 판이부사를, 奇洪壽에게 평장사 판병

---

21) 『고려사절요』권14, 신종 5년 3월. 최충헌은 노관이 安西都護 副使로 出補하자 琴克儀(琴儀)로 그 일을 대신하게 한다.
22) 『고려사절요』권14, 신종5년 윤12월.
23) 『고려사절요』권14, 신종 6년 11월.
24) 『고려사』권21 및 『고려사절요』권14, 신종 6년 12월.

부사를 맡겨 원로를 상징적으로 우대하면서 자신은 평장사 吏·兵部尙書로서 자신의 집에서 실질적으로 문무의 인사를 장악했다. 또한 三師의 으뜸인 太師를 받음으로써 최고의 서열에 서게 되었다.

최충헌은 신종 7년 정월 무진일(4일)에 宰相인 冢宰 崔詵·평장사 奇洪壽를 私第에 맞이해 內禪의 일을 비밀리에 의논했다.25) 그가 신종의 병이 깊어지자 병문안을 빙자해 양위 압박을 가하니, 신종이 7년 정월 기사일(5일)에 천령전에 이어해 태자에게 內禪했다. 이에 최충헌이 태자를 康安殿에 引入해 御服을 올리고 大觀殿으로 나가 즉위시키니 새 왕인 희종이 백관의 朝賀를 받았다. 신종이 최충헌에게 말하기를, 卿은 朕의 父子에게 功德이 얕지 않컨만 갚을 길이 없다며 눈물을 흘렸고, 承宣 및 重房등에게 嗣君을 잘 보필해 달라고 부탁했다.26) 신종은 禪位한지 일주일정도 지난 희종 즉위년 1월 정축일(13일)에 아들인 德陽侯의 邸에 이어해 61세로 세상을 떴다.27) 신종은 위독해 그만 놔두어도 곧 죽을 것이 예상되었다. 그러함에도 최충헌이 굳이 태자에게 선위하도록 만든 것은 그가 태자를 직접 왕으로 옹립하는 형식을 취함으로써 은혜를 입혀 새 왕의 시기에도 자신의 권력을 공고히 하기 위한 포석이었다. 史臣이 贊하기를, 신종은 최충헌이 세운 바가 되어 生殺과 廢置가 모두 최충헌의 손에서 나와 신종이 虛器를 徒擁했으니 臣民의 上에 섰지만 마치 木偶人과 같았을 따름이었다며 애석하다고 했다.28) 최충헌은 자신이 세운 신종이 木偶人처럼 되었듯이 새 왕도 그렇게 되기를 바래 內禪의 형식으로 희종을 옹립한 것이었다.

희종 즉위년 12월에 최충헌으로 守太師 문하시랑동중서문하평장사 判

---

25) 『고려사』 권21, 신종 7년 1월 ; 『고려사절요』 권14, 신종 7년 1월.
26) 『고려사』 권21 및 『고려사절요』 권14, 신종 7년 1월.
27) 『고려사』 권21 및 『고려사절요』 권14, 신종 7년 1월 ; 『고려사』 권64, 예지 흉례 국휼.
28) 『고려사』 권21, 신종 세가 말미 ; 『고려사절요』 권14, 신종 말미.

兵部·御史臺事를 삼았다. 왕은 최충헌이 擁立功이 있다며 臣禮로 대우하
지 않아 항상 부르기를 '恩門相國'이라 했다.[29] 최충헌의 이 번 임명은
새 왕이 즉위해 받은 것이어서 의미가 더 있는데 평장사로서 판병부사와
판어사대사를 띠어 무반인사와 백관감찰을 총괄하는 업무를 맡았으며, 三
師 중의 으뜸인 太師를 띠어 최고의 서열에 위치했다. 희종은 최충헌이
자신을 옹립한 공로가 있다며 臣禮로 대우하지 않고 항상 '恩門相國'이라
불렀다니 최충헌이 신종으로 하여금 희종에게 禪位시킨 의도가 달성된
것이었다.[30] 최충헌은 이번 인사에서 판병부사만 띠고 이부의 판사나 상
서를 띠지 않았지만 盧琯·琴儀와 같은 측근으로 하여금 銓曹의 관직을
띠게 해 최충헌 자신의 집에서 근무시켰을 것이니 문제될 것은 없었다.

　희종 원년 12월에 최충헌으로 特進 訏謨逸德安社濟世功臣 門下侍中
晉康郡開國侯 食邑三千戶 食實封三百戶를, 奇洪壽로 判吏部事를 삼았
는데, 기홍수는 吏部가 銓選을 관장한다며 최충헌에게 양보했다.[31] 희종
은 2년 정월에 문하시중 晉康侯 최충헌은 先君 卽政의 때 및 寡人 繼統
의 初와 今日에 이르기까지 정성을 다해 夾輔해 큰 功業이 있다는 詔를
선포하고, 3월에 최충헌을 책봉해 晉康侯로 삼고 府를 세워 興寧府라 하
고 僚屬을 두고 興德宮을 그것에 속하게 했다. 이후로 최충헌이 宮禁에
출입할 때 便服 張蓋하고 侍從門客이 거의 3000餘人이었다.[32] 최충헌이
공신호를 더 많이 첨가했을 뿐만 아니라 드디어 문하시중 판이부사에 올
라 수상으로서 이부의 인사를 총괄했으며, 晉康郡開國侯라는 작위를 받

---

29) 『고려사절요』 권14, 신종 7년(희종 즉위년) 12월.
30) 신종 7년(희종 즉위년) 7월에 어떤 사람 30餘가 밤에 給事同正 池龜壽 집에 모여
　　최충헌을 죽이기를 모의했지만 발각되어 지귀수는 도망하고 그 동생 池龜永이 잡
　　혀 최충헌이 국문하니 최충헌의 故舊인 장군 李光實이 謀主여서 이광실을 海島로
　　유배했다(『고려사절요』 권14). 그들이 최충헌을 제거하기에는 역부족이었다.
31) 『고려사』 권21 및 『고려사절요』 권14, 희종 원년 12월.
32) 『고려사절요』 권14, 희종 2년 3월 ; 『고려사』 권129, 최충헌전.

고는 晉康侯로서 '興寧府'라는 府를 열어 諸王의 반열에 올랐던 것이다. 문하시중 최충헌이 판병부사 자리를 내놓았다면 측근을 병부의 관직자로 만들어 자신의 집에서 함께 인사업무를 처리했을 것이다.

　희종 2년 12월에 최충헌으로 中書令 晉康公을 삼았지만 최충헌이 사양하자 제배하지 않았다.33) 희종 3년 5월에 최충헌이 대장군 朴晉材를 白翎鎭에 유배했다. 박진재의 門客이 많기가 거의 최충헌에 비견될 정도이고 대개 勇悍했지만 得官者가 적으니 박진재가 불평해 최충헌과의 사이가 틀어졌다. 위기를 느낀 최충헌이 조카 박진재를 불러 결박시켜 유배보낸 것인데 얼마없어 죽었다.34) 박진재는 최충헌의 이의민 습격과 최충수 제거에 적극 협조해 많은 사병을 거느린 실력자로 성장했는데, 최충헌이 이러한 박진재를 제거하면서 그를 위협할만한 경쟁자는 더 이상 존재하지 않았다. 3년 12월에 다시 최충헌으로 中書令 晉康公을 삼았지만 최충헌이 말하기를, 公은 五等의 首이고, 中書令은 人臣의 極이라며 사양하니 제배하지 않았다.35) 최충헌은 그의 묘지명에 丙寅(희종 2년)에 中書令 上柱國 判吏部事 晉康侯에 遷拜되고, 丁卯(희종 3년)에 晉康公에 더해졌다고 기재되어 있다. 그가 중서령과 진강공을 받은 것처럼 되어 있는 것인데 최충헌이 이 둘을 사양한 것을 묘지명 찬술자가 무시했기 때문일 수 있고, 최충헌이 사양했지만 그 당시 사람들은 그 둘의 제배를 인정하는 분위기였기 때문일 수 있다. 최충헌은 승진을 거듭해 문하시중에까지 오르면서도 그의 묘지명에서 확인되듯이 상장군에 임명된 이래 계속 상장군을 띠었는데, 이는 그가 무인집권자로서 기본적으로 重房을 지배해야 했기 때문이다.

　최충헌이 최고집권자이면서 진강후에 책봉되어 諸王의 반열에 오르면

---

33) 『고려사절요』 권14, 희종 2년 12월.
34) 『고려사절요』 권14, 희종 3년.
35) 『고려사절요』 권14, 희종 3년.

서 그에 대한 칭호와 修飾이 높아지고 화려해졌다. 이규보가「晉康侯茅
亭記」36)에서 진강후의 萬年을 기원했다.「上晉康侯謝直翰林啓」37)에서,
자신이 禮部試에 급제한지 10년만에 邑掌書에 보임했지만 長官에 불복해
참소로 해임되었다면서 '令公閣下'가 直翰林으로 등용해 준 데 대해 감사
를 표했다. 이규보가 교방을 위해 지은「晉康侯邸迎聖駕次敎坊致語」38)
에서, 天子가 晉康侯 邸에 행차하니 萬戶國侯(최충헌)가 영접한다고 했
다. 이규보가 교방을 위해 지은「晉康侯別第迎聖駕次敎坊呈瑞物致語」39)
에서, 聖上陛下가 晉康侯 別第(甲第)에 행차하자 令公邸下가 黃屋을 蕊
珠宮에서 맞이했는데, 令公邸下는 嵩嶽이 降精하고 昴星이 鍾粹하고 天
下를 한번에 바로잡아 王家를 再造했다고 찬미하고, '聖曆無疆'과 '侯壽
維億'을 기원했다. 晉康侯 최충헌은 '令公'이라 불렸는데, 여기에 '閣下'가
붙기도 했지만 주로 '邸下'가 붙었고, 천자(황제)인 고려 임금의 수명은
'無疆'하기를, 진강후 최충헌의 수명은 萬年 혹은 維億(億年)하기를 축원
했다. 최충헌을 위해 萬壽보다도 훨씬 긴 億壽를 기원하기도 했다. 최충
헌은 문하시중에 오르고 진강후에 책봉되어 開府하면서 권력의 정점에
올랐고 게다가 실력자 박진재까지 제거하면서 그의 정권은 안정을 구가했
다. 진강후 최충헌은 '令公', '令公邸下' 등으로 존칭되었다. '令公'은 諸王
을 호칭할 때 붙이는 존칭40)이었으므로 진강후 최충헌에게 합당한 존칭

---

36)『東國李相國全集』권23, 晉康侯茅亭記 ;『동문선』권66, 晉康侯茅亭記.
37)『東國李相國全集』권27 및『동문선』권46, 上晉康侯謝直翰林啓. 閣下(閤下)는 재
　　상에게도 붙일 수 있었다.
38)『東國李相國全集』권19, 雜著, 上梁文・口號・頌讚銘, 晉康侯邸迎聖駕次敎坊致語口
　　號 ;『동문선』권104, 致語, 晉康侯邸迎聖駕次敎坊致語.
39)『東國李相國全集』권19, 雜著, 晉康侯別第迎聖駕次 敎坊呈瑞物致語 ;『동문선』권
　　104, 致語, 晉康侯別第迎聖駕敎坊呈瑞物致語.
40) 예종 9년 6월에 禮儀詳定所가 아뢰기를, 근래 문서에서 稱號가 바르지 않다며, 바
　　라건대, 表를 올리는 경우는 '聖上陛下', 箋을 올리는 경우는 '太子殿下'라 호칭하고,
　　諸王에게는 '令公', 中書令과 尙書令에게는 '太師令公', 兩府執政官에게는 '太尉'라
　　호칭하고, 平章・司空・叅政・樞密・僕射에게는 각기 時職을 따라 호칭하고, 3품 이하

이었는데, 후에는 최고집권자가 封侯되지 않더라도 불리는 존칭이 된다.

최충헌이 권력의 정점으로 치닫는 차에 그를 살해하려는 시도가 발각되자 희종 5년 4월에 최충헌이 右僕射 韓琦와 아들 3명, 그리고 장군 金南寶 등 9인을 죽이고 從者를 먼 섬에 나누어 유배했다. 이전에 靑郊驛吏 3인이 최충헌 父子 살해를 도모해 거짓 公牒을 만들어 諸寺에 보내 僧徒를 불러모았는데, 귀법사 僧이 그 牒을 가져온 자를 잡아 최충헌에게 고하니, 최충헌이 곧바로 敎定別監을 迎恩館에 別立해 城門을 닫고 그 黨을 대대적으로 수색하자 靑郊人이 韓琦를 誣構했기 때문이었다.41)

敎定別監은 이처럼 최충헌이 정적을 감시하고 색출하기 위해 설치했으니 특별감찰 내지 정보기구였다. 이것은 그의 私第 안이 아니라 개경의 중심지인 南大街의 迎恩館에 설립되었으니 그가 지배하면서도 공적인 성격도 지녔다. 애초에 '별감'으로 설립된 것으로 보아 관부로서의 색채는 옅었는데 점차 조직화되어 敎定都監으로 변모한 것으로 보인다. 교정별감 내지 교정도감은 최충헌을 비롯한 집권자들의 정권유지에 도움이 되었을 것이다. 고종 2년 11월에 문신인 禮部員外郎 尹世儒(尹瓘의 손자)가 왕에게 무고하기를, 右僕射 鄭稹이 동생인 樞密 鄭叔瞻과 더불어 不軌를 도모하니 자신으로 敎定別監을 삼아 1番 巡檢을 주면 掃除할 수 있다고 했다.42) 이로 보아 교정별감은 최충헌이 겸하지는 않고 그 측근이 임명되거나 공석으로 둘 때도 있었던 것으로 여겨지는데 임명은 왕의 인준을 받

---

員寮에게는 '相公'이라 칭하지 못하도록 하되 곧바로 官名을 부르도록 하자고 했다. 『고려사』 권84, 형법지1, 公式, 公牒相通式.

41) 『고려사절요』 권14, 희종 5년 4월 ; 『고려사』 권129, 최충헌전. 迎恩館과 仁恩館은 나란히 南大街 홍국사 남쪽에 위치했다(『고려도경』 권27). 한편, 희종 4년 7월에 大市(市廛) 左右長廊을 廣化門부터 十字街까지 1008楹 규모로 改營하고, 廣化門 내에 大倉南廊·迎休門 등 73楹을 지었는데, 五部坊里 兩班戶에서 米粟을 거두어 供役을 就賃했으니 兩班坊里의 役이 이로부터 시작되었다(『고려사』 권21). 이는 최충헌의 개혁이었다.

42) 『고려사』 권96, 尹瓘傳 附 尹世儒 ; 『고려사절요』 권14, 고종 2년 11월.

았다. 정6품 원외랑인 윤세유가 교정별감이 되기를 원했으니 그 무렵 교정별감은 고위관료가 임명되는 자리도, 무신만이 임명되는 자리도 아니었던 것 같다.

최충헌 정권이 안정화 되어 가는 와중에 이 정권에 대한 심각한 위협은 경상도 지역에서 발생한 봉기였고 경주 일대가 가장 치열했다. 신종 3년 4월에 晉州 公私奴隸가 무리지어 모여 난을 일으켜 州吏家 50餘를 屠燒해 倉正 鄭方義의 家를 延爇했는데 牧官이 오히려 鄭方義를 의심해 가두자 그 동생 鄭昌大가 突入해 탈출시켰다. 그리고 정방의와 정창대 형제는 群不逞을 불러모아 州里를 墮突하고 평소 仇怨이 있는 자 6,400인을 죽여 진주 지역을 지배했다. 다음해 3월에 晉州人이 鄭方義를 죽였고 그 동생 정창대는 달아났다.[43] 鄕吏가 1년 정도 晉州를 자치적으로 통치한 것이고 게다가 최충헌이 晉康侯에 책봉되기 이전이지만 그의 外鄕이라서 그의 정권에 가볍지 않은 상처를 남겼다. 신종 3년 8월에 金州 雜族人이 무리지어 난을 도모해 豪族人을 죽이니 豪族이 城外로 달아나 피했다. 잡족이 이에 병력으로 副使衙를 포위해 强暴貪汚者를 제거하려 했지만 副使 李迪儒가 城外 豪族과 비밀리에 협력하여 그 잡족을 夾擊해 모조리 죽였다.[44]

신종 3년 12월에 慶州副留守 房應喬를 면직하고 낭중 魏敦謙으로 대신했다. 이전에 최충헌이 이의민 族을 夷했을 때 慶州官이 思敬 등을 이의민 族이라 하여 別將 崔茂에게 명해 체포해 죽였다. 이에 崔茂 및 思敬 兩族이 서로 원망했는데, 방응교가 思敬 族人의 참소를 믿어 편들었기 때문에 兩族이 마음대로 서로 공격해 죽였지만 방응교가 통제하지 못해 파직된 것이었다.[45] 신종 5년 8월에 최충헌이 문무 3품이상을 私第에 모아

---

43) 『고려사절요』 권14, 신종 3년 및 4년.
44) 『고려사절요』 권14, 신종 3년.
45) 『고려사절요』 권14, 신종 3년.

慶州 일을 의논해 이부낭중 宋孝成과 형부원외랑 朴仁碩을 宣諭使로 파
견했다.46)

　慶州 別抄軍이 永州와 평소 틈이 있어 신종 5년 10월에 雲門賊 및 符
仁寺·桐華寺 僧徒를 끌어들여 永州를 공격했지만 永州人 李克仁·堅守
등이 거느린 精銳의 반격을 받아 패배했다. 최충헌이 이를 듣고 宰相諸將
을 大觀殿에 모아 의논하기를 發兵해 토벌해야 한다고 했다. 11월에 慶
州人이 謀叛해 郎將同正 裴元祐를 前將軍 石成柱(石城柱)의 유배소 古
阜郡에 몰래 보내 설득하기를, 高麗王業은 거의 다하여 新羅가 반드시 부
흥하리니 公(석성주)으로 主를 삼고 沙平渡(한강나루)로 경계를 삼으려
하는데 어떠냐고 했다. 석성주가 몰래 郡守 惟貞에게 고하자 惟貞이 裴
元祐를 체포해 按察使에게 보내니 아뢰어 주살했다. 12월에 慶尙道按察
使 池資深이 아뢰기를 慶州가 항복을 요청하니 發兵할 필요가 없다고 했
다. 이에 최충헌이 노하여 대장군 直門下省 金陟候로 招討處置兵馬中道
使를 삼고 형부시랑 田元均으로 副하게 했고, 대장군 崔匡義로 左道使를
삼고 兵部侍郎 李頤로 副하게 했고, 攝大將軍 康純義로 右道使를 삼고
知閣門事 李維城으로 副하게 하여 토벌하도록 했다. 賊이 이를 듣고 雲
門山 및 蔚珍·草田 賊을 募集해 三軍으로 삼아 자칭 正國兵馬라 하고
州郡을 誘脅했다. 김척후 등이 行하니 최충헌이 아들 최우, 甥 朴晉材와
함께 登樓해 관람했는데 각기 兵衛를 크게 진열해 위엄을 보였다.47)

　신종 6년 정월에 慶州賊이 基陽縣에 들어가자 崔匡義가 병력을 거느
려 急擊해 심히 많이 殺獲하니 최충헌이 아뢰어 中使를 파견해 藥을 하
사해 褒奬했다. 2월에 賊이 杞溪縣을 침략하니 李維城이 進兵해 공격해
賊魁 孛佐를 물리쳐 1千餘級을 참수하고 250餘人을 포로로 잡았다. 省臺
가 金陟候가 제대로 싸우지 않아 賊勢를 날마다 왕성하게 했다며 劾奏해

---

46) 『고려사절요』 권14, 신종 5년 8월.
47) 『고려사절요』 권14, 신종 5년. 동경토벌군에 이규보가 兵馬錄事兼修製로 참여했다.

파직하고 대장군 丁彦眞을 파견해 대신하게 했다. 4월에 慶州賊徒 都領
인 利備 父子가 몰래 城隍祠에 기도했는데 兵馬使 丁彦眞에게 포섭된 어
떤 覡이 속이기를, 都領의 擧兵은 장차 新羅를 부흥시키려 하는 것이라
吾屬이 기뻐한지 오래다며 그 집으로 유인해 술을 먹여 취하게 해서 잡아
兵馬使 丁彦眞에게 바쳤다. 7월에 丁彦眞이 隊正 咸延壽와 康淑淸을 雲
門山에 보내 賊副의 도움을 받아 賊魁 孛佐를 베었다. 8월에 左道兵馬使
가 太白山賊魁 阿之를 잡아 개경으로 械送했는데 옥중에서 瘦死했다. 9
월에 崔匡義가 馳奏하기를, 興州 浮石·符仁寺 등 및 松生縣 雙岩寺 僧
徒가 謀亂한다고 하니 兵馬使에게 명령해 推鞫해 섬으로 유배했다.[48]

신종 7년 정월에 최충헌이, 崔匡義·李頤·康純義·李維城 등이 慶州를
평정한 공로가 가장 많다고 여겨 신종에게 아뢰어 먼저 돌아오도록 해 爵
秩을 더하고 寮佐 이하 諸軍도 賞을 주었다. 두 달 뒤인 희종 즉위년 3월
에 招討使 丁彦眞과 副使 田元均 등이 돌아오니, 최충헌이 희종에게 아
뢰어, 賊을 아직 다 제거하지 못했다며 中軍判官 朴仁碩을 머물게 해 按
察使로 삼아 京兵 200을 거느려 진압하도록 했다. 5월에 按察使 朴仁碩
이 餘賊 金順 등 20餘人을 사로잡아 兵馬錄事 皇甫經을 보내 아뢰니 희
종이 황보경을 內侍에 소속시켜 8품직에 임명했다.[49]

최충헌은 동경(경주) 일대 봉기를 신종 6년 말엽에 거의 다 진압함으로
써 그의 정권은 공고해졌다. 희종 즉위년 6월에 東京留守를 강등해 知慶
州事로 삼고, 安東都護를 승격해 大都護府로 삼아, 慶州管內 州府郡縣鄉
部曲을 安東과 尙州에 나누어 예속시켰고, 또한 慶尙道를 고쳐 尙晉安東
道라 했다. 어떤 사람이 최충헌에게 말하기를, 東京은 古의 國都로 실로
南方 巨鎭이라, 강등해 知官으로 삼는 것은 옳지 않다고 하니, 최충헌이
말하기를, 東京人이 新羅復興의 말을 만들어 州郡에 傳檄해 謀逆 扇亂했

---

48) 『고려사절요』 권14, 신종 6년.
49) 『고려사절요』 권14, 신종 7년 1월 및 신종 7년(희종 즉위년) 3월·5월.

으니 징계하지 않을 수 없고, 安東은 盜賊이 合攻한 날을 당하여 一心으로 捍禦해 忠義를 온전하게 했으니 권장하지 않을 수 없다고 했다.[50] 최충헌은 동경이 이의민의 고향이자 세력기반이고 그 봉기군이 신라부흥을 도모했으므로 자신의 정권을 유지하기 위해서 동경 봉기를 철저히 진압했고 동경을 경주로 강등했다.

최충헌은 이미 희종 초기에 中書令과 公爵만 제외하고 관작의 모든 분야에서 최고에 올랐기 때문에 신하로서 더 이상 오를 것이 없었다. 中書令과 公爵을 왕이 수여했지만 최충헌이 겸양의 미덕을 보이려 한 것인지 사양했다. 단, 중서령의 경우는 문하시중에서 중서령으로 옮기면 實權을 행사하는 데 제약을 받을 수 있어서 그랬을 수 있다.[51] 최충헌 묘지명에 康宗이 踐祚해 최충헌에게 '復辟再造格天貫日勒鼎紀常'이라는 공신 칭호를 더했고, 今上(고종)이 継統해 최충헌에게 重加하려 해도 官에 品限이 있어 다시 더할 수 없어 단지 그 輔相의 뜻을 형상하여 字를 지어 해마다 懿號를 더할 뿐이었다고 했다. 최충헌에게 공신호를 더해 가는 방법으로 해결하다 보니 그의 공신호는 세기 어려울 정도로 많아졌다.[52] 이러한 공신 칭호는 단순히 명예만이 아니라 그의 권력과 재력이 정당성을 갖는 원천이었다.

최충헌과 희종의 관계는 겉으로는 평온한 듯 보였지만 갈등이 깊어져 최충헌에게 가장 치명적인 위기가 다가왔다. 희종 7년 12월에 최충헌이 銓注 때문에 壽昌宮에 가 都房 6番을 宮城 밖에 대기시키고 궁 안으로

---

50) 『고려사절요』 권14, 신종 7년(희종 즉위년) 6월.
51) 중서령은 같은 종1품인 문하시중보다 상위이면서 일반적으로는 명예직인데 이것을 띠고도 융통성을 발휘해 實權을 행사하는 경우가 더러 있다.
52) 묘지명에 기재된 그의 누적된 공신 칭호는 '翊聖靖國同心佐命致理訏謨逸德安社濟世熙載贊化夾輔翼亮商楫周藩柱唐鏡光贊羽翼復辟再造格天貫日勒鼎紀常文經武緯燭理措安先機燭物轉籌決勝寒繽旱霖嶽降天授平衡保阿定典畫一金礪龔梅練事得體先□明□叱秦叱楚大畏小懷磐國鼎世帝賓人師輔相匡救摠管□事種德和民啓沃裁成濟川補袞爕理綸燭幽定遠' 功臣이다.

들어가 왕을 대면했다. 왕이 入內한 직후에 최충헌의 從者 數人이 中官의 속임수(酒食 하사 빙자)에 넘어가 廊廡로 유인되어 僧·俗 10餘人의 습격을 받았다. 최충헌이 당황해 "上은 臣을 구해 주소서" 라고 애걸했지만 왕은 말없이 閉戶해 들이지 않았다. 그가 계책이 없어 知奏事房 紙障 사이에 숨었는데 한 僧이 세 번 수색했지만 끝내 발견하지 못했다. 최충헌의 族人인 상장군 金躍珎과 최우의 舅인 知奏 鄭叔瞻이 重房에 있다가 變을 듣고 곧 入內해 최충헌을 부축해 나왔고, 그 黨인 指諭 申宣胄·奇允偉 등이 僧徒와 격투했다. 최충헌을 따라 入內했던 茶捧 盧永儀가 屋에 올라 최충헌이 무사하다고 외치자 都房 6番이 궁으로 들어가 구원하니 僧徒가 敗走했다. 이번에 최충헌 주살 시도의 주모자는 內侍郎中 王濬明이었다.[53] 최충헌 묘지명에는, 辛未 冬末에 公(최충헌)이 除授로 인해 入覲해 啓事했을 때, 羣不逞輩가 (최충헌의) 오래 총애 받음을 시샘해 劍을 뽑아 闌入해 반드시 公을 해치고자 하자, 일이 不意에 발생해 上(희종) 역시 놀라 內寢으로 피해 公이 홀로 남겨져 紙障間에 隱蔽해 難을 면할 수 있었다고 되어 있다. 하지만 이 최충헌 주살 시도의 배후에는 희종이 있었고 사실 희종이 그 주모자였다. 이의민이 그 권세의 절정기에 최충헌에게 암살당한 것처럼, 최충헌도 그 권세의 절정기에 자객들에 의해 죽을 뻔하다가 겨우 살아났다.

　최충헌이 왕(희종)을 원망해 廢하여 江華縣으로 옮겼다가 이윽고 紫鷰島로 옮겼고, 太子 祉를 仁州에, 德陽侯 恕를 喬桐縣에, 始寧侯 禕를 白翎縣에 방출했고, 평장사 任濡를 보내 漢南公 貞(원래 명종의 태자)을 私邸에서 받들어 康安殿에서 즉위시켰는데 이가 곧 강종이다.[54] 고종 2년 8월에 최충헌이 장군 李光裕를 보내 前王(희종)을 喬桐縣으로 옮겼다. 이

---

53) 『고려사절요』 권14, 희종 7년 12월 ; 『고려사』 권129, 최충헌전.
54) 『고려사절요』 권14, 희종 7년 12월 ; 『고려사』 권129, 최충헌전 ; 『고려사』 권21, 강종총서. 강종은 즉위하자 이름을 '祦'로 고쳤다.

광유가 돌아와 말하기를, 전왕이 驚愕해 失措하고 供頓의 비용이 단지 米 6石일 뿐이라고 하자, 최충헌이 變色해 소리 지르기를, "내 仁恕가 아니 면 王 父子가 금일까지 首領을 보존할 수 있으리오, 王濬明의 사건을 追 思하면 내 毛髮이 모두 곤두선다"고 했다.55) 최충헌은 자신을 죽이려고 한 희종을 이처럼 미워하며 박대했지만 죽이지는 않았다. 그 자신이 이의 민을 암살한 것에 대해 이의민의 弑君을 성토한 것이라 선전하며 합리화 했기 때문에 왕을 죽이기는 어려웠던 것이다.

강종 원년 정월에 최충헌의 興寧府를 고쳐 晉康府라 하였다.56) 최충헌 이 희종에게서 받은 興寧府라는 명칭을 싫어해 晉康府로 고쳤을 수도 있 지만 그의 작위명칭인 晉康侯와 일치시키기 위한 측면과 外鄕으로서 식 읍인 晉康(晉州) 일대에 대한 지배를 명확히 하기 위한 측면도 있었을 것 이다. 고종 2년 5월에 최충헌이 別第에 移入했는데, 劍戟 兵衛가 數里에 두루 차고 朝士 追隨者가 심히 많았다. 이전에는 宰相이 그를 隨從하는 자가 없었는데, 이에 이르러 첨서추밀원사 琴儀와 추밀원부사 鄭邦輔가 비로소 수종하니, 時人이 비루하게 여겼다고 한다.57) 추밀은 帝王을 수행 하는 것이 주된 임무였으니 추밀이 최충헌을 수행했음은 최충헌의 위상이 왕과 다름없었음을 시사한다.

丁丑(고종 4년) 2월에 50살의 이규보가 右司諫 知制誥에 제수되었는 데, 이해 가을에 公事로 인해 停職되니 晉康侯에게 올리는 글을 지었 다.58) 이규보는 이「上晉康公書」59)에서 右司諫 知制誥 李某(이규보)가 날을 택해 齋戒하여 令公邸下에게 글을 올린다면서, 접때에 邸下가 論斷

---

55)『고려사절요』권14, 고종 2년 8월.
56)『고려사절요』권14, 강종 원년 1월.
57)『고려사절요』권14, 고종 2년 5월.
58)『동국이상국전집』年譜.
59)『동국이상국전집』권27, 上晉康公書 ;『동문선』권60, 上晉康公書. 당시 최충헌은 晉康侯인데「上晉康公書」라 되어 있다.

한 일을 省中이 알지 못해 異議를 橫出해 邸下의 뜻과 어그러지는 것이
있어 邸下가 椽吏를 불러 그 의논이 나온 곳을 힐문하니 평일에 유감이
있는 僕(이규보)을 지목했기 때문에 停職 당했다며 그 의논은 僕(이규보)
으로부터 비로소 나온 것이 아니라고 변호했고 某(이규보) 再拜로 끝을
맺었다. 이규보는 이「上晉康公書」에서 그 서두에 최충헌을 '令公邸下'라
존칭했고 그 다음에 그를 지칭하면서 '邸下'라는 존칭을 무수히 사용했
다.[60] 최충헌에 대한 '邸下'라는 존칭이 어느덧 굳어져 있었다.

　최충헌 정권이 마지막으로 맞은 심각한 위기는 거란적의 침략이었다.
거란적은 고종 3년 8월부터 고려를 침략해 고종 6년 정월에 江東城에서
고려군, 몽고군, 東眞軍의 공격을 받아 항복한다.[61] 이 전쟁의 와중인 고
종 4년 정월에 興王·弘圓·景福·王輪·安養·修理寺 등의 僧으로 從軍한
자들이 최충헌 죽이기를 도모해 선의문을 공격해 들어가 시가전을 벌였지
만 巡檢軍과 최충헌 家兵의 반격으로 거의 몰살당했다.[62] 최충헌이 이러
한 위기를 극복했기 때문에 그의 정권이 흔들리지는 않았다. 고종 5년 3
월에 최충헌이 나이 70에 찼다며 告老해 致政(致仕)하려 하는 척하자 고
종이 그 속뜻을 알고 几杖을 하사해 계속 視事하도록 했다. 4월에 고종이
희종의 딸을 들어 妃로 삼았다. 이 달에 아직 전쟁 중이라 최충헌이 아들
인 知奏事 崔瑀를 보내 城廊兵器를 巡閱하도록 하고 私卒로써 自衛했는
데 帶甲者가 數里에 걸쳐 이어졌다.[63]

---

60) 이규보는「上晉康公書」에서 최충헌을 '邸下'라 무수히 지칭했는데, 오직 "始閣下欲
　觀椽吏之有以操心者 使之言之 然後尋斥其吏" 부분에서만 '閣下'라 지칭했다. 이 한
　사례의 '閣下'는 이규보가 깜빡 착각했기 때문이거나 나중에『동국이상국집』을 편
　찬할 때 글자를 새기는 자가 실수했기 때문에 생겨났으리라 여겨진다.
61)『고려사절요』권14·15, 고종 3년 윤7월~6년 1월.
62)『고려사절요』권15, 고종 4년 정월. 이 사건은 郎將 金德明이 일찍이 陰陽說로 최
　충헌에게 아부해 수차례 傜役을 일으키고 諸寺를 侵耗했기 때문에 僧徒가 원망해
　발생한 것이었다.
63)『고려사절요』권15, 고종 5년.

거란적과의 전쟁이 끝난 직후인 고종 6년 3월에 낭중 李世芬을 보내 前王(희종)을 喬桐縣에서 奉迎했다. 고종이 최충헌에게 姓 王氏를 하사했다. 7월에 최충헌이 그 아들 城을 前王(희종)의 딸과 혼인시켰다. 親迎의 날에 諸王과 宰樞와 百官이 公服을 착용해 따랐다.64) 최충헌은 그토록 미워한 희종을 포용하는 자세를 취해 고종과 자신의 아들 城을 희종의 두 딸 각각과 혼인시켜 왕실과 결탁해 자신의 정권이 자신대에는 물론 자손대에도 번창하기를 도모했던 것이다. 9월에 최충헌이 아프자 表를 올려 職 및 賜姓을 사양했다. 이달 임자일에 악공을 불러 음악을 연주하게 해 竟日해 밤까지 이어지는데 三鼓(밤 12시 무렵)에 71세로 사망했다. 백관이 縞素를 착용해 會葬했는데 秘器羽葆와 鼓吹旗常이 王喪과 비길 정도였다.65) 최충헌은 상장군 宋淸의 딸과 初娶해 崔怡와 崔珦을 낳았고 다른 배필인 任氏는 崔城을, 王氏는 崔球를 낳았는데, 최이 즉 최우가 부친을 이어 집권한다.66)

## 2) 최우의 집권과 위상

崔瑀(崔怡)는 신종 5년 12월에 경주 토벌군이 출진할 때 최충헌이 아들 최우, 조카 박진재와 함께 樓에 올라 관람하고 각기 兵衛를 크게 진열해 위엄을 보인 데에 모습을 드러냈다.67) 이는 그가 이 때 이미 최충헌의 후계자로 되어 있었음과 사병을 많이 거느리고 있었음을 알려준다. 희종

---

64) 『고려사절요』 권15, 고종 6년. 최충헌이 이전에 장군 孫洪胤을 죽이고 그 妻 任氏가 아름답다고 듣고 사통했다. 그녀가 綏城宅主에 책봉되고 城을 낳았는데 城의 작위는 永嘉伯이었다. 한편 6월에 낭장 奇仁甫가 최충헌 죽이기를 도모했지만 이기지 못하고 죽임을 당했다.

65) 『고려사절요』 권15, 고종 6년 ; 『고려사』 권129, 列傳42, 叛逆3, 崔忠獻.

66) 『고려사』 권129, 최충헌전. 宋淸의 동생인 宋洪烈은 최충헌에 기대어 樞密副使에 올라 권세를 떨쳤다고 한다.

67) 『고려사절요』 권14, 신종5년 12월.

은 4년 2월에 梨坂 崔瑀 第에 이어했고, 5월에 梨坂宮 즉 최우 집에 나아 갔고 10월에 將軍 崔瑀 第에 행차했다.[68] 그러하니 당시 최우는 장군직 을 띠고 있었다. 최우는 直翰林院 이규보가 찬술한 「崔承制十字閣記」[69] 에서 유추하면 강종 즉위 무렵에 承制 즉 승선으로 활동했다. 고종 3년 11월에 거란적을 물리치기 위해 元帥 鄭叔瞻·趙冲 등이 順天館에서 點 兵했는데, 驍勇한 자는 모두 최충헌 및 아들 최우의 門客이고 점검한 官 軍은 모두 老弱羸卒이었으니[70] 최우는 부친에 버금가는 문객 내지 사병 을 거느리고 있었다. 고종 5년 4월에 최충헌이 그 아들인 知奏事 최우를 보내 城廊兵器를 巡閱하게 했으니,[71] 그는 부친이 역임한 적이 있던 知 奏事를 띤 것인데, 당시 부친이 문하시중으로 판이부사를 맡고 있었으므 로 최우는 知兵部事나 병부상서를 겸해 무반의 인사를 맡고 있었을 가능 성이 높다. 晉康公의 元嗣인 崔相國(최우)이 丹兵(契丹賊)을 물리치기 위해 관음을 그리고 點眼하는 疏文을 이규보가 崔相國(최우)의 요청을 받아 대신 지었으니,[72] 최우는 고종 5년 4월부터 거란적이 항복하는 고종 6년 정월 사이에 재상인 樞密院副使로 승진했다.

최우(최이)가 樞密院副使에 올랐는데, 고종 6년 9월에 부친 최충헌이 병들자 부친의 측근세력이 崔珦을 후계자로 만들기 위해 問病을 이용해 최우를 제거하려 했다. 하지만 최우는 부친의 密命을 받은 터라 병문안

---

68) 『고려사절요』 권14, 희종 4년. 희종이 梨坂 최우 집에 머물렀기 때문에 당시에 梨 坂宮으로도 불렸던 것이다.

69) 『동국이상국전집』 권24, 崔承制十字閣記. 이규보는 연보에 따르면 희종 3년 12월 에 權直翰林, 4년 6월에 直翰林이 되었고, 강종 원년 정월에 千牛衛錄事參軍事가 되었고, 이해 6월에 兼直翰林院이 되었고, 고종 즉위년 12월에 司宰丞, 2년 6월에 右正言 知制誥가 된다.

70) 『고려사절요』 권14, 고종 3년 11월.

71) 『고려사절요』 권15, 고종 5년 4월. 한편 知識 冲歲는 南省 亞元으로 金闈에 籍했지 만 곧 脫身해 松廣社 守眞에게 가니 당시 知奏事인 晋陽公(최우)이 江南에 가는 中 使를 통해 茶香 및 楞嚴經을 선물했다(『보한집』 하권).

72) 『동국이상국전집』 권41, 釋道疏, 崔相國攘丹兵畫觀音點眼踈.

가지 않고 그 사위인 장군 金若先을 보내 侍疾하게 하더니 부친의 측근세
력을 숙청해 정권을 장악했다.[73] 이규보는 晉康公의 嗣인 崔相國(최우)
에게 글을 올려, 자신이 非罪로 인해 有司의 탄핵을 받자 閣下가 盡力해
營救한 덕분에 散地에 떨어지지 않고 계양에 부임했는데, 다행히 지금 閣
下가 當國해 무릇 內外官寮 중에서 이름이 청렴하지 않은 자들을 이미
다 징계했다며 자신처럼 礪節奉公者는 반드시 3년 후에 교체할 필요가
없다고 호소했다. 그래서 다음해인 庚辰(고종 7년) 6월에 試禮部郎中 起
居注 知制誥로 소환되어 7월에 개경에 도착했다.[74] 이규보는 당시 추밀
원부사인 최우에게 '相國', '閣下'라는 존칭을 사용했다.

　　최우는 집권하면서 반란 지역에 대한 포용정책을 폈으니, 고종 6년에
경주가 다시 留守(東京留守)로 된 일[75]이 그 사례이다. 그러함에도 최우
에 위협적인 민란이 발생했으니, 고종 6년 9월 무렵에 발생하고 10월에
중앙에 알려진 義州別將 韓恂과 郎將 多智의 난이었다.[76] 고종 6년 10
월에 義州宣諭使 趙廉卿 등이 보고하기를, 義州叛民 50餘人이 嘉州에 이
르러 말하기를, 兵馬使 趙冲·金君綏·丁公壽 등을 제외한 나머지는 모두
貪殘해 고통을 감당할 수 없어서 叛했다고 한다고 했다. 崔瑀가 그 말을
듣고 安永麟·柳庇·俊弼·李貞壽·崔守雄·李世芬·高世霖·洪文叙·李允恭·
崔孝全·宋自恭·李元美·崔謐 등이 일찍이 최충헌을 詔事해 按察使가 되
거나 分道分臺監倉使가 되거나 巨邑에 부임해 한없이 侵漁했다며 여러
섬에 유배했다.[77] 고종 6년 10월 신사일(19일)에 北界諸城이 義州賊에게

---

73) 『고려사』 권129, 최충헌전 및 附 崔怡 ; 『고려사절요』 권15, 고종 6년.
74) 『동국이상국전집』 권15, 古律詩, 「上崔相國」 ; 『동국이상국전집』 年譜. 전년 9월에
　　晉康公(최충헌)이 薨하여 嗣子相國(최우)이 대신해 政權을 잡았기 때문에 이 명령
　　이 있었다고 한다.
75) 『고려사』 권57, 지리지 경상도 동경유수관경주.
76) 『고려사절요』 권15 및 『고려사』 권22, 고종 6년 10월.
77) 『고려사절요』 권15, 고종 6년 10월.

많이 함락당하고 오직 安北都護府와 龜州·延州·成州가 굳게 지키니 州
吏에게 爵職을 하사할[78] 정도로 의주 민란은 치열했다. 하지만 안북도호
부가 버티고 중앙에서 파견한 삼군이 공격하자 7년 2월에 韓恂과 多智가
金元帥 亐哥下에게 의지하려 投했지만 亐哥下에 의해 목이 베어져 개경
으로 보내졌고, 남은 항거자들도 4월까지는 토벌되었다.[79]

최우는 집권 초기에 인심을 얻고 권력 기반을 다지기 위한 정책을 펴고
친동생인 寶城伯 崔珦과 그 세력을 숙청한다. 최우가 고종 6년 10월에
부친이 비축한 金銀珠玩을 왕에게 바쳤다.[80] 7년 정월에 樞密院副使 최
우가 그 부친 최충헌이 占奪한 公私田民을 각각 그 주인에게 돌려주었고,
또한 寒士를 많이 발탁해 人望을 거두었다. 그리고 그 弟 寶城伯 崔珦,
崔珦의 婦翁 壽春侯 沆, 沆의 아들인 司徒 琮, 承宣 申宣胄 및 부친 최충
헌의 家臣 崔思謙과 婢 桐花·成春·獅子 등을 여러 섬에 유배했다.[81] 고
종 7년 3월에 壽春侯 沆과 司徒 琮은 소환되었지만 寶城伯 崔珦은 洪州
에 量移되는 데 그쳤다.[82] 최우 정권은 이렇게 안정기로 접어든다.

최우는 고종 8년 5월에 晉陽侯에 책봉되었지만 固辭해 받지 않았다.
이해 12월(윤12월)에 李延壽로 太尉(守大尉) 문하시랑동중서문하평장사
判吏部事, 金義元으로 중서시랑평장사 判兵部事, 崔瑀로 금자광록대부
참지정사 吏兵部尙書 判御史臺事, 史洪紀로 金紫光祿大夫 지문하성사
이부상서 판공부사, 文惟弼로 守司空左僕射, 金就礪로 樞密院使 병부상
서 판삼사사, 鄭通輔로 지추밀원사 예부상서, 韓光衍으로 동지추밀원사
호부상서, 李勣으로 樞密院副使 尙書左僕射, 貢天源으로 右僕射를 삼았

---

78) 『고려사』권22, 고종 6년 10월 ; 『고려사절요』권15, 고종 6년 10월.

79) 『고려사』권22 및 『고려사절요』권15, 고종 6년 10월·11월 ; 『고려사절요』권15
    및 『고려사』권22, 고종 7년 1월·2월·4월.

80) 『고려사절요』권15, 고종 6년 10월.

81) 『고려사절요』권15, 고종 7년 1월.

82) 『고려사절요』권15, 고종 7년 3월. 이 때 車偶는 羅州에, 盧珣은 全州에 量移되었다.

다.83) 좌복야 文惟弼은 守司空을 띠었기 때문에 추밀보다 서열이 높았
다. 최우가 중서문하성의 참지정사에 올라 이부상서와 병부상서를 겸해
인사권을, 판어사대사를 띠어 감찰권을 장악했다.84)

歸正寺 주지가 圓覺法會를 행하는 疏文을 이규보가 찬술했는데, 여기
에서 參政相國 崔公(최우)은 一國의 安危가 매여 있는 바이고, 萬人의 倚
注가 돌아가는 바여서 최공이 안녕하면 10國이 모두 안녕하고 최공이 오
래 장수하면 萬人이 모두 장수한다고 했다.85) 불교법회에서 최우의 안녕
을 축원했음은 그가 불교를 보호하는 통치자로 인식되었음을 시사한다.
고종 9년 3월에 최우가 3품 이상을 그 第에서 연회하고 또 4품관을 연회
했다.86) 최우가 사제에 관료를 불러 연회한 것은 은혜를 베풀어 자신에

---

83) 『고려사』권129, 최충헌전 附 崔怡 ;『고려사절요』권15 및 『고려사』권22, 고종
   8년 ;『東國李相國全集』권34, 敎書·麻制·官誥, 『李延壽爲守大尉門下侍郎同中書門
   下平章事判吏部事  金義元爲中書侍郎平章事判兵部事  崔瑀爲金紫光祿大夫參知政事
   吏兵部尙書判御史臺事  史洪紀爲金紫光祿大夫知門下省事吏部尙書判工部事  敎書麻
   制各一道』. 이규보가 찬술해『東國李相國全集』권34에 실린 인사문서에는 이연수·
   김의원·최우·사홍기의 인사문서를 포함해 제목이 '敎書'이거나 내용 서두에 '敎'로
   되어 있는데 원래 '制' 혹은 '勅' 혹은 '詔'로 되어 있던 것이, 여러 작자의 글에서
   皇帝·天子와 관련된 표현들이 원간섭기에 元을 의식해 고쳐질 때 역시 고쳐진 것으
   로 여겨진다. 동문선 권25·26·27 制誥에도 이연수·김의원·최우·사홍기의 인사문
   서를 포함한 고려 초중기 여러 문서가 '敎書'나 '敎'로 표현되었는데 원간섭기의 그
   러한 개칭 현상이 반영된 것으로 보인다.

84) 고종 9년 12월에는 李延壽로 守太保 柱國(평장사 판이부사)을, 崔甫淳으로 중서시
   랑평장사 判兵部事를, 史洪紀로 참지정사를, 金就礪로 참지정사 판호부사를, 文惟
   弼로 지문하성사를, 鄭通輔·韓光衍으로 아울러 樞密院使를, 宋臣卿으로 지추밀원사
   吏部尙書를, 李勣으로 동지추밀원사를, 李迪儒로 좌산기상시 판삼사사를, 貢天源으
   로 樞密院副使 尙書左僕射를, 吳壽祺로 樞密院副使 공부상서를, 柳澤으로 尙書右僕
   射를, 金仲龜로 兵部尙書 樞密院知奏事를, 崔甫延으로 형부상서를, 文漢卿으로 공
   부상서를, 柳彦琛으로 형부상서 判閤門事를, 咸壽로 호부상서를, 李公老로 樞密院
   右副承宣을 삼았다(『고려사』권22). 최우는 여전히 참지정사 吏兵部尙書 判御史臺
   事였을 것이다.

85) 『동국이상국집』권41, 釋道疏 歸正寺住持行圓覺法會疏.

86) 『고려사절요』권15, 고종 9년 3월.

대한 충성을 유도하는 정치행위이기도 했다.

추밀부사 吳壽祺가 상장군 崔愈恭, 장군 金季鳳, 낭장 高壽謙 등과 더불어 重房諸將을 그 집에 邀宴해 文臣을 모조리 죽여 私怨을 갚기를 모의했지만, 고종 10년 정월에 발각되어, 오수기를 백령진장으로 폄출했다가 사람을 보내 죽이고, 최유공을 거제현령으로, 김계봉을 溟州副使로 폄출하고, 고수겸을 海島에 유배했다. 다음해인 11년 7월에 최유공과 김계봉과 대장군 李克仁이 최이 죽이기를 모의했지만 최이가 알고 최유공, 이극인, 김계봉, 散員 朴希道·李公允 등을 죽이고 그 黨 50餘人을 섬으로 유배했다. 또 그 黨을 국문하니 辭가 樞密副使 金仲龜, 상장군 咸延壽·李茂功, 대장군 朴文備가 연루되자 그들을 모두 먼 섬으로 유배했다.[87] 최우 살해 모의가 꽤 진행되었지만 최우가 그 주모자와 연루자를 숙청함으로써 오히려 정권의 안정을 가져왔다.

고종 12년 6월에 백관이 崔怡 第에 나아가 政簿를 올리니 최이가 廳事에 앉아 그것을 받았다. 6품 이하 官은 堂下에서 再拜해 땅에 엎드려 감히 仰視하지 못했다. 최이가 이로부터 政房을 私第에 설치해 文士를 선발해 소속시키고 百官 銓注를 注擬하여 批目을 書하여 올리면 왕은 단지 그것을 내려보낼 뿐이었다.[88] 최우는 부친이 이부와 병부의 관직을 띠고 私第에서 문무의 인사를 처리하던 것을 '정방'이라는 기구로 제도화해 인사권을 효율적이고 확실하게 장악했다. 무인 집권자가 그 자신의 私第에 정방을 설치하고 자신의 측근 문사를 정방원으로 둠으로써 설령 집권자 자신이 이부와 병부의 관직을 겸하지 않더라도 문무의 인사를 장악할 수 있었다. 고종 12년 8월에 경상도안찰사 權應經이 倭形을 그려 崔瑀에 바치자 최우가 그 까닭을 물으니, 異國人의 容貌가 奇怪해 僉政으로 하여

---

87) 『고려사절요』 권15, 고종 10년 정월 및 11년 7월 ; 『고려사』 권129, 최충헌전 附 崔怡.
88) 『고려사』 권129, 최충헌전 附 崔怡 ; 『고려사절요』 권15, 고종 12.

금 그것을 알게 하고자 했을 따름이라고 대답했으니,[89) 최우는 여전히 참
지정사로서 통치하고 있었다.

고종 14년 2월에 崔怡가 敎定都監으로 하여금 禁內六官에 牒하여 登
科未官 중에서 才行이 있는 자를 각각 천거하라고 했는데, 이전에 최충헌
이 敎定都監을 설치해 庶事를 관장했고(무릇 施爲하는 바는 모두 이 都
監으로 나왔고), 최이도 그것으로 因해 행했다고 한다.[90) 崔怡 門客은 當
代 名儒가 많아 나누어 三番으로 삼아 書房에 遞宿했다.[91) 이 기록으로
인해 교정도감이 그 설치 이래 무신정권의 집정기관이라는 의견[92)이 있
어 왔다. 교정도감이 권력기구였던 것은 사실이지만 최충헌과 최우가 이
것을 통해 庶事를 얼마나 많이 처리했는지는 의문이다. 이 기구의 활동
사례가 최충헌과 최우 때 별로 나타나지 않는 것 자체가 그것을 뒷받침한
다. 이 기구는 최충헌이 자신을 살해하려는 모의를 색출하기 위해 만든
데에서 유래했듯이 기본적으로 정보기구 내지 특별감찰기구였는데, 때로
보다 넓은 영역의 일에 간여하기도 했다. 최우는 부친이 설치한 교정도감
을 활용하면서 정방과 서방을 신설해 통치를 조직화, 제도화했다. 최고권
력기구는 무인집권자 최우 그 자체였다.

최우의 권세가 하늘을 찌르자 그를 帝王으로 옹립하려는 움직임이 일
어났고 전왕 희종은 자신의 복위를 포기하지 않아 충돌이 일어난다. 고종
14년 3월에 崔瑀가 前王(희종)을 喬桐으로 옮겼다. 이전에 森溪縣人 崔
山甫가 陰陽術數에 밝아 僧이 되어 金剛寺에 거주하면서 姪인 倉正 光孝
등과 奪掠을 일삼다가 姓名을 바꾸어 '周演之'라 하고 개경에 이르러 占
術로 사람을 미혹했다. 최이가 그와 대화해 보고 稱賞하며 날마다 더욱

89) 『고려사절요』 권15, 고종 12년 8월.
90) 『고려사』 권129, 최충헌전 附 崔怡 ; 『고려사절요』 권15, 고종 14년 2월.
91) 『고려사』 권129, 최충헌전 附 崔怡.
92) 변태섭, 『고려정치제도사연구』, 일조각, 1971, 417쪽.

親信해 일을 모두 자문하자 그가 聲勢가 날마다 왕성하고 禍福에 능해 사람들이 모두 그를 두려워해 다투어 뇌물을 바치니 그는 巨富가 되었다. 주연지는 術僧 道一로 弟子를 삼아 서로 密謀해 自言하기를 聲色을 관찰하면 사람의 貧富와 壽夭를 분별할 수 있다고 하며 아름다운 婦人을 많이 끌어들여 간음했다. 어느 날 주연지가 비밀리에 최이에게 白하기를, "今王은 失位相이 있고 公은 王侯相이 있으니 命의 所在를 피할 수 있으리오" 했다. 최이가 이를 腹心인 장군 金希磾에게 말하자 김희제가 주연지를 만나 그 說이 있었는가 물었다. 주연지가 놀라 최이에게 나아가 말하기를, 前日 密語가 누설되어 禍가 미칠까 두렵다고 하니, 최이는 주연지가 자기를 업신여긴다고 생각했다. 마침 어떤 사람이 최이에게 참소하기를, 저번에 公이 아팠을 때 상장군 盧之正과 대장군 琴輝·金希磾가 주연지 집에 모여 公을 해치고 희종을 복위하기를 모의했다고 했다. 최이가 그것을 믿고 주연지를 南海에 유배하고, 노지정 및 琴輝 역시 諸州에 유배했다. 주연지 집을 적몰하다가 희종이 주연지에게 준 書를 획득했는데 '誓同生死父事'의 말이 적혀 있었다. 최이가 곧바로 장군 曹時著 등을 보내 희종을 江華로 옮겼다가 또 喬桐으로 옮겼고, 주연지를 바다에 빠뜨리고 그 族을 夷했던 것이다.[93]

주연지(최산보)가 최우에게 王侯相이 있다며 천명을 따라 왕위에 오르기를 권유했던 것인데 최우가 그 자리에서 거절하지 않은 것으로 보아 왕위에 오르고 싶은 욕망이 꽤 있었다고 보인다. 그런데 주연지가 오락가락 행보를 보이면서 참소가 끼어들어 처벌을 진행하는 중에 희종과 주연지가

---

93) 『고려사』 권129, 최충헌전 附 崔怡 ; 『고려사절요』 권15, 고종 14년 3월. 道一을 체포해 국문하니 服했다. 또 노지정·琴輝·김희제 및 중랑장 牙允偉, 別將 申作楨을 체포해 바다에 빠뜨리고 妻子兄弟를 遠地에 유배하고 또 김희제의 子 金弘己 등 3인을 바다에 침몰시켰다. 김희제는 容儀가 아름답고 智勇이 있어 최우의 親信을 받았는데 최우가 질병에 걸리자 낫지 않을까 걱정해 노지정 등과 함께 주연지에게 점친 것이었는데 妬勢者의 참소로 인해 사망했다.

생사를 같이 하기를 맹세한 글이 발견되어 희종이 다시 섬으로 추방되었
다. 그러니까 주연지는 기회주의자로 최우와 희종 사이에서 양다리를 걸
쳤다가 최우에게 죽임을 당한 것이었다. 희종은 최충헌과 사돈 관계를 맺
으면서 최씨 집안과 화해한 듯 보였지만 이 사건으로 더 이상 화해할 수
없었다. 그렇다고 최우가 희종을 죽이지는 못했으니 그도 자신이 왕위에
오르지 않는 이상, 임금을 죽이는 부담을 지려 하지 않았다. 최우는 이
사건으로 인해 왕위에 오르려는 욕망을 자제한 것으로 보이고, 최우의 측
근도 자칫 이 사건처럼 어긋나면 자신이 다칠 수 있어서 섣불리 최우를
임금으로 만들려는 움직임을 보이기 어려웠다.

고종 15년 12월에 崔甫淳에게 守太師 판이부사를, 金就礪에게 守太尉
중서시랑평장사 판병부사를, 崔瑀에게 鼇戴鎭國功臣을 더하고, 貢天源과
崔正份을 참지정사에, 崔宗俊을 지문하성사 吏部尙書에, 朴世通을 兵部
尙書에 임명했다.[94] 고종 16년 1월 신미일(2일)에 平章事 崔甫淳이 卒했
다.[95] 최우는 이처럼 鼇戴鎭國功臣이 더해졌다. 최우도 부친처럼 관직의
초고속 승진은 어느 정도 자제했고 공신 칭호가 계속 더해졌다.

고종 18년에 崔怡 妻 鄭氏가 사망하자 왕이 官에 명해 順德王后例를
사용해 장사를 치르게 했다. 三殿 및 諸王·宰樞와 承宣 이하가 다투어
設奠 侈美하기에 힘쓰니 市價가 踴貴했다. 그녀에게 卞韓國大夫人을
증여하고 시호는 '敬惠'라 했다. 百官과 諸領府가 모두 會葬했는데 金銀
錦繡로 龕室을 장식하고 左右에 紅燭을 나열해 數里에 뻗쳐 이어지고 石
室이 지극히 奇巧했다.[96] 최우의 妻는 장례에서 왕비의 예우를 받았는데

---

94) 『고려사』 권22 및 『고려사절요』 권15, 고종 15년 12월 ; 『고려사』 권129, 열전42,
　　최충헌전 附 崔怡. 한편 최보순은 『고려사』 권99 최균전 첨부 최보순에 따르면 高
　　宗朝에 累官해 守太師 門下侍郞平章事 判吏部事에 이르렀다.
95) 『고려사』 권22 및 『고려사절요』 권15, 고종 16년 1월 ; 『고려사』 권99, 최균전 첨
　　부 최보순.
96) 『고려사』 권129, 최충헌전 附 崔怡.

생존해 있었을 때에도 그러했을 것이다.

　고종 17년 8월에 최우의 동생으로 용감하고 猜暴한 崔珦이 유배지인 洪州에서 난을 일으켰지만 朝廷이 파견한 兵馬使 蔡松年이 10領을 거느리고 토벌하자 도망쳤다가 잡혀 옥중에서 사망했다.[97] 최우에게 강력한 도전자가 사라져 그의 정권은 더욱 공고해졌다. 하지만 엄청난 폭풍이 몰려왔으니 고종 18년 8월 임오일(29일)에 蒙古元帥 撒禮塔이 咸新鎭을 포위하고 鐵州를 屠戮하면서[98] 시작된 몽골의 침략이었다. 고종 18년 12월에 昇天府副使 尹隣과 錄事 朴文檥가 몰래 家屬을 江華에 두고는 崔瑀를 설득하기를, 江華가 避亂할만하다고 하니 최우가 믿고 2人으로 하여금 먼저 가서 살펴보도록 했는데 中道에 蒙兵에게 잡혔다.[99]

　고종 18년 11월 신해일(29일)에 몽병이 平州로부터 와서 선의문 밖에 주둔했다. 蒲桃元帥는 金郊에 주둔하고, 迪巨元帥는 吾山에 주둔하고, 唐古元帥는 蒲里에 주둔했다. 前鋒이 禮成江에 도착해 焚燒廬舍를 불태우고 인민을 殺掠하기를 이루 셀 수 없을 정도였다. 이에 京城이 驚擾해 洶洶했다. 崔瑀가 사위 대장군 金若先과 함께 家兵으로 自衛하니 守城者는 모두 老弱男女일 뿐이었다. 최우가 御史 閔曦, 內侍郎中 宋國瞻을 보내 蒙兵을 犒慰했다. 12월 임자일 초하루에 蒙兵이 京城四門 外에 나누어 주둔하고 또 興王寺를 공격하니 御史 閔曦를 보내 犒饋하고 和親을 맺었다. 다음날 민희가 또 蒙古屯所에 가서 蒙使 2인, 下節 20인과 함께 오니 知閣門事 崔璟으로 接伴使를 삼아 儀仗을 갖추어 宣義門外에 나가 맞이해 宣恩館으로 들어왔다. 당시 安北都護府에 주둔하고 있던 撒禮塔 역시 使者 3인을 보내와 講和를 효유하고 다음날 蒙使가 詣闕하니 왕이 大觀殿庭에 내려와 北面해 맞이하자 蒙使가 중지시키니 왕이 南面해 拜

---

97) 『고려사절요』 권16, 고종 17년 7월·8월.

98) 『고려사』 권23, 고종 18년 8월.

99) 『고려사절요』 권16, 고종 18년 12월.

하고 연회를 열어 그들을 위로했다.100) 19년 4월 임술일(12일)에 상장군 趙叔昌과 시어사 薛愼을 몽고에 보내 上表해 稱臣했다.101)

고종 19년 5월에 蒙古 河西元帥가 使를 파견해 書를 부치고 아울러 金線 2匹을 보냈다. 그 書에 稱하기를 令公上이라고 했는데 대개 崔瑀를 가리킨 것이었다. 최우가 받지 않고 말하기를 나는 令公이 아니라며 淮安公 侹에게 돌렸지만 侹 역시 받지 않아 往復하기를 오랫동안 했다. 최우가 끝내 학사 이규보로 하여금 侹의 答書를 제술하게 하여 보냈다.102) 최우가 최고집권자로서 '令公'이라 불렸고 몽고도 이를 알고 '令公' 최우에게 글을 보낸 것인데 최우는 골치 아픈 외교상의 책임을 회피하기 위해 자신이 '令公'이 아니라고 했다.

고종 19년 5월에 재추가 宣慶殿에 모여 몽고 방어를 의논했고,103) 이해 6월 을축일(16일)에 최우가 그 第에 재추를 모아 천도를 의논했다. 당시 국가가 昇平이 이미 오래되어 京都戶가 十萬에 이르고 金碧이 相望하고 人情이 安土해 천도를 어렵게 생각했지만 최우를 두려워해, 海島로의 천도를 반대한 兪升旦을 제외하고 감히 一言이라도 꺼내는 자가 없었다. 夜別抄指諭 金世沖이 문을 열고 들어와 최우를 힐책하며 천도를 반대했지만 守城策을 제시하지 못하자 최우가 어사대부 大集成과 鷹揚軍上護軍 金鉉寶의 요청을 받아들여 김세충을 베게 했다. 이날에 최우가 奏請해 왕에게 강화로 西幸하기를 요청했지만 왕이 猶豫해 결정하지 않았다. 이에 최우가 祿轉車 百餘兩을 빼앗아 家財를 강화로 수송하니 京師가 洶洶했고 有司로 하여금 刻日해 五部人戶를 發送하도록 하고 城中에 榜示하기를 遷延해 기한에 늦게 登道한 자는 軍法으로 논한다고 하고 또한 諸

---

100) 『고려사』 권23 및 『고려사절요』 권16, 고종 18년 11월 및 12월.
101) 『고려사』 권23 및 『고려사절요』 권16, 고종 19년 4월.
102) 『고려사절요』 권16, 고종 19년 5월.
103) 『고려사』 권23, 고종 19년 5월.

道에 使를 파견해 山城과 海島에 民을 옮기도록 했다. 고종 19년 6월 을
축일(16일)에 최우가 왕을 위협해 강화로 천도하기를 결정해 실행한 것이
었다.104)

고종 19년 6월 경술일 초하루에 王妃 王氏가 세상을 뜨니 百官이 3일
동안 玄冠素服했고, 6월 정사일(8일)에 최우가 江華勸農別監 申之甫를
시켜 前王을 紫燕島에서 맞이했다. 신유일(12일)에 王后를 장례해 시호
를 '莊惠'라 했는데, 최우가 바친 棺槨이 모두 金銀으로 장식되어 지극히
侈美하니 왕이 그것을 보고 嘆賞했다.105) 前王(희종)이 왕비 왕씨의 부친
이라 장례에 참석하게 최우가 배려한 듯하다.

고종 19년 6월 을축일(16일)에 최우가 왕(고종)을 위협해 江華로 천도
하도록 했다. 병인일(17일)에 최우가 2領軍을 동원해 宮闕을 江華에 비로
소 조영했다. 7월에 지문하성사 金仲龜와 지추밀원사 金仁鏡으로 王京留
守兵馬使를 삼아 8領軍 즉 8천명의 군인으로써 개경을 鎭守하게 했다.
이달 을유일(6일)에 왕이 개경을 출발해 昇天府에 머물렀고, 병술일(7일)
에 江華客館에 入御했다. 당시 霖雨가 내려 진창에 정강이가 빠지고 人
馬가 仆僵하고 達官 및 良家婦女 중에 맨발로 負戴한 자도 있고 鰥寡孤
獨이 失所해 號哭하는 자가 셀 수 없을 정도로 많았다. 御史臺 皂隷인
李通이 京畿草賊 및 城中 奴隷를 불러모아 叛하여 留守兵馬使를 축출하
고 三軍을 편성해 諸寺에 牒을 보내 僧徒를 불러모으고 公私錢穀을 標掠
했다. 왕이 樞密院副使 趙廉卿으로 中軍陣主를, 상장군 崔瑾으로 右軍陣
主를, 상장군 李子晟으로 後軍陣主를 삼아 토벌하게 했다. 賊은 三軍이
江華로부터 渡江함을 듣고 강변에서 逆擊하려 했지만, 三軍이 賊을 昇天
府東郊에서 공격해 大敗 시켰다. 牽龍行首別將 李甫・鄭福綏가 夜別抄를

---

104) 『고려사절요』 권16 및 『고려사』 권23, 고종 19년 6월.
105) 『고려사절요』 권16 및 『고려사』 권23, 고종 19년 6월 ; 『고려사』 권64, 예지6,
　　凶禮 國恤.

거느리고 먼저 開城(여기서는 開京城)에 이르러 속이기를, "우리들이 이 미 官軍을 격파해 돌아왔으니 속히 문을 열라"고 하니 門者가 믿고 문을 열자 李甫·鄭福綏 등이 守門者를 베고 병력을 인솔해 李通 집에 이르러 그를 베었다. 三軍이 이어서 이르니 賊魁가 계책이 다해 도망해 숨었고 餘黨은 모조리 주살당했다.[106] 江都 시대는 이렇게 험난하게 시작되었다.[107]

이규보는 강도에 천도한 초기에 삼품이었지만 鈞慈(최우)의 허락으로 兩府의 華筵에 참여하니 鈞慈(최우)가 斑犀鞓帶 하나를 '賜'하여 착용하도록 하고 친히 臨하여 구경했다. 그가 이에 감사하는 글을 崔相國(최우)에게 올리면서, 鈞慈(鈞階: 최우)가 별도로 月俸을 준 데 대해서 "一斛千年如祝壽 凡於十斛十千年"이라 했다.[108] 이규보가 그의 연보에 따르면 65세인 壬辰(1232: 고종 19) 4월에 判祕書省事 寶文閣學士 慶成府右詹事 知制誥에 임명되었고 6월에 강화로의 천도가 행해졌고, 다음해 6월에 樞密院副使에, 12월에 知門下省事 戶部尙書 集賢殿大學士 判禮部事에 임명되었다. 그러하니 그가 이 작품을 쓴 시기는 고종 19년 후반 혹은 고종 20년에 해당해 최우가 封侯되기 이전이다. 그러함에도 이규보는 최우가 斑犀鞓帶를 선물한 것을 '賜'라 표현하고 月俸을 수여해준 최우에 대해 '十千年' 즉 萬壽를 축원했으니, 최우를 帝王처럼 찬양했던 것이다.

고종 21년 10월 경인일(25일)에 왕이 최우(최이)의 遷都 공로를 논하여 晉陽侯에 책봉하고 晉陽府를 열도록 했다. 이에 앞서 詔를 내려 최우 遷都의 功을 論하여 封侯 立府한다고 하니 百官이 모두 최우 第에 나아가 축하했고 왕이 乙亥日로써 冊封하고자 했지만 최우가 迎詔禮物의 不備

---

106) 『고려사절요』 권16 및 『고려사』 권23, 고종 19년 6월 및 7월.

107) 고종 19년에 蒙古兵을 피하여 江華縣으로 入都하면서 승격해 江華郡으로 삼고 '江 都'라 호칭했다. 『고려사』 권56, 지리지1, 楊廣道, 南京留守官 楊州, 江華縣

108) 『東國李相國全集』 권18, 古律詩, 上崔相國二首幷序[今晉陽侯也].

를 이유로 사양하니 이 날을 사용하자 이에 州郡이 다투어 饋遺를 바쳤다. 최우가 私第를 조영하기를 모두 都房 및 四領軍을 사역하고 선박으로 舊京 材木을 날라 왔고 또 松柏을 취하여 家園에 많이 심었는데 사람들이 많이 溺死했다. 그 園林은 廣袤가 무려 數十里였다.[109)]

이규보가 재상으로서 奉勅해 찬술한「晉陽侯封册敎書」[110)]에, 朕이 보건대 自古로 異姓으로 侯가 된 자는 宗室의 例封과 같지 않아 반드시 命이 세상에서 傑出하고 功望이 豊重한 연후에 책봉된다고 했다. 卿(최우)이 予一人(고종)을 擁立해 定策佐命한 것은 朕이 결코 잊지 못하는 공로인데, 獷俗(몽골)의 침략을 당해 料敵 制變하여 神처럼 기미를 알아 民을 거느려 遷都하여 我社稷을 完保하고 叛逆을 剪滅해 朝綱을 다시 떨쳤으니 이는 三韓의 공로이고, 達旦統軍 撒里打가 卿(최우)의 奇算이 미친 것으로 말미암아 화살 하나를 맞아 죽어 萬國으로 하여금 함께 기뻐하게 했으니 이는 천하의 공로라고 했다. 지금 使인 금자광록대부 守大尉 중서시랑평장사 공부상서 崔宗峻, 副使인 은청광록대부 지추밀원사 병부상서 상장군 金叔龍 등을 보내 持節 備禮하여 그대를 책봉해 晉陽侯로 삼고 貝寮를 署置해 蓮府를 盛開한다고 했다.

최우는 고종 21년 10월에 이렇게 晉陽侯에 책봉되어 晉陽府를 열고 貝寮를 둠으로써 諸王의 반열에 올라 그의 권위는 더욱 빛나게 되었다. 그가 진양후에 책봉될 때 관직은 무엇이었는지 확실하지 않다. 惠諶이 명성을 떨치자 지금 門下侍中 晉陽崔公(최우)이 누차 京輦에 초빙하려 했지만 혜심이 끝내 이르지 않아도 千里 相契해 완연히 對面하는 것 같았고, 두 아들을 보내 시중들게 하고 혜심의 常住資具를 盡力해 營辦했다. 癸

---

109)『고려사』권23 및『고려사절요』권16, 고종 21년 10월 ;『고려사』권129, 최충헌 전 附 崔怡.

110)『동국이상국전집』권33, 敎書·批答·詔書, 晉陽侯封册敎書[以宰相奉勅述] ;『동문선』권25, 制誥, 封晉陽侯敎書. 이 敎書는 원래 勅書 내지 制書였을 것이다.

巳(1233) 즉 고종 20년 仲冬에 惠諶이 本社에서 아프자 晋陽公이 이를
듣고 크게 놀라 上에게 아뢰어 御醫 某를 보내 診視하게 했지만, 惠諶은
甲午(1234) 고종21년 6월 26일에 化하자, 乙未(고종 22년) 仲炎에 廣原
寺의 北에 장례하고 浮圖를 세웠다. 嗣法禪老 夢如 역시 法主인데 逸庵
居士 鄭奮에게 요청해 惠諶의 行錄을 草具하여 立碑로써 晋陽公에게 요
청하도록 하니 진양공이 上에게 아뢰자 上의 명령을 받은 致仕 이규보가
奉宣해 碑銘을 찬술하고 中書舍人 知制誥 金孝印이 奉宣해 書했다.111)
이를 통해 고종 22년 무렵에 최우가 문하시중을 띠고 있었음을 알 수 있
는데, 그가 고종 21년 10월 진양후에 책봉될 무렵에 문하시중에 올랐을
가능성이 크다. 고종 21년 5월 기미일에 侍中 金就礪가 卒했으니,112) 최
우는 이 직후에 문하시중에 올랐을 것이다.

　　고종 22년 6월 을유일에 知奏事 金若先의 딸로 太子(원종)의 妃를 삼
았는데, 詔하여 國用이 넉넉하지 않으니 開福禮物을 줄이고 또한 宰樞
이하 賜宴을 정지했다.113) 최우의 외손녀가 태자비가 된 것이었으니 최우
의 권위는 더욱 상승했다. 고종 23년(1236) 2월 경자일(13일)에 燃燈이라
왕이 봉은사에 갔는데 內侍 柳宗卿·崔宗敬에게 명령해 花酒를 晉陽府에
하사했고, 다음날 大會(연등대회)에도 역시 그와 같이 했다.114) 이해 2월
에 樞密院副使 金若先의 妻가 燈夕으로 인해 入內하는데, 왕이 太子妃母
라며 그 府(태자부)의 牽龍行首·中禁都知 및 장군 등에게 명해 僕從으로
삼고 輿蓋服飾이 한결같이 王妃와 같으니, 識者가 말하기를, 下의 僭上

---

111) 眞覺國師(惠諶) 비문. 한편 최우는 급제자가 아니었지만 재상으로 監修國史를 겸
　　임했다(『고려사절요』 권21, 충렬왕 21년 8월조).
112) 『고려사』 권23, 고종 21년 5월. 김취려는 묘지명에 따르면 고종 17년 1월에 (중서
　　시랑평장사) 판이부사에, 19년 3월에 문하시랑평장사 (판이부사)에 임명되었으니,
　　20~21년 무렵에 시중에 올랐다.
113) 『고려사』 권23, 고종 22년 6월.
114) 『고려사』 권23, 고종 23년 2월.

을 上(임금)이 스스로 열었다고 했다.[115] 이해 2월 계축일(26일)에 太子妃(최우의 손녀)가 아들 諶을 낳았는데,[116] 諶(충렬왕)은 최우의 외증손자였으니 최우의 권위는 더욱 빛을 발했다. 이해 11월 병인일(13일)에 팔관회를 개설하고 법왕사에 행차했는데, 內侍少府監 庚碩에게 명령해 酒果를 晋陽府에 하사했고 다음날에도 역시 그와 같이 했다.[117] 晋陽侯가 上番門客의 姓을 모아 韻으로 삼아 門下 詩人輩에게 명령해 冬日 牡丹詩를 짓도록 했는데 이규보도 和進했다[118].

晋陽公의 孫女가 東宮의 배필로 아들을 낳자 公(당시는 晋陽侯)이 宗室諸王을 연회해 八洞樂을 진열해 관람했다. 舊京(開京) 諸坊이 十二洞이라 불리며 각기 里樂이 있었지만 遷都에 미쳐 모두 廢했는데, 晋陽公이 고쳐 八洞으로 만들어 그 樂을 閲한 것이었다. 東山洞이 歌謠를 바쳐 이르기를, "東山曲은 重輝四이고, 中岳聲은 萬歲三 하네"(東山曲是重輝四 中岳聲爲萬歲三)[見子山爲中岳 其洞亦進樂]이라 했고, 花山洞이 이르기를, "一門에 三韓 簪履가 모이니 八洞 笙歌가 萬壽聲이네"(一門簪履三韓會 八洞笙歌萬壽聲) 라고 했다.[119] '中岳聲爲萬歲三'에 대한 세주에 "見子山이 中岳인데 그 洞 역시 樂을 바쳤다"고 되어 있으니, 견자산 일대의 中岳洞도 八洞의 하나로 음악을 바쳤다. 東山洞이 바친 가요에도 中岳聲의 '萬歲三'을 언급하고, 花山洞의 가요에도 一門(최우의 저택)에 고급관료들이 모이자 八洞笙歌가 萬壽를 노래한다고 했으니, 8동 음악은 강도의 中岳인 견자산 진양부의 진양후(훗날 진양공) 최우의 만수를 축원하고

---

115) 『고려사절요』 권16, 고종 23년 2월 ; 『고려사』 권101, 金台瑞傳 附 金若先.
116) 『고려사』 권23 및 『고려사절요』 권16, 고종 23년 2월.
117) 『고려사』 권23, 고종 23년 11월.
118) 『東國李相國全集』 권18, 古律詩, 晋陽侯集其日上番門客之姓爲韻. 한편 고종 24년 8월 무자일에 前王(희종)이 세상을 떠 10월 정유일에 碩陵에 장사지내졌다(『고려사』 권23). 최씨 집안의 앙숙인 희종이 세상을 떠 강화에 묻힌 것인데 최우에게는 걸림돌이 사라진 것이었다.
119) 『보한집』 하권. 東山洞과 花山洞의 이 가요 부분은 三聯 중의 一格이었다.

만세 삼창을 하는 노래를 연주했던 것이며 이는 당시 고려 관료들의 태도를 대변한 것이었다.

오백나한도가 을미년(1235: 고종 22년)과 丙申年(1236: 고종 23)에 棟梁인 隊正 金義仁에 의해 제작되었는데 대개 을미년과 병신년 각각 10월에 이루어진 것으로 보인다. 이것들은 일본 동경국립박물관과 한국 국립중앙박물관과 어떤 개인과 미국 Cleveland Museum of Art가 소장하고 있다.[120] 제23 天聖尊者(을미년 10월 제작)와 제92 守大藏尊者(을미년 □□ 제작)와 제170 慧軍高尊者(병신년 □□ 제작)와 제464 世供養尊者(제작연대 부분 희미)에는 聖壽天長과 令壽萬年을 축원했고, 제125 展寶藏尊者(을미년 제작)와 제145 喜見尊者(병신년 □□ 제작)와 제427 願圓滿尊者[121](병신년 10월 제작)에는 聖壽天長과 太子千載와 令壽萬年을 축원했다. 개인 소장 오백나한도의 제329 圓上周尊者 그림(을미년 10월 제작)은 隣兵이 속히 물러가 中外가 평안하기와 聖壽等南□과 令壽齊北□와 己身(자기 자신)의 壽命 연장과 室內(아내)의 椿齡 획득을 축원했는데 都兵馬錄事 李堯□가 관여했다.

이 나한도에서 일관되게 '令壽萬年', 즉 令壽가 만년토록 길기를 기원했는데 令壽는 곧 令公 수명 즉 최우의 수명을 의미했으니 최우 萬壽 누리기를 기원한 것이었다. 이 나한도에서 기원 대상과 그 수명의 길이에 대한 표현은 '聖壽天長과 令壽萬年'으로 나타나거나 '聖壽天長과 太子千載와 令壽萬年'으로 나타났다. 聖壽 즉 聖上(임금)의 수명은 天만큼 길기를, 令壽 즉 令公(최우)의 수명은 만년만큼 길기를, 태자는 천년동안 장수

---

120) 송은석, 「고려불화의 화기」 『고려불화대전』, 국립중앙박물관, 2010.
121) 이 願圓滿尊者에는 고려태조6년에 府卿 尹質이 後梁에 사신으로 가니 梁帝가 五道子가 그린 五百羅漢幀을 선물하면서 東國名山에 봉안하라고 해서 麗太祖가 首陽山 神光寺에 봉안해, 지금까지 천여년이 흘렀건만 眞本이 존재하는데, 결함을 보완해 光緖 18년 壬辰(1892) 정월에 沙彌 尤五가 쓴다고 했다. 이를 통해 고려의 오백나한도가 五道子의 그것을 모델로 그려졌음을 짐작할 수 있다.

하기를 기원한 것인데, 太子千載를 聖壽天長과 令壽萬年 사이에 두었으
니 형식상 태자를 최우보다 상위에 위치지은 듯 보이면서도 태자 천년을
기원한 데 비해 최우 만년을 기원해 실질적으로는 최우가 태자보다 상위
임을 담았으며, 태자를 빼고 '聖壽天長과 令壽萬年'만 기원하기도 한 데
에서도 최우가 태자보다 상위를 차지해 임금의 바로 다음에 혹은 임금과
나란히 위치했음을 시사받는다. '聖壽等南□과 令壽齊北□' 축원은 聖壽
는 南山과 같기를, 令壽는 北斗(北斗七星)와 같기를 축원한 것으로 판단
되는데 임금과 최우는 동격으로 표현되었다. 고려 임금은 황제 또는 天子
로서 天만큼 오래 살기를 기원하는 대상이었다. 令公 최우는 萬壽 기원의
대상이었으니 王, 나아가 天子의 위상을 지녔다. 고려 임금은 상징적인
天子로, 영공 최우는 실질적인 天子로 인식되었던 것이다.

이규보가 고종 27년에 李侍郎(李需)의 「上晉陽公女童詩」에 次韻해 令
公(최우)에게 바쳤다. 僕(이규보)이 듣건대 令公閣下(최우)가 機務의 틈
에 賓客을 대대적으로 모아 度夜의 樂을 개최했는데 그 妓樂絲竹은 모두
항상 소유한 것이었고 별도로 모두 나이가 7, 8살 정도의 女童輩를 만들
어 즐거움을 삼았는데 愛君의 마음으로 인해 차마 獨賞하지 못해 進供해
御覽하도록 하니 上(고종) 역시 즐거워했다고 했다. 連夜에 이르도록 開
宴하니 이에 詩人 文閣 李需가 邸下(최우)에게 시를 지어 바치니 公(최
우)이 嘆賞해 上(고종)에게 바치자 上 역시 嘉奬해 크게 褒賞했다고 했
다. 이는 公(최우)이 삼한을 鎭定해 장차 大平을 불러오는 嘉事라며 자신
도 嘉歎해 시를 지어 올린다고 했다.[122]

고종 24년 12월 致仕한 이규보는 27년에 祿이 드물게 미치고 炭을 얻
을 곳이 없다가 진양공이 白粲과 白炭을 보내주자 감읍해 시를 바쳐 감사
했는데, 홀연히 '珍賜'가 閑門에 도착해 炭玉이 苦苦히 쌓였다며 일생 祝

---

122) 『동국이상국후집』 권8, 古律詩, 次韻李侍郎上晉陽公女童詩.

壽를 누구에게 기대어 증명할까, 無盡 虛空에 佛이 존재한다고 찬미했다.[123) 이규보가 晉陽公이 龍腦 및 醫官을 보내 눈병을 치료해 주고 白粲을 보낸 데 대해 감사하는 시를 지으면서, 홀연히 令慈(최우)가 白粲 10斛을 보내온 것을 받자 一家가 기뻐 손뼉 치며 '令壽萬年'을 함께 축원한다고 했다.[124) '令壽萬年'은 令公 최우의 수명이 만년 동안 가기를 즉 최우의 萬壽를 축원한 것이었다. 당시 최우는 진양후였지만 이규보는 최우를 진양공으로도 불렀던 것으로 보인다.

최우의 측근 문장가인 平章事致仕 이규보는 고종 28년 9월에 세상을 떠,[125) 최우의 더 화려한 위상을 미처 다 보지 못했다. 고종 29년 10월에 詔하여 최이(최우)에게 食邑을 더하고 爵을 올려 '公'이라 했다.[126) 최우의 작위가 晉陽侯에서 晉陽公으로 승격된 것이었으니 그는 신하로서 최고의 작위에 올랐다. 부친 최충헌은 '公'을 극구 사양해 '侯'에 머물렀지만 아들 최우는 '公'을 기꺼이 받았다. 이는 그가 자신의 권력과 권위에 대한 자신감과 정당성의 표출이라 하겠는데, 외손녀가 태자비로 아들을 낳은 점도 그가 '公'을 받아들인 요인이었을 것이다.

橫川縣 福泉寺의 飯子는 今上의 '寶位天長'과 晋陽公의 '福壽延長'을, 그리고 相國 趙廉卿이 苦海를 속히 벗어나 淨土에서 태어나기와 留沙寺 住持 禪師 學淵이 今生에 無病하고 後世에 三界의 願을 벗어나기를 기원했다.[127) 횡천현에서 飯子를 주조하면서 임금과 진양공의 장수를 나란히 기원했음은 최우의 위상이 임금과 나란했음을 시사한다.

123)『동국이상국후집』권8, 古律詩, 上晉陽公.
124)『동국이상국후집』권9, 古律詩, 謝晉陽公送龍腦 및 又謝晉陽公送白粲.
125)『고려사절요』권16, 고종 28년 9월.
126)『고려사』권129, 반역전, 최충헌 附 최이 ;『고려사절요』권16, 고종 29년.
127) 福泉寺飯子(『한국금석전문』). 이 飯子와 橫川 神龍小鐘을 戊戌(고종 25년) 4월에 大匠인 別將同正 韓仲叙가 鑄成했다. 조렴경은 고종 19년 7월에 추밀원부사로서 皂隷 李通의 반란을 진압한 인물이다. 그의 사위 金弘己(김희제의 아들)가 최우에 의해 살해되었지만 그의 집안은 최우의 장수를 빌어야 했다.

현존하는 남명천화상『頌證道歌』의 끝 부분에, "工을 모집해 鑄字本을 重彫해 오래 전하도록 했는데 때는 己亥九月上旬이다. 中書令晉陽公 崔 怡가 謹誌하다"라고 되어 있다. 己亥(1239) 즉 고종 26년 9월 상순에 금속활자본『송중도가』를 重彫했고, 中書令晉陽公 崔怡(崔瑀)가 誌했던 것 이다.『송중도가』를 重彫한 때는 고종 26년 9월 상순이지만, 최이(최우) 가 그것에 대해 誌한 때는 그가 진양공에 책봉된 고종 29년 10월 이후부 터 그가 죽기 이전까지일 수도 있다. 최우가 중서령에 임명된 때도 이 誌 하기 이전인데 진양공에 책봉되기 이전일 수도 있다. 고종 29년 7월에 門 下侍中 崔宗峻이 年老로 인해 乞退하니 왕이 윤허하지 않고 말하기를 근 래 국가가 多故해 議論이 紛紜한데 臨機善斷하고 遷都衛社에 공로가 비 교할 자가 없다며 几杖을 하사했다.[128] 최종준은 최우가 문하시중에서 중 서령으로 옮기자 문하시중에 올라 재직해 왔다고 여겨지니 최우는 고종 29년 7월 이전에 중서령에 올랐을 것이다.

승려 天因이 처음 入院해 '祝令壽齋' 즉 令壽를 축원하는 齋의 疏文을 지었는데, 古院에 들어가 開堂하면서 '我公'(최우)을 위해 五福 중의 '康' 과 '壽'를 기원한다면서 원컨대 晉陽公 邸下가 거처가 宴晏하고 몸이 康 强하고 三韓을 鎭하여 不朽하고 玉葉이 盖世하고 百代도록 빛나 더욱 향 기가 두루 미치기를 축원했다.[129] 그는 令壽 즉 令公 최우의 수명이 아주 길기를 축원하는 글을 지으면서 晉陽公 邸下 즉 최우의 장수와 편안과 건강과 통치와 자손번성을 기원했던 것이다. 사람들은 최우를 令公, 邸下 등으로 존칭하며 萬壽를 기원 다.

최씨정권 하의 관료 구성과 최우의 위상은 眞覺國師(惠諶) 비석의 陰 記에 잘 드러나 있다. 이 陰記는 은청광록대부 尙書右僕射 翰林學士 崔 滋가 奉宣해 찬술했고, 修禪社道人 卓然이 奉宣해 書했다. 庚戌(1250)

---

128) 『고려사절요』 권16, 고종 29년.
129) 『동문선』 권111, 疏, 初入院祝令壽齋疏文(釋天因).

고종 37년 4월에 上石했다.[130) 음기에 새겨진 公卿大夫 名号를 『교감역주 역대고승비문』에 준거해 소개하면 아래와 같다.

> 襄陽公 恕, 晋陽公崔氏, 廣陵侯 沔, 寧仁侯 積, 守司空 禧, 守司空 瑋, 侍中 崔宗峻, 平章事 崔洪胤, 平章事 朴文成, 平章事 金仲龜, 叅知政事 鄭俶瞻, 叅知政事 鄭邦甫, 叅知政事 任景肅, 知門下省事 洪鈞, 判兵部事 金元義, □僕射(左僕射) 李世長, 左僕射 奇泞, 判樞密院事 鄭晏, 知樞密院事 崔沆, 樞密院使 李允誠, 樞密院使 朴文備, 樞密院使 田甫龜, 樞密院使 洪斯胤, 樞密院使 李沈□, 樞密院使 任景謙, 樞密院使 孫□, 樞密院副使 鄭猷, 翰林學士 任□□, 右僕射 崔宗梓, 右僕射 薛愼, 刑部尙書 朴暄, 判閣門事 崔桂年, 上將軍 鄭存實, 上將軍 盧仁綏, 判秘書省事 趙脩, 大司成 劉冲祺, 判司宰事 盧琯, 判司宰事 田珣, 判衛尉事 崔臣胤, 左承宣 鄭□, 禮賓卿 蔡祥正, 禮賓卿 崔于宣, 判少府監事 李絃, 判司宰事 任景珣, 諫議大夫 金君綏, 諫議大夫 劉俊公, 殿中監 李□, 判司宰事 林景弼, 秘書監 金孝印, 判大□監 □□□, 大府卿 □□, 衛尉卿 崔和, 秘書監 丁□□, 大卿 宋謙□, 大卿 朴允□, 大卿 高□擧, 大將軍 盧浚, 大將軍 朴綏, 大將軍 鮮大有, 大將軍 蔡克平, 大將軍 洪承禹, 大將軍 金光呂, 國子祭酒 李藏用, 吏部侍郎 葛南成, 禮部侍郎 金公梓, 禮部侍郎 閔迪鈞, 戶部侍郎 崔淳□, 戶部侍郎 徐玨□, 將軍 朴元□, 將軍 李唐柱, 將軍 □克□, 將軍 李□□, 將軍 □□□, 將軍 □□□, 將軍 □元□, 將軍□□□, 將軍□□植, 御史中丞 □□□, 軍器監 □□, 司宰少卿 金公亮, 禮部郎中 白景瑄, 禮部郎中 安孝□, 禮部郎中 □洪鈞, 戶部郎中 徐□, 中郎將 金光, 左司諫 □□, 左司諫 閔光鈞, 左司諫 魏敦謙, 禮部員外郎 宋公旦, □部員外郎(禮部員外郎) □□□, 禮部員外郎 孫□, 戶部員外郎 □崇, 戶部員外郎 魏□, 郎將 □□□, 郎將 金□, 郎將 蔡允禧, 郎將 盧□, 郎將 崔□和, 左正言 吳□□, 閣門祗侯 崔宗輔, 閣門祗侯 □□, □□居士 李□德, 領庵居士 崔□, 金剛居士 □□□, 居士 盧泡孝, 錄事 柳椿, 錄事 朴允璋, □第 李克村, 檢校少監 裵允亮, 檢校將軍 □白□

이 公卿大夫 명호는 혜심 비석이 고종 37년 4월에 세워졌고 진양공 최우가 고종 36년 11월에 사망하자 최항이 집권하면서 추밀부사에 임명되

---

130) 眞覺國師(惠諶) 碑銘.

었고 고종 33년 8월에 문하시중 최종준이 사망했고, 최우가 고종 29년 10
월에 진양공에 책봉되었으니 일단 고종 29년~37년 사이의 인물이 중심을
이룬 것으로 보인다. 하지만 이미 사망했더라도 혜심과 밀접한 관계를 유
지했던 사람은 포함되었다. 廣陵侯 沔(의종의 부마)이 고종 5년에 사망한
사례,[131] 寧仁侯 積(명종의 부마)이 고종 7년에 사망한 사례,[132] 守司空
瑋가 고종 3년에 사망한 사례[133], 평장사 崔洪胤이 고종 16년 9월 戊辰日
에 平章事致仕로 사망한 사례[134]가 그것을 뒷받침한다.

---

[131] 朝鮮公 燾(문종의 아들)의 아들 源은 肅宗의 딸 安壽公主와 결혼해 廣平伯과 侯를
거쳐 廣平公에 책봉되었고 아들로 江陵侯 溫을 두었다. 江陵侯 溫의 딸 셋은 각각
毅宗·明宗·神宗의 妃가 되었고, 아들 瑛은 殿中內給事가 되었다가 인종의 딸 承
慶宮主와 혼인해 恭化伯을 거쳐 恭化侯에 책봉되었고 晩年에 浮屠法을 酷好하다
가 명종 16년에 사망했다. 恭化侯 瑛의 아들 沔은 의종의 딸 和順宮主와 혼인해
神宗 때 廣陵侯를 제수받았고 후에 公으로 승진했다고 하며 고종 5년에 사망했다.
그는 筆札에 능하고 技能이 많고 醫術에 더욱 정교해 畜藥活人으로 일을 삼아 疾
瘇者를 꺼리지 않고 치료했다고 한다. 『고려사』 권90, 宗室傳1, 朝鮮公燾. 沔은
公까지 오른 것으로 되어 있지만 혜심비문으로 보아 오류이거나 사후 추증된 것
으로 보인다.
[132] 현종의 아들이자 문종의 母弟인 平壤公 基의 아들 瑛은 靖宗의 딸 保寧宮主와 혼
인해 樂浪伯에 책봉되었다가 侯로 승격되었고, 瑛의 아들 禛은 檢校尙書右僕射를
거쳐 檢校司空을 지내다가 숙종의 딸 興壽公主와 혼인해 承化伯에 책봉되었고, 禛
의 아들 杞는 예종의 딸 承德公主와 혼인해 城을 낳았다. 城은 信安伯에 책봉되었
다가 강종이 태자시절에 그 딸을 들여 妃로 삼은 후에 侯로 승격되었다. 積(城의
아들)은 明宗의 딸 延禧宮主와 혼인해 寧仁伯에서 寧仁侯로 승격된 인물로 文學
을 좋아하고 釋老를 더욱 즐겨 힘써 善을 행해 終始를 얻을 수 있었는데 고종 7년
에 세상을 떴다. 희종이 宗室 寧仁侯 積의 딸(成平王后)과 혼인했다. 『고려사』 권
90, 宗室傳1, 현종의 아들 平壤公基 ; 『고려사』 권91, 公主傳, 명종의 딸 ; 『고려사』
권88, 后妃傳, 成平王后任氏.
[133] 襄陽公 恕(신종의 아들)는 아들로 瑋·珤·絪·僖를 두었는데, 瑋는 守司空을 띠다가
고종 3년에 卒했다. 珤은 守司空을 띠었고 그 아들 諝·裕·禧 중에서 諝는 守司徒
를, 裕와 禧는 각각 守司空을 띠었다고 한다(『고려사』 권91, 宗室傳2, 신종의 아
들). 혜심비문의 守司空 禧는 珤의 아들인 禧로 보이지만 襄陽公 恕의 아들인 僖
일 가능성도 있다.
[134] 『고려사』 권22, 고종 16년 9월.

이 명단은 公侯·宰樞는 물론 무반 낭장과 문반 閣門祗侯 이상의 衆職을 망라한 것이었다. 각문지후 다음에 居士, 錄事, 及第, 檢校가 몇 명 기재되었는데 혜심과 관계가 깊거나 그 비석 건립에 공로가 많았기 때문일 것이다.[135] 이 명단에는 관작이 개인당 대표적인 것 하나만 기재되었다. 金元義는 判兵部事만 기재되었는데 그의 묘지명에 따르면 강종 2년 (고종 즉위년)에 문하시랑평장사 판병부사에 임명되었고 고종 4년 7월에 正元里 第에서 사망했다. 그러한 그가 지문하성사와 좌복야 사이에 기재된 이유는 잘 알 수 없다. 중서문하성 宰臣의 다음으로 左僕射, 樞密, 翰林學士 任□□, 右僕射 순으로 기재되어, 당시 서열상 좌복야는 추밀보다 위에, 우복야는 추밀보다 아래에 위치했음을 알 수 있다. 혜심의 제자였다가 환속해 집권한 崔沆은 知樞密院事로 나타나는데 추밀부사에서 곧바로 승진한 직책으로 보이며, 판추밀원사 鄭晏(정숙첨의 아들이자 최우의 처남) 다음에 기재되면서도 樞密院使들보다 앞에 기재되어 최고집권자로서 예우받았다. 한림학사는 원래 겸직인데 樞密院副使 다음에 기재된 한림학사 任□□는 추밀원부사로서 한림학사를 겸했으면서 한림학사를 대표로 내세운 것으로 여겨진다. 6부의 尙書는 右僕射 다음에 형부상서 朴暄이 유일한데, 당시 다른 尙書들을 재추가 겸했기 때문일 것이다. 어사대부도 보이지 않는데 역시 실력자가 겸했기 때문일 것이다. 6부의 侍郎은 이부의 경우 吏部侍郎 葛南成만 보이고, 병부시랑, 형부시랑, 공부시랑은 보이지 않고, 예부시랑과 호부시랑이 각각 2명씩 보이는데, 다

---

135) 공경대부 명호 다음에는 優婆夷가 기재되었는데, 延禧宮主 王氏 慈光, 金官國大夫人 崔氏, 靜和宅主 王氏, 綏成宮主 任氏, 永安宮主 鄭氏, 河東郡夫人 鄭氏, 河東郡夫人 鄭氏, □稍郡夫人 史氏 순이다. 靜和宅主 王氏와 綏成宮主 任氏는 최충헌의 배필이었다(최충헌전). 河東郡夫人 鄭氏는 최우의 妻家 여성으로 보이고, □稍郡夫人 史氏는 최항의 外祖가 史洪紀인 점(최항 묘지명)으로 보아 최항의 친모 瑞蓮房으로 짐작된다. 한편 晋陽公 妻 李氏는 慶源 즉 仁州 출신으로 사망한 후 卞韓國大夫人을 추증받았다. 『동문선』 권27, 制誥, 晋陽公妻李氏贈卞韓國大夫人教書 (李百順).

른 이부시랑은 누군가 겸했을 것이고, 병부시랑, 형부시랑, 공부시랑도 누군가 겸했을 것이다. 郞中은 예부낭중 3명과 호부낭중 1명이, 員外郞은 예부원외랑 3명과 호부원외랑 2명이 기재되었는데, 이부와 병부와 형부와 공부의 원외랑은 누군가 겸했을 것이다. 예부와 호부의 시랑 이하 실무진은, 특히 예부의 실무진은 업무의 성격상 무반이 겸하기 어려워 이 비석의 명단에 많이 등장한 것으로 보인다. 승선은 判衛尉事 崔臣胤과 禮賓卿 蔡祥正 사이에 기재된 左承宣 鄭□이 유일한데 다른 승선들은 누군가 겸하면서 다른 관직을 대표직으로 내세웠기 때문에 표시되지 않았을 것이다.

이 공경대부 명호에서 의미가 큰 것은 최우의 위상이다. 이 명호의 가장 앞 부분은 襄陽公 恕[136], 晋陽公崔氏, 廣陵侯 沘, 寧仁侯 積, 守司空 禧, 守司空 瑋, 侍中 崔宗峻 순으로 기재되었다. 侍中 崔宗峻의 앞 사람들은 公侯와 司空 작위의 諸王인데 晋陽公 崔氏 즉 최우는 襄陽公 恕(신종의 아들 ; 희종의 母弟)와 廣陵侯 沘(의종의 부마)·寧仁侯 積(명종의 부마)의 사이에 위치했다. 진양공 최우는 물론 왕권을 능가할 정도의 최고권력자였는데 공식적 혹은 표면적인 관작 서열상의 위상은 신종의 아들이자 희종의 母弟인 襄陽公 恕의 바로 다음이었다. 양양공과 진양공은 같은 '公'인데 양양공이 王子 내지 王弟인데다가 최우보다 먼저 公이 되고 연상인 점이 반영되어 진양공의 바로 앞에 기재되었으리라 여겨진다. 令公 최우가 오백나한도에서 태자의 다음에 기재되었지만 내용적으로는 태

---

136) 襄陽公 恕는 신종의 아들이자 희종의 母弟로 신종 3년에 德陽侯에 책봉되었다(『고려사』 권88, 后妃傳1, 신종의 宣靖太后金氏 ;『고려사』 권91, 宗室傳2, 신종의 아들 襄陽公恕). 신종이 7년 정월에 천령전에 이어해 태자(희종)에게 禪位하고 德陽侯 邸에 이어해 세상을 떴고, 희종이 4년 윤3월 을해일에 梨坂宮(梨坂 崔瑀第)에 德陽侯 恕, 寧仁侯 積, 始興伯 璡, 侍中 崔忠獻, 문하평장사 奇洪壽·任濡, 樞密使 于承慶, 同知樞密事 盧孝敦을 불러 樓上에서 연회하고 擊毬를 관람했다(『고려사』 권21). 희종이 7년 12월에 최충헌에 의해 폐위되어 江華縣으로 추방될 때 太子 祉는 仁州에, 德陽侯 恕는 喬桐縣에, 始寧侯 禕는 白翎縣에 추방되었다(『고려사절요』 권14). 德陽侯 恕는 후에 襄陽公에 책봉된다(『고려사』 권91, 宗室傳2).

자보다 위였듯이 양양공과 진양공의 관계도 그러했을 것이다.

최우(최이)가 권력의 정점으로 치닫고 있었지만 후계자 선정이 순조롭지는 않았다. 崔怡에게 適子가 없고 嬖妓 瑞蓮房이 萬宗과 萬全을 낳았다. 처음에 최이가 兵柄을 사위 金若先에게 전하고자 하면서 두 아들이 난을 일으킬까 걱정해 모두 松廣社에 보내 剃髮해 禪師를 제수해, 萬宗은 斷俗寺에, 萬全은 雙峯寺에 住했는데, 이 둘은 無賴僧을 모아 門徒로 삼아 오직 殖貨로 일으로 삼아 金帛이 鉅萬이었다고 한다.137) 고종 27년 12월에, 崔瑀의 孼子僧 萬宗과 萬全이 無賴惡僧을 모아 門徒로 삼아 오직 殖貨로 業을 삼고 있었다고 한다. 138)

### 3) 최항의 집권과 위상

고종 34년 6월에, 최이가 형부상서 朴暄과 慶尙道巡問使 宋國瞻의 건의를 받아들여 萬宗과 萬全의 행태를 저지했다. 이에 萬宗과 萬全이 개경에 올라와 그 妹인 宋情妻와 함께 최이에게 泣訴하기를, 자기들이 尊公의 생존시에 이렇게 핍박당하니 百歲 후에는 죽을 곳을 알지 못한다고 하니, 최이가 후회해 박훤을 父子 이간 죄로 黑山島로 유배하고 송국첨을 東京副留守로 폄출하고 만종과 만전의 門徒를 다 석방했다. 그리고 萬全을 歸俗시켜 '沆'이라 개명해 待制 李淳牧(任翊)을 시켜 投書하게 하고 侍郞 權韙를 시켜 習禮하게 하고 곧바로 崔沆에게 左右衛上護軍(上將軍) 戶部尙書에 제배하니 諸王宰樞가 모두 문에 나아가 축하했다.139) 최이는 또한 金侙(김약선의 아들)를 河東에서 소환해 역시 歸俗 시켜 '敉'라

---

개명해 司空으로 삼았다. 司空은 오직 諸王이 그것이 되지만 敗가 襄陽公의 딸과 혼인했기 때문에 그것을 제수한 것인데 司空은 無權이라 최항을 피한 것이라고 한다.[140] 이로써 최항은 공식적으로 최우의 후계자가 되었다. 최항이 고종 35년 3월에 樞密院知奏事에 임명되자 최이가 家兵 500餘人을 나누어주었고, 이해 겨울에 龍虎軍上將軍으로 옮겼는데,[141] 지주사는 그대로 유지했다. 36년 정월 갑자일에 최항이 왕에게 享했다.[142] 그는 조부와 부친이 거친 지주사를 받음으로써 후계자로서의 위상은 이렇게 굳어지는 듯했다.

그런데 金敗(최우의 외손)가 최항에 반기를 들었다. 고종 36년 윤2월에 司空 金敗가 崔沆이 자기를 해치려 한다고 듣고 먼저 도모하고자 及第 洪烈과 春坊公子 鄭瞻을 보내 伯父 樞密院副使 金慶孫에게 서신을 전했다. 하지만 김경손은 화가 미칠까 두려워 먼저 崔怡에게 고했다. 이에 최이가 洪烈 등을 街衢獄에 가두고 그 黨을 국문했다. 이에 앞서 최항과 金敗가 소환되었을 때 장군 劉鼎과 指諭 奇洪碩·閔景咸 등이 書를 작성해 최이에게 金敗로 후계자 삼기를 요청했지만 최이가 두고서 묻지 않았다. 이에 이르러 최이가 그 狀을 꺼내 그 署名者를 모두 가두어 국문해 閔景咸 등을 강물에 빠뜨리고 金敗를 高瀾島에 유배했다. 그 나머지 죽임을 당하거나 유배되거나 폄출된 자가 40餘人이었다.[143] 최우가 후계자로 결정한 아들 최항을 보호한 것이었다.

고종 36년에 崔怡가 병들자 최항이 병력을 거느리고 府(晉陽府)에 들

---

140) 『고려사절요』 권16, 고종 34년 6월. 司空은 오직 諸王이 받는다고 했지만 일반관료도 종종 받아 서열 표시로 이용되었다. 金敗는 初名이 敭으로 최우의 사위인 慶州 사람 김약선의 아들이니 곧 최우의 외손자였다. 『고려사』 권101, 金台瑞傳 附 金若先 및 金敗.
141) 『고려사』 권23, 고종 35년 3월 ; 『고려사』 권129, 최충헌전 附 崔怡·崔沆 ; 최항 묘지명.
142) 『고려사』 권23, 고종 36년 정월.
143) 『고려사절요』 권16, 고종 36년 윤2월.

어갔지만 위독함을 듣고 곧 그 집으로 돌아왔다. 이해 11월 壬申日에 崔怡가 사망하자 知吏部事 상장군 周肅이 夜別抄 및 內外都房을 거느리고 왕에게 復政하려 했지만 猶豫 未決했는데, 殿前 李公柱·崔良伯·金俊 등 70餘人이 崔沆에게 歸하니 周肅 역시 붙어 合番해 최항을 擁衛했다. 최항이 服喪을 2일 동안 하여 끝내고는 杜門不出하며 그 부친의 諸妾을 蒸했다. 왕이 최항으로 은청광록대부 樞密院副使 吏兵部尙書 御史大夫 太子賓客을 삼았고, 이윽고 東西北面兵馬使를 겸하게 하고 또한 敎定別監을 삼았다. 최항이 知樞密 閔曦와 樞密副使 金慶孫이 衆心 얻음을 꺼려 海島로 유배하고 또 左承宣 崔峘, 장군 金安, 指諭 鄭洪裕 및 崔怡 侍妾 30人을 유배했다.144) 樞密院副使로 吏兵部尙書와 御史大夫를 띠어 인사권과 감찰권을 쥐었고,145) 동북면과 서북면 兵馬使로서 군사지휘권을 장악했고, 교정별감으로서 특별감찰을 수행해 정적을 감시하고 숙청할 수 있었다. 최항이 그 묘지명에 晋陽公이 卒하자 考業(父業)을 承襲해 국가를 柄幹했다고 기재되었듯이 그가 최고집권자가 되었고 마음에 들지 않는 자들을 숙청했다.

고종은 36년 11월에 최항을 樞密院副使에 임명한 직후에 宣旨(制)를 내리기를, 皇考(강종)가 御宇하고 寡人(고종)이 卽祚한 이래 晉陽公 최이가 좌우에서 輔弼했기 때문에 三韓이 부모처럼 우러르는데 지금 홀연히 棄世해 의지할 데가 없다며 아들 樞密院副使 최항이 繼世하여 鎭定하니

---

144) 『고려사』 권129, 최충헌전 附 崔沆 ; 『고려사』 권23, 고종 36년 11월 ; 최항 묘지명. 李公柱·崔良伯·金俊 등이 남반직인 殿前을 띤 것은 그들의 신분이 노예이기 때문이었다. 內僚 직책인 南班은 限7품의 대상으로, 가장 상위가 정7품 內殿崇班이고, 말단으로 내려가면 정9품 殿前承旨가 있었고 그 아래로 南班 初入仕路인 殿前副承旨와 尙乘內承旨·副內承旨가 있었다(『고려사』 권77, 백관지2, 掖庭局). 殿前 李公柱·崔良伯·金俊 등은 殿前承旨였을 것이다.

145) 최항은 진양부의 사제에 설치된 政房을 통해 관리의 인사를 행했다. 그러면서도 이부와 병부는 인사관련 업무와 연결되어 있었기에 최항이 이부와 병부의 관직을 겸하면 인사업무를 더 확실하게 장악할 수 있었다.

相位를 超授한다고 했다.146) 최항이 그 묘지명에 따르면 추밀원부사 다음에 大尉 叅政 上柱國 判御史臺를 제수받았다고 하는데 知樞密院事를 거치고 나서 고종 37년~38년 무렵으로 여겨진다. 그는 三公의 으뜸인 大尉와 최고훈직인 上柱國과 宰臣인 참지정사를 받아 권위가 상승하고 판어사대사를 띠어 감찰권을 더욱 확실히 장악했다. 고종 37년에 왕이 최항의 모친에게 靜安宅主를 贈했으니,147) 최항은 기녀 출신인 모친의 신분을 어느 정도 세탁할 수 있었다.

고종 37년 2월에 崔沆이 갑옷을 입고 병력을 거느려 자신의 長峯宅으로부터 말을 달려 見子山 晉陽府로 이사했는데 正門으로 들어가지 않고 東偏小戶를 통해 들어갔으니 대개 사람을 두려워해서였다. 3월에 최항이 郞將 林庚을 보내 前樞密院副使 周肅을 압송해 섬으로 유배했는데 熊川에 이르러 沈殺했다. 최항이 見子山 第로 이사할 때 주숙으로 하여금 알지 못하게 했는데 결국 기회주의적인 태도를 취한 주숙을 죽인 것이었다.148) 최항은 封侯 상태가 아니었지만 부친의 견자산 晉陽府로 들어가 거처함으로써 封侯 開府와 유사한 효과를 누렸다.

고종 37년 8월에 왕이 명해 최충헌 眞을 昌福寺로, 崔怡 眞을 禪源社로 옮겼는데, 導從이 太祖眞을 移安하는 의례와 같았다.149) 8월에 江都 中城을 비로소 축조했고, 12월에 中城을 축조한 공로 때문에 최항을 門下侍中으로 삼고 晉陽侯에 책봉해 開府하도록 했지만 사양해 받지 않았다.150) 38년 12월에도 최항에게 명해 封侯立府하도록 했지만 최항이 사양해 받지 않았다.151)

146) 『고려사절요』 권16, 고종 36년 11월 ; 『고려사』 권129, 최충헌전 附 崔沆.
147) 『고려사』 권129, 최충헌전 附 崔沆.
148) 『고려사절요』 권16, 고종 37년 2월 ; 『고려사』 권129, 최충헌전 附 崔沆.
149) 『고려사절요』 권16, 고종 37년 8월.
150) 『고려사절요』 권16, 고종 37년 8월 및 12월.
151) 『고려사절요』 권17, 고종 38년 12월 ; 『고려사』 권129, 최충헌전 附 崔沆. 최항의

고종 40년 2월에 최항으로 문하시중 判吏部·御史臺事를 삼으니, 최항
이 집에서 謝禮했다.[152] 최항이 마침내 수상인 문하시중 판이부사에 올랐
으며, 판어사대사를 겸해 여전히 감찰권을 장악했다. 이로써 최항의 최고
집권자로서의 권위가 선대 최충헌과 최우가 도달했던 것처럼 관직과 일치
하게 되었다.

고종이 40년 6월에 制를 내리기를 진양공 崔怡의 嗣子인 門下侍中 崔
沆이 家業을 承襲해 中興을 佐致해 공로가 막대해 封侯立府한다고 했지
만,[153] 최항이 封侯立府를 또 사양한 것으로 보인다. 晉陽公이 學士 李
仁老의『破閑集』을 넓지 않다고 여겨 崔滋에게 명해 續補하도록 하니 완
성했지만 雕板할 겨를이 없었는데, 지금 侍中 上柱國 崔公(최항)이 先志
를 追述해 그 書를 訪採하니 繕寫해 올리며 甲寅(1254: 고종 41년) 4월에
守太尉 崔滋가 序했다.[154] 그러니까 이때에도 문하시중 최항은 封侯되지
않은 상태였다. 최항은 고종 42년 2월 계사일에 監修國史에 임명되었
다.[155] 그는 그의 묘지명에 따르면 大師 開府儀同三司 門下侍中 判吏部
大子大師 監修國史를 역임했다고 하는데, 감수국사 임명은 문하시중 임
명보다 늦었다. 그는 三師의 으뜸인 大師(太師)와 文散階의 으뜸인 開府
儀同三司와 수상인 문하시중 판이부사와 태자부의 으뜸 스승인 大子大師
(太子太師)를 가지고 있었고 감수국사로서 역사편찬까지 총괄하게 되었
는데 판어사대사도 여전히 띠고 있었을 것이다. 그의 관제상 위상은 정점
으로 치닫고 있었다.

고종 42년 8월 계유일에 비로소 大廟를 改創하느라 神主를 諸陵署에
移安했다. 이달에 崔㥠로 殿中內給事를 삼았다. 11월 정유일에 大廟가

---

이번 封侯立府 건은 최항전에는 '是年'으로 되어 있는데 그것은 고종 38년이다.
152)『고려사절요』권17 및『고려사』권24, 고종 40년 2월.
153)『고려사』권129, 최충헌전 附 崔沆 ;『고려사절요』권17, 고종 40년 6월.
154)『보한집』序.
155)『고려사』권24, 고종 42년 2월.

완성되니 神主를 還安했다.156) 이 직후인 11월에 왕이 詔하기를, 晉陽公
崔怡는 聖考(강종) 登極의 날과 寡人(고종) 즉위 이래 推誠衛社하고 同
德佐理했으며, 辛卯에 蒙兵이 闌入하자 神謀를 獨決해 群議를 截斷하여
乘輿를 몸소 받들어 卜地해 遷都하고, 數年이 안되는 사이에 宮闕과 官
廨를 모두 다 營構해 憲章을 다시 진작하고 三韓을 再造했고, 또한 狄兵
에 의해 불탄 歷代 所傳의 鎭兵大藏經板을 별도로 都監을 세우고 私財를
기울여 시납해 거의 절반을 彫板해 功業이 잊기 어렵다고 했다. 그리고
嗣子인 侍中 崔沆은 家業을 계승해 匡君 制難하고 大藏經板을 施財 督
役해 완성해 慶讚했고, 水路要害에 兵船을 備設하고, 江外에 宮闕을 營
建하고, 江都中城을 축조해 金湯이 더욱 단단해졌고, 大廟가 草刱이라
未備하니 門客 朴成梓를 督役使로 삼아 私儲를 내어 비용에 충당해 완성
했다며 有司로 하여금 開府하게 하고 食邑을 益封한다고 했다. 하지만
최항이 사양해 받지 않았다.157) 다음달인 12월 경인일에 최항으로 中書
令을, 奇允肅으로 문하시랑동중서문하평장사를, 李君卿으로 지문하성사
를, 趙脩로 政堂文學致仕를 삼았다.158)

  최항이 주도해 태묘를 改創(重創)한 것은 그가 자신의 권위 신장과 아
들 최의의 후계자 진입을 위한 것으로 볼 수 있는데 그 결과 태묘 완성
직후 封侯 開府 되었지만 이것은 사양하고 최고관직인 중서령을 받았다.
원래 문하시중은 신료에서 최고의 實權을 지닌 관직이고 중서령은 최고
관직이지만 명예직의 성격을 지녔다. 그렇지만 최항이 문하시중을 벗어나

---

156) 『고려사』 권24 및 『고려사절요』 권17, 고종 42년.
157) 『고려사』 권129, 최충헌전 附 崔沆 ; 『고려사절요』 권17, 고종 42년 11월. 최항의
    공적을 『고려사절요』는 요약해 匡君 制難해 遷都 이후 城闕完備와 宗廟告成을 들
    었는데, 이 '城闕'에서 城은 江都中城을, 闕은 江外 宮闕 즉 昇天闕을 강조한 것이
    었다.
158) 『고려사』 권24 및 『고려사절요』 권17, 고종 42년 12월. 한편, 『고려사』 최항전에
    는 최항이 고종 42년에 中書令 監修國史에 올랐다고 해 두 직을 동시에 받은 것처
    럼 되어 있다.

중서령을 띠어도 그가 거처하는 진양부에 자리하며 그의 관할을 받는 정
방에서 문무의 인사를 관장했기 때문에 그의 권력행사에 문제는 없었다.
더구나 중서령에 올라서도 후술하듯이 판이부사와 판어사대사를 띠어 實
權을 행사했기에 더욱 그러했다.

고종 42년 9월에 倉廩이 告竭하니 왕이 晝膳을 두세 번 줄이고 左倉別
監 尹平을 불렀는데 이르지 않자 왕이 심히 노해 執政으로 하여금 그 관
직을 박탈시키려 하다가 탄식하기를, 오늘 내가 비록 관직을 박탈하더라
도 내일 반드시 복직하리니 징계한들 무슨 소용이 있으리오 했다.159) 최
항이 인사권을 장악했기에 왕명을 거역하는 신하를 왕이 마음대로 해임하
기 어려웠다.

최항은 고종 43년 12월에 濟衆康民功臣號를 하사받았다.160) 그는 고
종 44년에 갑자기 아파 윤4월 2일에 見子山東麓 別第에서 49세로 薨(暴
死)하여 晉平公을 추증받았다.161) 최항 묘지명의 題額은 "康民濟世功臣
特進 金紫光祿大夫 守大師 開府儀同三司 中書令 上柱國 上將軍 監修國
史 判吏部御史臺事 大子大師 晉平郡開國公 食邑三千戶 食實封一千戶
贈諡光正公 崔公墓誌銘"이다. '晉平郡開國公 食邑三千戶 食實封一千戶'
는 마치 그가 생전에 받은 것처럼 되어 있지만 그의 사망 직후 추증이었
다. 그가 생존시에 도달한 칭호는 '康民濟世功臣 特進 金紫光祿大夫 守
大師 開府儀同三司 中書令 上柱國 上將軍 監修國史 判吏部御史臺事 大
子大師'였다. '康民濟世功臣' 칭호는 연대기에 기록된 '濟衆康民功臣'과
약간 다르다. 상장군은 그가 기본적으로 무신이었기에 집권 이래 띠어 온
것이었고, 문하시중에서 중서령으로 옮겨서도 판이부사와 판어사대사를

---

159) 『고려사절요』 권17, 고종 42년 9월.
160) 『고려사』 권129, 최충헌전 附 崔沆 ; 『고려사절요』 권17, 고종 43년.
161) 최항 묘지명 ; 『고려사』 권129, 최충헌전 附 崔沆. 고종이 사망한 최항에게 前詔
　　를 追繹해 晉平郡開國公 食邑三千戶 食實封一千戶에 책봉했다.

여전히 띠어 實權을 행사했다.

최항은 부친의 후광과 후원 덕분이지만 모친이 기녀 출신이라는 한계를 극복해 최고집권자가 되었고 최고관직인 문하시중, 중서령까지 올랐다. 그의 공신호는 최충헌과 최우에 비해 훨씬 짧은데 그들에 비해 오래 살지 못했기 때문이다. 그가 만약 더 오래 살았다면 封侯되어 開府했을 수도 있었지만 그러하지 못했다.


## 2. 말기 무인정권과 집권자의 위상


최항의 사후에 아들 崔竩가 후계자가 되지만 그 과정은 순조롭지 않았다. 최항이 僧이었을 적에 宋情의 婢와 通하여 崔竩를 낳았는데 適妻에게 子가 없어 최의로 後嗣를 삼아, 景琳·師芮起로 하여금 詩筆을, 權韙·任翊으로 하여금 政事를, 鄭世臣으로 하여금 禮를 가르치게 했다. 고종은 42년 8월에 崔竩로 殿中內給事를 삼고 紅鞓을 하사했다. 최항이 일찍이 최의를 宣仁烈·柳能에게 부탁하기를, 만약 輔導成就해 家業을 獲承한다면 그대들의 은덕이라고 했다. 최항이 병들자 宣仁烈·柳能을 불러 손을 잡아 말하기를 그대들이 이 아들을 보호하면 내가 죽어도 恨이 없다고 했다.[162]

고종 44년 윤4월에 최항이 질병으로 사망하자 殿前 崔良白이 비밀로 하여 發喪하지 않고 宣仁烈과 더불어 모의하여 최항의 말을 門客 대장군 崔瑛·蔡楨 및 柳能 등에게 전하고 夜別抄·神義軍·書房 3番·都房 36番을 모아 擁衛해 發喪하니, 왕이 곧바로 최의에게 借將軍을 제수하고 또 명하여 敎定別監으로 삼으니 百官이 모두 門에 나아가 弔賀했다. 최의가

---

162) 『고려사』권129, 최충헌전 附 崔沆·崔竩 ; 『고려사절요』권17, 고종 42년 8월. 고려사절요에는 최의가 최항의 婢妾出인데, 최항이 適子가 없어 최의를 嗣로 삼고자 權韙·任翊·鄭世臣으로 하여금 禮를 가르치게 했다고 되어 있다.

최항의 嬖妾으로 美麗하고 慧黠한 心鏡과 일찍이 사통했는데 최항이 사망한 날에 최의가 그녀를 後房에 들였다.163) 최항은 본래 倡妓 所出이고 최의 또한 母가 賤했기 때문에 時人이 簿書를 읽을 때 倡妓·賤隸의 말에 이르면 문득 그것을 諱하여 말하지 않았는데, 사람이 仇怨이 있으면 某人이 公의 所出이 微賤이라 헐뜯는다고 참소하면 최의가 모조리 죽였다고 한다.164) 최항과 최의는 모친이 미천한 출신임을 의식해 자격지심이 강했다. 특히 최의는 모친이 婢여서 만약 일반인이었다면 그 자신도 노비가 되어야 했지만 최고권력자의 아들이라 노비가 되지 않고 집권까지 할 수 있었지만 세상의 시선을 의식해야 했다.

최의는 집권 초기에 민심을 얻기 위해 노력했다. 그가 창고를 열어 飢民을 진휼하고 또한 諸領府에게 각각 30斛을 지급했다. 왕이 최의로 樞密院副使 判吏兵部御史臺事를 삼았지만 최의가 사양해 받지 않았다. 최의가 延安宅 및 靖平宮을 王府에 復歸하고 그 家米 2570餘石을 內莊宅에 들이고 布帛油蜜을 大府寺에 들이고, 또 年饑로 인해 私廩을 열어 權務·隊正·近仗左右衛神虎衛校尉 이하 및 坊里人을 진휼했다. 이윽고 樞密院副使에 제배했지만 또 사양해 받지 않으니 바꾸어 右副承宣을 제수했다.165)

그런데 최의가 점차 자신의 측근을 키우는 반면 부친의 측근, 특히 김준을 멀리하면서 갈등이 깊어 갔다. 金仁俊(金俊)과 金承俊 형제의 부친 金允成은 본래 賤隸로 背主해 최충헌에게 投하여 親侍奴가 되었으니, 이 형제도 최씨 집안의 家奴 출신이었다. 김인준은 모습이 魁岸하고 활쏘기에 능했으며, 베풂에 힘써 衆心을 얻어 날마다 游俠子와 더불어 群飮하기

---

163) 『고려사』 권129, 최충헌전 附 崔沆·崔竩. 최항 묘지명에 따르면 최항의 사망 직후 家嗣이자 副樞 李藏用의 家婿인 崔竩는 內侍 將軍을 띠고 있었다.
164) 『고려사』 권129, 최충헌전 附 崔竩 ; 『고려사절요』 권17, 고종 44년 윤4월조.
165) 『고려사』 권129, 최충헌전 附 崔竩.

를 일삼아 집에 저축한 것이 없었으며, 朴松庇와 宋吉儒 등이 그를 崔怡
에게 칭찬하니 최이가 倚信해 出入 때마다 반드시 김인준으로 하여금 扶
持하도록 하고 殿前承旨를 제수했다. 김인준은 최이 嬖妾 安心과 사통해
固城縣 海島에 유배되었다가 數年만에 소환되어 최이의 최항 후계자 만
들기에 기여해, 최항이 繼政하자 그를 別將에 제배해 더욱 親信하고, 동
생 김승준을 隊正에 제배했다. 하지만 최의가 집권하자 오직 崔良伯과 柳
能에게 임무를 맡기고 김준을 멀리하니 김준이 마음속으로 불평했다. 김
준과 친밀한 대장군 宋吉儒의 온갖 비리가 都兵馬(都堂)에 접수되어 고
종 45년 정월에 송길유가 최의에 의해 楸子島로 유배되면서 김인준이 최
의와 서로 疑貳하게 되었다.[166] 고종 45년 정월에 崔竩가 장군 邊軾, 郎
將 安洪敏, 散員 鄭漢珪로 江華收獲使를 삼아 民利를 攘奪하자 百姓이
아우성쳤다고 하니,[167] 최의는 민심도 잡지 못했다.

고종 45년 2월에 崔竩가 家奴 李公柱로 郎將을 삼았다. 舊制에 노비는
비록 大功이 있더라도 錢帛으로 상을 주고 官爵을 제수하지 않았는데 최
항이 비로소 그 奴인 李公柱·崔良伯·金仁俊을 제수해 別將으로, 聶長守
를 校尉로, 金承俊을 隊正으로 삼았다. 奴들이 최의에게 白하기를, 李公
柱는 三世를 섬겨 年老하고 공로가 있다며 叅職을 더하기를 요청하니 郎
將을 제수한 것인데, 奴隷 참직 제배가 이로부터 시작되었다고 한다.[168]
무인정권기는 신분제가 많이 흔들렸지만 양천제가 아직 기능하고 있어 노
예는 최씨 집의 家奴라도 참직에 오르기 어려워 김인준(김준)도 여전히

---

166) 『고려사』 권130, 金俊傳 ; 『고려사절요』 권17, 고종 45년 정월~4월.
167) 『고려사절요』 권17, 고종 45년 정월.
168) 『고려사절요』 권17, 고종 45년 2월 ; 『고려사』 권129, 최충헌전 附 崔竩. 한편 고
    종 8년 정월에 어떤 사람이 상소하기를, 어사중승 安碩貞은 私奴의 아들이니 臺閣
    에 두어서는 안된다고 했는데, 당시 崔瑀가 安碩貞을 私厚해 이 관직을 외람되게
    제수했기에 사람들이 모두 憤하게 여겼다고 하니(『고려사절요』 권15), 노예의 참
    직과 청요직 진출은 李公柱 이전에 이미 시작되었다.

별장에 머물러야 했다. 최의는 자신의 지지기반을 유지하기 위해 자기 집안의 家奴 출신을 어느 정도 배려했던 것이지만 그에 대한 불만은 가라앉지 않았다.

마침내 고종 45년 3월 병자일(26일)에 大司成 柳璥과 別將 金仁俊 등이 崔竩를 주살해 왕에게 復政한다.[169] 그 배경과 과정을 보면, 崔竩가 年少하고 暗劣해 賢士를 예우하지 않고 더불어 親信한 자는 柳能·崔良伯과 같은 무리로 모두 庸隸하고 輕躁했다. 그 舅인 巨成元拔 및 心鏡은 안으로 譖訴를 행하고 밖으로 威福을 실시해 싫증 없이 黷貨했다. 때에 또한 해를 이어 飢饉을 만났지만 粟을 내어 賑貸하지 않으니 이로 말미암아 人望을 크게 잃었다. 최의가 송길유를 폄출하고 柳璥·金仁俊兄弟 등과 서로 미워해 接見하지 않음에 미쳐, 神義軍 都領郎將 朴希實과 指諭郎將 李延紹가 비밀리에 柳璥·金仁俊·金承俊, 장군 朴松庇, 都領郎將 林衍, 攝郎將 李公柱, 隊正 朴天湜, 別將同正 車松祐, 郎將 金洪就, 金仁俊의 아들 金大材·金用材·金式材 등에게 말하기를, "최의가 憸小를 親近히 하고 참소를 믿어 꺼림이 많아 일찍 도모하지 않으면 우리들 역시 면하지 못할 것이오" 라고 했다. 이에 드디어 계책을 결정해 4월 8일 觀燈을 이용해 擧事하기로 약속했다.[170]

중랑장 李柱가 이를 듣고 牽龍行首 崔文本, 散員 庾泰, 校尉 朴瑄, 隊正 兪甫 등과 더불어 비밀리에 서신을 만들어 최의에게 알렸다. 김대재가 그 모의를 妻父인 崔良伯에게 告하니, 최량백이 거짓 따르는 척하고는 비밀리에 최의에게 告하자 최의가 급히 柳能을 불러 계책을 의논했다. (3월 25일) 날이 이미 저물자 柳能이 요청하기를, 片簡으로 夜別抄指諭 韓宗

---

169) 『고려사』 권24, 고종 45년 3월.
170) 『고려사절요』 권17, 고종 45년 3월 ; 『고려사』 권129, 최충헌전 附 崔竩. 석탄일에 거사하려 한 것은 최우의 석탄일 행사 개최와 더불어 江都 내지 최씨 집에서 석탄일 축제가 연례행사처럼 열렸음을 시사한다.

軌를 효유하고 내일 새벽에 李日休 등을 불러 勒兵해 김인준을 토벌해도 늦지 않다고 하니 최의가 그렇게 여겼다. 김대재의 妻(최량백의 딸)가 옆에서 이를 듣고 김대제에게 알리니, 김대재가 김인준에게 고하기를 일이 급하니 빨리 도모해야 한다고 했다. 이미 날이 저물었는데 김인준이 子弟를 거느리고 神義軍에게 달려가 朴希實과 李延紹를 보고 이르기를, 일이 누설되어 猶豫할 수 없다고 했다. 이에 저번에 더불어 모의한 자 및 別將 白永貞, 隊正 徐挺·李悌·林衍을 불러 (林)衍 및 指諭 趙文柱·吳壽山을 시켜 韓宗軌를 체포해 죽이고,[171] 또한 指諭 徐均漢 등을 불러 三別抄를 射廳에 모으고 사람을 시켜 길에서 "令公이 이미 죽었다"고 외치게 하니 들은 자들이 모두 모였다. 柳璥과 朴松庇 등도 역시 이르렀다. 김인준이 大事에 無主하면 안된다며 大臣 중에 威望이 있는 자로 樞密使 崔昷을 선택해 불렀고, 또한 응양군상장군 朴成梓를 맞이해 의논했다. 김인준이 崔良伯을 불러 別抄兵을 시켜 그를 베었다. (林)衍이 李日休 집에 이르러 令公이 부른다고 속이고는 그를 베었다. 김인준이 崔竩 門卒로 하여금 更籌를 報하지 않도록 隊伍를 廣場에 나누어 燃松하니 밝기가 낮과 같고 衆人이 呼噪했다. 마침 大霧가 자욱해 崔竩家 宿衛兵이 한 사람도 아는 자가 없었다. 다음날(26일) 새벽에 夜別抄가 崔竩家壁을 허물어 들어가자 壯士인 元拔이 崔竩家에서 묵다가 難을 듣고 놀라 일어나 검을 뽑아 小戶를 지키니 兵이 전진하지 못했다. 元拔이 최의를 짊어지고 담장을 넘

---

171) 이 부분이 『고려사절요』와 『고려사』 최의전에는 "乃召集向所與謀者 及別將白永貞隊正徐挺李悌林衍 使衍及指諭趙文柱吳壽山 捕宗軌殺之"라 되어 있는데 隊正 徐挺·李悌·林衍 중에서 林衍은 바로 뒤에 나오는 衍(林衍)으로 인한 착시현상으로 인해 잘못 들어간 것 같다. 최의를 제거하는 거사 때 林衍은 隊正이 아니라 都領 郎將이었다. 이 거사 때 활약하는 林衍 내지 衍은 바로 도령낭장 林衍으로 훗날 최고집권자에 오르는 자이다. 이 거사 때 林衍은 낭장이었으므로 그가 모신 別將 김인준보다 오히려 윗계급이었다. 이는 김인준이 노예였기 때문에 벌어진 현상으로, 김인준이 실제로는 임연보다 영향력이 크며 거사를 주도했고 거사 성공 뒤에는 김인준이 임연보다 관직이 높아진다.

어 도주하려 했지만 최의가 肥重해 불가능하자 최의를 屋蕢에 扶上하고
몸으로 戶을 지키다가 壽山의 공격을 받아 이마에 적중당해 담장을 넘어
도주했다. 하지만 別抄兵이 추격해 江岸에서 元拔을 베었고, 또한 崔竩
및 柳能을 수색해 모두 베었다.[172]

이처럼 崔竩 정권은 그 집안 가신들의 배반 및 신의군·야별초의 동조
로 허무하게 무너졌으니, 그 정권이 얼마나 취약했는지 알게 된다. 최의
는 어린 나이로 侯도 재상도 아니었을지라도 최고집권자였기에 선대처럼
'令公'이라 존칭되었지만 집권력은 약했던 것이다. 김인준 등은 4월 8일
연등축제 때 거사하려다가 누설되자 3월 25일로 앞당겨 거사를 일으켜 26
일까지 진행해 최의를 죽이고 그 정권을 무너뜨리는 데 성공했다.

柳璥과 金仁俊이 崔昷과 함께 詣闕하고, 百官이 泰定門 外에 함께 모
였다. 兩府 및 柳璥·김인준이 便殿에 들어가 알현해 왕에게 復政했다. 왕
이 유경과 김인준에게 말하기를, 卿들이 寡人을 위해 非常의 공로를 세웠
다며 눈물을 흘렸다. 김인준이 나아가 말하기를, 최의가 生民을 구휼하지
않고 餓死를 坐視해 賑貸하지 않아 자신들이 擧義해 주살했으니 粟을 내
어 賑饑하여 人望을 위로하기를 요청했다. 이날에 柳璥으로 樞密院右副
承宣을, 박송비로 대장군을, 김인준으로 장군을 삼았고, 나머지 모두에게
관작을 하사했다. 기묘일에 왕이 康安殿에 나아가니 백관이 陳賀했는데
마치 新卽位와 같았다. 禮가 끝나 나가자 朴松庇와 金仁俊이 諸功臣, 左
右別抄·神義軍·都房 등을 거느리고 殿庭에 들어가 羅拜하며 萬歲를 불
렀다. 崔竩家貲를 내어 차등 있게 分給했다.[173]

4월 庚辰日 초하루에 柳璥·金仁俊·朴希實·李延紹·朴松庇·金承俊·

---

172) 『고려사절요』 권17, 고종 45년 3월 ; 『고려사』 권129, 최충헌전 附 崔竩. 김인준·
    김승준 등은 최씨 집안의 家奴였고, 유경·임연 등은 문객이었다. 유경은 최항의
    신임을 받아 정방에서 일한 문객이었다(『고려사』 유경전).
173) 『고려사절요』 권17 및 『고려사』 권24, 고종 45년 3월 ; 『고려사』 권129, 최충헌전
    附 崔竩.

林衍·李公柱 등에게 衛社功臣號를 하사했는데, 그 중에는 干賤隸者가 있어 子孫에 이르기까지 모두 許通 시켰고, 공신 1등에게는 米 200石, 彩段 100匹을 하사하고, 그 다음은 米 100石과 彩段 100匹을 하사했고, 甲第 및 土田을 각기 차등 있게 하사했다. 임오일에 五軍神騎 등에게 銀穀을 하사했고, 篤廢疾者에게도 하사했다.[174] 유경에게 推誠衛社功臣號를 하사하면서 米 200石과 彩段 100匹과 甲第·土田을 하사했으며, 樞密院 知奏事 左右衛上將軍에 임명하자 유경이 근래 知奏가 된 자가 대개 權臣이었고 또 寵祿 盛滿이 두렵다며 지주사를 강력히 사양하고는 오직 상장군을 받고 그대로 右副承宣을 띠었다.[175] 신묘일에 왕륜사에 행차하는데, 都房·夜別抄·神義軍·書房·殿前이 擁駕해 가니 구경하는 사람들이 感泣했다. 夜別抄·神義軍에게 人당 米 3斛, 銀 1斤. 布 3匹을 別賜했다. 김인준과 柳璥이 李柱·崔文本·庾泰·朴瑄·兪甫 등을 주살하기를 요청하니, 왕이 말하기를 이 무리는 狂惑해 오직 目前을 도모했다며 사면하는 것이 옳지만 卿들의 요청이 있어 유배하는 것이 좋다고 하니 유경 등이 固請하자 卿들이 알아서 하라며 일어나 入內하자 유경 등이 엎드려 謝罪하고 李柱 등을 섬에 유배했다. 왕이 車羅大가 使를 보내와 出陸의 狀을 엿본다고 듣고는 百官을 昇天府에 내보내고 市肆를 옮기고 宮闕을 修했다. 5월에 왕이 昇天府闕에 나아가 車羅大의 客使 波養 등 9인을 引見했다.[176]

최의가 제거되고 형식적인 측면이 어느 정도 있지만 왕정이 복고되자 정권을 장악한 자는 柳璥·金仁俊·朴希實·李延紹·朴松庇·金承俊·林衍·李公柱 등의 衛社功臣이었으니 이들의 공동정권이었는데, 무신 김인준(김준)과 문신 柳璥의 공동정권의 성격이 강했다. 金俊은 初名이 仁俊으

---

174) 『고려사절요』 권17 및 『고려사』 권24, 고종 45년 4월.
175) 『고려사』 권105, 柳璥傳 ; 『고려사절요』 권17 및 『고려사』 권24, 고종 45년 4월.
176) 『고려사절요』 권17 및 『고려사』 권24, 고종 45년 4월 및 5월.

로, 최항의 사후에 최의가 그를 멀리하자 불평하다가 송길유의 패배에 이르러 최의와 더욱 疑貳해, 마침내 고종 45년에 柳璥·박송비 등과 함께 최의를 주살해 왕에게 復政해 곧바로 장군을 제수받고 衛社功臣號를 하사받되 제2등이었다.[177)

이들 衛社功臣 중에서 柳璥이 문신, 특히 급제 儒者로 일등공신이었다. 柳璥은 고종 때 登第해 累遷해 國子大司成에 이르렀고, 오랫동안 政房에 있으면서 兪千遇와 더불어 崔沆의 총애를 받았지만 崔竩 제거 정변에 참여해 공로를 세웠다.[178) 유경은 米 200石을 받았으니 衛社 일등공신이었던 것인데 김준이 2등공신이었으니 오직 유경 혼자만 1등공신을 차지했던 것으로 보인다.

왜 이렇게 문신 유경이 위사공신에서 1등을 차지하고 무신 실력자 김준이 2등으로 밀렸던 것일까? 최의 제거 거사를 神義軍 都領郎將 朴希實과 指諭郎將 李延紹가 발의했고, 대사성 柳璥, 別將 金仁俊, 隊正 金承俊, 장군 朴松庇, 都領郎將 林衍, 攝郎將 李公柱 등이 동의했다. 그런데 거사 계획이 누설되자 김준(김인준)이 곧바로 거사를 앞당겨 일으켜 동지를 부르고 군사를 모아 적절히 안배해 최의를 죽이는 데 성공했다. 유경은 김준이 거사를 진행하는 와중에 연락을 받아 참여했지만 뚜렷한 주역은 아니었다. 당연히 김준이 이 거사의 주역 중의 주역이었고 유경은 참모 정도의 역할을 했는데도 공신 서열은 뒤바뀌었다. 그 근본 원인은 이거사가 왕정 복고를 내세웠기에 김준 등 무신들이 전면에 나서기 어려웠기 때문이었다. 또한 유경이 승선직을 맡아 임금과 대면해 임금의 마음을 움직였기 때문일 것이다. 고종도 무신정권에서 왕정으로의 복고를 기정사실화하기 위해 문신 유경을 일등공신으로, 무신 김준을 2등공신으로 만들었을 것이다. 김준이 노예 출신인 점도 불리하게 작용했을 수 있다.

---

177) 『고려사』 권130, 金俊傳 ; 『고려사절요』 권17, 고종 45년 정월~4월.
178) 『고려사』 권105, 柳璥傳.

유경은 정방에서 오랫동안 근무한 적이 있었는데 최의가 몰락하자 왕에게 아뢰어 최씨 집안의 私第에 있던 정방을 궁궐의 편전 옆으로 옮겨 설치해 승선으로서 정방에서 銓注를 장악하고, 더 나아가 무릇 國家機務를 모두 결정했다.[179] 유경은 정권을, 김준은 군권을 장악한 형국이었다. 김준은 유경과 꽤 친밀한 사이라 인내했지만 中郞將 김승준은 자신의 공로가 높은 데 비해 관질이 낮다며 강력히 반발했다. 유경이 甲第를 많이 마련하고 權勢가 날마다 치열해 門庭이 市와 같자 김승준·林衍 등 諸功臣이 그를 꺼려 김준에게 참소하니 김준이 고종에게 諷諫했다. 이에 고종이 유경의 權을 빼앗고자 承宣을 해임해 簽書樞密院事를 제수하고 유경이 친밀하게 지내는 장군 禹得圭·梁和, 指諭 金得龍, 郞將 慶元祿을 가두었다. 이에 유경이 강력히 반발하자 고종 45년 11월에 金承俊·林衍 등 諸功臣이 禹得圭·梁和·金得龍을 죽이고 慶元祿을 먼 섬으로 유배했다.[180] 그 결과 유경은 권력에서 멀어지고 김준·김승준·임연 등 무신들만의 공동정권이 탄생했는데 김준이 권력을 주도했으니 김준 정권으로 보아도 무방하다. 김준은 右副承宣에 임명되었는데,[181] 유경이 승선에서 물러난 무렵으로 보인다.

고종 46년 4월에 왕이 위독했지만 太子 倎(원종)을 파견해 표문을 받들어 몽고에 가게 했다. 6월 임인일에 왕이 柳璥 第에서 세상을 뜨자 대장군 金仁俊(金俊)이 安慶公을 받들어 嗣位하고자 했다. 兩府가 의논하기를, 元子가 繼體함은 古今의 通義이고 하물며 太子가 왕을 대신해 入朝했는데 동생으로서 君을 삼는 것이 옳으리오 하고 遺詔를 반포했는데, 원자가 왕위를 계승하고 嗣王이 돌아오지 않는 동안은 軍國庶務를 太孫에게 들으라는 내용이었다. 김인준이 戎服을 입고 甲士 및 東宮僚屬을

---

179) 『고려사』 권105, 柳璥傳.
180) 『고려사』 권105, 柳璥傳 ; 『고려사절요』 권17, 고종 45년 11월.
181) 『고려사』 권130, 金俊傳.

거느리고 太孫 諶(충렬왕)을 받들어 大內로 들어가 權監國事하도록 했다.[182] 왕위계승자 선택에서 김준의 의견이 관철되지 못하고 재추의 의견이 실행되었으니, 그만큼 김준의 집권력은 그리 강하지 않았고 재추회의의 권한이 살아나고 있었다.

태자(원종)가 몽골에 가서 아직 돌아오지 않은 원종 원년 정월에 태손(충렬왕)이 右副承旨(右副承宣) 金仁俊에게 명해 別宮田을 推檢하도록 했다. 태자(원종)가 돌아와 원년 4월에 강안전에서 즉위했다. 5월에 有司에게 명해 아들 諶(金若先의 딸 소생)을 태자로 책봉하고자 하니 次妃 王氏가 왕에게 참소하기를, 太孫이 主上이 東還한다고 듣자 喜色이 없었고, 儲副는 繼體者이거늘 어찌 權臣의 甥(외손)을 세우리오 하니 왕이 자못 믿었는데, 金仁俊이 力諫한 연후에 왕의 의심이 풀어졌다.[183] 6월에 衛社功臣 차례를 고쳐 金仁俊으로 第一을 삼고, 柳璥으로 第五를 삼았으며, 김인준을 樞密院副使 어사대부 柱國 太子賓客으로 삼고 翼陽郡開國伯 食邑一千戶 食實封一百戶에 책봉했다.[184] 8월에 新安公 佺의 딸인 妃 柳氏를 책봉해 王后로 삼고 아들 諶(충렬왕)을 책봉해 太子로 삼았다.[185] 위사공신에서 유경은 제1등에서 제5등으로 추락한 반면, 김준(김인준)은 제2등에서 제1등 공신으로 승격하고 翼陽郡開國伯에 책봉됨으로써 집권자로서의 위상을 확실히 하고 추밀원부사로서 어사대부를 겸해 감찰권을 행사했다. 이해 12월에 왕이 宮女를 水房에 모아 절제 없이 淫縱하자 어사대부 김인준이 水房을 外에 移置했다.[186] 이는 김인준이 권력자로서의 위세를 보여준 것이지만 왕(원종)의 사생활을 간섭한 것으로 왕의 심기를 건드렸을 것이다.

---

182) 『고려사절요』 권17, 고종 46년.
183) 『고려사절요』 권18, 원종 원년.
184) 『고려사절요』 권18, 원종 원년 ; 『고려사』 권130, 金俊傳.
185) 『고려사절요』 권18, 원종 원년.
186) 『고려사절요』 권18, 원종 원년.

원종 4년 12월 병인일에 李藏用으로 守太傅 判兵部事 太子太傅를, 柳璥으로 守太保 참지정사 太子太保를, 金俊으로 守太尉 참지정사 判御史臺事 太子少師를, 金佺으로 守司徒 지문하성사 太子少傅를, 朴松庇로 守司空左僕射 太子少保를, 李應韶로 樞密院使를, 崔允愷로 지추밀원사를, 李之葳·崔瑛으로 동지추밀원사 太子賓客을, 羅得璜·韓就로 樞密院副使를, 蔡楨으로 樞密院副使 어사대부를, 宋義·洪縉으로 左右僕射를, 申思佺으로 병부상서를, 兪千遇·朴倫으로 左右承宣을, 金冲(김승준)으로 右副承宣을, 金方慶으로 지어사대사를, 金坵·李松縉으로 좌우간의대부를 삼았다.[187] 이처럼 김준은 원종 4년 12월에 守太尉 참지정사 判御史臺事 太子少師에 임명되어 재신이면서 감찰권을 장악했는데, 이전 집권자와 달리 이부와 병부의 관직을 겸하지 않았다. 이는 인사권을 정방이 여전히 장악하고 있는 것과 관련이 있지만, 정방이 궁궐의 편전 옆으로 옮겨진 상황에서 아무리 정방 관료가 그와 우호적인 인물로 이루어졌다고 해도 그의 인사 장악은 강력하지 못했다고 볼 수 있다. 그래도 김준은 동생 金冲(김승준)이 승선에 오름으로써 권력 운용에서 도움을 받을 수 있었다.

다음해인 원종 5년에 몽고가 왕을 불러 入朝하도록 하자 김준이 親朝하려는 왕을 위해 인왕경을 인쇄하고 百高座를 제작하니 이해 7월 경자일에 왕이 친히 인왕도량을 大觀殿에 개설해 仁王經을 강설했다. 왕이 김준에게 忠誠이 있다며 從者에게 爵을 하사했고, 8월 을사일에 참지정사 김준에게 명해 校定別監(敎定別監)으로 삼아 국가 非違를 규찰하게 하고, 이달 계축일에 몽고를 향해 출발하니 太子·諸王과 文武百僚가 梯浦에 이르러 辭하자 왕이 김준에게 명해 먼저 入京해 監國하도록 하니 김준이 別抄 30人으로써 晝夜로 그 집을 지키게 했다. 왕이 이해 12월에 환국해 김준에게 封侯 立府하고자 下制하기를, 叅政 金俊은 나의 先王을 섬

---

187)『고려사』권25 및『고려사절요』권18, 원종 4년 12월 ;『고려사』권130, 金俊傳.

겨 權臣을 주륙해 왕실에 復政하고 寡躬을 扶立해 宗祀를 계승하게 했
고, 北朝가 親朝하도록 하니 舊例가 없어 依違하며 결정하지 못하자 독려
해 方物과 盤纏을 마련해 주어 親朝를 무사히 마치고 돌아올 수 있어 공
로가 중대하다며 有司가 의논하여 아뢰라고 했다. 6년 정월에 김준을 侍
中에 제배했고, 10월 경오일에 왕이 便殿에 나아가 평장사 李藏用과 좌복
야 蔡楨을 보내 김준을 책봉하여 海陽侯로 삼되 한결같이 晉陽公故事에
의거하도록 했다.[188] 그가 '海陽侯'라는 작위칭호를 받은 것은 그의 外鄕
이 海陽(光州)이었기 때문이다.[189]

김준은 원종 5년 8월에 원종이 몽골로 떠나기 직전에 校定別監(敎定別
監)에 임명되어 국가 非違를 규찰하게 되었고 왕이 몽골로 떠나면서 왕이
없는 동안 監國을 맡았다. 그리고 6년 정월에 문하시중에 올랐고 10월에
晉陽公故事에 의거해 海陽侯에 책봉되었다. 이로써 김준은 최고집권자로
서의 위상을 확립하게 되었다. 이의민은 무신정변의 주역이고 反무인정
권 봉기를 진압하는 데 혁혁한 공로를 세웠음에도 封侯되지 못했는데 그
가 노비 출신인데다가 왕을 시해했기 때문일 것이다. 최항은 왕이 그의
공로를 천명하며 封侯했음에도 계속 사양했는데 모친의 미천을 의식했기
때문일 것이다. 무인정권기에 신분제가 흔들려 노비 출신이 출세하고 최
고집권자가 되어도 신분 의식, 특히 良賤 분별 의식은 남아 있어 諸王의
반열인 公侯에 책봉되는 것은 이의민이나 최항에게 부담이 되었다고 볼
수 있다. 반면 김준은 노비 출신이었음에도 翼陽郡開國伯을 거쳐 해양후

---

188) 『고려사』 권130, 金俊傳 ; 『고려사』 권25 및 『고려사절요』 권18, 원종 5년 및 6
년. 김준의 妻는 宅主에 책봉되자 매양 宮主를 入見할 때 上에서 拜했다. 김준은
封侯되자 宗室을 본받아 右로 笏을 들면서 매양 말하기를, "平生 습관이 되지 않
아 때때로 左奉한다"고 하니 사람들이 기롱했다고 한다.

189) 海陽縣은 고종 46년에 김인준의 外鄕이라 知翼州事로 승격되고 후에 光州牧으로
승격된다(『고려사』 권57, 지리지 전라도 해양현). 김준이 海陽侯 이전에 받은 '翼
陽郡開國伯' 즉 翼陽伯의 翼陽도 翼州 즉 光州와의 연고 때문에 붙여진 것이었다.

에 오를 수 있었던 것은 그가 왕정을 복고해 왕실에 지대한 공헌을 했다
는 대의명분 때문이었을 것이다.

그런데 원종 9년 3월 壬申日에 몽고의 北京路摠管 兼大定府尹 于也孫
脫과 禮部郎中 孟甲 등이 가져온 詔에 海陽公 金俊과 侍中 李藏用으로
하여금 奏章을 가지고 몽고로 오라는 내용이 들어 있었다. 4월에 侍中 李
藏用을 파견해 于也孫脫을 따라 蒙古에 가면서 가져간 표문에도 "陪臣
海陽公金俊·侍中李藏用 齎表進朝事"라는 내용이 포함되어 있다.[190] 이
로 보아 김준은 侯爵인 해양후에 머물지 않고 公爵인 海陽公에까지 책봉
되었음을 알 수 있다. 그는 최우와 마찬가지로 公爵을 받아 최고의 공훈
과 서열을 자랑하게 되었다.

김준이 해양공에 올랐음은 김주정의 이력에서도 확인된다. 金周鼎은
海陽郡 사람인데 弱冠에 부친을 여의고 오랫동안 桑梓 즉 고향에 머물면
서 力學해 정사년(고종 44)에 富城縣尉로 근무하다가 巡問 韓就의 천거
로 都兵馬錄事에 權補되었고 書狀官으로 北朝(몽골)에 다녀와 陳事하니
당시 執政인 海陽公이 그를 그릇으로 여겼다. 김주정은 至元元年甲子
(1264: 원종 5년)에 春場에 일등으로 급제해 累遷해 海陽府典籤이 되고
內侍에 籍을 두어 政事堂에 들어갔다.[191] 집정인 海陽公 김준이 海陽郡
(光州) 사람으로 都兵馬錄事로 근무하고 몽골에 서장관으로 다녀온 김주
정을 그릇으로 여기더니, 김주정이 과거에 장원급제하자 그를 海陽府의
典籤으로 선발하고 정사당 즉 정방의 요원으로 들여보낸 것이었다. 이를
통해 김준이 해양공에 올랐고 僚屬을 지닌 해양부를 운영했음을 알 수 있

---

190) 『고려사』 권26 및 『고려사절요』 권18, 원종 9년 3월 및 4월. 당시 황제가 勑하여
　　金俊父子 및 그 동생 金冲에게 京師로 나아오도록 했다고 한다.
191) 김주정 묘지명. 김주정은 이후 閤門祗候를 거쳐 刑部郎中 國學直講이 되고 國子司
　　業 寶文待制 知制誥를 역임한다. 갑술년에 今上(충렬왕)이 卽祚하자 갑자기 吏部
　　侍郎 朝靖大夫大 府卿 寶文閣直學士 右司議大夫에 임명되자 時務 20餘條를 논하
　　여 封事를 올리니 上이 가상히 여겨 많이 시행했다고 한다.

는데, 開府는 이미 진양공 故事에 의거해 해양후에 책봉될 때 이루어졌을
것이다. 김준은 同鄕 출신의 인재인 김주정을 해양부 요속으로 두어 권력
행사에 도움을 받았고, 궁궐로 옮겨진 정방에 측근인 김주정을 진입시킴
으로써 인사행정에 대한 영향력을 꽤 발휘할 수 있었다.

　김준은 왕정 복고의 주역이었기에 왕실과 초기에는 원만했지만 그의
권력이 점점 커지고 그의 入朝를 요구하는 몽골과 강경하게 대처하면서
원종과 사이가 틀어져 갔다. 원종 9년에 蒙古帝가 使를 파견해 徵兵하고
金俊 父子 및 그 동생 冲(承俊)에게 勅하여 모두 京師로 나아오도록 했
다. 김준이 장군 車松佑가 모의해 몽고 使를 죽여 海中으로 깊이 들어가
고자 말한 것을 듣고 왕에게 두 번 아뢰었지만 왕이 들어주지 않았다. 김
준이 차송우에게 말하기를, "上이 단단히 거절하니 어찌하나" 하자, 차송
우 등이 말하기를, "龍孫은 단지 今上만이 아니라 諸王이 많으며, 하물며
太祖 역시 將軍으로 擧事했으니 어찌 疑慮가 있으리오" 하니, 김준이 깊
이 그렇게 여겨 모의를 결정해 몽고 使를 죽이려고 하여, 都兵馬錄事 嚴
守安으로 하여금 金冲(김승준)에게 알리게 했다. 엄수안이 김충 第에 나
아가 不可함을 極言하니 김충이 믿고 마침내 그 도모를 저지했다. 하지만
김준이 더욱 몽고 명령에 항거하니 왕이 심히 怏怏했다. 김준이 몽고가
그의 入朝 않음을 힐책할까 두려워해 五敎沙門을 그 第에 대대적으로 모
아 供佛 祈福했다.[192]

　차송우는 원종을 폐위해 왕실의 다른 왕씨를 임금으로 옹립하거나 태
조 왕건이 궁예왕을 몰아내 즉위한 것처럼 아예 왕씨가 아닌 인물, 아마
김준을 새로운 임금으로 옹립하려는 계획을 지니고 있었다. 김준도 이에
동의했으니 아마 그 자신이 帝王으로 등극하고 싶어 했을 것이다. 하지만
동생 김충의 만류로 거사를 접었다. 만약 김준이 그러한 거사를 단행했다

---

192) 『고려사』 권130, 金俊傳.

면 성공할 수 있었을까? 아마 김충은 그러한 거사가 성공하기 힘들다고
판단해 말렸으리라 생각된다. 김준 권력의 한계와 몽고의 거대한 압력을
고려할 때 그가 새 왕조를 개창하기에는 벅차지 않았을까 싶다.

　김준의 아들인 承宣 金愷의 家奴가 龍山別監 李碩과 유감이 있었던
차에 李碩이 內膳을 배 2척에 싣고 강에 정박함을 듣고 李碩을 金愷에게
힐뜯었다. 金愷가 김준에게 고하자 김준이 夜別抄를 보내 그것을 빼앗아
그 家에 들여 夜別抄에게 나누어 주었다. 얼마 없어 김준이 왕을 알현했
는데 왕이 李碩이 올린 膳狀을 김준에게 보여주자 김준이 變色해 물러나
還收해 바쳤다. 하지만 왕이 물리쳐 받지 않으며 그것은 모두 寡人 祭醮
의 용도라고 했다. 이로 말미암아 왕이 더욱 김준을 미워했다고 한다.[193]

　김준이 스스로 말하기를, "일찍이 權臣을 주살하고 畜積을 내어 사람
을 살림이 많으니 비록 市街에 눕더라도 누가 감히 나를 해칠 것인가"했
다. 이로 말미암아 人의 惡言을 들어도 개의치 않고 農莊을 전라도 충청
도에 列置했고 왕을 맞이한다며 家를 대규모로 증축했다.[194] 김준은 자
신의 업적과 권력에 도취해 자만에 빠져 있었다.

　김준 정권에 대한 강력한 도전자는 그의 최측근 임연이었다. 林衍은
鎭州 吏의 외손으로 初名이 承柱인데 蜂目 豺聲을 지니고 민첩하고 힘이
셌으며 대장군 宋彦庠(宋彦祥)의 廝養卒이 되었다가 그 鄕 鎭州로 돌아
갔는데, 蒙兵이 이르자 鄕人과 더불어 물리쳐 隊正에 보임되었다. 일찍이
林孝侯라는 자가 그의 妻를 간통하자 그가 임효후의 처를 유혹해 간통해
有司가 처벌하려 하니 김인준이 최의에게 힘껏 요청해 석방하고 천거해
郞將으로 만들었다. 때문에 임연이 항상 김인준을 '父', 김승준을 '叔父'라
불렀다.[195] 그래서 임연은 김준을 도와 최의 정권을 붕괴시켜 김준을 최

───────────────

193) 『고려사』 권130, 金俊傳.
194) 『고려사』 권130, 金俊傳 ; 『고려사절요』 권18, 원종 9년 12월조. 김준은 外鄕인
　　 光州를 중심으로 전라도와 충청도 일대에 식읍을 경영했던 것 같다.

고집권자로 받들었다. 하지만 김준이 아들 편을 들고 임연을 멀리하면서
갈등이 깊어 간다.

　樞副(樞密副使) 林衍이 김준의 아들과 田을 다투자 김준이 말하기를,
"내가 생존해 있는데도 이러한데 하물며 죽은 다음에랴, 내가 어찌 이 사
람을 차마 보리오" 하니, 임연이 원한을 품게 되었다. 낭장 康允紹가 왕
(원종)에게 得幸하고 또한 임연과 서로 친밀했는데, 왕이 김준을 꺼림과
임연이 김준과 틈이 있음을 알고 왕에게 諸功臣이 모두 김준과 친밀한데
오직 林衍이 붙지 않는다고 했다. 왕 측과 임연은 힘을 합쳐 김준을 제거
하기로 했다. 임연이 大梃을 제작해 樻에 담아 비밀리에 宦者 金鏡에게
주어 궁중에 미리 두고 (원종 9년) 12월 丙申日(20일)에 擧事하기로 기약
했다. 그날인 丙申日에 蒙古使 脫朶兒가 돌아가려 하자 왕이 郊에서 脫
朶兒를 餞別했는데, 김준 黨이 모두 扈駕하지 않았기 때문에 거사하지 못
했다. 다음날인 정유일(21일) 새벽에 宦者 金鏡이 왕명으로 김준을 부르
자 김준이 급히 趣朝했고, 金沖(김승준)이 김준이 赴衙했음을 듣고 역시
朝堂(都堂)에 이르렀다. 宦者 최은이 傳旨해 김준을 유인해 便殿 앞에 이
르고는 왕의 병환을 칭탁해 政堂으로 引入하니 抄 金尙이 梃으로 김준을
공격하자 김준이 大呼했지만 마침내 김준을 베었다. 또 金沖을 유인해 入
內하도록 했는데 김충이 血痕을 보고 도주해 나가려 하자 宦者 金子廷이
그 동생 金子厚를 시켜 김충을 죽였다. 김준의 從者가 들어가 구원하려
하니 金子廷이 문을 막아서서 稱旨해 물리치며 말하기를 "지금 김준 형제
가 이미 모두 주륙되었는데 너희들이 入內해 무엇을 하랴, 각자 同心해
衛社하라" 하며 밀어냈다. 林衍이 夜別抄를 나누어 보내 김준의 諸子 및
그 黨을 체포해 모두 베었다.[196)]

---

195)『고려사절요』권17, 고종 45년 3월 ;『고려사』권130, 林衍傳. 임연의 부친은 어
　디 사람인지 알 수 없고 鎭州에 僑寓해 州吏의 딸과 혼인해 임연을 낳아 鎭州로
　貫을 삼았다.

김준이 왕(원종)의 부름을 받아 趨朝 즉 朝堂으로 달려가 환관의 인도로 편전 앞에 이르니 환관이 김준을 왕의 병환을 핑계로 政堂 즉 政房으로 들어가도록 하자 매복 중인 자객이 김준을 공격해 죽였던 것이다. 김준의 동생 김충(김승준)도 형이 赴衙했음을 듣고 역시 朝堂(都堂)에 이르렀고 환관의 안내로 入內했다가 살해당했다.

김준과 김충이 나아간 朝堂 즉 都堂은 둘이 정무를 처리해 온 곳인데 곧 都兵馬使였다. 도병마사는 원래 군사관련 재추회의 기구인데 몽골과의 오랜 전쟁을 겪으면서 국정 전반을 의논하는 성격을 띠었다. 江都의 이 朝堂(都堂)이 대내(본궐)의 안과 밖, 어디에 위치했는지 애매하지만 왕 처소의 바로 밖에 위치했음은 분명하다. 여기의 政堂은 곧 政房으로 최의가 살해되어 왕정이 복구되면서 궁궐의 편전 옆으로 옮겨져 있었다. 김준과 김충에게 朝堂(都堂)은 자기들이 일하던 곳이라 안전지대였지만 환관의 안내로 入內한 곳은 신하들이 함부로 들어갈 수 없는 공간이라 안전지대가 아니어서 졸지에 당한 것이었다. 최충헌은 개경 수창궁의 殿에서 희종 측근의 습격을 받아 겨우 살았지만 김준은 편전 쪽으로 유인되어 살해당했다. 김준은 최충헌이 당한 그 사건을 잊었던 것일까, 아니면 자신을 너무 믿었던 것일까.

임연은 김준과 더불어 최의를 주살해 衛社功臣이 되고 累遷해 樞密副使에 올랐지만, 김준이 當國해 威福을 專擅하자 원종이 꺼리고 자신이 김준과 틈이 생기자 金鏡·최은 등과 협력해 김준 정권을 타도했던 것이다.[197] 원종의 측근과 임연이 협력해 김준과 그 세력을 숙청했는데 서로 자신의 지분을 주장하면서 갈등이 커져 갔다. 김준과 김충을 직접 살해한

---

196)『고려사』권130, 金俊傳 ;『고려사절요』권18 및『고려사』권26, 원종 9년 12월.
    金冲이 赴衙해 도착한 곳은 김준전에는 '朝堂'으로, 고려사절요에는 '都堂'으로 표현되어 있다.
197)『고려사』권130, 林衍傳.

자는 원종의 측근이었기에 원종과 그 측근은 자기들이 정국을 주도하려 했다. 임연은 어쨌거나 김준 정권을 무너뜨리는 데에 자신의 공로가 제일 이라 생각했고 게다가 군사권을 장악하고 있었기에 최고 집권자가 되려 했다. 원종 10년 2월 을유일에 장군 金保宜·林惟茂·趙允藩·崔宗紹 등이 後壁이라 紅을 하사받고 改銜했으니,[198] 임연은 아들 임유무가 이미 장 군을 띠고 있어 자신이 정권을 확실히 장악하면 후계 문제는 해결될 것이 었다.

임연은 金鏡·최은 勢가 자기를 압박함을 꺼렸다. 원종 10년 5월 壬申 日에 왕이 辰嚴宮에 移御했다. 6월 신묘일에 林衍이 夜別抄를 보내 宦者 金鏡과 최은 및 그 동생 琪를 체포해 베어 梟市했고 어사대부 張季烈과 대장군 奇蘊을 섬으로 유배했다. 다음날인 壬辰日에 林衍이 不軌를 도모 해 大事를 행하고자 三別抄와 六番都房을 毬庭에 모아 宰相(宰樞)과 의 논하기를, "내가 왕실을 위해 權臣을 제거했건만 왕은 金鏡 등과 더불어 모의해 나를 죽이려 하니 앉아서 죽임을 당할 수 없어, 내가 大事를 행하 고자 하며, 그렇지 않으면 海島로 竄하는 것이 어떠하리오" 했다. 재추가 감히 대답하지 못하니 임연이 歷問하자 侍中 李藏用이 遜位로써 말하고 참지정사 兪千遇가 강력히 不可를 말하니 임연이 결정하지 못하고 罷했 다. 다음날 밤에 前將軍 權守鈞과 大卿 李敘와 장군 金信祐를 간통 등의 이유로 베어 사람들의 마음을 두렵게 했다. 을미일에 임연이 갑옷을 입고 三別抄와 六番都房을 거느려 安慶公 淐(원종의 母弟)의 第에 나아가 文 武百僚를 모아 淐을 받들어 萬歲를 부르고 本闕에 들어가 왕위에 오르도 록 하니 宗室과 百官이 朝賀했다. 당시 왕(원종)은 辰嚴宮에 있었는데 임 연이 左副承宣 李昌慶을 시켜 逼出하고 그 從者 5인을 시켜 왕과 妃를 分侍해 別宮으로 옮겼다. 初에 임연이 廢立을 모의할 때 임연의 아들 林惟

---

198) 『고려사』 권26, 원종 10년 2월.

茂의 婦翁인 司空 李應烈이 말하기를, "龍孫이 1명이 아닌데 어찌 반드시 今王인가" 했는데, 이에 이르러 이응렬이 呼嘯하고 踴躍하며 기뻐했다.199)

7월 병오일에 淐(英宗)이 林衍으로 敎定別監(校定別監)을 삼았다. 정미일에 임연이 또 왕(원종)을 金鎧 舊第로 옮겼다. 을묘일에 淐(英宗)이 왕(원종)을 太上王으로 존숭하고 立府해 '崇寧'이라 하여 注簿·錄事 각 1인을 두고 殿을 '明和'라 하여 舍人 2인을 두었으며 東宮으로 壽安府를 삼아 典籤과 錄事를 두었다. 이달에 임연이 金俊 舊第로 移入하니 淐이 六番都房을 보내 호위하도록 했다.200) 임연은 새 왕을 옹립하고 金俊의 舊第로 이주했으니 그의 시대가 활짝 피는 듯했다.

하지만 임연의 임금 廢立은 결국 성공하지 못한다. 원종이 폐위된 지 두 달 정도 흐른 8월에 몽고가 使를 보내와 廢立을 힐책했다. 11월 임자일에 또 병부시랑 黑的을 보내와 詔하여 왕(원종)과 淐 및 임연을 몽고로 부르며 이미 頭輦哥國王에게 率兵해 壓境하도록 했다고 위협했다. 임연이 두려워 을묘일에 재추를 그 第에 모아 詔書에 대한 대답을 의논했고, 또 庚申日에 3·4품으로 하여금 각기 空名(無名) 實封으로 答詔 便宜를 진술하게 했다. 그는 黑的을 연회하며 많은 珍寶를 뇌물로 주었고, 임술일에 다시 黑的을 그의 第에서 연회했는데 黑的이 왕을 복위 시켜야 한다고 말하니 임연이 부득이 재추를 모아 의논해 淐(英宗)을 폐위하고 왕(원종)을 복위하기로 했다. 계해일에 왕(원종)이 黑的 등을 연회했다. 갑자일에 왕(원종)이 復位하고 淐(英宗)이 私第로 돌아갔다. 그 과정을 보면, 백

---

199) 『고려사』 권130, 林衍傳 ; 『고려사』 권26 및 『고려사절요』 권18, 원종 10년.
200) 『고려사』 권130, 林衍傳 ; 『고려사』 권26 및 『고려사절요』 권18, 원종 10년. 고종이 熙宗의 딸인 承福宮主를 치세 5년에 들여 妃로 삼았는데 그녀는 원종과 安慶公 淐과 壽興宮主를 낳고 19년에 세상을 떴다. 林衍이 원종을 廢하고 淐을 세워 왕으로 삼았다가 몽고의 압박을 견디지 못해 원종을 복위시키고 淐을 폐위했지만, 淐은 후에 '英宗'이라 追諡된다. 淐의 아들 儇은 漢陽侯에 책봉되고 충렬왕의 딸인 明順院妃와 혼인하며, 다른 아들 侊은 桂陽侯에 책봉된다. 『고려사』 권88, 后妃傳 1, 고종의 安惠太后柳氏 ; 『고려사』 권91, 宗室傳2, 安慶公 淐.

관이 王府에 나아가 扈駕해 入闕하고 蒙使가 따랐으며, 蒙使가 백관 賀
禮를 관람하기를 요청하니 왕이 紫袍를 입고 庭에 나가 북쪽을 향해 遙謝
하고 黃衣로 갈아입어 康安殿에서 축하를 받았다.201)

임연을 제거하려는 고려 관료의 움직임이 원종 폐위 이후 몇 차례 발생
했고 임연은 그들을 숙청했다.202) 임연의 권위는 많이 흔들렸고, 원종 복
위 이후 더욱 그러했다. 어느 날 어떤 사람이 慈恩寺의 設齋樹幡을 보고
임연의 아들 林惟幹에게 고하기를, 亂이 일어나 官旗가 이미 섰다고 하니
임유간이 임연에게 고하자 임연이 놀라 문을 닫았다. 12월 경인일에 왕
(원종)이 順安侯 悰에게 명해 監國하도록 하고 몽고에 가는데 임연이 왕
이 廢立事를 누설할까 두려워 아들 임유간 및 腹心을 扈從시켰다.203) 그
만큼 임연과 그 가족은 자신을 제거하려는 난이 일어날까 신경이 곤두서
있었다.

원종 11년(1270) 2월에 몽고 황제가 중서성에 명해 임연에게 牒하여
入朝해 明辨하라고 했다. 임연이 拒命하고자 夜別抄를 諸道에 파견해 民
의 諸島 入居를 독려했지만 이날인 이달 을미일에 憂懣해 疽가 등에 생
겨 사망했다. 이에 監國인 順安侯 琮이 곧바로 임유무로 校定別監(敎定
別監)을 삼았다. 임유무가 都監(都房) 六番을 모아 그 家를 自衛하고 동
생 林惟栖으로 하여금 書房三番을 거느려 형 林惟幹의 家를 호위하게 하
여 外援으로 삼았다. 林惟茂가 順安侯 琮에게 요청해 부친에게 참지정사
를 추증하고 시호를 莊烈이라 했다.204) 나이 어린 임유무가 부친의 갑작
스러운 사망으로 후계 수업도 제대로 받지 못한 채 집권하게 된 것인데
국왕 원종이 몽고에 가 있어 더 문제였다.

---

201) 『고려사』권130, 林衍傳 ; 『고려사』권26 및 『고려사절요』권18, 원종 10년.
202) 『고려사』권130, 林衍傳 ; 『고려사』권26 및 『고려사절요』권18, 원종 10년.
203) 『고려사』권130, 林衍傳 ; 『고려사』권26 및 『고려사절요』권18, 원종 10년. 江都
　　　일대에 개경처럼 慈恩寺가 있었음을 알 수 있다.
204) 『고려사』권130, 林衍傳 ; 『고려사』권26 및 『고려사절요』권18, 원종 11년 2월.

황제가 頭輦哥國王과 趙平章 등으로 하여금 왕(원종)을 호위해 東還하
도록 하니, 5월에 왕이 먼저 鄭子璵 등을 보내 國中 臣僚에게 효유해 舊
京으로 出都하도록 했다. 임유무가 따르지 않고자 했지만 衆議 不合을
두려워해 致仕宰樞·3품 이상, 顯官 4품 이하 및 臺省에게 각기 實封으로
可否를 의논하게 했는데 모두 말하기를, "君命인데 감히 따르지 않으리
오"라고 했다. 임유무가 분노해 어찌할 바를 몰라 諸道에 水路防護使 및
山城別監을 나누어 보내 人民을 聚保해 拒命하고, 또 金文庇로 하여금
夜別抄를 거느려 喬桐을 지켜 北軍을 방어하도록 했다.[205]

임유무는 童穉로 父權을 계승해 잡아 재단할 바를 몰라 每事를 婦翁인
李應烈과 樞副致仕 宋君斐 등에게서 결정했다. 姊夫인 어사중승 洪文系
및 직문하성 宋松禮가 겉으로는 面從하면서도 마음속으로는 항상 憤惋했
다. 임유무가 拒命하려 하여 中外가 洶洶하니, 홍문계가 송송례와 모의했
다. 송송례의 아들 宋琰 및 宋玢이 함께 衛士長이어서, 5월 계축일(14일)
에 송송례와 홍문계가 三別抄를 모아 大義로써 효유해 임유무 잡기를 도
모했다. 임유무가 變을 듣고 擁兵해 대비했지만, 삼별초가 그 家 東門을
파괴해 突入해 亂射해 衆을 무너뜨렸다. 임유무 및 姊夫 대장군 崔宗紹
를 사로잡아 섬으로 유배하고자 하다가 蒙古使가 館에 있어서 다른 변란
이 생길까 두려워 모두 市에서 베었다. 이응렬과 송군비 및 族父 宋邦乂·
李成老, 外弟 李黃綬 등을 유배하고 書房三番 및 造成色을 혁파하니 朝
野가 大悅해 모두 말하기를 '更生'이라 했다고 한다. 임술일(23일)에 재추
가 회의해 舊京 즉 개경으로 復都를 공표했다. 병인일(27일)에 왕이 舊京
으로 돌아와 沙坂宮에 들어가고 妃嬪 역시 江華로부터 이르렀다.[206]

---

205) 『고려사』 권130, 林衍傳 ; 『고려사』 권26 및 『고려사절요』 권18, 원종 11년.
206) 『고려사』 권130, 林衍傳 ; 『고려사』 권26 및 『고려사절요』 권18, 원종 11년 5월.
　　이응렬은 剃髮해 도망했지만 추격자가 획득해 毬庭에 이르자 少年輩가 그 죄를
　　말하며 다투어 주먹으로 때렸다. 林惟柄은 自刭했지만 未殊하자 蒙古使가 이를
　　보고 그 목을 눌러 죽였다. 임유무의 모친 李氏는 성격이 妬險해 무릇 拒命 殺戮

이처럼 임유무는 원종 11년 2월에 부친이 사망하자 어린 나이로 집권했지만 5월에 일어난 정변으로 죽임을 당하면서 무인정권과 강도시대는 끝이 났다. 최우가 설치한 야별초에서 기원한 삼별초가 무인정권을 타도했던 것인데, 원종이 개경으로 들어온 직후 장군 金之氐를 江華에 보내 삼별초를 혁파하자 6월에 장군 裵仲孫과 夜別抄指諭 盧永僖 등이 삼별초를 거느리고 봉기해 承化侯 溫을 왕으로 옹립하고 官府를 설치해 8월에 진도에 들어가 개경정부에 항거한다.[207] 삼별초에 의한 무인정권은 삼별초가 탐라에서 망할 때까지 지속된다.

## 맺음말

최충헌과 최충수 형제는 이의민을 습격해 살해하여 그 정권을 붕괴시켰다. 최충헌은 좌승선 知御史臺事로서 동생 최충수와 함께 집권하다가

---

은 그녀의 가르침이 많았다고 하는데, 임유무가 패배하자 도망치다가 잡혔고, 후에 그 아들 林惟幹·林惟柜·林惟提 등과 함께 몽고로 執送되었다.

207) 『고려사』 권26 및 『고려사절요』 권18, 원종 11년 5월~8월. 崔瑀가 國中에 盜가 많음을 이유로 勇士를 모아 每夜에 巡行하며 禁暴하도록 해 그로 인해 '夜別抄'라 이름했다. 盜가 諸道에서 일어나자 別抄를 나누어 보내 체포했는데 그 軍이 심히 많아 左右로 나누었다. 또한 國人이 몽고로부터 逃還한 자로 一部를 삼아 '神義軍'이라 했다. 이것이 三別抄인데, 權臣이 執柄해 爪牙로 삼아 그 俸祿을 후하게 주고 혹 私惠를 베풀고 또 罪人의 재물을 적몰해 그들에게 지급했기 때문에 權臣이 頤指氣使하니 앞 다투어 效力했다. 金俊의 崔竩 주살, 林衍의 金俊 주살, 송송례의 임유무 주살은 모두 그 力을 빌렸다. 왕이 舊京에 復都하자 삼별초가 반대하며 疑貳를 품었기 때문에 그것을 혁파했다. 金之氐가 그 名籍을 취하여 돌아가자 名籍을 上朝에 알릴가 삼별초가 두려워해 더욱 叛心을 품었다고 한다(『고려사절요』 권18, 원종 11년 5월조). 몽고와의 항쟁이 지속되면서 2군 6위를 대체하는 성격이 강한 야별초의 군사력이 증대해 간데다가 신의군까지 합류하면서 더욱 힘이 커져 집권자의 家兵을 압도하게 되어 삼별초에 대한 장악과 이용이 권력의 유지와 창출에 중요한 요소가 되었던 것이다.

최충수를 제거해 知奏事 知御史臺事를 맡더니 兵部尙書 知吏部事까지 겸하고 도방을 사제에 설치했다. 그는 이전의 집권자들처럼 승선 계통의 직책을 맡으면서도 감찰권과 인사권까지 장악하고 사병조직을 설립해 독재정권을 수립했다. 그가 樞密院使 吏兵部尙書 御史大夫에 임명되더니 자신의 사제에서 문무의 인사를 처리하면서 그의 독재정권은 완성되었다. 그는 이후 守太傅 참지정사 吏兵部尙書 判御史臺事, 守太師 평장사 判兵部·御史臺事를 거쳐 문하시중 판이부사에 오르고 晉康侯에 책봉되어 興寧府(晉康府)를 열었다. 그가 관직의 승진을 거듭해 가는 동안 지주사 때 이미 문산계 최고인 開府儀同三司와 鄕職 최고인 三重大匡과 勳職 최고인 上柱國을 받아 거의 최고의 서열에 올랐으며 공신호가 계속 추가되었다. 그는 지주사 때 최고집권자로서의 권위를 확립했고 이후 승진을 거듭하더니 太師 문하시중 진강후에 올라 권력의 정점을 찍었다. 진강후 최충헌은 令公, 邸下 등으로 존칭되었다.

최우는 부친 최충헌 밑에서 후계자 수업을 장군 시절 무렵부터 시작해 오랫동안 받아 나가더니 부친처럼 승선과 지주사를 띠어 실력자로 성장했다. 樞密院副使로 재직할 때 부친이 사망하자 부친의 측근세력을 숙청하고 권력을 장악했다. 그는 이후 금자광록대부 참지정사 吏兵部尙書 判御史臺事에 올라 재상으로서 문무 인사권과 관료 감찰권을 장악했다. 사제에 정방을 설치해 문사를 두어 이것을 통해 문무의 인사를 행하였고 서방을 두어 문사 문객을 확보했다. 이로써 그의 권력은 정점을 향해 달려갔다. 하지만 몽고의 침략으로 인해 그의 주도 하에 강화로 천도하면서 그의 권력은 전환점을 맞이했다. 그는 문하시중에 오르고 천도 공로로 진양후에 책봉되어 진양부를 열더니 진양공으로 승진했다. 진양후 내지 진양공 최우는 令公, 邸下 등으로 불리며 萬壽를 축원받았다.

최우는 사위 김약선을 후계자로 키우다가 아들인 승려 만전(최항)을 환속시켜 후계자로 삼았다. 이 때문에 늦게 후계자가 된 최항은 가노들의 헌신적인 지지를 받아서야 집권할 수 있었다. 최항은 집권하면서 樞密院 副使 吏兵部尙書 御史大夫와 교정별감을 받았다. 그는 大尉 참지정사 上柱國 판어사대사를 거쳐 大師 開府儀同三司 문하시중 판이부사 監修國史에 올랐고, 나아가 大師 開府儀同三司 中書令 上柱國 監修國史 判吏部·御史臺事에 올랐다. 그는 무신으로서 집권 이래 상장군을 기본으로 가지면서 추밀과 참정을 거쳐 문하시중과 중서령에까지 올랐고 인사권과 감찰권을 장악했다. 그는 모친이 미천한 출신임을 의식한 때문인지 封侯立府를 사양했다.

崔竩는 최항과 婢 사이에서 태어났는데 최씨 집안의 가노와 문객의 지원으로 최항을 계승해 집권할 수 있었고 집권하면서 장군으로 교정별감을 띠었다. 그는 승선에 오르며 최고집권자로서의 권위를 갖추어 갔지만 김준, 김승준, 임연, 유경 등 권력에서 소외된 가노와 문객의 배반으로 몰락했다. 김준, 김승준, 임연, 유경 등은 최의를 제거한 후 왕정을 복고해 위사공신에 책봉되어 권력을 공유했다. 문신 유경은 정방을 최씨의 사제에서 궁궐 안으로 옮겨 승선으로서 인사권 내지 정권을 장악했고 문신 김준은 군사권을 장악했다. 그러다가 유경이 권력에서 밀려나면서 김준 정권이 본격적으로 확립되지만 위사공신들의 협의체적인 성격을 띠었다. 김준은 승선을 거쳐 樞密院副使 어사대부 柱國을 역임하고 翼陽郡開國伯에 책봉되었다. 이후 守太尉 참지정사 判御史臺事에 임명되었고, 몽고에 친조하려는 원종이 그를 교정별감에 임명해 국가 非違를 규찰하도록 했다. 김준은 문하시중에 오르고 海陽侯에 책봉되어 海陽府를 열었고 海陽公까지 승진했다. 노예 출신의 김준이 위사공신으로 문하시중과 해양공까지 오른 것이었다.

김준은 외교정책을 둘러싸고 원종과, 정권의 운영을 둘러싸고 추밀부사 임연과 갈등하다가 원종 측근과 임연의 연합에 의해 제거되었다. 임연은 권력의 주도권을 놓고 원종의 측근과 갈등하다가 그들을 제거하고 원종을 폐위해 안경공을 임금으로 즉위시키고 교정별감에 임명되었다. 하지만 몽고의 압력으로 원종을 복위시키면서 그의 권위는 추락하고 곧 질병으로 사망했다. 아들 임유무가 집권해 監國 順安侯에 의해 교정별감에 임명되었지만 원종이 몽고에서 돌아오면서 개경 환도를 명령하자 어사중승 홍문계와 직문하성 송송례가 삼별초를 움직여 임유무를 제거하면서 무인정권은 종말을 맞이했다.

최항부터 임유무까지는 무인최고집권자가 교정별감을 띤 점이 특색이었다. 최항과 최의는 집권하면서 그것을 띠었던 반면 김준은 집권기 중반에 띠었고, 임연은 원종을 폐위하고 옹립한 安慶公 淐에 의해 그것을 받았고, 임유무는 監國인 順安侯에 의해 그것을 받았다. 이들이 교정별감을 직접 띤 것은 최고집권자로서 인정받은 측면이 있지만 그 이전의 무인집권자와 같은 권위를 지니지 못했기 때문이다. 무인집권자가 교정별감을 겸임한 것은 곧 무인정권 내지 무인집권자의 쇠퇴를 의미했던 것이다.

제3장

고려 무인정권기 집권자의 私第와 정치

# 머리말

고려중기에 무인정권이 성립해 무인들이 권력을 장악했다. 무인 집권자와 실력자는 요직을 차지하고 토지와 노비와 재물을 많이 차지해 부를 축적했다. 그들은 권력과 부를 이용해 거대한 私第를 京都에 조영했다. 이러한 사제는 토지와 노비와 재물을 관리하고 축적하는 공간이기도 했다.

무인 실력자들은 왕실의 궁을 빼앗아 자신의 사제로 운영하는 경우도 있었고 여러 곳에 사제를 짓는 경우도 있었다. 무인 집권자와 실력자의 사제 조영은 자신의 위세를 과시하기 위한 측면도 있었고 빈객을 초대해 연회를 개최하고 담소를 나눔으로써 정치적 영향력을 확대하려는 측면도 있었다.

무인 집권자의 사제는 유희적인 모임은 물론 정치적 모임이 열리는 공간으로 종종 이용되었다. 특히 최충헌과 최우의 사제가 더욱 그러해 사제 정치가 활발하게 전개되었다. 최충헌이 진강후로 개경에 흥녕부(진강부)를 열고 최우가 진양후 내지 진양공으로 강도에 진양부를 열면서 사제 정치는 공적인 성격도 어느 정도 띠게 되었다.

무인 집권자와 실력자의 사제 조영과 경영에 대한 고찰은 그들의 경제력, 군사력, 정치력을 이해하는 데 필요하고 나아가 개경과 강도의 구조를 이해하는 데에도 필요하다. 먼저 초기 실력자의 사제 경영을 살펴보고 나서, 다음에는 최충헌과 최우의 사제 경영을, 그리고 무인정권 말기 사제정치의 쇠락을 조명해 보려 한다.

## 1. 초기 실력자의 私第 경영

정중부와 이의방과 이고가 무신정변을 일으켜 문신들을 많이 죽여 권력을 장악한 직후, 의종이 경영해 財貨 巨萬을 모아들인 3개의 별궁인 館北宅과 泉洞宅과 藿井洞宅을 각각 나누어 점유해 私第로 삼았다.[1] 명종 4년 정월에 이의방이 개경 주변 불교사원의 승려와 전투를 벌이고 개경 일대 여러 사원을 불태우자 궁중에서 이준의가 동생 이의방에게 3大惡이 있다며 꾸짖었다. 그 3大惡은 君을 추방해 시해하고 그 第宅과 姬妾을 취한 것이 하나요, 太后 女弟를 脅奸한 것이 두 번째요, 國政을 專擅한 것이 세 번째라고 했다.[2] 이의방이 폐위된 의종의 第宅과 姬妾을 취한 것을 3大惡의 하나라며 이준의가 이의방을 비난한 것이었다.

의종은 개경 일대에 별궁을 많이 경영했는데 무신 실력자들은 의종을 몰아내자 그 별궁들 중에서 마음에 드는 것을 차지했던 것이다. 이는 왕실의 권위가 땅에 떨어졌기 때문에 발생한 현상인데 무인 실력자들은 왕궁을 차지하면서 왕이 된 듯한 짜릿한 기분을 즐기지 않았을까. 더구나 이의방은 의종의 姬妾까지 취했다고 하니 더욱 그러했을 것이다.

정중부의 사위인 송유인은 壽德宮을 요청해 거처했는데 棟宇가 壯麗해 거의 人臣이 거처하는 곳이 아니어서 富貴 華侈가 王室에 비길만했다고 한다.[3] 그는 의종이 개경성 안에 조영한 별궁을 차지해 거처한 것인데 그가 워낙 巨富여서 수덕궁을 더욱 화려하게 치장했던 모양이다. 정중부의 아들인 鄭筠은 태후의 별궁을 노렸다. 廣德里에 舊에 太后別宮이 있었지만 근래 火災로 인해 御하지 않자 좌승선 鄭筠이 요청해 매입해서

---

1) 『고려사』 권128, 정중부전 ; 『고려사』 권19 및 『고려사절요』 권11, 의종 24년(명종 즉위년) 9월 ; 『고려사』 권19, 명종 즉위년 9월.
2) 『고려사절요』 권12, 명종 4년 정월 ; 『고려사』 권128, 이의방전.
3) 『고려사』 권128, 정중부전 附 宋有仁 ; 『고려사절요』 권12, 명종 8년 11월.

私第로 삼으려 하니 太后가 그 값을 받지 않고 그냥 주었다. 이에 명종 8년 8월에 정균이 工役을 크게 일으켜 營茸했다. 당시 왕이 壽昌宮에 있으면서 太后 질병을 간호했는데 그 공역의 땅이 수창궁과의 거리가 百步가 되지 않고 또 歲行에 太后 忌方이 되어 왕이 심히 미워해 누차 詔하여 그 役을 중지시키고자 하다가 정균을 꺼려 그러하지 못했다.[4] 정균의 사제 조영이 음양풍수로 보아 태후에게 나빴는데도 명종은 정균의 위세에 눌려 그 공역을 중지시키지 못했다.

奇卓誠은 장군을 거쳐 명종초에 累轉해 叅知政事가 되고 趙位寵이 起兵하자 副元帥가 되어 그를 방어했고 돌아와서 判兵部事를 거쳐 문하시랑평장사 判吏部事가 되었다. 그는 廣平宮이 오랫동안 황폐화해 主가 없자 왕(명종)에게 요청해 거처하고자 하자 그 妻가 만류했지만 들어주지 않고 거처하다가 수개월만인 명종 9년에 사망했다.[5] 그는 광평궁에서의 생활을 제대로 즐기지도 못한 채 사망했던 것이다.

또한 무인 실력자들은 자신의 私第를 거대하게 조영하는 것을 좋아했다. 崔世輔는 世系가 본래 寒微(卑微)한 출신으로 解書하지 못했는데(文字를 알지 못했는데) 의종 때 禁軍으로서 隊正에 충임되었지만 流矢의 變 때 오해를 받아 유배되었다가 무신정변을 만나 복직된 자였다. 그는 명종초에 승진을 거듭해 同知樞密院事를 거쳐 명종 14년에 문하시랑평장사 判兵部事 상장군에 올랐고, 19년에 문극겸을 대신해 判吏部事가 되었다. 그는 성격이 貪汚해 인사행정을 수행함에 있어서 賄賂 多寡를 보고 升黜을 결정하니 재물이 쌓여 鉅萬이 되었다. 그는 私第를 하나의 坊에 두루 미치게 짓고 또 四面(四隅)에 각기 第宅을 두어 자손을 위한 계책으

---

4) 『고려사절요』 권12, 명종 8년 8월 ; 『고려사』 권128, 정중부전.
5) 『고려사』 권100, 奇卓誠傳. 기탁성은 幸州人으로 容儀가 아름답고 射御를 잘해 校尉에 보임되었는데 의종이 馳馬 擊毬를 좋아해 발탁해 牽龍으로 삼자 항상 왕의 곁에 있었고 權貴를 잘 섬겨 갑자기 衛將軍에 올랐다고 한다.

로 삼았지만 오래지 않아 家門이 盡滅했다고 한다.[6] 최세보는 개경에서 하나의 坊에 두루 미칠 정도로 거대한 사제를 조영했고 사방에 別第를 조영했던 것이다.

朴純弼은 門地가 賤微한 출신으로 의종 때 中禁軍으로 入衛해 자못 勤恪해 勇爵에 비로소 보임되었고 명종이 즉위하자 左中禁指諭로 옮겼다. 당시 武人이 秉政해 文臣이 섬멸당해 簿書가 雲委한데 박순필이 홀로 操筆할 수 있어 시종일관 근면히 처리해 이 공로로 대장군을 받아 軍府를 號令했다. 이로부터 박순필은 旬日에 머무르지 않고 華要를 역임해 병부상서에 이르렀다. 명종 15년 3월에 병부상서 박순필이 東宮의 옆에 私第를 대규모로 조영하니 태자가 왕(명종)에게 아뢰기를, "術人이 朴尙書 第가 東宮에 月建의 方이 되기 때문에 營造해서는 안된다고 하는데 臣의 힘으로는 금지할 수 없으니 上(명종)께서 금지해 주십시오" 했다. 왕이 대답하기를, "朴尙書는 반드시 내 말을 聽納하지 않을 터이니 다만 네가 修省해 厄患을 소멸하라"고 했다. 이를 들은 자들이 憤嘆하지 않음이 없었다고 한다.[7] 병부상서 박순필이 동궁 옆에 사제를 대규모로 조영하는 것이 태자에게 음양풍수설로 보아 해로운데도 태자는 물론 명종도 제지하지 못했다.

李英搢은 初名이 寵夫로 高令郡人인데 家가 대대로 微해 물고기를 판매해 생활하다가 義州 戌卒을 거쳐 邏卒에 충임되었다. 성격이 殘忍해 禍를 좋아해 정중부의 난 때 李義方·李高에 붙어 兇暴를 자행해 세상에

---

6) 『고려사』 권100, 崔世輔傳 ; 『고려사절요』 권13, 명종 23년 10월 최세보 卒記. 최세보는 의종 때 禁軍으로 隊正에 충당되었지만 丁亥燈夕 流矢의 變 때 그가 옆에 있었던 연유로 의심을 받아 南海에 유배되었는데 후에 武人이 得志하자 불러 舊職을 회복시켜 주었다고 한다.

7) 『고려사』 권100, 박순필전 ; 『고려사절요』 권13, 명종 15년 3월. 박순필은 門地가 賤微한 출신이지만 姿表가 빼어나고 鬚髯이 아름답고 언어가 進止해 사람들에게 推許받았다고 한다. 그는 병부상서 이후에 樞密院使를 거쳐 중서시랑평장사로 승진했고 명종 21년에 참지정사로 세상을 뜬다.

서 殘虐한 자를 말하면 반드시 '寵夫'라 했다고 한다. 慶大升이 用事해 兇黨을 거의 다 주륙하자 이영진이 畏縮했지만 경대승이 죽자 다시 橫肆하고 갑자기 형부상서에 올라 싫증 없이 침탈해 家富를 이루어 屋宇가 耽耽하니 사람들이 이를 보고는 '많구나(夥)'라고 했다고 한다. 그는 병부상서로 옮겼는데 질병으로 위독해 휴가를 받았지만 武選(무반 인사)이 있어서 병환을 무릅쓰고 나갔다가 이윽고 사망했다.[8] 이영진은 대대로 微微한 집안 출신의 군졸로 무신정변 때 이의방·이고를 따라 활약해 출세해 부자가 되어 거대한 집을 지었던 것이다.

경대승이 정중부 정권을 무너뜨리고 집권했다. 武官이 혹 宣言하기를, "鄭侍中(정중부)은 大義를 首唱해 文士를 억제해 우리들의 累年의 울분을 설욕해 武威를 넓혀 功이 莫大한데, 지금 경대승이 하루아침에 四公(정중부, 정균, 송유인, 오광척)을 죽였으니 누가 그를 토벌하지 않으리오" 했다. 이에 경대승이 두려워해 死士 百數十人을 招致해 門下에 留養해 방비하게 해 '都房'이라 불렀는데 長枕과 大被를 갖추어 날을 번갈아 直宿하게 하고 혹 자신이 함께 이불을 덮어 誠款을 보였다. 경대승은 정중부를 토벌할 때 공로를 세운 牽龍 金子格을 총애해 도방을 거느리게 했다.[9]

경대승은 집권기반이 약해 암살 위협에 시달려 사병집단인 도방을 만들어 직숙하게 하고 자신의 집에 칩거하며 중대사가 있으면 조정 내지 궁궐에 나아가 처리했다. 그는 주로 자신의 집에 머물며 정권을 유지했기에 私第 정치의 양상을 보였지만 중대사는 조정 내지 궁궐에 나아가 처리했기에 그 양상은 약했고, 그가 집권한지 4년이 채 못되어 사망하면서 더욱 그러했다.

이의민은 의종을 직접 죽이는 악역을 맡아 출세했지만 그것을 미워하는 경대승이 집권하면서 위기를 맞았다. 명종 10년 정월에 京城 즉 개경

---

에 盜賊이 많이 일어나 자칭 '慶大升都房'이라 했는데 有司가 체포해 가두면 경대승이 문득 그들을 석방하니 이로 말미암아 그들이 공공연히 奪掠을 행하여 대개 畏忌함이 없었다. 李義旼은 경대승이 자기를 해치려 한다는 것을 들은 이래 항상 勇士를 家에 모아 대비했다. 또 이의민은 都房이 모의해 꺼리는 바를 해치려한다는 것을 듣고 더욱 두려워해 이에 里巷에 大門을 세워 警夜하고 그 문을 부르기를 '閭門'이라 했는데, 京城坊里가 모두 본받아 그것을 세웠다고 한다.[10]

경대승의 압박이 거세지자 이의민은 고향 경주로 피신했다가 경대승이 갑자기 죽자 명종의 부름을 받아 개경으로 올라와 집권했다. 명종 24년에 왕이 이의민을 功臣에 책봉하니 兩府와 文武群臣이 모두 第에 나아가 축하했다. 이의민은 銓注를 마음대로 해 政(인사)이 貨로써 이루어져 支黨이 連結하니 廷臣이 감히 誰何하지 못했고, 民居를 많이 占해 第宅을 大起하고 人의 土田을 빼앗아 그 貪虐을 마음대로 하니 中外가 震慴했다고 한다. 일찍이 駱駝橋부터 猪橋까지 높이 數尺의 제방을 쌓아 제방을 끼고 버들을 심으니 사람들이 그를 '新道宰相'이라 불렀다.[11] 이의민의 사제는 낙타교 인근에 위치했는데 그가 民居를 많이 점유해 대대적으로 공역을 일으켰다고 하니 거대한 규모였다. 그는 낙타교부터 烏川의 猪橋까지 제방을 쌓아 新道를 만들어 南大街와 연결되도록 해 이 도로를 통해 관청, 수창궁, 대궐 등에 드나들었던 것이다.

이의민은 文字를 몰라 巫覡을 오로지 믿었는데 慶州에 土人이 '豆豆乙'이라 부르는 木魅가 있어 이의민이 家에 堂을 지어 그것을 맞이해 안치해 날마다 제사하며 福을 빌었다. 어느날 별안간 堂中에 哭聲이 있자 이의민이 괴이하게 여겨 물으니, 魅가 말하기를, "내가 汝家를 守護한지 오래인데 오늘 天이 禍를 내리려 해 내가 의지할 곳이 없기 때문에 哭하노라"

---

10) 『고려사절요』 권12, 명종 10년 정월.
11) 『고려사』 권128, 이의민전.

라고 했는데, 얼마 없어 이의민이 패했다고 한다.[12] 이의민은 개경의 집에 神祠를 지어 고향 경주의 영험하다는 신을 모셨던 것인데, 木魅가 진짜 그러한 예언을 했는지는 의문이다.

노비 출신 이의민의 혁명적인 출세와 거대한 私第 경영은 하층민과 노비를 자극하면서 롤 모델로 작용했다. 신종 원년 5월에 私僮 萬積·味助伊·延福·成福·小三·孝三 등 6인이 公私奴隷를 불러모아 모의해 개경 중심부에서 거사해 대궐을 접수하고 최충헌과 주인을 죽여 賤籍을 불살라 賤人이 없도록 하여 公卿將相이 되려고 계획했지만 밀고로 萬積 등 百餘人이 최충헌에 의해 산 채로 水葬 당했다. 이 사건 직후 李義旼 沙堤를 파괴했다. 이전에 이의민이 駱駝橋부터 猪橋까지 堤(沙堤)를 축조해 그것을 끼고 버들을 심었는데, 사람들이 감히 斥言하지 못해 그를 '新道宰相'이라 일컬었다. 후에 東南盜賊이 大起하고 또 奴隷가 謀逆하니 術家가 지적해 說로 삼았기 때문에 그것을 파괴한 것이었다.[13]

만적 등 노비들이 대대적으로 봉기하려 한 사실에 최충헌 정권은 충격을 받았다. 東南 盜賊이 大起하고 奴隷가 謀逆한 것이 이의민의 집권과 실각 때문이라 인식되어 이의민 沙堤가 파괴되었다. 경주 일대 민란과 만적 등의 봉기 시도는 경주와 노비 출신인 이의민의 집권 및 실각과 관련이 있었기 때문에 최충헌 정권은 이의민의 흔적을 지우려 했던 것이다.

이의민의 여러 아들들은 부친에 의지해 肆橫했다고 한다. 그 중에서 장군 이지영이 최충수 家의 鵃鴿 즉 집비둘기를 빼앗아 최충수와 다툼이 벌어져 곤욕을 당한 최충수가 형 최충헌을 움직여 거사해 이의민과 그 아들들을 살해하는 결과를 낳는다.[14] 최충수는 집에 비둘기를 애완동물로 키우고 있었고, 이지영도 최충수의 비둘기를 탐낸 것으로 보아 규모가 컸

---

12) 『고려사』 권128, 이의민전.
13) 『고려사절요』 권14, 신종 원년 5월 ; 『고려사』 권129, 최충헌전.
14) 『고려사』 권128, 이의민전.

을 자신의 집에 애완용 혹은 사냥용 동물을 키웠으리라 짐작된다. 무인정
권기에는 관리, 특히 무인이 동식물을 키우는 취미가 유행했는데 비둘기
나 매 같은 새는 인기가 많아 쟁탈이 벌어져 爭訟이 빈번했다.15) 이러한
분위기 하에서 이지영과 최충수도 비둘기를 놓고 다툼을 벌였고 그 결과
이의민 정권의 몰락과 최충헌·최충수 정권의 탄생을 초래한다.

이의민의 사제, 그리고 최충헌과 그 친인척의 사제는 명종 26년 4월
무오일(9일)에 장군 최충헌이 이의민을 죽이는 정변16)의 과정과 밀접한
관련이 있어 이 정변 과정17)을 들여다보기로 하자.

猜險 勇悍한 최충수가 東部錄事로 재직하고 있었는데, 장군 이지영이
최충수 집의 鵓鴿을 빼앗으니 최충수가 暴悖한 말로 항의하며 돌려주기
를 요청하자 이지영이 노하여 家僮으로 하여금 결박하게 했다. 최충수가
말하기를, "장군이 나를 손수 결박하지 않고 누가 감히 결박하는가" 하니,
이지영이 壯하게 여겨 풀어주었다. 최충수가 곧바로 최충헌에게 고하기
를, 이의민 4父子가 실로 國賊이라 그들을 베고자 결정했다고 하니 최충
헌이 그렇게 하자고 했다.

명종 26년 4월에 왕(명종)이 보제사에 행차했는데 이의민이 질병을 칭
탁해 扈駕하지 않고 몰래 彌陀山 別墅에 갔다. 최충헌과 최충수 및 그
甥인 隊正 朴晉材, 族人 盧碩崇 등이 칼을 소매 속에 넣고 別墅 門外에
이르러 엿보며 기다렸다. 이의민이 돌아가고자 문을 나와 말을 타려 할
때 최충수가 突入해 手刃으로 이의민을 공격했지만 적중하지 않자 최충

---

15) 고종 14년 12월에 御史臺가 閭里에서 鵓鴿과 鷹鷂을 기르는 것을 금지했는데, 有職
   者가 公務를 廢하고 無職者가 爭訟을 일으키기 때문이었다(『고려사』 권84, 형법지
   직제 ; 『고려사』 권22 및 『고려사절요』 권15, 고종 14년 12월). 비둘기와 매 사육
   이 공무를 팽개치거나 소송을 제기하는 경우가 빈번할 정도로 유행했던 것이다.
16) 『고려사』 권20, 명종 26년 4월.
17) 『고려사절요』 권13, 명종 26년 4월·5월 ; 『고려사』 권129, 최충헌전 ; 『고려사』
   권128, 이의민전.

헌이 곧바로 이의민을 베니, 從者 數十餘人이 모두 무너졌다. 노석숭이
말을 달려 入京해 市에 이의민의 머리를 매다니 보고 들은 사람들이 驚譟
해 소리가 都下를 진동했다. 扈從者가 變을 듣고 도망하고 왕이 급히 궁
(수창궁)으로 돌아갔다. 최충헌 형제가 말을 달려 十字街에 이르러 監行
領將軍 白存儒를 보자 사실대로 고하니 백존유가 기꺼이 따르고 軍卒을
소집했다. 이의민의 아들인 대장군 이지순과 장군 이지광이 輦下로부터
馳還해 家僮을 이끌고 길에서 싸웠지만 최충헌 등이 도움을 많이 받음을
보고 달아났다. 최충헌 형제가 軍士를 거느리고 궁(수창궁) 문에 나아가
아뢰기를, 賊臣 이의민이 일찍이 弑逆의 罪를 지고 生民을 虐害하고 大
寶를 窺覦하니 자신들이 疾視한지 오래었는데 지금 국가를 위해 그를 토
벌했다고 하자 왕이 慰諭했다. 최충헌 형제가 대장군 李景儒·崔文淸 등
과 더불어 餘黨을 토벌하기를 요청하고는 그들과 함께 市街에 앉아 召募
하니 壯士가 響應했다. 이에 諸衛將卒이 역시 모두 모여 膝行하여 명령
을 들어 감히 仰視하지 못했다. 이에 성문을 닫아 支黨을 모두 체포했다.
이지영은 원찰인 碧瀾江의 普達院을 위해 벽란강을 타넘는 다리를 건설
하고자 안서도호부에 가서 그 비용을 걷고 있다가 최충헌이 파견한 장군
韓休에 의해 베어졌다. 최충헌 등이 요청해 祗候 韓光衍을 慶州에 파견
해 이의민 三族을 夷하고 諸州에 使를 나누어보내 그 奴隷 및 黨附者를
주살하고 그 사위 李賢弼을 原州에 유배했다.

최충헌 형제가 대장군 崔文淸·李景儒와 더불어 仁恩館에 모여 議事했
는데, 어떤 사람이 고하기를, 평장사 權節平과 孫碩, 상장군 吉仁 등이
擧兵을 도모하고 李景儒 등이 異謀를 지녔다고 고하니, 최충헌이 곧바로
권절평의 아들인 장군 權準과 孫碩의 아들인 장군 孫洪胤을 불러 죽이고
또 李景儒를 자리에서 베고 崔文淸은 늙고 곧아 풀어주었다. 최충헌 등이
市幕에 앉아 권절평, 손석 및 장군 權允·柳森柏, 어사중승 崔赫尹 등을
체포해 죽였다. 당시 吉仁은 壽昌宮에 있다가 變急을 듣고 곧바로 장군

俞光·朴公襲 등과 더불어 禁軍 및 宦官奴隷 무릇 千餘人을 무장시켜 거느리고 궁문을 나와 沙嶺(沙峴)을 넘어 市街로 향했지만 최충헌 등이 거느린 병력의 반격을 받아 무너졌다. 吉仁, 俞光, 朴公襲이 수창궁으로 달려 들어와 항거하자 최충헌 등이 무리를 거느리고 수창궁을 포위했다. 장군 白存儒가 火로 수창궁을 공격하려 하자, 길인이 두려워 궁담을 넘어 달아났다. 왕이 사람을 시켜 궁문을 열게 하여 최충헌 형제를 불렀다. 최충헌 등이 길인이 궁안에 있다고 의심해 낭장 崔允匡으로 하여금 들어가 아뢰기를, 賊臣 이의민이 跋扈해 자신이 擧兵해 주살했는데 아직 餘黨이 안에 있다며 入宮해 搜捕하기를 요청하니 왕이 허락했다. 崔允匡이 縱兵해 闌入해 만나면 곧 죽이니 僵尸가 낭자했다. 俞光과 朴公襲이 自刎했다. 왕의 좌우가 모두 散走하니 오직 小君 및 宮姬 數人이 侍側해 눈물을 흘릴 뿐이었다.

최충헌 등이 병력을 인솔해 仁恩館으로 돌아와 참지정사 李仁成, 상장군 康濟·文得呂, 승선 文迪·崔光裕, 대사성 李純祐, 太僕卿 潘就正, 기거랑 崔衡, 낭중 文洪賁 등 36人을 追獲해 인은관에 가두었다. 길인이 北山에 이르러 바위 아래에 떨어져 죽었다. 어떤 僧이 최충헌에게 고하기를, 吉仁이 王輪寺 僧徒를 거느려 擧事하려 하니 대비하기를 요청하자, 최충헌이 대노해 李仁成 등 36인을 죽이고 사람을 왕륜사에 보내 엿보니 무고였다. 최충헌이 상장군 周光美, 대장군 金愈信·權衍 등을 죽이고 判衛尉事 崔光遠, 少卿 權信, 장군 權湜·杜應龍, 郎將 崔斐를 南裔에 유배했다. 다음 달인 5월에 이의민 아들 이지순과 이지광이 스스로 仁恩館에 나아가니 최충헌이 말하기를 이는 禍本이라 용서할 수 없다며 그들을 베었다.[18]

---

18) 崔斐는 崔世輔의 아들로 東宮指諭가 되었을 때 太子 嬖婢가 宮墙 內에서 橘을 던져 挑하자 그녀와 사통하니 왕이 法에 두려 했지만 李義旼에 의뢰해 獲免했다. 太子가 婢를 내쫓아 尼로 삼았지만 최비가 오히려 通하니 사람들이 모두 죽이고자 했는데, 이에 이르러 그 죄로 인해 유배된 것이었다.

이 정변 과정의 주요 무대는 개경성 崇仁門 밖의 미타산,[19] 개경성 안의 보제사, 수창궁, 仁恩館 등이었다. 임금 명종이 4월 9일에 수창궁에서 보제사에 행차했는데 이의민의 아들 중에 대장군 이지순과 장군 이지광은 임금을 수행하고 장군 이지영은 벽란강 다리 건설 문제로 안서도호부에 갔다. 이날 이의민은 임금을 수행하지 않고 몰래 미타산 별장에 갔다가 최충헌·최충수 형제, 조카인 隊正 박진재, 族人 노석숭 등의 기습 공격을 받고 죽음을 맞이했다. 최충헌은 당시 장군으로 재직하고 있었는데 무슨 핑계를 댔는지 임금을 수행하지 않고 습격을 이끌었다. 이의민이 습격을 당했을 때 그의 從者는 數十餘人으로 나타난다. 이의민이 비밀리에 별장에 갔기 때문에 수행원 내지 경호원을 많이 대동하지 않았을 수도 있지만 체계적인 사병조직을 따로 만들지 않아 경호가 허술한 측면이 있어서 갑작스러운 공격에 노출되었을 것이다. 아들들 중의 한 명도 그를 수행하지 않은 점도 악재로 작용했다. 이의민은 장대하고 무술에 능했지만 이 사건 때는 이미 노쇠해 습격에 대응하기 어려워 목숨을 잃었다.

노석숭이 미타산에서 이의민의 머리를 가지고 말을 달려 入京해 市에 그것을 매달았다. 임금은 변란을 듣고 급히 수창궁으로 돌아왔고, 최충헌과 최충수 형제는 市街로 진출해 南大街 仁恩館을 본부로 삼아 세력을 키워 나갔다. 이지순과 이지광이 家僮을 이끌고 최충헌 형제의 병력과 길에서 싸웠지만 패배해 도망쳤다. 吉仁이 禁軍·宦官·奴隷 千餘人을 거느리고 수창궁을 나와 沙嶺을 넘어 市街로 향했지만 최충헌 형제의 병력에게 패배했다. 최충헌 형제는 곧 임금이 머물고 있는 수창궁을 접수하고 인은관으로 돌아왔다.

이후 최충헌 형제는 인은관에 머물면서 이의민 세력을 대대적으로 숙

---

19) 공민왕은 11년 정월에 九廟 假主를 복주 新鄕校에 봉안했다가 홍건적이 물러가자 九廟 신주를 숭인문 彌陁房에 假安했고 훼손된 4개 신주를 새로 제작하고는 12년 5월에 九室 신주를 태묘에 還安했다. 『고려사』 권61, 예지 길례대사 末尾.

청해 나갔다. 최충헌이 朝臣을 많이 죽임으로 인해 人心이 恟懼하자 이해 5월에 諸道에 使를 보내 慰安했으니,[20] 그렇게 해야만 할 정도로 최충헌 형제의 관료에 대한 숙청은 대규모였다. 이는 그만큼 이의민 정권이 안정적으로 운영되어 지지기반이 넓었음을 말해준다.

최충헌 형제가 거사에 성공할 수 있었던 가장 중요한 요인은 임금의 보제사 행차와 이의민의 彌陀山 別墅 방문 일정을 잘 알고 있었다는 것이다. 특히 이날 이의민의 행보는 비밀인데도 최충헌 형제 측이 알아냈다. 최충헌 형제 측이 이의민 측에 간첩이라도 심어놓았던 것일까? 최충수는 개경 五部 중의 東部에서 錄事로 근무하고 있었다.[21] 후술하듯이 최충헌과 族人 노석숭의 집은 자남산 북쪽 기슭에, 최충수 집은 十字街의 남쪽 지역에, 박진재의 집은 자남산 남쪽 기슭에, 최충헌의 族人 김약진의 집은 수창궁의 북쪽 인근 沙峴 일대에 위치했다. 그러하니 김약진은 수창궁 쪽 움직임을, 최충수와 박진재는 낙타교 인근 이의민의 집 쪽 움직임을 알아내는 데 유리했다. 특히 최충수는 동부녹사로 재직 중이어서 도성 東門 밖 미타산 일대의 지형지물을 숙지하고 있었을 것이고 미타산 별장으로 향하는 이의민 일행의 동선을 잡아낼 수 있었을 것이다. 최충헌 형제가 임금과 이의민의 동선에 대한 넓고 깊은 정보 수집과 분석을 통해 철저하게 준비했기에 이의민 제거 작전을 성공할 수 있었으리라 생각한다.

## 2. 최충헌과 최우의 私第와 정치

최충헌은 어느 집권자보다도 사제를 여러 개 경영하면서 사제에서 정

---

20) 『고려사절요』권13, 명종 26년 5월.
21) 개경 五部에는 使와 副使 밑에 甲科權務인 錄事가 있었는데 東部錄事는 그 중의 하나였다. 『고려사』권77, 백관지2.

치를 행했다. 최충헌과 그 친인척의 사제는 신종 즉위년 10월에 벌어진 동생 최충수와의 전투 과정에 잘 드러나 있다. 태자가 이미 昌化伯 祐의 딸을 娶하여 妃로 삼았는데 최충수가 자신의 딸을 태자의 배필로 만들고 자 신종에게 固請해 태자비를 내보내자 최충헌이 반대해 자신의 무리로 하여금 廣化門에서 기다리다가 최충수의 딸이 들어가려 하면 막겠다고 했다. 최충수가 이를 전해 듣고 그 무리에게 말하기를 사람들이 나의 行止에 대해 감히 誰何하지 못하는데 형이 오직 나를 제어하고자 하는 것은 衆이 있음을 믿은 것이니 그 무리를 소탕하겠다고 했다. 최충헌이 이를 전해 듣고 말하기를, 최충수가 그 딸로 東宮의 배필로 삼고자 하는 것은 不軌를 도모하고자 하는 것이라고 했다. 최충헌이 조카 박진재, 族人 金躍珍과 盧碩崇을 불러 알리니 그들이 각기 무리를 이끌고 최충헌을 돕기로 했다.

최충헌이 밤 三鼓(밤12경)에 무리 千餘를 거느려 高達坂을 경유해 廣化門에 이르러 門者에게 고하기를, 최충수가 다가오는 아침에 난을 일으키려 하니 내가 社稷을 보위하려 한다고 하자 왕이 크게 놀라 문을 열게 해 들여 毬庭에 주둔하게 하고 또한 武庫兵仗을 꺼내어 禁軍에게 주어 대비하게 하고, 諸衛將軍 역시 率兵해 다투어 나아왔다. 최충수가 黎明에 무리 千餘人을 거느리고 十字街에 주둔했다. 최충수 軍이, 諸將이 모두 최충헌에게 歸함을 듣고 스스로 寡助를 알아 점점 遁去했다. 이에 최충헌이 廣化門을 나와 市街를 향해 내려오고, 최충수가 廣化門을 향해 올라가 興國寺 남쪽에서 조우해 交戰했다.

박진재, 金躍珍, 盧碩崇이 각기 徒衆을 거느려 나누어 掎角이 되어, 一은 泥峴을 넘고, 一은 沙峴을 넘고, 一은 高達坂을 넘어 首尾 相應해 腹背 공격했다. 최충헌이 御庫 大角弩로 縱射해 화살이 비처럼 내리니 최충수의 무리가 步廊扉板을 취해 방패로 삼아 방어했지만 이기지 못해 大潰했다. 최충수가 兄은 臨津 이북에 居하고 나는 臨津 이남에 居하리라

며 말을 달려 保定門을 통과해 長湍을 건너 坡平縣 金剛寺에 이르렀지만 추격자에 의해 목이 베어졌다.[22]

이를 통해 최충헌의 私第가 男山(子男山) 북쪽 高達坂 인근에 위치했음을 알 수 있다. 최충수는 十字街에 주둔했다가 홍국사 방면으로 올라가는 것으로 보아 그의 사제는 십자가 근처에 자리했을 가능성이 있다. 조카 박진재, 族人 金躍珍, 族人 盧碩崇은 최충헌을 돕기 위해 각기 徒衆을 거느려 泥峴, 沙峴, 高達坂을 넘어 首尾 相應해 최충수의 腹背를 공격했다. 이로 보아 박진재의 집은 자남산 남쪽 泥峴 인근에, 김약진의 집은 수창궁 북쪽의 沙峴 인근에, 노석숭의 집은 고달판 인근에 위치했던 것 같다. 최충헌이 동생 최충수와의 권력투쟁에서 승리해 권력을 독점하면서 고달판 인근에 위치한 그의 사제는 권력의 중심으로 떠올랐다.

기미년(신종 2) 5월에 知奏事相公[後爲晉康公] 宅에 千葉榴花가 盛開하니 知奏事相公(최충헌)이 빈객을 불러 감상하고 詩人인 內翰 李仁老·內翰 金克己·留院 李湛之·司直 咸淳 및 이규보(32살)를 초치해 시를 짓게 했다. 이규보는 6월 頒政에 全州牧 司錄兼掌書記에 보임된다.[23] 이규보는 知奏事 최충헌 집에서 시를 짓게 된 인연으로 최충헌에 의해 지방관으로 등용된 것인데, 이 최충헌 宅은 고달판 인근 사제로 보인다.

신종 5년 5월에 왕이 黃克中 등 33인, 明經 4인에게 급제를 하사했는데 최충헌의 사위인 任孝明이 급제하니 곧바로 內侍에 소속시키고 宣旨를 내려 閤門祇候에 權補해 총애했다. 박진재가 이러한 경사를 축하하는 연회를 성대하게 개최했다. 최충헌이 賓客을 이끌고 이 연회 장소로 나아가는데 新及第로 지나가는 자를 불러 사치스러운 술과 음식을 제공했고

---

22) 『고려사절요』 권13, 명종 27년(신종 즉위년). 『중경지』 권3 산천에 따르면 沙峴(沙嶺)은 府北一里에, 泥峴은 男山(子男山)과 나복산 사이에 있었다. 고달판은 자남산 북쪽 고개였다.

23) 『東國李相國全集』 年譜 및 권9, 古律詩 己未五月日 知奏事崔公宅. 이규보가 이 지주사 崔公(최충헌) 宅에서 시를 때 지위가 『보한집』 중권에는 '先達'로 되어 있다.

高達坂부터 加造里까지 連亘해 彩棚을 結하여 伎樂과 雜戲를 대대적으로 펼치니 구경하는 사람들이 담장처럼 늘어섰다.[24] 이를 통해 최충헌의 사제가 자남산 북쪽 고달판 쪽에, 사위 급제 축하연회가 열린 사제가 加造里 쪽에 위치했음을 알 수 있다. 최충헌은 고달판부터 가조리까지 伎樂과 雜戲를 배치해 공연하게 하여 사위의 급제 및 임용과 자신의 위세를 과시한 것이었다. 최자는『보한집』중권에서 侍中 上柱國 崔公(최충헌)이 詩語가 淸婉하다며 아직 當國하기 전인 정미년(명종 17) 겨울에 加祚里 別第에 寓居하며 지은 시가 神奇·淸壯·雄偉하다고 찬미했다. 최충헌의 別第가 加造里(加祚里)에 자리하고 이 別第에서 박진재가 임효명의 급제를 축하하는 연회를 개최한 것인데, 임효명은 최충헌의 가조리 別第 즉 처가에 거주했던 것으로 보인다.

신종 3년 12월에 최충헌이 縱恣함을 스스로 알고 변란이 不測에서 생길 것을 염려해 大小 文武官吏와 閑良의 士와 軍卒에 이르기까지 체력이 강한 자들을 모두 招致해 나누어 6番으로 삼아 그 집에 更日 直宿하게 해 '都房'이라 불렀다. 그가 出入할 때에는 番을 합해 擁衛해 마치 전투에 나아가는 것 같았다.[25] 최충헌은 자신을 호위하는 私兵 부대인 都房을 자신의 사제에 설치하면서 그의 정권은 안정기로 접어든다.

최충헌의 도방 설치와 관련해 史臣이 말하기를, "최충헌이 廢立을 마음대로 하고 威福을 作하여 附己者는 超遷하고 異己者는 流竄하고 뇌물을 招納하고 官爵을 판매하고 勇士를 불러모아 自衛하여 權勢가 더욱 치열함에 왕실이 나날이 미약해져, 君弱臣强이 이때보다 심한 적이 없었으니 슬프다고 했다. 당시 실록을 편찬한 자가 그 말이 누설될까 두려워 모두 諱하여 생략하니 史臣의 죄라고 했다."[26] 최충헌이 자신을 호위하는

---

24)『고려사』권129, 최충헌전 ;『고려사절요』권14, 신종 5년 5월.
25)『고려사절요』권14, 신종 3년 12월.
26)『고려사절요』권14, 신종 3년 12월조.

사적인 부대인 도방을 설치한 것은 '君弱臣强'을 가져온 결정적인 계기로 인식되었을 정도로 이 도방은 그 집안의 장기집권을 가능하게 한 기구이자 무력이었다. 이전에 경대승이 처음으로 도방을 설치했다가 그의 사후 폐지된 적이 있었지만 최충헌이 설치한 도방은 보다 조직적이고 인원수가 많았으며 점점 더 확대되어 간다. 최충헌의 도방 설치는 그의 私第 정치의 기반을 마련한 것으로 볼 수 있다.

최충헌이 사제 정치를 본격화한 것은 인사행정을 그의 집에서 처리한 것이었다. 최충헌이 이부와 병부를 겸한 후부터 항상 두 部를 왕래하며 銓注했는데, 신종 5년 3월에 이르러 그의 私第에서 外親인 內侍 이부원외랑 盧琯과 더불어 문무관을 注擬하여 아뢰면 왕은 고개를 끄덕일 뿐이고, 이부와 병부의 判事는 檢閱만 할 뿐이었다. 盧琯은 市井에서 일어나 성격이 巧黠하고 承迎을 잘하니 최충헌이 심히 총애해 數年이 안되어 갑자기 吏部郎中으로 승진시키니 車馬가 輻湊하고 氣勢가 날마다 치열하고 親戚이 모두 현달하고 賄賂가 공공연히 행해졌다고 한다. 노관이 安西都護副使로 出補하자 琴克儀(琴儀)로 그 인사업무를 대신하게 했다.[27] 최충헌이 이부와 병부의 장관이면서도 자신의 私第에서 문무의 인사를 함께 처리하기 시작한 것인데 私第 정치의 본격적인 등장으로 훗날 아들 최우가 설치하는 정방의 효시였다.

신종 5년 8월에 최충헌이 문무 3품 이상을 私第에 모아 慶州 봉기에 대한 대책을 의논했는데, 모두 말하기를, 使를 보내 효유한 후에 出兵함이 좋겠다고 하자, 이부낭중 宋孝成과 형부원외랑 朴仁碩으로 宣諭使를 삼았다.[28] 최충헌의 사제는 인사업무만이 아니라 민란의 대책과 같은 국정 전반을 논의하는 장소로 변화했다.

신종이 아프자 최충헌이 신종 7년 정월 정묘일(3일)에 또 問疾하니, 왕

---

27) 『고려사절요』 권14, 신종 5년 3월 ; 『고려사』 권129, 列傳42, 叛逆3, 최충헌.
28) 『고려사절요』 권14, 신종 5년 8월.

이 말하기를, 자신이 늙고 병이 깊어 聽朝할 수 없어 태자에게 傳位하고
자 한다고 했다. 이에 다음날인 무진일(4일)에 冢宰 崔詵·평장사 奇洪壽
를 私第에 맞이해 內禪의 일을 비밀리에 의논했다.29) 기사일(5일)에 최충
헌이 다시 들어가 問疾하니, 왕이 內禪을 결심하고 千齡殿에 이어해 태자
에게 禪位했다. 최충헌이 태자를 康安殿에 引入해 御服을 올려 北面해
再拜하고 받들어 大觀殿으로 나가 문무백관의 朝賀를 받도록 했다. 희종
즉위년(신종 7년) 1월 정축일(13일)에 신종이 아들인 德陽侯의 邸에 이어
해 61세로 세상을 떴는데, 遺詔에서 乾始殿에 殯하지 말도록 하니 무인일
(14일)에 內史洞 靖安宮에 殯했다. 최충헌이 이 날에 宰樞를 그 第에 모
아 禮司가 아뢴 服喪 26日을 줄여 14日로 하기를 의논했다.30) 최충헌은
자신의 사제에 재상을 모아 임금 內禪의 일과 임금의 상장례를 의논했다.

최충헌이 사제에 도방을 설치하고 나아가 사제에서 문무의 인사를 처
리한 것은 그의 私第 정치의 시작인데, 무인정권기 사제정치의 본격적인
시작이기도 했다. 그는 사제에서 반란에 대한 대책, 임금의 禪位와 상장
례 등 주요 사항을 의논했다. 그의 사제정치의 중심은 男山里第였는데 男
山(子男山) 북쪽 기슭에 위치하며 고달판 근처였다. 희종 원년 5월에 최
충헌이 茅亭을 男山里第 옆에 짓고 雙松을 심었는데 及第 崔頤가 雙松詩
를 읊자 兩制 文士가 모두 화답했다. 최충헌이 耆儒 白光臣 등을 불러모
아 차례를 매기게 했다. 及第 鄭公賁의 詩가 으뜸으로 뽑히니 최충헌이
그 詩를 아뢰자 왕이 정공분을 불러 內侍에 속하게 했다. 이규보가 亭記
를 지어 그것을 찬미했다.31) 최충헌은 자신의 男山里 第에서도 특히 茅
亭에 유명한 문사들을 초대해 詩會를 종종 열어 등급을 매기면서 그들을

---

29) 『고려사』권21, 신종 7년 1월 ; 『고려사절요』권14, 신종 7년 1월.
30) 『고려사』권21, 신종 7년 1월 및 희종 즉위년 1월 ; 『고려사절요』권14, 신종 7년
　　(희종 즉위년) 1월 ; 『고려사』권64, 예지 흉례 국휼. 한편 신종은 희종 즉위년 2월
　　경신일(26일)에 城南 陽陵에 장사지내진다.
31) 『고려사절요』권14, 희종 원년 5월.

자신의 문객으로 만들었다.

희종이 2년 정월에 詔하기를, 門下侍中 晉康侯 최충헌은 先君 卽政의 때 및 寡人 繼統의 初와 今日에 이르기까지 정성을 다해 夾輔해 큰 功業이 있으니, 使를 보내 立府하여 賞典을 높여야 한다고 하고는 禮司 및 樞密院에 명령해 都監을 세우도록 했다.[32] 2년 3월에 최충헌을 책봉해 晉康侯로 삼고 府를 세워 興寧府라 하며 僚屬을 두고 興德宮을 그것에 속하게 했다. 최충헌이 男山第에서 迎命하니 諸王이 모두 그 門에 나아갔다. 禮가 끝나니 최충헌이 冊使를 연회하고 犀帶와 白金과 綾絹과 鞍馬를 심히 후하게 증여했고, 그 나머지 執事에게도 역시 白金과 綾絹을 차등 있게 증여했으며, 夜更에 諸王을 연회하며 아뢰어 使副를 머무르게 했다. 그 帳具・花果・絲竹・聲伎의 성대함이 三韓 이래 人臣의 家에서 아직 있은 바가 없었다. 이후로부터 최충헌이 宮禁에 출입할 때 便服 張蓋하고 侍從門客이 거의 3000餘人이었다.[33] 최충헌은 수상인 문하시중에 올랐을 뿐만 아니라 후작인 진강후에 책봉되어 諸王의 반열에 오르고 興寧府를 열었다. 이로써 그의 사제정치는 公的인 성격도 띠었다.

이규보는 교방을 위해 지은 「晉康侯邸迎聖駕次敎坊致語」[34]에서, 天子가 晉康侯 邸에 행차하니 萬戶國侯가 영접한다고 했다. 그가 교방을 위해 지은 「晉康侯別第迎聖駕次敎坊呈瑞物致語」[35]에서, 聖上陛下가 晉

---

32) 『고려사절요』 권14, 희종 2년 1월. 최충헌은 희종 원년 12월에 이미 門下侍中 판이부사 晉康郡開國侯를 받았으니(『고려사절요』), 희종 2년 3월 진강후 책봉은 공식적인 책봉의식 거행이었다.

33) 『고려사절요』 권14, 희종 2년 3월. 최충헌이 晉康侯에 책봉된 것은 外鄕이 晉康이었기 때문일 것이다. 그는 묘지명에 따르면 모친(柳挺先의 딸)이 晉康國大夫人 柳氏이니 그의 外鄕은 晉康 즉 晋州였다.

34) 『東國李相國全集』, 권19, 晉康侯邸迎聖駕次敎坊致語口號 ;『동문선』 권104, 晉康侯邸迎駕次敎坊致語.

35) 『東國李相國全集』, 권19, 晉康侯別第迎聖駕次 敎坊呈瑞物致語 ;『동문선』 권104, 致語, 晉康侯別第迎聖駕敎坊呈瑞物致語).

康侯 別第(甲第)에 행차하자 令公邸下가 黃屋을 蕊珠宮에서 맞이했는데,
令公邸下는 嵩嶽이 降精하고 昴星이 鍾粹하고 천하를 한 번에 바로잡아
王家를 再造했다고 찬미하고, '聖曆無疆'과 '侯壽維億'을 기원했다. 晉康
侯 최충헌은 '令公邸下'로 불렸고 천자(황제)인 고려 임금을 위해서는 '無
疆'하기를, 진강후 최충헌을 위해서는 '維億' 즉 億年하기를 축원했다.

　晉康公(당시 晉康侯: 최충헌)이 南山里第(男山里第와 동일)의 北園 小
峰 위에 1閣을 別開해 白茅로 幩幒을 삼아 명명하기를 '茅亭'이라 하고,
당시 名儒인 李仁老·李奎報 및 金君綏·李公老·金良鏡·李允甫에게 요청
해 記를 짓게 했는데 이규보가 찬술한 것을 으뜸으로 판정해 亭上에 勒板
했다.[36] 이규보가 丁卯年(희종 3년) 12월에 40살로 直翰林院에 權補되었
다. 매해 史館·翰院·國學 등 儒官의 천거에 이규보가 항상 首여서 晉康
侯가 衆志를 어기기 어려워 이규보를 등용할 뜻을 가졌지만 연유 없음을
싫어했는데, 바야흐로 茅亭을 건축한 때여서 李仁老·李元老·李允甫 및
이규보에게 명해 記를 짓도록 하고 儒官宰相 4명으로 하여금 등급을 매
기도록 하니 이규보가 第一이어서 홀로 板에 새겨 壁에 걸고 12월에 이
관직에 보임한 것이었다.[37]

　이규보가 이 때 지은 「晉康侯茅亭記」[38]에서 鵠嶺(송악산)을 負하고
龍首(용수산)를 腋하고 四方의 會를 扼하고 神京의 中에 據한 男山의 기

36) 『보한집』 중권. 男山(子男山)은 南山으로 불리기도 했다. 한편, 최자는 『보한집』
　　중권에서 侍中 上柱國 崔公(최충헌)의 第에서 12樓臺는 侯邸의 尋常 事이지만 靈泉
　　이 前池에 흘러들고 怪鳥가 後峯에 飛鳴하는 것은 天公과 地媼이 別作한 듯했다며,
　　甲寅 春夏의 交에 百花가 활짝 피자 최공이 兩府를 초대해 연회를 열고 당시 韻儒
　　40명쯤을 불러모아 刻燭해 시를 짓게 했다고 했다. 이 최충헌의 第(侯邸)는 자남산
　　북쪽 사제로 여겨진다. '甲寅'은 명종 24년에 해당하니 오류인데, 희종 2년에 해당
　　하는 '丙寅'의 오기로 여겨진다. 丙寅(희종 2년) 春夏의 交에는 최충헌이 이미 문하
　　시중 진강후였다.
37) 『東國李相國全集』 年譜.
38) 『東國李相國全集』 권23, 晉康侯茅亭記 ; 『동문선』 권66, 晉康侯茅亭記.

흙에 자리잡은 진강후 최충헌의 甲第에서 燕息遊觀의 장소인 茅亭은 几席에서 俯仰하며 四方을 어루만지고, 長橋가 相望하고 九達이 互湊해 軒에 탄 자, 말을 탄 자, 가는 자, 달리는 자, 짐을 멘 자, 손에 든 자 등 千態萬狀을 터럭 하나라도 놓치지 않고 볼 수 있어 무릇 멀리까지 조망함은 이 亭만한 곳은 없다며 진강후의 萬年을 기원했다.

희종은 진강후 최충헌의 男山第 茅亭에도 행차했다. 御駕(희종)가 晉康侯 第亭에 행차해 御製한 것에 이규보가 韻에 의거해 화답하는 시를 禁內諸儒와 더불어 지었다. 이규보가 다시 前韻을 사용해 禁內諸儒와 더불어 晉康侯에게 시를 올렸는데, 汾陽이 聖唐을 再造했지만 그 甲第에 황제가 행차하지 않은 반면 千古三韓에서 지금 비로소 그것을 본다고 했다.[39] 御駕(희종)가 茅亭 曲宴에 행차하고 御製를 하사한 것에 대해 晉康侯가 감사하는 표문을 이규보가 대신 지었는데, 이 小亭은 자못 遠眺에 적합해 萬景이 眼界에서 도망갈 수 없고 四方을 掌中에서 안무할 수 있다며 嘉節에 游觀을 요청하니 天臨했다고 했다.[40] 이규보는 翰林에 있으면서 「禁內文儒六官謝宣賜表」를 지었는데, 자신들이 聖上陛下가 晉康侯 茅亭에 駕幸해 御製를 내리자 각기 2首씩 和成해 드리니 酒果를 하사했다며 감사를 올리면서, 聖上陛下가 국가가 閑暇한 때를 당해 天地淸和의 節을 좋아해 장차 離宮에 행차하고자 侯藩에 駐蹕해 曲宴에 참여했다고 했다.[41]

최충헌은 男山(子男山) 私第에 만족하지 않고 여러 곳에 다른 사제를 경영했고 후계자인 아들 최우도 사제를 조영하는 데 힘썼으며, 이 父子는

---

39) 『동국이상국전집』 권13, 古律詩, 依韻仰和駕幸晉康侯第亭御製 및 復用前韻 上晉康侯. 이규보는 당시 直翰林으로 판단된다.

40) 『동국이상국전집』 권30, 表·牋·狀, 私代撰表章, 晉康侯謝駕幸茅亭曲宴次賜御製表 ; 『동문선』 권36, 表箋, 晉康侯謝駕幸茅亭曲宴.

41) 『동국이상국전집』 권30, 表·牋·狀, 禁內文儒六官謝宣賜表 ; 『동문선』 권36, 表箋, 禁內文儒六官謝宣賜表.

임금에게 자신의 사제에 행차하도록 했다. 『고려사』세가에 따르면, 희종
4년 2월 을묘일(15일)에 太白이 晝見해 經天하니, 太史(日官)가 아뢰기
를, 辰巳歲에 明堂水流가 巽方을 破하고 商音이 더욱 忌하고, 또한 向成
門 重營의 役이 있으므로 闕內에 머물러서는 안된다고 하니, 병인일에 梨
坂의 崔瑀 第에 移御했다.[42] 『고려사절요』에 따르면, 희종 4년 2월 을묘
일(15일)에 太白이 晝見해 經天하니, 梨坂의 崔瑀 第에 移御하는데, 최충
헌이 迎駕해 闊洞의 私第에서 獻壽함에 諸王과 재추가 모두 侍宴했고 다
음날에 罷했다.[43] 희종은 대궐에서 나와 梨坂의 崔瑀 第로 移御하는 도
중에 최충헌의 闊洞 私第에 들어가 다음날까지 이어진 연회에 참석한 후
에 梨坂의 崔瑀 사제에 移御한 것이었다.

최충헌은 闊洞에도 私第를 경영했던 것이며, 아들 최우의 사제는 梨坂
에 있었는데 이것 또한 최충헌이 보조공간으로 활용할 수 있었다. 희종
4년 3월 임신일(3일)에 왕이 최충헌의 茅亭(자남산 사제의 건물)에서 曲
宴해 唱和하며 밤새도록 劇飮했고 갑술일(5일)에 梨坂宮 즉 梨坂의 崔瑀
사제에 還御했다.[44] 희종은 재이의 발생과 명당(대궐)의 불길과 궁문의
공역을 이유로 대궐을 나와 최충헌 사제와 최우 사제를 오가며 거처했던
것인데, 희종과 최충헌은 각자 마음이 달랐을 것이다. 최충헌과 최우의
사제가 왕의 일종의 별궁으로 이용된 것인데 정치의 중심이 대궐이 아니
라 최씨 父子의 사제로 옮겨진 것을 의미했다.[45] 희종은 최충헌과 최우에

---

42) 『고려사』권21, 희종 4년 2월. 辰巳歲는 戊辰年(희종 4년)과 己巳年(희종 5년)을
가리킨다.
43) 『고려사절요』권14, 희종 4년 2월. 錦繡와 綵棚과 胡漢雜戲가 窮極 侈異해 말로
형용할 수 없었다고 한다. 한편, 『고려사』권48 천문지 희종 4년 2월 乙卯 조목에
는 "太白晝見經天"이라고만 되어 있다.
44) 『고려사』권21, 희종 4년 3월 ; 『고려사절요』권14, 희종 4년 3월. 梨坂은 곧 梨峴
으로 『중경지』권3 산천에 따르면 府東六里에 있었으니 崇仁門 안 근처였다.
45) 의종이 신하들의 사제를 자신의 별궁으로 삼았던 것과는 성격이 다르다. 의종은 신
하들의 집을 빼앗아 자신의 것으로 만든 경우가 많았기 때문이다.

게 유폐당한 것과 비슷한 처지였으니 불만이 쌓여갔을 것이다. 최우의 사제가 '梨坂宮'으로 표기된 것으로 보아 당시 희종의 대궐 밖 주된 거처는 최우의 이판 사제였는데, 여기에는 최충헌이 아들 최우를 후계자로 확실히 각인시키려는 안배가 작용했으리라 여겨진다.

　희종이 4년 윤4월 을해일(6일)에 德陽侯 恕와 寧仁侯 積과 始興伯 璀과 侍中 崔忠獻과 문하평장사 奇洪壽·任濡와 樞密使 于承慶과 同知樞密事 盧孝敦을 불러 樓上(이판 최우 집의 樓上으로 여겨짐)에서 연회하고 擊毬를 관람하고는 打毬者에게 綵帛을 차등 있게 하사했다.46) 희종이 4년 윤4월에 諸王과 宰樞를 연회하고 擊毬를 관람하고 최충헌에게 玉帶 1腰와 通天袴帶 2腰와 南鋌 15斤을 하사하고, 또한 打毬者에게 綵帛을 차등 있게 하사했는데,47) 앞의 을해일(6일)과 같은 행사로 판단된다. 희종 4년 윤4월 정유일(28일)에 참지정사 李桂長이 知貢擧, 右副承宣 琴儀가 同知貢擧로 進士를 취하니 皇甫瓘 등 33인과 明經 6인과 恩賜 2인에게 급제를 하사했는데, 新及第들이 최충헌을 私第에서 알현했다. 최충헌이 隨從坊廂에게 銀瓶을 각기 1事씩 증여했고, 그 아들 최우 역시 銀瓶을 증여했다. 5월에 왕이 梨坂宮(이판 최우 사제)에 나아갔는데, 外樓에 出御해 酒果를 하사하고 각 坊廂(개경 음악대로 여겨짐) 歌吹를 관람하고, 皇甫瓘 등 7인에게 명해 內侍에 속하게 했다. 時人이 이르기를, 同知貢擧 琴儀가 최충헌에게 친밀한 바가 되었기 때문에 厚禮로 대우함이 이와 같았다고 했다.48)

　희종이 4년 10월 을유일(19일)에 장군 崔瑀 第에 행차해 牽龍에 명해 擊毬하게 했고,49) 5년 3월 정유일(4일)에 柳井洞의 최충헌 第에 이어했

---

46)『고려사』권21, 희종 4년 윤4월.
47)『고려사절요』권14, 희종 4년 윤4월.
48)『고려사』권21 및『고려사절요』권14, 희종 4년 윤4월 ;『고려사』권73, 선거지 과목 선장.
49)『고려사』권21, 희종 4년 10월 ;『고려사절요』권14, 희종 4년 10월.

다.50) 3월 계묘일(10일)에 보제사에 행차했지만51) 이곳에 거처한 것은 아니었다. 희종 5년 9월에 최충헌이 賓客을 모아 重陽宴을 개설했는데, 都房 有力者로 하여금 手搏하게 해 勝者에게 곧 校尉나 隊正을 주어 포상했다.52) 이에 대해 史臣 任翊이 말하기를, "國家 頒政 例를 살펴보면, 6월에 하는 것을 權務政, 12월에 하는 것을 大政이라 하며, 吏·兵判事가 諸同寮와 더불어 各部에 會坐해 功者는 陟하고 罪者는 黜하였는데 一陟一黜을 모두 上命(王命)을 받들었고, 이 때를 지나면 결원이 있더라도 差授한 적이 없었다. 최충헌이 위세가 한 나라를 기울게 할 정도여서 政柄을 獨專해 결원이 있으면 눈앞의 小戱로써 그 邦憲을 어지럽히고 좌우의 청탁으로 인해 혹은 東班 權務의 職을 주며, 뇌물을 납부해 뜻에 맞는 자가 있으면 곧 허락하니, 그 頒政 無常과 專恣 弄法이 이보다 심한 경우는 없었다" 라고 했다.53) 최충헌이 사제에서 重陽宴을 열고 수박의 승리자에게 관직을 준 것을 가지고 史臣이 최충헌의 인사독점 상황을 싸잡아 비판한 것인데, 그의 사제가 정치, 연회, 유희, 무술시합의 중심이었음을 반증한다.

희종은 5년 9월 신해일(20일)에 法雲寺에 행차해 인왕도량을 개설했고,54) 10월 정묘일(7일)에 묘통사에 행차해 摩利支天道場을 개설했다.55) 희종은 이 무렵까지도 柳井洞의 최충헌 사제에 머물렀던 것으로 판단된다.

그런데 희종은 『고려사』 세가에는 5년 11월 을미일(5일)에 "延慶宮에 還御하다"고 되어 있다.56) 『고려사절요』에는 희종 5년 11월에 "延慶宮

---

50) 『고려사』 권21, 희종 5년 3월.
51) 『고려사』 권21, 희종 5년 3월.
52) 『고려사절요』 권14, 희종 5년 9월.
53) 『고려사절요』 권14, 희종 5년 9월조 ; 『고려사』 권75, 선거지 銓注 凡選法.
54) 『고려사』 권21, 희종 5년 9월.
55) 『고려사』 권21, 희종 5년 10월.
56) 『고려사』 권21, 희종 5년 11월 을미일.

에 還御하다. 날이 장차 저물려 하는데 乘輿가 아직 駕하지 않으니 左御
史 崔傅와 右御史 尹世儒가 심히 굶주려 길 옆의 家에 들어가 술을 마시
느라 깨닫지 못하는 사이에 어가가 출발하자, 崔傅가 馳道를 범하고 尹世
儒가 泥醉해 사람으로 하여금 馬를 끌게 했는데 언어가 狂亂했다. 憲府
가 劾奏해 崔傅를 안동도호부 판관으로, 윤세유를 梁州副使로 좌천시켰
다"라고 되어 있다.57) 이 연경궁은 별궁인 연경궁이 아니라 본궐(대궐)의
오류로 보인다. 희종 5년 11월 갑진일(14일)에 팔관회를 개설하고 왕이
법왕사에 행차했다.58) 희종은 팔관회 개최를 준비한다는 명목으로 11월
5일에 柳井洞의 최충헌 사제에서 나와 본궐로 돌아온 것으로 보이며, 11
월 14일에 팔관회를 열고 법왕사에 행차했던 것이다.

희종 6년 4월 계유일(16일)에 太史가 妖言을 祓하기를 요청했다. 이에
앞서 최충헌이 闊洞里에 營第하느라 人家 100餘를 헐어 힘써 宏麗하게
만들어 延袤 數里하니 禁掖과 견줄만했고, 북쪽으로 廛市(市廛)에 임하
여 別堂을 지어 '十字閣'이라 호칭했다. 土木 공역이 劇하니 國內가 嗷嗷
했는데 訛言에 童男女를 비밀리에 체포해 五色을 입혀 宅 四隅에 매장해
土木의 氣를 禳한다고 했다. 때문에 아이가 있는 자들은 모두 아이를 숨
겼고 심지어 抱負해 멀리 달아나는 경우도 있었고 혹은 無賴輩가 小兒를
詐捕했다가 그 부모가 驚懼 失措해 厚幣를 주면 버리고 갔다. 최충헌이
어사대로 하여금 市街에 榜하기를, 人命이 지극히 重한데 어찌 땅에 묻어
禬禳하는 이치가 있으리오, 만약 捕兒者가 있으면 잡아서 告하라고 했다.
이후로 妖言이 점차 사라졌다.59) 최충헌이 闊洞 사제를 궁궐과 견줄 정
도로 대규모로 증축한 것인데 북쪽으로 廛市(市廛)에 임하여 別堂을 지

---

57) 『고려사절요』 권14, 희종 5년 11월.
58) 『고려사』 권21, 희종 5년 11월.
59) 『고려사절요』 권14 및 『고려사』 권21, 희종 6년 4월 ; 『고려사』 권129, 최충헌전.
   闊洞은 泥坂에 있었으니(金坵 妻 崔氏 묘지명), 자남산 남쪽 기슭 동네였다.

었다. 활동 사제(특히 別堂)는 南大街의 시전 근처에 위치했으니 市街를
쉽게 관찰하여 사람들의 동향을 파악하기 위해 경영한 것으로 보인다. 최
충헌의 자남산 북쪽 사제는 市街에서 떨어져 있어 개경의 중심부를 장악
하는 데 약점을 지녀 이 약점을 보완한 것이 바로 闊洞 사제의 경영이라
볼 수 있다.

최충헌의 권위가 人主를 기울게 하고 中外에 떨쳐, 사람이 違忤함이
있으면 곧 誅戮당했기 때문에 모두 鉗口해 감히 誰何하지 못했다. 盧仁
祐가 姻戚으로 昵比해 미친 척하며 누차 直言하자 최충헌의 미움을 받아
仁州守로 쫓겨났다가 秩滿해 희종 7년 1월에 還朝했다. 당시 최충헌이
三第를 경영해 모두 金玉·錢穀을 많이 저장하고는 좌우에게 말하기를,
府庫 所藏을 제외한 金銀珍寶를 王府에 헌납해 國用을 도우고자 하는데
어떠한가 물었다. 衆이 모두 善하다고 했지만, 노인우가 말하기를, 머물
러두어 經費로 쓰고 다시는 民에게 거두지 않는 것이 낫다고 하니, 최충
헌이 慚怓했다.[60] 최충헌이 三第를 경영해 金玉과 錢穀을 많이 저장했다
는데, 이 三第가 어느 것을 지칭했는지 불확실하다. 왜냐하면 최충헌이
경영한 사제는 자남산 북쪽 기슭에 위치한 남산(자남산) 사제, 자남산 남
쪽(남서쪽) 기슭에 위치한 闊洞 사제, 그리고 柳井洞 사제, 內史洞 사제
(왕실의 內史洞宮 즉 內史洞靖安宮에서 유래) 등이 있었고 그가 晉康侯
에 책봉되어 興寧府를 열었을 때 하사받아 그것에 소속된 興德宮 등이
있었기 때문이다.

희종 6년 9월에 왕이 최충헌 內史洞第에 행차해 3일 동안 머물다가 壽
昌宮에 이어했다.[61] 그리고 7년 12월 경자일(22일)에 內侍 王濬明 등이
최충헌을 주살하기를 도모했지만 이기지 못했다. 12월 계묘일(25일)에 최
충헌이 왕(희종)을 廢하여 강화현으로 옮겼고, 太子 祉를 仁州에 방출했

---

60) 『고려사절요』 권14, 희종 7년 1월.
61) 『고려사』 권21, 희종 6년 9월.

고, 漢南公 貞(강종)을 받들어 왕으로 세웠다.62) 희종이 언제부터 최충헌
을 제거하기로 마음을 굳혔는지는 불확실하지만 대궐을 나와 최충헌의 여
러 사제와 최우의 사제를 전전하면서 그러한 마음을 굳혀 갔고, 희종 6년
12월에 명종의 太子 璹을 江華에서 개경으로 소환하고 7년 정월에 璹을
守司空 上柱國 漢南公에 책봉하고 '貞'으로 개명해 燃燈宴에 나오도록
한 조치63)가 왕권의 위협으로 다가와 기폭제가 되었을 것이다.

　희종의 최충헌 제거 시도의 경과는『고려사절요』와『고려사』최충헌
전에 자세히 소개되어 있다. 희종 7년 12월에, 최충헌이 銓注 때문에 壽
昌宮에 나아가 바야흐로 왕 앞에 있었다. 이윽고 왕이 入內하자 中官이
최충헌 從者를 속이기를, 酒食을 하사하라는 旨가 있다며 인도해 廊廡 사
이로 깊이 들어가자 갑자기 僧·俗 10餘人이 병기를 지닌 채 突至해 從者
數人을 공격했다. 최충헌이 變이 생긴 것을 알고 倉皇히 아뢰기를, 원컨
대 上은 臣을 구해 주소서 했지만 왕은 默然히 閉戶해 들이지 않았다.
최충헌이 계책을 마련할 수 없어 知奏事房 紙障 사이에 숨었다. 어떤 一
僧이 세 번 수색했지만 끝내 획득하지 못했다. 당시 최충헌의 族人인 상
장군 金躍珎과 최우의 舅인 知奏 鄭叔瞻이 重房에 있다가 變을 듣고 곧

<hr>

62)『고려사』권21, 희종 7년 12월. 쫓겨난 왕은 고종 24년 8월에 무자일에 法天精舍에
　서 57세로 세상을 떠 樂眞宮에 移殯되었다. 시호는 誠孝였다. 廟號는 貞宗이었는데
　후에 熙宗으로 고쳤다. 陵은 碩陵이었다. 고종 40년에 시호 仁穆을 더했다.
63)『고려사』권21, 희종 6년 12월 및 7년 정월. 이 조치는 희종의 뜻이 아니라 최충헌
　이 희종을 견제하기 위한 작품이었을 것이다. 한편 희종 2년 2월에 신종을 太廟에
　祔하면서 최충헌이 宰樞와 함께 의논해 昭穆을 개정한 것에 대해, 4년 10월에 임금
　이 詔하여, 往年 聖考 祔廟의 날에 昭穆位序를 改定했는데 乖戾한 것이 있으니 宰
　樞·侍臣·禁官·國學·致仕文儒 등으로 하여금 典籍과 本朝禮制에 의거해 祭酌해 각
　기 封事를 올리라고 했지만 衆論이 분분해 끝내 고치지 못했다(『고려사』권61, 예
　지3, 太廟, 연대기사). 최충헌이 개정한 태묘 昭穆位序에 대해 희종이 이의를 제기
　해 다시 개정하도록 명령하자, 최충헌이 희종을 위험시해 견제하기 위해 명종의 태
　자(강종)를 개경으로 불러들였고, 이에 희종이 위기를 느껴 최충헌 제거를 도모했
　다고 추정된다.

入內해 최충헌을 부축해 나왔다. 그 黨인 指諭 申宣冑·奇允偉 등이 僧徒
와 서로 격투했다. 최충헌의 都房六番이 모두 宮城 外에 모여 있었는데
최충헌의 生死를 알지 못했다. 茶捧 盧永儀가 처음에 최충헌을 따라 入
內했었는데 그가 屋에 올라 크게 외치기를, 吾公이 無恙하다고 하니, 이
에 都房이 다투어 들어가 구원하자 僧徒가 敗走했다. 김약진이 최충헌에
게 말하기를, 내가 장차 병력을 거느리고 入宮해 남김없이 모조리 죽이고
또한 大事를 행하려 한다고 했다. 최충헌이 말하기를, 이와 같이 하면 나
라가 장차 어찌 되겠는가, 後世에 口實이 될까 두렵네, 내가 마땅히 推鞫
할 터이니 너는 가벼이 가지 말라고 했다. 상장군 鄭邦輔 등으로 하여금
司鑰 鄭允時 및 中官을 체포해 仁恩館에 가두어 국문하도록 하니, 內侍
郎中 王濬明이 謀主이고, 叅政 于承慶과 樞密 史弘績과 장군 王翊 등이
모두 그 모의를 알고 있었다. 최충헌이 왕을 원망해 廢하여 江華縣으로
옮겼다가 이윽고 紫鷰島로 옮겼으며, 太子 祉를 仁州에, 德陽侯 恕를 喬
桐縣에, 始寧侯 禕를 白翎縣에 방출했고, 평장사 任濡를 보내 漢南公 貞
(강종)을 私邸에서 받들어 康安殿에서 즉위시켰다.[64]

　희종 7년 12월의 수창궁 사건은 최충헌과 최우 부자의 私第 경영과 밀
접한 관련이 있었다. 희종은 음양풍수와 궁문공역이 빌미로 작용해 치세
4년 2월에 대궐을 나와 최충헌의 闊洞 사제와 男山 사제, 최우의 이판 사
제, 최충헌의 柳井洞 사제 등을 전전하다가 5년 11월에야 팔관회 개최로
인해 대궐로 환어했다. 그리고 6년 9월에 최충헌 內史洞第에 행차해 3일

---

64) 『고려사절요』 권14, 희종 7년 12월 ; 『고려사』 권21, 강종총서. 한편 이 사건에 대
　해 史臣이 말하기를, 당시 최충헌이 國命을 執한지 이미 몇 년이라 黨與를 널리 심
　어 威福을 專擅했으니, 희종이 비록 하고자 함이 있었을지라도 어찌하리오, 왕을
　위한 계책은 마땅히 바름으로써 自處하고 任賢 使能해 王室이 自强하면 비록 跋扈
　하는 臣이 있더라도 그 惡을 마음대로 할 수 없었을 터인데, 왕이 이를 알지 못하고
　輕薄한 계략을 聽用해 一時의 忿을 快하려 하다가 졸지에 放黜당했으니 탄식이 나
　온다고 했다. 『고려사절요』 권14 및 『고려사』 권21, 희종 7년 12월.

동안 머물렀고 壽昌宮에 이어해 머물다가 7년 12월에 이 사건이 벌어진 것이었다. 희종이 최충헌과 최우의 사제에 오래 거처하는 동안, 최충헌과 최우는 희종을 자신들의 꼭두각시로 만드는 데 성공했다고 생각했을 터이지만, 희종과 그 측근은 최충헌과 최우의 안심 내지 방심을 노려 철저하게 비밀리에 최충헌 암살 계획을 세워 준비해 나갔다. 희종이 최충헌의 내사동 사제에 행차해 3일 동안 머물러 방심하도록 만들고 수창궁으로 이어해 이곳으로 최충헌을 유인했다. 최충헌과 그 세력은 희종과 측근의 그러한 계획을 전혀 눈치 채지 못했다. 최충헌은 知奏事房 紙障 사이에 숨어 위기를 벗어났는데 그가 지주사를 역임한 적이 있어 지주사방의 구조에 익숙해서 경황 없는 와중에도 잘 숨어 들키지 않았을 것이다. 그는 죽음 직전까지 다다랐다가 하늘의 뜻인지 벗어나 희종을 축출하고 강종을 옹립했다.

강종은 원년 정월에 制하여 최충헌 興寧府를 고쳐 晉康府라 했다.[65] 고종 2년 5월에 최충헌이 別第에 移入했는데, 劍戟 兵衛가 數里에 두루 차고 朝士 追隨者가 심히 많았다.[66] 3년 5월에 최충헌이 端午라 鞦韆戲를 栢子井洞宮에 개설해 문무 4품 이상을 3일 동안 연회했다.[67] 이 栢子井洞宮도 최충헌의 사제로 보이는데, 2년 5월에 그가 移入한 別第일 수 있다.

최충헌의 아들 최우도 강종 즉위 무렵에 승선이 되면서 梨坂 사제의 경영에 더 많은 신경을 썼다. 그는 이 사제에 十字閣과 大樓를 각각 세웠고 이규보가 그에 대한 記를 지었다. 晉康侯의 元嗣인 承制尙書 崔公(승선 최우)이 甲第의 서쪽에 十字閣을 세우자 直翰林院 이규보가 최우의 명령을 받고 「崔承制十字閣記」를 지었다.[68] 이 閣은 楞四角이 十字와

---

65) 『고려사』 권129, 최충헌전 ; 『고려사절요』 권14, 강종 원년 정월.
66) 『고려사절요』 권14, 고종 2년 5월.
67) 『고려사절요』 권14, 고종 3년 5월.

같고 그 中은 方形으로 井과 같아 세상에서 이른바 帳廬와 유사해 '十字'
로써 이름했는데, 方井의 안은 모두 明鏡으로 메워 光明이 照耀해 表裏
를 洞徹해 무릇 人物의 洪纖巨細와 一變一態를 모두 그 中에 비춘다고
했다. 崔公(최우)은 積善의 門에서 태어나 傾朝의 望을 擁하여 定策 安
邦의 功烈이 日月과 밝음을 다툰다고 했다. 이규보는 또한 「又大樓記」
즉 「崔承制大樓記」를 지었다.[69] 지금 承制崔公(承宣 최우)이 大樓를 居
室의 南偏에 지었는데 上은 客 千人이 앉을 수 있고 下는 수레 百乘을
댈 수 있고 높이는 鳥道를 橫絶하고 크기는 日月을 蔽虧할 정도라고 했
다. 그 東偏은 佛龕을 두어 佛事를 개최하면 桑門衲子를 초빙해 많기가
數百人에 이르러도 넓어서 餘地가 있다고 했다. 樓의 南에 직면해 숫돌
처럼 평탄한 毬場을 만들어 무려 400步 남짓 되며 周墻으로 둘렀는데 數
里에 連亘한다고 했다. 公(최우)이 暇日에 賓客을 불러 瓊筵을 열어 술을
돌리고 눈으로 姿色을 즐기고 귀로 음악을 즐기고 擊毬走馬의 戲를 관람
한다고 했다.

　承制(承宣) 최우가 사제의 서쪽에 十字閣을, 居室의 南偏에 大樓를 지
었고, 東偏에 佛龕을 설치했고, 대루의 남쪽에 毬場을 만들었다. 대루는
위 부분이 빈객 1천명을, 아래 부분이 수레 100乘을 수용할 수 있을 정도
로 컸고, 毬場은 400步가 넘었고 그것을 둘러싼 周墻은 數里까지 뻗어
있었다. 최우가 빈객을 대루에 초대해 함께 술과 기녀와 음악을 즐기며
구장(격구장)에서 펼쳐지는 擊毬走馬를 구경했다. 최고집권자의 후계자
인 최우의 위세가 이렇게 대단했으니 최고집권자 최충헌의 위세는 얼마나

---

68)『동국이상국전집』권24 및『동문선』권66, 崔承制十字閣記. 한편 이규보는 연보에
　　따르면 희종 3년 12월에 權直翰林, 4년 6월에 直翰林이 되었고, 강종 원년 정월에
　　千牛衛錄事參軍事가 되었고 6월에 翰林兼官에 闕員이 있어 頒政을 기다리지 않고
　　兼直翰林院 仍本官에 제수되었으며, 고종 즉위년 12월에 司宰丞, 2년 6월에 右正言
　　知制誥에 임명된다.
69)『동국이상국전집』권24, 又大樓記.

대단했는지 알 수 있다. 최우의 妻父인 鄭叔瞻은 知奏事를 거쳐 고종초
에 참지정사에 오르는데 권세를 믿어 驕恣해 第宅 3, 4區를 대규모로 지
어 數里에 彌滿했다고 하니70) 그 역시 사제 경영에 힘썼음을 알 수 있다.

　계유년(1213) 즉 고종 즉위년 12월에 晉康侯의 嗣子相國(최우)이 夜宴
을 크게 개설해 搢紳貴介를 불러 赴座하게 했는데 46세의 이규보가 홀로
8품 微官으로 부름을 받아 참여했다. 相國(최우)이 이규보의 走筆을 보고
싶다며 이인로에게 唱韻하도록 하고 이규보가 走筆하여 시를 완성하자
감탄했으며, 다음날 그 시를 가지고 府(晉康府)에 나아가 진강후에게 白
하여 이규보를 불러 그 능력을 시험하기를 요청했다. 이규보가 진강후의
부름을 받아 도착하니 庭中에 孔雀이 遊戱하고 있어 진강후가 그 孔雀을
주제로 삼고 琴相國(琴儀)으로 하여금 唱韻하도록 해 이규보가 시를 완
성했다. 진강후가 눈물까지 흘릴 정도로 감탄하고는 望官을 물으니 "제가
지금 8품이라서 7품을 제수받으면 足합니다" 라고 하니 相國(최우)이 이
규보가 參官을 곧바로 희망하기를 바래 누차 눈짓했다. 이규보가 12월 頒
政에서 7품을 넘어 司宰丞(종6품)에 제수되었다.71)

　相國 최우가 사제에서 관료들을 불러 연회를 열고 시를 짓게 했고 이
규보의 走筆 詩에 감탄해 부친의 진강부에 나아가 이규보의 走筆 詩 능력
을 시험해 보기를 요청하자, 진강후 최충헌이 이규보를 불러 마당에서 놀
고 있는 孔雀으로 주제를 삼아 그 능력을 시험해 보고 감탄해 8품의 그에
게 종6품직을 제수했던 것이다. 무인집권기에는 관리, 특히 무인이 동식
물을 키우는 것을 취미로 하는 풍조가 유행했는데,72) 진강부에는 수입하

---

70) 『고려사』 권100, 鄭世裕傳 ; 『고려사절요』 권15, 고종 4년 정월. 정숙첨은 최충헌
　　을 비난했다가 최우의 구원으로 죽음을 벗어나지만 고종 4년 정월에 고향(본관) 河
　　東에 유배된다. 그의 兄인 右僕射 鄭頠 역시 貪鄙해 人田을 탈점하고 또한 正家하
　　지 못해 妻妾을 구분하지 않자 工部尙書로 강등된다.
71) 『동국이상국전집』 年譜 ; 『동국이상국전집』 권17, 古律詩, 裕公以此詩三首上板 因
　　有序寄之 幷附.

거나 선물받았을 공작도 키우고 있었다. 관리나 군졸은 승진하기 위해서 최충헌의 사제 혹은 최우의 사제에서 열리는 모임에 참석해 자신의 능력을 보여주기 위해 애를 써야 했다.

을해년(1215) 즉 고종 2년 6월에 48세의 이규보가 시를 지어 參職階梯를 구하니 晉康侯가 그 시를 꺼내어 그 府(晉康府) 典籤인 宋恂에게 보이며 말하기를, 만약 上에게 아뢰어 參官에 곧바로 제수하면 그의 마음이 어떠할까 하니 宋恂이 답하기를, 그러면 그가 말할 수 없이 기뻐할 것이고 또한 衆望이라고 했다. 下批에 미처 右正言(종6품 祭職) 知制誥에 임명되었다.[73] 진강후 최충헌이 사제에서 진강부의 典籤인 宋恂과 의논해 이규보에게 참직을 제수했던 것인데, 진강부에 典籤이 있어[74] 최충헌의 참모 역할을 했음을 알려준다.

고종 2년 11월에 禮部員外郎 尹世儒가 최충헌을 알현해 命題해 賦詩하기를 요청하니 최충헌이 곧 正言 李奎報와 直翰林 陳澕를 불러 동시에 賦詩 40餘韻을 하도록 해 翰林承旨 琴儀로 하여금 考閱하게 하니, 이규보가 首이고, 진화가 그 다음이었다. 尹瓘의 손자인 윤세유가 최충헌을 만나면서 得意 猖狂해 柄用을 기대했는데, 평소 우복야 鄭稹과 유감이 있어 왕에게 誣告하기를, 정진이 동생인 추밀 鄭叔瞻과 더불어 장차 不軌를

---

72) 신종 4년 정월에 奇洪壽와 車若松이 중서성에 앉았는데, 차약송이 기홍수에게 孔雀이 잘 있는지 물으니, 기홍수가 대답하기를 공작이 물고기를 먹다가 뼈가 목에 걸려 죽었다고 했다. 기홍수가 차약송에게 牧丹 기르는 기술을 물으니 차약송이 잘 설명해 주었다. 이를 들은 자가 말하기를, 宰相의 직책은 論道經邦에 있는데 단지 花鳥를 논하다니 무엇으로 百僚의 儀表가 되리오 했다고 한다. 『고려사절요』권14, 신종 4년 정월 ; 『고려사』권101, 車若松傳. 무신 기홍수는 공작 키우기가, 무신 차약송은 모란 키우기가 취미였던 모양이다. 기홍수 집은 鴛溪里에 위치하고 이규보 집과 가까웠다(『동국이상국전집』권13·권27·권32).

73) 『동국이상국전집』年譜.

74) 문종이 정한 관제에서 諸王府에 典籤 1인(종8품), 錄事 1인(종9품), 書藝 1인이 있었는데(『고려사』권77, 백관지2, 諸王子府), 開府된 무인집권자의 府도 유사했을 것이다.

도모하려 하니 만약 臣으로 教定別監을 삼아 一番 巡檢을 주면 掃除할 수 있다고 했다. 왕이 承宣 車侶을 최충헌에게 보내 密諭해 윤세유를 잡아 국문하자 취한 듯 依違해 말을 꺼내지 못하니 무고죄로 섬에 유배했다.[75] 윤세유의 요청으로 최충헌의 사제에서 시 짓기 대회가 열려 琴儀가 채점했는데 이규보가 첫째를, 진화가 둘째를 차지했다. 예부원외랑(정6품) 윤세유가 왕에게 자신을 교정별감으로 임명해 주기를 요청한 것으로 보아 교정별감은 최충헌이 직접 맡지 않았음을 시사한다.

최충헌은 거란적이 고려를 침략하자 방어군을 편성하는 한편 자신과 정권을 지키기 위해 가병을 훈련시킨다. 고종 3년 12월에 최충헌이 家兵을 사열했는데 左梗里부터 右梗里까지 軍士가 여러 겹으로 列을 지어 2,3里에 連亘했는데 槍竿에 銀瓶을 매달아 國人에게 誇示해 來附者를 모집했다. 아들 최우 家兵은 選地橋(善竹橋)부터 梨嶺(梨峴)을 넘어 崇仁門까지 旗鼓를 사용해 習戰했다. 門客 중에 從軍 北征을 요청하는 자가 있으면 곧 먼 섬으로 유배했다. 거란적이 개경을 습격하려 한다는 이야기를 최충헌이 듣자 장군 申宣胄·奇允偉 등으로 하여금 市街에서 병력을 거느리게 하고 최충헌 부자가 擁兵 數萬하여 自衛하고 최이(최우)가 宣義門 밖에서 耀兵했다.[76] 고종 4년 정월에 최충헌 父子가 그 第에서 私

---

75) 『고려사절요』권14, 고종 2년 11월. 윤세유는 이윽고 소환되었지만 길에서 사망한다. 그는 文學으로 세상에 이름났지만 酒色을 좋아하고 朝政에 稱意하지 않는 자가 있으면 문득 托詩해 謗訕하니 당시 狂人이라 불렸다.

76) 『고려사절요』권14, 고종 3년 12월. 최충헌이 또 그 家에서 閱戰했는데 門階가 高峻해 馬가 오를 수 없자, 사람으로 馬를 만들어 進退하며 相戰했고, 또한 金牌를 차고 있는 契丹將軍 모형을 가짜로 만들어 사로잡아 베고 奏凱 班師했고, 또한 羣妓로 하여금 蓬萊仙娥가 來賀하는 모양을 만들게 하니, 최충헌이 심히 기뻐해 銀瓶과 紬布로 상주었다. 侍御史 金周鼎이 黃背衫을 착용해 卒伍 중에 들어가 踊躍 進退하니 識者가 비루하게 여겼다. 한편 左梗里와 右梗里는 壓勝의 의미로 石犬을 만들어 앉혔다고 해서 坐犬里로 불리게 되는 것으로 보인다. 石犬이 『중경지』권7, 고적에 따르면 子男山 아래에 앉혀졌다고 하니 坐犬里는 자남산 남쪽 기슭에 위치했다.

兵을 성대히 진열해 戒嚴했다. 당시 거란병이 逼近하니 백관으로 하여금
모두 성을 나가 지키게 했고 또한 城底 人家를 허물어 隍塹을 팠다.[77]
거란적의 침입으로 야기된 위기상황에서, 최충헌은 家兵을 자신의 闊洞
사제 일대에, 아들 최우는 家兵을 자신의 梨嶺(梨坂) 사제 일대에 주로
배치해 대비했던 것이다.

　고종 4년 4월 기유일(3일)에 왕이 竹反宮(竹坂宮)에 이어했는데 최충
헌이 경영한 곳이었다. 당시 術士가 이르기를, 松山 王氣가 장차 다하려
하니 別宮에 이어해 祈禳해야 한다고 하니 따른 것이었다.[78] 고종 5년
4월에 최충헌이 그 아들인 知奏事 최우를 보내 城廊兵器를 巡閱하게 했
고 私卒로 自衛하니 갑옷 입은 자가 數里에 連亘했다.[79] 元帥 趙冲이 고
려군을 지휘해 고종 6년 정월에 몽고군 및 東眞軍과 함께 江東城의 거란
적을 공격해 항복을 받아내고는 西京에 머물며 軍功을 차례매기고자 했
지만 變이 예기치 않게 생길까 염려한 최충헌의 재촉으로 인해 3월에 凱
還했는데, 최충헌이 조충의 공로를 꺼려 迎迓禮를 정지했다. 論功함에 미
처 최충헌이 주관했는데, 有功者에게 賞이 없자 사람들이 많이 원망했다
고 한다. 최충헌이 北征將帥를 竹坂宮에서 私宴했는데 백관에게 銀을 거
두어 그 비용을 공급했다.[80] 죽판궁은 오천(흑천) 가에 위치해 수창궁에
서 가까웠는데 최충헌이 경영한 사제의 하나였다. 그의 사제는 '宮'으로도

---

77) 『고려사절요』 권15, 고종 4년 1월.
78) 『고려사』 권22, 고종 4년 4월 ;『고려사절요』 권15, 고종 4년 4월. 동일기사에서
　　『고려사』는 竹反宮, 『고려사절요』는 竹坂宮이라 되어 있는데, 竹坂宮이 일반적인
　　표현이었다.
79) 『고려사절요』 권15, 고종 5년 4월.
80) 『고려사절요』 권15, 고종 6년 1월 및 3월. 한편 고종 6년 7월에 校尉 孫永 등 10인
　　이 市에서 술을 마시다가 취하자 탄식하기를, 頃에 丹兵과 전투해 功이 있는데 뇌
　　물을 주지 않아 爵을 얻지 못했다고 하자, 坐中人이 최충헌에게 고하니 최충헌이
　　家兵을 보내 그들을 체포하고 그들과 그 黨 百餘人을 아울러 保定門 밖에서 베었다
　　(『고려사절요』 권15).

불렸던 것인데 그가 후작을 지녀 諸王의 반열에 있었기에 이상한 일은 아니었다. 최충헌은 자신의 사제에서 거란적 격파 공로의 순위를 정하고 北征將帥를 연회해 최고집권자로서의 권위를 과시했다.

金 貞祐7년 己卯年 즉 고종 6년(1219) 9월 20일에 中書晉康令公 최충헌이 安興里 私第에서 薨했는데,[81] 그가 개경 南部 소속 안흥리에도 사제를 경영했음을 알려준다. 최충헌이 사망하자 그 아들인 崔瑀(崔怡)가 집권했다. 그는 고종 8년 5월에 晉陽侯에 책봉되었지만 固辭해 받지 않았다.[82]

최우가 집권한 후에도 그의 부친 때처럼 그의 私第 정치가 활발하게 이어진다. 고종 8년 9월 정해일(6일)에 왕이 群臣 4품 이상을 大觀殿에 불러 蒙古後使 영접 可否를 물었는데, 왕은 영접을 거절하려 한 반면 群臣은 모두 몽고의 來侵을 우려해 영접을 찬성하자 왕이 기뻐하지 않았다.[83] 10월 무오일(8일)에 왕이 梨峴 崔瑀 第에 이어했다.[84] 10월 경신일(10일)에 왕이 대관전에서 蒙使를 연회했다.[85] 10월 기사일(19일)에 왕이 牽龍 등의 擊毬를 관람했는데,[86] 그 장소는 최우의 이현 사제였을 것이다. 10월 기묘일(29일)에 儀鳳樓에 이어해 雞竿을 세워 肆赦하고 趙冲 子壻 및 陣沒軍士 子孫에게 爵을 하사하고 또한 최충헌 및 최우 姪壻에게 爵을 하사했다.[87] 윤12월에 재추가 崔瑀 第에 모여 南方州郡의 精勇

---

81) 최충헌 묘지명. 安興里는 개경 五部의 하나인 南部의 安興坊(『고려사』권56, 지리지1, 왕경개성부)의 里인데 용수산 기슭으로 보인다. 한편 이규보가 「中書令晉康公圖形後功臣齋唱讀教書」를 찬술했고(『동국이상국전집』권34, 教書·麻制·官誥 ; 『동문선』권23, 教書), 「晉康公園寢 迎神入大廟文」[嗣子相國行]을 찬술했다(『동국이상국전집』권37, 墓誌·誄書).

82) 『고려사절요』권15, 고종 8년 5월.

83) 『고려사』권22, 고종 8년 9월 ; 『고려사절요』권15, 고종 8년 9월.

84) 『고려사』권22, 고종 8년 10월.

85) 『고려사』권22, 고종 8년 10월.

86) 『고려사』권22, 고종 8년 10월.

87) 『고려사』권22, 고종 8년 10월 ; 『고려사절요』권15, 고종 8년 10월. 이 때 宣赦儀

保勝軍을 징발해 宜州·和州·鐵關 등 要害의 地에 성을 쌓아 몽고에 대비하기를 의논했다.[88] 9년 3월에 최우가 3품 이상을 그 第에서 연회하고 또 4품관을 연회했다.[89] 11년 정월 계축일(16일)에 재추가 최우 第에 모여 蒙·眞兩國 使를 접대하는 의례를 의논했다.[90] 12년 3월 을유일(25일)에 內殿을 修葺함으로 인해 왕이 장군 金若先 第에 이어했다.[91] 12년 3월에 최우가 재추 및 문무 4품 이상을 그 第에서 3일 동안 연회했다.[92] 12년 4월 임자일(22일)에 왕이 武士 擊毬를 관람했다.[93] 고종이 최우 사제에 이어했고, 최우 사제에서 要害處의 築城 의논, 몽고·동진 사신 접대 의례 의논, 관료 연회 등이 행해졌다. 고종이 내전의 수리 때문에 최우의 사위인 장군 김약선의 집에 머문 것으로 보아 김약선이 이 무렵에 최우의 후계자로 부상한 듯하다. 최우 집권기에 국가의 주요 의례는 대궐에서 행하기도 했지만 정치의 중심지는 부친 대처럼 그의 사제였다.

최우의 私第 운영과 사제 정치에 큰 변화가 생기니 바로 정방의 설치이다. 고종 12년 6월에 백관이 최우 第에 나아가 政年都目을 올리니 최우가 廳事에 앉아 그것을 받았는데, 6품 이하는 堂下에서 再拜하고 伏地해 감히 仰視하지 못했다. 최우는 이로부터 政房을 私第에 설치해 百官銓注를 擬했는데 文士를 선발해 정방에 소속시켰다.[94] 고종 12년에 최우가 政房을 私第에 설치해 百官 銓注를 擬했는데 文士를 선발해 소속시켰다.

---

伙과 宣赦鹵簿는 『고려사』 권72, 여복지 儀衛 宣赦儀伙과 鹵簿 宣赦鹵簿에 실려 있다.

88) 『고려사절요』 권15, 고종 8년 윤12월. 知奏事 金仲龜가 말하기를, 근래 州郡이 丹兵 侵掠을 당해 民이 모두 流亡했거늘 지금 警急이 없는데 갑자기 또 徵發해 그 力을 수고롭게 하면 邦本이 固하지 않아 장차 어찌 하리오 했지만 최우가 끝내 不聽했다.

89) 『고려사절요』 권15, 고종 9년 3월.

90) 『고려사』 권22, 고종 11년 1월 ; 『고려사절요』 권15, 고종 11년 1월.

91) 『고려사』 권22, 고종 12년 3월.

92) 『고려사절요』 권15, 고종 12년 3월.

93) 『고려사』 권22, 고종 12년 4월.

94) 『고려사절요』 권15, 고종 12년 6월.

舊制에 吏部는 文銓을 관장하고 兵部는 武選을 관장해 그 年月을 차례매기고 그 勞逸을 구분하고 그 功過를 標하고 그 才否를 논하여 書에 기재해 政案이라 불렀다. 中書가 升黜을 擬하여 아뢰고 門下가 制勅을 받들어 행했다. 최충헌이 擅權해 府를 설치하면서부터 僚佐와 더불어 政案을 私取해 除授를 注擬해 그 黨與인 承宣에게 주었다(주어 처리하게 했다). 그 承宣을 政色承宣이라 했고, 僚佐로 이것을 맡은 자는 3품은 政色尙書, 4품 이하는 政色少卿, 筆橐을 지녀 그 아래에서 從事하는 자는 政色書題라 했으며, 그 會所를 政房이라 했다.[95]

崔怡가 金敞을 불러 政房에 두어 銓選을 관장하게 했는데, 당시 吏兵部選을 應하는 자가 無慮 數萬이었지만 김창이 한번 보고 그 姓名을 기억해 陳訴가 있으면 문득 應해 조금도 오류가 없으니 사람들이 그 强記에 탄복했다. 하지만 銓注를 한결같이 최이의 뜻을 따르고 可否하지 않았다.[96] 金敞은 金牓 第3인으로 晉陽 門下의 上客이 되어 날마다 薦賢 助國으로 임무를 삼았다.[97] 兪千遇는 고종조에 급제해 內侍에 籍을 두었는데 尙書 金敞이 그를 그릇으로 여겨 晉陽公 崔怡에게 천거하자 최이가 그를 政房에 두니 마침내 門客이 되었다.[98] 정방원은 최우의 문객으로서 최우의 뜻을 충실히 받들어 인사업무를 처리했던 것이다.

최우는 정방을 자신의 私第에 설치해 문무의 인사행정을 담당하게 함

---

95) 『고려사』 권75, 選擧志 銓注 凡選法. 이 기사의 원형은 『역옹패설』 前集 1에 실려 있다. 선거지의 "그 黨與인 承宣에게 주었다"라는 구절은 『역옹패설』에는 "그 黨與인 承宣에게 주어 왕에게 아뢰면 왕이 부득이 따랐다"라고 되어 있다. 政房에 대해서는 김창현, 『고려후기 정방 연구』(고려대 민족문화연구원, 1998) 참조.

96) 『고려사』 권102, 金敞傳. 혹자가 可否하지 않은 까닭을 물으니 김창이 답하기를, 天이 我 晉陽公에게 假手했으니 내가 어찌 끼어들리오 했다고 한다.

97) 『보한집』 하권. 連年해 掌試했는데 同年進士 韓惟善이 門下에서 登第했다. 이해에 尙牧賀狀에 이르기를, "白布登名於成均 牓同牓奈今門生, 靑衫爲客於晉陽 公與公並時相國"이라 했다.

98) 『고려사』 권105, 兪千遇傳.

으로써 인사권을 온전히 장악했는데, 이는 고종 14년 書房 설치와 더불어 그의 私第 정치의 완성을 의미했다. 政房을 이제현은『역옹패설』에서 '府中의 私稱'이라 정의했는데 여기서 '府'는 開府되지 않은 상태도 포함해 포괄적으로 언급한 것이어서 최씨 私第 中의 私稱이라 이해하는 것이 정확하다. 정방은 최우가 사제 안에 설치한 私稱이었지만 조직화된 인사기구로서 역할해 공적인 성격도 띠면서, 최우의 사적인 다른 기구 및 그의 사제에서 이루어진 각종 정치행위와 더불어 기능했다. 이로써 최우의 사제는 공적인 성격도 띠어 재상부를 포함한 중앙정부의 역할을 상당히 수행했다.

고종 14년 2월에 최이(최우)가 教定都監으로 하여금 禁內六官에 牒하여 登科未官 중에서 才行이 있는 자를 각각 천거하라고 했는데, 이전에 최충헌이 教定都監을 설치해 庶事를 관장했고(무릇 施爲하는 바는 모두 都監으로 나왔고) 최이도 그것으로 因해 행했다고 한다.[99] 崔怡 門客은 當代 名儒가 많아 나누어 三番으로 삼아 書房에 遞宿했다.[100] 고종 15년 8월에 어떤 僧이 慈惠院을 조영하고자 江陰縣에서 伐材했는데 監務 朴奉時가 금지하고 그 材를 몰수하자, 그 僧이 대장군 大集成에 의탁해 書를 주어 요청했지만 박봉시가 따르지 않았다. 그러자 대집성이 최우에게 요청해 教定所牒을 보냈지만 또 따르지 않았다. 대집성이 최우에게 호소해 박봉시를 遠地에 유배하다.[101]

최충헌이 教定都監을 설치해 庶事를 관장했고(崔怡傳), 무릇 施爲하는 바는 모두 都監으로 나왔고(고려사절요), 최이도 그렇게 했다는 것이다.

99)『고려사』권129, 최충헌전 附 崔怡 ;『고려사절요』권15, 고종 14년 2월. 한편『고려사』권77, 백관지2, 諸司都監各色 教定都監에도 "崔忠獻擅權 凡所施爲 必自都監出 瑪亦因之"라고 되어 있다.
100)『고려사』권129, 열전42, 최충헌전 附 崔怡.
101)『고려사절요』권15, 고종 15년 8월. 이에 대해 時人이 憤嘆하지 않음이 없었다고 한다.

이러한 기록을 그대로 받아들여 교정도감이 庶事를 관장하고 施令을 내리는 執政機關으로서의 기능을 가졌다는 견해[102]가 있지만 그러한 기록은 과장된 것이 아닐까 한다. 만약 국정 전반을 다룬 최고권력기구였다면 사례가 많이 남아 있어야 하는데 그렇지 않기 때문이다. 최우는 교정도감의 牒을 禁內六官에 보내 登科未官者를 천거하라고 했고, 감무에게 보내 慈惠院 조영을 위한 벌목을 허용하라고 했는데 이것이 국가의 機務는 아니었다.

교정도감의 기본적 속성은 최충헌이 자신을 암살하려는 시도를 조사하기 위해 迎恩館에 교정별감을 別立한 것[103]에서 유래했듯이 특별감찰기구 내지 정보기구였는데 집권자의 뜻에 따라 때로 다른 일도 일부 수행했다고 여겨진다. 최충헌과 최우가 교정별감직을 맡은 적도 없었다. 최우는 교정도감 외에도 정방, 서방, 도방 등 여러 기구를 예하에 두어 통치를 구현했다. 정방, 서방, 도방은 최우가 사제에 둔 사적인 기구였고, 교정도감은 市街에 위치한 공적인 기구라는 점에서 달랐다. 그래서 공적인 통로로 명령할 필요가 있으면 교정도감(교정소)을 이용하는 것이 편리할 수 있었다. 단, 무인집권자도 공적인 행정은 대부분 기존부터 존재해온 정부 조직을 통해 수행했기 때문에 교정도감을 이용하는 경우는 예외적인 특별한 상황에 한정했다고 볼 수 있다.

최우는 부친이 설치한 교정도감을 활용했을 뿐만 아니라 정방과 서방을 신설해 통치를 조직화, 제도화했다. 金敞의 천거로 최우의 정방에서 일했던 兪千遇가 史官으로 근무할 때 史藁(史草)를 작성하지 않고 말하기를, 當時 國家事는 모두 晉陽公이 처리했는데 자신이 은혜를 두텁게 입었으니 어찌 감히 그 惡을 후세에 전하리오[104] 했듯이 최우가 국가의 중

---

102) 변태섭,『고려정치제도사연구』, 일조각, 1971, 417쪽.
103)『고려사절요』권14, 희종 5년 4월 ;『고려사』권129, 최충헌전.
104)『고려사』권105, 兪千遇傳 ;『고려사절요』권19, 충렬왕 2년 6월 유천우 卒記.

요한 일을 관장해 처리했다. 최고권력기구는 다른 데 있었던 것이 아니라 최우를 포함한 최고집권자 자체가 바로 최고권력기구였다.

최충헌과 최우는 그 자신이 최고권력기구였고 그들이 자신의 최고권력을 행사한 주된 무대는 그들의 私第였으니 그들의 사제를 최고권력기구 내지 집권기구로 볼 수도 있다. 庚寅年(1230년 ; 고종17년)에 晉陽府가 五道按察使에 貼하여 各道 禪敎寺院의 始創年月形止를 審檢해 成籍하도록 했는데 당시 差使員인 東京掌書記 李僐이 審檢해 記載했다고 한다.105) 庚寅年이 맞다면 당시는 최우의 진양부가 설치되기 이전이라 최우의 사제에서 5도 안찰사에게 貼을 보내 사원의 유래를 조사하게 한 것이 되고, 진양부가 설치된 이후라면 진양부가 貼을 보낸 것이 된다. 어쨌거나 최우의 사제 내지 진양부가 5도 안찰사에게 최우의 명령을 전해 불교사원 관련 일을 수행하게 한 것이었다. 이러한 사례는 많지 않았을 터이니, 왜냐하면 최씨의 사제가 정치의 중심이 되었지만 결정된 사항은 기존의 정부기구를 통해 시행되는 경우가 많았기 때문이다.

최우는 기본적으로 무반이었고 그의 권력 원천은 武力이었으므로 군사분야에 관심이 많았다. 고종 12년 8월에 崔瑀가 前遊馬는 上前近衛라 자신이 마땅히 親選해야 한다며 그 第에서 사열했는데 鞍馬의 장식이 往日보다 곱절이었으며 구경하는 사람들이 길에 가득 찼다.106) 9월에 왕이 乾聖寺에 행차하는데, 최우가 그 家樓上에서 駕前 拱駕軍이 黑帽를 착용한 것을 望見하고 말하기를, 이 역시 近衛이니 黑帽를 착용해서는 안된다고 했다. 그리고는 왕에게 아뢰어 蓋陪拱鶴軍은 牽龍 例에 의거해 金畵帽를 착용하기를 요청하니 따랐다.107) 이 때 최우가 올라간 家樓는 왕의 건성

---

105) 『三國遺事』권4, 義解, 寶壤梨木.
106) 『고려사절요』권15, 고종 12년 8월.
107) 『고려사』권72, 여복지 儀衛 범법가위장, 고종 12년 9월 ; 『고려사절요』권15, 고종 12년 9월. 法駕가 아니면서 金畵帽를 착용함이 이로부터 시작되었다고 한다.

사 행차가 보였기에 최충헌의 자남산 북쪽 기슭 사제의 누각으로 판단되니 최우는 부친의 이 사제를 자신의 것으로 활용했던 것이다. 고종 14년 5월에 최우가 兩府 및 諸將軍을 그 第에서 연회했는데 酣飮 極歡해 伶人으로 하여금 樂(唐樂)을 연주하게 하자 하늘에서 홀연히 雷電이 일어나니 최우가 惶懼해 음악연주를 그치게 했다고 한다.108) 16년 7월 임진일(27일)에 兩府가 최우 家에 모여 東眞 방어 대책을 의논했다.109) 이 최우의 집이 梨坂 사제인지, 부친이 사용하던 男山 사제인지 불확실하다.

최우는 격구를 좋아해 대규모의 격구장을 만들었다. 고종 16년 4월에 崔瑀가 이웃집 100餘區를 占奪해 毬場을 건축했는데 東西 相望이 數百步이고 平坦하기가 바둑판같았으며, 매양 擊毬할 적에 먼지가 일어나면 반드시 里人으로 하여금 물을 길어다가 붓게 했다.110) 16년 9월에 崔瑀가 또 人家를 빼앗아 毬場을 넓혀 날마다 擊毬 習射하게 해 관람했는데, 前後 占奪이 무려 數百戶였다.111) 16년 10월에 최우가 재추를 그 第에서 연회하고 毬庭에 임하여 都房과 馬別抄의 擊毬·弄槍·騎射를 관람했는데, 鞍馬·衣服·弓矢의 과시에 힘써 韃靼 풍속을 다투어 본받았다. 毬場은 舊에 樓 3間이 있었는데 이에 이르러 최우가 명하여 3間을 늘리게 하니, 이날 저녁에 공사를 시작해 다음날 새벽에 끝마쳤다. 최우가 또 耆老宰樞를 연회에 초대해 擊毬·弄槍·騎射를 관람했는데, 能者에게 爵賞을 더하니, 都下 子弟가 다투어 鞍馬와 衣服에 힘써 妻家가 많이 貧乏으로 버림받았다고 한다.112) 16년 11월에 최우가 家兵 都房·馬別抄를 사열했

---

108) 『고려사절요』 권15, 고종 14년 5월 ; 『고려사』 권129, 최충헌전 附 최이. 이 연회에 상장군 趙廉卿도 참석했는데 사위 金弘己(김희제의 아들)가 無罪로 죽은 것을 悶하게 여겨 고기는 먹지 않고 채소를 먹었다. 최우가 속히 새 사위를 들이라 하니, 조렴경이 남편 죽은 지 幾日도 안된다며 泣訴하는 딸을 낭장 尹周輔와 혼인시켰지만 윤주보는 旬夕 꿈에 김홍기가 나타나 擊하자 죽었다고 한다.
109) 『고려사』 권22, 고종 16년 7월 ; 『고려사절요』 권15, 고종 16년 7월.
110) 『고려사절요』 권15, 고종 16년 4월.
111) 『고려사절요』 권15, 고종 16년 9월.

는데 鞍馬·衣服·弓劍·兵甲이 심히 侈美했다. 五軍으로 나누어 習戰했는데 人馬가 많이 顚仆해 死傷者가 발생했고 終局에는 田獵의 法을 익히느라 山野를 籠絡해 循環했다. 최우가 기뻐해 酒食으로 대접했다.113)

최우는 사제에서 격구 등 무술경연 관람을 즐겼을 뿐만 아니라 문사도 초대해 격려했다. 고종 17년 3월에 정당문학 兪升旦이 知貢擧로, 國子祭酒 劉冲奇가 同知貢擧로 진사를 취하여 田慶 등 33人, 明經·恩賜 각 3人에게 급제가 하사되니, 최우가 及第(新及第) 儀物을 비로소 만들어 총애했다.114)

고종 17년 7월 무오일(29일)에 大倉 八廩地庫가 모두 불탔는데, 최우 및 사위 金若先이 모두 家兵으로써 自衛하고 1인도 가서 救하는 자가 없어 불이 徹夜로 꺼지지 않았다.115) 17년 7월에 최우가 家兵의 擊毬와 習射를 6일간 사열했다.116) 집권자 최우에게는 국가의 주요 창고보다 자기 자신과 그 私第의 안위가 더 중요했던 것이다.

고종 18년 8월부터 시작된 몽고의 침략은 최우 정권 내지 그의 私第 정치를 위협했다. 고종 18년 8월 임오일(29일)에 蒙古元帥 撒禮塔이 咸新鎭을 포위하면서117) 몽고의 침략이 발발하자 18년 9월 을유일(2일)에 宰相이 최우 第에 모여 三軍을 내어 蒙兵을 방어하기를 의논해 대장군 蔡松年으로 北界兵馬使를 삼고 諸道兵을 징집했다.118) 이후 몽고군이 고려군의 주력을 패배시켜 고종 18년 11월~12월에 개경성을 포위했다. 최우가 사위 대장군 金若先과 함께 家兵으로 自衛하니 守城者는 모두 老弱

---

112) 『고려사절요』 권15, 고종 16년 10월.
113) 『고려사절요』 권15, 고종 16년 11월.
114) 『고려사』 권73, 선거지 과목 선장, 고종 17년 3월 ; 『고려사절요』 권16, 고종 17년 3월 ; 『고려사』 권74, 선거지 과목 범승장지전, 고종 17년.
115) 『고려사』 권53, 오행지 화, 고종 17년 7월 ; 『고려사절요』 권16, 고종 17년 7월.
116) 『고려사절요』 권16, 고종 17년 7월.
117) 『고려사』 권23, 고종 18년 8월.
118) 『고려사』 권23 및 『고려사절요』 권16, 고종 18년 9월.

男女일 뿐이었다. 최우가 御史 閔曦와 內侍郎中 宋國瞻을 보내 蒙兵을 犒慰했다. 몽고 사신이 개경성으로 들어와 대궐에서 고려국왕과 만나 화친이 성립했다.[119] 고종 19년 정월에 忠州 官奴가 난을 일으키니 재추가 최우 第에 모여 發兵을 의논했는데, 州의 판관 庾洪翼이 撫諭하기를 요청하니 注書 朴文秀와 前奉御 金公鼎을 內侍에 假屬해 安撫別監으로 삼아 파견했다.[120] 몽고와의 화친은 일단 성립했지만 전쟁으로 인해 민심이 동요했고 몽고의 요구를 들어주기 어려웠다.

고종 19년 2월 신미일(20일)에 재추가 典牧司에 모여 移都를 의논했다.[121] 5월에 재추가 宣慶殿에 모여 몽고 방어를 의논했다. 5월 계묘일(23일)에 재추 및 4품 이상이 또 몽고 방어를 회의했는데 모두 말하기를 개경성을 지키며 적에 항거해야 한다고 한 반면 오직 宰樞 鄭畝·太集成 등이 말하기를, 徙都해 避亂해야 한다고 했다.[122] 이는 천도에 반대하는 분위기가 강해 최우가 관료들의 의견을 떠보고 천도론을 띄우기 위해 대궐에서 회의를 열도록 유도한 것으로 보이며, 鄭畝와 태집성(대집성)이 최우의 대리자 역할을 한 것으로 보인다.

결국 고종 19년 6월 을축일(16일)에 최우가 그 第에 재추를 모아 천도를 의논했다. 당시 국가가 昇平이 이미 오래되어 京都戶가 10萬에 이르고 金碧이 相望하고 人情이 安土해 천도를 어렵게 생각했지만 최우를 두려워해, 海島로의 천도를 반대한 兪升旦을 제외하고 감히 一言이라도 꺼내는 자가 없었다, 夜別抄指諭 金世冲이 문을 열고 들어와 최우를 힐책하며 천도를 반대했지만 守城策을 제시하지 못하자 최우가 어사대부 大集成과 鷹揚軍上護軍 金鉉寶의 요청을 받아들여 김세충을 베게 했다. 이날

---

119) 『고려사』 권23 및 『고려사절요』 권16, 고종 18년 11월·12월.
120) 『고려사』 권23 및 『고려사절요』 권16, 고종 19년 정월.
121) 『고려사』 권23 및 『고려사절요』 권16, 고종 19년 2월.
122) 『고려사』 권23 및 『고려사절요』 권16, 고종 19년 5월.

에 최우가 奏請해 왕에게 강화로 西幸하기를 요청했지만 왕이 猶豫해 결
정하지 않았다. 이에 최우가 祿轉車 百餘兩을 빼앗아 家財를 강화로 수
송하니 京師가 洶洶했고 有司로 하여금 刻日해 五部人戶를 發送하도록
하고 城中에 榜示하기를 遷延해 기한에 늦게 登道한 자는 軍法으로 논한
다고 했고, 또한 諸道에 使를 파견해 山城과 海島에 民을 옮기도록 했다.
고종 19년 6월 을축일(16일)에 최우가 그의 사제에 재추를 모아 江華 천
도를 결정하고 왕을 위협해 강화로의 천도를 실행한 것이었다.123)

## 3. 江都의 최우 私第와 진양부

고종 19년 6월 을축일(16일)에 최우가 왕을 위협해 江華로 천도하도록
했다. 병인일(17일)에 최우가 2領軍을 동원해 宮闕을 江華에 비로소 조영
했다. 7월 을유일(6일)에 왕이 개경을 출발해 昇天府에 머물렀고, 병술일
(7일)에 江華客館에 入御했다.124) 이렇게 江都 시대가 시작되었다.125)

고종 21년 10월 경인일(25일)에 왕이 최이의 遷都 공로를 논하여 晉陽
侯에 책봉하고 晉陽府를 열고 貟寮를 두도록 했다. 이에 앞서 왕이 詔를
내려 최우 遷都의 功을 論하여 封侯 立府한다고 하니 백관이 모두 최우
第에 나아가 축하했고 왕이 乙亥日로써 冊封하고자 했지만 최우가 迎詔
禮物의 不備를 이유로 사양하니 이 날을 사용하자 이에 州郡이 다투어
餽遺를 바쳤다.126) 최우가 私第를 조영하기를 모두 都房 및 四領軍을 사

---

123) 『고려사절요』 권16 및 『고려사』 권23, 고종 19년 6월.
124) 『고려사절요』 권16 및 『고려사』 권23, 고종 19년 6월 및 7월.
125) 고종 19년에 蒙古兵을 피하여 江華縣으로 入都하면서 승격해 江華郡으로 삼고 '江
     都'라 호칭했다. 『고려사』 권56, 지리지1, 楊廣道, 南京留守官 楊州, 江華縣.
126) 『고려사』 권129, 최충헌전 附 崔怡 ; 『고려사절요』 권16 및 『고려사』 권23, 고종
     21년 10월 ; 『東國李相國全集』 권33, 敎書·批答·詔書, 晉陽侯封冊敎書[以宰相奉

역해 선박으로 舊京 材木을 날라 왔고 또 松柏을 취하여 家園에 많이 심었는데 사람들이 많이 溺死했다. 그 園林은 廣袤가 무려 數十里였다.[127]

최이(최우)가 진양후에 책봉되고 晉陽府를 연 것이었다. 최우가 조영한 이 私第에 진양부가 설치된 것이었으니 그의 私第와 진양부는 공적인 성격도 띠었다. 최우의 사제 내지 진양부에는 도방과 마별초와 書房과 政房 등이 설치되어 있었다. 진양부가 최씨의 빈객집단이자 심복집단이자 참모의 두뇌집단이어서 기능적인 측면에서 고대중국의 幕府와 유사하다는 견해[128]가 주목되지만, 진양부를 포함한 무인집권자의 私第가 幕府와 유사하다고 생각한다. 최우의 私第 내지 진양부는 최항이 부친 최우의 사후에 견자산 진양부에 들어오는 것(후술)에 드러나듯이 見子山에 자리했다. 최우의 사제는 이곳에 진양부가 설치되면서 그 위상에 걸맞는 규모로 조성되었다.

최우 사제의 園林은 廣袤(동서 길이와 남북 길이)가 수십리를 뻗었으니 고려 때 里의 단위를 고려해야 하겠지만 동쪽으로 해안가의 東山(長峯: 長嶺)에 거의 닿았을 것이다. 최우의 견자산 진양부는 견자산(정자산)의 東麓과 北麓에 걸쳐 있었으리라 추정된다. 최항이 그 묘지명에 따르면 見子山 東麓의 別第에서 사망한 사실도 견자산 진양부가 견자산의 동쪽 기슭에 자리했을 가능성을 높여준다. 단, 진양부의 중심 건물군은 견자산의 다른 방면에 위치했을 가능성도 배제할 수는 없고, 市街 쪽을 제어하기 위해 견자산의 서남쪽 기슭 부분에 별채를 운영했을 수도 있다.

최우는 자신의 견자산 진양부에 私兵을 주둔시켜 자신의 정권을 지켰고 최항을 환속시켜 후계자로 삼은 후에는 최항의 長峯宅에도 私兵을 주둔시켜 강도 일대를 효과적으로 장악했다. 견자산 진양부는 강도 중심부

---

勅述].
127) 『고려사』 권129, 최충헌전 附 崔怡 ; 『고려사절요』 권16, 고종 21년 10월.
128) 김한규, 「고려최씨정권의 진양부」 『동아연구』 17, 1989.

를 장악하는 데 유리했고, 강화 동쪽 해안에 뻗은 長峯의 장봉택은 교통
과 전략의 요충지인 갑곶과 월곶 사이에 위치해 유사시에 탈출로를 확보
하고 강 건너편 몽고군의 움직임을 감시할 수 있었다. 최항이 집권한 후
에 갑곶강의 水軍을 강화하는데 장봉택 시절의 경험을 활용했다고 볼 수
있다.

최우의 사제 내지 진양부가 위치한 산이 見子山이라 불린 것은 이 산
의 강도의 중심에 위치해 개경의 중심에 위치한 子男山에 해당하였기 때
문일 것이다. 최우의 사제 내지 진양부가 강도 견자산에 위치한 데에는
부친 최충헌의 사제가 개경 자남산 기슭에 위치했던 것과 관련이 깊었다.

개경에서 최충헌이 子男山 북쪽의 私第, 자남산 남쪽(남서쪽) 闊洞 私
第, 柳井洞 私第, 內史洞 私第 등을 경영한 사례, 최우가 梨坂 사제를 경
영한 사례는 강도에서 최우의 私第 조영에 참고가 되었을 것이다. 특히
최충헌의 자남산 북쪽과 남쪽 사제 경영이 최우에게 많은 영향을 미쳤을
것이다. 최우가 견자산에 사제를 경영한 자체가 최충헌의 자남산 사제 경
영을 모델로 한 것으로 판단된다. 최우가 사제를 견자산에만 운영했는지
는 확실하지 않지만 개경 시절 최충헌처럼 다수 운영하기는 도읍규모의
차이와 전시 상황이라 어려웠을 것이다. 최우는 견자산 일대 사제 경영에
집중해 그 규모가 최충헌의 어느 사제보다도 더 컸으리라 짐작된다.

고종 23년(1236) 2월 경자일(13일)에 燃燈이라 왕이 봉은사에 갔는데
內侍 柳宗卿·崔宗敬에게 명령해 花酒를 晉陽府에 하사했고, 다음날 大
會(연등대회)에도 역시 그와 같이 했다. 이해 11월 병인일(13일)에 팔관
회를 개설하고 법왕사에 행차했는데, 內侍少府監 庾碩에게 명령해 酒果
를 晉陽府에 하사했고 다음날에도 역시 그와 같이 했다.[129] 진양부는 임
금이 주요 행사를 거행할 때 술과 음식을 하사하는 대상이었다.

---

129) 『고려사』 권23, 고종 23년 2월 및 11월.

고종 23년 2월 계축일에 太子妃(최우의 손녀)가 아들 諶(충렬왕)을 낳았다.[130] 晉陽公의 孫女가 東宮의 배필이 되어 男을 낳은 후에 公(진양공)이 宗室諸王을 연회해 八洞樂을 진열해 관람했다. 舊京(開京) 諸坊이 十二洞이라 불리며 각기 里樂이 있었지만 遷都에 미쳐 모두 廢했는데, 晉陽公이 고쳐 八洞으로 만들어 八洞樂을 만든 것이었다. 東山洞이 歌謠를 노래하기를 "東山曲은 重輝四이고, 中岳聲은 萬歲三 하네"(東山曲是 重輝四 中岳聲爲萬歲三)라 했고, 花山洞이 노래하기를, "一門에 三韓 簪履가 모이니 八洞 笙歌가 萬壽聲이네"(一門簪履三韓會 八洞笙歌萬壽聲)라 했다.[131] '中岳聲爲萬歲三'에 대한 세주에 "見子山이 中岳인데 그 洞 역시 樂을 바쳤다"고 되어 있으니, 견자산 일대의 中岳洞도 八洞의 하나로 음악을 바쳤다. 東山洞이 바친 가요에도 中岳聲의 '萬歲三'을 언급하고, 花山洞의 가요에 一門(진양공의 저택)에 고급관료들이 모이자 八洞笙歌가 萬壽를 노래했으니, 8동 음악은 강도의 中岳인 견자산 진양부의 진양후 최우의 만수(만세)를 축원하는 것이었다. 이는 견자산이 강도의 중심으로, 진양부가 일종의 궁궐로, 진양후 최우는 帝王으로 인식되었음을 시사한다.

김약선이 崔怡 府(晉陽府) 中의 諸娘을 望月樓 牧丹房에 모아 縱淫하니, 그 妻가 투기해 최이에게 호소하기를, "제가 家를 버리고 尼가 되겠어요" 하자 최이가 곧 김약선이 사통한 娘 및 媒者를 섬에 유배하고 樓房을 허물었다고 한다. 김약선의 妻가 일찍이 奴와 사통했다가 김약선에게 들통나니 妻가 他事로 최이에게 호소하자 최이가 김약선을 죽였는데, 최이가 오랜 후에 誣妄을 알아 그 奴를 죽이고 자신의 딸을 멀리해 終身토록 보지 않았다고 한다[132]. 최우의 진양부 중에 望月樓 牧丹房이 있었는데

---

130) 『고려사』 권23 및 『고려사절요』 권16, 고종 23년 2월.
131) 『보한집』 하권. 東山洞과 花山洞의 이 가요 부분은 三聯 중의 一格이었다.
132) 『고려사』 권101, 金台瑞傳 附 金若先. 김약선은 累官해 樞密副使에 이르렀다고 하

그 사위 김약선이 諸娘을 모아 연애하는 장소로 이용되자 김약선의 처가
화를 냈던 것이다. 그녀는 노예와 사통했다가 들키자 남편 김약선을 부친
최우에게 무고해 죽임을 당하도록 만들었다. 원래 사위 김약선이 최우의
후계자였는데 몰락하고 최우의 기녀 소생인 최항이 후계자가 된다.

晉陽府가 說禪을 요청하는 글을 金良鏡이 진양부를 위해 지었는데, 先
祖의 諱晨을 만나 大法을 私第에 개설해 고승을 초빙했다고 했다.[133] 진
양부가 최우 선조의 기일 법회를 사제에서 열면서 '진양부'의 이름으로 고
승을 불렀고 고승은 이에 응해야 했다. 元正과 冬至에 諸牧·都護府가 의
례히 修狀해 相府에 축하하는 글을 보냈는데, 公(진양공)이 諸州牧府 賀
狀을 총괄해 門下文人으로 하여금 등급을 매기게 한 결과 尙州牧이 晉陽
府에 올린 狀이 제일을 차지했다.[134] 界首官인 牧·都護府는 元正과 冬至
에 축하하는 글을 진양부에 올려야 했는데 최우가 門下文人을 시켜 그
글에 등급을 매겼으므로 최우를 멋있게 찬양하는 문구를 경쟁적으로 넣어
야 했다.

이규보가 李侍郎(李需)의 「上晉陽公女童詩」에 次韻해 令公(최우)에게
바쳤다. 僕(이규보)이 듣건대 令公閤下(최우)가 機務의 틈에 賓客을 대대
적으로 모아 度夜의 樂을 개최했는데 그 妓樂絲竹은 모두 항상 소유한
것이었고, 별도로 모두 나이가 7, 8살 정도의 女童輩를 만들어 즐거움을

---

니, 妻로 인해 죽임을 당해 관직이 樞密副使에 머문 것으로 보인다.
133) 『동문선』 권114, 道場文, 晉陽府請說禪文(金良鏡).
134) 『보한집』 중권. 尙州牧의 上晉陽府狀에 이르기를, "書妙銀鉤 鑑明璣鏡 當北水之至
鎭 安鰈海之風濤 牽西潯而來開 出鰲宮之日月[術家謂胡爲北水 初公以奇謀退兵 奉
乘輿西都木海上花山] 又佐卯金之中興 攘古月之外侮 乾坤卷入於門下 百千萬乘家不
多 城闕奉安於海中 三十六洞天別一[公於新都沿江環堞 又營宮闕 其御寢及正殿 皆
公之傾私賄遣門客所創也] 又掃雲北山 洗日東海 天將供樂 降生歌舞之小娥[小娥十
餘輩 年纔六七 皆善歌舞 似非烟火食者也] 地亦薦祥 湧出銀丹之大寶[公聞義安山産
寶 命工鑿之 得白銀黃丹] 又傳家畵戟之門 擧世王簪之客 遷都負險 別開無事之乾坤
創學育才 付與大平之日月 [遷都創學 皆出公謀 遣門客營黌舍 仍納學料]"라고 했다.

삼았는데 愛君의 마음으로 인해 차마 獨賞하지 못해 進供해 御覽하도록
하니 上 역시 즐거워했다고 했다. 連夜에 이르도록 연회를 열자 이에 詩
人 文閣 李需가 邸下(최우)에게 시를 지어 바침에 公(최우)이 嘆賞해 上
에게 바치니 上 역시 嘉奬해 크게 褒賞했다고 했다. 이는 公(최우)이 삼
한을 鎭定해 장차 大平을 불러오는 嘉事라며 이규보 자신도 嘉歎해 시를
지어 올린다고 했다.135) 晉陽侯가 上番門客의 姓을 모아 韻으로 삼아 門
下詩人輩에게 명령해 冬日牡丹 시를 짓도록 했는데 이규보도 和進했
다136). 최우의 진양부에서는 빈객을 초대해 연회가 자주 열렸는데 음악이
연주되고 기녀가 춤을 추었고, 심지어 7, 8살 정도의 女童輩를 조직해 연
회의 즐거움으로 삼았다. 문하의 문사들은 시를 지어 바치며 즐겼다.

   최이는 고종 29년 12월에 食邑이 더해져 작위가 公으로 승진했으
니,137) 晉陽侯에서 晉陽公으로 승격된 것이었고, 진양부는 侯府에서 公
府로 승격된 것이었다. 30년 5월에 左倉이 晉陽稅(晉陽稅貢米)를 거두자
왕이 晉陽이 이미 최이의 食邑이 되었다며 명하여 倉別監 王仲宣을 내쫓
으라고 했다. 有司가 王仲宣 및 倉官을 논죄하기를 요청하니, 최이가 아
뢰기를, 자신이 上命을 어기기 어려워 비록 이미 책봉을 받았지만 今年
稅(稅貢)는 예전대로 納倉하고 왕중선 등의 죄를 용서하기를 요청하자 왕
이 따랐다.138) 晉陽 즉 晉州 일대는 진강후 최충헌 이래 내려온 최씨가의
식읍으로 그곳에 대한 세금은 강도 시절에는 진양부가 거두는 것인데 左
倉이 그것을 거두었다가 혼이 났던 것이다. 고종 30년 11월에 최이가 재

---

135) 『동국이상국후집』 권8, 古律詩, 次韻李侍郞上晉陽公女童詩.
136) 『東國李相國全集』 권18, 古律詩, 晉陽侯集其日上番門客之姓爲韻.
137) 『고려사』 권129, 최충헌전 附 崔怡 ; 『고려사절요』 권16, 고종 29년 12월.
138) 『고려사』 권129, 최충헌전 附 崔怡 ; 『고려사절요』 권16, 고종 30년 5월. 한편 고
     종 30년 6월에 최이가 國學을 修하고 米 300斛을 養賢庫에 시납했고, 9월에 최이
     가 大司成 宋國瞻과 諫議 洪鈞을 파견해 安南 땅을 相하여 鑿渠 通海하려 하다가
     不可해 중지했다.

추를 私第에서 연회해 夜分에 罷했는데,139) 진양부에서 연회를 자주 열
려면 최우는 식읍을 잘 관리해야 했을 것이다.

고종 30년 12월에 崔怡가 西山에서 얼음을 私伐해 그것을 저장했다가
민을 동원해 얼음을 私第로 運輸하니 民이 심히 괴로워했다. 최이가 門
客 장군 朴承賁 등으로 하여금 江華(江都)에서의 거리가 數日程인 安養
山의 栢樹를 옮겨 家園에 심게 했는데, 때가 바야흐로 沍寒하여 役徒 중
에 凍死者가 발생하니 沿路郡縣이 집을 버리고 登山하여 피했다. 어떤
사람이 昇平門에 牓을 붙여 이르기를, "人과 栢 중에 누가 더 重한가"했
다.140) 최우는 서산(고려산 일대)에서 얼음을 캐서 저장했다가 민을 사역
해 사제로 가져와 사용했던 것인데 민은 그것을 운반하느라 힘들었다. 추
운 계절에 役徒가 안양산에서 栢樹를 뽑아 강도에 실어와 최우의 家園
즉 사제의 정원에 심느라 동사자까지 발생했다. 이에 울분을 품은 누군가
가 항의하는 글을 진양부의 문이 아니라 대궐의 승평문에 붙였다. 임금에
게 호소하기 위해서인 듯 하지만 당시 임금인 고종은 힘이 없었다. 최우
는 고종 33년에 문하시중 崔宗峻을 위해 집을 지어주기도 했다.141)

고종 32년 4월 8일에 최이가 燃燈으로 인해 彩棚을 結해 伎樂百戱를
진열해 밤새도록 즐기자 都人士女 觀者가 담장과 같았다.142) 최우가 석
탄일에 사제에 伎樂과 百戱를 갖추어 연등 축제를 성대하게 개최한 것이

---

139) 『고려사절요』 권16, 고종 30년 11월.
140) 『고려사』 권129, 최충헌전 附 崔怡 ; 『고려사절요』 권16, 고종 30년. 西山 얼음
   운송과 안양산 栢樹 이식은 『고려사절요』에 따르면 고종 30년의 일이지만, 최이
   전에는 고종 21년 최이의 후작 책봉과 私第 경영 기사 뒤에 딸려 있는데, 이는
   최이전에 최이의 사제 경영을 모아놓아 편집하면서 벌어진 결과였다. 안양산은
   현재 경기도 안양의 산에 해당한다.
141) 고종 33년 7월에 최이(최우)가 시중 崔宗峻을 위해 집을 지어 2일만에 완성했는데
   도로의 人馬를 빼앗아 그 材瓦를 날랐다. 당시 최이를 칭탁해 私物을 轉輸하는 자
   가 역시 이와 같아 行路가 嗟怨했다고 한다. 하지만 8월 정유일에 門下侍中 崔宗
   俊은 세상을 뜬다. 『고려사절요』 권16 및 『고려사』 권23, 고종 33년.
142) 『고려사』 권129, 최충헌전 附 崔怡 ; 『고려사절요』 권16, 고종 32년.

었다. 5월에 宗室 司空 이상 및 宰樞를 그 第에서 연회했는데, 綵棚을
結하여 山을 만들고 繡幕 羅幃를 펼쳐 中에 鞦韆을 結하되 文繡綵花로
장식하고, 銀釦 貝鈿한 大盆 4개를 설치해 氷峯을 담고, 大尊 4개를 설치
해 名花 10餘品을 꽂아 人目을 眩奪했고, 伎樂百戲를 벌여 八坊廂工人
1350餘人이 入庭하여 奏樂하니 絃歌鼓吹가 천지를 轟震했다. 최이가 八
坊廂에게 白金을 각각 3斤 주고, 또한 伶官과 兩部伎女·才人에게 金帛을
주었는데, 그 비용이 鉅萬이었다.[143) 최우의 사제에서 성대하게 열린 이
행사는 단오 축제로 보인다. 乙巳(고종 32년) 5월에 진양부가 □福寺(昌
福寺) 飯子를 鑄成했다.

고종 33년 1월에 최이가 재추를 그 第에서 연회했다.[144) 33년 5월에
왕이 禪源社에 행차하니 崔怡가 왕을 享(饗)하느라 6案을 설치하고 七寶
器皿을 진열해 膳饌이 지극히 풍성하고 사치했는데, 최이가 자랑하기를,
"다시 오늘 같은 날이 있으리오" 했다.[145) 최우가 그의 사제에서는 물론
그의 원찰인 선원사에서 연회를 개최한 것인데 이 선원사 연회는 왕이 참
석했기에 더욱 화려했다.

최이가 燕樂을 좋아해 無度하게 聚飮해 그 第에서 혹은 3품 이상을 연
회하고, 혹은 宰樞 및 文武 4품 이상을 연회해 歌吹가 連日하고 혹 夜分
에 이르러 罷했다. 최이가 일찍이 宰樞 및 諸將軍 등 46人을 모아 연회했
는데 酒酣하자 어사중승 장군 林宰가 술잔을 잡고 倡優舞를 추니 見者가
비루하게 여겼다고 한다. 또 최이가 兩府 및 諸將軍을 연회하며 極歡해

---

143) 『고려사』 권129, 최충헌전 附 崔怡 ; 『고려사절요』 권16, 고종 32년.
144) 『고려사절요』 권16, 고종 33년 1월.
145) 『고려사』 권129, 최충헌전 附 崔怡 ; 『고려사절요』 권16, 고종 33년 5월. 한편 丙
午歲(1246) 즉 고종 33년에 柱國 晋陽公이 禪源社를 창건해 특별히 禪會를 大張해
麗聽에 達하니 이에 中使 金巨卿에게 명령해 眞明을 초빙해 法主로 삼고 아울러
國內 高名緇徒 3千을 초치했는데 師(天英) 역시 부름받아 나아가니 朝士가 風하고
晋陽公이 더욱 敬重해 아뢰어 三重大師를 제수했다(天英 비문). 진양공 최이는 江
華에 자신의 원찰인 禪源社를 창건해 이를 통해 불교계에 대한 영향력을 확대했다.

伶人으로 하여금 唐樂을 연주하게 하자 하늘에서 홀연히 雷電하니 최이가 두려워 중지했다고 한다.[146] 최우는 관료를 초대해 연회를 개최해 술과 음식과 음악과 유희를 즐겼는데 그 장소는 대개 그의 사제였다.

최우가 자신의 사제에서 연회, 시 짓기, 무술시합 등을 자주 개최한 진정한 이유는 무엇일까? 居寧縣人 金盖仁이 키우는 개 한 마리를 데리고 出行했다가 취하여 길 주변에 누워 잠들었는데 들불이 덮치려고 하자 개가 옆 시내에서 몸을 적셔 오기를 반복하며 草茅를 적셔 불길을 끊고는 기운이 다해 죽었다. 목숨을 건진 金盖仁이 슬퍼해 개를 위해 노래를 지어 부르며 슬퍼하고 무덤을 만들어 장사지내고 杖을 꽂아 표지했는데 이 杖이 나무로 자라나니 그 땅을 이름하여 獒樹라 했다. 樂譜 중에 犬墳曲이 있는데 이것이었다. 晉陽公이 門客에게 명해 傳記를 지어 세상에 行하게 했는데 그 뜻이 세상에서 은혜를 입은 자로 하여금 보답해야 함이 있음을 알도록 하고자 한 것이었다.[147] 최우는 자신이 연회개최, 포상, 선물증여를 주도함으로써 그 대상자에게 은혜를 입혀 자신에게 충성하기를 원했던 것이다.

江都 시절 崔怡의 사제 내지 진양부에서는 관료와 정책을 논의하는 일은 드물고 연회, 무술시합 등이 자주 열렸다. 이는 당시가 몽고와의 전쟁기라 몽고와의 외교정책이 중요한 현안이었는데 최우가 책임을 회피해 그것을 임금과 재추에게 떠넘겼기 때문이었다. 물론 최이가 진양부에서 은밀하게 정책에 개입해 조율했고 여전히 정방을 통해 인사권을 행사했지

---

146) 『고려사』 권129, 최충헌전 附 崔怡. 이 부분은 최이전에서 七寶器 연회(선원사 연회)의 바로 다음에 실려 있지만 최우가 집권기에 연회개최를 좋아한 성향을 종합적으로 언급한 것이었다. 이는 『고려사절요』 권15에 따르면 崔怡의 초대로 宰樞 및 諸將軍 등 46人이 연회에 참석하고 林宰가 倡優舞를 춘 시기가 고종 11년 3월, 최이가 연회에서 伶人에게 唐樂을 연주하게 하자 雷電이 일어났다는 시기가 고종 14년 5월로 개경 시절에 해당하는 데에서 알 수 있다.

147) 『보한집』 중권.

만, 천도 이전 개경 사제에서 최충헌과 최우가 대를 이어 잦은 연회개최
는 물론 관료와 정책을 활발히 논의했던 성향과 차이가 있다. 崔怡의 江
都 사제 내지 진양부는 그의 개경 사제보다 관작 측면의 위상은 높았던
반면 정치적 영향력은 감소했다고 여겨진다. 물론 최우가 사제에 관리를
불러 연회를 자주 개최한 것도 정치의 일환으로, 은혜를 베풀어 포용하고
회유함으로써 정치력을 발휘한 고도의 통치술임은 인정된다.

최우의 계승자는 아들 崔沆이었다. 최항은 崔怡의 嬖妓 瑞蓮房의 소생
으로 승려 萬全으로서 사원에서 생활하다가 최이의 배려로 고종 34년 6
월에 환속해 左右衛上護軍 戶部尙書에 제배되면서 후계자로 떠올랐다.
최항이 35년 3월에 知奏事로 옮기니 최이가 최항에게 家兵 500餘人을 나
누어주었다. 고종 36년(1249) 11월에 최이가 사망하자 殿前 李公柱·崔良
伯·金俊 등 70餘人의 주도로 內外都房의 호위를 받자 고종에 의해 樞密
院副使 吏兵部尙書 御史大夫에 임명되면서 최고집권자가 되었으며 곧바
로 敎定別監에 임명되었다.[148]

고종 37년 정월에 최항이 敎定別監牒으로써 淸州雪緜·安東繭絲·京山
黃麻布·海陽白紵布 諸別貢 및 金州·洪州等處 魚梁船稅를 蠲하고, 또 諸
道 敎定收獲員을 徵還해 그 임무를 按察使에게 맡겨 人望(人心)을 거두
었다.[149] 이달에 왕이 下制하여 진양공 崔怡 食邑인 晉州의 祿轉稅布徭
貢을 최항 家에 直納하도록 하자 최항이 사양해 받지 않았다.[150] 최항이

---

148) 『고려사절요』 권16, 고종 34년 6월 ; 『고려사』 권23, 고종 35년 3월 및 36년 11월 ;
    『고려사』 권129, 최충헌전 附 崔怡·崔沆 ; 최항 묘지명.
149) 『고려사절요』 권16, 고종 37년 정월 ; 『고려사』 권129, 최충헌전 附 崔沆. 이전에
    최이가 羅得璜·河公敍·李瓊·崔甫侯로 宣旨使用別監을 삼아 諸道에 나누어 보내
    다투어 剝割誅求해 民이 고통을 감당하기 어려웠는데, 최항이 干譽하고자(人心을
    얻고자) 모두 罷했지만 數年이 안된 고종 39년 8월에 다시 사용해 羅得璜·河公
    敍·李瓊·崔甫侯를 各道宣旨使用別監으로 삼아 파견하니 사람들이 모두 憤嘆했다
    고 한다. 『고려사』 최항전 ; 『고려사절요』 권17, 고종 39년 8월.
150) 『고려사절요』 권16, 고종 37년 정월 ; 『고려사』 권129, 최충헌전 附 崔沆

교정도감의 교정별감이 되고 教定別監牒을 이용하면서 교정도감의 위상과 역할이 상승했다. 최고집권자 자신이 교정별감이 되는 것은 이전에 없던 현상인데 최항이 교정별감이 된 것이었다. 최항이 직접 교정별감이 됨으로써 무인집정의 지위를 보장받게 되었다면서 이 이래 교정도감은 무인정치의 집정부가 되고 교정별감직은 집정무인의 필수직이 되었다는 견해가 있다.[151]

하지만 최항이 교정별감을 띤 이유는 최우의 사위로 후계자였던 김약선의 몰락으로 최항이 갑자기 환속해 후계자가 되면서 후계자 수업을 제대로 받지 못한 상태에서 집권하면서 권위와 통치력이 부족해 그가 직접 교정도감을 장악해 단기간에 자신의 통치력을 침투시키려 했기 때문으로 보인다. 최항이 교정별감을 맡았다는 것은 오히려 집권자로서의 권위와 통치력이 부족했음을 반증한다. 최항이 최고집권자로서는 처음으로 교정별감이 되고 教定別監 牒을 사용한 것은 그가 開府하지 않은 상태라 府牒을 사용하기 곤란한 측면도 작용했을 것이다.

고종 37년 2월에 최항이 갑옷을 입고 병력을 거느려 자신의 長峯宅으로부터 말을 달려 見子山 晉陽府로 이주하기를 東偏戶를 통해 들어갔는데 대개 사람을 두려워한 것이라고 한다.[152] 최항은 封侯 開府되지 않았지만 부친의 견자산 진양부로 이사함으로써 封侯 開府와 유사한 상태로 그곳의 도방, 정방, 서방 등을 지배할 수 있었다. 진양부는 이제 최항의 사제이자 통치소로 되었다.

최항이 前娶한 大卿 崔昷의 女를 질병이 있다며 버리고 고종 37년 5월에 左承宣 趙季珣의 딸을 改娶하니 왕이 牽龍中禁都知와 巡檢白甲과 內侍・茶房에게 명해 衛送하도록 하고 御座肩輿와 燈燭을 하사하고 또 黃金鏡奩粧具를 하사했고, 諸王과 재추가 모두 金帛을 증여해 致賀했

151) 변태섭, 『고려정치제도사연구』, 일조각, 1971, 417쪽.
152) 『고려사절요』 권16, 고종 37년 2월 ; 『고려사』 권129, 최충헌전 附 崔沆.

다.153) 최항의 이 재혼식은 견자산의 진양부와 趙季珣의 집에서 열렸을 것이다.

고종 37년 8월에 최항의 주도로 江都中城을 비로소 축조했고, 이 中城을 축조한 공로 때문에 12월에 최항을 門下侍中으로 삼고 晉陽侯에 책봉해 開府하도록 했지만 사양해 받지 않았다.154) 고종 40년 2월에 최항으로 문하시중 判吏部·御史臺事를 삼으니 최항이 집에서 謝禮했고, 42년 12월에 최항으로 中書令을 삼았다.155) 최항은 封侯 開府는 사양했지만 문하시중을 거쳐 중서령에까지 오른다.

고종 38년 정월에 최항이 酒饌을 왕에게 바치자 왕이 諸王公侯를 불러 同宴했는데 대개 최항의 그러한 행위는 蒙使가 和親해 물러간 일을 慶賀하기 위한 것이었다.156) 39년 2월 정묘일에 燃燈이라 왕이 奉恩寺에 갔고, 병자일에 최항이 酒饌을 왕에게 바치니 왕이 諸王을 불러 大內에서 연회했다.157) 3월에 최항이 날을 나누어 諸王과 宰樞와 文武 4품 이상을 그 第에서 연회했다. 6월과 7월에 최항이 酒饌을 왕에게 바쳤고, 諸王과 宰樞를 그 第에서 연회했으며, 9월에 최항이 재추를 그 第에서 연회하고 擊毬하고 활쏘기를 구경했다.158) 최항은 이처럼 임금에게 酒饌을 바치거나 자신의 사제에 관료를 초대해 연회를 열고 무술시합을 구경하기를 좋아했다.

고종 40년 7월에 永寧公 綧이 蒙古軍에 있으면서 崔沆에게 서신을 보내 이르기를, 국왕이 出迎하면 곧바로 몽고군이 물러날 것이요, 만약 上

---

153) 『고려사절요』 권16, 고종 37년 5월 ; 『고려사』 권129, 최충헌전 附 崔沆.
154) 『고려사절요』 권16, 고종 37년 8월 및 12월 ; 『고려사』 권129, 최충헌전 附 崔沆. 한편 최항전에 고종 37년에 최항이 巫覡을 城外로 내쫓았다고 되어 있지만 『고려사절요』 권17에 따르면 그 시기가 고종 38년 2월이었다.
155) 『고려사』 권24 및 『고려사절요』 권17, 고종 40년 2월 및 42년 12월.
156) 『고려사절요』 권17, 고종 38년 정월.
157) 『고려사』 권24 및 『고려사절요』 권17, 고종 39년 2월.
158) 『고려사절요』 권17, 고종 39년 3월 및 6월 및 7월 및 9월.

이 出迎하지 못하면 太子 혹은 安慶公이 出迎하면 몽고군이 물러날 수 있다고 했다. 재추가 회의해 出迎이 便하다고 모두 말했다. 최항이 말하기를, 봄과 가을에 계속 공물을 바치고 세 차례 使价를 보냈지만 300명이 돌아오지 못하고 있다면서 지금 비록 出迎해도 無益할까 걱정되고, 만일 東宮이나 安慶公을 잡아 城下에 이르러 항복을 종용하면 어떻게 대처하리오 했다. 이에 모두 말하기를 侍中(최항)의 의견이 옳다고 하니 出迎 의견이 가라앉았다. 10월에 왕이 宰樞致仕 및 문무 4품 이상에게 명해 却兵의 계책을 의논하게 하니 모두 말하기를 太子가 出降하는 것이 제일 낫다고 했다. 왕이 노해 承宣 李世材로 하여금 힐책하기를 그 의견이 누구로부터 나왔는가 물었는데, 宦者 閔陽宣이 말하기를 崔侍中(최항)이 역시 그 의견을 옳다고 여긴다고 하니 왕이 분노를 조금 가라앉혀 말하기를 재추가 잘 도모하라고 했고, 왕이 또한 승선 이세재를 최항에게 보내 누가 蒙軍에 사신으로 갈만한지를 물으니 최항이 아뢰기를, 이는 자신이 결정할 바가 아니니 오직 上이 재단하십시오 했다. 11월에 몽고군 사령관 也窟이 자신의 사신을 왕이 江外에 나와 맞이하면 군대를 물러나게 하겠다고 하니 왕이 渡江해 그 사신을 昇天新闕에서 영접하고는 강도로 돌아왔다. 12월에 왕이 재추의 의견을 따라 아들인 安慶公 淐을 몽고에 보냈다.159)

　최항은 재추의 의견과 달리 국왕, 太子, 安慶公의 出迎을 반대하다가 태자의 出迎을 찬성하는 쪽으로 기울었고, 국왕 고종은 강화에서 나와 승천궐에서 몽고사신을 만나고 강화로 돌아왔다. 최항은 그 입장이 오락가락해 결국 재추의 의견이 실현되었으니 몽고와의 오랜 전쟁으로 그의 통치력은 점점 약화되어 가고 있었다. 몽고와 강화 협상을 하는 과정에서 최항은 주도권을 제대로 행사하지 못해 재추의 권한이 강화되어 갔다. 그

---

159) 『고려사절요』 권17, 고종 40년.

결과 그의 私第 정치는 약화되어 간 반면 재추회의는 활성화되어 갔고 임금의 입지는 강화되어 갔다.

고종 41년 3월에 최항이 宰樞를 그 第에서 연회하고, 擊毬 戲馬를 관람했는데, 別抄 중에 黃金으로 障泥를 장식하고 金葉羅花를 말의 首尾에 꽂은 자도 있었다. 6월에 尹正衡 등 33인, 明經 2인, 恩賜 5인에게 급제를 하사했는데, 최항이 宰樞를 그 第에서 연회하고 그대로 이어서 新及第를 연회했다. 10월에 문하평장사 崔璘을 車羅大 屯所에 보내 罷兵을 요청하니 車羅大가 말하기를, 崔沆이 왕을 받들어 出陸하면 兵을 罷할 수 있다고 했다. 이해에 蒙兵이 포로로 잡은 男女가 무려 20만 6천 800餘人이었고 살륙한 자는 이루 다 셀 수 없을 정도였고 몽병이 지나간 州郡은 모두 煨燼이 되었으니, 蒙兵의 亂 이래 이보다 심한 적은 없었다고 한다.[160] 42년 2월 갑신일에 崔沆이 酒饌을 왕에게 올리니, 왕이 太子와 諸王을 불러 內殿에서 연회해 밤새도록 즐겼다. 당시 民이 餓莩가 많았지만 왕이 權臣에게 제어당해 부득이 이 연회를 연 것이었다.[161] 3월에 최항이 諸王을 그 第에서 연회하고, 다음날에는 宰樞를 연회했다.[162] 6월에 郭王府 등 33인, 明經 2인, 恩賜 2인에게 급제를 하사했는데, 이 新及第 郭王府 등이 최항을 알현하니 최항이 登樓해 花酒를 수여했다.[163]

최항은 재추와 諸王과 新及第를 그의 사제에 초대해 연회를 열고 별초에게 격구를 시켜 관람하고, 왕에게 酒饌을 올려 왕으로 하여금 궁궐에서 연회를 열도록 유도했다. 하지만 전쟁은 더욱 치열해져 수많은 사람들이 몽고군에게 포로로 잡히거나 죽임을 당했다. 최항의 사제에서 정치적인 회의는 별로 개최되지 않고 연회와 유희가 주된 행사였으니 사제 정치의

---

160) 『고려사절요』 권17, 고종 41년.
161) 『고려사』 권24 및 『고려사절요』 권17, 고종 42년 2월.
162) 『고려사절요』 권17, 고종 42년 3월.
163) 『고려사절요』 권17, 고종 42년 6월 ; 『고려사』 권129, 최충헌전 附 崔沆.

쇠퇴가 그의 때에 뚜렷해졌다. 물론 그의 잦은 연회 개최도 관리를 포섭하고 회유하려는 고도의 정치성을 띤 것이었지만, 그의 사제의 정치적 영향력은 줄어든 반면 임금(궁궐)과 재추의 정치적 영향력은 올라갔다.

고종 44년 윤4월에 최항이 위독하자 왕이 그를 위해 獄囚를 석방했다.[164] 최항이 後園 小亭(高閣)에 올라 春光을 감상하다가 시를 읊고 돌아와 그날 저녁 병들어 윤4월 2일에 見子山東麓 別第에서 49세로 薨(暴死)하여 晉平公을 추증받고 8월 26일에 鎭江縣 서쪽 昌支山麓에 장사지내졌다.[165]

## 4. 집권자 私第 정치의 쇠락

최항의 계승자는 그가 승려 시절에 宋偦의 婢와 사통해 낳은 崔竩였다. 고종은 42년 8월에 崔竩로 殿中內給事를 삼고 紅鞓을 하사했다. 고종 44년(1257) 윤4월에 최항이 갑자기 사망하자 殿前 崔良白이 宣仁烈과 모의하여 최항의 말을 門客 대장군 崔瑛·蔡楨 및 柳能 등에게 전하고 夜別抄·神義軍·書房 3番·都房 36番을 모아 최의를 擁衛하니, 왕이 곧바로 최의에게 借將軍을 제수하고 敎定別監으로 삼자 백관이 모두 그 門에 나아가 弔賀했다.[166] 이렇게 최의는 최고집권자가 되었는데 부친을 이어 교정별감을 맡았다.

---

164) 『고려사』 권129, 최충헌전 附 崔沆 ; 『고려사절요』 권17, 고종 44년.

165) 최항 묘지명 ; 『고려사』 권129, 최충헌전 附 崔沆 ; 『고려사절요』 권17, 고종 44년 윤4월. 최항이 죽기 직전에 남긴 시는 "桃花香裏幾千家, 錦幄氤氳十里斜, 無賴狂風吹好事, 亂驅紅雨過長河"이다. 고종이 사망한 최항에게 前詔를 追繹해 晉平郡開國公 食邑三千戶 食實封一千戶에 책봉했다.

166) 『고려사』 권129, 최충헌전 附 崔沆·崔竩 ; 『고려사절요』 권17, 고종 42년 8월 및 44년 윤4월.

최의는 윤4월에 집권하자마자 延安宅 및 靖平宮을 王府로 다시 귀속시키고 그 家米 2570餘石을 內莊宅에 시납하고, 布帛油蜜을 大府寺에 시납했고, 또한 年饑로 인해 私廩을 열어 權務·隊正, 近仗 左右衛·神虎衛 校尉 이하 및 坊里人을 진휼했다. 그는 右副承宣을 제수받았다.167) 崔竩는 封侯 立府하지 않은 상태였지만 부친 최항처럼 견자산 진양부에 거처하며 권력을 행사했을 것이다. 최의가 王府에 귀속시킨 延安宅 및 靖平宮은 최씨 집안의 소유이지만 원래는 왕실의 소유였기에 환원한 것으로 보인다.

몽고와의 전쟁이 장기화되고 그에 따라 강화도가 고립되는 경향을 보이면서 정부, 왕실, 개인의 재정 상황은 악화되었다. 고종 44년 6월에 宰樞가 會議해 分田 代祿하고자 給田都監을 설치했다.168) 44년 9월에 江華田 2千結을 公廩에, 3千結을 崔竩家에 소속시켰고 또 河陰·鎭江·海寧의 田을 諸王과 宰樞 이하에게 차등있게 나누어 지급했다.169) 45년 정월에 崔竩가 장군 邊軾, 郎將 安洪敏, 散員 鄭漢珪로 江華收獲使를 삼아民利를 攘奪하자 百姓이 아우성쳤다고 하는데,170) 그가 강화의 수확물을 많이 차지해 자신의 사제에 저장했던 것으로 보인다. 관리들은 녹봉이 부족해 分田해 녹봉을 대신해야 하는 상황이었다. 최의는 선대의 막대한 재산을 물려받아 재정이 풍족한 상태였지만 권력과 무력을 유지하기 위해서 자신의 사제에 더 많은 비축을 하려 해서 반발을 샀다.

고종 45년(1258) 3월에 金仁俊, 柳璥 등이 거사해 崔竩를 주살한다. 김인준(김준)이 거사를 주도해 안배를 했고 夜別抄가 崔竩 家를 공격해 壁을 허물어 들어갔다. 최의의 舅로 壯士인 巨成元拔이 분투하다가 최의를

---

167) 『고려사』 권129, 최충헌전 附·崔竩 ; 『고려사절요』 권17, 고종 44년 윤4월.
168) 『고려사』 권78, 식화지1, 田制 祿科田 ; 『고려사절요』 권17, 고종 44년 6월.
169) 『고려사』 권78, 식화지 1, 田制 經理 ; 『고려사절요』 권17, 고종 44년 9월.
170) 『고려사절요』 권17, 고종 45년 정월 ; 『고려사』 권129, 최충헌전 附 崔竩.

짚어지고 담장을 넘어 도주하려 했지만 최의가 肥重해 할 수 없자 최의를 부축해 屋幕에 올려놓고 戶을 지키다가 指諭 吳壽山의 공격에 이마를 적중당해 담장을 넘어 도주했다. 하지만 別抄兵이 崔竩 및 柳能을 수색해 베었고 元拔을 추격해 江岸에서 그를 베었다.[171] 야별초가 공격해 함락한 崔竩 家는 견자산 진양부로 여겨지며, 巨成元拔이 崔竩 家에서 이마에 부상을 입고 도망쳤다가 추격자에게 살해당한 江岸은 강화의 동쪽 해안 즉 갑곶강 가로 여겨진다.

고종 45년 4월에 年饑로 인해 崔竩 倉穀을 내어 太子府에 2千斛을, 諸王·宰樞에게 각기 60斛을, 宰樞致仕 및 顯官 3품 이상에게 각기 30斛을, 3품致仕 및 문무 4품에게 각기 20斛을, 5·6품에게 각기 10斛을, 9품 이상에게 7斛을 하사했고, 또한 兩班寡婦 및 城中 居民·軍士·僧徒·諸役人에게 차등 있게 하사했다. 5월에 濟州貢馬 및 崔竩의 畜馬를 4품 이상에게 나누어 하사했다.[172] 郞將 朴承盖를 慶尙道에, 內侍 全琮을 全羅道에 파견해 崔竩 및 萬宗의 奴婢·田莊·銀帛·米穀을 籍沒했다.[173]

최의가 살해되면서 왕정이 어느 정도 복고되고 위사공신들이 권력을 잡았다. 고종 45년 7월 을해일에 都兵馬宰樞所가 아뢰기를, 功臣 柳璥·金仁俊·朴希實·李延紹·金承俊·朴松庇·林衍·李公柱 등은 忠義를 奮擧해 王家를 再造하고 三韓을 匡正했으니 비록 爵秩을 超授해도 보답하기 부족하다며, 三韓壁上功臣 例에 의거해 유경·김인준의 아들에게 6품 관작과 田 1百結과 奴婢 각 15口를 주고, 박희실·이연소·김승준·박송비·임연·이공주의 아들에게 7품 관작과 田 50結과 奴婢 각 5口를 주고, 아들이 없는 자의 경우 그 甥姪과 女壻 중의 1人에게 관작을 줄 것, 이 공신들을

---

171) 『고려사절요』 권17, 고종 45년 3월 ; 『고려사』 권129, 최충헌전 附 崔竩.
172) 『고려사절요』 권17 및 『고려사』 권24, 고종 45년 4월 및 5월. 한편 최의전에는 "發竩倉穀 分賜有差 太子府二千斛 諸王宰樞文武百官 以至胥吏軍卒皂隷坊里人 小不下三斛, 又賜諸王宰樞至權務隊正布帛有差"라 되어 있다.
173) 『고려사』 권129, 최충헌전 附 崔竩.

壁上에 圖畵하고 각자 鄕貫의 호칭을 승격할 것, 그 同力輔佐한 車松佑
이하 19人 역시 모두 陞秩하고 1子에게 9품직을 허락할 것, 최충헌은 죄
악이 盈稔하고 崔怡는 專權하고 擅命했으니 圖畵를 삭제하고 廟庭 配享
을 罷할 것을 요청하니 왕이 따랐다.[174] 都兵馬宰樞所 즉 도병마사가 건
의해 위사공신의 아들이나 甥姪·女壻를 포상하고 위사공신을 壁上에 圖
畵하고 그들의 鄕貫을 승격하고 同力輔佐한 차송우 등을 포상한 반면 최
충헌과 최이를 격하한 것인데, 위사공신과 도병마사가 정국을 주도했음을
알려준다.

　위사공신들이 권력을 공유한 상황에서, 초기에는 무신 김준(김인준)과
문신 유경이 권력을 분점했다. 유경은 평소 부유했는데, 일찍이 집을 옮
기느라 馬로 연이어 재물을 운송해 旬日이 걸려서야 마칠 수 있었다. 최
의를 주살하자 승선에 임명되고 왕에게 아뢰어 政房을 최씨 사제에서 便
殿 옆으로 옮겨 銓注를 장악하고 무릇 國家機務를 모두 결정해 자못 權
勢가 있어 富가 이전보다 倍나 되어 '三韓巨富'라 불렸다. 그가 甲第를
많이 경영하고 權勢가 날마다 치열하고 門庭이 市와 같으니 김승준과 林
衍 등 諸功臣이 그를 꺼려 김준에게 참소했다. 김준이 고종을 움직여 유
경의 權을 빼앗고자 承宣을 해임해 簽書樞密院事를 제수하고 김준의 측
근들을 숙청했다.[175] 유경은 최항의 총애를 받아 정방에서 일한 그의 문
객으로 인사업무 처리 과정에서 뇌물을 많이 받았는지 부를 축적했고, 최
의 제거에 동참해 공신에 책봉되고 승선으로 인사기구 정방을 총괄하면서
훨씬 더 많은 권력과 부를 누렸던 것이다. 그는 강도 일대에 최고로 좋은
집을 여러 채 가졌는데 어디에 위치했는지 알려진 바가 없다.

───────────

174) 『고려사』권24, 고종 45년 7월. 都兵馬宰樞所의 최충헌과 崔怡에 대한 이러한 건
　　의는 『고려사』崔竩傳에는 宰樞가 한 것으로 되어 있다.
175) 『고려사』권105, 柳璥傳. 훗날 그가 처벌받아 家産을 籍沒할 때 珍寶, 器玩, 穀帛
　　이 이루 다 계산할 수 없을 정도로 많았다고 한다.

유경이 동료 위사공신들에 의해 권력에서 소외되면서 김준이 최고집권
자로서의 위상을 확립하지만 다른 위사공신들의 힘이 커서 권력을 독점하
지는 못했다. 고종 46년 정월에 몽고병이 대규모로 이르자 3품 이상으로
하여금 降守의 대책을 진술하도록 하니 衆論이 분분했는데, 평장사 崔滋
와 樞密院使 金寶鼎이 말하기를, 江都는 땅이 넓은 반면 사람은 드물어
固守하기 어려우니 나가 항복함이 편하다고 했다176). 몽고와의 외교문제
로 인해 왕의 위상이 올라갔고 고위관료들이 목소리를 내면서 그들의 입
지가 커져 갔다.

이러한 상황이라 집권자 김준의 私第는 정치적 중심지로서의 역할이
줄어들지만 그의 사제가 권력과 무관하지는 않았다. 김준의 사제가 어디
에 위치했는지는 확실하지 않다. 김준은 정변에 성공한 후 장군, 승선, 추
밀원부사를 거쳐 원종 4년 12월에 守太尉 叅知政事 判御史臺事에 임명
되었다.177) 원종 5년(갑자년: 1264)에 몽고가 원종을 불러 入朝하게 하자
김준이 왕을 위해 百高座와 인왕경을 마련하니 7월에 大觀殿에서 인왕도
량이 열렸고 8월에 원종이 참지정사 김준에게 명하여 교정별감으로 삼아
국가 非違를 糾察하도록 했고, 몽고에 가면서 김준에게 명해 監國하도록
하니 김준이 別抄 30인으로 晝夜로 그 집을 호위하도록 했다. 김준은 6년
정월에 문하시중에 올랐고 10월에 晉陽公故事에 의거해 海陽侯에 책봉되
었다.178)

원종 9년에 蒙古帝가 사신을 보내와 徵兵하고 金俊 父子 및 그 동생
冲(承俊)에게 勅하여 모두 京師로 나아오도록 했다. 김준이 장군 車松佑
가 모의해 몽고 使를 죽여 海中으로 깊이 들어가고자 말한 것을 듣고 왕
에게 두 번 아뢰었지만 왕이 들어주지 않았다. 차송우가 말하기를, "龍孫

---

176) 『고려사절요』 권17, 고종 46년 정월 ; 『고려사』 권102, 崔滋傳. 어느날 최자가 金
　　俊의 諸子를 그의 집에 초대해 연회를 여니 時人이 기롱했다고 한다.
177) 『고려사』 권130, 金俊傳 ; 『고려사』 권25 및 『고려사절요』 권18, 원종 4년 12월
178) 『고려사』 권130, 金俊傳 ; 『고려사』 권25 및 『고려사절요』 권18, 원종 5년 및 6년.

은 단지 今上만이 아니라 諸王이 많으며, 하물며 太祖 역시 將軍으로 擧
事했으니 어찌 疑慮가 있으리오" 하니, 김준이 깊이 그렇게 여겨 모의를
결정하고 都兵馬錄事 嚴守安으로 하여금 동생 金冲(김승준)에게 알리게
했다. 엄수안이 김충의 第에 나아가 不可함을 極言하니 김충이 형의 그
도모를 저지했다. 하지만 김준이 더욱 몽고 명령에 항거하니 원종이 심히
원망했다. 김준의 측근이었던 林衍도 김준의 아들과 갈등해 김준과 멀어
졌다. 김준이 자신이 入朝하지 않음을 몽고가 질책할까 두려워 五敎沙門
을 그 第에 대대적으로 모아 供佛 祈福하게 했다.[179]

  김준은 農莊을 列置해 家臣 文成柱로 全羅를 관할하고, 池濬으로 忠
淸을 관할하게 했는데 두 사람이 다투어 聚斂을 일삼아 民에게 稻種 1斗
를 지급하고 의례히 米 1碩을 거두었다. 諸子가 이를 본받아 다투어 無賴
를 모아 권세를 믿어 恣橫하고 人田을 침탈하니 怨讟이 심히 많았다. 김
준이 일찍이 왕을 그 家에 맞이하고자 隣家를 철거해 그 家를 넓히느라
窮冬盛夏에 晝夜로 督役해 屋의 높이 數丈, 庭의 넓이 100步로 만들었는
데, 그 妻가 오히려 불평하기를 "丈夫의 眼孔이 이처럼 작단 말이오" 했다
고 한다.[180] 김준의 사제는 규모를 넓히기 위해 인가를 철거한 것으로 보
아 최씨의 견자산 진양부를 물려받은 것은 아니었지만 증축된 규모는 庭
의 넓이가 100步나 될 정도로 거대했다.

  원종 9년(1268) 12월에 원종 측근과 樞密副使 林衍이 협력해 김준을
살해했는데 양쪽이 권력을 주도하기 위해 갈등했다. 임연이 왕의 측근인
宦者 金鏡·최은이 자기를 압박함을 꺼려 원종 10년 6월에 夜別抄를 보내
金鏡과 최은을 죽였고, 三別抄와 六番都房을 거느려 安慶公 淐 第에 나
아가 문무백료를 모아 淐을 받들어 本闕에 들어가 왕위에 오르도록 했고,
辰嚴宮에 있던 원종을 폐위했다. 7월에 淐이 임연으로 교정별감을 삼았

---

179) 『고려사』 권130, 金俊傳.
180) 『고려사』 권130, 金俊傳 ; 『고려사절요』 권18, 원종 9년 12월조.

다. 임연이 金俊 舊第로 옮겨 들어가는데 涅이 六番都房을 보내 호위하
도록 했다. [181] 임연은 자신의 사제를 증축하는 대신에 김준의 저택을 활
용했던 것인데, 공역을 일으키지 않음으로써 민심을 얻으려 했던 것 같다.

하지만 임연은 몽고가 사신을 보내와 국왕 폐립을 질책하고 몽고군대
의 개입을 통고하자 굴복해 원종 10년 11월에 원종을 복위시켰다. 12월에
원종이 몽고에 가자 다음해인 11년 2월에 몽고가 임연에게 入朝해 해명
하라고 했다. 임연이 그 명령을 거절하고자 夜別抄를 諸道에 보내 民을
독촉해 諸島에 入居하도록 했지만 이날 憂懣하다가 疽가 등에 생겨 죽었
다. 당시 監國을 맡은 順安侯 琮이 임유무로 교정별감을 삼았다. 임유무
가 都監(都房) 六番을 모아 그 家를 自衛하고 동생 林惟栮으로 하여금 書
房三番을 거느려 형 林惟幹의 家를 호위하게 하여 外援으로 삼았다.[182]
임유무도 부친을 이어 김준의 옛 저택에 거처했을 가능성이 크다.

원종이 11년(1270) 5월에 고려로 돌아오면서 사람을 보내 강도의 신료
에게 개경으로의 還都를 명령하자 임유무가 거절했다. 직문하성 송송례
와 어사중승 홍문계가 衛士長인 宋琰·宋玢 형제(송송례의 아들)를 통해
三別抄를 모아 설득해 임유무 제거 목적의 거사를 하자 임유무가 이를
듣고 擁兵해 대비했다. 하지만 삼별초가 임유무 家의 東門을 파괴해 突
入해 亂射해 임유무의 병력을 무너뜨려 임유무를 사로잡아 市에서 베었
고 書房三番 및 造成色을 혁파했다. 이에 재추가 회의해 개경으로의 復
都를 공표했다.[183] 이렇게 임유무의 사제가 삼별초에 의해 점령당해 임유
무가 제거되면서 무인정권은 끝을 맺는다.

강도 시절에 최우의 견자산 진양부는 진양후 내지 진양공의 사제이자

---

181) 『고려사』 권26 및 『고려사절요』 권18, 원종 9년 12월 및 10년 6~7월 ; 『고려사』
      권130, 林衍傳.
182) 『고려사』 권26 및 『고려사절요』 권18, 원종 10년 8월~12월 및 11년 2월 ; 『고려사』
      권130, 林衍傳.
183) 『고려사』 권130, 林衍傳 ; 『고려사』 권26 및 『고려사절요』 권18, 원종 11년 5월.

치소로서 위상이 드높으면서 권력의 중심지로 기능했다. 강화 천도 이전의 그의 개경 사제는 재상의 집으로 진양부보다 격이 떨어졌지만 실질적으로는 권력의 양과 질에 있어서 진양부보다 나았다. 왜냐하면 최우의 고려에 대한 통치력이 강도 시절보다 개경 시절이 더 넓고 더 셌기 때문이다. 더구나 최우는 몽골과의 외교문제에서 책임을 회피하기 위해 전면에 나서기를 꺼려 입지가 좁아졌기 때문에 더욱 그러했는데, 이러한 경향은 최항, 최의, 임연, 임유무로 갈수록 심화된다. 최항의 사제 내지 견자산 진양부는 최우 때보다 정치적 기능이 축소되었고, 최의의 사제는 더욱 그러했다. 임유무의 사제는 말할 것도 없고 김준과 임연의 사제는 최우와 최항의 견자산 진양부보다 정치적 영향력이 많이 줄어들었다.

최항, 최의, 김준, 임연, 임유무가 교정별감을 겸해 교정도감이 마치 무인 최고권력기구처럼 보이게 만든다. 하지만 이는 최고집권자가 교정별감을 겸해야 통치력을 어느 정도 발휘할 수 있을 정도로 그들의 권위와 통치력이 최충헌과 최우보다 약했기 때문에 생겨난 현상이었다.

최항은 집권기간이 대략 7년 6개월 정도 되는데 교정별감 겸대도 계속 유지했다면 그 기간과 거의 일치한다. 최의는 집권기간이 대략 1년 정도인데 교정별감 겸대는 계속 유지했다면 그것과 일치한다. 김준은 대략 11년 동안 집권하는데 교정별감 겸대는 계속 유지했더라도 4년 5개월 정도에 불과했다. 임연의 집권기간은 1년 3개월 정도로 짧은데 그의 교정별감 겸대는 계속 유지했더라도 8개월이 채 못되었다. 임유무는 집권 기간과 교정별감 겸대 기간이 일치하는 것으로 보이는데 4개월이 채 못된다. 더구나 원종이 김준을 교정별감에 임명하면서 맡긴 임무는 국정 전반이 아니라 '국가 非違의 糾察'에 한정했으니 최항, 최의, 임연, 임유무의 교정별감으로서의 임무도 그것에 한정되었을 수 있다.

이의방부터 최충헌까지 무인 집권자들은 자신의 실력으로 왕과 관료와 군졸의 인정을 받아 최고집권자에 오른 것이지 왕이 그들을 최고집권자로 임명한 것이 아니었다. 최우도 부친 밑에서 오랫동안 후계자 수업을 통해 권위를 쌓아갔고 부친의 사망 직후 자신을 반대하는 부친의 측근세력과 싸워 이겨내 집권했기에 자신의 실력으로 집권자가 되었다고 간주할 수 있다. 그런데 최항, 최의, 임유무는 자신의 실력보다 부친의 후광을 업은 측면이 커서 교정별감직을 겸대할 필요가 있었고 왕이 그들을 이 직에 임명해 집권자로 인정하는 모양새를 갖춤으로써 왕의 권위가 오히려 살아났다. 김준과 임연은 자신의 실력으로 집권자가 되었지만 왕정 복고로 인해 왕의 권위가 더욱 살아나 왕이 위사공신인 그들을 교정별감에 임명해 집권자의 자격을 부여한 것이었다. 그러하니 집권자의 교정별감 겸대는 집권자의 권력이 오히려 제한되어 가는 상황을 반영한 것이다.

崔竩~임유무 정권 시기는 몽고와의 오랜 전쟁으로 인한 문제를 해결하기 위해 왕의 입지가 고양되고 재추회의, 특히 도병마사가 활성화되어 최고집권자라도 왕의 의견을 상당히 존중해야 했고 재추의 의견을 일정하게 수렴해야 했다. 이러한 경향은 이미 최항 때에 보였다. 최항, 김준, 임연은 재상으로서 재추회의의 구성원이면서 최고집권자로서 자신의 의견을 꽤 관철시켰지만 그러하지 못하기도 했다. 강도 시절에 외교문제가 중요한 현안으로 대두하면서 최우와 최항의 사제 내지 진양부는 정치적 영향력은 감소했지만 관리들에게 연회를 자주 개최해 은혜를 입히면서 포용하고 회유해 정치력을 유지했다. 반면 최의, 김준, 임연, 임유무의 사제는 정치적 영향력도 쇠락했을 뿐만 아니라 연회를 통한 정치력도 제대로 발휘하지 못했다.

# 맺음말

무인 집권자와 실력자는 京都에 사제를 대규모로 경영했다. 특히 초기

에는 왕실의 궁을 차지해 거처하기를 좋아했다. 정중부와 이의방과 이고
는 의종이 경영해 財貨 巨萬을 축적한 3개의 별궁인 館北宅과 泉洞宅과
藿井洞宅을 각각 점유해 私第로 삼아 그곳 소유의 엄청난 재물까지 차지
해 순식간에 거부가 되었다. 정중부의 사위 송유인은 前妻로 인해 이미
巨富가 되었지만 만족하지 못해 의종의 별궁인 수덕궁을 차지해 더 화려
하게 리모델링해 거처해 왕자처럼 살았다. 정중부의 아들 정균은 광덕리
의 태후 별궁을 차지해 리모델링하느라 가까운 거리의 수창궁에서 요양
중인 태후를 괴롭혔다. 기탁성은 광평궁을 차지해 거처했지만 수개월만에
사망했다.

또한 무인 집권자와 실력자는 자신의 권력과 부를 활용해 京都에 私第
를 거대하게 조영했다. 최세보는 인사권 장악을 통해 수많은 재산을 축적
해 개경 私第를 하나의 坊에 두루 미치게 짓고 또 개경의 네 방면에 第宅
을 두어 자손을 위한 계책으로 삼았다. 병부상서 박순필은 태자가 음양풍
수설로 인해 싫어했음에도 東宮의 옆에 사제를 대규모로 조영했다. 이영진
도 침탈해서 쌓은 재산을 이용해 屋宇를 여러 채 지으니 사람들이 놀랐다.

경대승은 정중부 정권을 타도해 집권했지만 정중부 지지세력으로부터
위협을 느껴 자신의 사제에 도방을 설치하고 사제에 칩거하곤 했으니, 이
로써 사제 정치가 태동했다. 이의민은 집권자 경대승으로부터 위협을 느
껴 자신이 거주하는 개경 집이 위치한 里巷에 大門(閭門)을 세워 警夜했
다. 그는 집권하자 民居를 많이 점유해 第宅을 대규모로 지었다. 그는 사
제가 위치한 낙타교부터 猪橋까지 제방을 쌓아 新道를 건설해 궁궐과 관
부를 왕래했다.

최충헌은 집권하기 이전부터 거주해온 男山(子男山) 북쪽 高達坂 인근
의 사제를 집권 후에 증축해 사용했는데 그 北園의 小峰 위에 신축한 茅
亭이 유명했다. 그 외에도 여러 개의 사제를 운영했는데, 闊洞 사제, 柳井
洞 사제, 內史洞 사제 등이 그것이었다. 이중에도 자남산 남쪽 기슭의 闊

洞 사제는 人家 100餘를 헐어 조영해 延袤가 數里나 될 정도로 규모가
엄청나 궁궐과 비견되었으며, 북쪽으로 市廛에 임하여 別堂인 '十字閣'을
지었다. 최충헌은 진강후에 책봉되어 사제에 홍녕부(진강부)를 열었다.
그는 사제에서 관료를 연회하고 관료와 정책을 논의하고 문사에게 시를
짓도록 하고 군사에게 무술 경기를 펼치도록 했다. 그의 사제가 정치적
공간으로 변화해 가는데 특히 사제에 도방을 설치하고, 이곳에서 문무의
인사를 처리하고, 이곳에 홍녕부(진강부)를 설치하면서 더욱 그러했으며,
왕이 그의 사제를 종종 방문했다.

　　최우는 집권 이전부터 梨坂 사제를 경영했고 집권 후에 더욱 증축했다.
이곳을 왕이 그의 집권 이전과 이후에 방문했다. 그는 자남산 북쪽의 사
제 등 부친이 경영하던 사제를 물려받아 사용했다. 그의 개경 사제에서도
그가 관료를 연회하고 문사에게 시를 짓도록 하고 군사에게 무술 경기를
펼치도록 했을 뿐만 아니라 관료와 정책을 논의하는 정치적 공간으로 자
주 이용하여 사제 정치는 이어졌다. 더구나 그의 사제에 인사기구인 정방
과 문사기구인 서방이 설치되면서 그의 사제 정치는 완성되었다.

　　고려 정부가 몽골의 침략으로 인해 최우의 주도하에 개경에서 江都로
천도하면서 최우는 강도에 대규모의 사제를 건설했다. 그가 천도 공로를
이유로 진양후에 책봉되면서 진양부가 설치된 그의 사제는 드높은 위상을
자랑했다. 진양부는 견자산에 자리했는데 그 동쪽과 북쪽 기슭에 위치했
을 가능성이 높다. 몽고와의 외교 정책이 중요한 현안으로 대두하지만 최
우가 회피하면서 그의 사제 내지 진양부는 정치적 영향력이 줄어들었지
만, 그는 사제에서 관료를 위한 연회를 자주 개최해 막후에서 영향력을
꽤 발휘할 수 있었다. 최항도 견자산 진양부로 이주하지만 진양부의 정치
적 영향력은 이전보다 하락했다. 최항도 사제에 관료를 자주 초대해 연회
를 베풀어 영향력을 유지하기 위해 애를 썼다. 진양부의 연회에는 고도의
정치성이 담겨 있었다.

崔竩는 사제에서 연회도 별로 개최하지 않다가 김준에 의해 몰락했다. 김준도 대규모 사제를 경영했고 임연은 집권하자 김준의 사제로 이주했고 임유무도 이곳에 거주했으리라 여겨진다. 하지만 임금과 재추의 영향력 상승으로 최의, 김준, 임연, 임유무의 사제는 정치적 영향력이 확 줄어들었고 연회 개최를 통한 정치력도 제대로 발휘하지 못했다.

# 제4장
# 고려 江都宮闕의 위치와 운영

# 머리말

江華는 고려정부가 몽골과의 전쟁을 수행하기 위한 전시수도 江都가 자리잡으면서 역사의 전면으로 떠올랐다. 江都는 고려정부가 개경에서 강화로 천도하는 1232년(고종 19)부터 개경으로 환도하는 1270년(원종 11)까지 38년 동안 대몽항쟁을 지휘했다.

당시는 무인정권기여서 대개 무인 집권자의 권력이 왕권을 능가했지만 왕조 사회였기 때문에 국왕이 거처하는 궁궐이 강도 공간구조의 핵심이었다. 그러므로 강도의 공간구조를 제대로 파악하기 위해서는 궁궐, 특히 法宮 내지 正宮인 本闕이 어디에 위치했는지 알 필요가 있다. 본궐은 大內, 大闕로도 불렸는데 강도 시절에는 본궐로 불린 경우가 많았다.

江都의 대내(대궐) 즉 本闕은 조선 행궁, 외규장각 일대로 비정되어 사적 '고려궁지'로 지정되었지만 그 일대에 대한 여러 차례 발굴에도 불구하고 아직까지 고려시대 유구가 발견되지 않아 문제이다. 과연 이곳에 강도 시기 대내(본궐)가 있었을까 의문이 드니 다른 시각에서 접근할 필요성이 제기된다.

강도의 궁궐을 다루려면 宮闕, 大內, 大闕, 本闕 등의 용어를 이해할 필요가 있어 먼저 이에 대해 소개하려 한다. 그리고 나서 대내(본궐)의 위치를 추론하기 위해 강도의 공간구조 속에서 궁궐을 조명하려 한다. 다음으로는 본궐과 종종 혼동되었던 연경궁을 키워드로 본궐에 접근하려 하며, 다음으로는 국왕의 별궁 이어를 통해 본궐을 찾아보려 하며, 다음으로는 이규보의 집을 기준으로 본궐을 찾아보려 한다. 그리고 강화 궁궐의 특징을 조명하려 한다.

# 1. 궁궐관련 용어 문제

고려시대 大內, 大闕, 本闕, 宮闕이라는 용어가 혼란스러울 수 있고, 특히 '宮闕'이라는 용어가 개념이 복잡한 측면이 있으므로 미리 정리해 둘 필요가 있다. 태조 왕건이 송악산 남쪽 기슭에 창건한 궁은 '大內' 혹은 '大闕' 혹은 '本闕'이라 불렸다.

大內는 태조 21년 8월에 大內 柳院의 쓰러진 槐가 스스로 일어났다는 기사에 보이며[1] 이후 자주 나타난다. 문종 즉위년 6월 기미일에 大內에서 本命에 醮하고 매양 이 날을 만나면 반드시 왕이 親醮했다.[2] 예종 7년 7월에 王太后 柳氏가 질병으로 위독하니 왕이 말을 달려 나아가 大內로 들어오기를 요청해 행렬이 信朴寺에 이르러 태후가 세상을 뜨자 大內에 殯했다.[3] 왕(예종)이 親王과 兩府를 淸讌閣에서 연회하고 金仁存에게 명해 그 일을 기록하게 했는데, 그 文에, 왕이 儒術을 숭상하고 華風을 樂慕했기 때문에 大內의 側, 延英書殿의 北, 慈和의 南에 寶文·淸讌 二閣을 別創했다고 했다.[4] 인종 11년 11월 갑술일에 起居郞 鄭知常이 아뢰기를, 長公主가 年壯하니 大內에 오래 머물러서는 안 된다며 出嫁하기를 요청했다.[5] 의종 17년 7월 신묘일에 金使를 大內에서 연회했다.[6] 명종 27년 2월 임자일 밤에 어떤 사람이 大內에 들어와 利賓門 外 西步廊柱에 구멍 數10을 뚫으니, 武人이 말하기를, 이는 반드시 東班이 西를 蠱한 것

---

1) 『고려사』 권54, 五行志2, 木.
2) 『고려사』 권7, 문종 즉위년 6월.
3) 『고려사』 권88, 后妃1, 숙종의 明懿太后柳氏 ; 『고려사』 권64, 禮志6, 凶禮 國恤
4) 『고려사』 권96, 金仁存傳.
5) 『고려사』 권16, 인종 11년 11월. 불탄 大內가 아직 복구되지 못해 인종이 離宮에 머물고 있는 상황이지만 대내에서 공주가 머무는 곳은 황성 구역과 만나는 부분이어서 공주가 머물고 있었다고 여겨진다.
6) 『고려사』 권18, 의종 17년 7월.

이라며 相傳해 譁謀하는 자가 심히 많으니 東班이 自明하지 못했는데 오직 대장군 于承慶이 말하기를, 이는 姦人이 文과 틈이 생겨 生事한 것일 뿐이고 東班이 한 것이 아니라고 하니 衆口가 중지했다.[7] 공민왕 원년 3월에 典理判書 白文寶가 上書하기를, 毅王(의종)부터 이후에 文武가 世通하고 官 역시 交授했기 때문에 兩司 政官이 大內 別廳에 한꺼번에 모여 議政해 文武官資를 一時에 注擬했는데 이는 이른바 政은 變通을 귀하게 여겨 酌古하고 準今한 것이라고 했다.[8] 고종 19년 2월 정축일에 왕이 楊堤坊別宮에 移御하고자 하자 몽고 사신 都旦이 이를 듣고 大內에 들어가 거처하려 하니 朝議가 어렵게 여겨 廣化門을 닫고 右承宣 庾敬玄으로 하여금 가서 중지를 설득하도록 했다.[9] 충렬왕 10년 윤5월 신사일에 大內에 소재도량을 개설했다.[10]

대내는 궁성만이 아니라 황성 구역도 포함했다. 靖宗은 12년 4월 정묘일에 아파 山呼殿에 移御하고 정축일에 大內 法雲寺에 移御했고,[11] 숙종이 10년 4월 임오일에 大內 法雲寺에 幸하여 仁王道場을 개설했으니,[12] 大內는 皇城 구역도 포함했다. 왜냐하면 법운사는 황성 구역에 위치했기 때문이다.

'大闕' 사례를 들면, 秦仲明이 인종 때 王京에서 大安寺 御容殿直과 宮闕都監錄事가 되어 大闕 營構를 8년 동안 監役했다.[13] 의종 18년 11월 무자일에 大霧하고, 계묘일에 陰霧가 四塞해 行者가 失路하자, 太史(日官)가 아뢰기를, 大闕 明堂이라는 것은 祖宗 布政의 장소로 그 제도가 모

---

7) 『고려사』 권20, 명종 27년 2월.
8) 『고려사』 권75, 選擧志, 銓注 選法.
9) 『고려사』 권23, 고종 19년 2월.
10) 『고려사』 권29, 충렬왕 10년 윤5월.
11) 『고려사』 권6, 靖宗 12년 4월.
12) 『고려사』 권12, 숙종 10년 4월.
13) 秦仲明 묘지명.

두 天地陰陽을 본받았기 때문에 王者가 出入起居함에 無常해서는 안되는데, 지금 陛下가 그 位가 아닌 데에 處하고 적절하지 않은 사람을 임용하고 明堂을 오랫동안 비워 居하지 않고 天災가 두려워할만한데 반성하지 않아 無常하게 移徙하고 號令이 不時하기 때문에 이 異變이 있다고 했지만, 왕은 끝내 깨닫지 못했다고 한다.14) 대궐은 곧 대내였는데, 대궐은 우리에게 대내보다 익숙한 용어이지만 고려시대에는 대내로 등장하는 사례가 더 많다.

'本闕' 사례를 들면, 인종 16년 10월 임술일에 國淸寺에 移御하고, 갑자일에 新闕로 還했는데, 이에 앞서 '本宮'이 화재를 당함으로 인해 有司에게 명해 葺하도록 했었고 이날에 百官이 陳賀하니 便殿에 술자리를 마련했다.15) 이 '本宮'은 곧 '本闕'로 대내(대궐)였다. 本闕은 고종 4년 8월 경오일에 "本闕로 還御하다"라는 기사16)를 시작으로 기록에서 이후 빈번히 등장한다. 대내, 대궐, 본궐은 동일한 시설이었는데 대내는 고려 전기에, 본궐은 후기에 자주 등장하는 용어였다. 단, 고려 말기에는 본궐의 기능이 약화되어 연경궁, 수창궁 등이 정궁의 역할을 잠식하면서 우왕 이후에는 수창궁이 대내(대궐)의 위상을 차지해 본궐과 분리된다. 후기에 본궐 사례가 많은 것은 체제와 사회의 변동성이 커져 근본 회귀에의 열망이 커졌기 때문이라 볼 수 있다. 고려 개경의 법궁은 前期는 大內, 後期는 本闕로 표기하는 것이 가장 무난하리라 생각한다.

'宮闕' 사례를 들면, 태조 왕건이 철원에서 정변을 일으켜 왕위에 오르고 나서 2년에 松嶽의 陽에 定都하고 宮闕을 창건했는데,17)『고려사』지리지는 이 '宮闕'에 단 세주에 會慶殿, 乾德殿 등을 달았으니18) 이 '宮闕'

---

14)『고려사』권55, 五行志3, 土.
15)『고려사절요』권10, 인종 16년 10월.
16)『고려사』권22, 고종 4년 8월.
17)『고려사』권1, 태조 원년과 2년.
18)『고려사』권56, 지리지1, 王京開城府. 단, 會慶殿은 현종대에 가서 건립된 것으로

을 大內(大闕)로 본 것이었다. 하지만 왕건이 송악에 건설한 '궁궐'에는
大內(大闕) 외에 다른 宮도 포함되었을 가능성도 있다. 광종 12년에 '修
營宮闕都監'을 설치하고 '宮闕'을 수리함으로 인해 正匡 王育 第에 移御
했는데,[19] 광종 14년 6월에 還宮해 詔하기를, 朕이 大內를 重修하느라
오랫동안 離宮에 있었지만 지금 修營 功이 끝났다고 했으니,[20] 이 '宮闕'
은 대내(대궐)를 가리킨 것이었다.

현종 2년 春정월 을해일 초하루에 契丹主가 京城(개경)에 들어와 大
廟, '宮闕', 民屋을 모두 다 불태웠는데,[21] 이 '宮闕'은 대내(대궐)를 포함
해 개경의 여러 궁들을 의미했다. 왜냐하면 거란군이 民屋도 다 불태운
상황에서 여러 궁들 중에서 대내(대궐)만 불태웠을 리는 없기 때문이다.
현종 2년 10월에 '宮闕'을 修營하고 5년 春정월에 '宮闕'이 완성되었다.[22]
이 '궁궐'은 당연히 대내(대궐)를 포함했을 터인데 다른 궁도 포함했을 수
있다. 현종 11년 8월 경자일에 大內를 重修함으로 인해 壽昌宮에 移御했
으니[23] 이 때 대내를 집중적으로 중수한 것이었다.

인종이 16년 10월 임술일에 國淸寺에 移御했고, 갑자일에 新闕로 還했
다. 이에 앞서 宮闕이 화재를 당하자 有司에게 명해 葺하게 했었는데, 이
날에 百官이 陳賀하니 便殿에 술자리를 마련해 諸王과 宰樞와 從官이 모
두 侍했고 夜分에 罷했다.[24] 이 불탄 '궁궐'과 그것을 재건한 '新闕'은 곧
본궁(본궐), 대궐(대내)이었다. 명종 원년 10월에 宮闕에 화재가 나자 諸
寺僧徒 및 府衛軍人이 詣闕해 救火하려 했는데, 鄭仲夫·李俊儀 등이 入

---

판단된다.
19) 『고려사』 권77, 백관지2, 諸司都監各色 宮闕都監 ;『고려사』 권2, 세가 광종 12년.
20) 『고려사』 권2, 세가 광종 14년 6월.
21) 『고려사』 권4 및 『고려사절요』 권3, 현종 2년 정월.
22) 『고려사』 권4 및 『고려사절요』 권3, 현종 2년 10월 및 5년 1월.
23) 『고려사』 권4, 현종 11년 8월.
24) 『고려사』 권16, 인종 16년 10월.

直했지만 이의방 형제가 변란이 생길까 두려워 달려가 內로 들어가 紫城門을 닫아 諸救火者를 들이지 않았기 때문에 殿字가 다 불타니, 왕이 山呼亭에 나가 통곡했다. 庾應圭가 景靈殿에 나아가 五室 祖眞을 안아 나오고 또 中書省에 이르러 國印을 꺼냈다.[25] 辛卯歲(명종 1년)에 宮闕이 煨燼했는데, 마침 大金 封册使節이 臨境했지만 接迎하기에 마땅한 處所가 없어 倉黃하게 大觀殿 및 □慶宮을 營葺했다. 이 營葺에서 □東輔가 宮闕都監錄事로 恪恭하게 趨事해 不日에 완성했다고 한다.[26] 그러하니 명종 원년에 불탄 '궁궐'은 대내(대궐)였다. 명종 26년에 최충헌과 최충수 형제가 올린 封事에서, 옛적에 祖聖(태조)이 삼한을 統一해 松嶽郡에 神京을 卜하고 明堂位에 宮闕을 지어 子孫 君王이 萬世도록 御하는 곳으로 삼았는데 근래 宮室이 불타자 또 從하여 壯麗하게 重新했지만 拘忌說을 믿어 오랫동안 臨御하지 않는데 어찌 陰陽에 負함이 있음을 알리오, 폐하가 吉日로 入御해 承天永命하십시오 했다.[27] 이 '궁궐'은 다른 곳에 실린 같은 내용의 기사에 '大宮闕'로 되어 있으니[28] 대궁궐 즉 대궐(대내)이었다.

문종 35년 8월에 制하기를, 西京 宮闕이 年久해 頹毁가 많으니 募工해 修葺해야 마땅하며, 또한 서경의 東西 각 10餘里에 다시 卜地해 左右 宮闕을 지어 省方巡御의 장소로 삼으로 한다고 했다.[29] 서경의 기존 宮도 '궁궐'로 표현되었고, 서경의 東과 西에 새로 지으려는 궁도 '궁궐'로 표현되었으니 궁궐 용어가 넓은 의미로 사용되었다. 인종 때 林完이 올린 상소에서, 太華宮의 役을 진행한 이래 勞民 動衆해 百姓이 怨咨하고, 往歲에 巡幸했을 적에 화재가 佛塔에서 발생했고, 今年 巡幸 때 流星馬禍가

25) 『고려사』 권19 및 『고려사절요』 12, 명종 원년 10월.
26) □東輔 묘지명.
27) 『고려사』 권129, 최충헌전.
28) 『고려사절요』 권13, 명종 26년 5월.
29) 『고려사』 권9 및 『고려사절요』 권5, 문종 35년 8월.

서로 이어 발생했으며 또한 이 '宮闕'은 본래 求福하기 위한 것인데 지금
이미 7,8년이 되었지만 하나의 休祥도 없고 災變이 거듭 이르렀다고 했
다.30) 이 상소에서 太華宮이 '궁궐'로 표현되었다. 明宗이 4년 5월에 制
하기를, 左蘇는 白岳山, 右蘇는 白馬山, 北蘇는 箕達山이라며 延基宮闕
造成官을 두었다.31) 충렬왕 17년 3월에 대장군 宋華를 보내 開京 宮闕을
지키게 하자, 송화가 합단적 10餘騎와 조우해 3級을 베고 1人을 사로잡았
는데,32) 이 궁궐에는 이궁도 포함되었을 것이다. 왜냐하면 당시 충렬왕과
제국공주의 개경 거처가 대내(본궐)가 아니라 이궁이었기 때문이다.

충렬왕 3년 4월에 왕이 장차 入朝하려 하고 또한 公主(제국공주)가 免
身하려 해 二罪 이하를 宥하고 宮闕 修營을 정지했는데,33) 이 '궁궐'은
죽판궁을 의미했다. 충렬왕 3년 5월 신해일에 官私 松簷을 금지했다. 暑
月마다 宮闕都監이 寢殿에 松棚을 만들면 왕이 銀瓶 2개를 例賜했는데,
왕이 말하기를, 官私 松棚을 금지하면서 나만 유독 그것을 만드는 것이
可한가, 編茅로 바꾸라고 했다.34) 당시 충렬왕은 이궁에 머물렀으므로 궁
궐도감이 松棚을 설치한 寢殿은 이궁의 그것이었으니 궁궐도감은 이궁의
공사도 관장하고 있었다. 충렬왕 3년 7월에 觀候署가 말하기를, 道詵密記
를 보면 산이 드물면 高樓를 만들고, 산이 많으면 平屋을 만드나니, 我國
은 산이 많아 만약 高屋을 지으면 반드시 衰損을 초래한다고 했기 때문에
태조 이래 '宮闕'이 높지 않을 뿐만 아니라 民家에 이르기까지 모두 금지
했는데, 지금 듣건대 造成都監이 上國 規模를 사용해 層樓高屋을 짓고자

---

30) 『고려사』 권98, 林完傳 ; 『동문선』 권52, 災異上書(林完).
31) 『고려사』 권77, 백관지2, 諸司都監各色 三蘇造成都監 ; 『고려사절요』 권12, 명종
    4년 5월.
32) 『고려사』 권30 및 『고려사절요』 권21, 충렬왕 17년 3월.
33) 『고려사』 권28 및 『고려사절요』 권19, 충렬왕 3년 4월. 監察司가 啓하기를, 二罪
    原免은 先王의 制가 아니니 成命을 거둬달라고 요청하자 따랐다.
34) 『고려사』 권28, 충렬왕 3년 5월. 時人이 말하기를 都監員이 2개의 銀瓶을 잃었다고
    했다.

하니 장차 不測의 재이가 발생할까 두렵다고 하니 왕이 그 말을 받아들였
다.35) 고려는 산이 많아 높게 짓지 않았다고 한 이 '宮闕'은 대내(본궐)만
이 아니라 다른 궁도 해당되었을 것이다. 충혜왕 후4년 3월에 新宮을 三
峴에 일으켰는데 왕이 惡小로 하여금 人의 材木을 빼앗게 하고 몸소 그
役을 감독했다. 書雲副正 閔城季가 陰陽拘忌로써 營宮 不利를 말하자 왕
이 노하여 구타하고 또한 近臣에게 말하기를, 지금 宮闕이 장차 완성되려
하여 奴婢로써 채우고자 하니 卿들은 각기 姿色 지닌 1, 2婢를 바치는
것이 어떠한가 했다.36) 삼현 新宮이 '궁궐'로 표현된 것이었다. 공민왕 11
년 3월 정사일에 諸司에게 명해 京城에 分司하게 했는데, 당시 京城은
'宮闕'이 남음 없고 閭巷이 폐허가 되고 白骨이 언덕을 이루었다.37) 홍건
적의 개경 점령으로 인해 개경이 심각한 피해를 입어 '궁궐'도 남음이 없
는 상태였으니 이 '궁궐'은 여러 궁들을 통칭한 것이었다. 공민왕 20년 7
월에 羅州牧使 李進修가 上疏하기를, 侍衛가 宮闕에 대한 것은 四支가
身体에 대한 것과 같아 4 怯薛官을 두어야 한다고 했는데,38) 이 '궁궐'은
당시 공민왕이 별궁에 거처하고 있었으므로 별궁까지 포함한 것이었다.
우왕 8년 3월 8일에 主上殿下가 泉洞에 移御했는데 故 宰相 許綱의 宅
으로 宮闕을 삼은 것이었다.39) 그러하니 泉洞宮이 '궁궐'로 표현된 것이
었다.

　'궁궐'이라는 용어는 많은 경우에 大內(大闕)를 의미했고, 또한 많은 경
우에 여러 궁들을 지칭했고, 특정 별궁 내지 이궁을 대상으로 쓰이기도
했다. 이 용어는 넓게는 여러 宮들을 포괄하는 의미로 쓰였고, 좁게는 大
內(大闕)를 가리키는 의미로 쓰였다. 그러하니 어느 것을 의미하는지는

---

35) 『고려사절요』 권19, 충렬왕 3년 7월. 하지만 제국공주는 받아들이지 않았다.
36) 『고려사절요』 권25, 충혜왕 후4년 3월.
37) 『고려사』 권40, 공민왕 11년 3월.
38) 『고려사』 권82, 병지2, 宿衛.
39) 『목은시고』 권31, 「三月初八日 主上殿下移御泉洞」.

기사의 내용과 전후 관계로 파악할 수밖에 없다. 필자는 이 장에서 궁궐을 여러 궁들을 포괄하는 의미로 사용하려 하며, 인용 사료에서 궁궐이 大內(大闕)를 명확히 의미하는 경우는 추가로 설명할 것이다.


## 2. 강도의 공간구조와 궁궐


고종 19년 6월 을축일에 崔瑀가 왕에게 江華로 遷都하도록 위협했고, 6월 병인일에 최우가 2領軍을 동원해 비로소 宮闕을 江華에 조영했다. 7월 을유일에 왕이 開京을 출발해 昇天府에 머물다가 병술일에 江華客館에 入御했다.[40] 고종은 한동안 이 객관에 머물면서 강도 건설을 지켜봐야 했다. 고려정부는 21년 정월 계해일에 諸道民丁을 징발해 宮闕 및 百司를 조영했다.[41] 고종은 이 宮闕 조영으로 인해 2월 정해일에 대장군 宋緖家에 移御했는데,[42] 궁궐 조영이 어느 정도 완성되자 본궐(대궐)로 돌아왔을 것이다.

고종 19년에 世祖(용건)와 太祖 梓宮을 新都에 移葬했다.[43] 고종 21년 2월 계미일에 燃燈이라 왕이 奉恩寺에 갔는데, 미리 故 叅政 車倜 家로 奉恩寺를 삼고 民家를 철거해 輦路를 넓혀 놓았다. 당시 비록 遷都 草創일지라도 무릇 毬庭·宮殿·寺社 칭호가 모두 松都에 擬했고, 八關燃燈行香道場이 한결같이 舊式에 의거했다고 한다.[44] 칭호와 의식은 송도(개

---

40) 『고려사』 권23 및 『고려사절요』 권16 고종 19년 ; 『고려사』 권129, 최충헌전 附 崔怡.
41) 『고려사』 권23 세가 및 『고려사절요』 권16, 고종 19년.
42) 『고려사』 권23, 세가 고종 21년 2월.
43) 『고려사』 권23, 세가 고종 19년. 한편 고종 30년 8월에 世祖와 太祖를 江華 盖骨洞으로 移葬한다(『고려사』 권23).
44) 『고려사』 권23, 고종세가 및 『고려사절요』 권16, 고종 21년 2월.

경)의 것을 그대로 따를 수 있었지만 시설은 그대로 재현하기 어려워 강화에 맞게 어느 정도 조정되었을 것이다.

고종 22년 閏7월 임오일에 前後左右軍 陣主·知兵馬事에게 명해 沿江해 防戍하도록 하고, 또한 廣州·南京을 江華에 合入시켰다.[45] 고종 20년에 江華 外城을 쌓았고, 22년에 崔怡(崔瑀)가 宰樞와 의논해 州郡 一品軍을 징발해 江華 沿江堤岸을 加築했고, 24년에 '江華 外城'을 쌓았다.[46] 이리하여 江都는 궁궐, 관청, 주요 사원, 성곽 등이 갖추어져 수도로서의 면모를 지니게 되었다.

최자는 「三都賦」(『동문선』 권2)에서 강도가 안은 紫壘로 두르고 밖은 粉堞으로 감쌌다(內繚以紫壘 外包以粉堞)고 했고, 『보한집』에서 新都가 진양공(최우)에 의해 沿江環堞했다고 했다. 이규보는 李平章이 '海邊新築城'이 壯觀이라 감상할만하다고 하니 함께 거기에 놀러가자며 시를 지어 "已約新城窮遠眺"라고 했다.[47] 최우 집권기 강도는 紫壘 즉 대궐(본궐)을 둘러싼 城과, 外 粉堞 내지 沿江 環堞 즉 江岸(海岸) 外城을 지녔다. 堞은 성가퀴 즉 女牆으로 城 위에 만든 방어·공격 시설이다. 이러한 堞이 江岸(海岸)을 따라 粉처럼 설치되어 있었으니 강안(해안)에는 성곽이 존재했으며 그것이 堤岸이었을 지라도 環堞 내지 粉堞 상태였기에 성곽으로 보아야 하며, 이것이 곧 外城으로 李平章과 이규보가 언급한 '海邊 新築城'이니 해변(강변)에 축조되었는데 주로 강화의 동쪽 해안에 축조되었을 것이다. 외성은 그 명칭 앞에 江都가 아니라 江華가 붙어 있듯이 도성에 원래 포함되지 않았고 梯浦도 그러했다. 단, 최항이 도성인 '中城'을 쌓으면서부터는 외성과 중성이 만나는 동쪽 해안 부분은 江都에 포

---

45) 『고려사』 권23, 세가 고종 22년 윤7월.
46) 『고려사』 권82, 兵志2, 城堡, 고종 20년 ; 『고려사』 권129, 최충헌전 附 崔怡, 고종 22년 ; 『고려사』 권23, 세가 고종 24년.
47) 『東國李相國後集』 권2, 次韻李平章復和前詩見寄.

함되었을 것이다. 최우 집권기 강도의 범위는 강도를 온전히 둘러싸는 도
성 성벽이 없어 정확히 알기는 어려운데 후대의 中城과 대략 비슷하리라
추정된다.

晉陽公 孫女가 東宮 배필로 아들을 낳자 진양공이 宗室諸王을 연회해
八洞樂을 진열해 관람하게 했다. 東山洞이 歌謠를 부르기를, "東山 曲은
네 겹으로 빛나고 中岳 聲은 萬歲를 세 번 부르네"(東山曲是重輝四 中岳
聲爲萬歲三)라고 했고, 花山洞이 노래하기를, "一門에 三韓 簪履가 모이
고 八洞 笙歌는 萬壽 聲이네"(一門簪履三韓會 八洞笙歌萬壽聲)라고 했
다. '中岳' 부분에 대한 세주에서 見子山이 中岳인데 그 洞도 음악을 바쳤
다고 했다.[48] 진양공(당시는 진양후) 최우의 손녀 得男 연회에서 八洞樂
이 연주해 최우를 왕처럼 예우하여 만수를 기원했다. 東山洞, 花山洞, 中
岳洞 등이 음악을 바쳤는데, 見子山이 中岳이었다. 花山은 훗날 南山이
다. 東山은 갑곶 북쪽 당산(만수산) 및 그것에 연결된 산줄기 일대로 여겨
지는데, 최항의 저택인 長峯宅과 원종의 별궁인 長峯宮이 위치한 長峯이
東山이었을 것이며 長嶺에 해당할 것이다. 崔怡(崔瑀)가 西山에 민을 징
발해 얼음을 私藏해 民이 심히 厭苦했다고 하는데[49] 이 서산은 고려산
일대에 해당할 것이다. 최우 집권기 강도의 범위는 동쪽으로 東山, 서쪽
으로 西山으로 둘러싸인 부분이었고 그 중심은 최우의 치소 진양부가 자
리한 중악 견자산이었다.

강도는 고종 37년에 江都 中城을 비로소 쌓으면서[50] 본격적인 도성을
지니게 되었고 도성 안팎이 뚜렷이 구분되게 되었다. 고종은 최항의 주요
공로의 하나로 "築江都中城 金湯益固" 즉 江都中城을 축조해 金湯을 더

---

48) 『보한집』 하권. 舊京(개경) 諸坊이 十二洞이라 불리며 각기 里樂이 있었지만 遷都
    에 미쳐 모두 廢했는데 晉陽公이 八洞樂을 만든 것이었다.
49) 『고려사』 권129, 최충헌전 附 崔怡.
50) 『고려사』 권82, 兵志2, 城堡. 이 강도 중성은 周回가 2,960餘間이고, 大小門은 17개
    였다.

욱 공고하게 한 것을 들었고,[51] 최항 묘지명은 최항이 "□中城以屏皇都"
즉 中城을 쌓아 皇都를 병풍처럼 둘러싸게 했다고 했다. 최항이 주도해
쌓은 '中城' 내지 '江都中城'은 皇都인 江都를 둘러싼 都城이었던 것이다.
『고려사』 오행지2, 金에 따르면 원종 원년 2월에 호랑이가 內城에 들어왔
는데, 이 내성이 곧 강도 中城으로 여겨진다. 강도 중성은 북쪽으로는 송
악산(북산), 남쪽으로는 대문고개를 통과하는 산의 라인, 서쪽으로는 국화
저수지 제방 라인으로 파악된다. 동쪽으로는 해안 외성과 만났을 것으로
여겨지는데, 이 만나는 라인은 江都로 편입되었을 것이다.

고종이 38년 9월 임오일에 城西門 外 大藏經板堂에 幸하여 百官을 거
느리고 行香했으니,[52] 중성 서문 밖에 大藏經板堂이 위치했다. 고종 38
년 8월 갑오일에 宣聖眞을 新創 花山洞 國子監에 봉안했으니,[53] 花山洞
이 교육의 중심이 되어 있었다. 太廟(大廟), 社稷, 圓丘(圜丘)도 강화에
건립되었는데 원구는 南郊 제사이므로 대문고개 밖 인근에 위치했을 것이
다. 大內를 기준으로 태묘는 동쪽에, 사직은 서쪽에 자리잡는 구도가
강화에도 적용되었을 것이다.

고종 40년 10월 戊申日에 國內 名山 및 耽羅 神祇에게 각각 濟民의
號를 더하고 大廟 九室 및 19陵에 아울러 尊謚를 加上했다.[54] 고종 41년
10월에 宰臣에게 명하여 大廟에 祈告하기를, 不遷主인 태조와 太宗大王
(혜종)과 世宗大王(현종), 그리고 宣宗·肅宗·睿宗 大王, 仁宗·神宗·康宗
大王의 功德을 찬양했다. 이로 말미암아 祖는 功이 있고 宗은 德이 있어
祶祭에서 郊로써 配帝하고 九廟의 中에 棲靈한다고 했다. 黑狄(몽골)의

---

51) 『고려사』 권129, 崔忠獻傳 附 崔沆.
52) 『고려사』 권24, 고종 38년 9월. 顯宗 때 板本이 壬辰 蒙兵에게 불타자 왕과 群臣이
   다시 발원해 都監을 세워 16년이 걸려 완성한 것이었다. 城西門 外 大藏經板堂이
   龍藏寺로 변모했을 것이다.
53) 『고려사』 권24, 고종 38년 8월.
54) 『고려사』 권24, 고종 40년 10월.

침략을 받아 赫赫의 鴻都를 버리고 區區의 海邑을 지키고 있다며 祖宗이
上帝에게 請命해 胡兵을 궤멸시켜 달라고 기원했다.55) 강화에도 大廟(太
廟) 즉 종묘가 건립되어 이전처럼 九廟(九室)로 운영되었는데, 9主 즉 태
조, 태종(혜종), 세종(현종), 선종, 숙종, 예종, 인종, 신종, 강종의 神主가
봉안되어 있었다.56)

고종 42년 8월 계유일에 大廟를 비로소 改創하느라 神主를 諸陵署에
옮겨 봉안했고, 그해 11월 정유일에 大廟가 완성되자 神主를 대묘로 還安
했다.57) 고종이 이 직후 내린 詔에서, 侍中 최항의 공적으로 大藏經板 완
성, 水路要害에 兵船 備設, 江外에 宮闕(昇天闕) 營建, 江都 中城 건축을
열거하고, 지금 大廟가 草刱 未備해 실로 奉先의 뜻에 어긋나 朕의 마음
이 未安했는데 최항이 門客 朴成梓를 督役使로 삼고 私儲로 비용을 모두
대어 공역을 끝내 制度가 마땅함을 얻어 大功을 세웠다며 有司로 하여금
開府하고 食邑을 더해 책봉하라고 했는데 최항이 받지 않자 中書令 監修
國史로 삼았다.58)

근래 강화 월곶리와 옥림리 일원에 일반산업단지를 조성하면서 조사발
굴이 진행되었는데 그 중 월곶리 부분에서 주목되는 고려시대 대형 건물
지군이 발굴되었다. 이 일대가 '대묘동'이라 불린 점과 관련해 대묘일 가
능성과 함께 최항의 저택이었을 가능성, 이궁이나 별궁이었을 가능성이
제기되었다.59)

---

55) 『고려사』 권24, 고종 41년 10월.
56) 태조, 태종(혜종), 세종(현종)은 不遷이었다. 선종, 숙종, 예종, 인종, 신종, 강종 神
主는 이후 왕위가 바뀌면 치세 왕에게 먼 쪽이 하나씩 나가게 된다. 숙종에게 쫓겨
난 헌종, 무신정변으로 폐위된 의종, 최충헌에게 쫓겨난 명종과 희종은 강도 시절
에도 태묘에 봉안되지 못했다.
57) 『고려사』 권24, 고종 42년 8월 및 11월.
58) 『고려사』 권129, 최충헌전 附 최항 ; 최항 묘지명 ; 『고려사절요』 권17, 고종 42년
11월.
59) 국방문화재연구원, 『강화 월곶리·옥림리 유적』, 2016 ; 권순진, 「강화 월곶리·옥림

이 유적은 강도 시절 태묘(대묘)였을 가능성이 가장 크다고 생각한다. 이것은 송악산 기슭에 자리했으리라 추정되는 대내(본궐)에서 동북쪽에 해당하며, 백마산 일대 산맥이 바다(강)를 통해 강화로 들어와 主山인 송악산(북산)으로 이어지는 부분에 위치하며 도성인 中城 밖에 자리했다. 개경의 태묘도 오관산이 뻗어내려 主山인 송악산과 이어지는 부분에 자리잡아 대내의 동북쪽에 위치하고 도성인 나성 밖에 자리했다. 고려인은 개경과 강도 경영에서 산맥의 흐름을 중시해 그것이 主山과 만나는 지점에 태묘(대묘)를 건설함으로써 산맥의 흐름이 태묘를 통해 대내(대궐)와 연결되도록 만들었다. 그러한 결과 태묘가 도성 안에 자리잡는 중국이나 조선과 달리 도성 밖에 자리잡게 되었다.

강도의 대궐(본궐)은 당연히 中城 안에 위치했다. 중성을 쌓을 때 대궐(본궐)을 그 밖에 위치하도록 했을 리는 없기 때문이다. 최자가 선경전 대장경도량 音讚詩에서 花山新闕은 곧 靈山이라 읊었는데, 이 화산 신궐이 곧 강도 대궐이었다. 花山은 강화읍내의 南山을 의미하기도 했지만 최자가 삼도부에서 東海 중에 花山이 있어 金鼇가 屹戴한다고 한 것처럼 江華 자체를 의미하기도 했으니 이 화산 신궐은 花山이라는 특정 산의 신궐이 아니라 강도의 신궐이라 판단된다. 「삼도부」에서 神岳이 藥開하고 靈丘가 蕚捧해 그 藥蕚에 架하여 飛鳥처럼 솟은 것은 皇居帝室과 公卿士庶의 列棟이라 했듯이 강도에서 황제의 대궐과 公卿士庶의 집은 神岳[60] 즉 송악산을 主山으로 하여 그 아래에 펼쳐졌다. 그러하니 대궐(본

---

리 유적」, 『고려 강도의 공간구조와 고고유적』(인천광역시립박물관·강화고려역사재단 공동 학술회의), 2016.

60) 『고려도경』권17 崧山廟에 따르면, 崧山神祠가 王府의 북쪽에 있는데, 契丹이 침략해 王城을 위협했을 때 神이 밤에 松 數萬으로 化하여 사람의 말을 하자 원군이 있는 것으로 오랑캐가 의심해 물러나니 그 산을 책봉해 '崧'이라 하여 신사에 그 神을 모셨다고 한다. 『동문선』권108, 大倉泥庫上梁文(이규보)에는 '正對嵩山王氣涵', 延慶宮正殿上梁文(林宗庇)에는 '嵩嶽應呼萬歲三'이라 하여, 송악산이 嵩山, 嵩嶽으로 표현되었다. 『신증동국여지승람』권4, 개성부 上, 山川에 따르면 松嶽(松岳)

궐)은 송악산 기슭에 자리 잡아야 한다.

조선시대 기록이 또한 아래처럼 강도 시절 궁궐의 대략적인 위치를 알려준다.

A-1. 府東 10里 松嶽里에 故宮 터가 있다. (『고려사』권56 지리지 강화현)

A-2. 松岳이 府東에 있다 / 지금 府東 10里 松嶽里에 古宮 터가 있다. (『세종실록』 지리지 강화도호부)

A-3. 古宮城: 松岳里에 있다. 府에서의 거리가 동쪽으로 10里이다. 고려 고종 때 축조한 內外城이 모두 土築이다. 外城은 주위가 37,076尺, 內城은 주위가 3,874尺이다. (『신증동국여지승람』강화 고적조)

A-4. 송악산이 府北 1里에 있다. (『신증동국여지승람』강화 산천조)

A-5. 고궁성: 송악 동쪽에 있다. 고려 고종 때 내외성을 흙으로 쌓았다. (『여지도서』강도부지 고적)

조선시대 기록에서도 강도 시절 고려의 옛 궁이 송악리 내지 송악 기슭에 있다고 되어 있다. 단, 조선초에 강화 읍치가 송악리에서 서쪽으로 10리 떨어진 곳에 위치했던 상황[61]을 기준으로 송악리의 위치가 설명되었음에 주의해야 한다.

좁은 의미의 花山이 강화읍내의 남산이므로 이 남산 아래에 강도가 형성되어야 할 듯도 하지만, 임금은 南面해야 한다는 사고방식에 의거해 남산 남쪽을 보면 도읍을 설정하기에 협소하다. 남산 북쪽 기슭에 대궐을 지으면 임금이 남면하기 어렵다. 그래서 오늘날 강화읍내의 북산을 강화 천도 당시에 송악산이라 명명해 그 남쪽 기슭에 대궐을 짓게 되었다고 여겨진다. 이로써 강도의 중심부가 송악산(북산)과 화산(남산) 사이에 형성되었으니 화산(남산)의 체면도 살려준 셈이었다. 마치 고려시대 楊州에서

---

은 崧山, 神嵩으로도 불렸다. 개경 송악산이 崧山, 嵩山, 嵩嶽, 神嵩으로 불린 것인데 강도의 경우도 마찬가지였을 것이다.

61) 윤용혁, 「고려시대 강도의 개발과 도시 정비」 『역사와 역사교육』 7, 2002.

木覓(남산) 壤이 명당으로 명성이 높았지만 남경 궁궐이 面嶽(白嶽: 北嶽) 남쪽 기슭에 자리잡은 것과 비슷한 이치이다.

강화에는 궁궐을 대표하는 대궐(본궐)이 조영되었고 그 외에도 壽昌宮, 용암궁, 진암궁, 궐서궁 등 이궁 내지 별궁이 건립되었다. 그런데 권력은 왕궁보다 무인집권자 최우의 저택에서 나왔으니 그 저택은 왕궁이나 다름 없었다. 고종 21년에 왕이 최이(최우)의 遷都 공로를 논해 封侯立府하고 자 하니 백관이 모두 그 第에 나아가 축하했으며 왕이 최이를 책봉해 晉陽侯로 삼았다. 최이가 私第를 조영했는데 都房 및 4領軍을 사역해 舊京 材木을 수송하고 松栢을 많이 취하여 園中에 심되 모두 다 선박으로 수송 했기 때문에 사람들이 溺死者가 많았다. 그 園林은 延袤가 數10里였 다.[62] 최우가 사망한 후 崔沆이 갑옷을 입고 병력을 거느려 長峯宅에서 부터 말을 달려 見子山 晉陽府로 이동해 東偏戶를 통해 들어간 데에서[63] 알 수 있듯이, 최우의 私第이자 治所인 晉陽府는 見子山에 위치했고, 후 계자인 최항도 진양부에 거처했다. 견자산 진양부는 대궐(본궐)의 위치를 찾는 데 기준점으로 작용할 수 있다.

고종 29년 8월 임자일에 오랜 가뭄으로 인해 徙市했고, 8월 계축일에 왕이 離宮에 移御했다. 9월 신사일에 詔하기를, 近道 州縣에 禾穀이 익 지 않아 民이 收獲하지 못해 그 賦斂를 부담하기 어려우니 遣使해 審檢 하라고 했다. 30년 5월 을유일에 本闕로 還御했고, 가뭄으로 中外 二罪 이하를 赦하고 雲雨道場을 內殿에 5일 동안 개설했다.[64] 고종 30년 10월

---

62) 『고려사』 권129, 최충헌전 附 崔怡. 安養山이 江華에서의 거리가 數日程임에도, 최 이가 門客 장군 朴承賁 등으로 하여금 그 栢樹를 취하여 심게 했는데, 당시 바야흐 로 洹寒해 役徒 중에 凍死者가 있어 沿路 郡縣이 집을 버리고 산에 올라 피하니, 어떤 사람이 昇平門에 牓을 붙여, "사람과 栢 중에 누가 더 重한가"라고 했다. 승평문은 대궐궁성의 남문이자 정문이었다. 호랑이가 원종 6년 7월에 闕東門 外에 들어와 사람을 물어 죽인 사건(『고려사』 권54, 오행지2, 金)은 강도 대궐에 東門이 있었음을 말해준다.

63) 『고려사』 권129, 최충헌전 附 崔沆.

병자일에 離宮에 移御했고, 11월 기유일에 本闕로 還御했다.<sup>65)</sup> 고종의
치세 29년~30년 이궁 이어는 흉년과 가뭄으로 인한 행위로 보인다. 고종
31년 8월에 康安殿을 改創했는데,<sup>66)</sup> 왕이 본궐에 그대로 머물렀는지 다
른 곳으로 이주했는지 확실하지 않다.

## 3. 강도 본궐의 위치 추적

### 1) 연경궁을 키워드로 본궐 찾기

江華는 섬인데다가 인구밀도가 높아 江都 시절에 화재가 자주 발생했
다. 고종 21년 정월 병오일에 大風으로 闕南里 數千家가 불탔고, 3월 계
축일에 大風으로 闕南里에 失火로 數千餘家가 延燒되었다.<sup>67)</sup> 강도 궐남
리 즉 대궐 남쪽 里는 한 번의 화재로 數千 집이 불탈 정도로 건물과 인
구 밀도가 대단히 높았다. 고종 32년 3월 화재는 江都 본궐(대궐)의 위치
와 관련해 주목된다.

B-1. (고종)三十二年 三月甲子 江都見子山北里民家八百餘戶火 老弱焚死者
八十餘人 連燒延慶宮法王寺御醫庫大常府輸養都監 (『고려사』 권53,
志7, 五行1, 火)
B-2. (고종 32년) 春三月 江都見子山北里民家八百餘戶火 死者八十餘人 連
燒延慶宮, 夏四月 宰樞奏撤左右倉及文籍錢穀所藏官廡旁近人家各五

64) 『고려사』 권23, 세가 고종 29년 8월·9월 및 30년 5월. 왕이 30년 6월 병오일 초하
루에 奉恩寺에 갔는데 가뭄으로 인해 撤扇을 제거했다. 무신일에 큰 비가 내렸다.
65) 『고려사』 권23, 세가 고종 30년 10월·11월.
66) 『고려사』 권23, 세가 고종 31년 8월.
67) 『고려사』 권53, 志7, 五行1, 火. 동일 내용이 『고려사절요』 권16에 날짜만 없을 뿐
실려 있다.

十尺 以備火灾, 崔怡以八日燃燈 結綵棚陳伎樂百戲 徹夜爲樂 都人士
女觀者如堵, 遣員外郞朴隨郞將崔公瑨如蒙古 (『고려사절요』 권16)

B-3. (고종)三十二年春三月甲子 幸乾聖福靈二寺 夏四月乙丑朔 宰樞奏撤左
右倉及文籍所藏官廨旁近人家五十尺 以備火灾 己卯 遣員外郞朴隨郞
將崔公瑨如蒙古 (『고려사』 권23, 고종세가)


『고려사』 오행지에 따르면, 고종 32년(1245) 3월 갑자일(29일)에 江都
見子山 北里의 民家 800餘戶가 불타 老弱으로 불타 죽은 자가 80餘人이
었으며 이 불이 '延慶宮法王寺御醬庫大常府輸養都監'을 連燒시켰다. 이
를 통해 건자산 北里는 民家가 한 번의 화재로 800餘戶 불탔을 정도로
조밀했음을 알 수 있다. 또한 견자산 북리 근처에 '연경궁', 법왕사, 御醬
庫, 大常府, 輸養都監이 있었음을 알 수 있다.

그런데 連燒된 대상 '延慶宮法王寺御醬庫大常府輸養都監'을 어디에서
끊어 읽어야 하는지 고민된다. 각 시설을 독립적으로 보아 '延慶宮, 法王
寺, 御醬庫, 大常府, 輸養都監'으로 읽는 방안, 법왕사와 나머지 시설을
연경궁의 부속으로 보아 '延慶宮의 法王寺·御醬庫·大常府·輸養都監으
로 읽는 방안이 있는데, 어느 것을 선택해야 할까?

'延慶宮法王寺御醬庫大常府輸養都監'이 『고려사절요』에는 延慶宮만
언급되었다. 화재사건을 축약해 기록하면서 격이 높은 시설 하나를 선정
해 연경궁만 언급한 것인지, 法王寺와 御醬庫와 大常府와 輸養都監이 연
경궁의 부속 시설이라서 생략하고 연경궁만 언급한 것인지 애매하다. 법
왕사는 개경의 경우 대내(대궐)에서 궁성의 동쪽 밖, 황성의 서쪽 안에 자
리했다. 강도 대내(대궐)의 경우 황성은 존재했는지 확인되지 않지만 법
왕사가 대내(대궐) 궁성 동쪽에 위치했을 가능성이 큰데 '연경궁'과 함께
連燒된 것으로 기록되어 있어 눈길이 간다. 법왕사와 함께 불탄 이 '연경
궁'이 본궐의 착오이지 않을까 의문이 드는 것이다.

화재가 3월 갑자일(29일)에 일어났는데 『고려사』 고종세가에는 이날에

화재가 언급되지 않고 乾聖·福靈二寺에 幸했다고만 되어 있다. 고종이 화재가 발생하기 전에 이 두 절에 간 것인지, 발생 후에 간 것인지도 잘 알 수 없다. 『고려사』 고종세가에는 치세 32년 1월, 2월 기사는 아예 누락되어 있고. 3월도 건성사와 복령사에 간 것만 기록되어 있어 고종의 행적이 묘연하다.

그런데 『고려사』 고종세가에 따르면 4월 초하루에 宰樞가 아뢰어 '左右倉 및 文籍所藏官廨' 旁近 人家 50尺을 철거해 火災를 대비하였다. 3월 29일에 연경궁 등 連燒가 발생한지 바로 다음날의 조치였다. 『고려사절요』에 따르면 3월 연경궁 連燒 바로 다음 기사에 4월에 宰樞가 아뢰어 '左右倉 및 文籍錢穀所藏官廨' 旁近 人家 각 50尺을 철거해 火災를 대비했다고 되어 있다. 화재 발생 바로 뒷날 재추가 신속하게 화재 예방 조치를 취했을 정도로 고려 정부는 이 번 화재를 심각하게 받아들이고 있었다. 왕궁이 불타고 팔관회 때 행차해 焚香하는 법왕사가 불탔으니 심각한 일이긴 한데, 불탄 '연경궁'에 더욱 충격을 받지 않았을까? 고려정부가 국가의 재정과 녹봉이 매여 있는 좌창·우창과 文籍·錢穀을 보관한 官廨를 화재로부터 보호하기 위해 민가와의 안전거리를 확보하려 했다.

『고려도경』은 倉廩 항목에서, 內城 안에 옛적에 三倉이 있었으나 지금 右倉만 보인다고 했고, 省監 항목에서 王居內城에서 보화를 보관하는 大盈倉과 곡식을 보관하는 右倉을 언급했다. 『중경지』 산천에 따르면 左倉洞에 東池가 위치했으니 좌창은 동지 근처에 위치했을 것이다. 희종 4년에 광화문 안에 大倉 南廊과 迎休門 등 73개 기둥을 지었다.[68] 그러하니 좌창과 대창은 궁성 밖 동쪽, 황성 안 서쪽 즉 東池 근처에 위치했고 우창도 그러했을 것이다.[69] 강도에서도 본궐 궁성의 동쪽에 위치했으리라 여

---

68) 『고려사』 권21, 희종 4년 7월.

69) 右倉(豊儲倉)은 供上米麷을, 左倉(廣興倉)은 백관녹봉을 관장했다. 『고려사』 권77, 백관지2, 풍저창·광흥창.

겨지는데 '연경궁' 등 連燒에 충격받아 좌우창을 민가로부터 충분히 떨어
뜨리는 조치를 취했으니 좌우창은 이 '연경궁'과 근접한 거리에 위치한 것
으로 보여 이 '연경궁'이 본궐의 誤記였을 가능성을 높여준다.

개경의 延慶宮은 원래 后妃宮의 하나였다가 왕의 별궁으로 편입되었
는데 이자겸 정변으로 대궐이 불타자 복구될 때까지 수창궁과 함께 대궐
의 기능을 대신했다. 林宗庇의 연경궁정전 상량문에 따르면, 魏闕의 震地
에 있는 漢家의 離宮인데 세월이 흐르면서 낡았지만 오랫동안 수리하지
못하다가 主上이 撥亂反正하고는 舊宅을 열어 廣居를 넓혀 경영해 수개
월만에 100間餘의 틀을 갖추게 되었다고 한다.[70] 개경 연경궁은 魏闕(大
闕)의 동쪽에 위치한 이궁 내지 별궁이었던 것인데 이는 규모가 100여칸
밖에 되지 않는 점으로도 알 수 있다.

개경의 경우 대궐이 제대로 기능하면 대궐이 주 기능을, 수창궁이 보조
기능을 수행해 연경궁은 필요성이 적어졌다. 강도에도 대궐과 별궁 수창
궁이 존재해 그러한 기능을 수행했는데 몽골과의 전쟁 와중에 굳이 다른
별궁인 연경궁을 건설했을까?

그런데 조선 초중기 『신증동국여지승람』 開城府 下 古跡 조 본문에는
延慶宮을 대궐로 파악했다. 그 내용을 소개하면 아래와 같다.

C-1. 延慶宮: 在松岳山下 術家謂明堂之地 其正殿曰乾德宮 或稱大觀 南門
曰廣化 東曰東華 西曰西華 北曰玄武 仁宗朝爲李資謙所焚 恭愍王時
又經紅賊之亂 不復收建 今稱本大闕 其闕庭謂之毬庭
C-2. 滿月臺: 在延慶宮 卽正殿前階也

延慶宮은 송악산 아래에 있었고 지금(조선 초중기) '本大闕'이라 불린

---

70) 林宗庇, 「延慶宮正殿上梁文」, (『동문선』 권108). 이 연경궁 중창은 작자의 활약시기,
主上이 撥亂反正했다는 점으로 보아 이자겸의 정변을 진압한 이후의 인종대로 여
겨진다.

다고 했으니 그것을 송악산 남쪽 기슭 대궐(본궐)로 본 것이었는데, 그 정
전을 乾德宮 혹은 大觀宮, 그 闕庭을 毬庭이라 소개했을 정도로 확신한
것이었다. 하지만 남문을 廣化門이라 소개했으니 이미 오류를 내포하고
있었다. 會慶殿이 송악 대궐의 정전이었음에도 언급조차 되지 않았다. 滿
月臺는 연경궁에 있다면서 곧 정전 앞 계단이라 했다. 오늘날 우리에게도
익숙한 '만월대'가 연경궁의 정전 앞 계단이라는 것이다. 송악산 아래에
위치했던 고려 本大闕을 조선 초중기에 많은 사람들이 '延慶宮'이라 인식
했던 모양이다.

위 고적조에서 연경궁이 공민왕때 홍건적의 난을 겪은 후에 더 이상
수리되지 못했다는 구절에 눈길이 간다. 연경궁은 공민왕 때 정궁처럼 사
용되었는데 그 사실이 조선시대로 가면서 기억과 전승 과정에 사람들로
하여금 연경궁과 대궐을 혼동하도록 만들었을 것이다. 별궁이었던 연경궁
이 본격적으로 정궁처럼 쓰이기 시작한 시기는 충선왕 때로 올라간다. 충
선왕이 복위원년(1309) 3월에 강안궁과 연경궁의 重新을 명했는데, 朝野
가 원망하므로 강안궁의 공사는 중단된다.[71] 그리고 연경궁 공역은 그대
로 진행되어 완공된다. 이렇게 중창된 연경궁이 정궁처럼 쓰이다가 공민
왕 때 홍건적의 침략으로 불탄 후 재건되지 못해 훗날 착각의 요인을 제
공했다고 볼 수 있다.

『중경지』는 宮殿 편에서 연경궁에 대한 동국여지승람의 기록을 그대
로 소개한 다음에, 현종 9년에 왕자가 延慶院에서 태어나자 院을 고쳐 宮
이라 했다고 기재했다. 그 다음에 이자겸의 난으로 궁궐이 다 불타자 인
종이 이 궁(연경궁)에 이어했고 난을 평정한 후 16년에 비로소 新闕로 돌
아왔다고 기재했다. 다음에 동문선 연경궁상량문의 "魏闕之震地 有漢家
之離宮" 조항을 소개했다. 그리고는 麗史 및 동문선에 의거하건대 延慶은

---

71) 『고려사』 권33, 충선왕 복위원년 3월.

離宮인 듯한데 原誌가 正宮이라 여겼고, 金寬毅 編年 역시 延慶宮奉元殿이라 했으니 의심스럽다고 했다.[72] 『중경지』는 연경궁을 정궁으로 간주한 原誌(동국여지승람)의 내용에 의문을 제기한 것이었다. 그래서 『중경지』는 會慶殿이 송악 아래에 있었는데 이것이 곧 麗朝 正殿이라며 圖經(고려도경)의 내용을 증거로 제시했다. 滿月臺는 會慶殿基인데 麗史에 望月臺라 칭하는 것이 있어 대개 宮內의 一臺라며 秋江 남효온 松京錄에도 역시 이것을 望月臺라 했으니, 속칭 만월대는 어찌 望과 滿이 소리가 비슷해 그렇게 된 것이 아닌가 했다.

고려시대 개경에서 연경궁이 본궐이 아니었음은 분명하다. 그런데 대궐(본궐)과 연경궁을 혼동한 것은 동국여지승람만이 아니었으니 이른바 정사라는 『고려사』와 『고려사절요』에도 일부 나타난다. 명종은 원년 10월에 대궐이 화재로 불타자 수창궁에 이주해, 대궐이 복구되어도 수창궁에 계속 머물렀다. 최충헌과 최충수 형제가 명종 26년 4월에 이의민을 암살하고 5월에 올린 封事에서 大宮闕로의 이주 등을 요청했다. 왕은 이 요청을 받아들였다.[73] 그래서 명종은 수창궁을 떠나는데 돌아간 곳이 아래처럼 연경궁으로 기록되어 있어서 문제이다.

> D-1. (8월)壬申 王自壽昌宮移御延慶宮 自辛卯宮闕災 爲接金使 先創康安大
> 觀兩殿 金使至則入御康安殿 引見于大觀殿 忌其新創未嘗留御 禮畢卽
> 還御壽昌宮 至是乃御延慶宮 崔忠粹陳兵兵曹之南 及車駕將入廣化門
> 觀者多從傍出 忠粹遣人呵止 觀者辟易亂觸太子儀仗 人訛言變生輦下
> 扈駕百官皆狼狽四散 夾道士女交相踐踥 惟侍中杜景升按轡自若 時人
> 心洶洶 危疑如此 (『고려사』권20, 명종 26년)
>
> D-2. 八月 王自壽昌宮 移御延慶宮 自辛卯宮闕災 爲接金使 先創康安大觀兩
> 殿 金使至 則入御康安殿 引見于大觀殿 忌其新創 未嘗留御 禮畢 卽還

---

72) 金寬毅 編年에 延慶宮奉元殿이라 한 데에 보이는 '延慶宮'도 훗날 「高麗世系」를 편찬하는 과정에서 생겨난 오류로 보인다.
73) 『고려사절요』권13, 명종 26년.

御壽昌宮 至是 乃御延慶宮 崔忠粹陳兵兵曹之南 及車駕將入廣化門
觀者多從旁出 忠粹遣人呵止 觀者辟易亂觸太子儀仗 人訛言 變生輦下
扈駕百官皆狼狽四散 夾道士女交相踐踏 惟侍中杜景升按轡自若 時人
心洶洶 危疑如此 (『고려사절요』권13, 명종 26년)

D-3. 王移御延慶宮 訛言變生輦下 扈駕百官皆狼狽四散 景升獨按轡神色自
若(『고려사』권100, 두경승전)

명종이 26년 8월에 수창궁을 떠나 연경궁으로 이어했다고『고려사』명
종세가,『고려사』두경승전,『고려사절요』가 한결같이 기재했다. 명종이
이주해야 할 곳은 최충헌 형제가 封事에서 명시한 '大宮闕'이었다는 점,
강안전과 대관전이 있는 곳이라는 점, 명종이 수창궁을 떠나 廣化門으로
들어가려 하는 장면이 나온다는 점에 의거하면 대궐(본궐)이 분명한데 연
경궁으로 표기된 것이었다.『고려사』찬자와『고려사절요』찬자가 이 시
점에서 대궐(본궐)과 연경궁을 혼동하기 시작한 것이니 이에 유의할 필요
가 있다.

명종이 26년 8월 임신일(25일)에 수창궁에서 연경궁(대궐의 오류)으로
이주한 후 일정을『고려사』명종세가에 의거해 살펴보자. 명종 26년 9월
정축일 초하루에 왕이 儀鳳門에 나아가 赦했고, 冬11월 기축일(14일)에
팔관회를 개설했다. 11월 갑오일(19일)에 壽昌宮에 이어했고, 27년 春정
월 병자일(2일)에 '延慶宮'에 이어했고, 9월 계해일(23일)에 최충헌 형제
가 왕을 핍박해 單騎로 向成門을 나오게 해 昌樂宮에 유폐하고 平涼公
晫(신종)을 맞이해 즉위시켰다. 이에 의하면 연경궁(대궐의 오류)에서 11
월 갑오일(19일)에 수창궁에 이어했다가 27년 정월 병자일(2일)에 '연경
궁'에 이어했는데, 9월 계해일(23일)에 최충헌 형제의 강압에 의해 向成
門을 나와 퇴위당했으니 정월 병자일에 이어한 곳인 '연경궁'도 대궐(대
내)의 착오였다. 왜냐하면 向成門은 대궐(대내) 궁성의 서문이었기 때문
이다.

희종이 즉위해 金使를 영접하는 기록에도 '연경궁'이 나타난다. 그 과
정을 『고려사』 세가에서 살펴보면, 신종이 7년 정월 기사일에 태자에게
禪位하니 최충헌이 태자를 인도해 康安殿으로 들어와 御服을 바쳐 北面
해 再拜하고 받들어 나가니 태자(희종)가 大觀殿에서 百官 朝賀를 받았
다. 정축일에 왕(신종)이 德陽侯邸에 이어해 세상을 뜨면서 遺詔에서 乾
始殿에 殯하지 말라고 하니 무인일에 內史洞靖安宮에 殯했다.74) 희종 즉
위년 2월 경신일에 신종을 陽陵에 장사지내고 郎中 任永齡을 금에 보내
告喪했다. 3월 정묘일에 文宣王에게 釋奠을 지냈는데 國恤로 인해 이 달
을 사용한 것이었다. 夏4월 갑오일 초하루에 母 金氏를 높여 王太后로
삼고 기미일에 赦했고, 5월 경오일에 왕의 생일 壽祺節을 고쳐 壽成節이
라 했다.75)

희종 즉위년 6월 기해일에 金이 祭奠使 小府監 張俌과 大理少卿 梅瓊,
慰問使 工部侍郎 石懿, 起復使 吏部侍郎 木甲晦 등을 보내왔다. 三使가
하루 사이에 入京하니 仁恩館, 迎恩館, 宣恩館에 分處했다.76) 그 바로 다
음 기사가 아래처럼 이어진다.

    E. 乙卯 王服皂衫 引祭奠使 迎詔于延慶宮 (『고려사』 권21, 희종 즉위년 6월)

희종이 즉위년 6월 을묘일에 皂衫을 착용하여 祭奠使를 인도해 '延慶
宮'에서 迎詔했다는 것이다. 이 '연경궁'이 별궁이라면, 굳이 그러한 연경
궁에서 희종이 금 황제의 詔書를 받을 이유가 과연 있었을까? 선왕 신종
은 최충헌에 의해 옹립되어 生殺廢置가 모두 최충헌 손에서 나와 다만
虛器를 끌어안았으니 臣民의 上에 섰지만 木偶人과 같을 뿐이었다77)고

74) 『고려사』 권21, 신종 7년 정월.
75) 『고려사』 권21, 희종 즉위년 2월~5월.
76) 『고려사』 권21, 희종 즉위년 6월.
77) 『고려사』 신종세가 말미 史臣 贊.

했듯이, 政事는 물론 출입에 제약이 많았다. 그래서 신종은 불교사원에는
행차했지만 별궁에는 간 적이 없었다. 희종은 강안전에서 준비해 대관전
에서 즉위했으니 대내(대궐)에서 즉위한 것이었다. 게다가 선왕의 장례식
이 끝나 이미 嘉禮로 전환한 상태였다. 금 祭奠使가 가져온 詔書를 굳이
별궁에서 받을 이유를 찾기 어렵다. 그러하니 이 조서는 대내(대궐)에서
받은 것으로 추론되며, 이 조서를 받은 장소로 표기된 '延慶宮'은 대내(대
궐)의 혼동이라 판단된다.

희종은 5년 3월 정유일에 柳井洞 崔忠獻 第에 移御했는데,[78] 그 해 11
월에 돌아온 곳이 문제이다.

F-1. 十一月乙未 還御延慶宮 (『고려사』 권21, 세가 희종 5년)
F-2. 冬十一月 還御延慶宮, 日將晡 乘輿未駕 左御史崔傅右御史尹世儒飢甚
入路傍家飮酒 不覺駕出 傅犯馳道 世儒泥醉 使人控馬 言語狂亂, 憲府
劾奏 左遷傅安東都護府判官 世儒梁州副使 (『고려사절요』 권14, 희종 5
년)
F-3. 世儒 瓘之孫, 熙宗時爲右御史, 一日 王移御延慶宮, 世儒與左御史崔傅
當扈駕 二人凌晨詣闕 日將晡乘輿未駕 飢甚 入路傍家飮酒 不覺駕出
傅犯馳道 世儒泥醉使人控馬 言語狂亂, 憲府劾奏左遷傅安東判官世儒
梁州副使 (『高麗史』 권96, 尹瓘傳 附 尹世儒)

『고려사』 희종세가에는 희종이 11월 을미일에 '연경궁'에 還御했다고
되어 있다. 『고려사절요』에는 "冬11월, 延慶宮에 還御하다. 해가 지려는
데도 乘輿가 출발하지 않자 左御史 崔傅와 右御史 尹世儒가 매우 배고파
길 옆 집에 들어가 飮酒하다가 어가 출발을 깨닫지 못해 崔傅가 馳道를
범하고 尹世儒가 泥醉해 사람으로 하여금 말을 끌게 하고 언어가 狂亂했
다"고 기록했다. 희종이 '延慶宮'으로 還御했다면서, 그 과정에 御史 최부
와 윤세유가 술에 취해 벌어진 해프닝을 기재한 것이었다. 尹世儒傳도 어

---

78) 『고려사』 권21, 희종 5년 3월.

느날 왕이 '延慶宮'에 移御했다면서 『고려사절요』와 거의 동일한 내용을 기재했는데, 다만 최부와 윤세유가 扈駕를 담당해 凌晨(새벽)에 詣闕해 대기한 내용이 들어 있다.

이 기록을 정리하면, 희종이 '연경궁'으로 환어하려 하니까 호가를 담당한 어사 최부와 윤세유가 새벽부터 '詣闕'해 기다렸지만 해가 지려 해도 어가가 출발하지 않자 둘이 술 취해 취태를 부렸고, 희종은 예정대로 '연경궁'으로 환어했다고 읽힌다. 그러면 이 '연경궁'은 별궁이었을까?, 아니면 편찬자가 대내(대궐)와 혼동한 것일까? 희종이 柳井洞 崔忠獻 第에 머물다가 기록상 '연경궁'으로 환어한 것으로 판단되는데, 최충헌 第에서 또 다시 별궁으로 갈 이유가 별로 없어 대내(대궐)로 돌아온 것으로 판단된다. 『고려사』 세가와 『고려사절요』에서 '還御'라고 표현한 점으로 보아 더욱 그러하다. 윤세유전에 '詣闕'이라는 표현이 좀 거슬리지만 최충헌 집이 왕의 별궁 내지 행궁처럼 사용되었다는 점, '詣闕'이 '궁궐에 나아가다', '대궐에 나아가다'는 의미를 지녔지만 왕이 머물고 있는 곳에 나아간다는 의미로도 쓰일 수 있었다는 점을 고려하면 별 문제는 아니라고 본다.

고종은 12년 3월 을유일에 內殿 修葺 때문에 장군 金若先 第에 移御했다. 이 해 10월 정미일에 儲祥·奉元·睦親·含元 四殿이 災하여 禁城廊廡 137間을 延燒시켰다. 13년 4월 기축일에 年荒으로 인해 일체 土木의 役을 罷했고, 6월에 가뭄이 들었고, 8월 무신일에 왕이 平峯宮에 移御했고, 冬10월 기축일에 地震으로 屋瓦가 모두 떨어졌고 을미일에도 또 震했다. 14년 8월 신해일에 태자가 寶文閣에 앉아 비로소 孝經을 講했다.[79)]

그런데 『고려사』 고종세가에 따르면 고종 치세 15년에 연경궁과 본궐이 아래처럼 등장한다.

---

79) 『고려사』 권22, 고종세가.

G-1. 秋七月乙未 移御延慶宮
G-2. (8월)辛酉 親設消災道場于延慶宮
G-3. (11월)乙未 還御本闕

秋7월 을미일에 '延慶宮'에 移御했고, 8월 신유일에 '延慶宮'에서 소재도량을 親設했고, 11월 을미일에 本闕로 還御한 것이었다. 7월과 8월 기사에 언급된 '延慶宮'은 왕의 다른 곳 이어가 누락되지 않았다면 11월에 本闕로 還御하는 것으로 보아 별궁의 하나를 의미한 것으로 보인다. 고종은 내전의 수리와 그 중에 발생한 내전 구역의 화재로 인해 신하 집과 자신의 별궁에 머물다가 15년 11월 을미일에 본궐로 돌아왔다고 여겨진다.

요컨대, 『고려사』와 『고려사절요』는 최충헌정권이 시작되는 명종 26년 무렵부터 본궐과 연경궁을 혼동해, 본궐을 연경궁으로 표기하는 일이 더러 있었다. 이는 조선초기에 고려역사 편찬이 체제와 내용 문제로 복잡하게 전개된 결과로 보이지만, 특히 여러 편찬자 중에서 무인정권기를 담당한 편찬자가 본궐과 연경궁을 명확히 구분하지 못해서 생겨난 결과로 여겨진다. 고종 32년(1245) 3월 갑자일(29일)에 발생한 견자산 북리 민가의 화재로 連燒된 연경궁도 조선초 고려역사 편찬과정에서 본궐과 착각한 것으로 여겨지니, 강도 본궐은 견자산 북리 인근에 자리했다고 볼 수 있다.

## 2) 별궁 이어를 통해 본궐 찾기

강도 시기인 고종 32년(1245) 3월 갑자일(29일) 화재로 돌아가면, 고종이 이 전후에 어디에 머물렀는지 기록이 부실하다. 앞에서 살펴보았듯이 고종 30년 11월 기유일에 왕이 離宮에서 本闕로 還御했고, 31년 8월에 康安殿을 改創했다. 화재 날에 왕은 건성사와 복령사에 幸했는데 본궐로 돌아온 것인지, 다른 곳으로 가서 머물렀는지 잘 드러나지 않는다. 그런데 고종 33년 5월 기사일에 禪源社에 幸하고 다음날인 경오일에 壽昌宮에 移御했다.[80] 36년 윤2월 계축일에 왕이 龍嵒宮에 移御했고, 윤2월 병인일에 乾聖·福靈 二寺에 幸하고 本闕로 還御해 消災道場을 개설했고, 3월 기묘일에 龍嵒宮에 移御했다.[81]

강도 수창궁은 개경에서처럼 별궁의 대표격으로 대궐(본궐)을 보좌하는 기능을 수행하며 대궐(본궐)에 버금가는 위상을 차지했다. 수창궁은 개경에서 烏川(黑川)의 北岸, 十字街 인근에 위치했던 것처럼 강도에서 東洛川의 北岸에 위치했으리라 여겨진다. 근래 관청리 145번지와 관청리 163번지 유적에서 고려시대 건물 유구가 발굴되었는데[82] 이곳을 포함한 강화군청 일대는 수창궁 혹은 后妃宮 혹은 최우 別第가 자리했으리라 추정된다.[83] 龍嵒宮은 辰嵒宮(辰嵒宮)과 같은 궁으로 여겨지는데, 龍津·龍堂 지역에[84] 위치했으리라 추정된다.

---

80) 『고려사』 권23, 고종 33년 5월.

81) 『고려사』 권23, 고종 36년 윤2월. 임금의 움직임에서 대개 일시적 방문은 '幸'으로, 거주지의 이동은 '移御' 혹은 '還御'로 표현되었다.

82) 강화군·한국문화유산연구원, 『강화 관청리 163번지 유적』, 2015.

83) 강도에서 생활했던 대표적인 后妃를 보면, 元德太后(延德宮主) 柳氏는 宗室 信安侯 珹의 딸로 강종과 혼인해 고종을 낳았고 고종 26년에 세상을 떠 坤陵에 묻혔다. 順敬太后 金氏는 김약선의 딸(최우의 외손)로 고종 22년에 태자 원종과 혼인해 妃가 되어 충렬왕을 낳고 세상을 떴고 훗날 왕후를 거쳐 태후에 追封되었다. 慶昌宮主 柳氏는 宗室 新安公 佺의 딸로 원종과 혼인해 원종 원년에 王后에 책봉되었고 충렬왕이 태자에 책봉되는 것을 반대했다. 『고려사』 권88, 列傳1, 后妃1

84) 龍津과 龍堂에 조선시대에 돈대가 설치된다. 『고려도경』 권39 海道 및 권17 祠宇 蛤窟龍祠에 따르면 서긍을 포함한 宋使 일행이 紫燕島를 지나 좁은 水道로 파도가 거친 急水門(항산도·황산도와 광성보 사이)을 통과해 조수를 따라 더 나아가 蛤窟에 정박해 이곳에 자리한 龍祠(神像 지님)에 제사지냈다. 舟人이 往還할 때 반드시 이곳에 제사하며, 저번에 宋使가 이곳에 이르러 제사하고 난 다음날에 청색 小蛇 하나가 출현했다고 한다. 강화의 鹽河 연안에 위치한 이 영험한 蛤窟 龍祠로 인해, 이곳 일대에 강도 시절에 龍嵒宮 내지 辰嵒宮이 건립되었다고 여겨진다. 龍津과 龍堂도 蛤窟 龍祠에서 유래했을 것이다.

그런데 고종 36년 4월 丙辰日에 本闕에 還御해 監役官僚 및 役徒에게 연회를 베풀고 工匠에게 銀 20斤과 布 200匹을 하사했다.[85] 그동안 본궐 중수 공역이 진행되었던 것이고 이제 어느 정도 완공되자 본궐에 還御해 監役官僚 및 役徒를 포상한 것이었다. 고종 31년 8월에 시작된 강안전 改創 공역이 이렇게 오래 걸렸을까? 아무래도 본궐에 대한 대대적인 중수 공역이 진행되었던 것으로 판단된다. 그렇다면 고종 32년(1245) 3월 갑자일(29일) 화재로 불탔다는 '연경궁'은 본궐의 착오로 볼 수 있지 않나 싶다. 본궐이 고종 32년(1245) 3월 견자산 북리 민가 화재로 連燒되자 복구 공사가 진행되어 고종 36년 4월 무렵에 어느 정도 완공되었다고 추론된다. 이리 보면 강도의 본궐(대궐)은 법왕사와 함께 견자산 북리 민가의 근처에 자리했던 것이니, 그 위치는 견자산 맞은편 송악산(북산)의 남쪽 기슭에, 부연하면 강화중학교와 송악산(북산) 사이에 해당한다.

고종은 本闕에 還御해 監役官僚 및 役徒를 포상한 다음에도 본궐에 쉽사리 정착하지 못한다. 고종 36년 9월 정유일에 妙通寺에 幸했다가 麗正宮에 移御했다.[86] 태자동궁인 여정궁은 본궐의 동쪽에 위치했을 터인데 고종은 왕의 처소가 아니라 태자의 처소에 머물렀다. 이해 10월 병오일에는 王輪寺에 幸했다가 龍嵒宮에 移御했다.[87] 37년 5월에는 壽昌宮에 移御했다. 이해 6월 경자일에 蒙古使 多可無老孫 등 62인이 出陸의 상태를 살피러 와서 昇天府館에 이르러 왕에게 江外에 出迎하기를 질책했지만 왕은 出迎하지 않고 新安公 佺을 보내 江都에 맞아들이고, 을사일에 수창궁에서 蒙使를 연회했다. 이해 7월 갑술일에는 闕西宮에 移御했고, 9월 신미일에 수창궁에 이어했다. 이해 12월 병진일에 蒙古使 洪高伊 등 48

---

85)『고려사』권23, 고종 36년 4월. 한편,『고려사절요』권16 고종 36년 4월조에는 "幸本闕 饗監役官僚及役徒 賜工匠銀二十斤布二百匹"이라 되어 있다.

86)『고려사』권23, 고종 36년 9월.

87)『고려사』권23, 고종 36년 10월.

인이 와서 昇天館에 머물며 말하기를, 왕의 出迎을 기다려 들어가겠다고
하니, 기미일에 왕이 梯浦宮에서 맞이했다. 38년 춘정월 임술일 초하루에
왕이 梯浦宮에 있으면서 洪高伊를 연회했다. 정월 갑자일에 왕이 蒙使를
대동해 壽昌宮으로 돌아오는데, 父老가 都門 外에 出迎해 모두 눈물을
흘리며 再拜하고 萬歲를 불렀다.[88]

고종은 본궐 중수가 완료되었는데도 본궐에 머물지 않고 용암궁, 수창
궁, 궐서궁 등 별궁을 전전하며 머물고 있었다. 단, 제포궁 체류는 蒙使
영접 때문이었다. 오랜 전쟁과 극심한 가뭄[89]을 祈禳하기 위한 때문일 수
도 있지만 가뭄이 끝나도 본궐로 돌아오지 않는 걸로 보아 본궐이 不吉하
다는 인식 때문이었을 가능성이 크니 견자산 북리 민가 화재로 본궐도 불
탔기 때문이었으리라 추론된다. 마치 명종이 대궐 화재로 인해 충격을 받
아 대궐 복구 완료 후에도 대궐을 기피해 계속 수창궁에 머물렀던 사례가
그러한 추론을 뒷받침한다. 闕西宮은 대궐(본궐) 서쪽에 위치했을 터인데
강화여고 기숙사 부지 발굴에서 드러난 고려시대 유적과 관련이 있을 수
있지만, 이 유적은 최항이 闕西 즉 대궐 서쪽에 조영한 九曜堂[90]과 관련
이 더 크지 않나 싶다. 왜냐하면 이 유적에서 여러 점 발견된 구멍 7개
뚫린 특이한 청자접시가 祭器로 보이며 북두칠성의 상징물 혹은 七曜(五
星+태양+달)[91]의 상징물로 보이기 때문이다. 궐서궁과 구요당은 강화향
교, 강화여고와 그 기숙사 일대에 건립되었을 가능성이 있다.

그런데 고종이 38년 2월 무술일에 本闕에 移御한다.[92] 10월 을사일에

---

88) 『고려사』 권23·권24, 고종 37년 및 38년.
89) 고종 37년 5월 정축일에 본궐에 功德天道場을 親設해 禱雨했고, 계미일에 再雩했
    고, 을유일에 가뭄으로 徙市했고, 기축일에 巫를 都省에 모아 禱雨하기를 3일 동안
    했고, 신묘일에 또 雩했는데 임진일에 비가 내렸다(『고려사』 권23).
90) 『고려사』 권129, 최충헌전 附 崔沆.
91) 七曜는 五星인 木曜(木星), 火曜(火星), 土曜(土星), 金曜(金星), 水曜(水星)에다가
    日(태양)과 月(달)을 합친 것이다.
92) 『고려사』 권24, 고종 38년.

蒙古使 將困과 洪高伊 등 40인이 昇天館에 이르니 무신일에 왕이 梯浦에 出迎했고, 경술일에 將困 등이 江都에 들어오니, 신해일에 수창궁에서 蒙 使를 연회했다. 39년 2월 병자일에 崔沆이 왕에게 酒饌을 바치니 왕이 諸王을 불러 大內(본궐)에서 연회했고, 2월 신미일에 妙通寺에 幸했다가 今旦洞宮에 移御했다. 7월 무술일에 蒙古使 多可·阿土 등 37인이 오니 왕이 新安公 佺을 보내 出迎해 蒙使에게 梯浦館에 들어오기를 요청하도 록 하여 왕이 出見했는데, 연회가 끝나지 않았지만 多可 등이 왕이 帝命 을 따르지 않는 데 노하여 昇天館으로 돌아갔다. 11월 임인일에 西宮(闕 西宮)에 移御했다.[93] 본궐(대내)에 돌아왔지만 그것도 잠시 뿐이었고 수 창궁, 今旦洞宮, 西宮(闕西宮)에 돌아다니며 머물렀다.

마침내 고종 40년 2월에 왕이 大闕 즉 본궐로 還御한다.[94] 이후에는 왕이 蒙使를 영접하러 梯浦宮·梯浦館이나 昇天新闕에 가는 것을 제외하 면 본궐에 머물렀다. 고종 45년 3월 병자일에 大司成 柳璥과 別將 金仁 俊 등이 崔竩를 죽이고 詣闕해 泰定門 外에 모였고, 兩府 및 柳璥·金仁 俊이 便殿에 入謁해 왕에게 復政했다. 3월 기묘일에 왕이 康安殿에 御하 니 百官이 陳賀하기를 마치 新卽位처럼 했다. 禮가 끝나 왕이 강안전을 나가자 朴松庇와 金仁俊이 時服으로 諸功臣과 左右別抄와 神義軍과 都 房 등을 거느리고 殿庭에 들어가 나열해 拜하며 萬歲를 불렀다.[95] 유경 과 김인준 등이 집권자 최의를 죽이고 본궐에 나아가 고종을 알현해 復政 하자 강안전에서 축하의례를 행했으니 고종은 정변 당시에 본궐에 머물고 있었다. 이후에도 고종은 본궐에 머물렀는데, 46년 3월 계축일에는 왕이 蒙使 溫陽加大 등을 康安殿에 引見했고, 3월 병자일에 태자가 重房에서 客使 즉 蒙使를 연회했다.[96]

---

93) 『고려사』 권24, 고종 38년 및 39년.
94) 『고려사』 권24, 고종 40년 2월.
95) 『고려사』 권24, 고종 45년 3월 ; 『고려사』 권129, 최충헌전 附 崔竩.

고종 46년 3월에 왕이 아프자 4월에 柳璥 第에 移御했다. 4월 갑오일에 太子 倎을 奉表해 蒙古에 가게 했고, 이 직후 왕이 社堂洞 閔脩 第에 移御했다.[97] 6월 경진일에 蒙使 周者·陶高 등이 성곽 파괴 일로 오니, 임오일에 왕이 客使를 時御宮에 引見하자 周者 등이 壞城을 종용했다.[98] 6월 계미일에 江都 內城을 비로소 파괴했고,[99] 경인일에 客使가 外城 不壞를 듣고 말하기를, 外城이 오히려 존재하는데 誠服했다고 할 수 있는가, 盡壞해야 돌아가겠다고 하니 국가가 곧바로 都房으로 하여금 外城을 파괴하도록 했다.[100] 이처럼 內外城이 파괴되는 와중에 고종이 6월 임인일에 柳璥 第에서 세상을 떴다.[101]

고종은 32년(1245) 3월 견자산 북리 화재 사건 이래 별궁을 전전하다가 고종 36년 4월 본궐에 還御해 공역 관련자들을 포상했지만 본궐을 기피하다가 고종 40년 2월에야 대궐(본궐)에 다시 정착했다가 46년에 병들자 柳璥 집, 閔脩 집에 머물다가 柳璥 집에서 죽음을 맞았던 것이다. 고종이 죽었을 때 태자(원종)가 몽고에 가 있는 상태여서 金仁俊이 戎服으로 甲士 및 東宮僚屬을 거느리고 太孫 諶(충렬왕)을 받들어 大內(본궐)에 들어가 權監國事하도록 하니 文武百官이 詣殿해 陳賀했다.[102] 견자산 북리 화재 이후의 고종 행적을 통해 그 화재 때 連燒된 '연경궁'이 본궐의 誤記였음을 시사받는다.

---

96) 『고려사』 권24, 고종 46년 3월.
97) 『고려사』 권24, 고종 46년 4월.
98) 『고려사』 권24, 고종 46년 6월.
99) 『고려사』 권24, 고종 46년 6월. 客使가 심히 급하게 督役하니 諸領府兵이 그 고통을 감당할 수 없어 울면서, "이와 같을 줄 알았다면 城을 쌓지 말 걸"라고 말했다. 을유일에 城郭이 摧折하자 그 소리가 疾雷처럼 閭里를 震動하니 街童과 巷婦가 모두 슬퍼해 울었다.
100) 『고려사』 권24, 고종 46년 6월. 당시 都人이 內外城 盡壞는 반드시 이유가 있다고 여겨 다투어 선박을 사니 船價가 湧貴했다고 한다.
101) 『고려사』 권24, 고종 46년 6월.
102) 『고려사』 권25, 원종총서, 원종 즉위년 6월.

## 3) 이규보 집으로 본궐 찾기

이규보는 최우의 신임을 받은 측근이면서 대몽 외교문서 찬술을 담당했으니 진양부 및 대궐과 밀접한 관련을 지닌 인물이었다. 그러하니 그의 글과 거주지는 대궐(본궐)의 위치를 추론하는 데 도움을 줄 수 있다.

이규보는 무인정권이 강화로 천도하자 新京에 가옥을 짓지 못해 河陰客舍의 西廊을 빌려 수개월 동안 寓居했다.[103] 학사 李百順이 新京에 卜地하여 거처하면서 그 하나를 이규보에게 주니 이규보가 이곳으로 이사해 거처했다. 이백순과 이규보는 집을 서로 마주한 이웃이었다.[104]

이규보가 洞名詩를 지어 後洞의 僕射 朴椐, 학사 朴仁著, 학사 李百全(李百順의 동생)에게 헌정했다. 이규보는 자신이 거주하는 洞이 後洞과 본래 一源인데 數步 間에 小徑이 있어 이로써 갈라졌기 때문에 兩洞이 되었다며, 자신이 이 둘을 합하여 一洞으로 삼아 1년 수입을 계산해보니 무려 千餘 石이라서 '萬石洞'이라 이름 하나니, 후에 그러한 경사가 있기를 바라서라고 했다. 이에 대해 복야 朴椐가 말하기를, 이 洞이 본래 '萬石'이라 불리는데 이는 대개 石이 많음으로 인해 그렇게 불리는 것이라고 했다.[105] 이규보는 朴學士 즉 학사 박인저의 시에 次韻하기를, "두 집의 來往을 어찌 꺼린 적이 있는가, 그대의 집은 峰의 서쪽이고 나는 동쪽이네"라고 읊었다.[106]

그러니까 이규보가 거처한 洞과 박거·박인저·이백전이 거처한 後洞은 서로 붙어 있는 이웃 동네인데 오솔길 내지 峰으로 갈라져 있었다. 이규

---

103) 『동국이상국집』 후집 권1, 寓河陰客舍西廊有作.
104) "我來此地亦因君[初入此京 公卜地而處 以一與予 猶望相對] 幸卜芳隣日與親"(『동국이상국집』 권18, 望故李學士百順家 有感).
105) 『동국이상국집』 후집 권5, 고율시.
106) "兩家來往何曾憚 子宅峰西我寄東"(『동국이상국집』 후집 권5, 次韻朴學士和籠字韻詩來贈 二首).

보는 峰의 동쪽에, 박거 등은 峰의 서쪽에 거주했다. 이규보는 室偏의 南軒에 항상 거처해 南軒居士 내지 南軒長老라 자칭했다.[107]

이규보 찬술「朴樞府有嘉堂記」에 따르면, 斗城에서 수백 步쯤 떨어진 곳에 形勝을 끌어당기고 秀氣를 빨아들이는 땅이 있어 형세가 金盞을 이루었는데 '萬石洞'이라 했다. 父老들이 서로 전하기를 石이 많아서 그렇게 이름 했다고 하건만, 이규보가 말하기를 "이 洞은 녹봉 萬石의 慶事가 있을 것이어서 그렇게 일컬은 것이지, 石이 많아서가 아니다"라고 했다. 그 후 과연 士大夫들이 많이 와서 거주했다. 지금 本兵 樞府相國 朴公이 와서 그 거처를 점쳐 주택을 신축하고는 이규보와 賓友들을 맞이해 낙성했다. 3칸짜리 堂은 廳事로 쓰이는 有嘉堂(2칸)과 佛室로 쓰이는 靜慮室(1칸)로 이루어졌고, 12井은 모두 丹臒藻繢로 장식해 光彩가 찬란했고, 40餘本의 竹이 빽빽하고, 집을 빙 둘러 심은 18種의 黃花가 꽃을 피웠다.[108] 朴樞府는 樞府로 左揆(좌복야)를 띠고 정년보다 일찍 은퇴했다고 하는데, 바로 後洞의 복야 朴椐였다. 이는 知院 朴椐의 술자리 초대에 응해 간 이규보가 자신이 이전에 찬술한「有嘉堂記」를 박거가 板에 써서 벽에 걸려 하고 있는 것을 보고 시를 지어 사례한 데에서 알 수 있다. 박거는 좌복야 지추밀원사를 역임하고 은퇴해 이규보 집과 인접한 後洞에 有嘉堂을 중심으로 한 집을 지었던 것이다.

그런데 斗城이 이규보, 박거 등이 거주하는 만석동에서 수백 步쯤 떨어진 곳에 위치했음이 주목된다. 斗城은 대궐성 즉 대궐을 의미하니, 강도의 대궐(본궐)은 이규보의 집이 있는 만석동에서 수백 步 정도의 가까운 거리에 위치했던 것이다. 고려가 宗室 永寧公을 達旦에 朝觀하러 보내기로 함에 永寧公이 北으로 사신을 떠나는데, 이규보가 後園에 올라 이

---

107) "予常居室偏之南軒 …"(『동국이상국집』후집 권2, 南軒戲作).

108) "距斗城數百許步 有地之控形勝吸秀氣 勢成金盞者 於焉有洞曰萬石 …"(『동국이상국집』후집 권11, 朴樞府有嘉堂記).

광경을 望하며 시를 지었다.[109] 이규보가 자신의 집 後園에 올라 永寧公
이 몽골에의 使行 길에 오르는 장면을 眺望할 수 있을 정도로 대궐이 이
규보 집에서 가까웠다. 이규보의 집은 西山을 등지고 자리잡았는데,[110]
그가 이 서산에 올라 영녕공의 그 장면을 바라보았지 않나 싶다.

이규보의 집과 관련해『여지도서』「江都府誌」의 古蹟에 소개된 星井
과 李奎報家基가 또한 주목된다. 星井은 一名 星泉으로 長嶺(長嶺面) 長
承洞 西岡의 中에 있는데, 泉이 심히 紺潔하며, 겨울에 따뜻해 얼지 않고
여름에 얼음처럼 차가우며, 初에 깊이 파지 않았지만 극심한 가뭄에도 마
르지 않고 아무리 사용해도 다하지 않았으며, 洗瓣者가 그 潔白을 취하고
患暍者가 그 淸洌을 구하여 조금 멀더라도 꺼리지 않고 남녀가 줄지어
星井에 이르니 一境에서 유명해졌다고 한다.[111] 李奎報家基는 長嶺(長
嶺面)에 있는데, 星井에 緣한 언덕에서 南下해 곧바로 通府大路를 넘어
언덕을 따라 남쪽으로 올라가되 30步를 지나지 않아 背岡 西向한 곳이
곧 그 故址라고 했다.

이규보 집은 조선시대 기준으로 長嶺面 長承洞 西岡의 星井(星泉)에

---

109)『동국이상국집』후집 권10, 登後園望永寧公北使詩[遺宗室永寧公入達旦朝觀].
110) 이규보는 "地卜深巖翠負西"라 읊었고 이에 대해 "予家負西山"이라는 세주를 달았
다.『동국이상국집』후집 권2,「次韻李公需林公成幹兩學士見和前詩 …」. 이 西山
은 이규보 집 바로 서쪽의 산이다. 한편 최이(최우)가 西山에서 얼음을 사적으로
베어다가 저장하느라 民을 징발해 얼음을 운반하니 민이 심히 괴로워했다고 하는
데(『고려사절요』권16, 고종 30년 12월 ;『고려사』권129, 최충헌전 附 최이), 이
西山은 강도를 기준으로 간주한 넓은 의미의 서쪽 산으로 고려산 일대를 의미했
다고 여겨진다.
111) 古老가 傳言하기를 大星이 井 안에 떨어졌기 때문에 '星井'이라 이름 했다고 한다.
한편「江都府誌」사찰조에는 汪林寺가 長嶺(長嶺面) 星井 서쪽에 있고 一名 汪林
院이라 하는데 지금 廢했다고 한다. 이 汪林寺는 강도 시절 王輪寺가 후대에 발음
이 변한 것일 수 있다.『고려사』권23에 따르면, 고종이 37년 4월 을묘일에 王輪
寺에 幸했는데 근래 國家가 多故해 乘輿가 갖추어지지 않아 혹은 말을 타고 혹은
肩輿를 타다가 지금 乘輦과 儀物이 비로소 갖추어졌다고 한다.

서 남쪽으로 내려와 '通府大路' 즉 江華府로 통하는 大路를 넘어 언덕을 따라 남쪽으로 30步쯤 되는 곳에 위치했던 것이다.112) 星井(星泉)과 이규보 집이 있는 이곳이 바로 萬石洞으로 판단된다. 그러하니 대궐(본궐)은 星井(星泉)과 이규보 집의 서쪽 근처에, 만석동의 서쪽 근처에 위치했다고 판단된다. 강도 시절 만석동이 조선시대 長承洞이었다. 장승동은 옥림리의 장승교차로 — 장승마을 일대에 해당하는 것으로 판단되니, 송악산 (북산)과 강화중학교 사이에 걸친 동네와 맞닿아 있었다고 하겠다.113)

이규보는 相國 李仁植의 시에 次韻하기를, "날마다 淸話를 듣고 싶지만 城南과 闕東으로 떨어져 있어 어찌하랴"고 했다.114) 이인식의 집은 城南에, 이규보의 집은 闕東 즉 대궐(본궐)의 동쪽에 위치했다. 이규보가 家園에 올라 望海하며 읊기를, "滄海가 아득한데 孤舟는 어디로 가나" 라고 했다.115) 이규보 집은 家園에 오르면 아득히 바다(강)가 보였는데 배가 보였으니 바다(강)가 그리 멀지는 않았고 어느 정도 가까웠다고도 할 수 있다.

이규보의 「次韻諸君所賦山呼亭牡丹」 시에 따르면, 강도 대궐의 山呼

---

112) '背岡 西向' 즉 언덕을 등지고 西向했다고 했지만, 이규보가 자기 집이 西山을 등져 있다고 언급했으므로 집이 東向했을 것이다.

113) 한편, 강화문화원이 편찬한 『강화지명지』에는 월곳리 대묘골 서남쪽의 뺄우물이 곧 星泉이라며 이상국(이규보) 집터가 이 뺄우물 남쪽 큰길 가에 있었다고 되어 있지만 신빙성이 없어 보인다. 아마 뺄우물이 별우물(星泉)과 발음이 비슷해 동일시한 듯하다. 이 『강화지명지』는 또한 월곳리편과 불은면 두운리편에서 이상국이 후에 불은면 백운동으로 옮겼다고 하는데 근거가 불확실하며, 혹시 이사했더라도 만석동과는 상관이 없다. 이규보 무덤이 진강산 東麓에 있었기 때문에 생겨난 착각일 수도 있다. 『강도지』인물조에 이규보 家基가 정족산 北에 있다고 했는데, 이규보의 별장이 혹시 그곳에 있었는지는 모르지만 역시 만석동과는 상관이 없다.

114) "懸懸日欲攀淸話 其奈城南隔闕東"(『동국이상국집』 후집 권5, 次韻李相國仁植和籠字韻見寄 … 謹次韻奉呈云). 城南은 강도 도성 남쪽 혹은 대궐 城 남쪽을 의미했다. 당시 中城이 건립되기 이전이지만 都城이라는 개념은 존재할 수 있었다.

115) "滄海杳茫茫 孤舟何處適"(『동국이상국집』 후집 권9, 登家園望海 有作).

亭(山呼殿)에 모란이 활짝 피어 이를 읊는 사람이 많아 거의 1백 수에 이
르렀는데 한때의 이름난 士大夫들이 모두 이를 읊었다. 이규보 또한 이를
듣고 次韻하여 아홉 수를 和成하였기에 殿主 內道場 天其僧統에게 아래
와 같이 받들어 부쳤다.[116]

三月千花鬪白丹　滿城香轂擁街欄
那知禁殿無雙艶　只許詩仙第一看
露重尙憐啼怨淚　日炎深恐損粧顔
托根幸是僧棲地　折獻何妨佛亦觀
　　　…(중략)…
早是花王元少敵　獨於天子要承顔
　　　…(중략)…
爲被玉皇迴笑面　苦遭宮女妬嬌顔
白頭猶有風情在　却問明年儻可觀
紫葩那與紅葩敵　新殿休論舊殿看
好事風謀供舞態　無情雨自退酡顔
地親上苑花姚魏　正合潛公眼底觀
　　　…(중략)…
若得暫明儒老眼　不須更較貴妃顔
我衰堪賦淸平調　無路親陪御幸觀

이규보가 읊기를, "3월에 千花가 白丹을 다투니 城 가득 香轂이 街欄
을 끌어안네, 어찌 알리요 禁殿에 無雙한 艶이 있음을, 다만 詩仙에게 가
장 먼저 보도록 허락하네…뿌리내린 곳 다행히 스님이 거처하는 곳이니,
부처님이 보시게 꺾어 바친들 어떠하리…일찍 花王으로 적수가 적어 天
子의 눈에 띄기를 바라네…白頭가 아직 風情이 남아 있어 도리어 다음해

---

116) 『동국이상국집』 후집 권3, 次韻諸君所賦山呼亭牡丹. 天其僧統은 殿主인데 山呼殿
　　(山呼亭)의 殿主로 여겨진다. 山呼亭은 『고려사』 권6, 靖宗 12년 4월조에 보이듯
　　이 山呼殿으로도 나타난다. 산호전(산호정)은 內道場의 기능을 지녔던 것으로 보
　　인다.

에 혹시 구경할 수 있을지 묻네, 紫葩가 어찌 紅葩와 대적하리오, 新殿(강
도 山呼殿)에선 舊殿(개경 산호전)에서 본 것을 논하지 말게 … 땅은 上
苑의 花 姚魏(모란의 별칭)와 친했네" 라고 했다. 그리고 이규보는 세주
를 달아 舊京 山呼에 紫牡丹이 있어 자신도 이를 읊은 적이 있다고 했다.

이번 강도 산호정에서의 모란 감상모임은 3월에 개최되었다. 『동국이
상국집』 후집 권3은 무술년(고종 25년) 한식일에 지은 「寒食日 有風無雨」
로 시작되고, 그 바로 다음에 「三月猶寒」 시가 이어지고 그 다음에 시들
이 찬술시일 순으로 배열되었다. 이규보의 이 「次韻諸君所賦山呼亭牡丹」
시는 『동국이상국집』 후집 권3에서 윤4월에 행해진 東堂放牓을 듣고 지
은 시 바로 다음에, 端午에 鞦韆女戲를 보고 지은 시의 바로 앞에 위치했
으니 고종 25년 윤4월부터 5월 5일 단오 이전에 제작된 것이었다.

이규보는 平章 李仁植이 山呼亭牡丹 詩에 和한 것에 次韻하기를, "자
신이 이미 仙分이 미약해 咫尺 山呼(山呼亭)를 아직 보지 못했다(細思我
已微仙分 咫尺山呼尙未觀)"고 읊었다.[117] 또한 이규보가 평장 이인식이
牡丹詩에 다시 和答한 것에 次韻하기를, "생각하건대 옛적에 西施가 뺨이
붉도록 醉하여 吳王殿 안에서 紅欄에 기댔었지만, 鴟夷(范蠡)를 따라 떠
나갔다고 들은 듯한데 무슨 일로 지금 鳳闕에서 보게 되었는가…吾皇(고
종)은 勤儉해 遊幸함이 드문데 遊人들에게 마음대로 구경하도록 했네" 라
고 읊었다.[118] 이인식에게 화답한 이 2개의 시는 「端午見鞦韆女戲」 시
바로 다음에 위치하고, 무술년 5월 11일에 四度文人이 華宴을 크게 개최
해 이규보의 懸車 閑逸을 위로하자 이규보가 사례한 시(후집 권4 맨 앞)
의 바로 앞에 자리하니 고종 25년 5월 5일부터 5월 11일 사이에 제작된

---

117) 『동국이상국집』 후집 권3, 「次韻李平章仁植和山呼亭牡丹見寄」.
118) "憶昔西施醉煩丹 吳王殿裏倚紅欄, 似聞隨得鴟夷去 何事今於鳳闕看, 坐爾巧讒難解
語王軒牡丹詩 西子巧讒魂) 尙餘舊習好矜顔, 吾皇勤儉稀遊幸 付與遊人自在觀"(『동
국이상국집』 후집 권3, 次韻李平章復和牡丹詩見寄 四首).

것이었다.

그러니까 무술년(고종 25년) 3월에 강도 산호정에서 모란감상 모임이 열려 諸君이 시를 지었는데 참석하지 않은 이규보가 이를 듣고 윤4월 무렵에 그 시에 次韻하는 시를 지었으며, 5월에 이인식이 화답하자 또 차운하는 시를 읊었던 것이다. 이규보는 연보에 따르면 정유년(고종 24년) 12월에 致仕했다. 이규보가 고종 25년 3월 산호정 모란감상에 참석하지 않은 것은 致仕한 때문이었을 수도 있고 나이 70에 접어든 이래 악화된 병세 때문이었을 수도 있다.

강도 산호정은 鳳闕(大闕)의 禁殿의 上苑에 위치했는데 개경 대궐의 산호정처럼 내도량(내원당)을 지녔고 모란을 심었다. 강도 대궐의 산호정은 이규보의 만석동 집에서 '咫尺'으로 표현될 정도로 거리가 가까웠다. 강도 대궐은 이규보가 거주한 만석동에서 數百 步의 거리에 위치했으니, 서산을 등진 만석동 이규보의 집에서 '咫尺'으로 표현될 정도로 가까운 거리였다. 강도 대궐은 만석동의 서쪽 즉 장승동의 서쪽 인근 송악산 기슭에 위치했다.

요컨대, 강도 시절 대궐(본궐)의 위치는 견자산 맞은편의 송악산 기슭으로 판단된다. 이 위치는 강도 송악산 줄기의 동쪽 끝을 어디로 볼 것인지에 따라 달라질 수 있는데 송악산 남쪽 기슭으로 볼 수도 있고 남동쪽(동남쪽) 기슭으로 볼 수도 있다. 그래서 『여지도서』 강도부지 고적조에서 고려의 고궁성이 송악 동쪽에 있다고 기재했을 수 있다. 강도 대궐(본궐)은 東西로는 장승 교차로 라인과 조선 강화부성 동북 壁 사이에 들어 있었을 것이다. 그것은 강화중학교와 송악산 사이에, 강화중학교 맞은편 송악산 기슭에 위치했던 것으로 추정되는데, 이 위치는 송악산 남쪽(남동쪽) 기슭에서 강화읍 관청리의 동북쪽 부분 및 관청리와 옥림리가 만나는 부분에 해당한다.

## 4. 강화 궁궐의 특징

### 1) 본궐 운영의 특징

강도 본궐의 전각 중에서 康安殿이 기록에 가장 빈번히 등장한다. 고종 31년 8월에 康安殿을 改創 즉 고쳐지었는데, 崔怡가 사적으로 짠 黃綾으로 강안전 後壁 障子를 장식하고, 장군 崔竩으로 하여금 無逸篇을 베껴 쓰게 하니 왕이 상을 매우 많이 내렸다. 崔竩은 大卿 任景純의 아들이지만 최이가 길러 아들로 삼아 改姓한 자였는데 書에 능해 최이가 사랑해 중시했다고 한다.[119] 『서경』無逸篇은 왕이 나날이 政事에 힘써야 한다는 내용을 담고 있다. 최충헌 집권기에 金使가 왕을 책봉하러 왔는데 개경 대궐의 선경전과 대관전 倚屛이 오래되어 塵汚했기 때문에 北使(金使)를 맞이하기 위해 최우(최이)가 왕명을 받들어 宣慶殿에 '洪範'을, 大觀殿에 '無逸'을 書한 적이 있었다.[120] 그런데 최우의 명령으로 그 養子가 강도 대궐(본궐)의 강안전을 위해 '無逸'을 書한 것은 강도 시절 강안전이 대관전의 기능까지 어느 정도 흡수했음을 시사한다.

고종 45년 3월 병자일에 大司成 柳璥과 別將 金仁俊 등이 崔竩를 주살해 詣闕하고 百官이 泰定門 外에 모이니, 兩府 및 유경·김인준이 便殿에 들어가 알현해 왕에게 復政했다. 김인준이 말하기를, 최의가 生民을 구휼하지 않고 餓死를 坐視하며 賑貸하지 않아 자신들이 擧義해 그를 주살했으니 粟을 내어 기근을 진휼하여 人望을 위로하기를 요청했다. 기묘일에 왕이 康安殿에 나아가니 百官이 陳賀했는데 마치 新卽位 의례와 같았다. 이 축하의례가 끝나 왕이 나오자 朴松庇와 金仁俊이 時服으로 諸

---

119) 『고려사절요』권16 및 『고려사』권23, 고종 31년 8월 ; 『고려사』129, 최충헌전 附 최이. 崔竩은 성격이 貪鄙해 세력을 믿어 방자했다고 한다.
120) 『고려사』권21, 희종 2년 4월.

功臣과 左右別抄·神義軍·都房 등을 거느리고 殿庭에 들어가 羅拜하며 萬歲를 부르니 崔竩 家貲를 내어 分給했다.121) 유경과 김인준이 왕에게 復政한 장소인 便殿이 강안전인지는 확실하지 않지만 백관의 축하를 받은 곳은 강안전이었다.

고종 46년 3월 임자일에 별장 朴天植이 車羅大 使者 溫陽加大 등 9인과 함께 돌아오자 왕이 이 사자들을 강안전에 引見해 태자 入朝 기일을 조율했다. 왕이 태자 入朝 기일을 4월로 약속했지만 溫陽加大가 태자를 만나 面約하겠다고 하니, 병자일에 태자가 나와 重房에서 客使를 연회하고 4월 27일로 기약했다.122) 강안전이 몽골사신 영접장소로 쓰인 것이었다.

강안전은 연등회가 열리는 전문적인 장소였다. 고종 46년 2월 무자일에 燃燈이라 왕이 봉은사에 갔다.123) 46년 2월에 燃燈이라 諸王과 宰樞를 연회했는데, 왕이 두 번 擧手하여 群臣에게 보이기를, 무릇 赴宴者는 拍手하여 나의 즐거움을 도와야 한다고 하니 群臣이 拍手하고 踊躍해 땀이 흘러 몸을 적셨으며 날이 저물어야 罷했다. 이에 대해 史臣이 말하기를, 國家가 침략을 당한 이래 燃燈宴을 정지한 지 이미 6년이고, 하물며 지금 東北이 모조리 賊 소굴이 되어 西南으로 海島에 浮寄해 길에 굶어 죽은 자가 相望하고 倉廩이 罄竭한데 연회를 개최해 박수를 치며 즐겼다고 한탄했다.124) 강도로 천도한 후에도 연등회는 꾸준히 열렸지만 그 연회는 6년 동안 중지해오다가 모처럼 연회를 열어 즐겼던 것이다. 이 연회는 예전대로 강안전에서 열렸으리라 여겨지는데 이는 다음 사례가 뒷받침한다.

고종이 46년 6월 임인일에 柳璥 第에서 세상을 떠나면서 遺詔해 태자

121) 『고려사』 권24 및 『고려사절요』 권17, 고종 45년 3월.
122) 『고려사』 권24, 고종 46년 3월.
123) 『고려사』 권24, 고종 46년 2월.
124) 『고려사절요』 권17, 고종 46년 2월.

(원종)에게 嗣位하도록 했다. 태자가 몽고에 奉使해 아직 돌아오지 않아 太孫(충렬왕)이 監國했다. 9월 기미일에 고종을 洪陵에 장사지내고 太孫 이 釋服했다. 원종 원년 2월 기유일에 燃燈이라 太孫이 奉恩寺에 갔는데 黃紅傘과 水精鉞鈇와 駕前儀仗 및 引駕를 생략했지만 기타 諸王·宰樞· 兩班·士卒侍衛는 常儀와 같았다. 康安殿에 들어와 諸王과 더불어 東西 에 나누어 앉아 看樂했는데 諸王·宰樞·文武兩班에게 吉服紅鞓 착용을 허락했다. 3월 갑신일에 원종이 돌아와 무자일에 즉위했고 6월 병인일에 小祥을 행했다.[125] 연등회가 열리면 왕이 봉은사에 행차해 行香하고 강 안전(중광전)에서 연회를 열어 음악을 관람해 온 관례를 따른 것인데, 다 만 왕위 계승자인 태자가 몽골에서 돌아오지 않은 상황이라 태손이 代行 했다.

강안전은 원종 즉위의례의 장소로 사용되었다. 원종 원년 3월 임오일 에 太孫이 諸王·文武百僚와 더불어 三別抄精銳를 거느리고 迎駕하러 梯 浦에 나갔다. 갑신일에 왕(태자: 원종)이 昇天闕에 들어오니 을유일에 太 孫(충렬왕)이 江華로부터 와서 알현했다. 정해일에 왕이 束里大와 함께 배를 타서 渡海하여 承平門(昇平門)으로부터 入闕해 宰臣에게 명해 景靈 殿에 고했다. 文武兩班 및 諸領府를 나누어 三番으로 삼아 개경에 왕래 하며 遷都의 意를 보이게 했다. 4월 무오일에 왕(태자: 원종)이 강안전에 서 즉위하고 灌頂해 菩薩戒를 慶寧殿(景靈殿)에서 받고 康安殿에 나아가 百官 朝賀를 받았는데 黃衣를 입고 龍床에 앉아 南面하고, 束里大가 上 殿해 據床 東面하고, 太孫·公侯伯·宰樞·文武兩班僉上이 차례대로 殿庭 에 들어오고 僉外는 殿門 外에 서서, 上表해 行禮하고 萬歲를 불렀다. 禮가 끝나자 왕이 入閣해 太孫에게 명해 客使를 연회하게 했는데 僕射 이하 兩班이 侍宴했다.[126]

---

125) 『고려사』권64, 예지6, 凶禮 國恤.
126) 『고려사』권25 및 『고려사절요』권18, 원종 원년 3월 및 4월.

원종은 임연과의 갈등으로 인해 폐위 당한다. 원종 10년 6월 을미일에
林衍이 갑옷을 입고 三別抄와 六番都房을 거느려 安慶公 淐의 第에 나아
가 百僚(百官)를 모아 安慶公 淐을 받들어 왕으로 즉위시켰는데 홀연히
風雨가 暴作해 나무를 뽑고 기와를 날렸다. 당시 왕(원종)은 辰嵩宮(辰巖
宮)에 있었는데 임연이 左副承宣 李昌慶을 시켜 왕을 핍박해 나오게 하
니 左右가 모두 흩어졌다. 왕이 비를 무릅쓰고 걸어 나오니 이창경이 탄
말을 바치고 그 從者 5인으로 하여금 왕과 妃를 分侍하게 해 別宮으로
옮겼다. 7월 병오일에 淐이 林衍으로 敎定別監을 삼았다. 정미일에 임연
이 또 왕(원종)을 金瞠 舊第로 옮겼다. 하지만 몽고의 군사적 압박에 임
연은 굴복했다. 10년 11월 갑자일에 왕(원종)이 復位하고 淐은 私第로 돌
아가니, 百官이 王府에 나아가 扈駕해 入闕하고 蒙使가 따라갔다. 蒙使
가 百官賀禮 관람을 요청하니 왕(원종)이 紫袍를 입고 庭에 나와 向北해
遙謝한 다음에 黃衣로 갈아입어 康安殿에서 축하를 받았다.[127] 원종의
복위의례도 본궐의 강안전에서 열렸던 것이다.

강도 본궐의 강안전은 책봉 장소로도 사용되었다. 원종 원년 8월 정유
일에 妃 柳氏를 책봉해 王后로 삼고, 아들 諶(충렬왕)을 太子로 삼았으
며, 10월 신유일에 康安殿에 나아가 下詔해 長公主를 책봉해 慶安宮主로
삼고 詔冊使 및 執事官을 연회했다.[128] 책봉 의례는 대관전(건덕전)에서
행하는 것이 관례였지만 강안전에서 행했던 것이다. 강안전은 원래 편전
인데 강도에서 대관전의 기능도 어느 정도 수행했다고 볼 수 있다.

강도 시절에 편전이 종종 등장하는데 강안전과의 관련성이 문제이다.
고종 45년 11월에 金承俊과 林衍 등 諸功臣이 장군 禹得圭와 指諭 金得
龍과 別將 梁和를 베고 낭장 慶元祿을 섬으로 유배했다. 이전에 柳璥이
崔竩를 주살하고 政房을 便殿의 側에 두어 銓注를 관장해 무릇 國家 機

---

127) 『고려사절요』권18 및 『고려사』권26, 원종 10년 6월~11월.
128) 『고려사』권25, 원종 원년 8월 및 10월.

務를 모두 결정했다. 金承俊이 功이 높은데 秩이 낮다고 여겨 유경을 원망했다. 유경이 甲第를 많이 두고 權勢가 날마다 성해 門庭이 市와 같으니 김승준, 林衍 등 諸功臣이 유경을 꺼려 金仁俊(金俊)에게 참소하니 김인준이 왕에게 그것으로써 아뢰었다. 왕이 유경의 권한을 빼앗고자 承宣을 그만두게 하고 簽書樞密院事를 제수했으며 유경과 친밀한 우득규와 김득룡과 梁和와 경원록을 가두었다. 유경이 이를 듣고 諸功臣이 詣闕한 가운데 김인준에게 항의했지만 禹得圭 등이 베임을 당한 것이었다.[129]

인사를 담당한 정방은 최우가 개경에서 私第에 설치한 이래 강도에서도 최씨 집권자의 사제에 설치되었다. 그런데 유경이 최의를 죽인 후 정방을 궁궐의 편전 옆으로 옮겨 승선으로서 이 정방을 장악해 인사와 기무를 결정하다가 다른 공신들의 시기를 받아 승진 형태로 정방에서 물러나고 측근들이 숙청당한 것이었다. 이 편전은 강도 시절에 다양한 기능을 지니게 된 강안전이었을 가능성이 있다. 정방이 집권자의 사제에서 궁궐의 편전 옆으로 옮겨진 일은 역사적으로 중요한 의의를 지닌다.[130] 왜냐하면 이러한 형태의 정방은 개경으로 환도한 이후에도 오랫동안 존속하기 때문이다.

원종이 6년 10월 경오일에 便殿에 나아가 평장사 李藏用과 左僕射 蔡槇을 보내 金俊을 책봉해 海陽侯로 삼았다.[131] 이 편전은 강안전이었을 가능성이 큰데 그렇다면 대관전의 역할을 대신한 것이었다. 왜냐하면 원래 국내책봉 행사는 대관전(건덕전)에서 행하여 왔기 때문이다.

林衍이 집권자 金俊(김인준)과 사이가 벌어져 원종과 결탁해 김준을 제거하기로 해 大梃을 제작해 樻에 담아 비밀리에 宦者 金鏡에게 주어

---

129) 『고려사절요』 권17, 고종 45년 11월.
130) 정방이 궁궐의 편전 옆에 위치하게 되었는데, 이 편전은 대내(본궐)의 편전일 수도 있었고, 왕이 離宮에 머물 때에는 이궁의 편전일 수도 있었다.
131) 『고려사』 권26, 원종세가.

宮中에 미리 두고 원종 9년 12월 병신일에 거사하기로 기약했다. 마침 왕
이 蒙古使 脫朶兒를 餞別했는데 김준 黨이 모두 扈駕하지 않았기 때문에
거사를 할 수 없자 왕이 거사 누설을 걱정해 밤새도록 잠을 자지 못해
질병에 걸렸다며 中使를 나누어 보내 神祠에 기도했다. 다음날인 정유일
새벽에 金俊(김인준)이 入朝(赴衙)하지 않자 金鏡 등이 왕명으로 김준을
부르니 김준이 급히 趨朝했다. 김준이 赴衙했음을 그 동생 金冲(金承俊)
이 듣고 역시 都堂(朝堂)에 이르렀다. (金鏡이) 王旨를 전해 김준을 부르
니 김준이 便殿 앞에 이르자 上(원종)의 질병을 칭탁해 政堂에 引入해 人
으로 하여금 梃으로 김준을 치도록 하니 김준이 크게 부르짖었지만 김준
을 베었다. 또한 金冲을 인도해 入內했는데 김충이 血痕을 보고 달아나려
했지만 宦者 金子廷이 그 동생 金子厚를 시켜 김충을 죽였다. 김준 從者
가 들어가 救하려 하자 김자정이 當門해 말하기를, "지금 王旨가 있어 김
준 형제를 주살했는데 너희들이 入內해 무엇을 하려는가, 각각 同心해 衛
社하라" 하면서 밀어냈다. 임연이 夜別抄를 나누어보내 김준의 여러 아들
들 및 그 黨附者를 체포해 모두 베었다. 김준의 家奴도 셀 수 없을 정도
로 많이 죽임을 당했다.[132]

원종은 9년 윤정월 기미일에 辰嵒宮에 移御했다가 4월 정유일에 本闕
에 還御해 華嚴神衆道場을 개설했으므로[133] 12월에도 본궐에 머물면서
김준을 죽인 것이었으니 그 과정에 등장하는 便殿과 政堂도 본궐 안에
있는 것이었다. 김준이 살해당한 이 政堂은 편전 옆으로 옮겨진 政房으로
판단되니 김준은 정방에서 비참한 최후를 맞이했던 것이다. 김준이 赴衙
했음을 듣고 동생 김충이 간 곳이 기록에 따라 '都堂' 혹은 '朝堂'으로 나

---

132) 『고려사절요』 권18, 원종 9년 12월 ; 『고려사』 권130, 金俊傳. 두 사료가 표현이
　　다른 부분이 있는데, 『고려사절요』에 '入朝'가 『고려사』 김준전에는 '赴衙'로 되어
　　있고, 『고려사절요』에 '都堂'이 『고려사』 김준전에는 '朝堂'이라 되어 있다.
133) 『고려사』 권26, 원종 9년 윤정월 및 4월. 원종은 김준을 죽인 2일 후인 12월 기해
　　일에 辰嚴宮에 移御한다(『고려사』 권26).

와 혼란스럽다. 朝堂은 開京 시절에 궁성 안 大觀殿의 殿門 밖에 있었으니(『고려사』 권64, 군례) 강도 시절에도 그러했을 수 있다. 都堂은 곧 都兵馬使인데 朝堂과 같은 것인지 애매한 측면이 있지만 都兵馬가 禁內九官의 하나였기에(『고려사』 백관지1 通文館) 궁성 안에 있을 수 있다. 강도 시절에 都堂 내지 朝堂이 궁궐 內外 어디에 있었는지 확실하지 않지만 김준살해 정변의 과정으로 보아 왕의 처소와 가까운 곳에 위치했음은 분명하다. 김준이 원종의 부름을 받고 이른 곳이 편전이었는데 강안전이었을 가능성이 있다.

이처럼 강도시절 고종대에 강안전이 본궐에서 주된 정치 공간으로 등장한 반면 이전의 개경 시절에 정전인 宣慶殿과 정전처럼 사용된 大觀殿의 활동은 잘 드러나지 않는다. 강도의 대관전은 원종 4년 2월 임신일에 消災道場을 大觀殿에 개설한 데[134]에서 기록상 비로소 확인된다. 고종 36년 4월에 본궐에 還御해 監役官僚 및 役徒에게 잔치를 베풀고 工匠에게 銀 20斤과 布 200匹을 하사한 적이 있는데,[135] 이 무렵에 대관전이 비로소 조영되었을 가능성도 있고 고종말 원종초에 조영되었을 가능성도 있다.

고종 41년 6월 丙辰日에 왕이 菩薩戒를 正殿에서 받았다.[136] 이 正殿은 개경 시절처럼 宣慶殿이 건립되어 제대로 기능하고 있었다면 선경전인데 41년 6월 당시 선경전이 건립되어 제대로 기능하고 있었는지 의문이 들기도 해 대관전을 의미했을 가능성도 있다. 원종 원년 8월 기유일에 束里大 등이 다시 오고, 임자일에 永安公 僖가 詔 3道를 가지고 몽고로부터 돌아오니, 翌日에 왕이 束里大·康和尙 등을 맞아들여 迎詔했고, 경신일에 蒙使를 大殿에서 연회했고, 신유일에 왕이 束里大를 郊에서 餞別했다.[137]

---

134) 『고려사』 권25, 원종 4년 2월.
135) 『고려사』 권23 및 『고려사절요』 권16, 고종 36년 4월.
136) 『고려사』 권24, 고종 41년 6월.

이 大殿이 정전을 의미했는지, 주요 殿을 의미했는지는 확실하지 않다.

원종 5년 5월 庚辰日에 蒙古가 官人 胡都多乙者와 禮部員外郎 趙泰·康和尙 등을 보내오니 신사일에 大觀殿에서 受詔했다. 조서에는 朝覲이 諸侯의 大典이라며 근래 西北諸王이 무리를 이끌고 款附하니 今歲에 上都에서 王公과 群牧으로부터 朝를 받으려 한다며 고려왕도 또한 지체 없이 역마를 타고 와서 世見의 禮를 닦으라는 내용이 들어 있었다. 병술일에 蒙使를 연회했다.[138] 대관전에서 몽고황제 쿠빌라이칸의 詔書를 받았으니 대관전이 정전의 기능을 수행한 것이었다.

원종 5년 7월 기해일에 宣旨하기를, 祖聖 이래 佛敎의 密護에 온전히 의지해 延基해 왔다면서, 대저 仁王般若는 護國安民 最勝法文인데 이 경전에서 말하는 百師子 등 法寶威儀는 道場의 急具이지만 저번 移都 때에 師子座를 운송해 들일 수 없어 法筵儀가 法과 같지 않았고 했다. 그런데 金俊이 寡人 親朝를 위해 仁王法會를 개설하고자 이 經의 新·舊譯 각 102部를 印成하고 師子座 100개를 만들어 彩畵로 粧飾하고, 供具 衣物에 이르기까지 精備하지 않음이 없어 忠誠이 深重하다고 했다. 경자일에 仁王道場을 大觀殿에서 親設했다.[139] 『고려사』 권130 김준전에는 원종 5년에 蒙古가 왕을 불러 入朝하게 하자 김준이 왕을 위해 大觀殿에 百高座를 개설해 仁王經을 講했다고 되어 있다.

강도에서 김준이 그러한 작업을 하기 전에도 백좌도량이 열렸다. 고종 36년 10월 기해일에 百座道場을 親設했고[140] 39년 10월 庚申日에 華嚴神衆道場을 親設하고 갑술일에 仁王百座道場을 개설했고, 45년 10월 임

---

137) 『고려사』 권25, 원종 원년 8월.
138) 『고려사』 권26, 원종 5년 5월.
139) 『고려사』 권26, 원종 5년 7월. 그래서 金俊의 丘史 10에게 初入仕를, 10人에게 眞拜把領을, 親侍 20人에게 幞頭 假着을 허락하고, 造成監役人에게 모두 爵을 하사하고, 諸色匠人에게도 물건을 하사했다.
140) 『고려사』 권23, 고종 36년 10월.

인일에 百座道場을 親設했다.[141] 그럼에도 江都에서 인왕도량은 百高座 즉 100개의 師子座를 제대로 갖추지 못한 채 진행되어 왔던 모양이다. 그런데 원종이 몽골에 親朝하게 되자 그 안녕을 기원하기 위해 김준이 백고좌와 인왕경을 제대로 갖추자 원종이 백고좌인왕도량을 대관전에 親設한 것인데 김준이 개설한 것이나 다름없었다. 백고좌인왕도량은 대개 3년에 1번 10월 무렵에 열리는 것이 관례였는데 고려국왕이 강도에서 즉위식을 한 이래 처음으로 몽고에 친조하는 긴박한 상황이라 특별히 열린 것이었다. 백좌도량은 이전 개경 시절에는 정전인 선경전(회경전)에서 열리는 것이 관례였다. 그런데 원종 5년 7월에 강도의 대관전에서 열렸으니 당시 대관전이 정전의 기능을 수행해 정전이라 보아도 무방한 반면 선경전은 수리 중이었는지 제대로 기능하지 못했던 듯하다.

강도 본궐의 선경전은 『고려사』와 『고려사절요』에는 실리지 않고 『동문선』 권14 七言律詩에 네 사례가 실려 있다. 崔滋와 金坵의 「宣慶殿行大藏經道場音讚詩」 4首(각자 2首)가 그것이다.[142] 이 4首는 각각 설행 시기가 다른 선경전 대장경도량을 찬양한 시였으니 4차례 선경전에서 열린 대장경도량을 담고 있다. 이 음찬시 4수는 강도 시절에 선경전이 존재했고 여기에서 장경도량이 열렸음을 알려주는 소중한 자료이다.

崔滋의 「宣慶殿行大藏經道場音讚詩」 2수를 감상해 보자.

---

141) 『고려사』 권24, 고종 39년 10월 및 45년 10월.
142) 金坵의 「宣慶殿行大藏經道場音讚詩」 2首가 『止浦集』 권1에는 「宣政殿行大藏經道場音讚詩」라는 제목으로 실려 있어 '宣慶殿'이 '宣政殿'으로 표기되어 있는데, 이 '宣政殿'은 '宣慶殿'의 착오라 판단된다. 『지포집』은 조선후기에 후손이 여러 자료를 모아 편찬한 것인데 그 과정에서 더러 오류가 발생했다. 그러한 사례를 하나 들면, 『지포집』 권1에 실린 「嘲圓覺經」에 대한 세주에, 최항이 원각경을 새긴 것을 김구가 시를 지어 조롱하자 최항이 노하여 제주판관으로 좌천시켰다고 되어 있지만, 김구가 제주판관으로 좌천된 이유와 시기가 사실과 전혀 맞지 않다. 단, 『지포집』附 年譜에는 제주판관 좌천과 원각경 사건이 바로잡혀 있다.

花山新闕卽靈山　佛會如今尙未闌
金色頭陀煩一笑　肉身菩薩費三觀
花紅覺苑春長暖　栢翠禪庭月獨寒
九法已迴甘露火　莫言西竺隔東韓

"花山 新闕은 곧 靈山(靈鷲山)이라 佛會가 여전히 끊이지 않네, 金色 頭陀는 一笑하고 肉身菩薩은 三觀을 사용하네, 花紅 覺苑에는 春이 길어 따뜻한데 栢翠 禪庭에는 달이 홀로 차갑네, 九法이 이미 돌아 甘露가 불 타오르니, 西竺이 東韓과 멀리 떨어져 있다고 말하지 마라" 라고 했다.

佛土人寰兩杳冥　問從何處覓丁寧
十身遍滿塵塵刹　六合皆爲祖祖庭
石女木兒猶轉法　夏鶯春鷰亦談經
眞功已効天難老　坐見春風度楚楩

"十身은 塵塵刹에 두루 충만하고 六合은 모두 祖祖庭이 되네, 石女와 木兒가 오히려 轉法하고 夏鶯과 春鷰이 역시 談經하네, 眞功이 이미 효력 있어 天이 늙기 어려워 春風이 楚楩을 度함을 앉아서 보네" 라고 했다.

崔滋가 찬양한 이 2회의 대장경도량은 花山 新闕의 선경전에서 거행된 것이었다. 그러므로 대몽항쟁기 수도 江都에서 열린 것이었고 그 시기는 서로 달랐다. 花山 新闕 즉 江都 본궐(대궐)은 靈山(靈鷲山)으로 간주되 었고 이곳의 선경전에 불상과 대장경이 봉안된 가운데 대장경도량이 열렸 으며 선경전과 그 일대는 사찰로 간주되었다.

金坵의 「宣慶殿行大藏經道場音讚詩」 2首를 감상해 보자.

一藏全勝百萬師　故應魔外不容窺
揀來龍象渾無畏　掃去豺狼更莫疑
晝講杵頭春玉屑　夜談梭腹吐金絲
願王已輦千祥至　社稷升平自可知

"一藏이 百萬 군대를 완전히 이기나니 응당 魔外가 엿봄을 용납하지 않으리, 龍象을 揀來하니 혼연히 두려움 없어 豺狼을 掃去함을 다시는 의심하지 마라, 晝講은 杵頭가 玉을 찧어 가루로 만드는 듯하고, 夜談은 梭腹이 金絲를 토하는 듯하네, 왕이 축원하고자 이미 행차하여 千祥이 이르니 社稷이 升平함을 저절로 알 수 있네"라고 했다.

一會莊嚴是鷲峯　百爐香動瑞煙濃
講唇走玉飜三藏　譚舌飛珠演五宗
端信覺皇分着力　定敎兵騎不留蹤
龍天亦感宸誠切　導洒眞泠黷國容

"一會 莊嚴이 곧 鷲峯(靈鷲山)이고 百爐의 香이 피어올라 瑞煙이 짙네, 講唇(講脣)이 玉을 굴리듯 三藏을 飜하고, 譚舌이 구슬을 날리듯 五宗을 演하네, 覺皇이 분변하여 힘쓰는 것을 端信하면 확실히 兵騎를 留蹤하지 않게 하리"라고 했다.

김구가 찬미한 이 2회의 대장경도량은 이 시의 내용으로 보아 전쟁기에 거행된 것인데 선경전에서 열렸으니 개경 환도 이후가 아니라 그 이전의 강도 시기에 열린 것으로 몽골군 퇴각 염원을 담고 있다. 왜냐하면 개경환도 이후 개경에는 선경전이 복구되지 않기 때문이다.

그러면 최자와 김구는 이 음찬시들을 언제 찬술했던 것일까? 崔滋(崔安)는 강종 때 급제해 尙州司錄을 역임하고 政最로 알려져 國學學諭에 入補되었다. 崔怡가 朝士를 品題하기를, '文吏俱優者'로 第一을, '文而不能吏'로 그 다음을, '吏而不能文'으로 또 그 다음을, '文吏俱不能'으로 下를 삼아 이를 기준으로 銓注를 했는데 최자 이름이 下에 있었기 때문에 10년 동안 재임용되지 못했다. 최자가 일찍이 虞美人草歌·水精盃詩를 지었는데 李奎報가 이를 보고 기이하게 여겼다. 후에 최이가 이규보에게 누가 公을 이어 文翰을 맡을만한가 물으니, 이규보가 대답하기를 學諭 崔安

이 있고 及第 金坵가 그 다음이라고 했다. 당시 李需, 李百順, 河千旦, 李咸, 任景肅이 모두 文名이 있어 최이가 그 재주를 시험하고자 書表를 찬술하게 하여 이규보로 하여금 등급을 매기게 했는데 10選에 최자가 5魁 5副였다. 최이가 또 吏才를 시험하려 給田都監錄事를 최자에게 제수하자 민첩하고 근면했다.143)

金坵(金百鎰)는 고종 19년 5월에 知貢擧 翰林學士承旨 金仁鏡과 同知貢擧 翰林學士 金台瑞가 주관한 과거에 2등으로 급제해 定遠府司錄에 보임되었다.144) 최이(최우)가 이규보의 뒤를 이을만한 文翰 담당자를 묻자 이규보가 추천한 인물에 及第 金坵가 있었으니 최이가 崔滋 등의 文才를 시험한 시기는 고종 19년 5월 이후였다.

최자는 給田都監錄事를 역임한 후에 濟州 副使로 부임했다. 김구는 定遠府司錄에 임명되었지만 同縣人 黃閣寶가 挾憾해 世累를 有司에게 고소했기 때문에 權臣 崔怡의 營救에도 불구하고 濟州判官으로 改補되었다. 어떤 사람이 개경으로부터 와서 科場 賦題를 알려주었는데 최자가 김구에게 말하기를 이 題는 짓기 어려우니 나를 위해 지어달라고 했다. 이에 김구가 붓을 들어 쉽게 지으니 최자가 탄복해 그 아들에게 말하기를, 이는 詩賦의 準繩이니 너는 잘 보관하라고 했다.145)

이규보가 濟州太守 崔安이 부친 洞庭橘을 받고 사례하는 시를 지었는데 이 시는『東國李相國後集』권2에서 12월 12일에 馬斃를 슬퍼해 지은 詩의 다음에 위치한다. 동정귤 사례 詩의 다음에는 정유년 12월 28일에 乞退表가 윤허를 받은 것을 기뻐해 지은 시(學士 李百全에게 부침), 12월 29일 頒政에 門下平章으로 致仕한 것을 기념한 시,「戊戌元日」시가 이어진다. 그러하니 崔安 즉 崔滋는 정유년(고종 24년) 12월에도 제주에서

---

143)『고려사』권102, 崔滋傳.
144)『고려사』권106, 金坵傳 ;『고려사』권73, 選擧志1, 科目1.
145)『고려사』권106, 金坵傳. 그 科場 賦題는 "秦孝公據肴函之固囊括四海"였다.

근무하고 있었다. 이규보는 동정귤을 받고 이 귤은 耽羅 外에는 없어 貴人門閥이라도 얻기 힘들다며 최안이 省郞에 임명되어 돌아오기를 축원한다고 했다. 그리고 今年에 交代되었다는 세주가 달려 있다. 최자는 고종 24년 12월 29일 頒政으로 濟州 태수를 마친 것인데 곧 새해가 밝아왔다.

이규보가 濟州守 崔安이 이전에 부친 詩韻 問訊과 겸하여 靑橘을 준 것에 次韻한 詩가, 戊戌年(고종 25) 寒食日에 바람이 있고 비가 없음을 읊은 시와 4월에 오히려 추움을 읊은 시 다음에, 4월 17일「喜雨」시 앞에 위치한다. 그러하니 이 靑橘 관련 시는 4월 前半에 지은 것인데, 최자가 右正言으로 소환되었음과 청귤이 2월에 제주를 떠나 지금 도착했는데 많이 썩었음을 담고 있다. 최자는 고종 25년 2월 이후에 제주를 떠났던 것이고 4월 무렵에도 개경에 도착하지 않은 상태였다. 최자는 정언을 지내다가 尙州에 出牧했는데 剖決이 神과 같아 吏民이 愛畏하니 按察使의 천거를 받아 秩 未滿임에도 소환되어 殿中少監 寶文閣待制에 제수되었고 忠淸과 全羅를 연달아 안찰해 聲績이 있었으며 國子大司成 知御史臺事를 지내고 尙書右僕射 翰林學士承旨로 옮겼다고 한다.[146) 한편 최자는 甲辰年(고종 31) 春에 尙州에서 罷任해 郵亭을 지나다가 貞肅公(金仁鏡)의 手蹟을 보고 슬픈 감정을 느껴 시를 지었고, 3년 후인 丁未年(고종 34) 夏에 國子祭酒 芸閣學士에 제수되어 節鉞을 받아 東南路에 出鎭하자 다시 和하는 시를 지었고 戊申年(고종35) 春에 文昌右相(右僕射)에 제배되어 承詔해 赴闕할 때 또 1絶을 남겼는데 지금 모두 壁間에 있다고 했다.147)

최자가 선경전장경도량 음찬시를 지은 시기는 정언으로 근무하는 고종 25년 후반기 이후인데, 고종 30년 무렵부터 31년 봄까지 상주목에 근무한 기간은 제외해야 하며, 고종 31년 여름부터 보문각대제(芸閣學士)로 근무

---

146)『고려사』권102, 崔滋傳.
147)『보한집』중권.

하므로 음찬시를 지을 수 있는 시기인데 곧 안찰사로 나가므로 길지는 않았다. 국자감대사성을 지낼 때도 음찬시를 지을 수 있지만 안찰사로 나갔던 것으로 보인다. 고종 35년 봄에 우복야 한림학사승지로 개경에 올라왔으므로 음찬시를 지을 수 있는 시기였다.

최자는 고종 37년 2월 기미일에 樞密院副使로서 中書舍人 洪縉과 함께 몽고에 사신으로 갔다.[148] 고종 43년 10월 을유일에는 中書平章事에 임명되었다.[149] 고종 44년 윤4월에 최항이 죽어 최의가 집권하며, 7월에 宰樞가 王子를 보내 몽고와 講和하기를 요청했지만 왕이 받아들이지 않자 崔滋와 金寶鼎 등이 力請하니 허락했다. 45년 3월에 柳璥과 金仁俊 등이 崔竩를 주살했다.[150] 최자는 守太師 門下侍郎同中書門下平章事 判吏部事에 올랐는데,[151] 그가 고종 45년 12월 임인일에 同中書門下平章事에 임명된 일[152]이 그것으로 판단된다. 고종 46년 정월에 蒙古兵이 大至하니 3품 이상으로 하여금 각각 降守의 策을 진술하도록 하자 衆論이 紛紜했는데, 평장사 崔滋와 樞密院使 金寶鼎이 말하기를, "江都는 地廣하고 人稀해 固守하기 어려우니 出降이 便하다"고 했다.[153] 최자는 上章해 乞退하여 自號를 '東山叟'라 하며 지내다가, 원종 원년 7월 임진일에 門下侍郎平章事 致仕로서 73세로 卒했다.[154]

그러므로 최자가 선경전장경도량 음찬시를 쓴 시기는 원종 원년 7월 임진일에 73세로 세상을 뜨기 이전인데, 고종 46년 연말에는 致仕한 것으

---

148) 『고려사』 권23, 고종세가.
149) 『고려사』 권24, 고종세가.
150) 『고려사』 권24 및 『고려사절요』 권17, 고종 44년 및 45년.
151) 『고려사』 권102, 崔滋傳.
152) 『고려사』 권24, 고종세가.
153) 『고려사절요』 권17, 고종 46년 정월 ; 『고려사』 권102, 崔滋傳. 어느 날 최자가 金俊 諸子를 초대해 그 第에서 연회를 여니 時人이 기롱했다고 한다. 『고려사』 권102, 崔滋傳.
154) 『고려사』 권102, 崔滋傳 ; 『고려사』 권25, 원종 원년 7월.

로 보이므로 그 이전으로 좁혀진다. 고종 37년 2월 기미일에 樞密院副使
로서 몽고에 갔으므로 이해 前半期는 제외해야 하며, 고종 43년 10월에
중서평장사에 임명되었는데 學士職을 벗었으리라 여겨져 이 이전으로 좁
힐 수도 있다. 최자가 장경도량 음찬시를 지은 시기는 고종 25년 후반기~
고종 46년 후반기 사이로, 좀더 좁히면 고종 25년 후반기~고종 43년 후반
기로 추론된다.

『止浦集』 연보에 따르면 金坵는 갑오년(고종 21년)에 濟州에 出判해
무술년(고종 25년)에도 제주에 있었고 기해년(고종 26년)에 考滿해 入해
直翰林院에 제배되었고, 경자년(고종 27년)에 權直翰林院으로 書狀官에
충당되어 몽고에 갔고, 신축년(고종 28년)에 돌아와 翰院에 있기를 병오
년(고종 33년)까지였다. 김구는 고종 27년에 서장관으로 몽고에 갔는데
「分水嶺途中」, 「出塞」, 「過西京」 시는 그 왕래 과정에 지은 것으로 보인
다. 「分水嶺途中」 시에서 "杜鵑聲裏但靑山 竟日行穿翠密間"이라 읊었
고, 「過西京」 시에서 "扁舟橫截碧江水 晩抵荒凉長慶寺…憶曾負笈遠追
師 正見西都全盛詩, 月明萬戶不知閉 塵靜九街無拾遺, 如今往事盡如掃
可憐城闕空靑草" 라 읊었으니,[155] 초목이 푸른 계절에 分水嶺과 西京을
지났다. 그러하니 김구는 고종 27년 夏4月에 右諫議 趙脩와 각문지후 金
成寶가 몽고에 갈 때[156] 따라간 것으로 여겨진다. 27년 후반기에 귀국했
을 법도 한데 연보에 따르면 28년에 돌아왔다고 하는데 그 초반에는 귀국
했을 것이다. 김구가 선경전도량음찬시를 지을 수 있는 시기는 직한림원
에 임명되는 고종 26년부터이며, 고종 27년 후반기에는 使行 중이라 지을
수 없었지만 28년부터는 가능했다.

김구는 정미년(고종 34년)에 堂後를 거쳐 閣門祗侯에 제수되고 국학직

---

155) 『지포집』 권1, 「分水嶺途中」·「過西京」. 김구는 權直翰林으로 書狀官에 임명되어
　　원에 갔는데 「北征錄」을 지었다고 한다(『고려사』 권106, 金坵傳).
156) 『고려사』 권23, 고종 27년 4월.

강으로 옮겼는데 권신 최항이 원각경을 새로 새기면서 김구에게 跋文을 지으라 하자 시를 지어 조롱하니 최항이 노해 좌천시켰다. 이로부터 崔沆 의 世에 두문불출하기를 10여년이었다. 정사년(고종 44년)에 비로소 翰院 知制誥에 제배되었는데 윤4월 정해일에 최항이 사망했기에 이에 이르러 出仕한 것이었다.157) 계해년(원종 4년) 12월 신유일에 평장사 이장용과 지문하성사 유경이 상서해 이부시랑 김구를 천거하니 同月 병인일에 우 간의대부 겸 中大夫 국자제주 한림시강학사 지제고에 제배했다.158) 원종 8년 10월에 監修國史 李藏用과 同修國史 柳璥과 修撰官 金坵·許珙이 神·熙·康 三代實錄(三朝實錄)을 찬수했다.159) 김구는 원종 10년 12월 갑 신일에 僕射에 임명된다.160) 김구는 고종 34년부터 44년 前半期까지는 최항의 미움을 받아 좌천 내지 해직 당했으므로 장경도량 음찬시를 지을 수 없었고, 고종 44년 후반기부터 원종이 개경으로 환도하는 11년(1270) 5월161)까지 가능했다. 김구가 선경전도량음찬시를 지은 시기는 고종 26 년~원종 11년 5월 사이로 추론된다.

　元正과 冬至에 諸牧都護府가 의례히 修狀해 相府에 축하하는데, 尙州 牧이 晉陽府에 올리는 狀에, "城闕을 海中에 奉安하니 三十六洞天 別一" 이네 라고 했고, 그 세주에 진양공이 新都에 沿江 環堞하고 또 宮闕을 조영했는데 그 御寢 및 正殿이 모두 公이 私賄를 기울이고 門客을 파견

---

157) 『止浦集』 연보.
158) 『止浦集』 연보 ; 『고려사』 권25, 원종 4년 12월. 『고려사』 권106, 金坵傳에 따르 면, 김구가 翰院에 8년 동안 있다가 堂後를 거처 閤門祗候에 제수되고 國學直講으 로 옮겼는데, 崔沆이 圓覺經을 새기고 김구에게 跋文을 쓰도록 시키니, 김구가 시 를 짓기를, "蜂歌蝶舞百花新 擁是華藏藏裏珍, 終日啾啾說圓覺 不如絨口過殘春"이 라 하니, 최항이 노하여 말하기를, "나에게 絨口하라는 것인가" 하고는 左遷시켰다. 원종 4년에 右諫議大夫에 제배되었는데, 김구의 祖가 僧이어서 臺諫에 있기가 적 합하지 않았지만 김구가 재능이 있었기 때문에 告身에 서명이 이루어진 것이었다.
159) 『고려사』 권26, 원종 8년 10월 ; 『고려사』 권106, 金坵傳.
160) 『고려사』 권26, 원종 10년 12월.
161) 『고려사』 권25, 원종 11년 5월.

해 창건한 것이라고 했다.162) 고종 42년에 왕이 詔하기를, 晉陽公 崔怡가
卜地하여 遷都한지 數年이 안 되는 기간에 宮闕과 官廨를 모두 다 營構
했다고 했다.163) 최우(최이)는 강화에 천도하면서 이곳에 궁궐을 건립하
기 시작했는데 고종 36년 11월 임신일에 사망했다.164) 고종이 36년 4월
병진일에 본궐에 還御해 監役官僚 및 役徒에게 연회를 베풀고 工匠에게
銀과 布로 포상했는데165) 이 본궐의 重修 공역에도 최우가 간여했을 것
이다. 최우가 창건했다는 正殿이 大觀殿을 지칭했는지, 宣慶殿을 지칭했
는지 애매하지만 그가 사망하는 고종 36년 11월 임신일 이전에 창건되었
다. 최우가 고종 19년 6월에 2領의 군대를 동원해 궁궐을 창건했을 때에
는 정전까지 건립하기는 어려웠을 것이다. 본궐의 정전은 고종 21년 정월
에 여러 도의 장정을 동원해 궁궐 및 百司를 조영했을 때에 창건했을 가
능성은 있다. 또한 고종 30년대 초중반의 본궐 중수 때 창건했을 가능성
도 있다. 전쟁이 장기화 되어 감에 따라 궁궐이 임시적인 모습에서 상설
적인 모습으로 시설을 갖추어간 것으로 보이며 성곽의 경우도 그러했다.
　강도 시절 본궐(대내)에서 활발하게 기능한 시설로 景靈殿이 있었다.
강도 시절에는 고종 40년 8월 경신일(14일)에 景靈殿을 알현한 것에서 기
록상 처음 확인되며, 40년 9월 갑신일(9일)에 重陽節이라 경령전을 알현
했다. 41년 정월에 경령전을 알현했고, 41년 5월 병자일(5)에 端午節이라
경령전을 알현했다.166) 강도시절에 경령전 관련 기록이 고종 40년에야 등
장한 것은 그 이전에는 그것이 건립되지 못했거나 제대로 기능하지 못했

---

162) 『보한집』 중권. 진양공이 諸州牧府賀狀을 撼하여 門下文人으로 하여금 차례를 매
　　기도록 했는데 尙牧이 모두 第一이었다.
163) 『고려사』 권129, 최충헌 附 최항전.
164) 『고려사』 권23, 고종 36년 11월.
165) 『고려사』 권23, 고종 36년 4월.
166) 『고려사』 권24, 고종세가. 한편 『고려사절요』에는 고종 41년 4월 기사와 6월 기
　　사 사이에 경령전 알현 기사가 있는데 5월 5일 단오절 알현으로 여겨진다.

음을 시사한다. 40년 이후에는 경령전 알현이 활발한 모습을 보인다.

몽골에 갔던 태자(원종)가 귀국하자 원종 원년 3월 임오일에 太孫이 諸王·文武百僚와 함께 어가를 맞이하러 三別抄精銳를 거느리고 梯浦에 나갔고, 갑신일에 태자(원종)가 昇天闕에 들어오자 태손이 강화로부터 來謁하고, 정해일에 태자(원종)가 바다를 건너 承平門으로 入闕해 宰臣에게 명해 경령전에 고하게 했다. 4월 무오일(21)에 왕(원종)이 康安殿에서 즉위하고, 灌頂해 慶寧殿(景靈殿)에서 菩薩戒를 받고 康安殿에 나아가 百官 朝賀를 받은 후에, 黃衣를 입고 龍床에 앉아 南面하고 束里大波透가 上殿해 據床 東面하고, 太孫과 公侯伯과 宰樞와 文武兩班 叅上이 차례대로 殿庭에 들어오고 叅外는 殿門 外에 서서 上表해 行禮하고 萬歲를 불렀다. 禮가 끝나자 왕(원종)이 入閣하고 太孫에게 명해 客使를 연회하게 했는데 僕射 이하 兩班이 侍宴했다.[167] 원종 2년 秋7월 신유일 초하루에 高宗眞을 景靈殿에 봉안하고 肅宗眞을 安和寺로 옮겼다. 6년 4월 계묘일(4일)에 有司에게 칙령을 내려 景靈殿 仁·明 二聖 眞容이 失次한지 이미 오래 되었다며 비로소 順祀하도록 했다. 7년 9월 무술일(9일)에 경령전을 알현했다.[168] 강도시절 원종대에도 원종이 경령전에 귀국을 보고하고 보살계를 받는 등 경령전이 활발히 기능하고 있었다.

원종이 宮女를 水房에 모아 절제 없이 淫縱하므로 원종 원년 12월에 어사대부 金仁俊 즉 김준이 水房을 옮겨 外에 두었다.[169] 당시 원종은 본궐(대내)에 머물고 있었으므로 그 水房은 밖으로 옮기기 전에는 본궐 안에 설치되어 있었을 것이다. 원종이 9년 4월 정유일에 본궐로 還御해

---

167) 『고려사』 권25, 원종세가 및 『고려사절요』 권18, 원종대.
168) 『고려사』 권25, 원종세가. 강도 본궐 경령전에 원종 2년에는 숙종 진영을 내보내고 태조를 비롯해 예종, 인종, 강종, 고종 진영을 봉안했다가, 원종 6년 무렵에는 명종 진영을 들여 태조를 비롯해 인종, 명종, 강종, 고종 진영을 봉안했던 것으로 보이는데, 최충헌에 의해 폐위되었던 명종이 복권되었던 듯하다.
169) 『고려사』 권25, 원종 원년 12월.

華嚴神衆道場을 개설했고, 기유일에 內亭에 道場을 親設해 鎭兵하고 祈福했고, 10년 12월 기묘일에 灌頂道場을 內願堂에 개설했다.[170] 이 內亭은 山呼亭으로 추정되며, 이 內願堂은 산호정 소속으로 여겨진다. 고종 22년 11월 정해일에 日官이 아뢰기를, 闕北에 별도로 一屋을 지어 閻滿德加威怒王神呪道場을 개설해 兵禍를 祈禳하기를 요청했다.[171] 이 闕北은 본궐의 북쪽을 의미하는데 본궐의 안인지 밖인지 불확실하다.

강도시절에 본궐의 毬庭은 정변의 장소로 이용되기도 했다. 원종 10년 6월 임진일에 林衍이 三別抄와 六番都房을 毬庭에 모아 宰樞와 의논하기를, 내가 王室을 위해 權臣을 제거했거늘, 왕이 金鏡 등과 더불어 나를 죽이기를 도모하니 앉아서 주륙을 당할 수는 없어 내가 大事를 행하고자 하는데 어떠한가 물었다. 宰樞가 감히 대답하지 못하니 임연이 돌아가며 묻자 侍中 李藏用이 멈출 수 없다고 여기고 또 不測의 變이 생길까 두려워해 遜位로써 말한 반면, 참지정사 兪千遇는 이는 大事이니 다시 생각해 달라면서 지금 世子가 上國에 있으니 돌아옴을 기다려도 늦지 않다고 했다. 임연이 결정하지 못해 罷했다.[172] 하지만 임연은 결국 원종을 폐위하고 만다.

강도 시절에도 重房이 기능하고 있었다. 고종 46년 3월 병자일에 태자(원종)가 나와 重房에서 客使를 연회했는데 자신의 親朝 월일을 4월 27일로 기약했다.[173] 원종 즉위년 8월 병자일에 太孫(충렬왕)이 麗正宮에서 元服을 착용했고, 기묘일에 蒙使 尸羅問 등이 오자 신사일에 태손이 重房에서 迎詔했다.[174] 원종 즉위년 9월 丙辰日에 也速達 使者 加大와 只大 등 9인이 오자 신유일에 태손이 重房에서 加大 등을 영접했다.[175] 중

---

170)『고려사』권26, 원종 9년 4월 및 10년 12월.
171)『고려사』권23 및『고려사절요』권16, 고종 22년 11월.
172)『고려사절요』권18, 원종 10년 6월.
173)『고려사』권24, 고종 46년 3월.
174)『고려사』권25, 원종 즉위년 8월 및『고려사절요』권17, 고종 46년 8월.

방은 태자가 몽고사신을 영접하고 연회하는 데 사용되었고, 또한 태자를 대신한 태손이 몽고황제 詔書와 몽고사신을 영접하는 데 사용되었다. 중방은 이전의 개경 시절처럼 본궐 안에 자리했을 것이다. 태손(충렬왕)이 여정궁에서 원복을 착용한 데에서 太子宮인 麗正宮도 확인되는데 당시 태손이 사실상 태자였기 때문에 이용한 것이었다.

## 2) 별궁 운영의 특징

강화에 별궁 내지 離宮은 어떻게 운영되었는지 살펴보자. 고종 24년 8월 무자일에 前王(희종)이 法天精舍에서 세상을 뜨니 樂眞宮에 移殯하고 10월 정유일에 碩陵에 장사지냈다.[176] 고종이 33년 5월 기사일에 禪源社에 幸하고 경오일에 壽昌宮에 移御했고, 고종 36년 윤2월 계축일에 龍嵒宮에 移御했고, 고종 36년 10월 병오일에 王輪寺에 幸하고 龍嵒宮에 移御했고, 고종 37년 5월 신묘일에 또 雩하고 壽昌宮에 이어했고, 37년 6월 경자일에 蒙古使 多可無老孫 등 62인이 와 出陸의 狀을 살피러 昇天府館에 도달해 왕에게 江外에 出迎하기를 질책했지만 왕이 나가지 않고 新安公 佺을 보내 江都로 迎入하도록 하고 을사일에 蒙使를 수창궁에서 연회했다. 37년 7월 갑술일에 闕西宮에 이어했고, 39년 4월 신미일에 妙通寺에 幸하고 今旦洞宮에 移御했고, 39년 11월 임인일에 西宮에 이어했다.[177] 고종 44년에 崔竩로 樞密院副使 判吏兵部御史臺를 삼으니 사양해 받지 않았고, 崔竩가 延安宅 및 靖平宮을 王府로 돌리고 그 家米 2570餘石을 內莊宅에, 布帛油蜜을 大府寺에 納했다.[178] 江華에 樂眞宮, 수창

---

175) 『고려사』 권25, 원종 즉위년 9월.
176) 『고려사절요』 권16, 고종 24년 8월.
177) 『고려사』 권23 및 권24, 고종세가.
178) 『고려사절요』 권17, 고종 44년. 延安宅은 최씨 집안과 관련되고 宅主에 책봉된 여인의 소유였을 가능성이 있다.

궁, 용암궁, 闕西宮, 西宮, 수旦洞宮, 靖平宮 등이 조영되었음을 알 수 있는데, 궐서궁과 서궁은 동일 시설이었을 것이다.

강화의 梯浦에는 제포관과 제포궁이 건립되어 몽고 사신을 영접하는데 사용되었다. 고종 26년 4월에 蒙古가 甫可阿毗 등 20인을 보내 詔를 가지고 와서 親朝를 효유하니 왕이 梯浦館에서 迎詔했다. 고종 37년 12월 丙辰日에 蒙古使 洪高伊 등 48인이 와서 昇天館에 머물며 말하기를, 왕이 出迎하기를 기다려 들어가겠다고 했는데, 기미일에 왕이 梯浦宮에서 맞이했다. 이날 큰 바람이 불고 추위가 심해 百官이 모두 凍縮 失容하니 왕이 輦上 帷帳을 철거하라고 명령하면서 말하기를, 法從百官이 이처럼 寒凍하는데 朕이 홀로 따뜻할 수 있으리오 했다. 38년 춘정월 임술일 초하루에 왕이 梯浦宮에 있으면서 洪高伊를 연회했다. 갑자일에 왕이 壽昌宮으로 돌아오는데 蒙使가 따랐다. 父老가 都門 外에 出迎해 모두 눈물을 흘리면서 再拜하고 萬歲를 불렀다. 고종 38년 10월 을사일에 蒙古使 將困·洪高伊 등 40인이 와 昇天館에 이르니, 무신일에 왕이 梯浦에 出迎했는데, 皇帝가 새로 즉위해 詔하여 국왕이 親朝하고 舊京으로 돌아가라고 했다. 경술일에 將困 등이 江都에 들어오니 신해일에 壽昌宮에서 蒙使를 연회했다. 고종 39년 7월 무술일에 蒙古使 多可阿土 등 37인이 오니 왕이 新安公 佺을 보내 出迎하게 하고 蒙使에게 梯浦館에 들어오도록 요청해 왕이 出見했다. 연회가 아직 끝나지 않았는데 多可 등이 왕이 帝命을 따르지 않는다며 노하여 昇天館으로 돌아갔다. 고종 40년 5월 병신일에 蒙古 也窟大王이 阿豆 등 16인을 보내오니 왕이 梯浦宮에서 맞이해 金銀과 布帛을 하사했고 기해일에 蒙使를 연회했다. 고종 40년 12월 임자일에 梯浦館에 幸하여 阿母侃 使佐를 引見했다. 고종 41년 8월 기축일에 安慶公 淐이 몽고로부터 돌아왔는데 蒙使 10인이 함께 왔다. 왕이 梯浦에 幸하여 宴慰했다. 고종 42년 2월 신미일에 車羅大가 阿豆仍夫 등 4인을 보내오니 갑술일에 왕이 梯浦館에서 연회했다. 고종 42년 9월 정미일에 崔璘이 蒙古使 6인과 함께 왔는데 客使를 昇天館에 머물게 하고 먼저 들어와 아뢰기를, 車羅大와 永寧公이 大兵을 이끌고 西京에 이르고 候騎가 이미 金郊에 이르렀다고 하니, 기유일에 宰樞가 의논하여 이르기를, 客使를 비록 厚하게 館待하더라도 無益하다고 하자, 崔璘이 말하기를, 만약 不得已 帝所에 遺使한다면 지금 來使를 擯接하지 않아서는 안 된다고 하니, 경술일에 왕이 梯浦에 出迎하고 신해일에 蒙使를 연회했다. 고종 44년 7월 丙辰日에 車羅大 使佐 18인이 昇天館에 이르자 무오일에 왕이 梯浦館에서 邀宴했다. 44년 9월 임신일에 金守剛이 蒙使와 함께 몽고로부터 돌아오니 계유일에 梯浦館에 幸하여 蒙使를 맞이했다. 45년 6월 車羅大가 波乎只 등 6인을 보내오니 병신일에 梯浦館에 幸하여 波乎只를 引見하자 波乎只가 車羅大의 말을 전했다. 45년 6월에 金寶鼎이 余愁達이 파견한 客使 8인과 함께 오니 정미일에 梯浦館에 幸했는데, 金寶鼎이 太子가 軍前에 迎降하면 回軍하겠다는 余愁達의 말을 전했다. 45년 8월 계미일에 永安公 僖가 車羅大 屯所로부터 돌아왔고, 무술일에 車羅大가 파견한 蒙古大 등 15인이 오니 기해일에 梯浦宮에 幸하여 客使를 引見하자 蒙古大 등이 말하기를 太子가 出하면 병력을 물러나게 할 수 있다고 했지만, 왕이 말하기를 太子가 병들어 出할 수 없다고 했다.[179]

한편, 고종은 몽고의 끈질긴 出陸 영접 요구를 수용해 江華의 맞은편 승천부에 승천궐을 건설해 영접장소로 이용하게 된다. 고종 37년 정월에 昇天府 臨海院 舊基에 宮闕을 비로소 조영했고, 고종 39년 5월에 昇天府 城廓을 비로소 조영했는데, 이것은 昇天府 白馬山 아래에 위치했다.[180]

고종 39년 정월에 병오일에 고려 강도를 떠난 樞密院副使 李峴이 몽고에 도착하자 몽고황제가 出陸 여부를 물으니 최항의 말대로 금년 6월에

---

179) 『고려사』 권23 및 권24, 고종세가.
180) 『고려사절요』 권16, 고종 37년 정월 ; 『고려사절요』 권17, 고종 39년 5월 ; 『고려사절요』 권17, 고종 40년 9월조.

出陸하려 한다고 대답했고 자신이 정월에 發程할 때 이미 昇天府 白馬山
에 宮室과 城郭을 조영했다고 덧붙였다. 몽고황제가 李峴을 머물게 하고
는 多可 등을 보내면서 비밀리에 칙령을 내리기를, 너희들이 고려에 도착
해 국왕이 육지에 나와 맞이하면 백성이 육지에 나오지 않아도 可하지만
그렇지 않으면 發兵해 토벌하겠다고 했다. 李峴의 書狀官 張鎰이 多可를
따라 와 비밀리에 그것을 알아내 왕에게 아뢰자, 왕이 최항에게 물으니
최항이 대답하기를 大駕가 江外에 가벼이 나가서는 안된다고 했다. 公卿
이 모두 최항의 뜻에 맞추어 不可를 고집하니 왕이 이를 따르고 新安公
佺을 보내 江을 나가 蒙使를 영접해 梯浦館으로 들어오도록 해 왕이 제
포관에 나가 몽사를 만났다. 연회가 끝나지 않았는데도 多可 등이 왕이
帝命을 따르지 않는다며 노하여 昇天館으로 돌아갔다. 당시 사람들이 이
르기를, 최항이 淺智로 국가 大事를 그르쳐 蒙兵이 반드시 온다고 했다.
얼마 없어 과연 몽병이 이르러 州郡을 屠滅하니 지나가는 곳이 모두 煨燼
이 되었다.[181]

고종 40년 4월 갑인일에 原州民으로 몽고에 포로로 잡혀갔던 자가 돌
아와 알리기를, 阿母侃과 洪福源이 帝所에 나아가 고려가 重城을 축조해
出陸 歸款의 뜻이 없다고 말하니, 황제가 皇弟 松柱에게 병력 1萬을 거느
려 東眞國을 경유해 東界로 들어가도록 하고, 阿母侃과 洪福源에게 휘하
병력을 거느려 北界로 달려가도록 했다고 했다. 7월 甲申日에 北界兵馬
使가 보고하기를, 蒙兵이 압록강을 건넜다고 했다. 고려를 침략한 몽고
東京官人 阿母侃·通事 洪福源과 그 병력은 皇叔 也窟大王의 지휘를 받
았다.[182]

고종이 훗날 최항에게 開府하려 하면서 최항 공로 중의 하나로 江外에

---

宮闕을 건립한 것을 들었고, 최항 묘지명에 外闕을 창건해 蒙使를 영접했다고 했으니,[183] 승천궐 건립에 최항이 간여했다. 그런데 최항은 왕의 出陸에 대비해 승천궐을 건립했으면서도 왕이 出陸해 이곳에서 몽사를 영접하는 것을 반대한 모순적인 행동을 보여 몽골 군대의 대대적인 침공 재개를 초래했다.

고종 40년 11월에 也窟이 忠州에서 질병에 걸리자 阿母侃과 洪福源에게 머물러 지키게 하고 精騎 1千을 거느리고 北還하자, 永安伯 僖 등이 舊京 保定門 밖에 이르러 也窟을 만나 退兵을 요청했다. 也窟이 질책하기를, 國王이 江外에 나와 나의 使를 맞이하면 退兵할 수 있다고 하고 蒙古大 등 10인을 보내오니 왕(고종)이 갑옷 입은 야별초 80인의 호위를 받으며 渡江해 昇天新闕에서 그들을 영접하고는 江都로 돌아왔다.[184] 고종이 강화로 천도한 후 蒙使를 영접하기 위해 처음으로 강화를 나온 것인데, 몽골군의 대대적인 공세에 고종과 최항이 굴복한 것이었다.

고종 41년 7월 정사일에 왕이 蒙使 多可 등이 옴을 듣고 昇天新闕에 移御했고 계해일에 왕이 江都에 돌아왔다. 45년 4월 기유일에 왕이 車羅大가 使를 보내와 出陸의 狀을 엿보려 한다고 듣고 이날에 文武百官을 昇天府에 나가게 하고 市肆를 옮기고 宮闕과 官僚家戶를 修했다. 45년 5월 갑인일에 왕이 兵衛를 갖추어 涉海하여 昇天府闕에 御하여 車羅大의 客使 波養 등 9인을 引見했다. 45년 9월 갑술일에 安慶公 淐이 蒙使

---

183) 고종이 치세 42년에 詔하기를, 진양공 최이(최우)는 卜地 遷都하여 數年間이 안되어 宮闕과 官廟를 모두 다 營構했고 鎭兵大藏經板을 거의 절반 새겼다고 했다. 시중 최항은 大藏經板 새기기를 완성했고 水路要害에 兵船을 備設했고 江外에 宮闕을 營建했고 江都中城을 축조해 金湯이 더욱 공고해 萬世도록 영원히 의지하게 했고 지금 門客 朴成梓를 督役使로 삼아 공역을 진행해 大廟를 완비했다고 했다. 『고려사』 권129, 최충헌전 附 최항. 또한 최항 묘지명에는 外闕을 창건해 蒙使를 영접하고 中城을 □하여 皇都를 屛하고 宗廟와 大學을 私貲를 써서 門卒을 보내 조영했다고 한다.

184) 『고려사절요』 권17, 고종 40년 11월.

와 함께 돌아와 昇天館에 이르니, 을해일에 昇天闕에 幸하여 蒙使를 맞
이했다.185)

고종과 무인정권은 개경으로 환도하기 어려운 상황에서 대안으로 昇天
府를 일종의 임시수도로 삼아 昇天闕을 건설해 왕의 거처와 蒙使 영접장
소로 사용했다. 승천부는 江華와 바다(강)를 사이에 두고 마주해 몽고 측
에 왕의 出陸을 보여주면서도 비상시에는 곧바로 강화로 배를 타고 건너
올 수 있어서 선택된 것이었다. 바다(강)를 사이에 두고 마주한 강화의
梯浦館·梯浦宮과 승천부의 昇天館·昇天闕은 몽골과의 교섭 창구였다.

고종 46년에 들어서면서 태자의 親朝 문제와 고종의 질병 악화로 인해
왕이 신하의 집에 이동하거나 이궁을 조영하는 현상이 보인다. 고종 46년
2월 갑오일에 離宮을 摩利山 南에 창건했다. 이에 앞서 校書郎 景瑜가
요청하기를 이 산에 創闕하면 基業을 연장할 수 있다고 하니 따른 것이었
다.186) 고종 46년 4월 갑신일에 왕이 병으로 위독하니 近臣을 나누어 보
내 諸神祠·道殿에 기도하게 하고 二罪 이하 죄수를 사면하고 放生했으
며, 신묘일에 금년 東堂監試를 정지하고 柳璥 第로 移御했다. 갑오일에
太子 倎(원종)을 보내 奉表해 蒙古에 가도록 했는데 百官이 郊에서 餞別
했다.187) 고종 46년 4월 정유일에 명령해 假闕을 三郎城 및 神泥洞에 조
영하도록 했다. 이에 앞서 왕이 風水를 業으로 하는 術士인 郎將 白勝賢
을 불러 延基의 地를 물으니 대답하기를, 穴口寺에 幸하여 法華經을 談
揚하고, 또한 三郎城에 創闕해 그 증험을 시험해 보십시오 하니, 兩府에
칙령을 내려 合坐하고 백승현으로 하여금 校書郎 景瑜, 判司天事 安邦悅
등과 利害를 論難하게 했는데, 백승현이 數馬에 道籙·佛書·陰陽·圖讖을

---

185) 『고려사』 권24, 고종세가.
186) 『고려사』 권24 및 『고려사절요』 권17, 고종 46년 2월.
187) 『고려사』 권24, 고종세가. 몽고의 군사 압력에 굴복해 고려 태자가 몽고에 비로소
　　親朝하게 된 것이었다.

신고 와서 무궁하게 詭辯하니 景瑜 등이 그 談鋒을 꺾을 수 없자, 왕이
모두 그것을 따라 三郞城 및 神泥洞에 假闕을 조영하도록 한 것이었다.
이 정유일에 社堂洞 閔脩第에 移御했다.[188]

고종이 아파 閔脩 第에 移御한 상태에서 右副承宣 鄭世臣을 보내 法
席을 穴口寺에 개설하게 했다. 정세신이 돌아와 그 상황을 아뢰니, 왕이
말하기를, 내 꿈에 老比丘가 나타나 法華經 및 大日經을 念頌하기를 권
유하던데 지금 卿의 말을 듣건대 실로 꿈꾼 바와 부합하며, 내가 潛邸 때
에 일찍이 穴口에 遊하면서 文殊鳥聲을 들었는데 卿이 역시 그것을 들었
는가 물었다. 정세신이 대답하기를, 神怪는 마땅히 諱하는 것이어서 臣이
감히 먼저 아뢰지 않았다면서, 臣이 法席에 나아가니 진실로 上이 꿈꾼
것처럼 홀연히 한 老比丘가 있어 옆에서 誦經했는데 다시 보니 보이지
않다가 이윽고 다시 왔지만 臣이 그가 떠나갈까 두려워 감히 正視하지
않았으며, 또한 鳥가 날아와서 울었는데 그 소리가 이르기를, '文殊師利
摩訶薩'이라 했다고 했다. 承宣 李應韶와 鄭世臣은 輕薄한 사람이라 왕
의 질병으로 위독하고 국가가 多故한데도 걱정하지 않고 百官 奏啓를 모
두 억제하여 納하지 않고 直宿마다 閔脩와 함께 문을 닫아 圍碁하고 妓
를 끌어안아 酣飮하니 時議가 분노했다고 한다.[189] 고종은 46년 6월 임
인일에 柳璥 第에서 세상을 떴다.[190]

고종 때 건립한 궁궐은 원종대에도 계승된다. 원종대에 별궁으로 추가
된 것으로 長峯宮이 있었다. 원종이 3년 10월 壬申日에 명령해 權臣 崔
沆 故宅을 철거해 그 地를 士庶 無家者에게 나누어 주도록 했고, 材瓦를
취하여 東山洞에 營室하도록 했다.[191] 원종이 5년 5월 임인일에 長峯宮

188) 『고려사』 권24 및 『고려사절요』 권17, 고종 46년 4월 ; 『고려사』 권123, 嬖幸1,
　　白勝賢傳.
189) 『고려사절요』 권17, 고종 46년 4월 ; 『고려사』 권123, 嬖幸1, 鄭世臣傳.
190) 『고려사』 권24 및 『고려사절요』 권17, 고종 46년 6월.
191) 『고려사』 권25, 원종 3년 10월. 최항이 최우 사후에 갑옷을 입고 병력을 거느려

에 移御했는데,[192] 東山洞 내지 東山에 營室한 것이 바로 장봉궁이라 판
단된다. 長峯(長嶺) 내지 東山은 강화 갑곶 일대의 해안을 따라 뻗은 당
산(만수산)과 그 주변 산으로 판단되며, 이곳에 최항의 故宅과 왕의 장봉
궁이 자리했다고 여겨진다.

　원종 5년은 고려국왕의 몽고 親朝가 심각한 문제로 떠오른다. 원종이
몽고에 사신을 보내 中統5년(至元元年: 고려 원종 5년) 정월 元旦을 축하
했는데 몽고는 고려 사신에게 원종으로 하여금 京師에 親朝하라고 했
다.[193] 中統5년(至元元年: 고려 원종 5년) 4월에 西北諸王이 무리를 거느
리고 款附하니 황제(세조)가 今歲에 上都에서 王公群牧에게 朝를 받으려
하여 必闍赤 古乙獨을 보내 고려국왕을 불러 上都에 入朝해 世見의 禮를
닦도록 했다.[194] 5월 庚辰日(7일)에 몽고가 官人 胡都多乙者와 禮部員外
郎 趙泰·康和尙 등을 보내오니 신사일에 大觀殿에서 受詔했다. 그 詔에,
朝覲은 諸侯의 大典인데, 근래 西北諸王이 무리를 이끌고 款附해 今歲에
上都에서 王公群牧에게서 朝를 받으려 하니 卿(원종)도 지체하지 말고
역마를 타고 와서 世見의 禮를 닦으라는 내용이었다. 재상을 모아 親朝를
의논하게 하자 모두 의심을 지녀 不可하다고 했는데 평장사 李藏用이 홀
로 아뢰기를, 왕이 覲하면 和親하고 覲하지 않으면 生釁하다고 했다. 金
俊이 말하기를, 부름에 응해 나아간 후에 만일 變이 생기면 어찌할 것인
가 하니, 이장용이 말하기를, 나는 반드시 無事하리라 생각하는데 만약
變이 생기면 기꺼이 孥戮을 받겠다고 했다. 이에 왕이 이장용의 말을 따

---

　　長峯宅으로부터 말을 달려 見子山 晉陽府로 이주했으니(『고려사』 권129, 최충헌
　　전 附 최항), 그는 장봉택에 머물다가 집권한 것인데, 이 장봉택이 바로 최항의
　　故宅으로 長峯(長嶺) 즉 東山에 있었다고 판단된다. 한편 원종 원년 정월에 右副
　　承宣 金仁俊에게 명해 別宮田을 推撿하도록 했다(『고려사』 권25).
192) 『고려사』 권26, 원종세가.
193) 『元史』 권208, 列傳95, 外夷1 高麗 ; 『元史』 권5, 本紀5, 世祖2 至元元年 정월 ;
　　『원고려기사』 世祖.
194) 『元史』 권208, 列傳95, 外夷1 高麗 ; 『元史』 권5, 本紀5, 世祖2 至元元年 4월.

라 入朝의 議를 정했다.[195] 頃者에 北朝가 질책하여 親朝하도록 하자 舊
例가 없어 依違해 결정하지 못해 大兵이 해마다 來侵하고 國勢가 날로
위태로운데 또 北使가 와서 親朝를 독촉하니 朝議가 紛紛했다고 한
다.[196] 고려국왕이 親朝한 적이 없었기 때문에 親朝 결정을 내리기 어려
웠는데 이장용이 밀어붙인 것이었다.

5월 병술일(13일)에 蒙使를 연회했고, 5월 기축일(16일)에 蒙使 胡都·
康和尙이 먼저 돌아가니 왕이 郊外에서 餞別하고 國子祭酒 張鎰과 譯語
郞將 康允紹를 伴行하게 했는데 附表에, 지금 招徵을 당해 응당 곧바로
달려가야 하지만 薄贄單裝 역시 殘藩이 마련하기 쉽지 않고 遐程 酷暑
(酷熱)를 劣質이 감당할 수 없어 涼辰이 되면 鑾闕에 朝하려 한다고 했
다.[197]

원종 5년 5월 임인일(29일)에 왕이 長峯宮에 移御했다.[198] 5월 계묘일
(30일)에 비로소 大佛頂五星道場을 三郞城 假闕에 개설하기를 무릇 4개
월 동안 했다.[199] 6월 을사일(2일)에 왕이 봉은사에 갔다. 6월 병오일(3
일)에 三郞城五星道場에 幸했다. 6월 경술일(7일)에 妙智寺에 移御하고
또 磨利山塹城에 親醮했다. 6월 신해일(8일)에 神泥洞 假闕에 移御해 大
佛頂五星道場을 개설했다.[200] 6월 임자일(9일)에 大日王道場을 穴口寺
에 개설하고 을묘일에 親幸해 行香했다.[201] 6월 병진일(13일)에 長峯宮

---

195) 『고려사』 권26 및 『고려사절요』 권18, 원종 5년 5월 ; 『고려사』 권102, 이장용전.
196) 『고려사』 권130, 金俊傳, 왕이 원에 갔다가 還國한 후 김준을 위해 封侯立府하고
　　자 내린 制.
197) 『고려사』 권26 및 『고려사절요』 권18, 원종 5년 5월 ; 『동문선』 권40, 表箋, 陳情
　　表(金坵) ; 『元史』 권208, 列傳95, 外夷1 高麗.
198) 『고려사』 권26, 원종 5년 5월.
199) 『고려사』 권26 및 『고려사절요』 권18, 원종 5년 5월.
200) 『고려사』 권26, 원종 5년 6월.
201) 『고려사』 권26, 원종 5년 6월. 한편 『고려사절요』 권18에는 원종 5년 6월에 大日
　　王道場을 穴口寺에 親設했다고 되어 있다.

에 還御해 境內 二罪 이하를 宥했다.[202) 고려국왕 王禃(원종)이『원사』본기에 至元元年 6월 무신일(5일)에 來朝했다고 되어 있고,『원사』고려전에 中統五年 6월에 親朝했다고 되어 있는데[203) 사실과 다르다. 원종은 여전히 강도에 머물고 있었다.

원종은 세조황제로부터 親朝하라는 조서를 5월초에 받고 5월말에 장봉궁에 이어한 후에, 삼랑성 가궐에서 대불정오성도량을 개설하고, 삼랑성 오성도량에 행차하고 묘지사에 이어하고 마리산 참성에 親醮하고 신니동 가궐에 이어해 대불정오성도량을 개설하고 혈구사에 대일왕도량을 개설해 행차해 行香하고 장봉궁에 還御해 사면령을 내렸다. 원종의 이러한 행위는 親朝를 연기하거나 하지 않으려는 종교적 행위였는데 여기에는 백승현의 건의가 영향을 미쳤다. 원종 5년 5월에 몽고가 사신을 보내와 왕에게 親朝를 독촉하자 백승현이 金俊을 통해 아뢰기를, 만약 摩利山塹城에 親醮하고 三郎城神泥洞에 假闕을 조영해 大佛頂五星道場을 親設하면 8월이 되기 전에 반드시 應이 있어 親朝를 그만두게 할 수 있고 三韓이 변해 震旦이 되고 大國이 來朝한다고 하니, 왕이 믿고 백승현 및 內侍대장군 趙文柱와 國子祭酒 金坵와 장군 宋松禮 등에게 명해 假闕을 창건하도록 했던 것이다. 이에 대해 예부시랑 金軌가 우복야 朴松庇에게 말하기를, 穴口는 凶山이라, 백승현이 大日王常住處로 여겨 일찍이 고종에게 아뢰어 穴口寺에 佛事를 크게 열고 御衣帶를 안치했지만 얼마 없어 고종이 昇遐했는데, 또 감히 浮言을 지어내 假闕을 營하기를 아뢰고 또한 穴口寺에 大日王道場을 親設하기를 요청하니 이는 믿을 수 없다며 박송비에게 그것을 금지해 달라고 요청했다. 이에 박송비가 김준에게 고했지만 김준이 백승현의 말에 심히 惑하여 金軌를 베려 하다가 중지했다.[204) 원

---

202)『고려사』권26, 원종 5년 6월.
203)『元史』권5, 本紀5, 世祖2 至元元年 6월 ;『元史』권208, 列傳95, 外夷1 高麗.
204)『고려사절요』권18, 원종 5년 5월 ;『고려사』권123, 白勝賢傳. 예부시랑 金軌의

종과 김준은 고려국왕의 親朝를 원하지 않은 절실함으로 인해 백승현의
건의를 받아들여 친조를 기피하거나 연기하기 위한 종교적인 행위를 한
것이었는데, 원종은 올라가기 힘든 마리산 꼭대기의 참성에까지 몸소 등
반해 친히 醮禮를 거행하는 수고도 마다하지 않았다.[205]

　원종 5년 7월 계유일 초하루에 蒙古使 多乙者·趙泰 등이 돌아갔는데
大夫營에 이르러 王行을 기다리려 했다.[206] 7월에 諸道에 명령해 白金
(白銀)을 科斂해 親朝 盤纏을 갖추도록 했다.[207] 7월 계사일(21일)에 制
하기를, 朕이 社稷萬民을 지키기 위해 장차 萬里絶域에 親朝하려 하여,
殊恩을 中外에 미치려 한다며 지금 7월 21일 昧爽 이전 斬絞徒流 이하는
모두 赦除한다고 했다.[208] 7월 기해일(27일)에 宣旨하기를, 祖聖 이래 온
전히 佛敎에 의지해 延基를 密護해 왔다면서, 대저 仁王般若는 護國安民
最勝法文이라, 經에서 說한 百師子 등 法寶威儀는 道場의 急具이건만,
往者에 移都 時에 師子座를 輸入하지 못해 法筵이 규범과 같지 않았는
데, 金俊이 寡人 親朝를 위해 仁王法會를 개설하고자 이 經 新·舊譯 각
102部를 印成하고 師子座 100을 만들어 彩畫로 粧飾하고 供具衣物에 이
르기까지 精備하지 않음이 없어 충성이 深重하다며 金俊의 丘史, 親侍,
造成監役人, 諸色匠人을 포상했다. 7월 경자일(28일)에 仁王道場을 大觀

---

発언 중에 穴口 관련 부분이 김준전에는 "穴口凶山也 勝賢以爲大日王常住處 嘗奏
高宗 作穴口寺 以安御衣帶 未幾昇退"라 되어 있고, 『고려사절요』에는 "穴口凶山
也 勝賢以爲大日常住處 嘗奏高宗 大開佛事 以安御衣帶 未幾升退"라 되어 있어,
'作穴口寺'와 '大開佛事'가 다르다. 한편 8월 임자일(11일)에 守司空左僕射 朴松庇
를 罷하여 樞密院使 李應詔로 대신하게 했는데(『고려사』 권26), 박송비가 백승현
의 건의를 반대하는 金軌의 편을 들었기 때문일 것이다.
205) 이 때는 원종이 몽고에 親朝를 원하지 않았지만, 임연에게 폐위당했다가 몽고의
　　개입으로 복위하자 기꺼이 親朝하며, 개경으로 還都한 후에는 고려국왕의 親朝 여
　　부는 몽고 황제의 마음에 달려 있었다.
206) 『고려사』 권26, 원종 5년 7월.
207) 『고려사절요』 권18, 원종 5년 7월 ; 『고려사』 권79, 식화지2, 科斂.
208) 『고려사』 권26 및 『고려사절요』 권18, 원종 5년 7월.

殿에 親設했다.[209] 8월 을사일(4일)에 참지정사 김준에게 명해 教定別監
(校定別監)으로 삼고 國家 非違를 糾察하게 했다.[210]

8월 계축일(12일)에 왕이 몽고에 감에, 太子와 諸王과 文武百僚가 梯
浦에 이르러 辭했는데, 왕이 金俊에게 명해 먼저 入京해 監國하도록 했
다. 김준이 別抄 30인으로써 주야로 그 집을 지키게 했다.[211] 8월 경오일
(29일)에 宮主가 妙通寺와 普濟寺에 幸해 왕을 위해 祈福했다.[212] 中統
五年 九月에 황제가 中統五年을 고쳐 至元元年으로 삼고는 9월 16일에
郎中 路得成을 파견해 赦令을 지니고 禃(원종)의 郎將 康允珚와 함께 가
서 그 國(고려국)에 반포하게 했다.[213]

『고려사』 원종세가에 따르면, 치세 5년 9월 경자일(29일)에 원종이 燕
都에 이르러 황제(세조)를 알현하니 황제가 두 번 親宴하고 또 연회를 中
書省에 하사하고 錦을 하사했으며 아래로 侍從臣僚에게 미쳤다.[214] 『원
사』 세조본기에 따르면 至元元年 冬10월 임인일 초하루에 高麗國王 王
禃이 來朝했다.[215] 원종은 5년 9월 29일에 燕都(大都)에 도착하고 10월

---

209) 『고려사』 권26, 원종 5년 7월. 한편 『고려사』 권130, 김준전에는 蒙古가 왕을 불
    러 入朝하게 하자 김준이 왕을 위해 百高座를 大觀殿에 개설해 仁王經을 講하니
    왕이 김준이 忠誠을 지녔다며 從者에게 爵을 하사했다고 되어 있다.
210) 『고려사』 권26 및 『고려사절요』 권18, 원종 5년 8월 ; 『고려사』 권130, 김준전
211) 『고려사』 권26 및 『고려사절요』 권18, 원종 5년 8월 ; 『고려사』 권130, 김준전.
    한편 『원고려기사』에는 世祖 至元元年 8월 11일에 禃(원종)이 親朝했다고 되어
    있다.
212) 『고려사』 권26, 원종 5년 8월.
213) 『元史』 권208, 列傳95, 外夷1 高麗 ; 『元史』 권5, 本紀5, 世祖2, 至元元年(中統5
    년) 9월 ; 『원고려기사』 世祖. 한편 10월 무신일(7일)에 상장군 申思佺이 詔書를
    가지고 몽고로부터 돌아왔는데 그 조서는 황제가 至元으로 改元하고 천하에 大赦
    하는 내용을 담고 있었다(『고려사』 권26). 고려는 金坵가 찬술한 「賀立元表」(『동
    문선』 권32)를 몽고에 보냈다.
214) 『고려사』 권26, 원종 5년 9월.
215) 『元史』 권5, 本紀5, 世祖2, 至元元年 10월. 한편 『元史』 권208, 列傳95, 外夷1 高
    麗에는 至元元年 10월에 禃(원종)이 入朝했다고 되어 있다.

초하루에 세조황제를 만났다고 판단된다. 10월 기미일(18일)에 원종이 萬壽山殿에서 辭하니 황제(세조)가 駱駝 10頭를 하사했다.[216]

慶興都護府 判官 겸 掌書記 이승휴가 11월 3일에 冬至·八關·元正과 陛下朝帝所迴輦 4개 表文을 받들고 京(江都)으로 향하다가 橫溪驛에 이르러 安集 金學士가 眞珠府吏에게 명해 孀親所寓 草堂을 修葺하게 함을 듣고 燈明僧統 詩를 借韻해 읊었다.[217] 12월 병오일(6일)에 樞密院副使 韓就 등 6인이 夜別抄를 거느리고 義州에서 御駕를 맞이했다. 12월 임술일(22일)에 왕이 몽고로부터 이르러 梯浦館에 次하니 太子 및 諸王이 迎駕했다. 계해일에 왕이 梯浦를 출발했는데 內學 博諭正錄 등이 七管諸生을 거느리고, 外學 十二徒 中 敎導 등이 進士生徒를 거느려 각기 上表하고 歌謠했으며, 致仕宰樞三品員 등이 郊外에서 맞이하고, 八坊廂兩部가 奏樂하고 다투어 百戲를 공연하니 왕이 綵棚 앞에 駐輦해 觀樂하고 晡에 還宮했으며, 八坊廂에게 白金 각 2斤을 하사하고, 娼女樂工에게 차등 있게 물건을 하사했다. 翌日에 百官이 表賀했다.[218] 12월 정묘일(27일)에 원종이 金俊의 壻 任資忠에게 특별히 掖庭內寺伯을 제수해 紅鞓을 하사하고 '資輔'라 改名하도록 했으며, 扈從親朝 臣僚 및 卒徒에게 米를 차등 있게 하사했다.[219] 성공적인 親朝의 공로를 김준에게 돌려 封侯 立府를 하려 한다고 했다.[220]

---

216) 『고려사』 권26, 원종 5년 10월.
217) 『동안거사집』 行錄 1. 이 표문에 대해 中書省이 明年 正月 上旬에 一時에 設科하는데, 두 곳에서 榜頭하고, 한 곳에서 第二, 한 곳에서 第三했다고 한다.
218) 『고려사』 권26, 원종 5년 12월. 敎坊은 원종을 맞이한 致語에서, 원종이 옛적에 靑宮(東宮)에 있을 적에 聘覩을 親修했더니, 지금 紫極에 臨했는데 또 詔徵을 당해 廟議가 紛紜하고 輿情이 恂懼했지만 宸衷이 果斷해 祖統의 洪延을 위해 霜雪 萬里의 勞를 꺼리지 않고 風雲一庭의 會에 나아갔다고 찬미했다(『동문선』 권104, 甲子年迎主敎坊致語(金坵)). 한편 『元史』 권208, 列傳95, 外夷1 高麗에는 至元元年 12월에 '遣禎還國'했다고 되어 있고, 『원고려기사』에는 12월 23일에 '遣還國'했다고 되어 있는데, 원종이 강화에 도착한 시점으로 기록한 듯하다.
219) 『고려사』 권26 및 『고려사절요』 권18, 원종 5년 12월.

원종 9년이 되면서는 辰嵓宮(辰巖宮)이 왕의 移御 장소로 애용되는데, 고종이 이어한 龍嵓宮과 같은 시설로 보인다. 원종은 8년 8월 정축일에 慶原公第에 移御해 9월에도 慶原公第에 있었는데 그 第가 어사대부 兪千遇 家와 서로 접해, 왕이 유천우 林亭에 행차하고 東宮이 陪遊했다. 왕이 그 淸勝함을 보고 詩 1首를 지으니 유천우 및 文臣이 和進했다. 원종 9년 윤정월 기미일에 辰嵓宮에 移御했다.221) 9년 12월 정유일에 金俊을 주살하고 그 族을 夷하고는, 왕이 12월 기해일에 辰巖宮에 移御하니 群臣이 김준 주살을 表賀했다. 원종 10년 5월 임신일에 왕이 辰巖宮에 移御했다.222)

원종 10년 6월 壬辰日에 林衍이 不軌를 도모해 大事를 행하고자 宰樞를 모아 의논했는데 이를 중지할 수 없다고 侍中 李藏用이 여겨 遜位로써 말했다. 을미일에 임연이 갑옷을 입고 三別抄와 六番都房을 거느리고 安慶公 淐의 第로 나아가 백관을 모아 淐을 받들어 왕으로 삼았는데, 홀연히 風雨가 暴作해 나무를 뽑고 기와를 날렸다고 한다. 당시 원종은 진암궁에 있었는데 임연이 사람을 시켜 왕(원종)을 핍박해 別宮으로 옮겼다. 7월 병오일에 淐이 林衍으로 교정별감을 삼고 정미일에 임연이 또 왕(원종)을 金鎧 舊第에 옮겼다. 7월 을묘일에 淐이 왕을 높여 太上王으로 삼고 立府해 '崇寧'이라 하여 注簿와 錄事 각 1인을 두고 殿을 '明和'라 하여 舍人 2인을 두었으며, 東宮으로 壽安府를 삼아 典籤과 錄事를 두었다. 하지만 임연은 몽고의 군사적 압력에 굴복해 11월에 淐을 폐위하니 원종이 갑자일에 복위해 入闕했다. 12월 경인일에 왕(원종)이 몽고에 가면서 順安侯 悰에게 監國하게 했다. 다음해인 11년 2월에 왕(원종)이 황제(세조)를 燕都에서 알현했다. 이 달에 왕(원종)이 세자(충렬왕)와 함께

220) 『고려사절요』 권18, 원종 5년 12월 ; 『고려사』 권130, 김준전.
221) 『고려사』 권26, 원종세가.
222) 『고려사』 권26, 원종세가.

燕都를 떠나 고려로 향했다. 5월에 임유무가 살해당하고 재추가 회의해 舊京 復都를 결정하고 왕(원종)이 舊京 즉 개경으로 돌아왔다.[223] 원종 9년과 10년 前半期는 진암궁이 왕의 거처로 쓰였고 여기에서 원종이 폐위당했던 것이다.

# 맺음말

몽골과의 항쟁기 江都는 中岳 견자산을 중심으로 하여 북으로 송악산 (북산), 남으로 대문고개 통과 산, 동쪽으로 東山(長峯: 長嶺), 서쪽으로 西山(고려산)으로 둘러싸인 곳에 건설되었다. 최우정권 때 대내(본궐)가 먼저 자리잡고, 외성이 동쪽 해안을 따라 축조되었다. 이 외성은 갑곶과 월곶 사이의 長峯(長嶺)같은 산줄기를 활용하는 한편 물이 흐르는 저지대 는 제방을 쌓는 식으로 만들어졌을 것이다. 최항정권 때 皇都인 江都를 둘러싸는 中城이 건설되었다. 이 중성은 곧 도성인데 북으로 송악산, 남 으로 대문고개, 서쪽으로 국화저수지 제방 라인을 잇는 형태였으며, 동쪽 으로 해안의 외성과 만났으리라 여겨졌다. 강도의 두 중심은 임금의 대내 (본궐)와 무인집권자의 私第였다. 특히 최씨정권의 사제 내지 진양부는 견자산에 위치했는데 대내를 압도했다.

강화에는 궁궐로 본궐(대내: 대궐), 수창궁, 궐서궁, 용암궁, 진암궁, 제 포궁 등이 조영되었다. 본궐(대궐), 수창궁, 궐서궁은 강도 도성 안에 자 리했다. 제포궁은 도성 밖에 위치했고, 용암궁과 진암궁도 그러했다고 추 정되었다. 본궐(대궐)은 강화의 궁궐을 대표했고 수창궁은 그것을 보좌했 다. 제포관 내지 제포궁은 승천부와 강(바다)을 사이에 두고 마주해 몽골

---

223) 『고려사』 권26 및 『고려사절요』 권18, 원종 10년 및 11년.

과의 교섭 창구로 사용되었다.

강도 본궐(대궐)은 송악산 남쪽 기슭에, 최씨 무인정권의 치소인 진양부는 견자산(정자산)에 자리잡았다. 견자산 북리 민가 화재로 連燒된 '연경궁'은 법왕사와 함께 불탄 점, 화재 직후 左右倉의 화재 예방 조치를 취한 점, 화재 이후 임금이 여러 별궁을 오랫동안 전전한 점 등으로 보아 본궐의 誤記로 추론되었다. 이규보의 집은 만석동에 위치했고 이 집은 대내(대궐)가 지척이라 표현될 정도로 가까웠는데, 이규보의 이 가옥은 장승 교차로 주변에 자리했다고 여겨졌다. 이로 보건대 강도 대내(본궐)는 견자산(정자산) 맞은편의 송악산(북산) 남쪽(남동쪽) 기슭에, 즉 송악산과 강화중학교 사이에 위치했으리라 여겨진다.

강도 대내(본궐)에는 강안전, 대관전, 선경전, 경령전, 산호정, 毬庭, 중방, 태자의 麗正宮 등이 건립되어 기능했다. 이를 보면 개경 대내(본궐)를 그대로 재현한 것처럼 보이지만 차이점도 꽤 있었다. 개경 대내(본궐)는 宮城과 그 밖의 皇城으로 이루어졌던 반면 강도의 경우 황성의 존재는 확인되지 않는다. 개경 대내(본궐)는 다양한 편전이 있었던 반면 강도의 경우 강안전 위주로 나타난다. 강도의 경우 대관전과 선경전은 천도 초기에는 건립되지 못한 듯하며 선경전은 『고려사』와 『고려사절요』에는 나타나지 않고 『동문선』에서 확인된다. 강도 시절은 전쟁기여서 남아 있는 기록이 매우 소략한 탓도 있지만 선경전의 기능이 제대로 작동하지 않은 측면도 있었을 것이다. 강도 대내(본궐)는 강안전을 위주로 운영되었으며 이는 개경으로 환도 후에 개경 본궐이 강안전 위주로 복구되는 데에 영향을 미친 것으로 보인다.

최우는 견자산 사제 내지 진양부를 통해 권력을 행사했으며 갑곶과 월곶 사이의 장봉에 자리잡은 최항의 長峯宅도 최우정권의 유지에 공헌했다. 최항은 집권하자 견자산 진양부로 들어와 거처하며 권력을 행사했고 최의도 집권하자 그러했을 것이다. 견자산 진양부는 송악산 기슭에 자리했을 대내(대궐)를 압도하는 곳으로 최씨정권의 핵심부였을 뿐만 아니라 대몽항쟁의 총지휘부였다. 진양부가 최씨정권의 몰락 후에 어떻게 되었는지 기록에서 확인되지 않아 고고학적 발굴을 기대해 본다.

〈그림 1〉 강도 본궐 추정지: 강화중학교 뒤편 송악산 기슭

〈그림 2〉 강도 본궐 추정지: 강화중학교 뒤편 송악산 기슭

〈그림 3〉 강도 본궐 추정지: 강화중학교 뒤편 송악산 기슭

# 제5장
# 충선왕의 탄생과 결혼, 그리고 정치

# 머리말

몽골은 30~40년 동안 고려를 침략했고, 80년 동안 고려를 지배했고, 100년 동안 탐라와 고려 동북면을 지배했다. 그러한 과정에서 몽골과 고려는 교류하며 많은 영향을 주고받았다. 많은 고려인들이 요양, 심양, 대도 등으로 강제적 혹은 자발적으로 이주했다. 고려인들의 상당수가 원제국을 구성한 다양한 종족과 강제적 혹은 자발적으로 혼인하고 자녀를 낳았다.

고려 왕실에서도 세자 충렬왕과 제국대장공주의 결혼을 시작으로 몽골 황실과의 혼인이 이루어졌다. 둘 사이에서 최초의 혼혈군주인 충선왕이 태어났다. 원간섭기의 여러 고려국왕들 중에서 충선왕은 원제국의 건설자인 세조 쿠빌라이칸의 외손자라는 점에서 독보적인 위상을 지닌 존재였다. 그의 통치와 정책은 독특한 모습을 보여주었고, 원간섭기의 주요 사건들은 그와 관련된 경우가 많았다.

충선왕의 정치는 부왕 충렬왕의 정치와 관련되어 부각되는 경향이 있어 왔다. 충렬왕대는 원을 배경으로 한 신흥권력층 내지 권문세족이 대두해 횡포를 부린 반면 충선왕대는 신흥관료 내지 신흥사대부가 등장해 개혁을 했다는 시각이 풍미해 왔는데,[1] 권문세족은 친원적이고 신흥관료(사대부)는 반원적이었다는 견해까지 제기되었다. 권문세족과 신흥사대부

---

1) 이기남, 「충선왕의 개혁과 사림원의 설치」, 『역사학보』 52, 1971 ; 민현구, 「고려후기의 권문세족」, 『한국사』 8, 1974 ; 김윤곤, 「신흥사대부의 대두」, 『한국사』 8, 1974. 충렬왕대 권력집단으로 대두한 부류를 이기남은 '신흥권력층'으로, 민현구는 '권문세족'(신흥세력 포함)으로 정의했다. 충선왕대 이른바 개혁을 주도한 부류를 이기남은 신진세력 내지 사대부로, 김윤곤은 충선왕 이후 이른바 개혁을 주도한 부류를 신진관료 내지 신흥사대부로 정의했다. 이기남과 민현구는 충렬왕대 권력집단을 친원적으로 파악했고, 이기남은 충선왕대 사림원 정책을 반원개혁으로 보았다.

의 대립 설은 비판이 가해졌지만[2] 여전히 큰 영향력을 유지하고 있다. 한편 그러한 설에 대한 대안으로 충렬왕대는 국왕측근세력 내지 신흥세력이 권력을 장악해 부정부패를 저지른 반면 충선왕은 그것을 바로잡기 위해 개혁정치를 했다는 시각이 제기되어 시선을 끌었다.[3]

이러한 여러 설은 충렬왕대를 부정적으로, 충선왕대를 긍정적으로, 원간섭기를 포함한 고려말기를 부정적으로, 조선 개창을 긍정적으로 보게 만든다는 데에 문제가 있다. 어느 시기에도 권문과 세족, 측근세력이 존재하는데 충렬왕대는 지나치게 부각되었고, 어느 시기에도 신진관료는 존재하는데 충선왕대는 지나치게 부각되었다. 士族, 특히 급제자를 긍정적으로 본 반면 그렇지 않은 부류를 부정적으로 보았다는 데 문제가 있다. 급제 출신들을 세족까지 포함해 신흥관료라며 찬미한 경향을 보인 반면 통역관 등을 대개 신흥가문임에도 평가절하했다. 儒者에게는 후한 반면 평민·노비 출신 관료에게는 박한 시각은 교정되어야 한다.

충렬왕대나 충선왕대는 전성기를 누리고 있던 원의 간섭기라는 점에서 차이가 없었으니 친원과 반원으로 나누기는 어렵다. 상대적으로 충선왕이 충렬왕보다 정통관료(전통관료, 기성관료) 내지 儒者를 가까이 했지만 그렇다고 충렬왕보다 긍정적으로 평가받아야 할 이유는 없다. 이른바 충선왕의 개혁도 얼마나 발전적이었는지 따져보아야 한다. 충선왕의 일생과 정치를 국제적 환경과 심리적 요인을 포함해 좀더 다양한 시각으로 조명할 필요가 있는 것이다. 본고에서는 충선왕의 탄생이 지닌 의미와 정치적

---

2) 김광철, 『고려후기세족층연구』, 동아대 출판부, 1991 ; 김당택, 『원간섭하의 고려정치사』, 일조각, 1998.
3) 김광철, 「고려 충렬왕대 정치세력의 동향」『창원대논문집』 7-1, 1985 ; 이익주, 「고려 충렬왕대의 정치상황과 정치세력의 성격」『한국사론』 18, 1988. 단 김광철은 충렬왕의 신임을 받으며 왕권을 뒷받침한 모든 인물들을 측근세력으로 분류한 반면, 이익주는 환관·내료·응방인·역관·겁령구 및 기타 폐행 등 원간섭기에 새로 대두한 부류만을 측근세력으로 분류했다.

인 도전, 그의 다양한 결혼과 계국공주와의 갈등, 혼혈군주에서 세계군주
로 발돋움하는 모습을 살펴보려 한다.

## 1. 혼혈왕자의 탄생과 도전

충렬왕은 태자(세자)로 원에 머문 때인 원종 15년 5월에 원 황제 쿠빌
라이(세조)의 딸인 忽都魯揭里迷失과 결혼했다. 그녀의 모친은 쿠빌라이
의 배필 阿束眞可敦이었다. 그 해 6월에 원종이 세상을 뜨자 백관이 태자
(세자)를 왕으로 옹립했고, 7월에 원이 세자를 왕에 책봉했다. 8월에 왕
(충렬)이 먼저 귀국해 즉위하고는 10월에 서경을 지나 肅州에서 왕비 忽
都魯揭里迷失과 조우해 국청사 문 앞에서 환영을 받고 11월에 함께 수레
에 타서 개경으로 들어왔다.[4] 국왕이 몸소 서북면에까지 행차해 몽골 왕
비를 맞이했고 공후, 재추와 백관, 妃嬪과 諸宮主, 宰樞夫人이 出迎했으
니 그녀의 위상이 높았음을 알 수 있다.

다음해인 충렬왕 원년 정월에 왕비 忽都魯揭里迷失을 元成公主에 책
봉하니 백관이 모두 축하했다. 그녀의 궁은 敬成宮, 殿은 元成殿, 府는
膺善府라 하고 官屬을 두었으며, 안동·경산부를 湯沐邑으로 삼았다.[5] 이
러한 조치를 내린 주체는 고려왕조 내지 고려국왕으로 파악되는데 그렇다
고 고려국왕의 위상이 원성공주보다 높았다는 것은 아니었다. '원성공주'
라는 직함은 고려에서 만들어졌지만 원 황실의 공주로서의 의미를 지녔다

---

4) 『고려사』 권89, 후비전, 충렬왕 제국대장공주 ; 『고려사절요』 권19, 원종 15년. 阿
束眞可敦은 김혜원, 「여원왕실통혼의 성립과 특징」 『이대사원』 24·25, 1989에 따르
면 眞金을 낳은 正宮皇后인 察必皇后가 아니라 제2황후 烏式眞(伯要兀眞) 황후였다.

5) 『고려사』 권89, 후비전, 충렬왕 제국대장공주 ; 『고려사절요』 권19, 충렬왕 원년
정월.

고 보인다.

원년 9월에 원성공주가 이궁 사판궁에서 원자 王諶(충선왕)을 낳으니 諸王, 백관이 모두 축하했는데,[6] 원성공주가 고려에 입국해 왕과 동침한 직후 임신했음을 알 수 있다. 공주는 충렬왕 3년 여름에 여자아이를 낳아 滿月宴을 개설했고, 4년에 또 남자아이를 낳았다.[7] 공주가 연달아 자녀 셋을 낳은 것은 왕이 공주와 갈등하면서도 그녀의 동침 요구를 뿌리치기 어려웠음을 시사하는데, 고려인 충렬왕과 몽골인 원성공주 사이에 혼혈왕 자와 혼혈왕녀가 태어난 것이다. 왕의 정력제 복용 후에는 공주가 더 이상 임신하지 않았다고 하는데[8] 왕이 공주와의 결혼생활에 적응해 그녀와의 동침이 뜸해졌기 때문일 수도 있다. 원자인 충선왕은 이렇게 혼혈왕자로 태어났다. 그는 원종의 손자이면서 쿠빌라이칸의 외손자였고, 태조 왕건의 후손이면서 칭기즈칸의 후손이었다. 그에게는 고려인 피와 몽골인 피가 절반씩 흘렀으니 그는 고려인이며 몽골인이었다. 원자가 3살을 맞이한 충렬왕 3년 정월에 배다른 형을 제치고 일찌감치 세자에 책봉된 것[9]은 그러한 배경 때문이었다.

충렬왕 4년 여름에 왕 및 공주가 4살짜리 세자와 갓난 왕녀를 데리고 원으로 향해 6월에 대도에 도착해 쿠빌라이칸을 알현하니 황제가 잔치를 열어 위로했다. 공주가 세자 및 小王女를 데리고 황후를 알현하니 황후가 세자를 사랑했고, 공주가 세자를 태자비에게 보이니 태자비가 '益智禮普 化'라는 이름을 지어주었다. 왕, 공주, 세자는 9월에 압록강을 넘어 개경

---

6) 『고려사』 권89, 후비전, 충렬왕 제국공주 ; 『고려사』 권28 및 『고려사절요』 권19, 충렬왕 원년 9월.
7) 『고려사』 권89, 후비전, 충렬왕 제국대장공주.
8) 『고려사』 권89, 후비전, 충렬왕 제국대장공주. 원 세조가 충렬왕에게 하사한 亡宋 의 의원 鍊德新은 助陽丸 조제로 왕과 공주에게 총애를 받았지만 일관 오윤부가 이 약이 胎産에 적합하지 않다며 분통해 했다. 공주가 해를 이어가며 임신하다가 왕의 助陽丸 복용 후에는 임신하지 않았다고 한다.
9) 『고려사』 권33, 충선왕 총서.

에 돌아왔다.[10) 4개월 가량의 이번 여행은 세자에게 혼혈왕자임을, 몽골
인임을, 쿠빌라이칸의 손자임을, 원 제국의 위대함을 일깨워주는 계기를
준 중대한 사건이었다. 원 제국의 황제인 외할아버지를 만난 자체가 세자
에게 충격이었다. 충렬왕 15년 11월에 왕, 공주, 세자가 원에 갔다가 16년
3월에 귀국했다.[11) 대략 5개월 동안 원에 머문 이 번 여정은 15~16세의
소년 세자에게 혼혈인, 몽골인으로서의 정체성을 각인시켰을 것이다.

세자는 합단적과의 전쟁이 한창인 충렬왕 16년 11월에 원에 보내졌다.
行省路 州官의 연이은 환영을 받으며 대도에 이르러 동첨추밀원사 洪君
祥의 집에 머물렀는데, 세조황제가 누차 鞍馬와 衣帶를 하사해 총애했다.
17년 정월에 세자가 황제를 알현해 哈丹 토벌을 요청하니 황제가 那蠻歹
大王에게 군사 1만으로 토벌하게 했고, 2월에 세자가 장군 오인영을 통해
황제에게 哈丹이 北界諸城을 함락했음을 아뢰었다. 9월에 황제가 세자에
게 高麗國王世子를 제수하고 金印을 하사하며 말하기를, 後嗣로는 嫡子
이고 親으로는 나의 외손인데 藩國의 세자가 되었으니 직책을 다해 國恩
에 보답하라고 했다. 그리고 水精杯, 犀角蓮葉盞, 玉杯, 珍味를 하사해
총애했다. 고려가 세자 還國을 요청하자 세자가 18년 4월에 고려로 향했
다.[12)

---

10) 『고려사』권28, 충렬왕 4년 ; 『고려사』권89, 후비전, 충렬왕 제국대장공주. 공주와
   세자는 충렬왕 13년 9월에 入朝하라는 왕(在元)의 傳言을 듣고 10월에 원을 향해
   출발했다. 11월에 공주가 서경에 이르렀을 때 賊이 함평부에서 일어나 길이 막힘을
   듣고 돌아왔는데 세자도 그러했을 것이다. 『고려사』권33, 충선왕 총서 ; 권30, 충
   렬왕 9·10·11월. 충렬왕은 12월에 원에서 돌아왔다.
11) 『고려사』권30, 충렬왕 15·16년.
12) 『고려사』권30, 충렬왕 16년·17년·18년. 세조가 세자를 편전에 불러 무슨 책을 읽
   느냐고 묻자 師儒 정가신과 민지에게 효경·논어·맹자를 질문한다고 답하니 기뻐하
   며 "너는 비록 세자이지만 나의 외손이고, 그(정가신)는 비록 陪臣이지만 儒者이다"
   라면서 冠을 갖추어 정가신을 만났다. 세조는 公卿이 交趾 정벌을 논의할 때 고려
   世子師 2인과 의논하도록 했고, 정가신을 특별 대우하며 정책에 자문을 구했다. 摩
   訶鉢國이 헌상한 駱駝鳥(타조)의 알을 세자와 정가신에게 구경시키기도 했다. 『고

세자는 1년 6개월가량 머문 이 번 在元 활동에서 합단적 토벌을 위한 외교적 활동을 펼쳐 상당한 성과를 거두었고 할아버지인 황제 쿠빌라이칸으로부터 고려국왕세자와 金印을 하사받아 자신의 위상을 드높였다. 더구나 쿠빌라이칸은 충선왕을 甥(외손자)이라 지칭하며 총애했고 世子師를 우대하며 정책 자문을 받았다. 성년에 접어든 세자는 몽골황손으로서, 몽골제국의 世界 왕자로서 자부심과 자신감을 지니며 정치적 야망을 고양하게 되었다.

세자가 충렬왕 18년 4월 4일에 환국 길에 오르면서 장군 김연수를 통해 傳言하기를, 왕은 흉년으로 민이 굶주리고 아버지가 아들로 인해 굶혀서는 안되니 境上에 出迎하지 말고, 宮僚 出迎者는 서보통(서보통원)을 지나지 말라고 했다. 왕이 세자의 말은 이와 같아서는 안된다며 분노하고 세자를 맞이하기 위해 馬淺 서쪽에 出獵하고 평주 온천에서 사냥했다. 5월에 세자가 돌아와 왕 및 공주의 환영연에 참여했고 漿을 街市에 마련해 餓者에게 3일 동안 베풀었다.13) 세자는 민생을 염려하는 모습을 보였지만 마치 왕처럼 행동했다.

세자가 충렬왕 18년 윤6월(혹은 7월)에 원에 파견되어 聖節을 축하했고, 8월에 呪人·巫女가 세조의 부름에 응해 원에 갔다. 세자가 정가신과 柳庇 등을 데리고 세조황제를 자단전에서 알현했다. 9월에 자단전에서 세자가 지켜보는 가운데 呪人·巫女가 황제의 手足을 잡고 呪하니 황제가 웃었다. 10월에 황제가 세자를 침전에 불러 무슨 책을 읽느냐고 묻자 통감이라 답했다. 역대 帝王에서 누가 현명한가 묻자 한 고조와 당 태종이라 답했고, 둘 중에서 누가 과인과 겨룰 수 있는가 물으니 어려서 알지 못한다고 하자 재상에게 물어서 오라고 했다.14) 18살의 세자는 난처한 물

---

러사』 권105, 정가신전.
13) 『고려사』 권30, 충렬왕 18년 ; 권33, 충선왕 총서.
14) 『고려사』 권30, 충렬왕 18년 ; 권33, 충선왕 총서.

음에 즉답을 피하는 정치적인 감각을 지녔던 것이다.

충렬왕 19년 10월에 왕 및 공주가 원을 향해 떠나 12월에 薊州에 머무니 19살의 세자가 迎謁했다. 세조황제가 세자에게 酒肉을 하사해 왕을 향연하게 했고, 태자비가 羊酒로 맞이해 위로했고, 각 만호, 총관, 다루가치, 大王 등이 선물을 바쳤다. 왕이 연경에서 첨서중추원사 홍군상의 집에 머물렀는데 황제가 위독해 왕을 만날 수는 없었지만 어떤 諸王과 부마보다도 총애했다. 왕과 공주가 황태자 칭킴(眞金)의 妃 闊闊眞(코코진)의 殿에 나아가 각종 선물을 증여했다.[15] 황태자 眞金은 이미 사망했지만 甘麻剌(晋王), 答剌麻八剌, 鐵木耳(성종)를 낳은 태자비가 실세로 떠올랐다.[16]

충렬왕 20년 정월에 세조황제가 崩하자 왕과 공주가 羊 10필, 말 1필로 殯殿에 제사했다. 國人만이 참여하는 元朝 喪制에 고려는 참여하게 되니 왕의 從臣은 賤人이라도 출입했다. 20살의 세자가 장례에 隋하다가 말이 놀라 다리(橋) 아래로 추락했는데 중랑장 나윤재가 구출했다. 4월에 왕과 공주가 上都에 가서 맞이한 황태자가 황제에 즉위했는데 바로 성종이다.[17] 코코진이 장자 카말라(甘麻剌)를 제치고 막내 테무르(鐵木耳)를 황제로 앉힌 것이었다. 황제가 모친 코코진을 황태후로 높이고 그녀를 위해 徽政院을 설치했다.[18] 코코진태후가 권력을 장악해 자신의 시대를 열었다. 즉위축하 의례 후의 연회에서 왕의 자리는 諸王, 부마 중에서 제7이

---

15) 『고려사』 권30, 충렬왕 19년 ; 권31, 충렬왕 20년 ; 권33, 충선왕 총서.
16) 『원사』 권115, 현종(甘麻剌)·순종(答剌麻八剌) ; 『원사』 권116, 후비 2, 裕宗 徽仁裕聖皇后. 다르마발라(答剌麻八剌)는 郭氏 소생의 아들 阿木哥(魏王), 명문 弘吉剌氏 다기 소생의 아들 海山(무종)과 愛育黎拔力八達(인종)을 남기고 29세로 사망했다.
17) 『고려사』 권31, 충렬왕 20년 ; 권33, 충선왕 총서.
18) 『원사』 권116, 裕宗 徽仁裕聖皇后. 카말라와 티무르 사이에 황위를 둘러싸고 언쟁이 벌어졌는데 쿠케진(코코진) 카툰이 티무르(테무르)를 밀어 칸으로 만들었다. 라시드 앗 딘 지음·김호동 역주, 『칸의 후예들』, 사계절, 2005, 470쪽. 코코진은 자신이 권력을 장악하기에 카말라보다 테무르가 편하기에 테무르를 황제로 밀었을 것이다.

었다. 5월에 왕이 황제에게 올린 4事에 공주 책봉을 요청하는 내용이 들어 있었는데, 왕과 공주가 上都를 출발해 6월에 灃州에 이르렀을 때 황제가 공주를 安平公主에 책봉했고, 8월에 왕이 원에서 돌아왔다. 21년 4월에 대장군 劉福和 등을 원에 파견해 세자에게 錢幣를 보냈다. 5월에 찬성사 印侯를 원에 보내 세자 혼인을 요청했고, 좌승지 柳庇를 보내 왕에게 太師 중서령을 더하고 공주에게 印章을 내려주고 세자 印章을 고치기를 요청했지만 황제가 모두 윤허하지 않았다. 세자는 21년 8월 무렵까지 원에 머물렀다.[19]

이번에 세자는 충렬왕 18년 윤6월부터 21년 8월까지 3년가량 원에 머물렀다. 외할아버지 쿠빌라이칸의 사랑과 지도를 듬뿍 받으며 쿠빌라이의 질병 수발에 정성을 기울였다. 아버지 충렬왕과 늘 갈등을 빚던 모습과는 대조적이다. 세자가 쿠빌라이로부터 총애와 가르침을 받은 일은 그의 자부심의 원천이었다. 세자는 세조의 붕어와 성종의 즉위를 원에서 경험했다. 새 황제는 황태자 眞金의 아들이자 쿠빌라이의 손자였고, 세자는 쿠빌라이의 외손자였다. 세자 이름을 지어준 코코진태후가 실권을 행사했다. 세자는 원 황실의 주요한 일원임을 확실히 인식하게 되었다. 자부심에 넘친 세자는 고려를 몽골제국의 일원으로 완전히 뜯어고치려는 열망에 사로잡히고, 쿠빌라이칸의 외손자로서의 위력을 떨치고 싶었을 것이다.

21살의 세자가 충렬왕 21년 8월에 귀국했는데, 황제 성종으로부터 高麗國王世子 領都僉議使司에 책봉되고 兩臺銀印을 하사받은 상태였다.[20] 고려는 원의 이러한 조치에 부응해야 했다. 세자로 判都僉議密直監察司事를 삼은 반면 충렬왕 측근인 만호 知都僉議司事 한희유를 유배했다. 세자가 都僉議司에서 署事하고 수녕궁에 나아갔는데 왕과 공주가 樓에 올라 구경했다. 왕은 세자로 판중군사를 삼았고, 세자의 요청에 따라 밀

---

19) 『고려사』 권31, 충렬왕 20년·21년 ; 권33, 충선왕 총서.
20) 『고려사』 권33, 충선왕 총서.

직학사 閔漬를 파면해 金昍으로 대신하고 홍문계에게 첨의중찬 치사를
더했다. 11월에 세자가 왕에게 朝할 적에 士庶人이 막아서서 억울함을 소
송하자 모두 들어주었는데, 豪勢之家가 남의 田民을 빼앗았지만 有司가
聽斷하지 못했기 때문이었다. 상락공 김방경이 세자의 요청에 따라 식읍
3000호, 食實封 300호를 하사받았다.[21] 세자가 첨의사·밀직사·감찰사 판
사로 정권을, 판중군사로 군권을 잡아 자신에게 유리한 인사안을 관철시
키고 전민 소송을 처리했던 것이다.

　세자는 충렬왕 21년 11월에 원에 가서 22년 11월에 晉王 甘麻剌의 딸
과 결혼하면서[22] 그 위상을 더욱 확고히 했다. 결혼식에 참석하러 원에
갔던 충렬왕과 안평공주가 23년 5월 정묘일에 개경으로 돌아왔는데, 경오
일에 공주가 아프고 임오일에 현성사에서 薨했다.[23] 세자가 6월 병오일
에 귀국하더니 공주의 薨이 無比로 말미암았다며 7월 무자일에 무비와
閹人 도성기·최세연·全淑·方宗氏와 중랑장 金瑾을 죽이고 그 黨 40여
명을 유배했다.[24] 세자가 국왕인 부왕의 후궁과 측근을 살해했으니, 있을
수 없는 일이 벌어진 정변이었다. 세조 쿠빌라칸의 외손인 세자에게 부왕
은 쿠빌라이칸의 사위일 뿐이었다. 게다가 사위의 지위를 부여한 원동력
이었던 안평공주가 사망했으니 사위의 지위도 흔들렸다. 혼혈왕자 세자는
충렬왕의 위에 있었다. 세자가 정권을 장악해 자신을 지지하는 사람들을
요직과 세자 관속에 임명해 권력을 행사했다.[25] 사실상 세자가 국왕을 무

---

21) 『고려사』 권31, 충렬왕 21년.
22) 『고려사』 권31, 충렬왕 21년 11월 및 22년 11월.
23) 『고려사』 권31, 충렬왕 23년.
24) 『고려사』 권31, 충렬왕 23년. 세자 충선왕이 宮人 無比 및 宦者 최세연 일당을 숙
　　청할 수 있었던 원동력은 세자가 원 황제 성종의 長兄인 감마랄의 딸과 결혼한 데
　　에서 나왔다고 한다. 김성준, 「고려후기 원공주출신왕비의 정치적 지위」 『한국중세
　　정치법제사연구』, 일조각, 1985. 일리 있는 견해이지만 보다 근본적인 원동력은 충
　　선왕이 원 세조의 외손인 데에서 나왔다.
25) 충렬왕 23년 8월 신축일에 印侯가 찬성사 判軍簿監察司事, 金琿이 찬성사 判版圖司

력화시켜 섭정한 것이었다.

23년 10월 계사일에 세자가 원에 갔고, 3일 뒤 병신일에 조인규, 印侯, 柳庇가 왕명으로 원에 가 皇子 탄생을 축하하고 또 傳位를 요청했다.[26] 이 번 세자의 원 방문은 고려 왕위를 차지하기 위한 목적을 띤 것으로 보이며, 그래서 충렬왕이 세자 측과 원의 강요에 의해 어쩔 수 없이 전위 하게 되는 것이었다. 이는 전위를 요청하는 사절단이 조인규, 인후, 유비 등 친세자파로 꾸며진 데에서도 짐작할 수 있다. 12월에는 세자와 가까운 인물들이 요직과 세자 관속에 임명되어[27] 세자의 즉위를 준비했다.

24년 정월 병신일에 24살의 세자가 원으로부터 이르렀다. 경자일에 世子妃 寶塔實憐公主가 오니, 왕이 金郊에 행차하고 백관이 郊迎했는데 儀仗 伎樂이 왕을 맞이하는 의례와 같았다. 阿木罕 태자와 甕吉剌歹 승상이 황명을 받아 공주를 護行했다. 신축일에 공주 및 阿木罕 태자 등을 환영하는 연회가 수녕궁에서 열렸다.[28] 세자는 귀국 때 황제로부터 즉위 허락을 받은 상태였다고 보아야 한다. 원 황제 성종의 조카인 세자비 보탑실련공주가 황태자와 승상의 보호를 받으며 고려에 오면서 세자의 권위는 더욱 높아졌다.

이런 상황에서 충렬왕은 24년 정월 계묘일에 전위명령을 내릴 수밖에 없었다. 자신이 늙었는데 작년에 배우자를 잃어 슬퍼한 나머지 아프고 聽政에 싫증나서 세자에게 전위하고 후궁에 退居해 여생을 보내려 한다고

---

事, 車信이 찬성사 世子貳師에, 10월 신묘일에 정가신이 중찬 판전리사사 世子師, 洪奎가 판삼사사, 李之氐가 삼사좌사, 朴義가 지밀직사사 世子元賓, 柳庇가 동지밀직사사 감찰대부, 최충소와 許評이 부지밀직사사, 崔旵이 우상시, 민종유가 지신사에 임명되었다(『고려사』 권31).

26) 『고려사』 권31, 충렬왕 23년 10월. 정가신이 찬술한 禪位 표문 중에 충렬왕의 뜻이 아닌 부분이 있어 憂懼해 약을 먹고 죽었다고 하니(『고려사』 권105, 정가신전), 傳位는 왕의 뜻이 아니었다.

27) 『고려사』 권31, 충렬왕 23년 12월.

28) 『고려사』 권31, 충렬왕 24년 정월.

했다. 세자가 사양했지만 윤허하지 않았다. 다음날인 갑진일에 원 황제가 咸寧侯 王維를 보내 명령하기를, 고려국왕 王睶의 뜻을 받아들여 세자를 征東行中書省左丞相 駙馬 高麗國王에 제수한다고 했고, 왕에게 大尉 駙馬 逸壽王을 加授한다고 했다.[29] 왕의 전위는 세자와 원에 의해 강요된 것이었고 세자의 사양은 의례적인 행위였다. 충렬왕의 전위명령과 원 황제의 고려국왕 교체 명령은 잘 짜여진 각본이었다.

충렬왕은 정월 병오일에 강안전에 행차해 세자에게 傳位하고 德慈宮에 退居했다. 이날 강안전에서 즉위한 충선왕은 을묘일에 덕자궁에 나아가 광문선덕태상왕이라는 존호를 올렸다.[30] 혼혈왕자가 외조 쿠빌라이칸을 배경으로 부왕과 권력투쟁을 끊임없이 벌여 오다가 승리를 거둔 것이었다. 세자 충선왕이 민생의 곤궁을 직시하고 그것을 야기한 충렬왕의 측근세력에 비판적인 입장을 지닌 반면 조정신료를 자기 편으로 끌어들여 그들의 협력을 얻어 왕위에 올라 개혁정치를 시도할 수 있었다고 한다.[31] 하지만 세자 시절의 그러한 인식이 왕위에 오른 후의 정치활동과 직결되는 것은 아님을 유의해야 한다.

## 2. 혼혈왕자의 결혼

충선왕의 결혼은 혼혈군주 내지 세계군주로서의 면모를 잘 보여준다. 『고려사』 권89, 후비전에는 충선왕의 배우자가 몽골인 계국대장공주 寶

---

29) 『고려사』 권31, 충렬왕 24년 정월.
30) 『고려사』 권31, 충렬왕 24년 정월.
31) 김광철, 「고려 충선왕의 현실인식과 대원활동」 『부산사학』 11, 1986. 그는 충선왕의 즉위가 새로 즉위한 원 황제 성종이 충렬왕보다 충선왕을 정치·외교적 파트너로 삼기를 원한 결과로 보았다.

塔實憐, 몽골인 懿妃 也速眞, 종실 西原侯 瑛의 딸인 靜妃 왕씨, 남양 洪奎(洪文系)의 딸인 순화원비, 상원(평양) 조인규의 딸인 趙妃, 공암 허공의 딸 順妃 순으로 실려 있다. 보탑실련과 야속진은 몽골인이고 나머지는 고려인이었다. 충렬왕의 숙창원비 김씨도 충선왕의 숙비가 되니 숙비도 충선왕의 배우자였다. 야속진은 세자 鑑과 충숙왕을 낳았다.

靜妃는 충렬왕 13년에 제국공주가 뽑은 공녀에 포함되었지만 13살의 세자가 결혼하려고 작정해서 제외되었는데, 충선왕이 15살의 세자 시절인 충렬왕 15년 2월에 冠禮를 하면서 그녀를 세자비로 삼았다.[32] 순화원비는 충렬왕 16년 8월에 前 추밀원부사 홍문계의 딸로서 世子妃가 되었는데, 前王妃로서 32년 8월에 卒해 賢妃로 추증되었다.[33] 懿妃는 충렬왕 20년 7월에 둘째 아들(충숙왕)을 낳는 점[34]으로 보아 충렬왕 18년 이전에 충선왕과 동침한 여자였다. 그녀는 몽골 여자였지만 활동이 거의 드러나지 않고 사후에야 의비에 추증되고 장례도 대충 치러지는 점[35]으로 보아

---

32) 『고려사』 권89, 후비전 충렬왕 제국대장공주 ; 권30, 충렬왕 15년 2월.
33) 『고려사』 권30, 충렬왕 16년 8월 ; 『고려사』 권32, 충렬왕 32년 8월. 홍규의 첫째 사위는 원 좌승상 阿忽台, 둘째 사위는 찬성사 鄭瑎, 셋째 사위는 德陵(충선왕), 넷째 사위는 찬성사 元忠, 다섯째 사위는 懿陵(충숙왕)이었다. 홍규 처 김씨 묘지명[묘지명은 김용선 편, 『고려묘지명집성』(한림대 출판부, 1993)을 이용하려 함]. 홍규가 공녀에 선발된 첫딸의 머리를 깎자 제국공주가 대노해 딸을 고문하더니 충렬왕 15년 3월에 고려에 온 몽골 元使 阿古大(阿忽台)에게 선물했다. 『고려사절요』 권21, 충렬왕 14년 11월 ; 『고려사』 권30, 충렬왕 15년 3월 ; 『고려사』 권106, 홍규전.
34) 『고려사』 권34, 충숙왕 총서. 김성준은 충선왕이 단독으로 원에 가서 머문 충렬왕 16년 11월~충렬왕 18년 5월에 의비를 취했으리라 추정했다(앞의 1985 글). 그렇다면 충선왕이 대략 충렬왕 17년 무렵에 야속진과 동침한 것이 된다.
35) 懿妃는 충숙왕 3년 7월에 원에서 사망해 8월에 고려로 운구되어 묻혔고, 8년 5월에는 백관이 靑雲寺에서 懿妃 眞을 받들고 묘련사로 移安했다(『고려사』 권 34·35). 懿妃가 薨했을 때 喪具가 未備해 金怡가 燒骨해 상자에 담아 묻고는 朔望마다 羊酒를 갖추어 3년간 친히 제사했는데, 후에 왕이 大都 西山에 묻으려 하니 金怡가 百計로 저지해도 안 되자 術士에게 뇌물주어 본국에 안치해야 後禍가 없을 것이라 설득하니 왕이 따라 衍陵에 還葬했다고 한다(『고려사』 권108, 김이전). 이로 보아 의비는 충선왕을 따라 원에 머물다가 버림받은 듯한데, 아들인 세자 鑑 사건과 관련

황족으로 보이지 않는데, 소년 세자가 고려 혹은 원에서 그녀와 순수한
연애를 하지 않았을까 싶다. 趙妃는 충선왕이 18살의 세자 시절인 충렬왕
18년에 조인규의 딸을 들여 세자비로 삼은 여자였다.[36] 계국공주는 충렬
왕 22년 11월에 22살의 세자인 충선왕과 원에서 결혼해 세자비가 되었다.
숙창원비 김씨는 원래 進士 崔文의 妻로 일찍 과부가 되었다가 세자 충선
왕이 부왕의 후궁 무비를 살해하고서 부왕을 慰解하기 위해 姿色 있는
그녀를 부왕에게 들이자 숙창원비에 책봉되었고, 충선왕 복위년(충렬왕
34년) 부왕의 상중에 충선왕과 동침해 숙비로 승격되었다. 순비는 공암
사람인 중찬 許珙의 딸로 平陽公과 결혼해 3남 4녀를 낳고 과부가 되었
다가 충선왕에게 들여져 순비에 책봉된 여자였다.[37]

　그러니까 충선왕이 부부관계를 맺은 순서는 ①정비, ②순화원비, ③의
비, ④조비, ⑤계국공주, ⑥숙창원비, ⑦순비 순이었는데, ①~⑤는 세자
시절에, ⑥과 ⑦은 충렬왕의 사망 후 맞아들였다. ①~⑤는 불확실한 ③
을 제외하고 공식적으로 결혼한 世子妃였다. 세자가 몽골 계국공주와 결
혼하기 전에 이미 4명의 배필을 지녔다는 데에 비극의 씨가 있었다. 세자
충선왕은 13살에 결혼 상대를 점찍을 정도로 조숙했고, 15살~18살에 4명
의 배필을, 22살에 5명의 배필을 두었다. 고려의 태자들은 대개 공식적인
태자비를 1명 정도 두었던 반면 세자 충선왕은 무려 4~5명을 두었다. 그

---

되어 충선왕의 미움을 받았거나 계국공주의 견제를 받았던 것 같다. 충선왕이 충숙
왕을 미워한 나머지 의비까지 미워했을 수도 있다. 의비는 아들 충숙왕으로부터도
그리 존중을 받은 것 같지 않다.

36) 『고려사』 권89, 후비전 충선왕의 배우자 ; 『고려사』 권30, 충렬왕 18년 윤6월. 그
　런데 세자는 충렬왕 21년 10월에도 조인규의 딸을 世子妃로 삼은 것으로 기록되어
　있다(『고려사』 권31). 동일 여성에 대한 것일 수도 있고, 조인규의 다른 딸과 또
　결혼한 기록일 수도 있다.
37) 『고려사』 권89, 후비전 충렬왕의 배우자 및 충선왕의 배우자. 숙창원비(언양 김취
　려의 손자인 김양감의 딸)는 오빠 김문연이 충렬왕 생존시에 충선왕을 위해 활동하
　는 것으로 보아 충렬왕에게 들여지기 전에 이미 충선왕과 동침했을 가능성이 있다.

는 세자였지만 마치 왕처럼 배필들을 거느렸으니 왕처럼 행동한 것인데 쿠빌라이칸의 외손자라는 자부심으로 인한 결과였다.[38]

세자가 종실 서원후 瑛의 딸(정비)과 교제한 것은 제국공주가 그 사실을 모른 것으로 보아 왕족과 교류하다가 자연스럽게 만나 사랑했던 것 같은데 왕실 근친혼 풍습을 계승한 측면도 있다. 몽골녀 也速眞(의비)과의 교제도 자연스러운 만남이었을 것이다. 조인규의 딸(조비)과의 결혼은 조인규가 제국공주와 가까운 사이이고 원과의 외교를 담당해서 세자가 그녀를 자주 만나게 되어 정이 들었던 것 같은데, 조인규가 신진세력의 대표 주자이고 원과의 교류에서 도움을 받아야할 사람이라는 점도 작용했을 것이다. 홍규의 딸(순화원비)과 결혼한 것은 홍규가 임유무를 습격해 무인 정권을 끝장내고 왕정을 복고시킨 인물이라는 상징성 때문이었을 것이다.[39] 세자의 보탑공주와의 결혼은 그의 위상을 좀더 높이려는 정략에 지나지 않았다. 충선왕이 복위하면서 숙창원비를 차지한 것은 그녀의 빼어난 용모와 방중술 때문이었는데 前王의 여자를 차지하는 몽골풍습의 영향 때문이기도 했다. 3남 4녀를 둔 과부 허씨(순비)와 복위식 직전인 충렬왕 34년(충선왕 복위년)에 결혼하고 복위 직후인 원년에 순비에 책봉한 것은 그녀의 딸(伯顔忽篤皇后)이 황태자(인종)를 入侍하고 있었기 때문이었다.[40]

몽골 여자인 보탑공주와 也速眞은 충선왕을 따라 원에 간 반면 고려 여자들은 개경에 남았는데 淑妃와 順妃가 경쟁했다. 다기태후가 총애하

---

38) 세자 충선왕이 홍규의 딸, 조인규의 딸 등과 결혼한 것은 국내 정치세력의 지원을 얻기 위해서, 감마랄의 딸 계국공주와 결혼한 것은 원의 지원을 얻기 위해서였다고 한다. 김광철, 앞의 1986 논문.

39) 세자 시절의 충숙왕도 홍규의 다른 딸과 결혼하는데, 그러한 상징성과 더불어 부왕 충선왕의 결혼전통을 계승한다는 의미도 있었을 것이다.

40) 『고려사』권89, 후비전 충선왕의 배우자 ; 王順妃許氏 묘지명. 순비의 딸은 황태자 (인종)의 배필이었다가 인종이 황위에 오르자 황후에 올라 伯顔忽篤皇后라 불리게 된 것으로 보인다.

는 충선왕의 요청에 따라 숙비에게 몽골 婦人冠인 姑姑를 하사하자 숙비
가 姑姑를 쓰고 연회했다. 순비의 딸이 황태자(인종)를 入侍했는데 왕의
총애를 받는 숙비를 욕보이려 황태자에게 말해 숙비를 大都로 오도록 하
려 하니 왕이 근심해 중랑장 尹吉甫를 통해 태자에게 요청해 중지시켰다.
원이 순비에게 姑姑를 하사하자 百僚가 마련한 연회에 숙비가 순비와의
不平을 염려한 왕의 傳旨에 따라 참석해 축하했는데, 숙비와 순비는 다섯
번이나 옷을 갈아입으며 服飾을 겨루었다.[41]

그런데, 충선왕의 삶과 정치활동에 심각한 영향을 끼친 것은 부다시린
(寶塔實憐: 계국공주)과의 결혼이었다. 충렬왕은 22년 정월에 부지밀직사
柳庇를 원에 파견해 세자의 혼인을 요청하고, 4월에 대장군 劉福和를 파
견해 세자에게 혼례용 錢幣를 보냈다. 왕과 공주가 원으로 향해 瀋州를
거쳐 11월 경진일에 兮頭兒寨에 머물 때 세자가 와서 영접했다.[42] 임오
일에 충렬왕과 제국공주가 연경에 이르러 홍군상 집에 머물렀다. 갑신일
에 황제를 알현해 長朝殿에 侍宴했는데 왕이 諸王에서 제7의 자리에 위
치했고, 공주의 오른편에는 감히 앉는 자가 없었으며, 을유일에는 왕과 공
주가 태후를 융복궁에서 알현했다.

마침내 11월 임진일에 대궐에서 왕과 공주가 참석한 가운데 세자가 백
마를 황제에게 納幣해 晉王의 딸과 결혼식을 올렸고, 연회 후 왕과 공주
가 융복궁에 나아가니 태후가 주연을 마련했다. 계사일에 세자가 백마를
태후에게 바치니, 태후가 황제·태후·諸王·공주·백관이 참석한 가운데 羊
酒로써 세자를 연회했다. 갑오일에 장조전에서 왕과 공주가 侍宴한 가운

---

41) 『고려사』 권89, 후비전, 충렬왕의 배우자 및 충선왕의 배우자 ; 『고려사절요』 권23,
충선왕 복위 원년 4월조. 尹吉甫는 擊毬로써 宦者 任伯顔禿古思를 통해 동궁에 출
입하고 있었다.
42) 『고려사』 권31, 충렬왕 22년. 왕이 瀋州에 머물 때 총관 박인재, 지사 박순량이 出
迎하지 않자 왕이 노해 그 목에 차꼬를 채웠다. 그들은 고려인으로 이 지역의 고려
이주민을 통솔했을 것이다.

데 세자가 백마를 뽭王에게 바치고 酒羊으로 잔치를 마련했다.[43] 고려국
왕의 후계자이자 성종황제의 고종사촌인 세자와 코코진태후의 손녀이자
성종황제의 조카인 보탑공주의 참으로 장엄하고 환상적인 국제결혼식이
었다.[44]

  보탑실련공주는 충선왕의 즉위를 앞둔 충렬왕 24년 원에서 고려에 왔
다. 충선왕이 즉위하자 공주궁을 중화궁, 府를 崇敬府라 하고 관료를 두
었다. 그런데 趙妃가 왕의 총애를 오로지 받음을 공주가 투기해, 조비가
공주를 詛呪해 왕으로 하여금 공주를 사랑하지 않도록 만들었다는 내용
의 畏吾兒字 문서를 작성해 隨從 闊闊不花와 闊闊歹에게 주어 원에 가서
황태후에게 전달하도록 했다. 이윽고 司宰注簿 尹彦周가 궁문에 익명서
를 붙였는데, 조인규의 처가 神巫를 섬겨 呪詛해 왕으로 하여금 공주를
사랑하지 않고 자신의 딸을 사랑하도록 만들었다는 내용이었다. 공주가
조인규와 아들과 사위 및 각자의 아내를 가두고 徹里를 원에 보내 貼榜의
일을 고했다. 태후의 使者가 원에서 와서 황제 명령으로 崔沖紹, 장군 柳
溫, 조비를 가두었고, 원에서 또 100여 명의 사절이 와서 조인규를 국문하
고 원으로 압송했다. 조인규 처가 고문을 이기지 못해 誣服하니 원이 또
사절을 보내 조비 및 宦者 李溫을 원으로 압송했다. 태후가 蕃僧 5인과
도사 2인을 보내와 공주 呪詛를 풀었고, 홍군상을 보내 왕을 향연해 왕과
공주로 하여금 合懽하기를 도모했다. 사람들은, 왕이 공주와는 부부의 道
를 혐오해 동침함이 드물었지만 嬪妾과는 혹 동침해 임신시켜 투기를 초
래했다고 말했다. 충선왕과 공주는 충렬왕이 복위하자 원에 갔다.[45] 코코

---

43) 『고려사』 권31, 충렬왕 22년 11월·12월. 임진일 결혼연회에서 고려 油蜜果가 사용
   되었고 고려 악관이 皇恩을 찬양하는 곡조를 연주했다.
44) 『고려사』 권31, 충렬왕 23년.
45) 『고려사』 권89, 후비전 충선왕 계국대장공주 ; 『고려사절요』 권22, 충선왕 즉위년
   7월조. 후비전에는 '歝夫婦之道'로, 『고려사절요』에는 '嫌夫婦之道'로 되어 있다. 김
   성준은 앞의 글에서, 계국공주에게 투기의 발단을 제공한 여인은 세자 鑑과 충숙왕

진태후는 손녀가 고려 여인에 눌려 잠자리 기피의 수모를 당한 일에 분노해 고려를 뒤흔들었지만 손녀와 충선왕의 화해를 원했다.

그런데 코코진 태후의 사후에 사정이 달라진다. 충렬왕이 27년에 閔萱을 원에 보내 공주 改嫁를 요청했지만 민훤이 감히 올리지 못하고 돌아왔다. 32년에 王惟紹 등이 불르간 황후에게 충선왕을 참소해 용모가 아름다운 瑞興侯 琠을 공주와 결혼시키려 했다. 충렬왕이 서흥후를 단장하여 자주 공주에게 보이자, 공주가 평소 不謹해 매양 內僚諸人과 亂하니 왕(충선)에게 더욱 깨끗이 여겨지지 않았기 때문에 서흥후에게 마음을 주었다. 하지만 충선왕의 반격으로 실패한다.[46]

공주는 충선왕 복위 2년에 원에 의해 韓國長公主에 책봉되었고, 복위 5년에 아들 충숙왕에게 양위해 상왕이 된 충선왕과 더불어 순비 및 숙비의 영접과 고려인의 융성한 환영을 받으며 고려로 돌아왔다. 충숙왕 2년에 공주가 원에 가니 충선왕이 薊州의 남쪽에서 공주를 맞이했다. 공주가 아파 薨하여 다음해에 영구가 원에서 오니 백관이 郊에서 맞이해 영안궁에 빈소를 차리고 예의를 갖추어 장사지냈다. 충혜왕 4년에 원이 그녀를 계국대장공주에 추봉했다.[47]

계국공주와 충선왕의 갈등은 제국공주와 충렬왕의 갈등과 비교된다. 충렬왕의 태자비였던 정화궁주(종실 시안공 絪의 딸)는 제국공주에게 元妃 자리를 내주어야 했다. 제국공주가 충렬왕 원년 9월에 원자를 낳자 정화궁주가 축하연을 마련했다. 궁인 小尼가 공주의 자리로 平牀을 두자 怯恰口 式篤兒(盧英)가 궁주와 동등하게 하려는 것이라 말하니 공주가 대노해 西廂의 高榻에 앉았다. 궁주가 行酒하니 왕이 공주를 顧見했다. 공

---

을 낳은 몽고녀 의비였지만 불똥이 조비에게 튄 것으로 보았다.
46) 『고려사』 권89, 충선왕 계국대장공주. 충렬왕 세력의 계국공주 개가운동은 이정란, 2008, 「충렬왕대 계국대장공주의 개가운동」『한국인물사연구』9에 자세히 분석되어 있다.
47) 『고려사』 권89, 충선왕 계국대장공주 ; 『고려사』 충선왕 세가 및 충숙왕 세가.

주가 말하기를, "무엇 때문에 나를 白眼視하나요, 궁주가 나에게 꿇었기 때문이 아닌가요" 하고는 연회 중지를 명령했다. 공주가 式篤兒에게 이 일을 황제에게 아뢰라고 했지만, 式篤兒는 국가(고려)에 이롭지 않다고 생각해 대장군 印公秀의 조언을 듣고 아뢰지 않았다.[48] 충렬왕 2년 12월 에 어떤 사람이 익명서를 다루가치 石抹天衢 館에 던져, 정화궁주가 失寵 해 女巫로 하여금 공주를 呪咀했고, 또 齊安公 淑과 중찬 김방경 등 43인 이 不軌를 도모해 다시 江華로 들어가려 한다고 誣告했다. 공주가 忽剌 歹(印侯)·三哥(張舜龍)·車古歹(車信) 등을 보내 정화궁주를 가두고 그 府庫를 封했으며, 石抹天衢가 淑·김방경 등을 가두었다. 공주가 석말천 구의 요청에 따라 여러 죄수들을 親鞫하려 하자 유경과 재상들이 무릎걸 음으로 공주를 알현해 간곡히 변론했다. 공주가 感悟해서 정화궁주만 남 기고 모두 석방했고, 유경이 다시 힘껏 요청하니 정화공주도 석방했다. 고려는 장군 고천백 및 忽剌歹을 원에 보내 익명서의 내용이 誣妄이라고 해명했다.[49] 정화궁주는 제국공주가 釐降한 이래 별궁에 항상 거처해 왕 과 끊어져 서로 통하지 않았다고 하는데,[50] 특히 원자탄생 축하연 혹은 무고사건 이후라고 생각된다.

이처럼 원자탄생 축하연 사건은 제국공주의 측근 式篤兒가 공주 명령 을 받았음에도 원에 알리지 않아 더 이상 확대되지 않았다. 무고 사건은 원도 알게 되었지만 제국공주가 유경을 비롯한 재상의 간언을 받아들여 일단락되었다. 두 사건은 제국공주가 고집을 피웠다면 얼마든지 확대될 수 있는 사안이었지만 공주가 정화궁주의 기를 꺾고 왕과 만나지 못하도

---

48) 『고려사』 권89, 후비전, 충렬왕 제국대장공주. 인공수는 式篤兒에게 "伉儷 사이에 妬媚의 말을 어찌 上聞할 만한가, 그대가 아뢴 후에 공주가 후회한다면 어찌 수습 하리오"라고 말했다.
49) 『고려사』 권28, 충렬왕 2년 12월 ; 권105, 유경전 ; 권89, 후비전, 충렬왕 정신부주.
50) 『고려사』 권89, 후비전 충렬왕 정신부주. 제국공주가 薨하고 충선왕이 內禪하자 충 렬왕 및 정화궁주를 모시고 上壽했다고 한다.

록 하는 선에서 그쳤다. 충렬왕과 정화궁주도 서로 만나지 않음으로써 공
주의 마음을 풀었다.

　이러한 타협이 가능했던 것은 제국공주와 충렬왕의 위상 차이 때문이
었다. 제국공주는 황제 쿠빌라이칸의 친딸이어서 남편인 고려국왕 충렬왕
의 위상을 압도했다. 그래서 충렬왕은 감히 제국공주의 심기를 건드리려
하지 않았다. 동침 요구에 충실히 응했고, 공주가 구타하면 맞아주었다.
공주가 홍왕사 금탑을 빼앗아 왕의 만류와 눈물에도 불구하고 파손해 사
용하려 하다가 왕이 아프자 홍왕사로 반환했다. 충렬왕은 궁인 無比를 총
애했는데 제국공주의 자존심을 건드리지 않기 위해 사냥을 핑계로 궁궐을
나가거나 개경성을 나가서 그녀를 만났다.[51] 제국공주도 이를 눈치챘겠
지만 웬만하면 눈감아주었다. 제국공주는 일국의 통치자인 남편의 기를
일정하게 살려주었다. 제국공주와 충렬왕은 위상 차이가 확연했기 때문에
양보와 타협이 가능해서 그런 대로 결혼생활을 꾸려갈 수 있었던 것이다.

　반면 충선왕과 계국공주는 사정이 달랐다. 충선왕은 황제 쿠빌라이칸
의 외손자이자 황제 성종의 고종사촌이었고, 계국공주는 황태자 眞金(쿠
빌라이의 아들)과 코코진의 장자 甘麻剌의 딸이자 황제 성종(감마랄의 동
생)의 조카였으니 서로 위상이 비슷했다. 이 둘은 이처럼 대단한 위상을
지녔으니 둘이 금슬만 좋았다면 환상적인 시너지 효과를 거두었을 것이
다. 충선왕은 쿠빌라이칸의 외손자로서의 자부심이 강렬했다. 코코진태후
는 실권자였고, 감마랄은 비록 황위계승 경쟁에서 동생에게 밀렸지만 칭
기즈칸의 발상지인 몽골초원을 진왕으로서 지배했고 황제 성종도 형 진왕
을 깍듯이 대했다. 그래서 감마랄의 딸 계국공주는 자부심이 넘쳤다. 충
선왕과 계국공주는 둘 다 성격이 강하고 모질었다.

　계국공주가 고려에 와 보니 남편의 다른 배필이 4명이나 버티고 있었

---

51) 『고려사』 권89, 후비전, 충렬왕 제국대장공주.

다. 충선왕은 먼저 결혼한 그녀들을 멀리하기는커녕 대놓고 만났고 특히
조비를 총애했으니 드높은 자존심이 상한 공주는 참을 수가 없었다. 충선
왕은 사냥과 유희를 좋아하지 않았기에 충렬왕과는 달리 공주의 눈을 피
해서 총애하는 여인을 만나는 센스도 지니지 못했다. 무엇보다도 충선왕
이 계국공주와의 잠자리를 혐오한 점이 문제였다. 충선왕은 동성애 경향
도 다분히 지녔지만52) 여성에 탐닉하기도 했는데 왜 계국공주와의 동침
을 기피했는지 불확실하다.53) 공주가 평소 삼가지 않아 매양 內僚諸人과
난잡한 일을 벌였기 때문에 왕이 더욱 그녀를 더럽게 여겼다는 점으로 보
아 그녀의 문란한 사생활 때문일 수도 있고, 여성으로서 치명적 약점을
지녔을 수도 있다. 조비 사건으로 충선왕이 공주를 싫어한다는 사실이 원
에 알려지게 되었다. 이는 충선왕이 즉위해 추진한 과격한 정책과 맞물려
충선왕이 폐위되는 결과를 초래했다. 그래서 충선왕과 공주의 관계는 더
욱 악화되었지만 원 황실은 자신의 위신이 걸린 문제라 둘을 이혼시키기
어려웠다. 충선왕으로서도 복위를 위해서는 공주와의 혼인상태를 유지하
는 편이 나았다. 충렬왕 세력이 충선왕의 재기를 막기 위해 계국공주 改
嫁 운동을 펼쳐 거의 성공단계에 이르렀지만 충선왕의 반격으로 실패한
다. 충선왕은 무종과 인종 옹립을 주도해 충렬왕을 유폐하고 복위에 성공

---

52) 충선왕은 男色을 많이 사랑했다. 元忠도 18세에 부름을 받아 연경 저택에서 충선왕
을 섬겨 龍陽의 寵을 입어 왕으로부터 '王鑄'라는 성명을 하사받았다. 왕이 대언을
제수하자 원충이 어리고 無知하다며 사양하므로 왕이 노해 복위 2년 10월에 傳旨해
폄출했는데 당시 원충의 나이는 20이 채 안되었다. 『고려사절요』 권23, 충선왕 복
위 2년 10월 ; 『고려사』 권107, 元傳傳 첨부 元忠. 충선왕의 동성애 대상은 주로
10대 소년이었던 것 같다.

53) 충선왕이 퇴위당해 원에 소환되자 황제가 왕을 급히 부르니 왕이 두려워했다. 승상
이 왕의 從臣 중의 우두머리인 첨의참리 안향에게 묻기를, 너의 왕은 무엇 때문에
공주를 가까이하지 않는가 했다. 안향이 대답하기를, 閨閫 사이의 일은 外臣이 모
른다고 했다. 승상이 이대로 아뢰니, 황제가 이 사람은 大體를 안다고 말할 수 있다
며 더 이상 묻지 않았다. 『고려사절요』 권22, 충렬왕 24년 8월.

한다. 그리하여 계국공주와의 사랑 없는 결혼생활이 이어졌는데 미움도 쌓이면 정이 드는지 어느 정도 상대를 배려하게 되는 듯하다.

## 3. 혼혈군주에서 세계군주로

### 1) 혼혈독재군주의 출현

세자(충선왕)가 충렬왕 21년 8월에 성종으로부터 高麗國王世子 領都僉議使司에 책봉되고 兩臺銀印을 하사받아 돌아왔다. 이 황명에는, 我家 출신으로(我家之自出) 藩輔가 되고, 先皇을 恭勤하게 섬기고, 庶議에 預聞하여 聲譽가 높아 총애를 받아 命秩에 높이 올랐으니, 공로를 표창하고 懿戚으로 특별히 우대한다는 내용이 들어 있었다.[54] 성종이 세자 충선왕에게 위와 같은 조치를 취한 것은 세자에게 사실상 고려국 섭정을 맡긴 것이었고 세자의 왕위 즉위를 염두에 준 조치였다. 젊은 황제 성종은 자신의 즉위와 맞추어 고려에서의 세대교체를 원했다. 특히 세자를 '我家之自出'이라 표현했고, 先皇(세조)을 恭勤하게 섬겼음을 강조했듯이 몽골의 후예, 세조의 후예로서 동류의식을 지니고 있었다. 성종은 고종사촌인 충선왕과 즉위 전에 자주 만나 친근한 사이였을 것이다. 성종은 세조의 피를 나눈 사이인 충선왕을 고려의 왕으로 만들려고 했다. 이러한 배경으로 충선왕은 세자로서 고려의 국정을 이끌게 되었고 부친을 몰아내고 국왕에 오르게 되었다. 충렬왕의 양위와 세자의 즉위는 예정되어 있었으며, 모친 제국공주의 죽음은 그것을 앞당겼을 뿐이었다.

충렬왕 24년 정월에 원이 세자를 국왕에, 충렬왕을 逸壽王에 책봉하니,

---

54) 『고려사』 권33, 충선왕 총서.

충선왕이 內禪 형식으로 즉위해 교서를 내렸다. "옛적에 우리 태조가 삼한을 一統해 鴻號를 무궁하게 빛나게 한 이래 서로 계승한지 지금까지 381년이라. 우리 광문선덕태상왕(충렬왕)이 잠저시에 黎庶의 안정을 위해 스스로 결단해 帝庭에 入侍해 王姬(공주)를 배필로 얻어 前寧을 빛나게 잇고 큰 曆服을 잇기를 25년간이라, 昇平의 業이 성했도다. 아! 皇天이 나의 모후 정민장선인명태후를 홀연히 賓天하도록 하니, 주상의 마음이 울적하고 聽政에 권태로워 軍國繁機를 幼冲에게 돌리니, 재삼 사양했지만 허락받지 못해 새로 즉위하게 되었도다. 나 小子는 다행히 先帝의 外甥(외손)으로 황제와 황태후의 眷顧를 받들어 아름답게 공주와 여기에 오게 되었도다."[55] 충선왕은 태조 왕건의 삼한 통일과 그 이래 381년의 고려역사와 부왕의 25년간의 치적을 언급하고 그것을 자신이 이었음을 내세웠고, 세조황제의 외손이고 황제와 황태후의 총애를 입었기에 즉위하게 되었음을 밝혔으니, 혼혈군주의 이중적 모습이 엿보인다.

충선왕은 즉위년 정월에 수녕궁에서 문한학사승지 崔旵, 문한학사 박전지, 문한시독학사 오한경·李瑱에게 宥旨를 수찬하게 했다. 2월 신미일에 연등회가 열려 봉은사에 가서는 문한학사 崔旵·박전지·오한경·李瑱에게 尙乘鞍馬를 하사했고, 다음날 연등대회가 열려 신하들이 上壽하자 4학사에게 술을 하사하며 숨김없이 직언하라고 했다. 3월에 宰臣 崔冲紹 및 한림 4학사에게 三敎業을 논하도록 했고, 4월에 정방을 혁파하여 한림원(사림원)이 選法을 주관하도록 하고 학사 崔旵 등 4인 및 승지 全昇에게 銓選을 관장하도록 했다.[56] 문한서와 그 학사들을 중시하다가 문한서

---

55) 『고려사』 권33, 충선왕 즉위년 정월 교서.
56) 『고려사』 권33 및 『고려사절요』 권22, 충선왕 즉위년 5월. 『고려사』 권76, 백관지 예문관에는 문한서에 選法을 맡긴 것으로, 이윽고 문한서를 詞林院으로 개칭해 出納까지 맡긴 것으로 되어 있다. 이기남은 앞의 논문에서 충선왕의 관제개혁은 원을 배경으로 하는 신흥권력층을 제거하고 원의 간섭을 부인하는 정부를 세우는 것으로, 사림원 중심 정치는 신진세력의 사대부정치로 보았다. 사림원의 구성원이 신진

를 한림원 내지 사림원이라 하고 인사까지 맡긴 것이었다.

충선왕이 5월에 官制를 고치며 교서를 내렸다. 設官分職의 의미를 강조하면서, 자신이 어릴 적에 직접 先帝의 가르침을 받들었고 大都의 제도를 상세히 보았다고 회고했다. 고려는 宰執의 수가 古制에 곱절이 되어 議論이 달라 일마다 稽滯하니 減省해야 한다고 했다. 저번에 上朝의 제도를 피하여 백관 名號를 고쳤지만, 같으면서 고치지 않은 것이 있고, 같지 않으면서 고친 것이 있고, 개칭이 古制를 본받지 않은 것이 있다고 했다. 갑자기 成規를 개혁하면 物議에 어긋날까 두렵지만 때에 따라 沿革함은 옛적에도 있었으니 歷代 관직을 살펴보아 개혁할 것이며, 不急한 司는 1局에 합하면 官은 줄어들고 일은 쉽게 처리될 것이라 했다. 이날 광정원과 자정원 중심의 인사명령을 내렸다.57)

광정원은 밀직사의 개칭으로 종1품 光政院使~종3품 同僉院事로 구성되고 그 밑에 종5품 도승지와 종6품 승지·부승지로 구성되었으며, 자정원은 새로 설치한 것으로 종1품 資政院使~정3품 同僉院事로 구성되었다.58) 僉知光政院事, 僉知機務를 띠어야 주요 정무에 참여할 수 있었으니 광정원이 일종의 회의기구로 운영되었다. 都僉議使司를 都僉議府로 개칭한 것으로 보이는데, 좌·우 중찬을 시중으로 개칭했고, 찬성사·정당문학·지첨의사를 혁파했다. 좌우복야를 첨의부(도첨의사사)에 설치했고, 左右司를 설치해 都僉議府 別廳에 모여 治事하게 했다. 監察司를 司憲府로 개칭하고 사헌대부를 종2품으로 승격했다. 典理司, 軍簿司, 版圖司,

---

세력이고 이들이 반원개혁을 주도했다는 것인데 설득력이 부족하다.
57) 『고려사』 권33 및 『고려사절요』 권22, 충선왕 즉위년 5월. 조인규가 시중 참지광정원사, 홍자번이 좌복야 참지광정원사, 정가신이 우복야 참지광정원사, 印侯가 光政使 참지기무, 金之淑이 동지광정원사 참지기무, 안향이 참지기무 行동경유수 집현전대학사 계림부윤, 柳庇가 光政副使 겸 權참지기무였다. 동경은 충렬왕의 모향이라 우대받았다.
58) 『고려사』 권76, 백관지 밀직사·자정원.

典法司를 銓曹, 兵曹, 民曹, 刑曹, 儀曹, 工曹로 개편하고 판서를 상서로 복구했고, 六曹에 判事·知事를 두지 않았다.[59] 상서성은 두지 않았지만 그 구성원은 첨의사(첨의부) 속에서 부활했고, 6전 체제가 회복되고 판사와 지사가 없어졌으니 행정관부가 강화되고 독립성이 증가했다. 감찰기능도 강화되었다. 도첨의부, 광정원, 자정원이 재상부의 위상을 지녔으니 도첨의부 원래의 재상을 줄였다고 해서 재상 수가 그리 줄어든 것은 아니었다. 다만 그들 중에서 참지광정원사, 참지기무를 띤 사람들이 정무협의에 참여했으니 효율성은 높아졌다.

詞林院이 발족했는데 문한서→한림원을 거친 것으로 보인다. 崔旵은 사림학사승지 형조상서, 오한경은 사림학사 試좌산기상시, 李瑱은 사림학사 試우산기상시, 이승휴가 사림시독학사 試비서감 좌간의대부, 權永이 사림시강학사 試위위경에 임명되었다.[60] 충선왕이 승지방을 혁파해 출납의 임무를 사림원에 맡겼고, 사림학사 박전지·오한경, 사림시독학사 李瑱, 사림시강학사 권영(권보)에게 紅鞓을 하사했다. 항상 좌우를 물리치고 사림원에 행차해 4학사와 더불어 政理를 商確하고 酒食을 손수 하사하기를 從容히 하루 종일 했으며, 혹 밤중에 이르면 宮燭을 하사해 그들을 집에 무사히 이르도록 배려해 누구보다도 寵幸했다.[61]

하지만 충선왕 즉위년 6월 정사일에 원이 右丞 阿里灰·洪重喜를 보내와 조인규를 국문하고 僉議府와 사림원에 가서 조인규 批判을 거두고, 監察司에 가서 新定官制를 거두면서[62] 충선왕의 관제개편은 물거품이 되었다. 7월에 원 황제가 국왕과 공주에게 8월에 入朝하기를 명령했다. 결국 충선왕은 7월 무술일에 관제를 다시 고쳐 인사명령을 내렸는데 첨의사 구

59) 『고려사』 권76, 백관지 문한부·상서성·이조·병조·호조·형조·예조·공조·사헌부. 충선왕 즉위기에 僉議僉理는 어떻게 되었는지 확실하지 않다.
60) 『고려사』 권33 및 『고려사절요』 권22, 충선왕 즉위년 5월.
61) 『고려사절요』 권22, 충선왕 즉위년 5월 ; 『고려사』 권109, 박전지전.
62) 『고려사절요』 권22 및 『고려사』 권33, 충렬왕 즉위년 6월.

성원을 개편 이전으로 돌렸고, 6조 판사·지사를 회복했고, 6조 상서를 판
서로 돌렸고, 광정원을 밀직사로 되돌리고 승지방을 회복했고, 사헌부를
감찰사로 되돌렸다. 그러면서도 자정원과 사림원은 유지해 재기 발판으로
삼으려 했다.[63] 하지만 충선왕이 남겨둔 관제도 8월에 그가 황제에 의해
퇴위당해 공주와 원으로 가고 충렬왕이 복위하면서 혁파된다.

　충선왕은 즉위하자 충렬왕 원년의 관제개편이 명칭과 상하관계가 부합
하지 않다고 여겨 府, 院, 曹 중심의 관제로 개편했다. 충렬왕 원년의 관
제보다 격을 높인 측면이 있지만 그렇다고 반원적인 것은 결코 아니었다.
유학과 고전에 밝은 충선왕은 원에서 생활하면서 목격하고 배운 지식과
측근 유자들의 조언을 바탕으로 원의 관제를 참고하되 古制에 적합하게
관제를 개편한 것이었다. 원의 최고관부인 省은 피하고 그 다음 단계인
추밀원, 한림원 등의 院을 도입하되 같은 명칭은 피하여 광정원, 자정원,
사림원을 두었다. 문한서를 한림원으로 했다가 사림원으로 한 것은 원의
한림원을 의식한 것이었다.[64]

　이러한 관제개편은 충선왕이 쿠빌라이칸의 외손이라는 강렬한 자부심

---

63) 『고려사』 권33, 충선왕 즉위년 7월. 민지를 동지밀직사사 감찰대부 사림학사승지,
　　崔旵을 자정원부사 우상시 사림학사승지, 박전지로 삼사좌사 사림학사승지, 오한경
　　으로 삼사우사 사림학사, 李瑱으로 좌승지 지병조사 사림학사, 권영으로 密直司우
　　부승지 지공조사 사림시독학사를 삼았다.

64) 충선왕 즉위년의 관제개편에 대해서는 이익주가 1994, 「충선왕 즉위년(1298) 관제
　　개편의 성격」『14세기 고려의 정치와 사회』, 민음사에서 자세히 분석한 바 있다.
　　원의 관호와 중복되는 명칭의 개칭에 더욱 철저하여 寺·監의 명칭까지도 대폭 개칭
　　했고, 이전에 司로 격하되었던 상위관부들을 모두 院이나 府 또는 曹로 승격시켜
　　제도상의 문제를 해결했는데 원제를 축소한 모양으로 특히 院은 원나라 제도의 영
　　향을 강하게 받은 것이라고 했다. 또한 관제개편을 비롯한 충선왕 즉위년의 정치를
　　반원적이라 규정하기 어렵다고 했다. 이강한(2008)은 충선왕이 즉위년 관제개편에
　　서 구제의 복원을 추구했고, 복위기에 원의 정치개혁을 참조하여 정치개혁에 활용
　　했다고 보았다. 「고려 충선왕의 국정 및 구제 복원」『진단학보』105 ; 「고려 충선왕
　　의 정치개혁과 원의 영향」『한국문화』43.

에서 비롯되었다. 원도 그냥 넘어갈 수 있었지만 충선왕이 급격하고 대대적으로 관제를 개편해 측근과 지지자들을 대거 임명하자 충렬왕 세력이 반발했고, 게다가 계국공주의 조비 무고사건이 터졌다. 결국 원은 충선왕의 관제개편을 부정하고 퇴위시켰다. 이러한 결과는 충선왕이 반원적이라서가 아니라 세조황제의 외손으로 원 황실의 총애를 받는 나머지 우쭐해져 자신의 위상을 너무 과신해 과욕을 부린 결과였다. 그는 원 황실의 주요 구성원임을 자랑스러워했고 附元輩의 상징인 모후의 怯怜口 印侯 등을 중용했으니 반원적일 수가 결코 없으며, 사실 그야말로 부원배의 우두머리였다. 그의 부원적인 행태는 그가 좋아한 왕실소녀가 공녀에 선발되었던 아픈 기억을 지녔으면서도 공녀의 선발에 앞장선 점에서도 드러난다.[65]

충선왕은 사림원 정치 즉 사림원을 통한 독재정치를 꿈꾸었다. 文翰기구인 사림원에 인사권과 왕명출납권까지 몰아주었으며, 나아가 국정을 총괄하고 협의하는 기능까지 부여했다. 이는 충선왕이 사림원을 近置해 萬機를 委摠하고 喉舌의 임무를 兼掌하게 하면서 박전지를 삼사우사 사림학사승지에 임명하니 사림원 중에 常居하며 夙夜로 都兪했는데 무릇 官號를 沿革함과 大爵을 與奪함이 모두 박전지의 一手에서 나왔다는 박전지 묘지명에 잘 드러나 있다. 인사이동은 물론 관직 개편까지 사림원이 주관했다. 고려의 역사에서, 아니 우리나라의 역사에서 사림원처럼 막강하고 광범위한 권한을 행사한 기구는 없었다. 충선왕은 문필비서인 사림원학사에게 정무비서와 정방 내지 政曹와 재상의 역할까지 부여했다. 그의 정치는 비교 대상을 찾기 어려울 정도로 심각한 측근정치이자 독재정

---

65) 충렬왕 24년 정월 임인일에 巡馬所에 명해 良家女를 선발했는데 帝所 및 使臣에게 바치기 위해서였다. 백료로 하여금 女가 있는 집을 密蹤해 主司에 投하도록 하니 원한 품은 자들이 女가 없는 집이라도 지목해 소요를 일으키자 몰래 사위를 들이는 자들이 많았다(『고려사』 권31). 즉위를 앞둔 세자 충선왕이 즉위하도록 도와준 황제와 사신에게 고려 미인을 바쳐 고마움을 표시한 것이었다.

치였다.[66] 관료와 국정을 신속하고 효율적으로 장악하기 위해 합의와 느림의 미덕을 내팽개쳤다.

충렬왕을 복위시킨 황명에는, 세자 王璋에게 왕위를 잇게 하여 부왕의 訓導를 듣도록 했지만 정사를 오로지 마음대로 하여 처결이 마땅함을 잃어 衆心이 疑懼했고, 나이가 장성하지 않아 경륜이 적어 황제의 親任하는 뜻에 부응하지 못했다고 지적했다. 그래서 왕원을 闕庭에 入侍시켜 일에 明晳하도록 하겠다고 밝혔다.[67] 이것이 충선왕이 퇴위당한 이유였다. 여론과 합의를 무시하는 그의 지나친 측근정치와 강압적인 독재정치가 고려 정국의 안정을 심각하게 해쳤기에 원이 고려를 안정적으로 지배하기 위해 그를 퇴위시켰던 것이다. 충선왕은 위상이 높았기에 자신의 위상을 과신한 나머지 원 황제·조정과의 충분한 교감 없이 독단적으로 관제개편을 단행했다가 반대진영의 방해로 낭패를 본 것이었다.

## 2) 시련을 통해 세계군주로

충선왕이 퇴위당하자 위기에 빠진 충선왕 세력은 충렬왕 세력을 집요하게 공격했다.[68] 충렬왕 25년 정월에 만호 印侯·金忻, 밀직 元卿 등이 군사를 마음대로 동원해 만호 한희유 및 상장군 이영주, 천호 石天補 및

---

66) 이익주는 앞의 1994년 글에서 충선왕 즉위년 개혁이 충렬왕대 측근정치의 폐단을 시정하기 위한 것이며 측근정치 구조를 청산하기 위한 것이라 보았지만, 충선왕이 훨씬 더 측근정치를 구사했다.

67) 『고려사』권31 및 『고려사절요』권22, 충렬왕 24년 8월.

68) 한희유 무고사건, 송분 국문, 석주 압송, 박규 異謀 사건 등은 충선왕 세력이 충렬왕 세력을 공격하기 위해 저질렀고 그 과정에서 세력의 만회와 원의 지지를 얻었으니 충렬왕 세력도 이에 대응해야 했다. 김광철, 1984, 「홍자번연구」『경남사학』창간호. 충렬왕과 충선왕의 대립이 심각해진 결과 원이 충렬왕 25년부터 충선왕 4년까지 지속적으로 정동행성관을 증치했다고 한다. 장동익, 1990, 「정동행성의 연구」『동방학지』67.

그 동생 석천경 등 10여 명을 체포했는데, 한희유 등이 장차 印侯, 金忻을
살해하고 왕을 끼어 섬으로 도망가려 하기 때문에 체포했다고 左丞 哈散
에게 고했다. 哈散이 원에 돌아오자 황제가 한희유 사건을 물으니 대답하
기를, 한희유는 본래 異謀가 없는데 다만 忽剌歹(印侯)이 益智禮普化王
(충선왕)을 위해 벌인 일이라고 했다.[69] 宋玢이 황태후가 붕어했을 때 기
뻐했다고 柳庇가 이야기하니 활리길사가 충렬왕 26년 11월에 宋玢을 가
두었다.[70] 29년 7월에 원충갑 등 50인 및 홍자번·윤만비 등 30인이 吳祁
(吳潛)의 죄를 帖木兒不花·李學士에게 고했다. 8월에 홍자번, 金深, 원충
갑이 왕(충렬)의 저지에도 불구하고 여러 재상들과 더불어 3군을 거느리
고 왕궁을 포위해 吳祁를 잡아 원으로 압송했다.[71] 이는 충선왕 세력이
일으킨 일종의 정변이었다. 원을 배경으로 왕권을 능멸한 충선왕 세력의
이러한 공세는 충렬왕 세력보다도 더 附元的인 모습을 보여주었다. 한희
유 등이 원에 반항하려 한다고 충선왕 세력이 주장한 데 드러나듯이 한희
유 등 충렬왕 세력은 高麗的인 면이 강한 반면 怯怜口와 유청신 등 충선
왕 세력은 친원적인 면이 강했다. 충선왕 세력이 충렬왕 세력보다 훨씬
더 원을 등에 업으려 했다. 충선왕 세력의 끈질긴 공세로 위기에 빠진 충
렬왕 세력은 반격에 나서야 했고 원에서의 지원도 획득해야 했다.

　　퇴위당해 원에 머문 충선왕은 충렬왕 세력의 반격에 시달렸고 원 황실

---

69) 『고려사절요』권22, 충렬왕 25년 정월·2월. 이익주는 앞의 1988 논문에서 겁령구
　　를 충렬왕 측근세력으로 파악했지만 기본적으로 제국대장공주 측근세력으로 보아
　　야 하리라 생각된다. 그러했기 때문에 그들이 충렬왕과 충선왕이 대립할 때 제국공
　　주의 아들인 충선왕의 편을 들었던 것이다. 겁령구가 충선왕의 주요 세력기반이었
　　다는 점에서도 충선왕이 충렬왕보다 친원적이었다.
70) 『고려사절요』권22, 충렬왕 26년 11월. 코코진 태후가 사망하자 충렬왕세력의 송분
　　이 기뻐한 일은 그녀가 충선왕에 우호적인 반면 충렬왕에 비우호적이었음을 시사
　　한다.
71) 『고려사』권32 및 『고려사절요』권22, 충렬왕 29년 7월·8월 ; 『고려사』권125, 오
　　잠전. 오잠은 훗날 충선왕과 심왕 暠 편에 가담한다.

의 권력투쟁에서 자유로울 수 없었고 원제국의 문화에 젖어들었다.[72] 그
는 세계제국 원에서 세계인으로 거듭나고 있었다. 그런데 성종의 친모인
코코진(闊闊眞) 황태후 즉 바이람에게치(伯藍也怯赤) 황태후가 막강한
영향력을 행사해 오다가 대덕 4년(충렬왕 26년: 1300)에 사망했다.[73] 충
선왕은 코코진 태후의 권력행사 시절에는 그런대로 안정된 생활을 누릴
수 있었지만 그녀가 사망해 보호막이 사라지면서 상황이 불리하게 돌아갔
다. 더구나 불르간(卜魯罕) 황후가 성종이 아픈 틈을 타서 권력을 잡으면
서[74] 충선왕은 치열한 생존투쟁을 벌여야 했다. 충렬왕 세력은 충선왕세
력에 반격할 절호의 기회를 맞이했다.

충렬왕이 26년 4월에 태후 상례에 참석하러 원에 갔다. 6월에 上都에
이르러 황제를 알현했는데 諸王·부마에서 坐次가 4번째로 황제의 寵眷이
특별했다. 7월에는 황제가 충렬왕의 요청대로 風俗百事를 依舊하도록 허
락했다. 충렬왕이 上都를 출발해 귀국길에 올라 윤8월에 개경으로 돌아왔
는데, 원에 잡혀갔던 한희유·이영주 등도 충렬왕이 曲直을 변론한 덕분에
돌아왔다. 또한 충렬왕은 고려 내정에 간섭해 온 闊里吉思의 정책을 공격
해 그를 11월에 원으로 돌려보냈다.[75] 이러한 것들은 충선왕에 우호적인
권력자 코코진태후의 사망과 충렬왕에 우호적인 불르간 황후의 집권이 가
져온 결과였다. 이에 충렬왕 세력은 충렬왕 27년부터 보탑실련공주를 개
가시키고 충선왕 복위를 저지시키는 운동을 본격적으로 전개했다. 진왕
카말라가 대덕 6년(충렬왕 28년: 1302) 정월에 사망한 일[76]도 충선왕에게

---

72) 충선왕의 在元 활동은 장동익, 1999, 「신자료를 통해 본 충선왕의 재원활동」『역사
교육논집』 23·24에 자세히 다루어져 있다.
73) 『원사』 권116, 열전 3, 后妃 2, 裕宗 徽仁裕聖皇后.
74) 『원사』 권114, 열전 1, 后妃 1, 成宗 卜魯罕皇后.
75) 『고려사』 권31, 충렬왕 26년. 단, 활리길사의 고려 노비 개혁에 대해서는 고려 지
배층이 당파를 초월해 거의 다 반대했다.
76) 『원사』 권115, 열전 2, 현종광성인효황제(甘麻剌).

불리하게 작용했을 것이다. 성종과 불르간 황후는 충렬왕과 충선왕을 저
울질했지만 불르간 황후는 충렬왕 쪽으로 기울어져 갔다.[77]

충선왕과 친밀한 황족으로 카이샨과 아유르바르와다 형제가 있었다.
카이샨(海山)은 대덕 3년(충렬왕 25년)에 北邊에 출정해 전공을 세워 대
덕 8년(충렬왕 30년)에 懷寧王에 책봉되었다. 대덕 10년(충렬왕 32년)에
불르간 황후가 다기(答吉)와 아유르바르와다 모자 픔出을 도모해 懷州에
가도록 했다.[78] 불르간 황후는 居中用事했는데 相臣 哈剌哈孫(塔剌罕)
을 신임했다. 大德의 정치를 사람들이 平允하다고 일컬었는데 모두 그녀
가 處決한 것이었으며, 그녀가 京師에 萬寧寺를 건설해 塑造 祕密佛像을
안치했는데 그 형상이 醜怪했다고 한다. 중서성, 추밀원, 어사대가 그녀
에게 尊號 올리기를 아뢰었지만 황제가 윤허하지 않았다. 車駕가 上都에
행차하자 황후가 스스로 奏請했지만, 황제는 자신의 질병이 오래되어 국
가대사가 많이 행해지지 못하고 있다며 거절하니, 그녀의 존호 문제는 가
라앉았다.[79]

충렬왕이 31년 11월에 충선왕에게 치명타를 가하기 위해 원으로 갔는
데, 한희유·왕유소·고세·김문연·韓愼·이백초·吳演·진양필 등 29인이 從
行했고, 송방영과 宋璘도 곧 따라갔다. 충선왕이 王·宋의 무리가 京師에

---

77) 김광철은 앞의 1984 논문에서, 충렬왕 측근인물들이 卜魯罕 황후와 연결되어 있었
   고 고려 출신 환자 이복수(이숙)가 중계 역할을 했다고 보았다.
78) 『원사』 권22, 본기 22, 武宗 ; 『원사』 권114, 후비 1, 成宗 卜魯罕皇后. 충선왕은
   즉위했다가 퇴위당해 원에 가서 10년 동안 숙위했는데 무종과 인종이 잠저시에 충
   선왕과 臥起를 같이하며 晝夜로 서로 떨어지지 않았다고 한다(『고려사』 권33, 충선
   왕 세가, 충렬왕 24년[충선왕 즉위년] 8월조). 여기에는 세자시절 충선왕이 무종·인
   종과 교류한 일까지 포함되었을 것이지만 교류기간이 긴 인종을 기준으로 한 표현
   으로 여겨진다. 이승한은 충선왕이 懷州에 出居당한 인종 모자를 懷州에 따라가 宿
   衛했다고 보았는데(1988, 「고려 충선왕의 심양왕 피봉과 재원 정치활동」 『전남사
   학』 2), 설득력이 부족한 듯하다.
79) 『원사』 권21, 본기, 成宗 ; 『원사』 권22, 본기 22, 武宗 ; 『원사』 권114, 후비 1,
   成宗 卜魯罕皇后.

이르러 兇謀를 자행할까 두려워 塔剌罕 승상을 통해 황제에게 아뢰어 홍
자번·최유엄·柳庇·金深·김연수도 충렬왕을 從行하게 되었다. 12월에 충
렬왕이 원에 이르러 충선왕 저택에 머물렀다. 32년 7월에 첨의중찬 한희
유가 원에서 사망했지만, 9월에 왕유소·송방영·韓愼·송린 등이 그 당여
송균·金忠義로 하여금 충렬왕에게 아뢰어 정유년(충렬왕 23년)의 일을
잊어서는 안된다고 했다.

　당시 보탑실련공주가 충선왕에게 失愛해 祗候司에 遷居하고 있었는데,
충렬왕이 왕유소 등의 권고로 이곳으로 옮겼다. 왕유소 등이 乳母 및 宦
者 李福壽(李淑)를 통해 충선왕을 불르간황후와 좌승상 阿忽台, 평장 八
都馬辛에게 참소하기를, 前王이 아들 도리를 잃고 공주와 화합하지 못해
서 왕이 미워해 禿魯花 瑞興侯 琠으로 후계를 삼고자 한 지 오래되었고,
왕이 전왕의 저택에 머물 적에 전왕이 侍奉을 제대로 하지 않아 왕이 땅
에 엎어져 이빨이 부러졌고, 이전에 전왕이 승려가 되기를 自願했지만 省
官이 받아들이지 않았는데 지금 그를 祝髮시키고 공주를 서흥후와 개가
시키면 왕의 뜻에 부합하리라 하니, 阿忽台와 八都馬辛이 허락했다. 공주
도 난잡한 사생활로 충선왕에게서 더럽다고 괄시받던 차여서 용모가 준수
한 서흥후에 반해 개가할 뜻을 품게 되었다. 하지만 최유엄이 충렬왕에게
말하기를, 경령전에 聖祖 및 親廟의 睟容이 모셔져 있는데, 서흥후가 즉
위해 그 조상 西原侯와 始陽侯를 모시면 왕의 親廟인 고종과 원종은 옮
겨야 한다고 하니 충렬왕이 동요했다. 왕유소 등이 우승상 塔剌罕을 만나
전왕을 참소하니, 塔剌罕이 益智禮普化王(충선왕)은 세조의 외손이고, 寶
塔공주 역시 종실의 女인데 改嫁 廢嫡은 이치에 맞지 않다며 서흥후도
왕의 아들인가 물으니, 왕유소가 아니라고 대답했고, 누구의 아들인가 물
으니 대답하지 못했다.[80] 세조의 외손이라는 고귀한 혈통은 충선왕을 지

---

80) 『고려사절요』 권23, 충렬왕 31년·32년 ; 『고려사』 권110, 최유엄전 ; 『고려사』 권
　　105, 홍자번전. 충렬왕의 이 번 親朝는 충선왕을 모함하고 보탑실련공주를 개가시

켜준 보루였다.

왕유소 등의 책모가 누설되자 홍자번 등 5인이 중서성에 나아가, 왕유소 등이 왕 부자를 이간하니 죄가 이보다 큼이 없다고 했다. 省官이 왕 부자를 중서성에 나오게 해 묻고는 왕유소 등 4인을 체포했다. 高世·김문연·진양필이 왕을 모시고 귀국하기를 원한다고 하자, 왕이 말하기를, 전 왕이 사람을 涯頭驛에 보내 왕을 강물에 빠뜨리려 한다고 했다. 고세 등과 從臣 70인이 중서성에 상서해 왕유소 등의 죄상을 極論하고, 왕을 모시고 돌아가기를 요청했다. 省官이 전별 연회를 열고 왕의 귀국을 재촉하자 왕이 대응책이 없어 약을 먹고 痢疾이 걸려 여름부터 가을까지 일어나지 않았고, 몰래 사람을 황제의 行在에 보내 보탑공주와 귀국하기를 요청했다. 불르간 황후가 말하기를, 시아버지와 며느리가 함께 감이 옳은가, 부득이하다면 자신이 還都해 車帳을 갖추어 보내도 늦지 않다고 했다. 공주가 왕유소 등의 被訴를 듣고 노해 김문연을 불러 곤장쳤고, 告狀에 서명한 자의 王所 출입을 금지했다.[81]

충선왕은 우승상 塔剌罕의 비호로 치명적인 위기에서 벗어났다. 충렬왕은 계획이 실패했지만 불르간황후의 배려로 원에 체류하면서 기회를 엿보았다. 충선왕과 塔剌罕은 카이샨 형제와 친밀했으므로 둘은 이전부터 가까운 사이였으리라 여겨지는데 이 사건 이후로 더욱 가까워졌을 것이다. 충선왕은 불르간황후가 계속 집권하면 언제든지 위기가 덮치리라 생각하고 자신과 친밀한 카이샨과 아유르바르와다 형제를 밀기로 작정했다.

성종황제가 대덕 11년(충렬왕 33년) 정월 병인일 초하루에 위독하고 계유일에 붕어했다. 황후는 北邊의 카이샨이 돌아와 이전의 원한을 복수

---

커 충선왕을 폐위시키려는 목적을 지니고 있었다고 한다. 김광철, 앞의 1984 논문.
81) 『고려사절요』권23, 충렬왕 32년 ; 『고려사』권110, 최유엄전 ; 『고려사』권105, 홍자번전. 홍자번은 충렬왕 32년 9월에 원에서 왕유소 등의 책모를 막으려 애쓰다가 사망했다.

할까 두려워 安西王 아난다(阿難答)를 京師로 데려오도록 명령해 세우기
를 도모했다. 안서왕 아난다(세조의 아들 망갈라의 아들)가 諸王 멜릭테
무르(明里鐵木兒)와 정월 경오일에 먼저 경사에 도착했다. 2월 신해일에
아유르바르와다(인종)가 모친 다기와 경사에 도착했다. 좌승상 아쿠타이
(阿忽台), 平章 八都馬辛, 前中書平章 伯顔, 中政院使 忾烈·道興 등이
성종황후 伯要眞氏(불르간황후)를 추대해 稱制하게 하고 아난다로 하여
금 그녀를 보필하기를 도모했다.[82] 哈剌哈孫傳에는 대덕 11년 봄에 성종
이 붕어하자 여러 奸臣이 北道를 차단해 成后(불르간황후)에게 수렴청정
을 요청하고 안서왕 아난다를 세우기를 도모한 반면, 哈剌哈孫(塔剌罕)이
사신을 파견해 북으로 무종을, 남으로 인종을 맞이하게 하고는 京城 百司
의 符印을 거두고 府庫를 封하고 질병을 칭탁해 闕下에 누워 內旨가 날
마다 자주 이르러도 듣지 않고 문서에 서명하지 않았다고 한다.[83]

아유르바르와다가 우승상 哈剌哈孫(塔剌罕)의 계책에 따라 宮禁을 소
탕하고 阿忽台·忾烈 등을 주살했다. 5월에 카이샨이 上都에 이르자 아유
르바르와다가 모친을 모시고 상도에 가서 회합했다. 황후에서 축출된 불
르간은 私通을 이유로 東安州에 出居되었다가 죽임을 당했고, 上都에 압
송된 안서왕 아난다와 멜릭테무르도 주살당한 반면 카이샨(무종)이 상도
에서 황제에 올랐다.[84] 다기는 아유르바르와다를 황제로 만들려고 카이
샨에게 양보하기를 부탁했지만[85], 카이샨이 막강한 군사력을 지녔기에

---

82) 『원사』 권21, 본기, 成宗 ; 『원사』 권22, 본기 22, 武宗 ; 『원사』 권114, 후비 1,
　　成宗 卜魯罕皇后.
83) 『원사』 권136, 哈剌哈孫傳.
84) 『원사』 권22, 본기 22, 武宗 ; 『원사』 권114, 후비 1, 成宗 卜魯罕皇后. 무종정권의
　　대립구도는 무종 측근세력과 인종-흥성태후 세력이었다고 한다. 김광철, 1996, 「14
　　세기초 원의 정국동향과 충선왕의 토번 유배」 『한국중세사연구』 3.
85) 『원사』 권116, 후비 2, 순종 昭獻元聖皇后. 다기는 자신이 권력을 행사하는 데, 무
　　공을 많이 세우고 따로 떨어져 지낸 기간이 긴 카이샨보다 아유르바르와다가 편하
　　기에 아유르바르와다를 밀었을 것이다.

받아들이지 않고 즉위한 것이었다. 원제국을 원활하게 경영해 왔고 나아가 자신의 제국을 건설하려 했던 여걸 불르간은 이렇게 사라졌다.

우승상 哈剌哈孫(塔剌罕) 세력은 불르간 황후 세력보다 열세였다고 보여진다. 게다가 그녀의 명령으로 안서왕 아난다가 먼저 대도에 도착한 반면 다기와 아유르바르와다 모자는 무력을 별로 지니지 못한 채 늦게 도착했으며, 강력한 군사력을 지닌 카이샨은 언제 도착할지 모르는 상황이었다. 그런데 충선왕이 塔剌罕과 연합하자 상황이 달라졌다. 塔剌罕과 충선왕 세력은 상황을 역전시켜 불르간황후 세력을 제압해 아유르바르와다를 1차로, 카이샨을 2차로 옹립했다. 충선왕은 최성지 등 隨從 신료와 호위병과 고려인 환관, 그리고 대도에 많이 거주하고 있는 고려인의 상당수를 동원했을 것이다.86)

당시 황위계승 관련 기록을 보면, 3월 병인일에 帝(인종)가 衛士를 거느리고 入內해 阿忽台 등을 불러 祖宗家法을 문란하게 했다며 체포해 국문하게 하고 무진일에 죽였다. 인종이 懷州로부터 들어와 宮禁을 숙청했다.87) 대덕 11년에 왕(충선왕)이 승상 達罕(塔剌罕) 등과 定策해 인종을 받들어 內難을 소탕하고 무종을 迎立해 공로가 제1이어서 심양왕에 책봉되었다.88) 皇姪(성종황제의 조카) 愛育黎拔力八達 태자(인종) 및 우승상 塔剌罕, 院使 別不花가 왕(충선왕)과 定策해 懷寧王 海山을 迎立했다. 좌승상 阿忽台와 평장 八都馬辛 등이 안서왕 아난다를 받들려고 난을 일으키려 했는데, 태자(인종)가 알고 거사 1일 전에 阿忽台 등을 체포해 大王 都剌, 院使 別不花, 왕(충선왕)에게 국문하도록 하고 阿忽台 등을 죽였다.89) 태위왕(충선왕)이 인종황제를 도와 內亂을 평정하고 央骨에 가

86) 충선왕이 내란을 평정하고 무종을 옹립하는 데에 최성지가 좌우에 居하며 도운 바가 많았고(『고려사』 권108, 최성지전), 皇大弟(인종)를 도와 內難을 평정하고 무종황제를 옹립하는 데 최성지가 좌우에 常居하며 贊襄했다고 한다(최성지 묘지명).
87) 『원사』 권24, 인종 본기 ; 『원사』 권114, 후비 卜魯罕皇后.
88) 『익재난고』 권9, 상, 충헌왕세가.

서 무종황제를 迎立해 定策一等功臣이 되었다.[90] 이로 보아 충선왕이 塔剌罕과 책략을 정하고 무력을 동원해 불르간황후 세력을 제압하고 숙청을 단행해 인종과 무종을 옹립했다고 여겨진다. 충선왕이 심양왕에 책봉되는 것으로 보아 심양의 고려인도 그에 의해 이 정변에 동원되었을 개연성도 있다. 인종이 형 무종의 군사력에 굴복해 형에게 황제를 바쳤다. 이에 무종이 5월에 황제에 올랐고, 다기를 황태후로 높였고, 인종을 황태자로 세웠으니, 三宮 鼎立의 형국이었다.

충렬왕을 지원하는 불르간황후 세력을 숙청한 충선왕은 같은 3월에 태자(인종)의 명령을 얻어 왕유소, 송방영, 송린, 韓愼, 송균, 金忠義, 崔涓 및 그 '黨惡者'를 체포해 저택에 가두고 충렬왕을 慶壽寺에 옮겼다. 이로부터 충렬왕은 拱手하고 國政이 충선왕에게 돌아갔다. 이에 충선왕이 從臣 권한공과 崔實(최성지)에게 選法을 주관하게 했다. 그들로 하여금 批判을 부왕에게 啓聞하게 했지만 부왕은 도장을 찍을 뿐이었다. 충선왕이 김문연 등을 고려에 보내 批判을 선포하게 하고, 왕유소의 당여 및 宿憾이 있는 자를 체포하게 했다. 김문연이 중찬치사 송분 등 36인을 유배했고, 그 외에 수십 명을 곤장치거나 유배했다.[91] 충선왕은 자신을 독살하려 한 內竪 金洪守 등을 檻送해 市에서 베게 했다.[92]

---

89) 『고려사』 권33, 충선왕 세가, 충렬왕 33년. 別不花는 고려 출신 환관이 아닐까 싶다.
90) 『고려사』 권36, 충혜왕 즉위년 윤7월조. 박전지 묘지명에는 태위왕(충선왕)이 '成宗皇帝'의 龍飛를 만나 殊功을 特立해 명성을 四方에 떨쳐 본국 官爵陞降과 制理의 일을 일체 擅斷하니 정미년(충렬왕 33) 봄에 박전지가 密直副使 보문각大司學을 제수받았다고 한다. 여기의 '成宗'은 인종 혹은 무종의 오기이다.
91) 『고려사절요』 권23, 충렬왕 33년 3월 ; 『고려사』 권125, 왕유소전.
92) 『고려사절요』 권23, 충렬왕 33년 3월 ; 『고려사』 권125, 왕유소전. 이에 앞서 왕유소 등이 內竪 金洪守, 崔涓 妻 仁明殿婢 權舍에게 뇌물주어 충선왕에게 독을 올리기를 도모했다. 김홍수가 독을 권사에게 주니, 권사가 侍婢 無老之와 모의했다. 충선왕이 어떤 사람의 권유에 따라 무로지와 동침하면서 무로지로부터 그 음모를 듣고 權舍를 잡아 품안에서 독약을 찾아내고는 무로지로 하여금 省官에 고하도록 했다. 省官이 권사 등을 宗正府에 내려 究問하려 하다가 그 일을 어렵게 여겨 잠재웠

무종은 충렬왕 34년 5월에, 推忠揆義協謀佐運功臣 征東行中書省左丞
相 駙馬 王璋(王謜: 충선왕)이 세조 외손이자 先朝 貴壻로 翊贊(무종 옹
립)의 공로에 참여했다며 太子太傅 駙馬都尉 瀋陽王에 책봉하며 중서성
에 들어와 政事에 參議하라는 명령을 내리고 金虎符, 玉帶, 七寶帶, 碧鈿
金帶 및 黃金 500兩, 은 5000兩을 하사했다. 황후(무종의 황후)와 황태자
(인종) 역시 충선왕을 총애하고 우대해 하사한 珍寶, 錦綺가 헤아릴 수
없을 정도로 많았다.[93) 충선왕이 定策 공로로 瀋陽王에 책봉되고 총애와
우대를 받은 것인데 이는 그가 불르간황후 세력을 숙청한 핵심주역이었음
을 반증한다. 그는 세계제국 원 황실의 황위계승전쟁에 주도적으로 참여
해 승리를 거두고 원의 政事에 참여함으로써 세계인으로 자리매김했다.

충선왕은 부왕이 33년 5월에 원에서 돌아와 34년 7월에 사망하자 8월
에 귀국해 고려국왕에 복위했으니, 심양왕과 고려국왕, 두 왕위를 띠게 되
었다. 몽골제국에서 2개의 왕위를 띠는 경우는 드문 일이었는데, 그만큼
충선왕이 무종과 인종 형제의 집권에 큰 공로를 세웠음을 반증한다. 그는
원제국의 1등공신으로 원제국의 政事에 참여하며 고려국과 심양지역을
지배하는 세계군주로 우뚝 서게 되었다.[94) 그는 복위년 11월에 원에 가서
머물렀다. 이후 그의 재위기간에 고려국왕이 고려국에 없는 상태가 지속
되었다. 이는 그가 고려국과 심양 지역을 지배하는 세계군주였기 때문에
발생한 문제였다. 충선왕 복위 원년 4월에 정승 최유엄 등이 환국을 요청
했지만 당시 황제(무종) 및 황후, 황태자(인종)가 왕을 심히 총애했기 때
문에 왕이 받아들이지 않았다고 한다.[95) 2년 정월에 왕이 세자에게 전위

---

다. 하지만 김홍수와 권사는 죽임을 당했다.
93)『고려사』권33, 충선왕 세가, 충렬왕 34년 5월.
94) 충선왕은 원제국의 여러 곳에 재산을 소유했고(김혜원, 1999, 학위논문), 대도는 물
   론 중국남방의 인물·불교계와 활발한 교류를 했다(장동익, 1999, 논문). 이 또한 충
   선왕의 세계인으로서의 면모를 보여준다.
95)『고려사』권33, 충선왕 복위 원년 4월.

하고자 비밀리에 표문을 찬술했지만 從臣의 저지를 받아 그만두었다고
한다.96) 충선왕은 무종에 의해 지대 3년(충선왕 복위 2년) 4월에 藩王으
로 改封되었는데,97) 심양왕에서 藩王으로 승격되어 위상이 더욱 강화된
것이었다. 5월 신묘일에 황제가 瀋陽路 관리에게 명해 藩王을 隔越해 奏
請하지 말 것이며 위반자는 죄주겠다고 하여98) 충선왕에게 더욱 힘을 실
어주었다. 5월 을사일에 왕이 좌우의 참소를 믿어 세자 鑑 및 그 從者
金重義 등을 죽였다.99) 왕이 세자에게 전위하려던 것은 진심이 아니었고
그것을 오해한 세자와 그 從者가 희생양이 되었다. 차가운 피의 소유자인
그에게 권력은 부왕의 목숨과 자식의 목숨보다 소중했다. 세자를 쉽게 죽
인 것은 세자의 모친이 평범한 몽골녀인 점도 작용했을 것이다.

　충선왕은 쿠빌라이칸의 외손으로서의 자부심이 대단하면서도 태조 왕
건에 대한 존경심, 고려인으로서의 정체성도 어느 정도 지니고 있었다.
이제현에게 말하기를, 우리 태조의 規模와 德量은 중국에 태어났더라면
송 태조에 못지 않았을 것이며, 우리 태조가 즉위한 뒤 김부와 견훤이 항
복하지 않았지만 누차 西都에 행차하고 친히 北鄙를 순행했는데 그 의도
는 동명왕의 舊壤을 吾家 靑氈으로 여겨 반드시 그것을 席卷해 가지려

---

96)『고려사』권33, 충선왕 복위 2년 정월 ;『신원사』권249, 외국열전 고려.
97)『원사』권23, 본기, 무종.
98)『고려사절요』권23, 충선왕 복위 2년 5월. 김혜원은 1999,『고려후기 심왕 연구』
　(이화여대 박사논문)에서, 충선왕은 심양왕에 책봉되면서 요양행성 소속 심양로 지
　역을 分封地로 통치하게 되었지만 홍중희가 반발하자 원은 충선왕을 심왕으로 進
　封시키면서 심양지역에 대한 실질적인 통치권을 요양행성으로 이관했고 이후 심왕
　은 元都의 田宅만을 소유하면서 심양로에 관한 자문권을 담당하는 단순한 명예적
　작위로 바뀌었다고 보았다. 하지만 심왕의 지위가 과연 그러했는지 근거가 부족하
　다. 심양로 관리가 심왕 충선왕을 거쳐야 황제에게 奏請할 수 있었음은 심왕 충선
　왕이 실질적으로 심양 지역을 지배했음을 시사한다.
99)『고려사』권33, 충선왕 복위 2년 5월 ;『신원사』권249, 외국열전 고려. 정용숙은
　충선왕 측근세력이 왕의 양위를 저지한 것으로 보았다. 1992,『고려시대의 후비』,
　민음사, 제5장.

한 것이니, 어찌 신라와 압록강을 취하는 데 그치려 했겠느냐고 했다.[100] 태조 왕건의 역량을 높이 평가했고 태조의 서경 행차와 북방 순행을, 후삼국통일만이 아니라 압록강 이북에 이르는 고구려의 옛 영토를 되찾으려는 의도로 파악했다. 여기에는 그가 심양지역을 지배하고 있던 상황도 작용했을 것이다. 그는 옛적의 고구려처럼 고려국과 심양지역은 물론 요양행성 관할지역을 전부 지배하려는 거대한 꿈을 지니지 않았을까? 하지만 그는 몽골인이기도 했기에 태조 왕건과 고려 전통에 대한 애정에 한계가 있었다. 그가 숙비의 오빠 김문연 집에 머물 적에 숙비가 밤낮없이 百態로 妖媚(嫵媚)하자 惑해 친히 聽政하지 않더니 복위년 11월 갑자일에는 팔관회를 정지시켰다.[101] 태조 왕건과 고려 문화를 무시하는 이러한 조치는 그가 쿠빌라이칸의 외손으로 혼혈군주, 세계군주였기에 가능했다.

　충선왕 복위 3년 정월에 무종황제가 붕어하고 3월에 그 동생인 황태자가 즉위했으니 인종이다. 충선왕은 무종보다 인종과 더욱 친밀했으므로

100) 『익재난고』 권9, 史贊. 한편 충선왕은 고려국을 없애고 立省하는 데에 반대했다. 『고려사』 권34, 충선왕 4년 6월 ; 권108, 김이전. 그것은 고려에 대한 애정을 지녔기 때문이기도 했지만 고려국을 유지하는 것이 자신의 권력에 이롭기 때문이기도 했다. 충선왕 세력의 상당수가 立省 책동, 심왕 옹립 운동에 가담했다. 원간섭기 고려의 國 유지는 이후 우리의 독립국 유지의 원천으로 작용한다. 權臣 林衍이 고려 임금을 廢立했을 적에 몽골 황제가 몽골에 머물던 고려 세자(충렬왕)를 '東安公'에 책봉해 군대를 파견해 임연을 토벌하려고 했는데, 마침 聖節使 書狀으로 몽골에 간 金晅이 몽골 都堂에 上書하기를, 賊(權臣)이 世子의 '公' 책봉을 들으면 반드시 國人을 회유해, 上國이 이미 고려 王爵(王號)을 삭제했으므로 '國(國名)'을 당연히 삭제했을 것이라며 社稷을 死守하자고 하면 사람들이 모두 그것을 믿을 것이어서 몽골에 이롭지 않다고 하니 황제가 취소했다고 한다(『고려사』 권19, 김훤전 ; 김훤 묘지명). 이는 고려인에게 몽골과의 관계에서 '國'의 유지가 얼마나 중요한 문제였는지를, 원간섭기에 고려가 '國'을 지켜낸 것이 얼마나 의미 깊은 일인지를 알려준다.

101) 『고려사』 권89, 후비전 충렬왕 숙창원비 ; 『고려사』 권33 및 『고려사절요』 권23, 충선왕 복위년 11월. 팔관회는 연등회와 더불어 태조 왕건이 훈요에서 준수를 당부한 전통행사였다.

충선왕에게 더 유리한 상황이 도래한 듯했다. 하지만 그렇지만은 않았다. 왕의 위상이 원제국에서 높은 만큼 정적도 많아졌고 점점 다기 황태후와 인종황제도 그를 부담스러워했다. 특히 고려인 홍복원의 손자로 요양지역에서 영향력을 행사하는 홍중희 집안이 충선왕의 심왕 지위를 달가워하지 않았다. 요양과 심양 지역의 지배권을 두고 충선왕과 홍중희가 갈등했던 것이다. 홍중희가 충선왕이 두 왕위를 지님은 부당하다고 황제에게 아뢰니, 충선왕 복위 4년 정월 초하루에 황제와 태후가 왕에게 귀국을 명령했다. 왕이 귀국하고 싶지 않아 用事大臣을 통해 가을에 떠나기를 요청하니 황제가 허락했다.[102]

이렇게 말미를 얻었지만 충선왕 지지세력에 내분이 생겼다. 밀직사 李思溫과 화평군 金深이 의논하기를, 국왕의 오랜 京師 체류로 본국이 해마다 布 10만필과 米 400斛을 수송하고 다른 물건은 기록할 수 없이 많아 漕轉의 폐단이 심하다고 했다. 諸從臣이 돌아가기를 생각하지만 권한공과 최성지가 選法을 관장해 뇌물을 이롭게 여기고 박경량이 왕의 腹心이 되어 누차 賞賜를 받아 産業을 營置하니, 왕의 還國 않음은 3인이 잃음을 근심함으로 말미암은 것이므로 그들을 제거하고 왕을 받들어 귀국하자고 했다. 이에 태후의 총애를 받는 宦者 買撒을 통해 이 일을 휘정원사 失列門에게 말하니 허락했다. 김심 등이 3인의 죄상을 대호군 李揆 등 수백 명에게 서명시켜 휘정원에 바쳤다. 失列門이 태후의 명령을 사칭해 권한공 등 3인을 하옥했다. 충선왕 5년 정월에 왕이 노해 태후 侍婢 也里思班을 통해 태후 폐하에게, 자신을 사랑하는 자는 從臣 중에 3인이 최고라고 호소했다. 이에 태후가 명령해 3인을 석방하고 김심과 이사온을 곤장쳐 유배하니, 國人이 듣고 憤歎하지 않음이 없었다.[103] 충선왕 세력조차 왕의 측근정치와 傳旨정치에 신물을 낸 결과였다.

---

102) 『고려사』 권35, 충숙왕 15년 7월조 ; 권34, 충선왕 복위 4년 정월.
103) 『고려사절요』 권23, 충선왕 5년 정월조 ; 『고려사』 권104, 김주정전 첨부 김심.

충선왕은 귀국하든지 다른 조치를 취하든지 해야 했다. 마침내 5년 3월에 아들 강릉대군 燾를 황제에게 보이고 전위를 요청하니 황제가 강릉대군(충숙왕)을 고려국왕에 책봉했다. 충선왕이, 원 조정이 그를 귀국시키려 하자 어찌 할 수 없어 遜位한 것이라고 한다. 한편 충선왕은 조카 延安君 暠를 세자로 삼았다. 그 자신은 瀋王만을 띠게 되었다.[104] 충선왕은 고려국왕도 포기했으므로 원에 머물고자 했지만 원 조정이 들어주지 않았다. 충숙왕이 즉위년 4월에 상왕 및 계국공주를 모시고 연경을 출발해 6월에 개경성에 들어왔다.[105] 그런데 상왕 충선왕은 원 황실과 조정을 열심히 설득해 충숙왕 원년에 다시 원에 가서 머물렀고, 충숙왕 3년 3월에 황제에게 아뢰어 심왕 자리를 세자 暠에게 물려주고 大尉王이라 자칭했다.[106]

그러면 충선왕은 두 왕위를 지닐 때이든, 심왕만을 지닐 때이든, 심왕까지 벗은 때이든 왜 원에 머물려고 했던 것일까? 이는 그가 원에 머물러야 고려국과 심양지역에 대한 지배권을 동시에 행사하기 용이했기 때문이라 여겨진다. 만약 그가 고려에 머문다면 심왕을 내놓아야 했을 것이며, 심양에 머문다면 고려국왕을 내놓아야 했을 것이다. 그는 먼저 고려국왕을 내놓음으로써 심양지역에 대한 지배권을 유지했으며 고려에도 상왕으로서 영향력을 행사할 수 있었다. 다음에는 심왕까지 내놓았지만 그것을 물려받은 조카를 통해 심양지역에 대한 영향력을 유지할 수 있었다. 그는 원제국의 권력투쟁에 깊숙이 개입하고 원제국의 정사에 참여하고 고려국과 심양지역을 지배한 세계군주였기에 원의 대도에 머물러야 했던 것이

---

104)『고려사』권34, 충선왕 복위 5년 3월
105)『고려사』권34, 충숙왕 즉위년. 6월 갑술일에 상왕 및 왕이 서보통사에 머물렀는데 상왕이 故 대호군 鄭子羽의 처 최씨(최중경의 딸)와 동침하고 병자일에 개경성에 들어갔다. 숙비와 순비가 계국공주를 금암역에서 영접했고, 두 왕이 백관과 함께 선의문을 나가 계국공주를 영접했다.
106)『고려사』권34, 충선왕 세가 말미 및 충숙왕 원년·3년.

다. 기본적으로 그가 몽고인으로서의 정체성이 고려인으로서의 정체성보
다 강해 원에 머무는 것이 익숙하고 편했기 때문이었다.

충선왕은 무종과 인종을 도와 권력을 장악하고 귀국해 잠시 머문 시절
에 예문관(한림원의 후신) 정치를 복원하려 시도했다.107) 원에 가서 장기
간 머문 시절에는 상왕 시절까지 傳旨 정치로 일관하며, 侍從 권한공·최
성지·박경량 등 극소수의 측근을 통해 고려를 지배했다.108) 그의 통치는
측근정치 내지 독재정치의 백미였다. 재상의 합의기능은 무시되었다. 그
의 복위기의 관제개편과 제도정비109)는 재상합의기능 무력화와 관직의
효율성과 세원의 확대와 재정확보 추구였는데 독재정치와 傳旨정치와 在
元생활을 뒷받침하기 위해서였다.

충선왕의 정치·학문·종교 활동과 그에 따른 교류와 연회와 선물에 엄
청난 비용이 들었는데 고려국과 심양지역으로부터 들어오는 수입으로 감
당하기 어려웠을 것이다. 원제국조차 과도한 재정지출로 휘청거렸듯이 고
려국도 충선왕의 과도한 재정지출로 휘청거렸다. 충선왕은 재정기구의 개
편 외에도 전민계정사 파견을 통해 田口를 조사해 貢賦를 更定하고 雜貢

---

107)『고려사』권108, 李混傳.
108)『고려사절요』권23, 충선왕 5년 정월조.
109) 복위기 관제개편에 대해, 박재우는 1993,「고려 충선왕대 정치운영과 정치세력 동
향」『한국사론』29에서, 府·司·署 체제에서 司·府·館·部 체제로 개편했는데 효
율성을 극대화하려 관제를 병합하고 밀직사와 삼사를 폐지하고 핵심 행정관청은
3部로 축소하고 재상 겸임의 判事를 두지 않았으며 반원적이 아니라 명분에 충실
했다고 한다. 그는 충선왕 복위기의 정치를 측근세력이 주도했다고 보았는데 경
청할 만하다. 충선왕 처음 즉위기의 정치도 측근정치로 보아야 할 것이다. 김형수
에 따르면, 충선왕이 복위기에 元制를 도입한 제도개편을 추진했고 정책의 주안점
을 재정확보에 두었다고 한다. 1998,「충선왕의 복위와 복위교서의 성격」『대구
사학』56. 각염법도 재정확보책의 일환이었는데 이에 대해서는 강순길, 1985,「충
선왕의 염법개혁과 염호」『한국사연구』48 ; 권영국, 1985,「14세기 각염법의 성
립과 운용」『한국사론』13 참조. 박종진은 1985,「충선왕대의 재정개혁책과 그
성격」『한국사론』9에서 충선왕의 재정정책으로 인한 증세로 민의 부담이 증가했
음을 지적했다.

을 詳定하는 것과 각염법에 의한 소금 전매제도의 시행110) 등을 통해 세
금을 더욱 많이 거두어 풍족한 생활을 즐길 수 있었다. 민생안정을 표방
했지만 민은 증세로 살기 어려워져 고통으로 신음하며 원망했다. 생산력
이 괄목하게 발전했지만 충선왕과 그의 측근 소수와 권세가가 그 열매를
대부분 따먹은 반면 민의 다수는 소외되었다. 충선왕은 세계군주로 화려
하고 우아한 생활을 영위했지만 그의 오랜 在元 활동은 고려의 재정을 바
닥냈다.

충숙왕이 8년 4월에 상왕 충선왕의 측근인 권한공과 채홍철을 곤장쳐
먼 섬에 유배했는데, 앞서 상왕이 원에 머물면서 국가 政事와 창고 출납
을 親近에게 일임해 비록 '過擧'가 있었을지라도 창고가 차서 넘치고 인
심이 畏服했지만, 西幸(토번 유배) 이후 환관 좌우가 충선왕의 政을 고치
기를 도모해 舊臣을 축출하니 창고가 모두 고갈했다고 한다.111) 이는 충
선왕의 '過擧' 즉 지나친 政事(특히 銓選)와 세금 징수로 창고가 가득 차
고 넘쳐난 상황을 잘 말해준다. 충선왕의 유배 이후 충숙왕의 측근이 창
고를 고갈시켰다고 기술되어 있지만 이미 충선왕(상왕 시절 포함)이 거의
탕진시켰다고 보아야 한다. 충선왕의 재정탕진은 후대의 부담으로 고스란
히 남았으니 특히 충혜왕과 사기옹주(은천옹주)는 직접 영리활동에 나서
야만 했다.

### 3) 세계군주의 몰락

세계군주로 원에 머문 충선왕은 원 제국에 심각한 권력투쟁이 발생하
면 거기에 휩쓸릴 위험성을 안고 있었다. 원 인종 치세112)의 가장 큰 문

---

110) 『고려사』 권78, 식화지 1 貢賦 ; 『고려사』 권108, 채홍철전 ; 『고려사』 권79, 식화
　　지 염법. 각염법이 충선왕의 朝聘 비용 부족을 메우기 위한 것임은 충숙왕의 5년
　　5월 下敎에 잘 드러나 있다.
111) 『고려사』 권35, 충숙왕 8년 4월

제는 후계자 선정이었다. 충선왕은 원 황제 옹립의 주역이었기에 인종의 후계자 선정에도 개입하려 한다는 의심을 받았던 것으로 보인다. 무종은 동생 인종을 황태자로 삼았는데, 자기 아들을 인종의 후계자로 한다는 약속을 전제로 한 것이었다. 하지만 인종은 즉위하자 연우 3년(충숙왕 3년)에 자신의 아들 시데발라를 황태자로 삼기 위해 무종의 장자 코실라(명종)를 운남으로 쫓아냈다가 죽이려 했다. 코실라는 서북지방으로 도망해 차카타이 울르스에서 기회를 엿보고 있었다.113) 이처럼 인종은 형 무종의 아들을 숙청한 대신 자신의 아들 시데발라(영종)에게 황위를 물려주려 했다.

시데발라는 승상 鐵木迭兒의 지원을 받아 延祐 3년(고려 충숙왕 3년) 12월에 황태자에 책봉되었다. 그런데 인종은 연우 6년(충숙왕 6년) 10월에 황태자에게 玉册을 수여하고 百司庶務는 반드시 태자에게 먼저 啓聞한 후 자신에게 奏聞하도록 했고, 12월에는 황태자에게 국정을 參決하도록 했다.114) 충숙왕 6년 말엽에 황태자가 원제국의 국정을 장악한 것인데 그러한 조짐은 이전부터 보였을 것이다. 태위왕 충선왕은 충숙왕 6년 3월에 인종황제에게 御香을 내려주기를 요청해 권한공과 이제현을 대동하고 江浙에 南遊하고 보타산에 이르렀다가 돌아왔는데,115) 이 때 이미 위기를 느꼈다고 생각된다. 연우 7년(충숙왕 7년) 정월 신축일에 인종이 붕어했고, 갑진일에 다기태후가 太子太師 鐵木迭兒를 우승상으로 삼았다. 3월 경인일에 황태자 시데발라 즉 英宗이 황제에 올라 다기 태후를 太皇太后로 높였다.116)

충선왕이 충숙왕 7년 4월에 영종황제에게 御香을 江南에 내려주기를

---

112) 원 인종대의 정치세력은 인종 지지세력과 흥성태후 세력으로 나뉘어져 대립했는데 충선왕은 후자로 기울어졌다고 한다. 김광철, 1996, 앞의 논문.
113) 『원사』 권31, 본기, 명종.
114) 『원사』 권26, 본기, 인종 ; 『원사』 권27, 본기, 영종.
115) 『고려사』 권34, 충숙왕 6년 3월.
116) 『원사』 권26, 본기, 인종 ; 『원사』 권27, 본기, 영종.

다시 요청했는데, 時事가 장차 변할 것을 알고 避患하기를 바란 것이라고
한다. 6월에 충선왕이 金山寺에 이르렀을 때 황제가 급히 소환하자 사신
이 騎士로 하여금 擁逼하도록 해 데려가니 시종신료가 모두 奔竄했고, 시
종신료들이 任伯顔禿古思가 用事함을 알고 충선왕이 벗어나지 못할까 두
려워 모두 奔竄했는데 박경량과 이연송은 약을 먹고 죽었다고 한다.[117]
9월에 충선왕이 돌아와 대도에 이르자 황제가 중서성에 명해 고려국으로
護送해 안치하게 했는데 충선왕이 遲留 顧望하며 곧바로 출발하지 않았
다. 황제가 10월에 충선왕을 刑部에 내리더니 祝髮시켜 石佛寺에 두었고,
12월에 吐蕃의 撒思吉 지역에 유배했다.[118] 충숙왕은 8년 정월에 入朝하
라는 영종황제의 명령을 받고 4월에 원에 갔는데[119] 억류 상태로 심왕 暠
세력의 공세에 시달려야 했다. 영종은 지치 원년(충숙왕 8년) 5월에 승상
鐵木迭兒의 지원을 받아 무종의 둘째아들 톡테무르(문종)를 海南(해남도)
에 유배했다.[120]

충선왕이 영종황제에게 처벌받은 이유는 무엇일까? 家奴 출신으로 自
宮해 환관이 된 任伯顔禿古思는 인종황제를 잠저시절 이래 섬겼다. 그런
데 그가 충선왕에게 무례하게 굴자 충선왕이 다기 황태후에게 요청해 곤
장치고 그가 빼앗은 土田과 臧獲을 주인에게 돌려주니, 그의 원한이 더욱
깊어졌다. 인종이 붕어하고 황태후 역시 별궁에 退居하자 백안독고사가
두려울 바가 없어 八思吉(鐵木迭兒의 아들)에게 뇌물주어 百計로 충선왕
을 참소하니 영종황제가 그에게 다시 田民을 지급하고 충선왕을 토번으
로 유배했고, 그래도 그의 참소가 그치지 않아 충선왕이 禍를 입을 뻔했

---

117) 『고려사』 권34, 충숙왕 7년 ; 권124, 박경량전.
118) 『고려사』 권34, 충숙왕 7년. 장동익의 앞의 1999 논문에 따르면, 충선왕은 천동사
　　로 행차하던 도중 금산사에 이르러 체포되었다. 『익재난고』 권1에는 중국 강남
　　여행과 관련된 '金山寺'라는 시가 실려 있다.
119) 『고려사』 권35, 충숙왕 8년 4월.
120) 『원사』 권32, 본기, 문종.

는데 승상 拜住의 구원에 힘입어 면했다고 한다.[121]

그러니까 충선왕은 백안독고사의 참소로 영종황제에게 처벌받은 것이지만 보다 근본적인 이유는 황위계승문제였던 것으로 보인다. 인종의 아들 시데발라(영종), 무종의 아들 코실라(명종)와 톡테무르(문종), 진왕 카말라의 아들 진왕 이순테무르(태정제)가 경쟁했다. 다기 태후는 명종(코실라)이 少時에 英氣가 있는 반면 영종은 柔懦하다고 여겼지만, 여러 群小가 명종을 세우면 반드시 자기들에게 불리하다고 판단해 영종을 옹립했다고 한다. 영종이 즉위함에 태후가 와서 축하하자 영종이 불편한 기색을 띠니, 태후가 물러나 후회하며, "내가 이 아이를 기르지 않았던가" 했다. 태후가 恨을 품고 병들어 앓다가 至治 3년(충숙왕 10년) 2월에 붕어했다.[122] 수원태후 다기는 아들 인종의 후계자로 인종의 아들 영종과 무종의 아들을 저울질했는데, 이를 영종이 서운히 여겨 할머니 태후와 불화가 깊어졌던 것이다. 상호 불화에는 강력한 정치적 영향력을 행사해온 할머니에 대해 영종이 못마땅해 한 점도 작용했다.

백안독고사가 영종황제에게 참소한 내용은 영종황제가 멀리 여행 중인 충선왕을 급박하고 과격하게 압송한 점으로 보아 심각한 내용이었을 것이다. 충선왕이 영종이 아니라 다른 경쟁자를 황제로 밀었다고 하는 내용이었으리라 짐작된다. 첫째, 충선왕이 무종의 아들을 옹립하려 했다는 의심을 받았을 수 있다. 충선왕의 후원자인 다기 태후가 무종의 아들을 황위계승자로 고려한 적이 있었기에 더욱 그러했고, 영종과 鐵木迭兒가 무종의 아들 톡테무르를 유배했는데, 충선왕과 톡테무르의 관계가 의심받았을 수 있다. 둘째, 충선왕이 처남인 진왕 이순테무르(태정제)를 옹립하려 했다고 의심받았을 수 있다. 충선왕은 계국공주와 사이가 나빴지만 나이가 들면서 다소 완화되었고 처남 이순테무르가 그의 즉위후에 충선왕을 풀어

---

121) 『고려사』 권122, 任伯顔禿古思傳.
122) 『원사』 권116, 后妃 2, 順宗 昭獻元聖皇后.

주는 것으로 보아 충선왕을 그리 미워한 것 같지는 않다.

영종이 즉위했을 때 영종 세력, 다기태후 세력, 鐵木迭兒 세력이 영향력을 행사하고 있었다. 백안독고사는 영종의 측근이었으므로 직접 영종에게 충선왕을 참소할 수도 있었지만 鐵木迭兒의 아들 八思吉을 통해 영종에게 충선왕을 참소했다. 鐵木迭兒는 다기 태후의 세력에서 떨어져 나와 독자적인 세력을 구축하고 있었다. 그는 諸王과 大臣을 숙청하는 데 앞장섰는데 영종의 뜻에 부합했다. 영종과 백안독고사가 以夷制夷 전략으로 鐵木迭兒를 이용해 다기태후 세력인 충선왕을 숙청했을 가능성과 鐵木迭兒가 다기태후 세력인 충선왕 숙청을 주도함으로써 영종과 타협해 활로를 찾으려 했을 가능성도 있다. 백안독고사의 참소 내용이 온전히 거짓이었을까? 다기태후가 인종의 후계문제를 충선왕과 논의했을 수도 있고, 그 과정에서 충선왕이 영종의 심기를 거슬릴만한 발언이나 행동을 했을 수도 있다.

영종의 충선왕 처벌은 諸王 숙청의 일환이었을 뿐만 아니라 다기태후 세력 숙청의 일환이었다. 3월에 즉위한 영종은 5월에 자신의 세력을 강화하고 5월과 6월에 다기태후 세력에 대한 대대적인 숙청을 단행했다.[123] 그래서 6월에 충선왕도 처벌대상자로 선정되어 여행 중에 소환되었던 것이었다. 충선왕의 실각은 세계군주로 원제국에서 많은 영향력을 행사해온 데 따른 반작용이었다.

충선왕은 충숙왕 10년 2월에 영종의 명령에 의해 朶思麻 지역으로 옮겨졌다. 8월에 어사대부 鐵失 등이 승상 拜住와 영종을 南坡에서 시해했다. 9월에 진왕 이순테무르(也孫鐵木兒: 태정제)가 즉위해 사면령을 내리

---

123) 『원사』 권27, 본기, 영종. 김광철은 앞의 1996년 논문에서, 충선왕 숙청 주역은 영종과 그 측근세력이었고, 숙청 이유는 충선왕이 홍성태후 세력이었기 때문이라 했고, 무종옹립 이후 원에서 지위를 강화해온 충선왕의 활동이 원 황실에 위협적으로 비춰졌기 때문일 가능성도 있다고 했다.

면서 충선왕을 소환했다.[124] 충선왕이 11월 10일에 대도에 도착해 13일에 태정제를 만났고, 12월에 고려 재추에게 글을 보내 국왕이 年少해 恦人을 가까이해 不義를 많이 행하고 있는데 재추가 匡救하지 않는다며[125] 충숙왕(在元 중)과 재추를 비난했다. 그의 권력욕과 자식에 대한 불신은 여전했다. 하지만 충숙왕 12년 5월에 충숙왕은 고려로 돌아온 반면 충선왕은 연경의 저택에서 51세로 세상을 떴다.[126]

## 맺음말

충선왕은 원과 고려, 2개의 조국을 지닌 혼혈왕자였다. 그를 특징짓는 요소는 무엇보다도 세조 쿠빌라이칸의 외손자라는 점이었다. 이는 그의 무한한 자긍심과 권력욕의 원천이었다. 쿠빌라이의 피가 섞인 혼혈왕자인 그는 순수한 고려사람인 부왕 충렬왕에게 어린 시절부터 끊임없이 도전했다. 충렬왕이 그런대로 고려의 전통을 지키려 한 반면 충선왕에게 고려는 몽골제국의 일원이라는 인식이 강했다. 결혼생활에서 몽골 계국공주를 멀리하고 고려여인들을 좋아했는데, 고려를 몽골보다 더 좋아한 것이 아니라 사적인 애정 문제였다. 그가 위상이 높은 계국공주를 조금만 더 사랑해 주었더라면 그는 훨씬 더 웅비했을 것이다.

충선왕의 정책을 반원개혁이니, 신흥사대부가 그것을 주도했다느니 하는 연구경향이 한 때 풍미했다. 요즘은 그러한 연구경향이 누그러진 추세이지만 그의 정책을 발전적 개혁으로 보는 경향 및 附元輩와 차별화하려

---

124) 『고려사』 권35, 충숙왕 10년 2월·9월 ; 『원사』 권28, 본기 영종 ; 『원사』 권29, 본기 태정제.
125) 『고려사』 권35, 충숙왕 10년 12월조.
126) 『고려사』 권35, 충숙왕 12년 5월 ; 『고려사』 권34, 충선왕세가 말미.

는 경향은 여전한 듯하다. 충선왕이야말로 附元輩의 우두머리였고, 그에게 附元은 당연한 것이었다. 그의 在元정치와 독재정치를 뒷받침하기 위한 그의 정책이 얼마나 발전적이었는지 의문이다.

충선왕은 어릴 적부터 원에 장기간 머물렀고, 복위기간의 대부분을 원에 머물렀다. 그가 원에 머물기를 좋아한 것은 원 황실의 주요 구성원으로서 원에 머무는 것이 너무나 익숙하고 편했기 때문이었고, 세계군주로서 고려와 심양지역을 동시에 지배하고 원제국의 정치에 참여하기 위해서였다. 그는 원제국 황위계승에 관여해 공신으로 원제국의 政事에 참여하고 고려국과 심양지역을 지배하고 원제국의 여러 곳에 재산을 소유하고 원제국의 다양한 인물들과 교류하며 영향력을 행사한 세계군주였다.

史臣은『고려사』충선왕세가에서 충선왕이 복위해 婦寺(원의 后妃와 환관)를 아첨해 섬겨 연경에 5년간 淹留하니 國人이 供饋하느라 困苦했고 從臣이 오래 수고해 돌아가기를 생각해 서로 모함했고, 元도 염증이나 귀국하기를 두 번 명령하자, 어찌할 수 없어 아들 燾에게 遜位하고 또 조카 暠를 세자로 삼음에 父子兄弟가 猜嫌하게 되어 그 禍가 數世에 이르도록 그치지 않았으니, 토번 유배는 불행이 아니라고 했다. 이는 충선왕의 婦寺 섬김이 원에서 세조 사후에 后妃가 실권을 잡았기 때문이지만 정곡을 찌른 평가였다.

부왕과 아들왕의 갈등, 심왕의 고려왕에 대한 도전, 立省 책동, 재정의 고갈, 조세의 증가 등 원간섭기 고려의 정치·사회적 모순은 충선왕으로부터 비롯되었다. 그는 측근정치 내지 독재정치의 화신이었고, 원에서 장기간 머무는 동안 傳旨정치를 구사했다. 하지만 그러한 고려의 모순은 당연한 것이었으니 충선왕은 고려를 벗어난 혼혈군주이자 세계군주였기 때문이다. 원간섭기를 다룰 때 친원이니, 반원이니 하는 종족주의 구도에서 탈피해야 한다.

# 제6장
# 고려말기 금강산 신앙과 정치

# 머리말

금강산은 고려 후기에 사람들이 가장 가고 싶어하는 곳 중의 하나로 떠올랐다. 그러한 경향의 요인으로는 빼어난 풍광도 있지만 보다 근본적인 요인에는 불교신앙이 깔려 있었다. 금강산이 불경에 담무갈보살이 거처하는 곳이라 실려 있다고 알려지면서 고려인들은 물론 외국인들도 이 산을 찾았다.

금강산이 유명해지면서 이 산의 유래와 연혁을 적은 記가 찬술되고 이 산의 모습을 담은 금강산도가 그려졌다. 금강산을 배경으로 보살을 그린 그림도 제작되었으니 노영의 작품이 그것이다. 노영의 금강산 불화는 남아 있는 금강산도 중에 가장 오래된 것으로 평가되는데 그 성격이 무엇인지 확실하지 않은 측면이 있다.

금강산에 대한 사람들의 열망은 고려 후기, 특히 원간섭기로 가면서 뜨거워졌는데 불교신앙, 자연풍광 외에 정치적인 측면, 대외적인 측면도 있었다. 원 황실이 자주 사신을 금강산에 보내 御香을 내렸고 원의 황실과 다양한 사람들이 금강산의 佛事를 후원했는데 이는 원의 고려 영토에 대한 영향력 증대로 이어져 정치적인 의도도 깔려 있었다. 금강산은 고려의 영역에 속하면서 원의 직할령인 쌍성총관부와 접해 있어 더욱 그러했다.

금강산 신앙과 이 산을 둘러싼 정치적 충돌에 대한 규명은 고려후기 역사의 특색을 이해하는 열쇠이다. 이 글에서는 먼저 고려후기 금강산 신앙의 유행을 소개하고, 그 다음에 노영 금강산보살도의 성격을 조명하고, 그 다음에는 금강산 신앙과 정치의 관계를 규명해 보려 한다. 금강산 신앙의 다양한 모습과 정치적인 함의가 드러나기를 기대해 본다.

# 1. 금강산 신앙의 유행

최자는 『보한집』 상권에서, 楓岳은 '皆骨立無土'해 그로 인해 '皆骨'이라 이름하고, 曇無竭菩薩 眞身이 거주하는 곳으로, 거처하는 승려는 行이 없을지라도 成道한다고 했고, 명종 때 외조부 金禮卿이 지은 시를 소개했는데 담무갈 眞身이 이 산에 머문다는 내용이 들어 있었다.[1] 선종 승려인 承逈은 金 泰和8년 戊辰(1208: 희종 4년)에 皆骨山 楡岾寺에 주석했다. 강종이 卽政3년(즉위년칭원: 1213) 겨울에 中使 內侍 大官署令 邵敬興를 파견해 承逈이 거주하는 精舍를 重修하게 했는데, 承逈이 楓嶽 普德崛에 우거했을 적에 꾼 異夢이 효험을 본 것이었다.[2] 이처럼 무인정권기에도 풍악과 개골산이 경관 및 불교와 관련해 언급되지만 '금강산'이라는 명칭은 잘 드러나지 않는다.

邵敬興가 重修한 承逈의 精舍는 楡岾寺였는데 이 선종 사찰의 중수 과정을 좀더 살펴보자. 고려 毅廟(의종) 22년 戊子에 道人 資順이 妙香山으로부터 와서 楡岾寺에 住錫했고 比丘 惠雙이 계승했다. 惠雙이 慨然히 改創의 뜻이 있었는데 때에 西郡 梁處士가 術數에 능해 朝廷에 고하여 池를 메우어 堂宇를 大開해 무릇 500餘間이었다. 處士가 이르기를, 이후 己酉年에 반드시 正法을 大弘하는 자가 있으리라 했는데, 과연 明廟朝에 曹溪大禪師 益藏이 여기에 來住하니 四方學者가 堂下에 雲集했는데 이 해가 곧 己酉年(1189: 명종 19년)이었다고 한다. 康王末年 癸酉

---

1) 『보한집』 상권. 祭酒 李純祐가 東北面兵馬使로 이 산을 지나며 시를 읊자 外王父 金禮卿(최자의 외조부)이 '韋偃當年葬號山 變爲皆骨倚天寒'이라 차운하니 이순우가 칭찬함에 김예경이 '無竭眞身住此山 幻將枯骨掛雲端'이라 또 읊었다. 李純祐는 명종 26년 4월에 대사성으로 최충헌에 의해 죽임을 당했으니(『고려사』 권99, 이순우전 ; 『고려사』 권129, 최충헌전 및 『고려사절요』 권13, 명종 26년 4월), 이순우와 김예경의 시는 명종 때 작품이었다.
2) 寶鏡寺 원진국사 비문.

(1213: 踰年稱元 강종 2년: 즉위년칭원 강종 3년)에 上(강종)이 內侍 司宰寺丞 邵敬興를 보내 問法하고 또 手詔로써 茶香을 하사하고 아울러 白銀 일천斤을 시납해 修葺하게 했는데, 소경여가 그 舊蹟을 因하여 隨事題咏한 詩 12首가 있었다고 한다.3) 신라 때 창건된 금강산 유점사가 의종 때 500餘間의 엄청난 대규모의 사찰로 변모했고 무인정권기인 강종 때 또 수리되었던 것이다.

유점사는 고종 때 전쟁으로 타격을 입었지만 충렬왕 전반기에 중창된다. 高廟丙子(1216: 고종 3년) 이래 民이 兵火에 걸리고 국가가 많은 어려움을 겪어 유점사가 僧殘 屋老하고 香火가 闃絶했다. 化主인 行田이 이와 같음을 슬퍼해 여러 樂善의 家를 권유해 民力을 수고롭게 하지 않고 棟宇를 重新했는데 前功者보다 50餘間 더 많았다. 至元甲申(1284: 충렬왕 10년)에 經始해 甲午(1294:충렬왕 20년)에 이르러 畢功하고 乙未(1295: 충렬왕 21년) 여름에 道侶 4000餘를 초빙해 象席을 大開해 낙성했다. 근래 전쟁이 없고 풍년이 들어 糧道가 끊기지 않아 衲子가 많이 歸하고 眞性을 發明한 자가 흔히 있어 이로 말미암아 中外 士女가 더욱 깊이 敬信해 혹은 設供하고 혹은 瞻禮를 닦아 왕래하는 자가 마치 歸市와 같다고 했다.4) 유점사는 이번의 중창으로 50餘間이 더해져 550餘間이나 되어 사원의 규모가 더욱 거대해졌다.

원간섭기에는 금강산 일대에 유점사만이 아니라 많은 사원들이 중창되거나 신축되었다. 풍악(개골산)이 '金剛山'으로 즐겨 불리며 불교 성지로 확실하게 자리매김한 시기는 원간섭기였다. 이곡은 「東遊記」에서, 일찍이 듣기를, 금강산의 이름이 불경에 기록되어 있어 천하에 알려져 乾竺(天竺)처럼 絶遠한 곳의 사람도 때로 와서 구경한다고 했다. 대저 보는

---

3) 閔漬, 「金剛山楡岾寺事蹟記」(李能和, 『조선불교통사』上編). 堂宇를 건설하기 위해 메운 池는 후술하듯이 53佛 설화와 관련된 곳이다.
4) 閔漬, 「金剛山楡岾寺事蹟記」(李能和, 『조선불교통사』上編).

것은 듣는 것과 같지 않아, 東人이 西蜀 峨眉와 南越 補陁를 유람하는
자가 있어 모두 말하기를 들은 바와 같지 않다고 한다며, 자신이 비록 아
미와 보타를 보지 않았지만 금강산을 보는 것은 들은 바를 실제로 넘어,
아무리 뛰어난 畵師와 詩人이라도 그 形容을 비슷하게 묘사할 수 없다고
했다.5) 금강산은 불경에 실려 있어 인도처럼 먼 곳에서도 구경하러 오며,
금강산을 보면 들은 것보다 나아 실망하지 않는다는 것이다.

　이곡은 「刱置金剛都山寺記」6)에서, 海東 山水는 천하에 이름이 났는
데 金剛山의 奇絶은 그 중의 으뜸이고, 또 佛書에 曇無竭菩薩이 거주하
는 곳이라는 說이 있어 세상에서 人間淨土라 여긴다고 했다. 그래서 天
子가 보낸 使와 香幣가 도로에 이어지고 四方 士女가 千里를 멀다하지
않아 소와 말에 싣고 등에 지고 머리에 이어 佛僧을 供養하는 자가 서로
밟을 정도로 이어진다고 했다. 이곡은 「金剛山長安寺重興碑」7)에서, 금
강산은 고려 동쪽에 있어 王京에서의 거리가 500里로, 勝景이 천하에 이
름날 뿐만 아니라 실로 佛書에 실려 있는데, 그 華嚴에 東北海中에 金剛
山이 있어 曇無竭菩薩이 1만2천 보살과 더불어 般若를 常說한다는 것이
그것이라 했다. 옛적에 東方人은 그것을 알지 못해 仙山이라 했지만, 신
라로부터 塔廟를 增餙해 이에 禪龕이 崖谷에 빼곡하게 되었다고 했다.
이곡은 銘하기를, "露骨한 山이 있어 巇嶤이 突兀해 '金剛'이라 이름하네,
貝書에 기록된 菩薩住處로 淸凉山에 버금가네" 라고 했다. 금강산은 풍
광이 빼어날 뿐만 아니라 불경에 담무갈보살이 많은 보살들과 함께 거주
하며 般若를 常說한다고 실려 있어 천자가 보낸 사신과 사방의 남녀가
이곳으로 순례 오는 행렬이 길에 이어졌던 것이다.

　최해는 天曆己巳(1329: 충숙왕16년) 3월에 쓴 「送僧禪智遊金剛山序」8)

---

5) 『稼亭先生文集』 권5, 東遊記.
6) 『가정집』 권3, 刱置金剛都山寺記.
7) 『가정집』 권6, 「金剛山長安寺重興碑」.

에서, 근래 금강산 안의 菴居가 해마다 증가해 百이고 그 大寺로는 報德寺, 表訓寺, 長安寺 등이 있다고 했다. 모두 得官 營葺해 殿閣穹窿이 山谷에 두루 넘치고 金碧이 휘황해 사람의 눈을 眩奪하고, 常住經費같은 것에 이르러는 재물을 보관하는 庫가 있고 寶를 맡은 官이 있고 郭을 등진 良田이 州郡에 두루 있고, 또 江陵道·淮陽道 年租는 官에 들여 모조리 억지로 금강산에 수송해, 비록 凶荒을 만나도 蠲減하지 않고 매양 使人을 보내 해마다 衣·粮·油·鹽을 지급해 반드시 빠뜨리지 않는다고 했다. 그 僧은 대저 예속하지 않아 役에서 도망하고 民이 그 徭를 피해 항상 數千萬人이 편안히 앉아 待哺한다고 했다. 이를 통해 원간섭기 금강산 사원은 해마다 증가해 100개 정도나 되었으며 良田을 많이 소유하고 관청으로부터 많은 경비를 지원받았음을 알 수 있다.

최해가 또 언급하기를, 금강산 승려 중에 심한 자는 사람을 誑誘하기를, 이 산을 한번 보면 죽어도 惡道에 떨어지지 않는다고 하니, 위로 公卿으로부터 아래로 士庶에 이르기까지 妻子를 데리고 다투어 가서 예배해, 빙설혹한과 장마홍수가 아니면 遊山의 무리가 길에 이어지고, 寡婦와 處女가 따라간 자가 산중에 信宿해 醜聲이 들려도 사람들이 괴이함을 모른다고 했다. 혹은 近侍가 函命해 역말을 달리고 降香이 歲時에 끊이지 않아도 官吏가 세력을 두려워해 분주하게 명령을 기다려 供億의 비용이 萬計로 움직이니, 이 산 주변의 居民이 應接에 피곤해 심지어 노하고 욕하기를, 산이 어찌 他境에 있지 않은가 한다고 했다. 사람들이 이 산을 사랑함은 보살이 이곳에 거주하기 때문이라, 보살을 공경하면 받는다는 冥冥의 福을 알 수 없는데, 머리를 깎은 자는 이 산을 팔아 스스로 溫飽를 도모하니 民이 그 피해를 입는다고 했다.

최해는 公卿부터 士庶까지, 보살이 거주하는 금강산을 한 번 보면 구원받는다는 승려의 말에 현혹되어 이 산을 찾는 무리가 길에 이어지고 寡

---

8) 『拙藁千百』 권1, 送僧禪智遊金剛山序.

婦와 處女도 이 산에 숙박해 추문이 들린다고 비판했다. 또한 降香이 끊이지 않아 供億의 비용이 많이 들어 주변 거주민이 응접하느라 피곤하다고 비판했다. 이처럼 금강산 신앙은 원간섭기에 엄청나게 유행했다. 이곡은 금강산이 淸涼山(오대산)에 버금간다고 했지만 원간섭기에는 해동 오대산보다 인기가 내외적으로 훨씬 높았다.

## 2. 노영 금강산보살도의 이해

원간섭기에 금강산이 불교 성지로 떠오르는 과정에서 그려진 금강산보살도가 남아 있어 주목된다. 노영이 그린 금강산보살도가 그것인데 목판의 양면에 그린 작품에서 이것이 한 면을 차지하고 역시 그가 그린 아미타구존도(아미타팔대보살도)가 다른 한 면을 차지한다. 노영의 이 목판양면 불보살도는 국립중앙박물관에 소장되어 있다.9) 노영의 이 불보살도에 대해 한 면은 아미타불과 팔대보살을 그린 아미타구존도(아미타팔대보살도)이고, 다른 한 면의 경우 상단은 큰 보살 1명은 담무갈보살이고 작은 보살 8명은 그 권속이고 하단은 지장보살이라는 것이 정설처럼 되어 있다.10)

〈그림 1〉 노영의 목판양면
불화(국립중앙박물관 소장) 중의
금강산보살도

---

9) 노영의 이 목판양면 불화는 吳世昌의 舊藏品으로, 昭和6년에 동경에서 열린 朝鮮名畫展에 출품되고 그 때 朝鮮名畫集에 실렸는데, 후에 舊朝鮮總督府博物館에 귀속되었다고 한다. 熊谷宣夫,「魯英畵金漆釋迦像小屛」『美術研究』175, 昭和 29년(1954).

담무갈보살로 확실시되는 배경에 금강산이 그려져 있고 상단만이 아니라 하단도 그 배경이 금강산으로 추정되어, 목판의 양면 중에서 상단 담무갈 보살과 하단 보살이 그려진 화면을 '금강산보살도'라 명명하고자 한다.

노영의 목판양면 불보살도는 나무판의 앞과 뒤에 그림을 그린 것인데 이 판은 밑면의 양쪽에 촉 즉 다리(막대)가 달려 있어 이동하기와 세우기 가 쉽다. 촉과 촉 사이에 쓰인 畵記에 ""大德十一年丁未八月日 謹畵魯英 同願□□"라고 되어 있으니, 이 불보살도는 魯英이 대덕 11년 정미년 즉 1307년(고려 충렬왕 33년) 8월에 그렸고 同願은 누구였다.

금강산보살도에는 화면 안 상단에서 입상 보살의 오른쪽 아래에 그 보 살에게 절하는 한 작은 인물의 앞에 '大祖'라 쓰여 있고, 화면 안 하단 좌 상 보살의 왼쪽에 그 보살에게 절하는 한 작은 인물의 뒤에 '魯英'이라 쓰여 있다. 그리고 하단 좌상 보살의 오른 무릎의 아래 부분에 절하는 한 작은 속인이 그려져 있고 그 속인의 뒤에 서 있는 승려 한 명이 그려져 있으며, 이 속인의 앞에 '祿□'라는 글자가 상하로 쓰여 있다(그림 1-3 참 조).11) '祿□'에서 '□'는 희미하게 보이는데, '加'로 판독12)하거나 '始'로 판독13)하거나 '始' 혹은 '加'로 판독14)하는 견해가 있지만, 이 글자의 남 은 형태상 '加'로 보이지는 않고 '始'로 보인다. '祿□'는 남아 있는 글자의 형태(표1과 표2 참조)로 보아 '祿始'로 판독하는 시각을 받아들일 만하다.

---

10) 단, 熊谷宣夫는 위 글(1954)에서 前面의 불보살은 석가상과 협시8보살로, 후면 상 단의 1立像은 出山釋迦로, 후면 하단의 좌상은 미륵보살로 보았다.

11) 그림1-3은 菊竹淳一·鄭于澤, 『고려시대의 불화(도판편)』(시공사, 1996)에 '지장보 살도'의 하나로 실린 것의 부분인데 이 때만 해도 '祿□'에서 '祿'자는 확실히 보이 고 '□'자는 위쪽 윤곽이 보인다. 하지만 국립중앙박물관, 2010 『고려불화대전』에 실은 사진에는 두 글자 모두 거의 다 보이지 않는다. 중요한 글자가 사라져 버린 것 같아 안타깝다.

12) 熊谷宣夫, 「魯英畵金漆釋迦像小屛」『美術硏究』 175, 昭和 29년(1954).

13) 菊竹淳一·鄭于澤, 『고려시대의 불화』(해설편), 시공사, 1997, 지장보살도 해설(鄭于 澤).

14) 문명대, 「노영의 아미타 지장불에 대한 고찰」『미술자료』 25, 1979.

〈그림 1-1〉 금강산보살도 상단 부분

〈그림 1-2〉 금강산보살도 하단 부분

〈그림 1-3〉 금강산보살도 하단 보살 오른 무릎 아래 두 인물:
절하는 인물 앞의 글자는 '祿始'로 보임

| 〈표 1〉祿의 다양한 형태 | | |
|---|---|---|
| 禄 | 祿 | 祿 | 禄 |
| 禄 | 祿 | | |

| 〈표 2〉 始의 다양한 형태 | | | |
|---|---|---|---|
| 始 | 始 | 始 | 始 |
| 始 | 始 | 始 | 始 |
| 始 | 始 | 始 | 始 |
| 始 | 始 | 始 | 始 |

노영이 그린 금강산보살도는 금강산을 배경으로, 상단은 如意 막대를 들고 보살 8명을 거느리고 서 있는 보살에게 '大祖'라 적힌 인물이 절하는 장면이 그려져 있고, 하단은 둥근 보주를 들고 앉아 있는 보살에게 속인이 절하고 그 뒤에 승려가 서 있는 장면이 그려져 있다. 상단의 보살은 出山釋迦像으로 보는 견해[15], 지장보살로 보는 견해[16], 담무갈보살로 보는 견해[17]가 있지만 담무갈보살(법기보살)이 맞다고 판단된다. 담무갈보살로 보는 견해는 동국여지승람 회양 正陽寺 조항에 고려 태조가 담무갈(법기) 보살에 예배했다는 기록에 의거했다고 한다.

---

15) 熊谷宣夫, 앞의 1954 논문.
16) 문명대, 앞의 1979 논문.
17) 문명대, 「노영필 아미타구존도 뒷면 불화의 재검토」 『고문화』 18, 1980.

『신증동국여지승람』권47, 강원도 회양도호부 佛宇 조항의 정양사 부분은 아래와 같다.

> 正陽寺: 表訓寺의 북쪽 즉 산(금강산)의 正脉에 있기 때문에 그렇게 이름했다. 地界가 高逈해 산(금강산)의 內外諸峯이 하나하나 다 보인다. 諺에 이르기를, 高麗太祖가 이 산(금강산)에 오르자 曇無竭이 現身해 石上에서 放光하니 太祖가 臣僚를 거느려 頂禮하고 인하여 이 사찰을 창건했다고 한다. 때문에 이 사찰의 後岡을 '放光臺'라 하고, 前嶺을 '拜岾'이라 하며, 또 眞歇臺가 있다.

이처럼 고려 태조가 금강산에 올라 담무갈보살에게 예배하고 정양사를 창건했다는 설화가 조선전기 지리서인 동국여지승람에 실려 있는데 이 설화는 원간섭기에 이미 보인다. 이곡이 至正九年己丑(1349: 충정왕 1년) 가을에 天磨嶺을 넘어 금강산 아래 長陽縣에서 숙박하고는 '拜岾'에 올랐는데 날씨가 쾌청해 이른바 一萬二千峯을 歷歷히 셀 수 있었다. 무릇 금강산으로 들어가려면 반드시 이 岾을 경유해야 하는데, 이 岾에 오르면 산(금강산)을 보고 이 산을 보면 저절로 稽顙하기 때문에 '拜岾'이라 한다고 했다. 이 岾에는 옛적에 屋이 없고 돌을 쌓아 臺를 만들어 憩息에 대비했는데, 至正丁亥(1347: 충목왕 3년)에 지금 資正院使 姜金剛이 天子의 명령을 받들어 와서 大鍾을 주조해 閣에 매달았다고 했다. 이곡이 未午에 表訓寺에 도착해 잠깐 쉬고는 한 沙彌의 인도를 받아 登山했다. 沙彌가 말하기를, 동쪽에 普德觀音窟이 있어 사람들이 반드시 이곳에 먼저 가고 싶어 하지만 깊고 험하고, 西北에 正陽菴이 있어 이는 우리 太祖가 창건해 法起菩薩 尊相을 봉안한 곳인데 비록 陡高하지만 조금 가까워 올라갈 수 있어 이 菴(정양암)에 오르면 楓岳諸峯을 한 번에 다 볼 수 있다고 했다. 이곡이 이르기를, 관음보살은 어느 곳인들 머물지 않으리오, 자신이 온 까닭은 대개 이 산(금강산)의 形勝을 보고자 할 따름이라, 어찌 먼저 정양암에 가지 않으리오 하고는 정양암에 오르니, 과연 말한 바와

같이 심히 來意를 상쾌하게 했다. 普德(普德窟)에 가고자 했지만 날이 이
미 저물어 가 산중에 머물 수 없어 新林菴과 三佛菴을 거쳐 시내를 따라
내려와 저녁에 長安寺에 이르러 숙박하고 다음날 새벽에 금강산을 나왔
다.[18]

이곡이 충정왕 1년 가을에, 금강산에 들어가려면 拜岾에 올라야 해 拜
岾에 오르니 금강산 여러 봉우리들을 다 볼 수 있었고, 拜岾을 넘어 표훈
사에 이르렀다. 사미가 말하기를 동쪽의 普德觀音窟은 사람들이 먼저 가
고 싶어 하는 곳이지만 험하고, 서북쪽의 正陽菴은 太祖(왕건)가 창건해
법기보살 尊相을 봉안한 곳으로 이 암자에 오르면 楓岳(금강산) 諸峯을
한 번에 다 볼 수 있다고 했다. 이곡은 금강산의 形勝을 보고자 이 산에
왔기 때문에 정양암에 오르니 경치가 사미가 말한 것과 같았다고 한다.
충정왕 1년 가을에 금강산 표훈사의 사미가 이러한 태조 왕건과 법기보살
(담무갈보살의 漢譯)의 만남 설화를 이야기 했으니 이 설화는 그 이전부
터 내려온 것이었다.

노영 금강산보살도의 상단의 큰 立像 보살은 고려태조가 금강산을 방
문했을 때 법기(담무갈) 보살이 나타나자 절했다는 설화가 전해지는 것으
로 보아 법기(담무갈) 보살이 확실하고 '大祖'라 적힌 인물은 大祖(太祖)
왕건이 확실하다. 하단 보살의 왼 무릎의 왼쪽에는 '魯英'이라 적힌 인물
이 절하고 있다. 노영은 이 그림을 그린 화가 자신이므로 하단 보살에게
만 절하는 것이라기보다 이 금강산보살도에 등장하는 모든 보살에게 절하
는 것이라 볼 수 있다.

그런데 금강산보살도 하단의 보살은 지장보살로 지목된[19] 이래 이 그
림을 다룬 도록이나 글마다 지장보살로 소개되어 왔다. 일반적인 지장보

---

18) 『稼亭集』 권5, 東遊記. 至正丁亥의 丁亥는 丙戌의 誤일 수 있다.

19) 문명대, 앞의 1979 논문. 뒷면의 상단과 하단 그림은 별개의 내용을 그린 것으로
   생각된다면서도 모두 지장보살 신앙을 표현한 것이라 보았다.

살도에서 지장보살의 머리모양은 터번(두건, 베일) 형과 민머리(승려머리) 형이고, 持物은 원형보주와 석장이다. 노영 금강산보살도 하단의 보살은 머리모양이 승려 형이고 손에 보주를 쥐었으니 지장보살로 판단하기 쉽다. 하지만 고려후기에 지장신앙이 유행했을지라도 지장보살이 금강산을 상징할 정도로 금강산과 밀접한 관계를 맺었는지 의문이 간다. 금강산보살도에서, 하단 보살이 가운데 자리잡으면서 화면을 꽉 채울 정도로 큰 반면, 상단의 큰 보살은 구석에 위치하고 하단 보살보다 크기가 작다. 금강산보살도에서 하단 보살이 오히려 상단 보살보다 주인공으로 다가온다. 하단 보달이 금강산을 상징하는 존재로 널리 알려진 담무갈보살보다 더 높은 존재로 느껴지도록 만든다.

지장보살이 금강산 관련해 그토록 중시될 정도로 밀접한 인연이 있었던 것일까? 지장신앙을 지닌 진표가 풍악산(금강산)에 鉢淵藪를 창건한 것이 노영의 목판 작품에 지장보살이 그려진 요인이라 보는 견해[20]가 있다. 진표가 개골산(금강산)에 들어가 발연수를 창건해 占察法會를 열었고 이곳에서 세상을 떴으니[21] 금강산이 미륵·지장 신앙과 일정한 관계를 맺은 것은 인정된다. 하지만 진표가 미륵·지장 신앙과 관계를 맺은 곳으로 모악산 金山藪(金山寺), 변산 不思議房, 속리산 길상암 등도 있었으며 특히 변산 불사의방에서는 미륵과 지장이, 금산사에서는 미륵이 진표 앞에 나타났다고 한다. 더구나 진표가 발연수를 나갔다가 부친을 모시고 이곳으로 돌아와서 발연수에 사찰을 창건하고 탑을 세우고는 약사여래상을 주조해 道場主로 삼아 이에 의지해 修行해 邦家를 도왔다고 한다. 진표의 지장신앙이 금강산에서 이 산을 대표할 정도로 강력하진 않았던 것이다. 고려후기에는 금강산 보덕굴의 관음신앙이 오히려 발연수의 지장신앙보

---

20) 염중섭, 「'노영 필 고려 태조 담무갈보살 예배도'의 타당성 검토」 『국학연구』 30, 2016.
21) 진표의 활동에 대해서는 관동풍악산발연수 진표율사 비문 참조.

다 사람들의 마음을 끌었다고 생각된다.

노영과 同願者들이 강력한 지장신앙 신봉자여서 금강산보살도에 지장보살을 등장시켰던 것일까? 노영의 아미타구존도(아미타팔대보살도)에는 지장보살이 포함되어 있다. 아미타불과 함께 그리는 8대보살은 밀교경전인 『팔대보살만다라경』[22])을 바탕으로 여기에 정토경전, 화엄경 등이 반영되어 성립했다고 한다. 관음보살, 미륵보살, 보현보살, 문수보살, 金剛手菩薩(金剛藏菩薩), 지장보살은 기본적으로 자리하고 虛空藏菩薩과 除蓋障菩薩(除障碍菩薩)은 大勢至菩薩이 들어오면서 하나는 제외된다.[23]) 누가 그리든 아미타구존도에는 의례히 지장보살이 포함되고 그 자리잡은 위치는 다양하게 나타나는데 지장이 중시되면 보살들 자리에서 구석이 아니라 중심 부분에 그려졌다.

노영의 아미타구존도를 보면, 앉아 있는 아미타불의 앞에 8명의 보살이 서 있다. 아미타불을 기준으로, 맨 앞의 중간에서 왼쪽 자리의 보살①은 버들가지·寶鉢을 손에 들고 서 있고, 오른쪽 자리의 보살②는 經函을 손에 들고 서 있는데 관음보살(左)과 대세지보살(右)로 판단되고 있다.[24])

---

22) 『팔대보살만다라경』에 등장하는 팔대보살은 관자재보살(관음보살), 자씨보살(미륵보살), 虛空藏菩薩, 보현보살, 金剛手菩薩, 曼殊室利菩薩(문수보살), 除蓋障菩薩, 地藏菩薩이다. 한편, 팔대보살만다라경의 후반부에 실린 八大菩薩贊은 40권 화엄경 『보현보살원행품』의 別譯으로 서방정토 왕생을 담은 『보현보살행원찬』에 실려 있어 팔대보살과 아미타불의 신앙적 연관성을 찾을 수 있다고 한다. 구진경, 「고려 아미타팔대보살도 도상의 성립과 특징」, 『동아시아 문화와 예술』 2009년 특집.

23) 구진경(2009)은 정토신앙의 상징적 존재인 세지가 아미타팔대보살에 들어오면서 허공장보살이 빠지게 된다고 보았다. 반면 양희정은 아미타팔대보살에서 정병이 있는 보관을 쓰고 경합을 들고 있으면 세지보살이고, 화염보주를 들고 있으면 제개장보살로 보았고, 팔대보살에서 칼을 들고 있으면 除障碍(除蓋障) 보살로 보는 견해에 반대해 허공장보살로 보아, 대세지가 포함되면서 허공장보살이 탈락된다는 견해를 비판했다. 「고려시대 아미타팔대보살도 도상 연구」, 『미술사학연구』 257, 2008.

24) ①보살과 ②보살을 문명대(1979)는 차례대로 관음보살과 대세지보살로 보았다.

〈그림 2〉 노영 아미타팔대보살도(국립중앙박물관 소장)

이 두 보살의 뒤에서 즉 아미타불의 바로 앞 중간에서 왼쪽 자리의 보
살③은 經冊을 손에 들고 서 있고, 오른쪽 자리의 보살④은 칼을 손에
들고 서 있는데, 경책 지닌 이 보살은 보현보살로, 칼을 지닌 이 보살은

除蓋障菩薩 혹은 虛空藏菩薩로 보인다.[25] 아미타불을 기준으로, ①보살의 왼쪽 뒷자리의 보살⑤은 금강저를 손에 들고 서 있고, ②보살의 오른쪽 뒷자리의 보살⑥은 효자손(등긁개)처럼 생긴 如意 막대를 손에 들고 서 있는데, ⑤보살은 금강수(금강장)로, ⑥보살은 문수로 판단된다.[26] ③보살의 왼쪽 뒷자리의 보살⑦은 연꽃을 손에 들고 서 있고, ④보살의 오른쪽 뒷자리의 보살⑧은 원형보주를 손에 들고 서 있는데, ⑦보살은 미륵으로, ⑧보살은 지장으로 판단된다.[27]

고려 아미타팔대보살도는 좌우 대칭으로 배치된 보살들이 2존씩 쌍을 이루어 배치되고 이동되며, 서로 쌍이 된 보살은 아미타불을 기준으로 관음(좌)과 세지(우), 미륵(좌)과 지장(우), 문수(좌)와 보현(우), 금강장(좌)과 제장애(우)라는 견해[28]가 있지만 노영의 그것은 꽤 다르다. 아미타팔대보살도는 노영 필의 그것을 제외하고 경권을 든 보살이 좌측에, 여의를 든 보살이 우측에 대칭적으로 묘사되고 경권을 든 보살은 문수, 여의를 든 보살은 보현으로 보는 것이 일반적이라고 한다.[29] 문수와 보현이 고유

---

25) ③보살과 ④보살을 문명대(1979)는 차례대로 문수보살과 보현보살로, ③보살은 五剛杵를, ④보살은 칼을 지닌 것으로 보았다. 구진경(2009)은 ③보살과 ④보살을 차례대로 문수보살과 보현보살로 보면서, 경책을 들면 문수이고 검이나 如意를 취하면 보현이라 했다.

26) ⑤보살과 ⑥보살을 문명대(1979)는 차례대로 金剛藏菩薩과 除障碍菩薩로, ⑤보살은 金剛杵를, ⑥보살은 긴 막대(幢)를 지닌 것으로 보았다. 구진경(2009)은 ⑤보살과 ⑥보살을 차례대로 金剛藏菩薩과 除障碍菩薩로 보면서, 금강장보살은 금강저를, 제장애보살은 검이나 如意를 취한다고 했다.

27) ⑦보살과 ⑧보살을 문명대(1979)는 차례대로 미륵보살과 지장보살로 보았다.

28) 구진경, 앞의 2009 논문.

29) 양희정(2008). 그는 이러한 사례로, 쾰른 미술관 소장 고려시대 비로자나삼존도의 양 협시보살과 호림미술관 소장 감지은니대방광불화엄경 권34 변상도(고려 1377년) 중 智拳印 비로자나불의 좌우보살을 들었다. 독일 쾰른 동아시아박물관 소장의 고려후기 비로자나삼존도(국립중앙박물관, 『고려불화대전』, 2010)를 보면, 비로자나를 기준으로 왼쪽 보살은 경책을 얹은 연꽃을, 오른쪽 보살은 여의 막대를 들고 있는데, 이 왼쪽 보살을 문수로, 오른쪽 보살을 보현으로 보아야 할 근거는 없으며

한 乘物인 사자와 코끼리를 타는 모습으로 표현된 경우 持物이 반대로
되어 있는 경우가 많은데, 삼성미술관 소장「감지은니묘법연화경 권6 변
상도」와 호림미술관 소장「백지금니대방광원각수다라료의경 변상도」등
의 고려시대 사경변상도에서 騎獅 문수가 여의를 들고 騎象 보현이 경책
을 올린 연화가지를 드는 예가 있고, 북송대-원대 불화에서도 騎獅 문수
가 여의를 들고 騎象 보현이 경책을 올린 연화가지를 드는 것이 일반적인
도상구성이었던 반면 남송대 조성된 대족석굴 북산 136호굴의 문수·보현
상에서는 경책을 든 騎獅 문수상과 여의를 든 騎象 보현상이 한 쌍으로
조각되어 있어 고정적이지 않은 측면이 있다고 한다.[30]

돈황 제220窟의 東壁北側에 唐代에 그려진 維摩變에 문수보살이 如意
막대를 들고 있고, 楡林窟 제25窟의 西壁 南側에 코끼리 탄 보현이, 北側
에 사자를 탄 문수가 唐代에 그려졌는데 문수가 如意 막대를 들고 있고,
楡林窟 제3窟의 西壁 남측에 코끼리 탄 보현이, 북측에 사자를 탄 문수가
西夏 때 그려졌는데 문수가 여의 막대를 들고 있다.[31] 돈황 제103窟의
東壁에 維摩詰經變이 唐代에 그려졌는데, 문수가 獅子를 타지 않은 채
여의 막대를 들고 좌정해 유마(유마힐)와 마주해 논쟁하는 모습이 표현되
었다.[32] 元에서 그려진 석가삼존도(일본 二尊院 소장)에서 코끼리를 탄
보현보살은 경책을 얹은 연꽃을 들고 있고, 사자를 탄 문수보살은 여의
막대를 들고 있다. 일본 가마쿠라 시대에 그려진 보현보살(일본 나라국립
박물관 소장)은 코끼리를 탄 채 경책을 얹은 연꽃을 들고 있다. 일본 에도
시대에 그려진 보현·문수 보살도(玉林院 소장)에서 코끼리를 탄 보현이

---

오히려 이 왼쪽 보살을 보현으로, 이 오른쪽 보살(여의 막대 지님)을 문수로 보고
싶다. 부처의 좌우 협시에서 문수와 보현의 자리는 고정적이지 않은 측면이 있고
오른쪽을 왼쪽보다 숭상한 元代에는 고려를 포함해 더욱 그러하다.

30) 양희정, 앞의 2008 논문.
31) 돈황연구원·돈황현박물관 엮음,『敦煌』, 범우사, 2001.
32) 돈황연구원 樊錦詩 著,『敦煌石窟』, 倫敦出版有限公司(香港), 2010.

경책을 들어서 보고 있고, 사자를 탄 문수는 여의 막대를 들고 있다.[33)]
문수보살은 사자를 타든 타지 않든 일반적으로 여의 막대를 든 모습으
로 표현되었다고 할 수 있다. 경책을 든 보살을 문수보살로 간주하는 경
향은 문수보살의 상징이 지혜인데서 비롯된 선입견이 작용했을 것이다.
문수의 지혜는 단순한 지식이 아니라 깨달음의 지혜 내지 통찰력이며 그
래서 여의 막대는 깨달음 내지 吉祥으로 인도하는 지휘봉같은 것으로 볼
수 있다. 문수보살의 다른 이름이 妙吉祥이라는 것도 그러한 면모를 시사
한다. 吉祥을 상징하는 如意는 그 문양이 생활·예술 용품에 즐겨 표현되
었고, 妙吉祥인 문수보살은 如意로 상징되듯이 吉祥을 가져다준다고 믿
어져 문수신앙의 유행을 초래했다. 보현은 行을 상징하는 보살로 그것은
곧 부처님의 설법을 실천하는 것이니 경책을 지니는 것이 합리적이다.

노영의 아미타구존도에서 미륵보살과 지장보살은 ⑦과 ⑧에 위치해
위상이 다른 보살들에 비해 훨씬 낮고 특히 지장보살은 가장 낮다. 유가
종(법상종)이 미륵과 지장을 숭배하면서도 아미타불 신앙과 결합했다. 반
면 아미타구존도에서는 미륵과 지장이 아미타 신앙에 흡수된 형태인데 노
영의 그것에서는 주된 위상도 아니었다. 미륵과 지장을 중시하는 아미타
구존도에서는 미륵과 지장이 중간 부분으로 이동한다. 그러니까 노영은
아미타불 신앙을 중시해 아미타불과 팔대보살을 그렸지만 지장보살에 열
광하지는 않았던 것이다. 그러한 그가 지장보살을 금강산 그림의 중심에
그려놓을 특별할 이유는 없어 보인다. 물론 그의 개인적인 취향과 관계없
이 지장보살이 금강산을 상징할 정도로 강력한 인연설화를 지녔다면 사정
이 달라지지만 그러한 인연설화는 잘 찾아지지 않는다.

노영의 아미타구존도에 그려진 지장보살은 머리에 베일(터번) 내지 두
건을 쓴 모습인 반면 금강산보살도에 그려진 하단 보살의 머리 모양은 민

---

33) 국립중앙박물관,『고려불화대전』, 2010.

머리의 승려형이다. 금강산보살도의 승려형 보살이 지장이라면, 한 화가
가 같은 시기에 그린 그림에서 지장보살을 베일(터번) 형과 승려 형으로
달리 표현한 것이 되는데 잘 받아들여지지 않는다. 게다가 노영의 아미타
구존도에서 지장보살을 포함한 모든 보살이 일반적인 다른 菩薩圖처럼
목·가슴에 장식물 즉 瓔珞을 걸고 있는 반면 노영의 금강산보살도의 보
살들은 그러한 장식물을 걸고 있지 않다. 만약 금강산보살도 하단의 보살
이 지장이라면 그러한 장식물이 표현되었어야 하지 않을까?

금강산보살도 하단의 보살이 손에 원형보주를 들고 있지만 보주가 지
장보살의 전유물은 아니다. 의상이 白衣大士(관음) 住處라는 낙산을 방문
하자 龍天八部가 水精念珠를, 東海龍이 如意寶珠를 주었고 그 후에 관음
眞容을 만나 雙竹이 솟아난 곳에 金堂(낙산사)을 지어 관음 塑像과 수정
염주와 여의보주를 봉안했다고 한다.[34] 관음의 持物은 대개 정병과 버들
가지이지만 보주도 될 수 있었던 것이다. 보주는 상서로움을 상징하며 문
수 36形의 하나이니 妙吉祥인 문수보살에게 어울리는 물건이다.[35]

금강산 불보살 신앙과 관련해 閔漬가 大德元年丁酉(1297: 충렬왕 23
년) 11월에 찬술한 「金剛山楡岾寺事蹟記」[36]를 주목할 필요가 있어 아래
에 소개한다.

　　　金剛山은 그 이름이 5개 있어, 첫째는 '皆骨', 둘째는 '楓嶽', 셋째는 '涅槃',
　　넷째는 '金剛', 다섯째는 '怾怛'인데, 앞 세 개는 此方古記에 나오고, 뒤 두 개
　　는 華嚴에 나온다. 周本에 이르기를, 「海中에 菩薩住處가 있어 '怾怛'이라 이
　　름하고 菩薩이 있어 이름을 '法起'라 하는데 그 眷屬과 더불어 常住해 演說한
　　다」고 되어 있다. 晉本에 이르기를, 「海中에 菩薩住處가 있어 이름을 怾怛이
　　라 하는데 菩薩이 있어 이름을 '曇無竭'이라 하는데 그 萬二千菩薩眷屬과 더

---

34) 『삼국유사』 권3, 塔像, 洛山二大聖.
35) 문수보살의 變現 36種形 중에 寶珠形과 吉祥草形 등이 있다. 『삼국유사』 권3, 塔
　　像, 臺山五萬眞身.
36) 閔漬, 「金剛山楡岾寺事蹟記」(李能和, 『조선불교통사』 上編).

불어 항상 說法한다」고 한다. … 國初에 道詵國師가 神通道眼해 地理를 밝히면서 이 산에 대해 이르기를, "聳雲沿海龍盤勢 谷裹三龃特地平 頷下一區 爲佛國 腹中雙堰是人城"이라 했는데, 지금의 摩訶衍이 바로 이른바 '頷下一區'이다. 新羅古記에 이르기를, 義湘法師가 처음에 五臺山에 들어가고 다음으로 이 산(금강산)에 들어가니 曇無竭菩薩이 現身해 告하기를, 五臺山은 行이 있는 有數人이 出世하는 곳이고, 이 산은 行이 없더라도 無數人이 出世하는 곳이라고 했다. 世傳에 이르기를, 義湘은 金剛寶盖如來 後身이라고 한다. 만약 그러하다면 반드시 이 말을 妄傳하지 않았을 터이니, 과연 지금 산(금강산) 아래에 正陽寺와 長淵寺의 臧獲이 近地 黔蒼과 더불어 老少男女와 勤怠賢愚를 물론하고 臨終 때 모두 蕭然히 坐脫하니 어찌 目前의 증험이 아니리오.

산(금강산)의 東谷에 楡岾寺라는 절이 있고 五十三佛尊像이 있다. 古記에 이르기를, 옛적 周 昭王二十四年甲寅[二十四年疑是二十六年之誤] 4월 8일에 我釋迦如來가 中天竺 迦毘羅國 淨飯王宮에 탄생하고 나이 19살에 이르러 城을 넘어 出家해 雪山에 들어가 6년 동안 苦行해 正覺을 이루고 住世 79년인 周 穆王壬申 2월 15일 밤에 涅槃에 들었다. 佛이 住世할 때 舍衛城 안에 九億家가 있었는데 三億家는 佛을 보기도 하고 法을 듣기도 했고, 三億家는 들었지만 보지 못했고, 三億家는 듣지도 못하고 보지도 못했다. 我佛 減度 후에 文殊大聖이 있어 佛 遺囑을 받아 諸大士와 더불어 化城 중에서 위와 같이 佛을 보지 못한 三億家를 보고 哀歎을 그치지 않다가 그들을 가르치기를, 너희들이 我佛을 사모하는데 鑄像해 供養하는 것만 같지 못하다며, 그들을 권유하여 각기 1像을 鑄造하게 했다. 鑄像이 끝나자 다시 1鍾을 주조해 諸像 중에서 완전한 것 53개를 택하여 鍾 안에 봉안하고 글을 지어 그 일을 기록하고 鑄盖로 그 鍾을 덮어 바다에 띄우며 祝하기를, "我本師 釋迦 五十三像이 인연이 있는 國土에 가서 거주하면 나 역시 그 거주하는 곳을 따라 說法하고 末世衆生을 度脫하리라"라고 했다. 이 鍾이 月氏國에 이르니 '赫熾'라는 국왕이 佛鍾을 얻어 尊相을 발견하고 그 誌文을 궁구하더니 1殿을 조영해 奉安했지만 佛이 머물기를 원하지 않아 다시 舊鍾에 봉안해 바다에 띄워 보냈다.

이 鍾이 泛海해 諸國을 다 지나서 이 산(금강산)의 東面 安昌縣[前高城郡 今杆城郡] 浦口에 이르렀는데, 때는 新羅 第二主 南解王元年 즉 漢平帝 元始四年 甲子였다. 縣人이 보고 이상히 여겨 말을 달려 縣官에게 고했는데 그 저녁에 佛이 鍾을 들어올려 육지에 내렸다. 縣宰 盧偆이 그 고한 것을 듣고 官隸를 거느려 말을 달려 그 장소로 갔지만 다만 머물던 蹤跡을 보았다. 草樹의 枝條가 모두 이 산(금강산)을 향해 쏠려 있는 것을 보고 이 산을 바라보며 30里 쯤 가니 盤跡을 보았다. 풀을 깔아 鍾 憩息의 장소를 둔 것이었는데, 지금 이르기를 '憩房' 혹은 '消房'이라 하는 것이 그것이며, 지금에 이르도록 길 옆에 歇鍾의 石이 있어 鍾痕이 완연히 존재한다. 또 1千步 쯤을 가니 文殊大聖이 比丘身으로 나타나 佛의 歸處를 가리켰는데 지금의 文殊村이 그 나타난 곳이다. 또 千餘步를 가니 앞에 한 嶺이 있어 우뚝 突兀했다. 이 嶺에 못 미쳐 望見하니 一尼가 距石하여 앉아 있어 佛의 所在를 물으니 서쪽을 가리켰는데 역시 文殊化身이었고, 지금의 尼遊巖 혹은 尼臺라는 것이 그 앉아 있던 곳이다. 또 다시 앞으로 가니 萬仞 峰頭가 있어 線路盤迴하거늘 홀연히 白狗가 나타나 꼬리를 흔들며 前引했는데 지금의 狗嶺이 그 나타난 곳이다. 嶺을 지나 갈증이 심해 撥하여 泉을 얻었는데 지금의 盧偆井이 그 샘이다. 또 6百步 쯤 가니 狗가 사라지고 獐이 출현했고 또 4百步 쯤을 가니 獐 역시 보이지 않았다. 사람이 역시 犖确에 피곤해 둘러앉아 잠깐 휴식하는데 홀연히 鍾聲이 들려 기뻐 뛰면서 다시 나아갔다. 獐을 본 곳을 '獐項'라 하고, 종소리를 들은 곳을 '歡喜嶺'이라 한다. 鍾聲을 찾아 小嶺을 넘어 시내 서쪽을 따라 洞門으로 들어가니 松栢이 森嚴하고 中에 한 大池가 있고 池 北邊에 있는 한 그루 楡樹의 가지에 鍾이 걸려 있고 佛이 池岸에 列해 있었다. 盧偆이 官屬과 함께 기쁨을 이기지 못해 瞻禮를 無量하게 하고 마침내 그 일로써 돌아가 國王에게 아뢰니 왕이 驚異해 駕幸해 歸依하고 그 곳에 사찰을 창건해 봉안하고 楡樹로 인해 그 절의 이름을 지었다.[37)]

---

37) 후에 一僧이 있어 그 尊像이 오랫동안 香火의 연기로 인해 검게 된 것을 보고 세척하니 그 五十三尊이 모두 樑上으로 날아올라 列하고, 그 중에 三佛은 공중으로 날아가 간 곳을 몰랐으며, 그 僧은 홀연히 狂疾이 발생해 죽었다. 그 후 主社者 淵冲이 佛數의 欠缺을 탄식해 특별히 三像을 주조해 봉안했지만 舊佛이 모두 배척해 받아들이지 않았다. 후에 접때 잃은 三佛의 所在處를 알았는데 그 둘은 九淵洞 萬仞 石壁 위에 있어 人力이 미칠 수 있는 것은 내려서 還했고, 그 미치지 못하는 것은 지금까지 그곳에 존재하고 있다. 그 삼불 중의 하나는 水精寺 北 絶壁 위에 있어 寺僧이 사다리를 연결해 내려서 그 寺에 봉안했고 후에 또 옮겨 船巖에 있다가 24년이 지난 丁亥(AD 27: 유리이사금 4년)에 襄州守 裴裕가 舊列에 봉안했다. 무릇 이 일을 들은 자가 비록 樵童牧竪라도 역시 모두 竦然한데 하물며 有識者리오. 또 한 鍾의 靈異는 매번 大旱을 만날 때마다 씻으면 得雨하고 혹 津液이 생겨 국가 災祥에 응하고 근래 山火가 있어 風炎이 장차 미치려 했는데 때에 寺僧이 크게 놀라 단지 물을 鍾에 붓자 급히 비가 내려 불을 껐다고 한다. 한편, 日本 工學博士 關野貞의 調査報告書에 이르기를, 楡岾寺 本堂內에서 發見된 佛像 44軀는 모두 신라시대의 物이라 한다.

이상이 문수보살의 권유로 제작된 53佛이 신라 남해차차웅 원년에 해
동 금강산에 들어와 머무니 縣宰 盧偆이 문수보살 등의 도움으로 찾아가
예배하고 보고를 받은 남해차차웅이 53불을 찾아가 예배하고 그곳에 유
점사를 창건했다는 민지 기문의 내용이다.

『신증동국여지승람』 강원도 고성군 佛宇 조항에는 楡岾寺가 金剛山
동쪽에 있고 고성군과의 거리가 60餘里이고 이 절의 大殿은 '能仁'이라
했다. 그리고 閔漬 記가 실려 있는데 민지의 「金剛山楡岾寺事蹟記」 중에
서 五十三佛이 月氏國으로부터 鐵鍾을 타고 泛海해 安昌縣 浦口에 도착
하자 縣宰 盧偆이 찾아가는 것부터, 노준이 53불을 찾아내 瞻禮하고 돌아
와 왕에게 아뢰어 절을 창건해 봉안하고 절의 이름을 '楡岾寺'라 했다는
것까지 내용이 축약되어 있다.[38] 53불이 안창현 포구에 도착한 때가 '南
解王元年 卽漢平帝元始四年甲子'라는 부분은 누락되어 있다. 여지승람
찬술자는 閔漬의 記를 살펴보건대 지극히 怪妄해 傳信할 만하지 않지만
그 地名이 함께 존재하기 때문에 고식적으로 이를 첨부한다고 했다.

민지의 「金剛山楡岾寺事蹟記」에 따르면, 금강산은 불경에 曇無竭(法
起) 보살의 住處라고 했다는 것, 도선국사가 금강산에 대한 언급 중의 '頷
下一區'는 摩訶衍이라는 것, 의상이 오대산을 거쳐 금강산에 들어가자 담
무갈보살이 現身했다는 것이다. 그리고 문수보살이 주조하도록 한 53佛
이 금강산의 유점사에 있다는 것이다.

민지 기문에 금강산과 관련해 등장하는 보살은 담무갈과 문수라는 점
에 주목할 필요가 있다. 담무갈보살(법기보살)은 불경에 금강산에 주처한
다고 되어 있어 금강산의 상징으로 유명해졌다. 문수보살은 석가불 열반
후에 三億家에게 석가 존상을 주조하도록 하고 그 중에 53佛을 선택해
鍾에 넣어 바다에 띄워 보내며 인연 있는 國土에 가서 머물면 자신도 그

---

38) 단, 憩房 혹은 消房에 대해 "卽今京庫"라 한 부분은 「金剛山楡岾寺事蹟記」에는 보
이지 않는다.

머무는 곳을 따라 說法해 末世衆生을 度脫하겠다고 했고, 또한 문수보살
은 53불이 新羅 南解王元年 즉 漢平帝元始四年甲子에 安昌縣 포구를 거
쳐 금강산에 들어가자 비구와 비구니로 현신해 縣宰 盧偆이 大池의 언덕
에 자리잡은 53불을 찾을 수 있도록 도움을 주었다고 한다. 왕(남해왕)이
盧偆의 보고를 받고 그곳에 행차해 53불에게 歸依하고 그곳에 절을 창건
해 '楡岾寺'라 하고 53불을 봉안했다고 한다.

그러니까 금강산 신앙과 관련된 주된 불보살은 담무갈보살 외에도 53
불 내지 문수보살이 있었던 것이며 53불과 문수보살은 일체나 마찬가지
였다. 이는 민지의 「金剛山楡岾寺事蹟記」에 "아, 이 산(금강산)은 본래
大聖 曇無竭眞身 住處여서 이름이 大經에 실려 실로 천하의 名山이고,
이 佛(53불) 역시 文殊大聖이 주조한 像으로 멀리 天竺으로부터 이 산에
來住해 靈奇의 跡이 저와 같으니 그 유래한 바를 후세에 전하지 않을 수
없다고 한 데[39]에서도 뒷받침된다.

민지가 담무갈보살 외에 문수보살과 53불을 강조한 것은 그와 관련된
유점사의 창건 사적기였기 때문이라는 의문이 제기될 수도 있지만 崔瀣
의 「送僧禪智遊金剛山序」[40]를 보면 그러한 의문이 해소될 수 있다. 崔
瀣는 이 序에서, 極天의 동쪽 濱海에 산이 있어 俗에서 '楓岳'이라 부르
고, 僧徒가 그것을 일러 '金剛山'이라 하는데 그 설은 華嚴의 書에 근본한
다. 이 書에 海東菩薩住處가 있어 이름을 金剛山이라 한다는 文이 있다.
내가 이 書를 읽은 적이 없어 과연 이 산이 있는지 모른다. 근래 普德菴
僧이 찬술한 金剛山記를 가지고 와서 나에게 보여주는 자가 있어 읽어보

---

39) 또한 兵火 이래 산(금강산) 속의 久籍이 모두 消散해 원통하고, 후에 傳聞者가 또한
   미치지 못할까 두렵다며, 지금 遺文을 널리 찾고 아울러 古老의 相傳을 채집해 나
   (민지)로 하여금 記하도록 하니, 나(민지) 역시 그 말한 바를 그러하다 여겨 사양하
   지 못해 그 요청을 따른다고 했다. 所營堂宇 辦善檀家 同力共事者의 名字는 뒤에
   함께 열거한다고 했지만 누락되어 있다.
40) 『拙藁千百』 권1, 送僧禪智遊金剛山序.

니 모두 不經하고 허망한 說이라서 하나도 믿을만한 것이 없었다. 그 중에 이르기를, 佛金像 五十三軀가 西域으로부터 浮海하여 漢平 元始四年甲子에 산에 이르니 사찰을 세웠다고 한다고 했다.[41] 普德菴 승려가 찬술한 「金剛山記」에도 佛金像 53軀가 西域으로부터 浮海하여 漢平(漢平帝) 元始四年甲子(AD 4: 남해차차웅 원년)에 금강산에 이르니 절을 세웠다는 내용이 있어 이를 읽은 최해가 놀랐던 것이다.

금강산에서 유점사 승려가 아닌 다른 절의 승려가 53불 설화를 기록했으니 금강산 53불 설화는 민지와 최해가 살던 원간섭기에 널리 유포되어 있었다고 보인다. 더구나 53불이 금강산에 와서 머물고 그로 인해 절이 창건된 연대가 민지의 유점사사적기와 보덕암 승려의 금강산기가 동일하게 漢平(漢平帝) 元始四年甲子(AD 4: 남해차차웅 원년)로 기록된 점에서 더욱 그러하다.

금강산을 대표하는 불보살이 담무갈보살과 문수보살(53불)이라는 점은 노영의 금강산도를 이해하는 데에 시사하는 바가 크다. 이 금강산도의 상단 보살은 담무갈이 분명하니, 승려형의 하단 보살은 문수보살로 보인다. 반야를 상징하는 담무갈보살은 지혜를 상징하는 문수보살과 서로 밀접해 하나의 몸체로 간주될 수도 있다. 문수보살의 상징인 如意 막대를 노영 금강산도에서 담무갈보살이 지니고 있는 것도 그러한 면을 시사한다. 문수보살은 53불 주조를 주도하고 53불이 머무는 곳에 그 자신도 머물며 중생을 구제하겠다고 했다니 53불이 도착해 머문 금강산은 곧 문수보살의 住處이고, 더구나 문수보살은 승려로 현신해 盧偆이 53불을 찾을 수 있도록 인도했다. 노영 금강산도의 하단에서 승려형 보살의 오른편 밑에

41) 최해는, 대저 佛法 東流가 漢明(후한 明帝) 永平八年乙丑(AD 65: 탈해이사금 9년)에 시작했고 東國에 行한 것은 또 梁武大通元年丁未(527: 법흥왕 14)에 시작해, 그 후 乙丑은 四百一年의 久가 있다. 彼說을 믿는다면 中原이 寥寥해 佛이 있는지 모르는 62년 이전에 東人이 이미 佛을 위해 立廟한 것이 되니 그 가장 可笑로운 것이 이와 같다고 했다.

서 이 보살에게 절하는 속인은 盧偁 혹은 남해차차웅으로 보인다. 조선중
기 관료 裵龍吉이 「金剛山記」42)에서, 금강산에 內山은 曇無竭이 거주하
는 곳이고, 外山은 53佛이 거주하는 곳이라 한 것도 노영 금강산도의 상
단이 내금강과 담무갈이고, 하단이 외금강과 문수보살(53佛을 대변)임을
시사한다.

　문수보살이 비구로 나타난 설화는 무인정권기에도 보이는데, 문수가
고종의 꿈에 늙은 비구로 나타나 법화경과 대일경을 염송하기를 권유하고
강도 혈구사 법석에 문수가 늙은 비구로 나타나 경전을 독송했다는 이야
기43)가 그것이다. 문수보살이 조언하기 위해 현신한다는 설화는『삼국유
사』권5, 避隱, 緣會逃名文殊帖에도 실려 있다. 高僧 緣會가 일찍이 歃
良州(梁州) 阿曲縣의 靈鷲山에 은거해 매양 蓮經(법화경)을 독송하며 普
賢觀行을 닦아 瑞異가 나타나니 元聖王이 國師로 삼으려 부르자 달아나
西嶺을 넘으려는데 한 老叟가 그에게 왕의 부름에 응하기를 권유했다. 하
지만 뿌리치고 數里 쯤 더 가서 溪邊에서 一嫗을 만났는데 그녀가 말하기
를 그 老叟가 文殊大聖이라 하니 그 老叟에게 돌아가 사과하고 그 溪邊
의 嫗이 누구인지 물으니 辯才天女라 답했다고 한다.44) 문수는 종종 승

---

42)『琴易堂集』권5, 「金剛山記」.
43)『고려사』권123, 백승현·정세신전.
44) 한편 보현보살이 나타나 戒를 준 설화도『삼국유사』권5, 避隱, 朗智乘雲 普賢樹
　편에 전한다. 龍朔初에 伊亮公의 家奴인 智通이 7살에 出家한다. 烏가 나타나 울기
　를 靈鷲山(아곡현 소재)에 가서 朗智의 弟子가 되라고 하니 이 산에 들어가자 普賢
　大士가 나타나 戒品을 주었고, 聖兒 옴을 烏로부터 들은 朗智가 智通을 마중해
　말하기를 靈烏가 그렇게 한 것은 상서로워 山靈의 陰助라고 했는데, 傳하기를 山主
　는 辨才天女라 한다고 했다. 辯才天女(辨才天女)가 영취산의 山主로 등장하는데 인
　도에서 유래한 이 천녀는 원래 물의 신이었지만 산이 많은 우리나라에 맞추어 山主
　로 설정된 것으로 보인다. 고려중기 묘청이 평양에 설치한 팔성당에 봉안된 八聖(『고
　려사』권127, 묘청전)의 셋째가 月城嶽天仙으로 實德은 大辨天神(辨才天)이라 하니
　변재천이 경주 월성악의 산신으로 설정된 것이었다. 하지만 우리나라는 대개 산에
　는 범이 산신으로, 바닷가에는 용(용왕)이 海神으로 고착되어, 물의 신에서 유래한

려나 노인으로 변신해 나타나 가르침을 주는 존재로 인식되었으니 불화나 조각에서 승려형으로 묘사된다고 해서 이상한 일이 아니었다.

금강산보살도에서 승려형보살의 오른쪽 밑에서 이 보살에게 절하는 속인의 뒤에 서 있는 승려는 해동에 불교가 전래됨을 상징하는 존재로 등장했을 수 있다. 또한 이 승려는 이 속인의 일행일 수도 있지만 의상대사일 수도 있다. 의상대사라면 그 앞의 속인과 시간 차이가 난다고 할 수 있다. 의상대사는 민지의 「金剛山楡岾寺事蹟記」에 인용된 新羅古記에, 義湘法師가 初에 五臺山에 들어가고 다음으로 이 산에 들어가니 曇無竭菩薩이 現身해 告하기를, 五臺山은 行이 있는 有數人이 出世하는 地이고, 이 산은 行이 없는 無數人이 出世하는 地라고 했고, 世傳에 이르기를, 義湘은 金剛寶盖如來 後身이라고 했다고 한다. 그러하니 의상은 문수보살의 住處인 오대산을 거쳐 금강산에서 담무갈보살을 만났던 셈이다. 노영 금강산보살도에 그려진 승려가 의상이라면 그는 담무갈보살은 물론 승려형보살과 마주했다고 볼 수 있다.

노영 금강산도 하단의 승려형 보살의 오른쪽 밑에 절하는 속인 앞에 두 글자가 위아래로 쓰여 있는데 위 글자는 '祿'자가 확실하다. 아래 글자는 희미하지만 '始'자로 판독되었는데 남아 있는 글자의 형태상으로 보아 맞다고 생각한다.

'祿始'는 사람의 이름이라기보다 53불이 안창현과 금강산에 도착했다는 시기인 '元始四年甲子'를 의미한 것이 아닌가 한다. AD 4년에 해당하는 漢平帝 元始四年 甲子는 신라 남해차차웅 원년이기도 하다. 元始는 王莽이 실권을 행사한 漢平帝 시기의 연호로 만물의 시작을 의미하며, 甲子는 60년 순환의 시작 나아가 180년 순환의 시작이며, 남해차차웅 치세

---

변재천이 산신으로 성공적으로 탈바꿈하지 못해 밀려난 것으로 여겨진다. 반면 물이 많은 일본에서는 변재천이 水神 내지 蛇神으로 유행해 여러 福神의 하나로 정착한다.

의 시작이다. '祿始'는 天祿의 시작을 의미하는 것으로 보이는데 元始 연호를 바탕으로 하면서 갑자년과 남해차차웅 치세시작의 의미를 결합한 용어로 여겨지며, 남해차차웅이 사용한 연호였을 수도 있다.[45] 이는 문수보살이 주조한 53불이 원시4년 갑자년 남해차차웅원년에 해동 금강산에 와서 住處하고 문수보살의 인도로 縣宰 盧偆과 남해차차웅이 53불을 참배하고 유점사를 창건한 것을 믿어 기념한 용어로 보인다.

| 그림 3. 노영 금강산보살도에서 魯英 부분 | 그림 4. 熊谷宣夫, 「魯英畵金漆釋迦像小屛」에 실린 畵記 사진 |
| --- | --- |

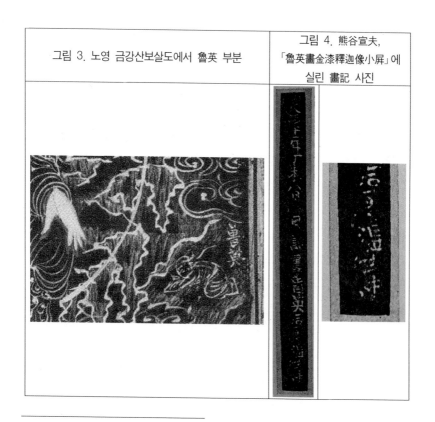

---

45) 13살인 혁거세거서간이 '前漢孝宣帝 五鳳元年甲子'에 즉위했다는 것(『삼국사기』 권1, 신라본기1, 始祖赫居世居西干 ; 『삼국유사』 권1, 紀異, 新羅始祖赫居世王), 眞興大王 卽位五年甲子에 大興輪寺를 영조했다는 것(『삼국유사』 권3, 興法, 原宗興法厭髑滅身)도 甲子年 기준 연대 순환의 시작과 맞춘 것일 수 있다.

赫居世居西干이 치세 61년 春3월에 升遐하자 그 嫡子인 南解次次雄이 즉위했다. 次次雄은 혹은 慈充이라고도 하는데, 金大問이 이르기를 巫를 의미하는 方言으로, 世人이 巫로써 鬼神을 섬기고 祭祀를 숭상했기 때문에 그를 畏敬해 마침내 尊長者를 稱해 慈充이라 한 것이라 한다. 남해차차웅은 부친이 승하하자 즉위해 곧바로 '稱元'했다.[46] 신라에서 즉위년 칭원이 시작된 것이었다. 이는 『삼국사기』에 남해차차웅이 즉위년 칭원을 시작한 것에 대해 '論曰' 조항을 두어 卽位稱元과 踰年稱元 논란을 다루었을 정도로 중요한 사건이었다. 元始 시기의 갑자년에 즉위해 즉위년 칭호를 시작하고 종교적인 차차웅 칭호를 유일하게 사용한 남해차차웅에 주목해 그 원년을 '祿始'라고 하여 이 해에 해동 금강산에 53불이 와서 주처했다는 설화를 만들어낸 것으로 보이며, 그럼으로써 금강산 신앙, 나아가 해동 불교가 중국보다도 오래 되었음을 과시하려 했던 것으로 보인다.

노영 금강산보살도는 상단과 하단이 분리된 구도가 아니라 서로 연결된 구도로 생각된다. 담무갈보살을 그린 상단은 물론 문수보살을 그린 것으로 추론되는 하단도 금강산을 배경으로 한 것으로, 상단은 정양사 등이 있는 내금강, 하단은 유점사 등이 있는 외금강이라 볼 수 있다. 담무갈보살은 반야를 상징하고 문수보살은 지혜를 상징해 사상적으로, 신앙적으로 밀접하기에 더욱 그러하다.

『수능엄삼매경』은 6바라밀을 추진할 수 있는 禪定(三昧)의 힘을 밝힌 경전으로 6바라밀을 설하는 『반야경』과 관련이 깊고, 수능엄삼매는 수행의 실천을 결의하는 인간의 주체적 의지 혹은 자각으로 이것을 인격적으로 나타낸 것이 문수보살이다. 『아사세왕경』은 문수가 아득한 옛적에 이미 성불의 行을 완성했고 모든 불·보살이 문수의 인도에 의해 성불한 것이라 설하고 있으며 문수는 깨달음의 지혜를 인격화한 것인데 이 지혜는

---

46) 『삼국사기』 권1, 신라본기 제1, 혁거세거서간 및 남해차차웅.

心性本淨에서 비롯된다고 한다.[47] 『반야경』의 핵심인 반야바라밀 즉 반 야는 '지혜의 완성', '到彼岸', '智度'인데 바라밀로서의 지혜는 '空의 지혜' 로 사로잡힘 없이 이상을 향해 영원히 나아가는 실천적인 지혜이다. 이 반야바라밀을 실천하는 강렬한 수행의 힘은 삼매를 통해 얻어지는데 반야 경과 관련해 가장 중요한 삼매는 수능엄삼매로 이것을 설한 경전이 『수능 엄삼매경』이다. 『수능엄삼매경』은 반야바라밀을 설하고 있어 『반야경』 과 관계가 깊다.[48] 문수는 깨달음의 지혜를 상징하며 반야바라밀과 관계 가 깊다고 생각되고 있다. 『대보적경』 제46 문수설반야회는 『대반야경』 의 문수반야와 같다.[49]

이처럼 문수보살이 반야와 밀접한 관계가 있으니 『반야경』의 상징인 담무갈보살과도 그러하다고 볼 수 있다. 그래서 노영이 금강산보살도에서 상단은 담무갈보살, 하단은 문수보살을 그렸고 담무갈보살로 하여금 문수 의 상징인 如意 막대를 들게 했다고 할 수 있다.


## 3. 원간섭기 금강산 사원과 정치

원간섭기에는 원 황실에서 일하는 인물이 御香을 가지고 고려에 자주 왔는데 특히 금강산이 자주 御香의 대상이 되었다. 宦者 李淑이 御香을 가지고 고려에 온 것도 그러한 경우의 하나였는데 그의 행보에는 충렬왕 파와 충선파의 갈등이 내재해 있었다. 李淑은 小字가 福壽로 平章郡(平

---

47) 히라카와 아키라 지음, 이호근 옮김, 『인도불교의 역사』(상), 민족사, 1989, 269~ 273쪽.
48) 위의 책, 297~300쪽. 『유마경』은 空을 설하는 경전으로 유명하다고 한다.
49) 위의 책, 312~315쪽, 318~322쪽. 반야바라밀의 반야는 '慧'라고 번역되는데 그것은 空의 지혜, 집착 없는 지혜, 전체를 직관하는 지혜라고 한다.

昌郡) 사람이고 太白山 巫女의 아들이었다. 그는 충렬왕에게 총애를 받아 壁上三韓正匡 平章君에 책봉되었고 뽑혀 入元해 太監이 되었는데 충렬왕이 황제에게 奏請하는 바가 있으면 공로를 세워 충렬왕에게 심히 두터운 대우를 받았다.[50]

충렬왕 30년 2월에 內僚 前護軍 宋均을 巡軍에 가두었다. 이전에 충렬왕이 洪子藩의 건의로 인해 前王(충선왕)의 환국을 表請했는데, 前密直副使 宋邦英과 前承旨 宋璘 등이 前王을 미워해 충렬왕을 설득해 畏吾字書를 작성해 황제에게 바쳐 그것을 저지하려 해, 金寶로써 白紙 12幅에 印하여 宋均에게 주어 入朝를 요청한다고 칭탁해 京師(大都)에 이르러 前王을 沮毁할 수 있는 내용을 작성했다. 황제가 入朝의 요청을 윤허하지 않으니 송균이 그 계책을 시행할 수 없어 그 紙를 宦者 福壽의 집에 보관하고는 귀국했다. 후에 郎將 李承雨가 그 紙를 가지고 東還했는데 마침 塔察兒가 원으로 돌아가다가 조우하자 그것을 취하여 이승우에게 2幅을 돌려주고 그 나머지를 원 中書省에 올려 송균의 모의를 말했다. 이승우가 돌아와 재추에게 고하니 충렬왕에게 아뢰어 송균을 가둔 것이었다. 황제가 兵部尙書 伯伯과 劉學士를 보내와 추궁했는데 이 畏吾字書는 護軍 田惠가 書한 것이었다. 宋均은 본래 合德官奴로 內僚에 속해 관직이 護軍에 이르고 충렬왕의 총애를 받았는데 총애를 다툰 石胄의 참소로 인해 本役으로 환원되자 剃髮해 元에 亡入해 福壽(이숙)에게 투탁하니 福壽가 충렬왕에게 아뢰어 복직하도록 했었다. 田惠는 그 선조가 遼陽에 入居한 후예로 內僚 石天卿에 의지해 起家해 護軍에 이르렀는데 일을 만들어 誤國하기를 좋아했다. 伯伯과 劉學士가 충렬왕과 의논해 宋邦英·宋璘 등을

---

50) 『고려사』 권122, 宦者 李淑傳. 한편 『고려사절요』 권22, 충렬왕 30년 11월조에는 "元이 宦者 李淑을 보내왔다. 이숙은 곧 福壽로, 本이 平昌郡人이고 母는 太白山 巫女이다. 왕(충렬왕)이 遣使해 奏請하면 이숙이 일찍이 공로가 있었기 때문에 왕이 특별히 두터이 대우했다"고 되어 있다.

원에 압송시켰다.[51]

충렬왕 30년 7월에 宋均이 金剛山圖를 가지고 원에 갔는데, 재추가 사람을 시켜 추격해 중지하도록 했지만 송균이 말하기를, 왕명(충렬왕 명령)이 있어 돌아갈 수 없다며 마침내 원으로 갔다. 8월에 宋邦英·宋璘이 上護軍 李宏과 더불어 원으로부터 돌아오니 충렬왕이 의복을 하사했다. 당시 황제가 寢疾해 政이 中宮에 있었는데 李宏의 兄인 宦者 福壽(李淑)가 得幸해 用事하여 황제의 乳母와 더불어 송방영·송린 등을 위해 營救했기 때문에 宋邦英 등이 의지해 벗어나 돌아올 수 있었다.[52] 이를 통해 당시에 금강산도가 그려져 유통되었음을 알 수 있다.

이숙이 일찍이 御香를 받들고 와서 愛妓의 아들인 鄭承桂로써 內乘別監을 삼기를 요청하니 왕(충렬왕)이 이미 허락했지만 임용하지 않았는데, 이숙이 장차 金剛山으로 가려 하자 연회를 개최해 초대했지만 이숙이 노하여 이르지 않자 왕이 다시 鄭承桂 임용 사안을 허락하니 이에 이르렀다.[53] 충렬왕 30년 11월에 원이 宦者 李淑 즉 福壽를 보내왔으니,[54] 이숙(복수)이 황제의 御香을 받들고 고려에 와 愛妓의 아들인 鄭承桂를 內乘別監으로 만들고 금강산으로 향한 것은 충렬왕 30년 11월이었다. 그가 금강산에 도착한 때는 이해 연말이거나 다음해 연초였을 것이다. 충렬왕 31년 2월에 宦者 李淑으로 平昌君(平章君) 삼았는데,[55] 이숙은 당시 고려에 머물렀을 가능성이 크다.

충렬왕 32년은 원의 大都에 충렬왕과 전왕(충선왕)이 머물고 있으면서

---

51) 『고려사절요』 권22, 충렬왕 30년 2월 ; 『고려사』 권125, 열전 38, 姦臣1, 宋邦英.
52) 『고려사절요』 권22, 충렬왕 30년 7월과 8월 ; 『고려사』 권125, 열전 38, 姦臣1, 宋邦英. 이에 앞서 韓希愈와 崔崇·吳演 등이 入內議事해 '別廳'이라 불렸는데 이에 이르러 송방영과 송린 역시 참여했다.
53) 『고려사』 권122, 宦者 李淑傳.
54) 『고려사절요』 권22, 충렬왕 30년 11월.
55) 『고려사절요』 권23, 충렬왕 31년 2월.

두 왕의 세력이 치열하게 격돌한 해였다. 충렬왕파의 중진인 한희유가 이해 7월에 원에서 사망했고, 충선왕파의 중진인 홍자번이 9월에 원에서 사망했다. 이전에 충렬왕이 전왕(충선) 저택에 머물 때 王惟紹·宋邦英·韓愼·宋璘 등이 그 黨인 宋均과 金忠義를 시켜 충렬왕에게 아뢰기를 전왕이 왕(충렬)을 원망한다고 했고, 충렬왕이 넘어져 이빨이 부러져 수일 동안 음식을 먹지 못하자 王惟紹 등이 거처를 옮기기를 권유하니 충렬왕이 寶塔公主가 거처하는 祗候司로 옮겼다. 왕유소 등이 乳母 및 宦者 李福壽(李淑)를 통하여 전왕을 황후와 左丞相 阿忽台에게 참소했다. 이복수가 왕유소와 더불어 충선왕을 廢하고 瑞興侯 琠을 세우기를 도모했다. 왕유소 등의 모의가 이미 누설되자 洪子潘 등 5인이 중서성에 나아가 말하기를, 왕유소 등이 王父子를 이간해 逆理 亂常의 죄가 莫甚하다고 하니 省官이 王父子에게 함께 중서성에 나오도록 하여 묻고는 왕유소 등 4인을 잡아 가두었다.[56]

大德11년(충렬왕 33년) 정월에 원의 황제 成宗이 붕어하자 安西王 阿難答이 이달에 京師인 대도에 이르고, 愛育黎拔力八達(인종)이 모친을 모시고 2월 辛亥日에 대도에 이르렀다. 좌승상 阿忽台와 平章 八都馬辛 등이 몰래 成宗皇后 伯要眞氏(卜魯罕)를 추대해 稱制하고 阿難答에게 보좌하도록 하기를 도모하자 우승상인 哈剌哈孫(答剌罕 칭호 지님)이 愛育黎拔力八達에게 거사하기를 종용했다. 3월 丙寅日에 愛育黎拔力八達(인종)이 衛士를 거느리고 入內해 阿忽台 등을 불러 체포해 戊辰日에 죽이고 형인 懷寧王 海山(무종)을 맞이하기 위해 사절을 보냈다. 5월 乙丑日에 愛育黎拔力八達이 모친과 함께 上都에서 무종과 회합하고 左右部 諸王이 모두 이르러 會儀해, 성종의 皇后 伯要眞氏를 폐위해 東安州에 出居해 죽이고 安西王 阿難答와 諸王 明里鐵木兒를 잡아 上都에 이르자

---

56) 『고려사』 권32 및 『고려사절요』 권23, 충렬왕 32년 ; 『고려사』 권125, 열전38, 姦臣1, 王惟紹 ; 『고려사』 권122, 열전35, 宦者, 李淑.

죽였다. 甲申日에 海山(武宗)이 황제에 즉위했고 6월 癸巳日 초하루에 母弟인 愛育黎拔力八達(인종)을 皇太子로 삼았다.[57]

고려의 전왕(충선왕)은 대덕11년 정월부터 진행된 황위계승 다툼에서 愛育黎拔力八達(인종)의 거사를 돕고 海山(무종)을 황제로 옹립했는데,[58] 전왕(충선왕)이 지지하는 세력이 승리를 거둔 때는 이해 3월 丙寅日(2일)이었으니 이 때부터 전왕(충선왕)이 고려의 실권을 차지한 것이었다. 전왕(충선)이 太子(愛育黎拔力八達) 旨를 받들어 왕유소, 송방영, 宋璘, 韓愼, 宋均, 金忠義, 崔涓 및 그 黨惡者를 체포해 邸에 가두고 왕(충렬)을 慶壽寺에 옮기니, 이로부터 왕(충렬)은 拱手하고 國政은 前王에게 돌아갔다. 전왕의 從臣 權漢功과 崔實(崔誠之)이 銓選을 주관해 왕(충렬)이 임명한 자는 모조리 斥罷해 그 親信한 자로 대신하고 권한공 등이 批判을 가지고 왕(충렬)에게 아뢰면 왕은 도장만 찍을 뿐이었다. 3월 辛卯日(27일)에 前王이 파견한 同知密直司事 金文衍과 上護軍 金儒가 고려에 와서 밤에 巡軍府에 들어가 批判을 선포하고, 왕유소의 黨 및 그 宿憾이 있는 자인 宋玢 등 36인을 체포해 유배했고 그 나머지 곤장을 맞고 유배된 자도 數十人이었다. 4월 甲辰日에 瑞興侯 琠, 왕유소, 송방영, 宋璘, 韓愼, 宋均, 김충의, 崔涓이 죽임을 당했다.[59]

全英甫는 본래 帝釋院奴로 金薄을 생업으로 삼았지만 元 嬖宦 李淑의 妻兄이라 관직에 진출했다가 李淑이 왕유소에 黨하여 충선왕을 廢하기를 도모했기 때문에 충선왕이 왕유소를 주살하자 全英甫 家를 籍沒하고 그를 遠島로 유배했다.[60] 충선왕은 복위2년 9월에 李大順, 李淑, 方臣祐, 任伯顏禿古思, 李三眞 등 本國의 閹人(환관)을 대대적으로 封君했는데

57)『元史』권22, 本紀22, 武宗1 ;『元史』권24, 本紀24, 仁宗1.
58)『고려사절요』권23, 충렬왕 33년 3월.
59)『고려사』권125, 열전38, 姦臣1, 王惟紹 ;『고려사』권32 및『고려사절요』권23, 충렬왕 33년.
60)『고려사』권124, 열전37, 嬖幸2, 全英甫.

이숙은 平昌君에 책봉되었다.[61] 충선왕 5년 3월에는 李宏(이숙의 동생)으로 左代言을 삼았다.[62]

이숙 즉 福壽는 그가 지지한 成宗皇后 伯要眞氏(卜魯罕)와 阿難答과 충렬왕이 몰락하고 그가 반대한 무종·인종·충선왕이 승리하면서 위기에 빠졌었다. 이는 그의 처남 全英甫가 충선왕의 승리 직후 유배당한 것으로도 알 수 있다. 하지만 이숙은 충선왕 복위2년 9월에 충선왕에 의해 封君되고 5년 3월에는 그의 동생인 李宏이 좌대언에 임명되었으니, 원 황실에 굳게 뿌리 내린 이숙 등과 충선왕이 타협한 것이라 볼 수 있다.

이처럼 대덕 11년(충렬왕 33년)은 충렬왕파와 충선왕파가 원의 대도에서 극렬하게 격돌해 이해 3월에 충선왕파가 승리를 거두고 충렬왕파는 몰락했다. 이러한 해의 8월에 노영이 아미타구존도와 금강산보살도를 그렸음이 주목된다. 이 그림은 8월에 완성된 것이니 그리기 시작한 것은 그 이전이며 발원하고 후원한 것은 훨씬 이전이었을 것이다.

노영의 양면 불보살도의 촉과 촉 사이에 적힌 "大德十一年丁未八月日 謹畵魯英同願□□"라는 명문(그림4 참조)에 제작 시기, 그린 화가, 同願한 자가 나온다. 이 명문은 "大德十一年丁未八月日, 謹畵魯英, 同願□□"로 문맥이 판단되니, "대덕 11년 정미년 8월에 삼가 그린 자는 魯英이고, 同願한 자는 □□이다" 라고 해석된다.

"大德十一年丁未八月 日" 다음에 謹畵魯英이 나오고, 다음에 同願 누구가 나오는데, 同願 이하가 희미하다. 熊谷宣夫는 「魯英畵金漆釋迦像小屛」이라는 글[63]에서, 同願 바로 다음의 글자가 '溫'이 아닌가 추정했다. 鄭于澤은 아미타팔대보살도(아미타구존도)에 대한 해설에서 同願 부분을 "同願福得付 金漆書"라 판독했다.[64] 송은석은 '同願□得□'로 판독

---

61) 『고려사절요』 권23, 충선왕 2년 9월.
62) 『고려사』 권34, 충선왕 5년 3월.
63) 熊谷宣夫, 앞의 논문.

하기도 했다.[65] 「魯英畵金漆釋迦像小屛」에 실린 사진에는 '金漆書'라는 부분이 없어 同願 부분에 이어지는 것인지 앞으로 확인이 필요하다. '付'라는 판독이 "付金漆書"의 글자인지,[66] '福' 다음의 글자를 '得付'로 판독한 것인지 애매하다. 일단 "同願福□" 즉 同願한 자는 "福□"라 판독할 수 있는데, 고려의 宦者로 원과 고려에서 권세를 떨친 福壽 혹은 그의 별칭이 아닐까 한다. 그의 성명은 李淑이지만 字인 '福壽'로 즐겨 불렸다.

노영 금강산보살도의 하단 화면에서 승려형보살 오른팔에서 가장자리 쪽 상자형태 안에 '同願' 아래에 □惠朴益松과 全□申良成幹이 적혀 있으니, 함께 발원한 자들로 □惠, 朴益松, 全□, 申良, 成幹도 있었다.[67] 반면 '謹畵魯英' 다음에 이어지는 同願은 이 그림을 발원하고 후원한 핵심 인물일 터인데도 잘 안 보이는 부분에 쓰여 있다. 화가인 노영은 그림 안에 보살에게 예배하는 인물의 하나로 그려지고 성명이 적혀 있어 쉽게 눈에 뜨이지만 핵심 同願은 숨겨져 있는 것이다. 노영이 이 그림을 완성한 시기가 대덕 11년 즉 충렬왕 33년 8월로 충선왕파가 승리하고 성종의 황후와 충렬왕파가 실각한 직후여서 福壽(李淑)와 그 관련자들이 위기에 빠진 시기였다. 福壽와 관련된 사람이 처벌받고 있는 상황이라 노영의 그림에서 "同願福□"를 눈에 잘 띄지 않는 곳에 적어놓은 것은 아닐까 한다.

노영은 충렬왕파와 충선왕파가 격돌했던 시기를 거쳤지만 정치관료는 아니였기에 큰 일을 겪지는 않은 듯하다. 大德乙巳(1305: 충렬31) 가을에 강화 禪源寺의 明堂佛廟인 毗盧殿이 불타니 間歲에 중수했지만 金碧으로 칠하지는 못했는데 □菴和尙이 門人 全忍에게 宋(강남 지역)에 가서 丹雘을 사 오도록 해 泰定甲子(1324: 충숙왕 11년) 가을에 그렸고, 乙丑

---

64) 菊竹淳一・鄭于澤, 『高麗時代의 佛畫』(해설편), 시공사, 1997.
65) 송은석, 「고려불화의 화기」 『고려불화대전』, 국립중앙박물관, 2010.
66) 付金 혹은 付金漆는 '금칠을 하다'라는 의미를 지닌다.
67) □惠는 외국어에 능통한 護軍 田惠로 추정된다. 全□는 全宣 혹은 全亘으로 판독되고 있다.

(1325: 충숙왕 12년) 봄에 西東壁 40神衆像을 그렸다. 雪峯和尙이 繼席하자 이 殿을 승려 120~130명을 수용할 수 있을 정도로 확장했다. 이윽고 社友 眞淑公에게 맡겨 丁卯(1327: 충숙왕 14년) 겨울에 北壁에 55知識像을 그림 그리고 그 楹柱欄檻에 朱丹하고 文彩禽獸와 珍寶花草가 棟橡節梲의 사이에 생동하고 佛聖과 天仙과 神人과 鬼物이 墻宇軒窓의 안에 森列했다. 이해 12월 3일에 設慶해 일을 마치자 院中 耆耇이 記를 요청하니 龍藏(강화 龍藏寺) 沙門인 某(息影庵)가 記했다. 班頭 魯英이 屋에 그림을 그렸고 山人 鶴仙이 東西壁에 그림을 그렸고 某(息影庵)가 北壁에 그림을 그렸다. 殿을 始建한 化主는 眞幹이고 木工은 今龍이었다.[68] 충숙왕 11년~14년에 걸쳐 이루어진 선원사 비로전의 丹靑 작업에서 班頭 魯英이 屋에 그림을 그렸던 것이니 노영은 이 시기에도 왕성하게 활동하고 있었다.

금강산 불교사원은 노영이 금강산보살도를 그린 이후에도 번창했다. 인도 출신의 고승 指空이 泰定3년 丙寅(충숙왕 13년) 3월에 고려 왕경(개경)에 와 城西 甘露寺에 머물다가 금강산에 갔다가 이해 4월 하순에 개경으로 돌아와 城東 崇壽寺에 住錫하면서 最上無生戒(문수사리무생계)를 주었다.[69] 충숙왕 15년 7월 庚寅日에 胡僧 指空이 延福亭에서 說戒하니 士女가 奔走하게 들었다. 雞林府司錄 李光順 역시 無生戒를 받아 부임하자 州民으로 하여금 城隍에 제사하면서 肉을 사용하지 못하게 하고 民의 畜豚을 금지하기를 심히 엄하게 하니 州人이 一日에 그 豚을 모조리 죽였다.[70] 이색이 찬술한 지공 비명[71]에는 指空(禪賢)이 동쪽으로 高句麗

---

68) 『동문선』 권65, 禪源寺毗盧殿丹靑記(息影庵).
69) 허흥식, 『고려로 옮긴 인도의 등불』(일조각, 1997), 指空和尙禪要錄(閔漬가 태정3년 8월에 序 찬술).
70) 『고려사』 권35, 충숙왕 15년 7월.
71) 『牧隱文藁』 권14, 西天提納薄陀尊者浮屠銘(李穡). 지공이 고려에서 연경으로 돌아간 후인 至正 때 皇后와 皇太子가 延華閣에 迎入해 法을 물었고, 지공이 머문 사찰

(高麗)를 유람해 金剛山 法起道場을 예배했다고 되어 있다.

지공은 8살에 那蘭陁寺의 講師 律賢에게 가서 大般若를 배웠고 眞般若를 깨우치기 위해 19살에 南印度 楞伽國 吉祥山의 普明에게 가서 수행에 정진해 깨달아 普明으로부터 '蘇那的沙野'(華言指空)를 받았다. 지공은 西天으로부터 文殊師利無生戒經을 휴대하고 와 參政 危大朴이 그 端에 序했고, 圓覺經을 手書했는데 歐陽承旨가 그 尾에 跋했고, 별도로 錄이 있었다.[72] 지공이 번역한 文殊師利最上乘無生戒經을 資政院使 姜金剛이 재물을 시납해 燕京에서 刻板하자 門人 達蘊이 序를 요청하니 至正13년에 危素가 序를 찬술했고, 禮安君 禹公과 聖菴 賢公이 重刊해 이색에게 요청하니 이색이 跋文을 찬술했다.[73] 危素의 序에 의하면 지공의學은 南印度 吉祥山 普明尊者에게서 얻은 것이라고 한다.

지공은 반야경과 문수신앙을 회통했는데 그러한 회통 경향은 그 이전부터 내려온 것이었다. 반야경은 남인도에서 비롯되었을 수 있으며 화엄경의 入法界品에는 문수보살이 불타의 사위성을 떠나 남방으로 여행했다고 하며, 용수가 남인도의 吉祥山에 거주했다고도 전해진다.[74] 금강산에서도 담무갈보살 住處의 핵심공간이 정양사이고 이와 마주하는 곳이 금강산의 주봉인데 이 주봉이 비로봉으로 명명된 것은 반야를 상징하는 담무갈이 지혜의 상징인 문수·비로자나와 일체로 인식되었기 때문이라 생각한다. 왜냐하면 비로자나불과 문수보살은 일체로 인식되는 경향[75]이

---

의 승려는 모두 高麗僧이었다고 한다.

72) 『牧隱文藁』 권14, 西天提納薄陀尊者浮屠銘(李穡).

73) 허흥식, 앞의 1997 책, 文殊師利最上乘無生戒經.

74) 『인도불교의 역사』(상), 272~273쪽.

75) 해동 오대산의 五臺 중에서 中臺는 비로자나를 首로 하여 一萬文殊가 常住하는 곳이라고 한다. 『三國遺事』 권3, 塔像, 臺山五萬眞身 및 溟州五臺山寶叱徒太子傳記.한편, 금강산 만폭동 골짜기의 벼랑에 조각된 불보살은 옆에 '妙吉祥'이라 새겨진점, 비로자나 상징하는 비로봉의 입구에 위치한 점, 文殊庵과 妙吉祥庵이 그 근처에 있었던 점(『추강집』 遊金剛山記), 승려형 머리모양을 지닌 점으로 보아 묘길상

강했기 때문이다.

表訓寺는 萬瀑洞口에 있는데, 諺에 이르기를, 신라의 승려 能仁·神林·
表訓 등이 이 사찰을 창건하였다고 한다. 古碑에 元 황제가 太皇太后와
함께 錢帛을 시납했다는 글이 새겨져 있다. 寺門의 오른쪽에 또 刻石이
있는데 元朝人 梁載가 찬술한 常住分粮記이고, 고려 侍中 權漢功이 書했
다.76) 표훈사에 至元4년戊寅(1338: 충숙왕 후7년) 2월 碑가 있는데 大元
皇帝가 세운 것이었고, 奉命臣 梁載가 찬술했고, 高麗右政丞 權漢功이
書했다. 대개 그 皇帝가 표훈사 僧을 飯하고 萬人結緣을 作한 일을 기록
한 것이었다. 碑陰에는 太皇太后가 銀布 若干을, 英宗皇帝가 약간을, 皇
后가 약간을, 觀者不花太子 및 二娘子가 약간을, 完澤禿瀋王 등 大小臣
僚가 약간을 내놓은 일을 기재했으니 이는 곧 舍施를 기록한 것이었다.77)

원 英宗 치세에 태황태후(答己),78) 英宗皇帝, 황후, 觀者不花太子, 二
娘子, 完澤禿瀋王(暠) 등 大小臣僚가 銀布를 약간씩 내어 표훈사에 기부
했고, 이 내용을 새긴 돌(비석)을 표훈사에 세운 때는 순제 치세인 至元4
년戊寅(1338: 충숙왕 후7년) 2월이었다. 梁載는 燕南人으로 충숙왕의 측
근인 王三錫(南蠻人)에게 아부해 등용되어 충숙왕대에 권세를 떨친 인물
이었다.79) 권한공은 충선왕의 측근으로 활동했다가 충숙왕이 즉위하면서
부침을 겪다가 충정왕 원년에 사망했다.80) 梁載가 常住分粮記를 찬술하

---

그대로 문수보살로 여겨진다.
76) 『신증동국여지승람』 권47, 淮陽 佛宇 表訓寺. 한편, 표훈사 향완 혹은 신계사 향완
으로 소개되어 온 물건이 있는데, 정확하게는 至正 12년(공민왕 1) 윤3월에 大功德
主 資政院使 高龍寶(高龍普)와 永寧公主 辛氏(辛裔의 누이)가 후원해 만든 龍藏禪
寺 無量壽殿의 香垸이다. 이를 통해 고용보와 처 신씨(公主)의 위상이 매우 높았고
이를 배경으로 辛裔와 그 집안이 권세를 누렸음을 알 수 있다.
77) 『秋江先生文集』 권5, 「遊金剛山記」(南孝溫). 完澤禿瀋王은 江陽公 滋(충렬왕의 장
자)의 아들이자 충선왕의 조카인 瀋王 暠였다. 『고려사』 권91, 종실전2, 충렬왕의
아들 江陽公滋.
78) 이 太皇太后는 英宗의 조모이고 무종과 인종의 모친인 答己이다.
79) 『고려사』 권124, 列傳37, 嬖幸2, 王三錫 및 附 梁載.

고 권한공이 그것을 글씨로 쓴 것이 돌에 새겨져 표훈사 입구에 세워졌다.

至元4년 戊寅(순제 至元4년: 1338 ; 충숙왕 후7년) 8월 초하루에 승려 인 普賢菴主 智堅이 踵門하여 이곡에게 告하기를, 元朝 奎章公이 泰定 間(晉宗 泰定帝 치세)에 일로 인해 王京(개경)에 이르렀다가 마침내 楓嶽 에 유람해 여러 蘭若를 방문했을 때 智堅이 普賢菴을 脩葺하고 있었는데, 奎章公이 그 奇絶을 좋아해 智堅을 불러 말하기를, 이 山은 天下에 이름 을 떨치고 山中 勝地는 이곳이 또한 그 최상이니 智堅은 督工하고 자신 은 그 檀越이 되겠다고 했다. 奎章公이 還朝하고 智堅 또한 10餘年 동안 나가지 않았는데, 至元丙子(至元2년: 1336: 충숙왕 후5년)에 普賢菴의 比 丘 達正이 元都에 들어가니 奎章公이 만나보고 기뻐하며 5千緡에 해당하 는 楮幣를 내어 伊蒲塞의 饌을 공급하게 하고 계속해서 시납하겠다고 했 다. 그 해에 達正이 돌아오고 그 다음해(충숙왕 후6년) 여름에 禪悅會를 열고, 또한 今年(충숙왕 후7년)에 더욱 緇流 300餘를 초빙해 大佛事를 개 최해 4월 8일에 시작해 7월 15일에 끝냈는데, 위로 一人의 壽를 빌고 아 래로 群生의 福을 빌었다고 했다. 그러하니 이곡에게 奎章公의 뜻을 기록 해 방문객에게 알려주도록 하기를 요청했다. 이곡은 10여 년 전의 약속을 지킨 奎章公의 신의를 칭찬하고는, 奎章公의 이름은 沙剌班으로 지금 奎 章閣大學士 翰林學士承旨이고, 室 奇氏는 善敬翁主 出로 東韓名族인데 本國(고려) 正順大夫 左常侍 奇轍은 실로 그 親으로 이 법회를 主幹했다 고 했다.[81]

고려 기씨 집안과 혼인한 원 奎章閣大學士 沙剌班이 금강산을 방문했 을 때 普賢菴의 중수 현장을 보고 후원해 그 중수를 완료하게 했던 것이 다. 左常侍 奇轍이 普賢菴 중수완료 기념법회를 주간했으니 이 보현암에 는 기황후와 그 집안의 영향력이 침투했다고 볼 수 있다.

---

80) 『고려사』 권125, 列傳38, 姦臣1, 權漢功.
81) 『가정집』 권2, 「金剛山普賢菴法會記」(이곡).

금강산의 西北에 嶺이 있어 橫截峻險하기가 하늘에 오르는 듯해, 사람이 여기에 이르면 반드시 盤桓 休息하지만, 땅이 후미져 居民이 絶少해 혹 風雨를 만나면 고통스럽게 露宿해야 했다. 至元己卯(至元5년: 1339: 충숙왕 후8년)에 雙城摠管 趙侯(趙琳)가 山僧 戒淸과 도모하여 그 要衝 臨道縣에 地 數頃을 매입해 佛寺를 창건해 祝聖道場으로 삼고 春秋에 舟粟으로 出入者를 먹였으며 그 나머지를 山中 여러 蘭若에 흩어 冬夏食에 資하여 해마다 率로 삼았기 때문에 이 절의 이름을 내걸기를 '都山'이라 했다. 趙侯(趙琳)가 이 절을 經營할 적에 그 境內 僧徒를 동원하니 藝事를 지닌 그들이 도끼질하고 톱질하고 撲斲하고 진흙을 발랐고, 趙侯가 家粟을 운반해 먹이고 屋瓦를 철거해 덮게 하니 곧 완성되었다. 공사가 끝나자 使(趙侯의 使)가 와서 그 일을 記해 주기를 이곡에게 요청했다. 이곡은 趙侯를 알지 못하지만 그 賢을 들은지 오래라며, 대저 臨道는 一山의 要害이기 때문에 이 절을 조영해 그 出入에 편하게 한 것이며, 雙城은 또한 一方의 要害여서 이 心을 推하여 그 政을 행하면 人民에게 편함이 반드시 많다고 했다. 趙侯의 이름은 琳인데, 일찍이 本國에 入仕해 先王을 따라 都下에서 5년 동안 있었고 그 공로로 三轉해 大護軍이 되었고 檢校僉議評理로 승격했으며, 지금은 家業을 계승해 雙城等處軍民摠管이 되었다고 했다.[82]

雙城摠管 趙琳[83]이 금강산 승려 戒淸과 도모해 至元己卯(至元5년: 1339: 충숙왕 후8년)에 금강산 서북의 통로로 요충지인 臨道縣에 원 황제

---

82) 『가정집』 권3, 剏置金剛都山寺記(이곡). 근래 東南邊民이 쌍성 지경에 流入함이 있어 趙侯(趙琳)가 所由를 詰責해 거절하고는 들이지 않았다며, 이곡은 이에 더욱 趙侯의 사람됨을 알겠다면서 감히 記하지 않으리오 했다. 趙侯가 성품이 儒釋을 좋아하고 游畋을 좋아하지 않고 詩書에 通하고 禮義를 숭상해 사람들이 이로써 칭찬한다고 했다.

83) 『고려사』 권130 조휘전에 따르면 趙暉가 고려에 반역해 원 쌍성총관부의 총관이 되었고 그 아들이 趙良琪, 손자가 趙暾이었다. 『씨족원류』 한양조씨에는 이 외에 趙暾의 형으로 趙琳이 실려 있다. 마지막 쌍성총관 趙小生은 趙琳의 아들로 판단된다.

위한 祝聖道場인 都山寺를 조영했다. 이는 원의 직할령인 쌍성총관부가 금강산 일대에 대한 영향력을 행사하려는 시도의 일환이었으니 고려에게 는 부담이 되었다.

聖天子(順帝)가 龍飛한지 7년에 皇后 奇氏가 元妃로 皇子를 낳았다. 이윽고 壼儀를 갖추어 興聖宮에 거처하고 內侍에게 말하기를, 내가 宿因 덕분에 은혜를 입어 여기에 이르렀으니 皇帝와 太子를 위한 祈天 永命을 佛乘에 의탁하려 한다고 하고는 福利를 거행하지 않음이 없었다. 황후 기 씨가, 金剛山 長安寺가 가장 殊勝함을 듣고 祝釐 報上할만한 곳이 여기 만한 곳이 없다고 여겨 至正三年(1343: 충혜왕 후4년)에 內帑楮幣 1千定 을 내어 重興에 資해 영원히 常住가 되도록 했으며, 다음해에 또 그와 같 이 했고, 또 다음해에 그와 같이 했다. 그 徒 5百을 모아 衣鉢을 시납해 法會를 개최해 落成했다. 이에 宮官인 資政院使 龍鳳(高龍鳳: 高龍普 ; 高龍寶)에게 명해 돌에 本末을 기재하게 하니 龍鳳이 詔를 받들어 와서 이곡에게 명해 비문을 짓도록 했다.[84]

長安寺는 금강산의 기슭에 위치해 一山의 都會가 되었다. 대개 신라 법흥왕 때 창건되고 고려 成王 때 重興되었다. 법흥왕으로부터 400餘年 이 흐른 후에 成王이 능히 새롭게 했는데, 成王으로부터 지금까지 역시 장차 400年이 되지만 능히 興復하는 자가 없었다. 比丘 宏辨이 그 頹廢 를 보고 그 同志와 더불어 曇無竭에게 이 절(장안사)을 重新하기를 맹서 하고 곧 그 일을 分幹해 衆緣을 널리 모집하고 산에서 取材하고 人에서 鳩食하고 傲面雇夫하고 礱石陶瓦해 佛宇를 먼저 新하고 賓館僧房을 次 로 粗完했다. 비용이 不給하자 서쪽으로 京師(元都)에 游했다. 일이 中宮 (기황후)에 알려져 高資政(고용보)이 주관해 힘썼기 때문에 그 成就가 이 와 같았다.[85] 장안사의 중창을 기황후와 그 세력이 후원했던 것이다.

---

84) 『가정집』 권6, 「金剛山長安寺重興碑」(이곡).
85) 『가정집』 권6, 「金剛山長安寺重興碑」(이곡).

장안사는 屋이 120間 정도로 佛殿, 經藏, 鍾樓, 三門, 僧寮, 客位가 있고 庖湢의 微에 이르기까지 갖추었다. 像設은 毗盧遮那와 左右 盧舍那·釋迦文이 當中하고 萬五千佛과 五十三佛이 周匝圍繞해 正殿에 거처하고, 觀音大士千手千眼이 문수·보현·미륵·지장과 더불어 禪室에 거처하고, 아미타와 五十三佛과 法起菩薩과 盧舍那가 海藏宮에 거처하고 있었다. 藏經은 무릇 四部인데 그 중의 銀書 하나는 皇后(기황후)가 賜한 것이요, 華嚴三本과 法華八卷은 모두 金書였다.[86] 정전에는 비로자나 및 좌우 노사나와 석가가 가운데에, 萬五千佛과 五十三佛이 그 주위에 포진했고, 禪室에는 관음·문수·보현·미륵·지장이 자리했고, 藏經 시설로 보이는 海藏宮에는 아미타와 五十三佛과 法起菩薩과 盧舍那가 위치했다. 藏經 중에 銀書 하나는 기황후가 하사한 것이었다. 내금강의 입구에 자리한 장안사는 비로자나를 主佛로 모셔 금강산 정상인 비로봉과 잘 어울리는 사찰인데 담무갈 및 53불과 직접적인 인연 설화가 없는 사찰임에도 이 절의 승려가 담무갈에게 중창을 맹세했고 담무갈과 53불을 사찰의 주요 시설에 모셨다. 이는 담무갈보살과 53불이 정양암과 유점사만이 아니라 금강산 전체의 상징이었음을 시사한다.

장안사 舊有의 田은 1050結인데 成悅縣과 仁義縣에 있는 것이 각기 200結, 扶寧과 幸州와 白州에 각기 150結, 平州와 安山에 각기 100結로 成王(成宗)이 희사한 것이었다. 塩盆은 通州 林道縣에 있는 것이 1所였다. 京邸는 開城府에 있는 것이 1區인데 市廛에 자리해 肆로 만들어 빌려준 것이 30間이었다. 무릇 그 錢穀과 什器의 數는 有司가 기재하지 않았다. 泰定間부터 重興한 檀越은 中政使 李忽篤怗木兒 등의 諸家인데

---

86) 『가정집』권6,「金剛山長安寺重興碑」(이곡). 이곡은, 오직 浮圖氏가 그 宮이 夷夏에 있는 것이 바둑돌과 별처럼 布列하고 殿陛의 장엄과 金碧의 장식이 王者의 居와 비견되며, 香火 服食의 奉은 封邑의 수입과 비견되는데, 이는 사람에게 感動하는 것이 실로 深하고 廣하기 때문이니 장안사의 興이 마땅하다고 했다.

그 名氏를 碑陰에 열거한다고 했다.[87] 장안사는 이전부터 소유해 온 재산에다가 원 황실 및 기황후와 그 세력이 기부한 재산이 더해져 더욱 부유해졌다.

조선초 남효온의 「遊金剛山記」에 따르면, 장안사는 元朝 順帝와 奇皇后가 重創했는데, 門外에 天王 2軀가 있고, 法堂에 大佛 3軀와 中佛 2軀가 있고 佛前에 '皇帝萬萬世'라는 金額이 있고, 堂(法堂)의 四面에 小佛一萬五千軀가 있는데, 모두 元帝가 제작한 것이었다. 그 東側에 있는 無盡燈은 燈 안 四面이 모두 銅鏡이고 中에 1燭을 두고 傍에 衆僧形을 세워 燭에 불을 붙이면 衆僧이 모두 燭을 잡은 것처럼 보이는데 역시 元帝가 제작한 것이었다. 五王佛의 上에 또 五中佛이 있는데 福城正이 제작한 것이었다. 堂의 西堂에 達摩眞이 있고, 東北隅에 羅漢殿이 있었다. 나한전의 堂坐에 金佛 5軀가, 左右에 土羅漢 16軀가 있고 羅漢의 옆에 각기 侍奉僧 2軀가 있는데 技가 지극히 精巧했다. 羅漢殿의 남쪽에 1室이 있고 그 室의 안에 大藏經函이 있었다. 刻木해 三層을 만들어 屋中에 鐵臼가 있고 鐵柱를 그 上에 설치하고 上을 屋樑에 屬하고 그 中에 函(大藏經函)을 두어, 屋 一隅를 잡아 搖하면 三層이 스스로 회전해 玩할만데, 역시 元帝가 제작한 것이었다.[88] 장안사에는 원제(원 순제)가 후원해 제작한 불상, 無盡燈, 輪藏臺 등이 있었는데 無盡燈과 輪藏臺는 지극히 정교했다.

이처럼 원간섭기에 금강산 신앙이 고조되어 이 지역에 불교사원이 重新되거나 신축되었다. 원의 금강산에 대한 관심이 깊어 御香 사신이 자주 왕래했고 이 산에 대한 원과 附元 세력의 영향력이 커져 갔다. 이 지역 불교사원은 많은 토지와 노비를 소유했을 뿐만 아니라 사적인 시주 외에 관청으로부터도 재정 지원을 받았다. 반면 고려국의 재정은 나날이 악화

---

87) 『가정집』 권6, 「金剛山長安寺重興碑」(이곡).
88) 『秋江先生文集』 권5, 「遊金剛山記」(南孝溫).

되어 갔다. 특히 충선왕이 오랫동안 원에 체류하면서 고려국의 재정을 고
갈시켰다. 이러한 재정위기를 극복하기 위해 과감한 개혁에 나선 왕이 있
었으니 충혜왕이었다.

충혜왕은 즉위초부터 개혁을 추진하다가 복위하자 본격적으로 혁명적
인 개혁을 단행했다. 그의 개혁은 토지, 노비, 상공업, 화폐, 조세, 塩法
등 전반적인 것이었는데 재정확보에 초점을 맞추어졌고 다양한 조세형태
를 새로 개발했다. 공신전과 경기 賜給田과 사원전을 몰수했다. 토지와
노비의 몰수 대상은 대체로 양반관료층과 불교사원이었고 職稅 부과 대
상은 양반관료층이었다. 기황후의 친인척과 측근집안도 피해를 입었다.
쌍성·여진·요양·심양 등에 流入된 고려의 인민과 官·寺·私 노비를 刷還
하려는 정책은 조세원을 확보하고, 나아가 그곳과 연고가 있는 附元 세
력, 특히 기황후 세력에게 타격을 주기 위한 목적도 있었다.[89]

이에 대해 기황후를 중심으로 하는 附元 세력이 충혜왕을 몰아내기 위
한 움직임에 나선다. 충혜왕 후4년(1343) 8월 李芸·曹益淸·奇轍 등이 원
에 머물면서 중서성에 상서해 충혜왕의 貪淫 不道를 極言하고 立省하여
백성을 안정하기를 요청했다.[90] 이를 계기로 기황후 세력은 충혜왕을 제
거하기 위한 공작에 들어갔다.

이해 10월 임술일(30일)에 순제가 資政院使 高龍普와 大監(太監) 朴帖
木兒不花를 고려에 보내와 충혜왕에게 衣酒를 하사했다. 황후의 부친 奇
子敖에게 榮安王을 추증하고 모친 이씨를 영안왕대부인으로 삼았는데,
첨의평리 辛裔가 함께 왔다. 순제가 기철로 行省(征東省) 참지정사를, 奇
轍으로 한림학사를 삼았고, 고려가 기철로 정승과 덕성부원군을, 기원으

---

89) 충혜왕의 개혁에 대해서는 김창현, 『고려 도읍과 동아시아 도읍의 비교연구』(새문
사, 2017년 4월) 제4장 참조.
90) 『고려사』 권36 및 『고려사절요』 권25, 충혜왕 후4년 8월 ; 『고려사』 권108, 曹益淸
傳.

로 德陽君을 삼았다.[91] 기황후의 가족과 측근이 개경에 집결했다.[92] 11
월 임오일(20일)에 원이 乃住 등 8인을 보내왔는데 鞍轎를 색출한다고 詐
稱했다. 11월 갑신일(22일)에 告郊頒赦(頒郊赦詔)를 칭탁해 大卿 朶赤과
郎中 別失哥 등 6인을 보내왔다. 충혜왕이 백관을 거느려 郊迎하고 征東
省에서 聽詔했는데, 朶赤과 乃住 등이 충혜왕을 발로 차서 결박했다. 왕
이 급히 高院使를 불렀지만 고용보는 오히려 왕을 꾸짖었다. 使者가 모두
칼을 빼어 시종 群小를 붙잡으니 백관이 모두 도망해 숨었고, 칼과 창에
맞은 자가 심히 많았다. 辛裔가 妹壻인 宦者 高龍普와 모의해 伏兵해 밖
을 막아 도왔다. 朶赤 등이 왕을 끼어 말에 실어 달려갔다. 고용보가 朴
帖木兒不花 및 諸軍萬戶 李中敏 등과 함께 弓劒을 잡아 勢家를 수색했
다. 朶赤 등이 고용보에게 명해 國事를 整治하게 했고, 덕성부원군 기철
과 理問 洪彬에게 權征東省하게 했다. 고용보가 사람을 보내 왕의 시종
박양연·林信·최안의·김선장·承信 등 10명 남짓을 체포해 가두었고, 기철
(省官 기철)·洪彬·채하중 등과 함께 內帑을 封했다.[93]

---

91) 『고려사』 권36 및 『고려사절요』 권25, 충혜왕 후4년 10월 ; 『고려사』 권122, 高龍
普傳 ; ; 『고려사』 권131, 奇轍傳. 辛裔는 征東省員外를 지내고 28家의 전별시를 받
으며 원에 갔다가(『익재난고』 권5, 送辛員外北上序) 돌아온 것이었다.

92) 宦者 고용보는 기황후를 위한 資政院의 책임자였고, 신예는 고용보의 처남이었다.
『고려사』 권122, 高龍普傳 ; 『고려사』 권125, 辛裔傳. 고용보는 完山君에 책봉되고
全州 사람으로 인식된 점(『가정집』 권3, 重興大華嚴普光寺記)으로 보아 全州 사람
인데, 원 어사대가 그를 탄핵할 때 '高麗 煤場人'이라 했으니 전주 소속 煤場(墨所
혹은 炭所) 출신으로 보인다. 그는 宦者이지만 다수의 宦者처럼 妻를 두었다. 辛裔
는 靈山 사람으로 급제해 妹壻(妹夫) 고용보로 인해 출세했는데, 고려에서 無辜한
사람을 죽여 처벌받을 위기에 빠진 고용보를 신예의 門生과 同年이 비호하기도 했
다. 신예는 『신증동국여지승람』 영산 편에 따르면 원에 들어가 制科에 합격해 南臺
御史를 지냈다. 그는 관향이 靈鷲山에서 유래한 靈山이라서 鷲城府院君에 책봉되는
데 공민왕 4년에 사망한다. 그의 동생으로 辛貴와 辛珣이 있었다.

93) 『고려사』 권36 및 『고려사절요』 권25, 충혜왕 후4년 11월 ; 『고려사』 권122, 高龍
普傳 ; 『고려사』 권108, 洪彬傳 ; 『고려사』 권104, 金方慶傳 附 金永煦 ; 『고려사』
권124, 嬖幸2, 盧英瑞傳 附 朴良衍·宋明理 ; 『고려사』 권89, 后妃2, 충혜왕의 銀川

기황후 세력이 충혜왕을 몰아내려고 한 데에는 충혜왕의 개혁 중에서
도 기황후 세력이 후원해 영향력을 행사하는 금강산 사원도 개혁 대상에
포함된 것이 기폭제가 되었다. 신예는 일찍이 元의 명령을 받아 楡岾都監
을 주관했다. 姜居正과 尹衡이 有備倉官으로서 충혜왕의 명령으로 寺院
田을 몰수하면서 楡岾田 즉 楡岾寺의 田 역시 몰수했다. 楡岾都監이 유
비창에 牒을 보내 田을 돌려달라고 했지만 강거정 등이 寺田은 왕명으로
有備倉에 속하게 했다며 마음대로 돌려줄 수 없다고 하니 유점도감이 신
예에게 호소했다. 신예가 강거정 등을 붙잡아 聖旨 거부로 取辭했는데 尹
衡은 승복했지만 강거정은 끝내 굽히지 않으니 신예가 더욱 분노해 강거
정을 行省獄에 가두었다.[94] 신예가 강거정 등을 붙잡아 처벌한 것은 충혜
왕이 잡혀 원에 끌려간 직후였을 것이다.

최해가 충숙왕 16년에 쓴「送僧禪智遊金剛山序」[95)에서, 금강산의 大
寺로 報德寺, 表訓寺, 長安寺 등이 있다고 했으니, 이 3개의 절이 금강산
에서 규모가 큰 것이었다. 이 중의 報德寺는 금강산 유점사가 원 황제로
부터 '大報德壽聖寺'라는 사액을 받았으니,[96) 바로 유점사였다. 楡岾寺
(報德寺)는 금강산 3대 사원의 하나였는데 규모 면으로 보면 금강산 최대
의 사찰이었다.

---

翁主林氏. 한편『고려사』권110, 金倫傳에는 "帝가 高龍普를 보내 왕에게 衣酒를
하사하고 이어서 朶赤을 보내 왕을 잡아서 歸했다"라고 되어 있다. 김륜 묘지명에
는 "永陵得釋東歸 襲爵四年 讒構蜎毛 天子賜以襲衣尊酒 而籠普寔來 繼遣朶赤頒德
音 王出迎 朶赤露刃扶王 載一騎馳去"라고 되어 있다.

94) 『고려사』권125, 姦臣1, 辛裔傳. 한편 史臣 元松壽가 "王雖凶虐 乃其主也 龍普小人
旣不足論 辛裔儒者 何至此耶"라고 했다고 한다(『고려사절요』권25, 충혜왕 4년 11
월조). 한편 11월 정해일(25일)에 고용보가 銀川翁主 등 宮人 126人을 방출했다.『고
려사』권36 및『고려사절요』권25, 충혜왕 후4년 11월 ;『고려사』권89, 后妃2, 충
혜왕의 銀川翁主林氏.

95) 『拙藁千百』권1, 送僧禪智遊金剛山序.

96) 『원재집』상권, 楡岾寺[皇元賜額大報德壽聖寺]. 報德寺(大報德壽聖寺)는 楡岾寺이
니, 관음도량인 普德寺(普德菴)와는 다른 절이다.

금강산 유점사는 원 황제로부터 사액을 받았고 신예가 元의 명령을 받아 유점도감을 운영했다. 그러하니 이 절은 기황후를 포함한 원 황실 및 附元 세력과 밀접한 사원이었다. 그런데 충혜왕이 이곳까지 개혁의 대상으로 삼았다가 화를 입은 것이었다. 충혜왕 후4년(1343) 11월에 田民推刷都監을 설치해 정당문학 鄭乙輔와 밀직제학 張沆으로 提調를 삼았는데,[97] 충혜왕이 납치된 직후로 충혜왕의 개혁을 뒤집기 위한 조치였다. 高氏의 난이 일어나자, 왕이 원에 잡혀 가자 왕이 설치한 것을 모두 更革하면서 田民推刷都監을 세운 것이었다.[98] 충혜왕이 고갈된 재정을 보충하기 위해 혁명적인 개혁을 추진하자 그 대상으로 피해를 본 권세가들이 반발했다. 그 중에서 고용보, 신예, 기철 등 기황후 세력이 기획해 충혜왕을 붙잡아 원으로 납치하는 정변을 일으켰다. 그래서 이 사건이 고씨의 난 즉 고용보의 난으로 인식되었던 것인데 그 배후는 당연히 기황후였다.

충혜왕 후4년(1343) 12월 계축일(21일)에 순제가 충혜왕을 연경(대도)에서 2만餘里 떨어진 揭陽縣에 檻車에 태워 유배했는데 1인도 從行者가 없어 왕이 손수 옷 보따리를 휴대했다.[99] 충혜왕은 게양에 이르지 못한 채 다음해(1344) 1월 병자일(15일)에 岳陽縣에서 30세로 세상을 떴는데 遇鴆 즉 독살당했다고 한다.[100] 충혜왕은 혁명적인 개혁을 과감하게 단행하다가 기황후와 그 세력의 반격을 받아 몰락하고 그의 개혁은 부정되어

---

97) 『고려사절요』 권25 및 『고려사』 권36, 충혜왕 후4년 11월. 高龍普는 11월 기축일 (27일)에 원으로 갔다.

98) 崔宰 묘지명 ; 『고려사』 권111, 崔宰傳. 충혜왕이 끌려간 직후인 후5년 12월에 京 畿祿科田 중에 '權貴'가 빼앗은 것을 모두 그 主에게 돌려주었다고 하는데(『고려 사절요』 권25 ; 『고려사』 권78, 식화지1, 田制 經理), 본질은 충혜왕의 토지와 재 정 개혁을 부정한 것이었다.

99) 『고려사』 권36 및 『고려사절요』 권25, 충혜왕 후4년 12월. 한편 김광재 묘지명에 는 계미년 冬에 岳陽의 禍가 일어났다고 되어 있다.

100) 『고려사』 권36 및 『고려사절요』 권25, 충혜왕 후5년 정월 ; 『고려사』 권64, 예지 6, 凶禮 國恤.

실패로 끝났다.

금강산 장안사 중창 과정에서 기황후가 중창을 후원하기 시작한 때는 충혜왕이 몰락하는 해였고, 충혜왕이 몰락한 후에 지원을 계속해 중창이 충목왕 원년에 완성되도록 했다. 장안사 중창의 완성은 기황후와 그 세력의 충혜왕에 대한 승리를 기념하는 의미를 지니기도 했다. 그래서 기황후가 기록으로 남기기 위해 장안사중창비를 세우게 했으니 이 비석은 기황후의 업적과 승리를 확인하는 기념물이었다.

이곡은 장안사중흥비의 銘에서, 釋子 卓菴이 梯空架巖해 아득히 相望한데, 長安精舍는 산의 아래에 자리한 大道場으로, 신라 때에 肇基하고 누차 成壞해 時가 不常하다고 했다. 天이 聖神을 열어 世祖의 孫(순제)이 萬方에 君하는데, 德이 洽해 好生하여 含靈을 照濡하고 空王(부처)을 사모했다고 했다. 睿后(기황후)가 坤의 두터움으로 저 妙福을 취하여 我皇(순제)을 받들고, 오직 이 福地가 仙佛이 奧祕해 紛紛히 상서로움을 낳고, 一人에게 慶이 있어 天의 申命으로 수명이 無疆하다고 했다. 后(기황후)가 內臣에게 이르기를, 오직 저 法身(비로자나불)이 그 化가 밝게 드러나는지라 이미 그 宮을 새롭게 했다며 紀하여 잊지 말도록 하니 돌에 새긴다고 했다.[101] 순제와 기황후의 장안사에 대한 영향력 확대는 금강산, 더 나아가 고려에 대한 영향력의 확대를 의미했다.

至正6년(1346: 충목왕 2년) 봄에 資政院使 姜金剛, 左藏庫副使 辛裔가 천자(순제)의 명령을 받들어 金幣를 가지고 와서 금강산에서 鍾을 주조했다. 당시 旁山諸郡이 굶주렸는데 그 民이 다투어 工役에 달려가 음식을 얻어 살아났다고 한다. 鍾이 완성되니 姜金剛이 장차 歸朝하려함에, 국왕(충목왕)과 公主(모후 덕녕공주)가 신료에게 이르기를, 금강산은 吾邦域의 안에 있는데 지금 聖天子가 近臣을 파견해 佛事를 펼쳐 무궁하게 드

---

101) 『가정집』 권6, 「金剛山長安寺重興碑」(이곡).

리운 것이 이와 같거늘 내가 絲毫도 도운 바가 없으니 어찌 도모해 報上
하지 않으리오 했다. 모두 말하기를, 演福寺 大鍾이 오랫동안 廢해 사용
하지 않았는데, 지금 巧冶가 옴으로 인해 다시 주조하면 역시 족히 上의
意를 體할 수 있어 不朽의 功을 이룰 수 있다고 하자 강금강에게 부탁했
다. 강금강이 欣然히 승낙해 輟行해 완성하자 이곡이 왕명에 따라 병술년
(충목 2) 6월 旣望에 銘했다.102) 이 금강산 종과 개경 연복사 종은 충혜왕
의 패배와 원 황실의 승리를 상징한다고 볼 수 있다.

　충혜왕 몰락의 발단을 제공한 유점사는 충목왕이 즉위하자 金剛山 楡
岾寺를 支應하기 위해 永福都監을 둔 사례103)가 보여주듯이 충혜왕이 몰
락하자 더욱 번창한다. 이는 기황후 세력이 충혜왕을 몰아낸 후 유점사에
대한 영향력, 나아가 금강산에 대한 영향력을 더욱 확대하게 되었음을 의
미한다. 奇轍은 至正己丑 즉 1349년(충정왕 1)에 평장(요양행성 평장정
사)으로서 天香(御香)을 받들어 고려로 돌아와 관동을 유람하며 叢石亭
에 올라 노래를 불렀다.104) 공민왕 5년 2월에 元이 왕에게 功臣號를 하사
하자 平章 기철이 上詩해 축하했지만 稱臣하지 않았다고 하니105) 기철의
위상은 거의 왕급이었다. 기철은 요양행성 평장정사에 오름으로써 요양은
물론 쌍성총관부를 지배할 수 있었으며 금강산 지역에 대한 고려의 지배

---

102) 『가정집』 권7, 演福寺新鑄鍾銘(이곡). 한편 개경성 인근에 위치한 화엄 경천사의
　　10층 대리석탑은 그 記文에 따르면 重大匡 晋寧府院君 姜融과 院使 高龍鳳(高龍
　　普)이 大施主로 후원해 至正8년(충목왕 4년) 3월에 건립한 것으로, 皇帝(순제)와
　　皇后(기황후)와 황태자의 장수 및 세상의 평안과 중생의 구원을 기원했다. 그러하
　　니 이 탑 또한 기황후와 그 세력이 승리를 기념하고 발전을 염원한 것이었다.
103) 『고려사』 권77, 백관지2 諸司都監各色.
104) 『동문선』 권85, 奇平章奉使錄序(李達衷) ; 『고려사』 권71, 악지2, 俗樂 叢石亭. 한
　　편, 『고려사』 권131, 기철전에, 순제가 巒巒太子와 定安平章 등을 고려에 보내 孛
　　兒扎宴을 하사한 내용(『고려사절요』에 의하면 공민왕 2년)에 딸린 기사에 元이
　　直省舍人 忙哥를 보내 기철에게 遼陽省 平章을 제수했다고 하지만, 기철은 이전에
　　이미 요양평장에 임명되었던 것으로 보인다.
105) 『고려사절요』 권26, 공민왕 5년 2월.

력을 약화하고 자신과 기씨세력의 영향력을 증대시킬 수 있었다.

공민왕은 5년 3월에 奇轍이 雙城 叛民과 몰래 통하여 黨援을 맺어 謀逆하려 한다는 정보를 입수했다.106) 공민왕이 5년 5월에 친위 정변을 일으켜 기철, 권겸, 노책 등 附元 인물들을 대대적으로 숙청했는데,107) 그 정보가 기폭제로 작용했을 수 있다. 고려가 공민왕 5년 7월에 쌍성총관부 지역을 공격해 수복한 직후인 5년 10월에 원에 보낸 문서에서, 奇轍과 盧頙과 權謙 등이 雙城·三撒의 酋長과 交結해 逋逃를 불러모아 謀逆하면 聲援하기로 약속했는데, 기철 등이 이미 죽었지만 支黨이 많이 그곳으로 달아났기 때문에 이 방면에 군사행동을 한 것이라고 해명했다.108) 기황후 가족이 고려에 대한 영향력을 증대해 가는 한편 요동과 쌍성 일대에 세력을 넓혀 감에 따라 공민왕이 자신과 고려의 안위에 불안을 느껴 그들을 숙청하는 정변을 일으켰다고 볼 수 있는데, 기황후 세력이 금강산 일대에 대한 영향력을 강화해 간 것도 공민왕의 그 정변을 부추겼을 것이다.


# 맺음말


금강산은 불경에 담무갈보살이 이 산에 거주한다는 내용이 있다고 알려지면서 성지로 이름을 날렸는데, 특히 원간섭기와 그 이후에 그러했다. 고려인들은 남녀노소가 줄지어 이곳을 찾아 예배했고 먼 나라의 사람들도

---

106) 『고려사절요』 권26, 공민왕 5년 3월.
107) 『고려사절요』 권26, 공민왕 5년 5월 ; 『고려사』 권131, 奇轍傳.
108) 『고려사절요』 권26, 공민왕 5년 5월~10월. 한편 고용보는 威福을 作하여 親王과 丞相이 趨拜하도록 만들고 뇌물을 많이 받고 권세가 천하를 기울게 한다고 어사대가 탄핵하자 순제에 의해 금강산에 추방되었다가 원에 소환되었고, 고려에 돌아왔다가 조일신의 난 때 도망해 승려로 가야산 해인사에 숨었지만 공민왕이 알고 형 충혜왕이 잡혀갈 때 내용한 죄를 물어 그를 죽였다(『고려사』 권122, 고용보전).

이곳을 오고 싶어 했고 실제로 방문하기도 했다. 원 황실의 사절이 御香을 바치러 이 산에 자주 왕래했다. 금강산 사원은 100개 정도에 이르렀고 많은 民이 승려로 출가해 役을 피하는 곳으로 활용되었다. 금강산을 비롯해 고려 곳곳에 불교사원이 많이 조영된 것은 유교시설과 달리 남녀노소와 귀천을 막론하고 누구에게나 개방해 안식처를 제공해 수요가 많았기 때문이다.

금강신 신앙이 확산되어 가는 중에 노영이 목판 양면에 각각 아미타구존도와 금강산보살도를 그렸다. 일반적인 아미타구존도에는 경책 든 보살과 여의막대 든 보살이 대칭을 이루는데, 노영의 그것에는 금강저 든 보살과 여의막대 든 보살이 대칭을, 경책 든 보살과 칼 든 보살이 대칭을 이루었다. 노영 아미타구존도를 포함해 일반적으로 경책 든 보살은 보현으로, 여의막대 든 보살은 문수로 판단된다. 노영 금강산보살도의 상단에는 큰 보살 1명이 작은 보살 8명을 거느리고 빛을 내뿜으며 서 있고 태조가 이를 향해 엎드려 절하고 있는 장면이 묘사되었다. 이 큰 보살은 태조(왕건)가 금강산을 방문했을 때 담무갈보살이 현신하니 엎드려 절하고 현신한 자리에 정양사를 세웠다는 설화에 의거해 금강산에 거주한다는 담무갈(법기) 보살로 받아들여지고 있다.

이 금강산보살도의 하단에는 승려형 보살이 원형보주를 손에 들고 앉아 있는데 그 오른 무릎 아래에 속인 1명이 절하고 있고 그 속인 뒤에 승려 1명이 서 있는 장면이 묘사되었다. 이 승려형 보살은 지장보살이라는 견해가 정설처럼 되어 있지만, 문수보살이 주조한 53불이 금강산에 도착하자 盧偆이 문수보살의 인도로 53불을 알현했다는 유점사 창건 설화로 보아 문수보살로 여겨진다. 이 속인은 盧偆 혹은 남해차차웅을 가리키고 그 앞에 적힌 두 글자는 '祿始'로 보이는데, '祿始'는 문수보살이 주조한 53불이 금강산에 도착해 거처했다는 연도인 남해차차웅 원년을 의미한 것으로 추론되었다.

반야를 상징하는 담무갈보살과 지혜를 상징하는 문수보살은 금강산보
살도에서 담무갈이 문수의 상징물인 如意 막대를 들고 있듯이 하나의 몸
체로 보는 경향이 강했고 그러한 경향이 금강산보살도에 반영된 것으로
보인다. 상단의 담무갈은 정양사로 대표되는 내금강을, 하단의 문수보살
은 그가 주조했다는 53불의 유점사로 대표되는 외금강을 상징했다고 생
각되었다.

원간섭기 금강산 신앙의 유행에는 여러 정치세력의 의도와 영향력이
숨어 있었다. 노영 금강산보살도는 충렬왕파와 충선왕파의 대립이 파국으
로 치달아 충선왕파가 승리를 거두는 대덕11년(충렬왕 33년)에 그려졌다.
이 그림이 그려진 목판의 촉과 촉 사이에 '大德十一年丁未 八月 日' 다음
에 '謹畵魯英'이, 다음에 '同願□□'이 적혀 있는데, □□는 충렬왕파로
원에서 권세를 떨친 福壽(李淑)일 가능성이 있었다.

원 황실, 특히 기황후, 그리고 附元 세력은 금강산 사원의 건립, 중창,
운영을 적극적으로 후원했다. 특히 유점사는 원 황제로부터 賜額을 받았
을 뿐만 아니라 그것을 지원하고 관리하는 유점도감이 설치되고 그 책임
자에 기황후의 측근인 신예가 앉혀졌다. 충혜왕은 권세가와 지배층의 부
담을 증가시키며 재정 확충을 중심으로 하는 과감한 개혁을 추진하면서
유점사의 토지를 포함한 사원전도 몰수하자 기황후 세력이 반발해 충혜왕
을 원으로 납치했다. 그 결과 기황후 세력의 금강산에 대한 영향력은 더
욱 증대했고 이는 공민왕이 여러 기씨를 숙청하는 정변의 촉진제로 작용
했다.

# 제7장
# 고려말 신돈정권의 성립과 구성

# 머리말

원의 수도 연경에서 볼모 생활을 하던 공민왕은 조카 충정왕과의 권력 투쟁에서 승리해 1351년에 왕위에 올랐다. 다음해인 원년에 연저수종공신이 정권을 장악한 가운데 전민변정도감을 설치하는 등 개혁을 추진하다가 기철 일파를 제거하려는 조일신 정변의 실패로 타격을 입었다. 공민왕은 원의 영향력이 한족의 반란으로 약화되자 5년(1356)에 반원정변을 일으켜 기철, 노책, 권겸 등 골수 친원파를 제거하고 군대를 파견해 원의 압록강 너머 요새를 공략하고 쌍성 총관부 지역(동북면)을 수복하였다. 이로써 무려 86년 동안 지속되어 온 원의 간접지배에서 벗어나게 되었다. 기철주살공신이 연저수종공신과 함께 정권을 장악해 조종관제를 회복하는 등 개혁을 추진하였다.

공민왕 8년과 10년의 홍건적 침략이 고려왕조에 심각한 충격을 주었다. 안우, 이방실, 김득배는 홍건적의 두 차례 침략을 격퇴한 주역이었으나 11년에 총병관 정세운을 살해하고 그들도 살해당하는 정변이 발생했다. 경상도에서 올라온 공민왕은 12년 2월에 흥왕사에 행궁을 차려 머물렀는데 윤3월에 수상한 정변이 발생해 명덕태후의 조카인 수상 홍언박이 살해당했는데 최영, 우제, 안우경, 양백익, 오인택 등에 의해 진압당했다.

개경으로 들어온 왕은 흥왕사의 변란과 관련해 흥왕토적공신을, 제2차 홍건적과 관련해 부시(扶侍)피난공신, 집병정난 건의 공신, 신축(공민왕 10년)호종공신, 첨병보좌공신, 경성수복공신을, 제1차 홍건적과 관련해 기해(공민왕 8년)홍건격퇴공신과 斂兵濟師 공신을 책봉했다. 원에 의해 고려왕에 임명된 덕흥군을 앞세운 최유 군대가 공민왕 13년 정월에 고려를 침략했지만 최영, 안우경, 이순 등이 격퇴했으며, 한방신, 김귀, 이성계 등이 동북면을 침략한 여진족을 물리쳤다.

이러한 정치적 과정이 신돈정권을 탄생시킨 배경이었다. 신돈정권은 공민왕 14년부터 20년까지 대략 7년 동안 지속되었는데 개혁정치 및 이른바 신진 사대부의 성장과 관련해 연구자들의 주목을 받아 왔다.[1] 이 글은 신돈정권의 개혁내용보다는 신돈정권의 구성적 특징을 살펴보는 데 주안점을 두려 한다. 신돈의 출신 지역인 경상도가 신돈정권과 어떠한 관련을 맺는지에 유의하며 논의를 전개하려 한다.

## 1. 신돈정권의 탄생

공민왕 13년(1364)의 정국은 홍건적 격퇴, 홍왕사변 진압, 덕흥군 격퇴를 주도한 공신들이 잔존한 연저수종공신 및 기철주살공신과 함께 정권을 장악했다. 특히 덕흥군 격퇴를 성공적으로 총지휘한 최영의 위상은 급상승해 최고 권력자로 떠올랐다. 공민왕은 덕흥군 격퇴 공신을 집단적으로 책봉하지 않았다. 재정의 고갈로 포상할 여력이 부족했고 공신책봉으로 인한 무장들의 권력상승도 염려되었을 터인데, 정계개편의 의도도 숨겨져 있었을 것이다.

신돈은 승려로서 공민왕 7년 무렵에 김원명을 통해 공민왕을 처음 만났지만 이승경이 미워하고 정세운이 죽이려 하자 도피하였다. 그러다가 둘이 죽은 후에 환속한 거사로서 나타나 왕과 재회했는데 공민왕 12년 전후로 여겨진다.[2] 신돈은 왕의 측근에 머무르며 정무를 자문하였다.

---

1) 신돈정권을 다룬 대표적인 연구성과는 다음과 같다.
   민현구, 「신돈의 집권과 그 정치적 성격」(상·하), 『역사학보』 38·40, 1968.
   주석환, 「신돈의 집권과 실각」, 『사총』 30, 1986.
   홍영의, 「신돈 - 요승인가, 개혁정치가인가」, 『역사비평』 31, 1995.
   강은경, 「고려후기 신돈의 정치개혁과 이상국가」, 『한국사학보』 9, 2000.
2) 『고려사』 권132, 신돈전 ; 『고려사』 권109, 이승경전 ; 『고려사』 권40, 공민왕 11년

辛旽은 靈山人인데 母는 桂城縣 玉川寺婢였다. 玉泉寺 奴였다가 어려서 僧이 되어 이름(법명)을 '遍照', 字를 '耀空'이라 했는데 母賤 때문에 그 類에 齒하지 못해 항상 山房에 處했다.3) 신돈은 어머니가 경상도 계성 옥천사의 노비였고, 아버지는 이웃 고을 영산의 신씨였던 것인데, 아버지 무덤이 영산에 자리했던 것(『고려사』신돈전)도 이를 뒷받침한다. 계성은 지금은 창녕 소속이지만,『신증동국여지승람』과『대동지지』에 따르면 고려 현종 9년에 밀성군(밀양)에 소속되었다가 공민왕 15년에 영산현 소속으로 바뀌었고, 공양왕 2년에 다시 밀성에 소속되었다가 조선 태조 3년에 다시 영산에 소속되었다고 한다. 신돈이 집권하면서 모친의 근거지인 계성을 친향인 영산 소속으로 만들었던 것인데 두 고을이 인접한 점도 작용했다. 그도 '一賤則賤'과 '賤者隨母法'의 원칙을 따라 奴였다가 어려서 승려가 되어 遍照라는 법명을 갖게 되었지만 母賤으로 인해 동료 승려로부터 따돌림 당해 山房에 틀어박혀 지내곤 했다.4) 그는『동문선』권16과『제정집』권1에 실린 이달충의 시「辛旽」의 세주에 따르면 처음에 '埋骨僧'이었다고 하니 노비 출신이라서 그랬는지 시신을 매장하는 궂은 일을 맡은 승려였던 것 같다. 그러더니 개경으로 진출해 권력자로 떠오른 것인데 이는 고려사회의 신분제가 무인정권기와 원간섭기를 거치면서 많이 흔들렸기에 가능했다. 그가 어떠한 불교종파에 속했는지 확실히 알 수는 없지만 밀교적 경향이 강한 것은 분명하다.5)

---

정월. 이승경은 원에서 벼슬하다가 공민왕 6년에 귀국했고 8년에 홍건적 격퇴를 총지휘하다가 9년에 사망했다. 정세운은 공민왕 11년 정월에 살해당했다.

3) 『고려사』권132, 신돈전 ;『고려사절요』권28, 공민 14년 5월조.

4) 士大夫가 많이 家奴로 하여금 그를 대신해 3년 동안 親墓를 지키게 하고 끝나면 사적으로 해방하는 國俗이 있었다(『가정집』권9, 寄朴持平詩序 ; 金光載 묘지명). 노비가 해방되는 방법은 이 외에도 軍功, 재산기부, 밀고, 권력자의 배려 등 다양한데 신돈이 어떠한 방법으로 노비 신분을 벗어났는지 잘 알 수 없지만, 친족 辛蕆·辛裔 쪽의 도움을 받았을 수도 있다.

5) 연구자들이 신돈의 종파를 화엄종으로 보아온 경향이 강하지만 그렇게 단정지을 근

공민왕은 재위 기간이 길어지면서 자신의 뜻에 맞지 않는 재상들이 많이 생겨나자 개혁하고자 하였다. '世臣大族'은 친척과 당파가 서로 연결되어 비호한다며, '草野新進'은 현달해지면 大族과 혼인하여 초심을 버린다며, '儒生'은 문생·좌주·동년에 의거해 당파를 이루어 사적인 정에 휩쓸린다며 비난하였다. 그래서 '離世獨立之人'을 등용해 쌓인 폐단을 개혁하고자 하였다.[6] 공민왕의 이러한 정국 구상은 노국공주의 사망 이전에 마련되었다.

기존의 관료를 불신한 왕이 개혁자로 선택한 세상에 초연해 홀로 선 사람이 바로 노비와 승려 출신의 거사 신돈이었다. 왕은 신돈이 득도해 욕심이 적고, 미천해 親比가 없어 대사를 맡기면 눈치보지 않고 빨리 처리하리라 생각해 권력을 맡겼다.[7] 신돈은 출신이 노비였고 승려여서 관료들과 별로 얽혀 있지 않았기 때문에, 즉 세력기반이 별로 없었기 때문에 개혁자로 선택되었던 것이니 이것이 왕의 지지를 전제로 한 신돈정권의 성격을 규정하였다.

공민왕의 의도는 기존의 정계를 뒤집어 관료를 대대적으로 물갈이하자는 것이었고 신돈이 여기에 부응하였다. 이러한 계획은 공민왕 13년 무렵에 짜여져 있었는데, 14년 2월에 노국공주가 출산하다가 사망하는 것을 계기로 실천에 옮겨졌으니, 그녀의 사망은 불행한 일이지만 공민왕의 정치적 야심의 실현에는 도움이 되었다. 왕은 공주를 추모한다는 핑계로 정치일선에서 물러나고 신돈이 왕을 대리해 앞에 나서 숙청을 하고 정국을

---

거는 부족하다. 신돈의 종파에 대한 여러 설은 김창현, 「고려말 불교의 경향과 문수신앙의 대두」『한국사상사학』23, 2004, 제3장 참조. 화엄종파설에서는 신돈이 낙산사를 원찰로 삼은 것을 증거의 하나로 내세우지만 의상이 세운 양양 낙산사의 주지가 무인정권기에 持念業 禪師 祖猷였음(『동문선』권27, 持念業禪師祖猷爲大禪師 敎書 및 官誥)을 상기할 필요가 있다. 양양 낙산사는 종파가 화엄에서 밀교로 바뀌었던 것이다.
6) 『고려사』권132, 신돈전.
7) 『고려사』권132, 신돈전.

운영하였다. 그렇다고 신돈이 마음대로 모든 정무를 처리한 것도 아니었으니, 중요한 일은 왕이 막후에서 결정하였다.[8) 신돈이 숙청의 악역을 담당하면서 왕은 위험부담에서 벗어날 수 있었다.

신돈은 공민왕 14년 5월에 왕의 사부가 되면서 정치전면에 등장하지만 그의 집권은 이미 3월에 시작되었다. 이 때 인사발령에서 과거급제 참모인 찬성사 유숙과 과거급제 무장인 첨의평리 한방신이 해임되었는데 신돈의 뜻이 반영된 것이었다. 유숙은 공민왕의 최측근이었지만 권세가로 성장해 재상권을 옹호하다가 왕과 심각한 갈등을 빚은 적이 있었다. 청주 출신의 문벌인 한방신은 이성계의 도움으로 여진족을 격파해 개선한 지 얼마 되지 않은 때였다.[9)

유숙과 한방신의 실각은 정개 개편의 신호탄이었다. 유자인 유숙은 대표적인 권문이었고, 유자 출신의 무장 한방신은 대표적인 世族이었으니, 권문과 세족이 특히 신돈의 집권에 저항했고 숙청의 초점이 그들에 맞추어져 있음을 시사한다. 한방신의 조카로 왕의 측근인 대언 한수가 신돈을 몰아내려 했지만 좌천당해 정권에서 소외되었다.[10) 찬성사 최영이 동서강 도지휘사로서 수도권 방어를 지휘하고 있는 상황에서 왜구가 예성강 하구의 창릉에 침입해 세조(용건)의 초상을 절취한 사건이 발생했다. 이는 최영의 군대 통수권을 빼앗는 빌미가 되었으니, 동서강 도지휘사는 김속명에게로 넘어갔다.[11)

---

8) 신돈이 자신을 비난하는 임군보를 해임하려 했으나 공민왕의 제지를 받은 일이 대표적인 사례이다. 『고려사』권114, 임군보전.

9) 『고려사』권41, 공민왕 14년 3월 ; 『고려사』권112, 유숙전 ; 『고려사』권107, 한강 첨부 한방신전. 한방신의 해임도 조카 한수가 신돈을 비난했다가 좌천되는 것으로 보아 신돈의 의지가 담겨 있었다고 여겨진다.

10) 『고려사』권107, 한강 첨부 한수전 ; 김용선 편, 『고려묘지명집성』 한수 묘지명. 한수는 공민왕 14년 봄에 正人이 아니니 난을 초래한다며 신돈을 비난했다가 여름에 禮儀判書, 가을에 軍簿判書로 좌천당했으며, 겨울에 부친상을 당한 후 신돈집권기에 등용되지 못했다.

공민왕 14년 5월에 신돈이 왕의 사부가 되어 공식적으로 국정 자문을 맡으면서 정계개편이 본격적으로 전개되었다. 이는 경천흥(경복흥)과 최영이 사병을 거느리고 개경 근교에서 사냥한 일을 신돈이 고발함에 따라 최영이 계림윤으로 폄출되면서 시작되었는데 대략 7월까지 일단락되었고 신돈은 진평후에 책봉되었다. 그리고 12월에 신돈이 영도첨의사사, 판중방·감찰사사, 취성부원군, 제조승록사사 겸판서운관사에 임명되었다.[12] 그는 정무, 군무, 감찰, 승정, 음양을 한 손에 쥔 최고 지도자에 오른 것이었는데, 고려왕조 개창 이래 이러한 권한을 장악한 신하는 찾아보기 힘들다.

공민왕 14년 3월~7월에 축출된 관료들과 유임·등용 관료들[13]을 살펴보자. 축출된 관료들은 도표로 나타내면 부록 〈표1〉과 같은데, 도첨의사와 삼사의 재상으로는 영도첨의 이공수, 수시중 경천흥, 판삼사사 이수산, 찬성사 유숙·송경·최영·이귀수, 평리 한방신·梁伯益·金貴, 정당문학 원송수가 해당되었다. 밀직사의 재상으로는 판밀직사사 박춘, 밀직사 김광조, 동지밀직사사 조희고·왕중귀, 밀직부사 홍사범·한공의·박희, 밀직제학 최맹손이 해당되었다. 판개성부사를 역임했던 예성군 석문성과 밀직부사를 역임했던 許猷도 처벌받았다. 강중서는 보녕군에, 불화첩목아는 고성군에, 개성윤을 역임했던 朴元은 예성군에 임명되었는데 재상에서 해임된 데 따른 조치로 보인다. 그밖에 전리판서 허서, 前 전공판서 변광수,

---

11) 『고려사』 권41, 공민왕 14년 3월 ; 『고려사』 권113, 최영전.
12) 『고려사』 권113, 최영전 ; 『고려사』 권132, 신돈전 ; 『고려사』 권41, 공민왕 14년 5월~12월. 鷲城府院君은 그의 관향이 靈鷲山에서 유래한 靈山이었기 때문에 붙여진 작위였다. 영산은 『신증동국여지승람』에 따르면 靈鷲山을 지녀 별칭이 鷲山 혹은 鷲城이었다. 靈鷲山 寶林寺에 般若樓가 있는데, 合浦萬戶 金倫이 指空을 위해 이 樓를 지으니 지공이 올라가 般若經을 강론했기 때문에 그렇게 이름 지었다고 한다. 신돈은 이러한 배경 때문인지 지공의 영향을 상당히 받은 듯한데, 이는 그가 문수신앙을 강조하고 총애하는 婢를 般若라 한 데에서 엿볼 수 있다.
13) 『고려사』 권132, 신돈전 ; 『고려사』 권41 및 『고려사절요』 권28, 공민왕 14년 3월~7월.

판사 홍인계, 호군 홍승로, 상호군 梁濟, 대호군 이인수, 그리고 환관인 府院君 김수만과 이녕이 처벌받았다.

유임·등용 관료들을 보면, 제1 재상부인 도첨의사에서는 수상 유탁, 찬성사 이인복·안우경, 첨의평리 한휘·이금강, 지도첨의 洪淳이 유임되었고, 제2 재상부인 삼사에서는 판삼사사가 해임되고 우사와 좌사는 유임되었다. 신돈이 영도첨의에, 처벌받았던 김보(전 찬성사)·이춘부(전 평리)·이성서(전 찬성사)가 찬성사에, 전 찬성사 권적과 처벌받았던 전 평리 목인길이 평리에, 삼사좌사 우제가 평리에, 처벌받았던 전 정당문학 이승로가 정당문학에, 유배되었던 전 판밀직 오인택이 지도첨의에 임명되었다. 이인복은 찬성사를 거쳐 곧 판삼사사에, 이인임은 삼사우사를 거쳐 곧 찬성사에, 김속명은 삼사좌사를 거쳐 곧 평리에, 김원명은 동지밀직을 거쳐 곧 삼사좌사에, 지용수는 밀직사를 거쳐 곧 지도첨의에 임명되었다.14)

제3 재상부인 밀직사에서는 김원명과 지용수가 각각 삼사좌사와 지도첨의로 승진해 나갔고, 송인적, 이색, 이성계, 김유, 변안열, 염지범, 정사도, 양백연, 박원경 등이 안에서 유임되거나 승진하였다. 김란·최백·유

---

14) 김보는 기철 당으로 처벌받았다. 『고려사』 권114, 김보전. 이춘부는 원 英宗의 총애를 받아 원에서 벼슬한 이나해의 아들인데 어떤 일로 파직되었었다. 『고려사』 권125, 이춘부전. 이성서는 찬성사로 재임할 때 죄를 얻어 외방에 유배되었다가 소환되어 있었는데(『고려사』 권114, 이성서전), 공민왕 12년 윤3월에 삼사우사로, 11월에 전 찬성사로 나타난다(『고려사』 권40). 권적이 찬성사를 지낸 적이 있음은 『고려사』 권39, 공민왕 8년 12월조 참조. 목인길은 지밀직사사로 재임할 때 전법사 및 대간과 갈등해 해임되었다가 공민왕 12년 윤3월 홍왕사의 변란 후 평리로 등용되었다가 해임되어 있었다. 『고려사』 권114, 목인길전 ; 『고려사』 권40, 공민왕 12년 윤3월·11월조. 우제는 공민왕 12년 11월에 삼사좌사로 나타난다(『고려사』 권40). 이승로는 정당문학으로 재임하다가 어떤 일로 인해 태안에 폄출되었다가 소환되어 강양백에 책봉되어 있었는데, 동생 이운목의 기혼녀가 신돈과 사통하면서 정당문학에 복귀하였다. 『고려사』 권114, 이승로전. 오인택은 판밀직사사로 재임할 때 밀직부사 김달상과 함께 인사를 천단했다는 명목으로 유배되었다가 신돈에 의해 소환되어 지도첨의에 제수되었다. 『고려사』 권114, 오인택전.

연·임군보 등이 밀직재상으로 복귀하였고, 안원숭·김한귀·김선치·전록생·박원경 등이 새로 진입하였는데, 임군보는 이전에 기철의 당여로 처벌받은 적이 있었다.[15]

　도첨의사는 10명이 축출되고 6명이 유임되었으니, 3분의 2 정도가 해임되는 대규모 개편이 이루어졌음을 알 수 있다. 삼사의 재상은 좌사와 우사가 도첨의 재상으로 이동하거나 밀직사 재상에서 승진해 올라오면서 변동이 심했다. 고위급인 도첨의사와 삼사의 재상은 대략 3분의 2 정도 교체되었다고 볼 수 있다. 하위급인 밀직사 재상은 승진해 나간 2명을 포함해 절반 정도가 교체되었다.

　도첨의사와 삼사의 결원은 거사 신돈과 밀직재상에서 승진한 김원명·지용수를 제외하고 대개 처벌받은 경력이 있는 전직 고위재상에서 충원되었다는 점, 밀직사의 결원은 전직 밀직 재상(일부 처벌 경력)과 밑에서의 승진이 절반 정도였다는 점이 눈길을 끈다. 여기에는 대규모의 급격한 승진으로 인해 관료조직의 안정이 깨지지 않을까 하는 우려가 작용했을 것이고, 실각 상태인 사람에게 은혜를 베풀면 지극한 충성심을 이끌어낼 수 있다는 점이 고려되었을 것이다.

　축출된 자들은 다수가 주요 공신[16]에 책봉된 관료들이었고, 그 중의 다수가 1등 공신을 띠었다. 무장 경천흥과 儒者 유숙은 무려 4종의 공신을 띠었는데, 경천흥은 덕흥군 격퇴 공로를 추가하면 5종이나 마찬가지였다. 경천흥은 3개가 1등이었고, 유숙은 모두 일등인 데다가 하나가 上이었다. 허유는 3종의 공신을 띠었는데 2종이 1등이었다.[17] 송경, 최영, 이

---

15) 『고려사』 권114, 임군보전.

16) 공민왕 때 4대 공신은 연저수종공신, 誅奇轍 공신, 8년(기해)의 홍건적 격퇴 관련 공신, 10년(신축)의 홍건적 격퇴 관련 공신이었으며, 이들과 맞먹는 것이 덕흥군 격퇴였지만 집단적으로 책봉되지는 않았다((『고려사』 공민왕 세가).

17) 경천흥은 신축호종 1등, 경성수복 2등, 기해홍건격퇴 1등 공신이었다. 유숙은 연저수종 1등 上, 신축호종 1등, 扶侍避難 1등, 誅奇轍 1등 공신이었다. 허유는 연저수

귀수, 양백익, 박춘, 조희고, 김광조, 허서는 2종의 공신을 띠었다.[18] 최영, 이귀수, 양백익, 박춘은 둘 다 1등이었으며, 그들 중에 양백익을 제외하고 덕흥군 격퇴 공로를 추가하면 3종이나 마찬가지였다. 과거급제자는 유숙, 한방신, 원송수 정도이고 이들도 공신인데, 무장으로 활동한 한방신만 전투로 인한 것이었다. 경천흥, 홍사범(홍언박의 아들)은 외척이었고, 왕중귀는 왕실 사람이었다. 남양 홍사범, 원주 원송수, 청주 한방신·한공의 형제, 양천 허유와 허서 부자는 대표적 문벌(세족)이었고, 王煦(권재)의 아들인 왕중귀도 원래 안동 권씨라는 점에서 그렇게 볼 수도 있다.[19]

유배된 자들은 최영, 이귀수, 양백익, 김귀, 박춘, 박희, 석문성, 허유, 허서, 변광수, 홍인계, 홍승로, 양제, 이인수, 김수만, 이녕이었는데, 이들은 仕路를 모르는 박희와 환관인 김수만·이녕을 제외하고 무장들이었다. 최영, 이귀수, 양백익, 박춘, 석문성, 환관 이녕·김수만이 서로 연결해 상하를 이간하고 현량을 斥去했다며 국문받은 데에서 숙청의 초점이 최영 일파에 맞추어져 있음을 엿볼 수 있다. 최영과 이귀수가 밀접한 관계였던 점,[20] 최맹손이 최영의 친족이고 최맹손의 조카 사위가 양의생으로 양백익·양제와 관련이 있을 가능성이 있는 점,[21] 이귀수와 이인수가 형제로

---

18) 송경은 기해홍건격퇴 1등, 경성수복 2등 공신이었다. 최영과 양백익은 경성수복 1등, 홍왕토적 1등 공신이었다. 이귀수는 첨병보좌 1등, 경성수복 1등 공신이었다. 박춘은 扶侍避難 1등, 경성수복 1등 공신이었다. 조희고는 기해홍건격퇴 2등, 경성수복 1등 공신이었다. 김광조는 경성수복 2등, 기해홍건격퇴 1등 공신이었다. 허서는 신축호종 1등, 경성수복 2등 공신이었다.
19) 유숙은 『고려사』 권112 유숙전, 원송수는 『고려사』 권107 원부전 및 첨부 원송수전, 경복흥은 『고려사』 권111 경복흥전, 홍사범은 『고려사』 권111 홍언박전, 왕중귀는 『고려사』 권110 왕후전 및 첨부 왕중귀전, 한방신·한공의 형제는 『고려사』 권107 한강 첨부 한악전, 허유·허서 부자는 『고려사』 권105 허공전 및 첨부 허유전 참조.
20) 오인택의 아들과 아내가 점술가에게 "최영과 이귀수가 언제 쫓겨나느냐"고 물은 일이 참고된다. 『고려사』 권114, 오인택전.

보이는 점으로 보아 더욱 그러하다.

축출된 관료들의 핵심은 여러 개의 공신을 띠거나 덕흥군·여진족 격퇴를 주도한 공신인 고위재상이었는데 대개 무장이었다. 고위재상 2/3, 하위재상 1/2 정도가 교체되었으니 재상들을 물갈이하려는 왕의 의도가 실현된 것인데 왕의 친위정변과 다름없었다. 축출된 관료들의 대부분은 경천흥, 최영, 이귀수, 양백익 등 군부의 핵심 지도자를 포함한 무장들이었으니 무장세력이 약화되었다. 문벌(세족)과 외척도 일부 숙청되었다. 공민왕이 싫어한 세 부류 중에 특히 '世臣大族'이 주요 숙청 대상이었다. 공민왕은 개인적으로는 미생물도 죽이지 못할 정도로 다정다감한 사람이었다. 하지만 정치적으로는 시기심이 많고 잔인해 심복이나 大臣이라도 권세가 왕성해지면 반드시 꺼려서 주살했다고 한다.[22] 그것이 실현된 대표적 사례가 신돈정권에 의해 단행된 이 번 숙청이었고 신돈정권 또한 그러한 운명을 지니고 있었다.

## 2. 신돈정권의 구조

### 1) 정권의 구성과 특징

신돈정권은 초기에는 시중 유탁, 수시중 김보, 찬성사 이춘부, 삼사우사 내지 찬성사 이인임, 동지밀직 내지 삼사좌사 김원명, 밀직재상 김란과 임군보, 감찰대부 김한귀와 홍영통을 중심으로 운영되었다. 그러다가 김

---

21) 鐵原君 최맹손이 철원의 보개산 지장사를 중수하는 일을 도운 데(『동문선』 권72, 보개산지장사중수기)에서 최맹손이 철원(동주) 사람임을 알 수 있다. 최유청은 최당, 최양 등의 아들을 두었는데 최맹손은 최당의 후손이고, 최영은 최양의 후손이다(『씨족원류』 동주최씨).

22) 『고려사절요』 권28, 공민왕 15년 8월조 ; 『고려사절요』 권29, 공민왕 20년 7월조.

보와 임군보가 신돈을 비판해 떨어져 나가는 혼란23)을 겪고 나서 15년 무렵에 안정기에 접어들었다.

신돈정권기 재상들도 대부분 공신에 책봉된 자들이라는 점에서 신돈이 집권하면서 축출당한 재상들과 유사하다. 목인길은 무려 4개의 1등 공신을 띠었고, 안우경과 우제는 3개의 1등 공신에다가 덕흥군 격퇴의 공을 추가하면 4개였다. 이성서는 3개의 1등 공신을, 한휘는 2개의 1등 공신과 1개의 2등 공신을 띠었다. 이순(이희필)과 지용수는 2개의 1등 공신에다 덕흥군 격퇴 공을 세웠고, 오인택과 임견미는 2개의 1등 공신을, 김원명은 1개의 1등과 2개의 2등 공신을 띠었다. 이성계와 김선치는 1개의 1등 공신을 띠었는데, 이성계는 덕흥군 격퇴 공을 세웠다. 유탁과 김달상과 환관 신소봉은 2개의 1등 공신을 띠었지만 전투를 지휘한 공은 아니었고, 이인임과 유연과 김유와 변안열은 1등과 2등 각각 1개를 띠었다.24)

야전 공이 포함된 여러 종류의 공신을 띠거나 야전 지휘관으로 특출한 공을 세운 자 중에서 이성서, 목인길, 오인택, 유연은 실각했다가 구제된 경우이고, 지용수와 김원명과 이성계는 하위재상에서 고위재상으로 승진한 경우이고, 변안열은 밀직재상에 유임된 경우이고, 김한귀와 임견미는 밀직재상에 진입한 경우였다. 군공을 세운 공신인 군부의 실력자들 중에

---

23)『고려사』권114, 임군보전.
24) 목인길은 연저수종, 誅奇轍, 기해홍건격퇴, 신축호종 각각 1등공신이었다. 안우경과 우제는 기해홍건격퇴, 경성수복, 홍왕토적 각각 1등공신이었다. 이성서는 기해홍건격퇴, 첨병보좌, 홍왕토적 각각 1등공신이었다. 한휘는 기해홍건격퇴 2등, 경성수복과 홍왕토적 각각 1등 공신이었다. 이순과 지용수는 기해홍건격퇴와 경성수복 1등공신이었다. 오인택은 경성수복과 홍왕토적 각각 1등공신이었고, 임견미는 첨병보좌와 경성수복 각각 1등공신이었다. 김원명은 경성수복 1등, 신축호종과 주기철 각각 2등공신이었다. 이성계는 경성수복 1등공신이었고, 김선치는 기해홍건격퇴 1등공신이었다. 유탁은 建議集兵定難과 첨병보좌 각각 1등공신이었고, 김달상은 부시피난과 신축호종 각각 1등공신이었고, 신소봉은 연저수종 1등 上과 신축호종 1등 공신이었다. 이인임은 斂兵濟師 2등과 경성수복 1등공신, 김유는 경성수복 2등과 홍왕토적 1등공신이었고, 변안열은 기해홍건격퇴 2등과 경성수복 1등공신이었다.

서, 고위재상인 경천홍(경복홍), 최영, 이귀수, 양백익은 축출된 반면 고위
재상인 안우경, 한휘, 우제, 이순은 유임되었고, 고위재상을 지내다가 실
각했던 목인길, 오인택, 유연이 복귀했고, 하위재상인 지용수, 김원명, 이
성계, 변안열 등이 승진하거나 유임되었다. 야전으로 인한 공신 중에서는
실각했던 자들이나 하위재상이 선호되었다.

그런데 이들 중에서 목인길은 신돈에 의해 숙청되자 신돈을 제거하기
위해 반기를 들며, 안우경·한휘·이순(이희필)·오인택·김원명이 또한 반
기를 든다.25) 신돈정권에 포용된 대표적 무장 공신인 고위재상들은 대개
융화되지 못하고 반기를 들었다가 제거당하는 것이니, 신돈정권 후반기에
는 쟁쟁한 공로를 세운 무장 출신의 재상은 대부분 사라지고 비주류 무장
들이 핵심에 자리잡게 된다. 신돈의 측근인 김원명이 반기를 든 것은 명
문으로서 신돈의 개혁에 동조하지 못한 점 및 주류무장들과의 연대감이
작용하였겠지만, 그가 후술하듯이 명덕태후의 인척이었다는 점에서 신돈
을 싫어한 명덕태후의 영향력이 작용하였을 가능성이 크다.

주류 무장들만이 신돈에 반기를 든 것은 아니었다. 김보와 임군보는 실
각 상태에서 신돈에 의해 구제받았음에도 고귀한 士族으로서 미천한 승
려를 용납하기 힘들다며 일찌감치 이탈하였다.26) 과거에 급제한 儒者들
은 신분질서를 고수한다는 점에서 신돈에 대한 반감이 심했지만, 무력을
지니지 못해 신돈제거 거사를 적극적으로 일으키기 어려웠을 뿐이었다.
대표적인 유자인 이제현, 이인복, 유숙, 원송수, 한수 등이 신돈을 비난하
였다27). 간관인 이존오가 동료간관으로 인척인 정추를 끌어들여 신돈을
탄핵했는데 그 사유의 핵심은 신돈의 집권으로 상하 신분질서가 흔들리고

---

25) 『고려사』 권132, 신돈전 ; 『고려사』 권114, 목인길·오인택전 ; 『고려사』 권113, 안우경
　　전 ; 『고려사』 권125, 김원명전. 경천홍, 趙希古, 趙璘, 윤승순 등도 거사에 참여했다.
26) 『고려사』 권114, 임군보·김보전.
27) 『고려사』 권110, 이제현전 ; 『고려사』 권112, 유숙·이인복전 ; 『고려사』 권107, 원
　　부 첨부 원송수전 ; 『고려사』 권107, 한강 첨부 한수전.

있다는 것이었다.[28] 문신으로 보이는 金精, 김홍조, 급제유자인 김제안
등이 무신인 이원림·김원명·조린과 연결해 신돈을 제거하기 위한 거사를
기획하였다가 발각당해 처벌받았는데[29] 신돈제거에 문무가 결합했다는
점에서 주목된다. 김정, 김홍조, 김원명은 光州 사람인데, 김정은 중찬(시
중) 김심의 손자, 김홍조는 고위재상 김태현의 손자로 8촌 사이였고, 김원
명은 고위재상 김지숙의 손자이자 명덕태후의 조카 洪瀜의 사위였다. 안
동 김제안은 시중 김방경의 현손이었고, 평양 조린은 중찬 조인규의 증손
이었고, 경주 이원림은 고위재상 이규의 아들이었다.[30] 명문 자제들이 신
돈을 제거하기 위해 결합했던 것이다.

신돈정권기에 재상을 지낸 자들은 55명 정도 확인되는데,[31] 도표로 나
타내면 부록 〈표 2〉와 같다. 경상도 사람이 신돈(영산), 신순(영산), 김보
(김해), 김유(김해), 이인복과 이인임 형제(성주), 권적(안동), 이성서(경
주), 이승로(합천), 목인길(사천), 김란(안동), 유연(晉州), 김달상(선산),
윤지표(해평), 안원숭(순흥), 성원규(창녕), 사촌간인 이순·이강(固城), 김
한귀(청도), 정사도(연일), 김선치(상주), 김횡(의성), 이달충(경주) 등 23
명이다. 양광도(충청·경기) 사람이 양백연(청주), 양백안(청주?), 지용수
(충주?), 우제(단양?), 이색(한주), 변안열(원주), 이춘부(양성), 안극인(죽
산), 홍영통(남양), 홍순(남양), 임견미(평택) 등 11명이다. 전라도 사람이

28) 『고려사』 권112, 이존오전 ;『고려사』 권106, 정해 첨부 정공권전.
29) 『고려사』 권132, 신돈전 ;『고려사』 권104, 김방경 첨부 김제안전. 趙思恭, 兪思義,
   金龜寶, 尹希宗 등도 거사에 참여했다.
30) 金精은 『고려사』 권104, 김주정전 및 첨부 김심·김종연전, 김홍조는 『고려사』 권
   110, 김태현전 및 첨부 김광재전, 김원명은 『고려사』 권108, 김지숙전 및 첨부 김
   인연전 및 『고려사』 권125, 김원명전 및 『씨족원류』, 김제안은 『고려사』 권104 김
   방경전 및 첨부 김제안전, 조린은 『고려사』 권105, 조인규전 및 첨부 조덕유·조린
   전, 이원림은 『씨족원류』 및 『고려사』 권37, 충목왕 2년 5월조 참조.
31) 『고려사』 권41~43 및 『고려사절요』 권28·29, 공민왕 14년~20년 ;『고려사』 권132,
   신돈전 ;『고려사』 열전. 윤지표는 그의 묘지명 참조.

유탁(고흥), 김속명과 김원명 형제(光州), 金精(光州), 최백(황원), 전록생
(담양) 등 6명이다. 기타가 임군보(풍주), 박원경(삼척), 이성계(영흥) 등
3명이고, 이금강, 전보문, 안우경, 한휘, 오인택, 안우상, 신소봉, 강석, 강
사찬, 강중상, 송인적, 염지범 등은 관향미상이다.[32]

신돈정권의 핵심인 金蘭은 관향이 모호한 인물인데 다행히 추적이 가
능하다. 『씨족원류』 풍천임씨편에 따르면 김란은 豊川 任君輔의 사위이
고, 김란의 아들은 김익생이고, 김익생의 사위는 순천 박중림이고, 박중림

---

32) 신돈은 『고려사』 권132, 신돈전, 辛珣(辛純, 辛順)은 『고려사』 권125, 신예·지윤전
및 『고려사』 권43, 공민왕 20년 8월, 김보는 『고려사』 권114, 김보전, 이인복과 이
인임 형제는 『고려사』 권109, 이조년전 및 『고려사』 권112, 이인복전 및 『고려사』
권126, 이인임전, 김달상은 『고려사』 권131, 김문현전, 김유는 『고려사』 권114, 김
유전, 안원숭은 『고려사』 권105, 안향전 및 첨부 안목전, 성원규는 『동문선』 권71,
寧州 懷古亭記, 이강과 李珣(李希泌)은 『고려사』 권111, 이암전 및 첨부 이강전 및
『동문선』 권10, 杏村李侍中嵒挽章, 김한귀는 『고려사』 권132, 신돈전 및 『고려사』
권57, 지리지 경상도 청도군, 정사도는 정사도 묘지명, 김선치는 『고려사』 권114,
김선치전 및 『고려사』 권113, 안우전 첨부 김득배전, 이달충은 『고려사』 권112, 이
달충전, 金鉉은 『고려사』 권125, 김횡전, 이성서는 『고려사』 권114, 이성서전, 이승
로는 『고려사』 권114, 이승로전 및 첨부 이운목전, 목인길은 『고려사』 권114, 목인
길전, 권적은 『고려사』 권107, 권단전 및 첨부 권보·권준·권적전, 유연은 『고려사』
권111, 홍언박전 및 첨부 유연전 참조. 우제는 단양 사람으로 여겨진다. 김속명과
김원명은 『고려사』 권108, 김지숙전 및 첨부 김인연전, 『고려사』 권111, 김속명전,
『고려사』 권125, 김원명전, 이춘부는 『고려사』 권125, 이춘부전, 유탁은 『고려사』
권111, 유탁전 및 『고려사』 권125, 유청신전, 안우경은 『고려사』 권113, 안우경전,
홍순과 홍영통은 『고려사』 권105, 홍자번전 및 첨부 홍영통전, 오인택은 『고려사』
권114, 오인택전, 지용수는 『고려사』 권114, 지용수전, 이색은 『고려사』 권109, 이
곡전 및 『고려사』 권115, 이색전, 최백은 『고려사』 권41, 공민왕 14년 2월(黃原君),
신소봉은 『고려사』 권122, 신소봉전(寧原府院君), 이성계는 『태조실록』 총서, 姜碩
은 『고려사』 권132, 신돈전(三宰), 임군보는 『고려사』 권114, 임군보전 및 『씨족원
류』, 변안열은 『고려사』 권126, 변안열전, 전록생은 『고려사』 권112, 전록생전, 楊
伯淵은 『고려사』 권114, 양백연전 및 『씨족원류』, 박원경은 『고려사』 권135, 신우
전 우왕 9년 5월(陜城君), 안극인은 『고려사』 권89, 후비전 공민왕 정비 안씨, 金精
은 『고려사』 권104, 김주정전 및 첨부 김심·김종연전, 임견미는 『고려사』 권126, 임
견미전 및 김창현, 「고려말 평택 임씨의 정계진출과 활약」, 『평택시사』, 2001 참조.

의 아들은 박팽년이다. 박팽년의 사마방목에 따르면 외조가 안동 김익생
으로 되어 있다. 이에서 김란의 관향은 안동임이 드러난다. 『씨족원류』
안동김씨편에 따르면, 김영돈의 아들은 金縝인데 영해 朴東生과 사돈간
이고, 金葳(김영후의 아들)의 손자가 光州 金鼎의 딸과 혼인했는데,[33] 김
진과 박동생과 김정은 신돈의 측근이었다. 이로 보아 김란은 김방경 후손
으로 보이는데, 金葳·金縝과 같은 항열로 여겨진다.

신돈정권기 재상에서 경상도 사람이 대략 42%로 나타나는데, 미상 중
에도 더러 포함될 가능성이 있으므로 절반 정도로 파악할 수도 있다. 이
색은 한주 사람이지만 어머니, 할머니, 아내의 고향이 모두 경상도였고 그
자신도 외가인 영해에서 태어나고 자랐기 때문에 경상도 사람이나 다름없
었으며,[34] 그 자신도 영해를 '我鄕曲' 즉 자신의 고향으로 인식했다.[35]

다음으로 대간, 대언, 판서의 구성을 살펴보자.[36] 감찰사의 구성원은
신돈(영산), 김한귀(청도), 손용(밀양), 김남득(고령), 유원(晉州), 박홍양
(고령) 등 6명이 경상도 사람이고, 홍영통(남양)과 민수생(여주) 등 2명이
양광도 사람이고, 최원우, 오승비, 김귀수, 한홍도, 김효선 등이 관향 미상
이다.[37] 경상도 사람이 압도적인데, 특히 감찰대부인 김한귀, 홍영통, 손

---

33) 金縝이 김영돈의 아들임은 김영돈 묘지명에서, 金葳이 김영후의 아들임은 『고려사』
　　권104, 김방경 첨부 김영후전에서 확인된다.
34) 이색은 할머니가 興禮府(울산) 사람이었고, 어머니 고향인 寧海에서 태어나 자랐고,
　　안동 사람인 권한공의 손녀를 아내로 맞이했다. 이자성 처 이씨 묘지명 ; 『목은고』
　　이색 행장 및 신도비 및 『목은문고』권1, 유사정기, 『목은시고』권30, 外兄金左尹
　　來自寧海, 『동문선』권3, 관어대부 참조.
35) 『목은시고』권2, 送申碩甫歸寧海府. 이색의 고향은 친가인 韓州와 자라난 영해 두
　　곳으로 볼 수 있다. 고려인들은 외가에서 태어나 자라는 경우가 많았으니 대부분
　　친가와 외가 두 고향을 지녔다고 하겠다.
36) 『고려사』권41~43 및 『고려사절요』권28·29, 공민왕 14년~20년 ; 『고려사』권132,
　　신돈전 ; 『고려사』열전. 최재는 그의 묘지명 참조.
37) 柳源은 『석탄집』하 방목, 손용·김남득·박홍양·민수생은 『씨족원류』참조. 孫湧은
　　孫演과 더불어 孫湊의 형제 내지 형제뻘로 간주해 밀양 사람으로 파악했다. 柳源은
　　柳淵과 형제이고, 외조는 안동 金承濟이다.

용은 신돈의 심복이었다.38) 간관은 조민수(창녕), 신덕린(고령), 김린(청도), 곽의(현풍), 서균형(대구), 박중미(밀양), 김제안(안동), 이존오(경주), 이준(경주), 정리(동래) 등 10명이 경상도 사람이고, 오중류(해주), 김도(연안) 등 2명이 서해도 사람이고, 기숙륜(행주), 허시(양천), 안극인(죽산), 안면(죽산), 민수생(여주), 정추(청주), 이첨(홍주) 등 7명이 양광도 사람이고, 탁광무(光州)가 전라도 사람이고, 임현, 박진손(박진록), 이득천은 미상이다.39) 무장인 조민수를 제외하고 모두 급제자로 여겨지는데, 곽의는 영산의 신돈 부친 무덤을 돌본 정성이 인정받아 발탁되었다. 경상도 사람이 우세한 가운데 양광도 사람이 꽤 많은데 이는 안극인과 안면이 이춘부의 이웃고을 사람이라는 점, 정추가 이춘부의 사돈이었다는 점, 민수생이 이춘부의 5촌조카 사위였다는 점으로 보아 신돈의 심복인 양성 이춘부의 영향력이 작용한 것으로 보인다.

대언(승지)은 이강(고성), 김군정(선산), 성대용(창녕), 권중화(안동), 김진(안동) 등 5명이 경상도, 왕복명은 개경, 염흥방(파주)과 이광부(양성)는 양광도, 金精은 전라도 사람이었다. 행정부인 6사(6부)의 판서는 김선치(상주), 신귀(영산), 이성림(경주), 성준득(창녕), 이운목(합천), 권균(안동) 등 6명이 경상도 사람이고, 윤충좌(순주)와 홍상재(린주)는 서북면, 허서(양천)와 홍중선(남양)과 한수(청주)는 양광도, 최재(전주)와 김안리(光州)는 전라도 사람이고, 허전, 이득림, 장자온, 백한룡은 미상이

38)『고려사』권132, 신돈전 ;『고려사』권105, 홍자번 첨부 홍영통전.
39) 조민수는『고려사』권126, 조민수전, 김제안은『고려사』권104, 김제안전, 이존오는『고려사』권112, 이존오전과『석탄집』하 방목, 이준은『고려사』권112, 이달충전과『석탄집』하 방목, 곽의와 기숙륜은『고려사』권132, 신돈전, 김린(김한귀의 아들)은 신돈전과『석탄집』하 방목, 서균형은『석탄집』하 방목 참조. 신덕린, 박중미, 鄭釐, 오중류, 허시, 안면, 민수생, 탁광무는『씨족원류』참조. 정추는『고려사』권106, 정해 첨부 정공권전 및『씨족원류』, 안극인은『고려사』권99, 후비전 공민왕 정비 안씨, 김도는『고려사』권111, 김도전, 이첨은『고려사』권117, 이첨전 참조.

다.[40] 대언은 경상도 사람이 압도적이고 판서도 경상도 사람의 비중이 높았는데, 염흥방은 이성림의 異父弟라는 점에서 경상도와 밀접한 관련이 있었고, 남양 홍중선과 광주 김안리(홍영통 매부 김영리의 형제)는 신돈의 심복인 홍영통의 영향력이 작용하였을 가능성이 크다.

다음으로 신돈의 측근을 살펴보자.[41] 신돈의 친족으로 보이는 영산 신순·신귀·신수·신올지, 신돈의 異父弟인 강성을, 사망한 신예의 처가인 성주 이인임·이원구, 안동 김란·김천보·김진, 안동 길안 사람인 임박, 창녕 성여완·성준덕·성석린·조민수·조취귀, 청도 김한귀와 아들 김린과 조카 김희, 현풍 곽의, 밀양 손용·손연·손주, 합천 이운목·이승로 형제, 함양 오일악, 선산 김달상과 아들 김군정·김문현, 의성 김횡, 경주 이성림, 영해 박동생, 영일 오계남이 경상도 사람이고 배인길도 배씨의 분포로 보아 경상도 사람으로 여겨진다. 모두 34명인데, 고한우는 이운목의 사위라는 점에서 이 집단에 포함시킬 수도 있다.[42]

---

40) 김군정은 『고려사』 권131, 김문현전, 권중화는 『고려사』 권125, 권한공전, 염흥방은 『고려사』 권126, 염흥방전, 이광부는 『고려사』 권125, 이춘부전, 金精은 『고려사』 권104, 김주정전 첨부 김심·김종연전, 신귀는 『고려사』 권125, 신예전, 이성림은 『고려사』 권126, 염흥방전 및 『씨족원류』 경주이씨, 이운목은 『고려사』 권114, 이승로전 첨부 이운목전, 권균은 『고려사』 권107, 권단전 첨부 권준·권렴전, 윤충좌는 『고려사』 권111, 송천봉전, 홍상재는 『고려사』 권130, 홍복원전 및 『씨족원류』, 김안리는 『고려사』 권74, 선거지 과목 승보시 및 『씨족원류』 참조. 홍중선은 남양 사람으로 여겨진다. 성대용과 金績과 김안리와 왕복명과 성준득(성준덕)은 『씨족원류』 참조.

41) 『고려사』 권41~43 및 『고려사절요』 권28·29, 공민왕 14년~20년 ; 『고려사』 권132, 신돈전 ; 『고려사』 열전. 신돈을 위해 적극적으로 일하거나 신돈에 아부하거나 신돈을 옹호하거나 신돈 실각 후 처벌받은 사람들을 신돈의 측근으로 분류했다.

42) 신순과 신귀 형제는 형 신예와 매부 환관 고룡보를 등에 업고 권세를 부렸었는데 신예가 공민왕 4년에 사망한 후 신순은 기해년 홍건적을 격퇴한 1등공신으로 인정을 받았지만 신귀는 채하중 사건에 연루되어 유배되었다가 신돈정권에 참여했다. 『고려사』 권125, 신예·채하중전 및 『고려사』 권122, 고룡보전. 신수와 신올지는 신돈의 친척으로 보인다. 姜成乙과 金千寶(김란의 從弟)와 김희(김한귀의 조카)는 『고려사』 권132, 신돈전, 이원구는 『고려사』 권115, 이숭인전 및 『씨족원류』, 임박은

신돈의 측근으로 대략 89명(관향 미상 29명 포함)이 추출되는데,[43] 경
상도 34명은 그 중의 약 38%에 해당하며 관향이 확인되는 경우만 따지면
절반을 상회하니, 경상도 출신 측근은 50% 내외 정도였다고 볼 수 있다.
다른 지역 출신의 신돈 측근은 양광도 행주의 기현과 그 아들 기중륜·기
중제·기숙륜·기중평·기중수, 기중제의 사위인 고민, 양광도 양성의 이춘
부·이광부·이원부 형제와 이춘부의 아들인 이옥·이윤·이예·이한·이징이
큰 집단을 형성하였다.[44] 이 두 집단의 영향력은 신돈정권의 경상도 편중
현상을 다소 완화하는 데 기여하였다. 이춘부 집안은 이원부가 柳淵의 사
촌과, 이광부의 딸이 유연의 사촌과, 이징이 유연의 5촌조카와 혼인한 데
드러나듯이 晉州 유씨와 중첩적으로 혼인했으니 경상도와 밀접한 관계를
유지했다. 유연이 왕실외척 홍언박의 사위임에도 등용된 것은 경상도 출
신인 데다가 이춘부 집안과의 밀착관계가 작용했을 것이다.

신돈은 이춘부, 이인임, 김란, 김원명, 김한귀, 홍영통 등의 측근재상을
통해 도평의사사를, 김한귀·홍영통·손용 등 측근 감찰대부를 통해 감찰
사를, 조민수·김린·기숙륜 등 측근간관을 통해 낭사를, 김군정·김진·이
광부 등의 측근을 통해 대언을, 신귀·이성림·이운목·이득림 등을 통해 행

---

『고려사』권111, 임박전, 성여완·성석린은 『고려사』권117, 성석린전, 조취귀(조민
수의 아들)는 『고려사』권126, 조민수전, 김문현은 『고려사』권131, 김문현전, 고
한우는 『고려사』권114, 이승로 첨부 이운목전, 오일악과 박동생과 柳濬(柳濯의 사
촌)은 『씨족원류』, 오계남은 『씨족원류』附箋 참조.

43) 경상도 출신과 기현 및 이춘부 집안 외에 홍영통(남양), 허완(양천), 한휴(청주 한방
신의 아들), 사촌간인 유탁과 유준(고흥), 김원명과 金鼎(光州), 임희재(부안), 조사
겸(평양), 李韌(안변), 이득림, 최사원, 정귀한, 진윤검, 한을송, 이백수, 백현, 김두
달, 김원만, 이금강, 林世, 林仁茂, 林端·林桂 형제, 崔津, 김중원, 宋蘭, 金安, 石蘭,
오중화, 박천우, 柳資澤, 윤덕방, 楊天式, 羅松, 김휘서, 김양검, 이우룡, 왕안덕 등
이 있다. 한편, 여기에는 포함시키지 않았지만 신돈의 측근 승려로 天正, 哲觀 등이
있었다.

44) 『고려사』권132, 신돈전 ; 『고려사』권125, 이춘부전 ; 『씨족원류』. 이춘부 집안은
형제 3인이 權要를 누렸고 宗族이 많이 顯列하였다.

정부를 장악했다. 김원명, 이금강, 이운목, 이원부, 이득림 등을 통해 군권
을 장악하려 했는데[45] 군사들이 도순문사나 원수들에 의해 사적으로 동
원되던 상황이라 그리 큰 효과는 보지 못했을 것이다. 이춘부, 김란, 기현,
최사원, 이원구, 홍영통, 임박 등은 신돈을 위해 헌신한 최측근 심복이었
다.[46] 김란의 근친인 金縝과, 김진의 사돈인 영해 박동생과, 김란의 근친
김천의 사돈인 光州 金鼎이 김란을 중심으로 신돈의 측근을 이루었는데,
이는 신돈의 측근이 형성되는 전형의 하나를 보여준다.

신돈은 지지기반이 어느 정도 다져진 공민왕 15년 5월에 전민변정도감
(전민추정도감)을 설치해 스스로 판사가 되고 다른 판사 이춘부와 이인
임, 使 임박의 도움을 받아 田民을 변정하는 개혁을 추진했다.[47] 고려말
사회문제의 핵심은 田民의 탈점과 노비제도의 유지에 있었다. 노비들은

<hr>

45) 『고려사』 권132, 신돈전 ;『고려사』 권125, 김원명전 ;『고려사』 권125, 이춘부전.
이금강이 신돈의 측근임은 『고려사』 권117, 이첨전에서 확인된다.
46) 기현과 최사원은 신돈 腹心, 이춘부와 김란은 羽翼이었다. 이춘부는 김란과 辛旽腹
心으로 아침마다 신돈을 私第에서 꼭 알현하고 관아에 출근했고, 유탁이 실각하자
수상이 된다.『고려사』 권132, 신돈전 및 권125, 이춘부전. 김란은 그의 집에 머문
신돈에게 딸을 興했다(신돈전)[視寢하게 했다(『고려사절요』 공민 14년)]고 한다. 평
소부터 신돈과 친한 사이인 이원구는 신돈의 정적들을 숙청하는 데 앞장섰다. 기현
부부는 신돈이 그들의 집에 거처할 때나 다른 곳에 거처할 때나 심신을 바쳐 시중
을 들었다.『고려사』 권132, 신돈전. 홍영통은 신돈에 붙어 항상 음식을 바치며 안
부를 물었고 신돈이 출입할 때마다 수행하였다.『고려사』 권105, 홍자번 첨부 홍영
통전. 임박은 매일 밤마다 신돈의 집에 출입해 신돈을 위해 계획하였고 신돈을 盛
德이라 찬양하며 好惡를 헤아려 迎合하여 권세를 휘둘렀지만 신돈이 실각하자마자
등을 돌렸다.『고려사』 권111, 임박전 ;『고려사』 권132, 신돈전.
47) 『고려사』 권132, 신돈전 및 권111, 임박전;『고려사절요』 권28, 공민왕 15년 5월.
도감이 權豪의 탈점 田民을 本主에게 많이 돌려주니 中外가 기뻐했다. 儒者 林樸은
平決한 반면 신돈은 偏聽 즉 약자와 노비 편을 들어 판결했다. 신돈정권 구성원에
서 김달상, 이원구, 안극인, 전록생은 정치도감의 정치관으로 활약한 적이 있고, 김
진은 정치도감을 주도한 판사 김영돈의 아들이었으니(『고려사』 권37, 충목왕 3년
10월 ;『고려사』 권104, 김영돈전), 이들의 경험이 신돈의 개혁에 일정한 도움이
되었을 것이다.

무인정권 이래 신분제가 흔들리면서 신분 해방을 꿈꾸어 왔고 일부는 출세하기도 했지만 '一賤則賤'의 노비 제도는 존속되었다.

충렬왕 25년 10월 원이 보내온 정동행성 평장정사 闊里吉思가 26년 10월부터 27년 3월에 걸쳐 통역관인 중랑장 朴洪의 도움을 받아, 고려의 '一賤則賤'의 노비 제도를 부모 중 한쪽이라도 양인이면 양인으로 만드는 방향으로 개혁하려 시도했다.48) 하지만 충렬왕은 물론 최유엄과 김지숙 등 세족을 중심으로 한 지배층이 강력히 반발했다. 충렬왕은 원 황제에게 표문을 올려, 始祖(태조 왕건)가 賤類를 양인으로 만들지 말라고 훈계했다며, 이로 말미암아 八世戶籍에 賤類가 간여되지 않아야 筮仕할 수 있고 부모 중 하나라도 賤이면 賤이 되고 주인이 노비를 양인으로 만들더라도 그 자손은 노비로 환원되어 끝내 양인이 되지 못하도록 하는 것이 고려의 법이라며, 이것을 유지시켜 주도록 강력히 요청했다.49) 光州 김지숙은, 원 세조가 帖帖兀을 고려에 보내와 監國할 때 趙石奇가 訴良하자 帖帖兀이 上國의 법을 쓰고자 했지만 원 세조가 고려의 舊俗을 따르라고 했다며, 노비의 부모 중 하나라도 양인이면 양인으로 만들려는 활리길사의 시도에 반대했다. 해주 최자의 아들인 최유엄은 원에 갔을 때 황제에게 고려의 노비제도를 그대로 유지시켜 주기를 간청해 허락을 받아냈다고 한다.50) 고려 지배층의 이러한 강력한 반발로 활리길사의 고려노비 개혁은 실패해, 활리길사가 노비를 양인으로 판정했던 자들은 충렬왕 28년 정월에 왕명을 받은 전민변정도감에 의해 노비로 환원되었다.51)

---

48) 『고려사』권31, 충렬왕 25년 10월·26년 10월 ; 『고려사』권32, 충렬왕 27년 3월 ; 『고려사』권108, 김지숙전. 노비 개혁이 제기된 것은 노비들이 사회적 진출을 활발히 함으로써 지위와 의식이 상승한 결과였다.
49) 『고려사』권31 세가 및 『고려사』권85 형법지 노비, 충렬왕 26년 10월.
50) 『고려사』권108, 김지숙전 ; 『고려사』권110, 최유엄전.
51) 『고려사』권32, 충렬왕 28년 정월. 이는 전민변정도감이 士族 혹은 지배층의 이익을 옹호하는 수구적 측면을 지니기도 했음을 보여준다.

토지와 노비 문제는 충목왕 때 정치도감, 공민왕 초기에 전민변정도감이 두어져 다루었지만 그리 성과를 거두지 못했다. 신돈이 전민변정을 지휘하면서 노비가 양인이라고 호소하면 모두 허락하니 그들이 신돈을 성인으로 추앙했다.[52] 신돈은 노비제도를 완전히 혁파하지는 못했지만 노비편을 들어주어 가능한 한 많은 노비들을 해방해 그들의 구세주로 추앙받았다. 홍건적의 침략 때 노비 문서가 많이 불탔기 때문에 많은 노비들이 원래 양인이었음을 호소하면 신돈과 도감이 들어주어 해방될 수 있었다. 신돈정권은 신돈·신귀의 영산 신씨, 기현의 행주 기씨, 이춘부의 양성 이씨 등이 보여주듯이 친원적 성향을 띠고 있었는데, 이는 친원외교를 펴도록 만들었을 뿐만 아니라 원의 개방적 사회정책을 도입해 고려의 노비제도를 개혁하는 등 진보적 정책을 추구하도록 작용한 측면이 있다.

권력기관은 아니지만 이른바 '신진 사대부'의 성장과 관련해 신돈정권의 성균관 중영이 주목받아 왔다. 성균관의 중영은 임박이 건의하고 신돈의 지원을 받아 염흥방의 주관 하에 완성되었으며, 이색이 대사성, 임박이 성균좨주(성균제주)와 대사성, 김문현이 성균좨주, 정몽주, 박상충, 박의중, 김구용(김제민), 이숭인, 정도전 등이 학관이었다.[53] 신돈, 임박, 김문현, 정몽주, 김구용, 박의중, 이숭인, 정도전이 경상도 사람이었고, 한산 이색은 경상도 사람이나 마찬가지였고, 반남 박상충은 이색의 매부였고, 파주 염흥방은 경주 이성림의 異父弟였다. 성균관 중영의 주도자와 그 학관은 거의 경상도 일색이니 가히 영남 사림파가 발아했다고 하겠다. 이들 성균관 관련 儒者 중에서 향리의 자제이거나 당대에 관계에 진출한 자는

---

52) 『고려사』 권132, 신돈전.
53) 『고려사』 권132, 신돈전 ; 『고려사』 권74, 선거지 학교 국학 ; 『고려사』 권115, 이색전 ; 『고려사』 권111, 임박전 ; 『고려사』 권131, 김문현전 ; 『고려사』 권119, 정도전 ; 『고려사』 권126, 염흥방전 ; 『고려사』 권117, 정몽주전 ; 『고려사』 권112, 박상충·박의중전 ; 『고려사』 권104, 김방경 첨부 김구용전 ; 『고려사』 권115, 이숭인전. 이색과 박상충·이춘부의 관계는 『씨족원류』 참조.

보이지 않으니 순수한 신진은 없었다. 이색은 이춘부와 사돈이었고, 김방경의 현손인 김구용은 김란의 친족이었고, 이숭인은 이원구의 아들이자 이인임의 7촌조카였고, 김문현은 김달상의 아들이었으니 신돈과 밀접하게 연결되어 있었다.

여성은 관리는 아니지만 신돈 정권의 윤활유 역할을 했는데 특히 般若와 金莊이 그러했다. 『고려사절요』 공민왕 15년조와 우왕 3년조에 따르면, 私婢 般若는 곧 신돈의 婢妾인데 공민왕의 아들인 모니노(우왕)를 낳았고, 신돈이 金鉉에게서 뇌물로 받은 婢로 하여금 아기 우왕에게 젖을 먹이게 해 그녀가 곧 乳媼 張氏인데 池奫과 사통했다. 『고려사절요』와 『고려사』 신우전에 따르면 우왕 2년 3월에 반야가 우왕을 낳았다고 외쳤다가 臨津에 던져지고 그 族 판사 姜居實(龍居實)이 베어졌고, 8월에 銀으로 乳媼 辰韓國大夫人 張氏 즉 金莊의 印을 주조했고, 3년 11월에 우왕이 자신이 幼弱했을 적에 乳媼 張氏가 保護했다며 田 100結과 奴婢 10口를 하사했다. 『고려사절요』에 따르면 우왕 4년 11월에 廣州 任內 砥平縣을 쪼개어 監務를 두었는데, 이곳이 乳媼 張氏의 鄕이기 때문이었다.

『고려사』 신우전과 최영전 및 『고려사절요』에 따르면, 우왕 5년에 정당문학 許完 및 동지밀직 尹邦晏이 妻를 통해 유온 장씨와 결탁해 최영과 임견미 등을 제거하려다가 실패했다. 최영이 張氏 族黨인 康侑權·元順·元甫 등을 가두어 국문했다. 9월에 臺諫과 重房의 요구로 인해 張氏를 砥平縣에 유배하고, 許完·尹邦晏·康侑權·元順·元甫 및 張氏 養女壻인 上護軍 孫元美를 베고 손원미 兄인 知春州事 孫元迪을 杖流했다. 12월에 憲府가 상소해 張氏가 본래 侍婢로 乳媼을 冒稱하더니 池奫과 交通해 난을 도모했고 腹心 元順을 許完과 尹邦晏에게 보내 通謀해 유배되었는데, 李義와 俞甫가 結黨해 張氏를 還京시키려 한다며 장씨 죽이기를 요청했다. 우왕 6년 정월에 장씨가 목이 베어져 개경으로 보내졌다.

이처럼 金鉉의 婢였던 金莊이 곧 우왕의 유모 張氏였는데, 그녀의 鄕

은 砥平縣이었고, 그녀의 族黨은 康侑權·元順·元甫(특히 元順은 腹心)이고 養女의 남편은 상호군 孫元美였는데, 元順과 元甫는 원주 사람들로 보인다. 우왕은 위화도에서 회군한 이성계에 의해 江華에 추방되었다가 驪興으로 옮겨진다. 이로 보아 반야와 유모 장씨의 근거지 내지 연고지는 지평(현재 양평), 여주, 원주 일대로 여겨진다. 신돈이, 母鄕인 양근(현재 양평)을 근거지로 둔 보우와 갈등한 데에는 이러한 요인도 작용했을 것이다.

## 2) 구성원 貫鄕의 일치 문제

신돈정권의 구성원을 분석할 때 본관과 고향이 얼마나 일치하는 지가 문제로 떠오른다. 『고려사』에 출신지역이 밝혀진 경우 조민수는 '창녕현 사람이다'처럼 대개 '어디 사람'이라고 나오는데, '어디'가 단순히 본관만을 의미할 수도 있다는 점이 문제이므로 따져보아야 한다. 영산(창녕) 신씨, 창녕 성씨·조씨들은 원간섭기에 중앙으로 본격적으로 진출했고,[54] 신돈은 계성(창녕)에서 태어나고 자랐다. 성주 이씨는 이인임의 조부인 이조년이 향리의 아들로 관계에 진출했다가 성주로 낙향했다.[55] 이조년의 從曾孫 이숭인(이원구의 아들)은 실각했을 때인 공양왕 3년에 경산(성주) 陶齋에 거처했으니[56] 이는 이숭인대에도 성주가 고향임을 시사한다.

신돈의 친족인 신예는 성주 이조년의 손녀(이인임의 동생)와, 창녕 조

---

54) 성여완·성석린의 成氏는 성여완의 고조까지는 호장을 지내다가, 증조부터 사족의 길로 들어섰다(『씨족원류』). 조민수의 조씨는 증조까지 호장을 지내다가 조부 무렵에 사족의 길로 들어섰고, 조민수의 7촌인 曹益淸이 공민왕의 측근으로 출세하면서 부각되었다.(『국조인물고』 조석문 비명, 『씨족원류』, 『고려사』 권108, 조익청전). 신순·신귀 형제의 신씨도 향리 집안으로 여겨지는데, 辛喜가 고종 42년 12월에 시어사(『고려사』 권24)에 임명되면서 중앙 정계에 이름을 내밀고 원간섭기에 신예의 활약으로 성장했다.
55) 『고려사』 권109, 이조년전.
56) 『동문선』 권76, 영일현신성기(이숭인).

민수의 부친 조우희는 성주 이조년의 조카와 혼인했다.[57] 신돈은 이인임의 6촌인 이원구(이숭인의 부친)와 평소 친히 지내오던 사이였고, 조민수의 아들 조취귀를 총애했으며, 조민수는 창녕에서 사망했다.[58] 조민수가 이성계 세력에 의해 밀려나 창녕에서 사망한 것은 그의 고향이 창녕이었음을 시사한다. 향리를 역임하다가 원간섭기 무렵에 사족화의 길을 걷는 이들 신씨, 이씨, 조씨 집안은 서로 혼인과 친분 관계를 맺으며 신돈 집권기에도 토착적 성격을 유지했다고 여겨진다.

이러한 면모는 김달상과 아들 김문현의 예에서도 확인된다. 이 집안은 김달상의 고조까지 향리를 역임하다가 증조부터 사족의 길을 걷는데, '善州人'으로 나타나는 김문현이 선주(선산)에 있을 적에 왕명을 빙자해 사람들을 죽이고 재물을 약탈했다.[59] 이는 김문현대에도 선주에 연고가 있어 선주가 단순한 그의 본관이 아니라 여전히 고향이었음을 시사하는 것이다.

윤지표의 선주 해평 윤씨는 윤군정이 고종과 원종 때 벼슬해 좌복야에 오르면서 사족으로 발돋움했고, 다음대인 윤만비가 충렬왕 때 공신으로 밀직재상에 오르고 다음대인 尹碩이 정승에 오르면서 세족으로 성장하고 다음대인 윤지표로 이어졌다.[60] 그런데 윤석은 충목왕 때 실각해 해평에 유배되어 사망했으니 윤석 때에도 해평은 그의 고향으로 인식되었던 것이며 윤지표 때에도 마찬가지였을 것이다.

고려말 최대 문벌로 떠오르는 안동 권씨와 김씨의 경우가 하나의 시금석이 될 수 있다. 권중화의 안동 권씨는 5대조까지 향리를 역임하다가 고조대인 권수평과 권수홍 형제에 와서 중앙 관직에 진출했는데, 권수평은 고종 37년에 추밀원부사로 사망했다.[61] 권수홍의 증손인 권한공(권중화

---

57) 『씨족원류』 성주 이씨.
58) 『고려사』 권132, 신돈전 ; 『고려사』 권126, 조민수전.
59) 『석탄집』 하 방목 ; 『고려사』 권131, 김문현전.
60) 윤지표 묘지명 ; 『고려사』 권124, 윤석전.
61) 『고려사』 권102, 권수평전 ; 권단 묘지명 ; 『씨족원류』.

의 부친)은 권세를 누리고 정승에 올랐는데, 젊은 시절에 안동의 여산 백
련사에서 10년 동안 글을 읽었다.[62) 이는 이 집안이 권한공대까지는 물론
권중화대까지도 안동이 연고가 있는 고향이었음을 시사한다.[63)

김진·김구용의 안동 김씨는 김방경의 조부 김민성부터 중앙의 관직에
진출하기 시작해 김민성의 아들인 김창이 집권자 최우의 측근으로 활약하
고 그 형제인 김효인의 아들 김방경이 어릴 적에 복주(안동)에 거처하다
가 관직에 진출해 시중에 오르면서 명문으로 부상했다. 하지만 김방경은
자신의 유언에 따라 고향인 안동에 묻혔으며, 아들인 金忻도 어릴 적에
안동에서 자랐다.[64) 鄭誧가 남쪽에 귀양갔다가 복주에 거처 중인 외삼촌
金佐郎을 만난 일이 있다.[65) 정포의 부친은 김방경의 아들인 金恂의 딸
과 혼인했으니 정포의 외삼촌 김좌랑은 김순의 아들인 김영돈·김영휘·김
영후 중의 하나이고 그가 안동에 거처했던 것이다. 정도전은 金若齋(惕若
齋) 즉 김구용이 안동에 있음을 듣고 시를 부친 일이 있으니[66) 김구용도
안동에 연고가 있었다. 안동은 김방경 가문에 있어서 손자대는 물론 증손
인 김진·김구용 대에도 연고가 있는 고향이었던 것이다.

신돈정권에 참여한 경상도 출신 인물들의 집안은 중앙 관직에 진출한
시기가 대개 올라가 보아야 무인정권 후반기이고 대부분은 원간섭기였
다.[67) 무인정권 후반기에 중앙 관직에 진출해 세족으로 성장한 안동 권씨

---

62) 『고려사』 권125, 권한공전 ; 『신증동국여지승람』 권24, 경상도 안동 불우 ; 『동문
    선』 권10, 廬山寺枕碧樓.
63) 권수평의 후손도 권단, 권보 등 명망가를 배출하지만 권근이 안동을 鄕郡이라 표현
    한 데(『신증동국여지승람』 권24, 안동 영호루) 드러나듯이 권보의 증손인 권근의
    대까지도 안동을 고향으로 생각하고 있었다.
64) 『고려사』 권102, 김창전 ; 『고려사』 권104, 김방경전 ; 『동문선』 권20, 福州(김방
    경) 및 영호루(김흔).
65) 『동문선』 권11, 贈佐郎舅詩(정포).
66) 『동문선』 권10, 聞金若齋在安東…(정도전). 김구용은 외가인 여흥에서 자랐고, 실
    각했을 때 그곳에 六友堂을 지어 거처했으니(『고려사』 권104, 김방경 첨부 김구용
    전 ; 『척약재집』), 그의 고향은 안동과 여주 두 곳이라 볼 수 있다.

와 김씨, 해평 윤씨조차도 여전히 자신들의 관향을 고향으로 인식했으니
그들보다 늦게 진출하거나 세족이 아닌 다른 성씨들은 더욱 그러하였을
것인데, 이는 이원구·이숭인 등의 성주 이씨, 김달상·김문현 등의 선주
김씨 등에서 확인되었다.

상주의 김선치, 안동 길안의 임박, 현풍 곽의의 예가 참고된다. 상주의
州吏 金祚의 딸 萬宮과 州吏 金鎰이 결혼해 낳은 金祿이 중앙의 관직에
진출했고 김득배·김선치 형제를 낳았으며, 김선치는 무장으로 활약하고
물러나 고향 상주에 거처하다가 사망했다.[68] 임박의 집안은 조부가 낭장
을 지내면서 중앙 관직에 진출했다.[69] 곽의는 현풍에 거주하며 이웃 영산
에 위치한 신돈의 부친 무덤을 돌보다가 신돈에 의해 등용되었다. 신돈정
권의 경상도 출신의 다수는 김선치, 임박, 곽의처럼 신진으로 토착적 기반
이 강했다고 여겨진다.

이러한 사례들로 보건대 신돈 정권의 구성원 중에 경상도 출신으로 분
류된 사람들은 대개 단순한 본관만이 아니라 고향이 경상도였다고 판단된
다.[70] 신돈정권기에 활약하는 관료들은, 특히 삼남 사람들은 대부분 무인
정권기 이래 중앙으로 진출한 자들[71]로 향관에 일정한 연고를 지니고 있

---

67) 정몽주의 경우, 그 선조인 정습명이 향공으로 급제해 의종 때 지주사를 지내지만
몰락했다가 증조 때 혹은 정몽주 때에 관직에 진출했다. 『고려사』 권98, 정습명전 ;
『고려사』 권117, 정몽주전 ; 『석탄집』 하 방목.
68) 『고려사』 권113, 안우전 첨부 김득배전 ; 『고려사』 권114, 김선치전.
69) 『고려사』 권111, 임박전 ; 『석탄집』 하 방목.
70) 의성현 사람인 金鉉은 면직되었을 때 나주에 거처하며 田民을 탈점해 부를 축적했
다. 『고려사』 권125, 김횡전. 金晅의 의성 김씨는 그 부친대에 관직에 진출했고 김
훤의 손자가 金鉉인데(『고려사』 권106, 김훤전 ; 김훤·김개물 묘지명), 金鉉은 金鉉
과 형제뻘로 여겨진다. 김횡의 고향은 나주가 아니라 여전히 의성으로 인식되었을
것이다. 권근이 안동을 고향으로 인식한 반면 거처한 충주 양촌을 異鄕으로 표현한
것(『양촌집』 권7, 庚午除夜)이 참고된다.
71) 무신집권기, 원의 지배시기, 여말을 거치면서 지방의 중소군현 토성의 진출이 특히
활발하였으며, 경상도는 타도에 비해 강력한 토성이 많았고 고려 전기보다 중기에,
중기보다 여말에 더 많은 관인을 내었다는 연구가 참고된다. 이수건, 『한국중세사

었다고 여겨지므로 더욱 그러하다.

신돈 정권의 구성원들은 경상도 출신의 비율이 압도적으로 높았음이 드러났는데, 여기에는 신돈의 의지가 담겼다고 여겨진다. 또한 공민왕의 의지도 반영되었을 터인데 특히 대언은 왕의 비서라는 점에서 더욱 그러하였을 것이다. 왕은 홍건적의 2차 침략 때 안동에서 피난생활하며 재기하였는데 안동 사람들의 도움을 많이 받았으며, 경상도의 다른 지역 사람들도 도움을 주었을 것이다. 왕은 영호루 현판을 친필로 써서 하사할 정도로 감사했고 복주목을 안동대도호부로 승격시켰다.[72] 이러한 배경이 공민왕에게 경상도 사람들을 선호하도록 만들었다고 생각된다. 왕이 인사를 담당한 차자방(정방)의 실무책임자인 지인에 창녕 성석린과 안동 임박을 임명한 점[73]도 그러한 배경이 작용하지 않았나 싶다. 성석린의 후임자인 임박은 왕과 신돈의 신임이 두터웠는데, 그는 재상도 무력화시킬 정도로 인사권을 행사했으니 경상도 출신이 이득을 보았을 것이다.

경상도 출신이 모두 신돈을 지지했던 것은 아니었다. 이승경, 이제현, 이인복이 신돈을 싫어했고, 이존오는 신돈을 탄핵했다가, 이달충은 신돈의 주색을 충고했다가 쫓겨났고, 이순과 김제안은 신돈을 제거하려다가 처벌당했다. 같은 성주 이씨라도 이승경(이인복의 5촌)과 이인복은 신돈을 싫어했고, 이인임과 이원구는 신돈에 적극 협조했다. 같은 형제라도 김제안은 신돈에 반항했고, 김구용은 순종했다.[74] 각자의 처지와 소신에 따라 지역과 가문을 초월하는 사람들도 종종 있었던 것이다.

---

회사연구』, 일조각, 1984, 제6장. 신돈정권에 경상도 출신이 많은 것은 신돈의 세력 기반이라는 점 외에 토성의 활발한 중앙 진출에서도 찾을 수 있는 것이니 두 요인이 맞물린 결과로 볼 수 있다.

72) 『신증동국여지승람』 권24, 경상도 안동 건치연혁 및 누정 영호루.

73) 『고려사』 권117, 성석린전 ; 『고려사』 권111, 임박전. 신돈은 성석린이 아부하지 않자 知印을 임박으로 교체하였다.

74) 『고려사』 권132, 신돈전 ; 『고려사』 권110, 이제현전 ; 『고려사』 권112, 이인복·이달충·이존오전 ; 『고려사』 권104, 김방경 첨부 김구용·김제안전.

경상도 출신 비율이 높음은 신돈이 집권하며 축출된 자들에서 경상도 출신이 별로 눈에 띄지 않는 점과 비교하면 더욱 두드러진다. 이는 근본적으로 세력기반이 별로 없는 신돈이 집권하면서 단기간 안에 세력을 형성해 나간 데 따른 필연적 결과였고, 세력기반의 편중이 신돈정권의 약점이었다. 결국 신돈은 공민왕의 변심으로 죽임을 당했다. 이에 火王山 남쪽 玉泉寺는 『신증동국여지승람』 창녕 편에 따르면 신돈의 모친이 이 절의 婢였기 때문에 황폐화되었고, 후에 改創되다가 신돈을 이유로 論列하는 자가 있어 철거당했다. 하지만 신돈이 추진했던 개혁은 지워지지 않는다.

# 맺음말

신돈이 정계에 등장하면서 축출된 주요 대상은 여러 차례 공신에 책봉되거나 덕흥군을 격퇴한 자들인데 대부분 무장이었다. 숙청에서, 군부를 대표하는 경천흥(경복흥), 최영, 이귀수, 양백익 등이 핵심대상이었고, 특히 최영 일파에 초점이 맞추어졌다. 과거급제 유자라도 유숙과 원송수처럼 권세가로 성장한 공신이거나 한방신처럼 군공을 많이 세운 공신은 해임당했다. 원송수, 한방신, 한공의, 홍사범, 왕중귀, 허유, 허서 등은 문벌인 점, 경천흥, 홍사범은 외척인 점, 왕중귀는 왕족인데다가 기철의 사위인 점이 실각에 작용했다.

고위재상의 2/3, 하위재상의 1/2 정도가 교체되었는데 그 빈 자리는 승진으로 채우기도 했지만 전직 재상들을 복귀시키는 방식이 선호되었다. 공신들의 다수가 신돈정권에 포용되었다. 하지만 목인길, 안우경, 한휘, 이순, 오인택, 김원명 등의 주류 공신의 무장은 신돈을 제거하려 반기를 들어 숙청당했으며, 그 결과 비주류 무장들이 정권을 장악했다. 무장들 외에도 이제현, 유숙, 원송수, 한수, 이존오, 정추 등의 유자들이 신돈을 비난했고 유자 김제안은 신돈 제거를 도모했다. 신돈은 무장과 유자 양측으로부터 협공을 당하였다.

신돈정권의 재상, 대간, 대언, 판서, 측근은 경상도 사람들의 비율이 압도적으로 높았다. 경상도 출신은 신돈의 친족인 신순과 신귀 등의 영산 신씨, 성여완·성준덕·조민수 등의 창녕 사람들, 이인임과 이원구의 성주 이씨, 김란과 김진의 안동 김씨, 임박의 길안 임씨, 김달상과 김군정·김문현의 선산 김씨, 김한귀와 김린의 청도 김씨, 손용의 밀양 손씨, 이운목의 합천 이씨 등을 중심으로 짜여졌다. 그리고 다른 지역은 기현과 기중륜·기중제·기숙륜·기중평·기중수 등의 행주 기씨, 이춘부·이광부·이원부·이옥 등의 양성 이씨 등이 중심이 되었다.

원래 행주 기씨와 영산 신씨는 친원적 성향이 강했고 이춘부 집안도 그러하였다. 행주 기씨는 기철 집안이 숙청당했지만 그 친척인 기현 집안은 살아남았다. 영산 신씨는 신예가 매부인 고룡보를 등에 업어 권력을 부리다가 사망했고, 신귀가 실각했다가 신돈의 집권으로 정계에 복귀했다. 신돈정권기에 이들 집안의 친원적 성향은 감소했지만 어느 정도 유지되었는데, 이 시기에 고려와 원의 관계가 정상화되었기에 오히려 정국의 안정에 도움이 되었다. 신돈정권이 친원적 성향을 띠었다고 해서 개혁에 걸림돌로 작용한 것은 아니었으며, 고려의 인습에 매몰되지 않아 오히려 더 개방적이고 개혁적일 수도 있었다. 신돈의 개혁이 이인임같은 '權門世族'에 의해 주도되었기 때문에, 이른바 '신흥사대부' 내지 '신흥유신'의 세력이 약했기 때문에 실패했다는 시각이 있지만, 오히려 '신흥 사대부' 내지 '신흥유신'의 실체인 儒者의 세력이 성장했기에 실패한 것이었다. 이인임은 世族 출신이 아니었고 신돈 집권기에는 바람직한 개혁의 기수였다. 儒者는 良賤制와 士庶制를 중심으로 한 신분질서를 고수했으니, 신돈 개혁의 진정한 걸림돌은 바로 儒者였다.

〈표 1〉 신돈이 집권하며 축출된 자

| 이름 | 향관 | 관직 | 공신 | 기타 | 비고 |
|------|------|------|------|------|------|
| 이공수 | 익산<br>(전라) | 영도첨의 | | 급제 | 기황후 고종사촌 |
| 경천흥<br>(경복흥) | 청주<br>(충청) | 수시중 | 기철주살·기해홍건격<br>퇴·신축호종 각 1등,<br>경성수복 2등 | 덕흥군 격퇴 | 무장. 외척.<br>반기 |
| 이수산 | 수안<br>(서해) | 판삼사사 | | 여진강역 정함 | 무장.<br>복귀(금위제조) |
| 유숙 | 서주<br>(충청) | 찬성사 | 연저수종 1등 上,<br>기철주살·신축호종·부<br>시피난 각 1등 | | 서주(충청). 급제 |
| 송경 | 연안<br>(서해) | 찬성사 | 기해홍건격퇴 1등<br>경성수복 2등 | | 延安府院君. 무장 |
| 최영 | 철원<br>(東州) | 찬성사 | 경성수복 1등,<br>홍왕토적 1등 | 왜구격퇴.<br>덕흥군 격퇴<br>총지휘 | 최양 후손.<br>폄출. 유배 |
| 이귀수 | | 찬성사 | 첨병보좌1,<br>경성수복1등 | 덕흥군 격퇴 | 내료. 무장. 유배 |
| 한방신 | 청주<br>(충청) | 첨의평리 | 경성수복 1등 | 여진족 격퇴 | 문벌. 급제. 무장.<br>복귀(금위제조) |
| 梁伯益 | | 첨의평리 | 경성수복1,<br>홍왕토적1등 | | 무장. 유배 |
| 김귀 | 김해? | 첨의평리 | 경성수복 1등 | 여진족 격퇴 | 김해 유배. 무장 |
| 원송수 | 원주 | 정당문학 | 신축호종 1등 | | 문벌. 급제 |
| 박춘 | 춘주? | 판밀직 | 부시피난 1등<br>경성수복 1등 | 덕흥군 격퇴 | 무장.<br>유배 |
| 김광조 | 洞州<br>(서해) | 밀직사 | 기해홍건격퇴 1등<br>경성수복 2등 | | 무장.<br>岳川君. 洞山君 |
| 조희고 | 철원<br>(동주) | 동지밀직 | 기해홍건격퇴 2등<br>경성수복 1등 | | 東川君. 무장<br>반기 |
| 왕중귀 | 안동<br>→개경 | 동지밀직 | | 충선왕의 양자<br>王煦(權載) 아들 | 문벌. 권보 손자.<br>기철 사위 |
| 홍사범 | 남양<br>(양광) | 밀직부사 | 신축호종 2등 | 홍언박 아들 | 문벌. 외척 |
| 최맹손 | 철원<br>(동주) | 밀직제학 | | 최중손 사위:<br>梁宜生 | 최당 후손 |

| 한공의 | 청주 | 밀직부사 | | 경복흥의 매부 | 문벌. 한방신 형. 한수 부친 |
|---|---|---|---|---|---|
| 박희 | 춘주 | 밀직부사 | | | 춘성군. 유배 |
| 석문성 | 임피 (전라) | 芮城君 | | 왜구방어 | 무장. 前판개성. 유배 |
| 姜仲瑞 | | | | | 普寧君 |
| 불화첩 목아 | 고성 (동계) | | | | 高城君 |
| 朴元 | 임피 (전라) | | 기해홍·건격퇴 2등 | 前개성윤 | 芮城君. 무장 |
| 허유 | 양천 (양광) | 양천군 | 연저수종 3등, 신축호종 1등, 경성수복 1등 | 前밀직부사 | 문벌. 무장. 유배 |
| 허서 | 양천 | 전리판서 | 신축호종 1등 경성수복 2등 | 허유의 아들 | 문벌. 무장. 유배 |
| 변광수 | | 前전공판서 | 경성수복 2등 | | 무장. 유배 |
| 홍인계 | | 판사 | | | 무장. 유배 |
| 홍승로 | | 호군 | | | 무장. 유배 |
| 梁濟 | | 상호군 | | | 무장. 유배 |
| 이인수 | | 대호군 | | | 무장. 유배 |
| 김수만 | | 晉原府院君 | 신축호종 1등 | | 환관. 유배 |
| 이녕 | | 府院君 | | | 환관. 유배 |

<표 2> 신돈정권기 재상

| 이름 | 관향 | 직책 | 공신 | 기타 | 비고 |
|---|---|---|---|---|---|
| 신돈 | 영산 (경상) | 사부. 영도첨의 | | | 창녕. 계성 |
| 유탁 | 고흥 (전라) | 시중 | 집병정난 건의 1등 첨병보좌 1등 | | 무장 |
| 김보 | 김해 (경상) | 찬성사, 시중 | 연저수종 1등 上 | | 기철당. 이탈 |
| 이춘부 | 양성 (양광) | 찬성사, 시중 | 첨병보좌 1등 | | 안성. 무장 |
| 이인복 | 성주 (경상) | 찬성사, 판삼사사 | | | 급제 |
| 이인임 | 성주 (경상) | 삼사우사, 찬성사, 시중 | 殮兵濟師 2등 경성수복 1등 | | 무장 |
| 전보문 | | 판삼사사 | 연저수종 1등 | | |
| 권적 | 안동 | 평리, 찬성사 | | 승병 이끌고 1차 홍건과 전투 | 문벌. 권준 아들. 권보 손자 |
| 안우경 | | 찬성사, 삼사우사 | 기해홍건격퇴 1등 경성수복 1등 홍왕토적 1등 | 덕흥군 격퇴 | 무장. 반기 |
| 이성서 | 경주 (경상) | 찬성사 | 기해홍건격퇴 1등 첨병보좌 1등 홍왕토적 1등 | | 무장 |
| 한휘 | | 첨의평리 | 기해홍건격퇴 2등 경성수복 1등 홍왕토적 1등 | | 내료. 무장. 반기 |
| 이승로 | 합천 (경상) | 정당문학 | | | 이운목 형. 급제 |
| 목인길 | 사천 (경상) | 첨의평리 | 연저수종 1등 기철주살 1등 기해홍건격퇴 1등 신축호종 1등 | | 무장. 축출. 반기 |
| 우제 | 단양 (충청) | 첨의평리 | 기해홍건격퇴 1등 경성수복 1등 홍왕토적 1등 | 덕흥군 격퇴 | 무장 |

| 김속명 | 광주<br>(전라) | 삼사좌사, 평리 | 신축호종 2등 | 왜구 격퇴.<br>홍규는 김인연<br>고모부 | 문벌.<br>김인연 子.<br>외척. 무장 |
|---|---|---|---|---|---|
| 김원명 | 광주<br>(전라) | 동지밀직,<br>삼사좌사<br>(공민14.9) | 기철주살 2등<br>경성수복 1등<br>신축호종 2등 | 경복흥 처남.<br>洪澍(명덕태후<br>조카)의 사위 | 문벌. 김인연<br>子. 외척.<br>무장. 반기 |
| 이금강 | | 첨의평리, 지문하 | 첨병제사 2등 | 금위제조관 | 무장 |
| 洪淳<br>(洪順) | 남양<br>(양광) | 지도첨의 | | 홍영통 從祖父 | 문벌.<br>홍자번 아들 |
| 오인택 | | 지도첨의 | 경성수복 1등<br>홍왕토적 1등 | | 무장.<br>반기 |
| 이순<br>(이희필) | 고성<br>(경상).<br>이암<br>조카 | 판개성부사 | 기해홍건격퇴 1등<br>경성수복 1등 | 덕흥군 격퇴 | 이조년 외손.<br>무장. 반기 |
| 안우상 | | 판개성부사 | | 금위제조관 | 축출 |
| 지용수 | 충주? | 밀직사, 지도첨의<br>(공민14.9), 평리,<br>지문하성사 | 기해홍건격퇴 1등<br>경성수복 1등 | 덕흥군 격퇴 | 무장.<br>금위제조관 |
| 이색 | 한주<br>(충청) | 첨서밀직, 판개성,<br>삼사좌사 | 신축호종 1등 | 이춘부의 사돈 | 급제 |
| 金蘭 | 안동<br>(경상) | 밀직부사,<br>참지문하 | 기해홍건격퇴 2등 | | 무장 |
| 최백 | 황원<br>(전라)? | 밀직사상의,<br>참지문하 | | 관향:<br>黃州(서해)? | 무장.<br>黃原君 |
| 신순 | 영산<br>(경상) | 재신 | 기해홍건격퇴 1등 | 신예의 아우 | 무장 |
| 신소봉 | | 밀직상의,<br>평리상의 | 연저수종 1등 上<br>신축호종 1등 | | 환관.<br>寧原府院君 |
| 柳淵 | 진주<br>(경상) | 지밀직,<br>지도첨의 | 신축호종 2등<br>경성수복 1등 | 이원부의 처사촌<br>이광부의<br>사위사촌<br>이징의 장인사촌 | 홍언박 사위.<br>외척. 무장 |
| 이성계 | 영흥<br>(동북면) | 밀직재상,<br>지문하(공민18) | 경성수복 1등 | 덕흥군 격퇴<br>여진족 격퇴 | 무장 |
| 강석 | | 三宰 | | | 무장 |
| 강사찬 | | 삼사좌사<br>(공민19무렵) | | | |

| | | | | | |
|---|---|---|---|---|---|
| 강중상 | | 판개성(공민20) | | | |
| 윤지표 | 해평 (경상) | 지밀직, 밀직사, 지문하성사상의 | | | 무반 |
| 송인적 | | 밀직사 | 신축호종 1등 | | |
| 임군보 | 풍주 (서해) | 밀직부사, 판밀직 | | 김란 장인 | 기철당. 이탈 |
| 김달상 | 선산 (경상) | 지밀직 | 부시피난 1등 신축호종 1등 | 처벌 | (급제) |
| 김유 | 김해 (경상) | 밀직부사, 동지밀직 | 경성수복 2등 홍왕토적 1등 | | 무장 |
| 변안열 | 중국 심양 →원주 | 밀직부사 | 기해홍건격퇴 2등 경성수복 1등 | 왜구방어 | 무장 |
| 염지범 | | 밀직부사 | | | |
| 안원숭 | 순흥 (경상) | 밀직부사 | | | 급제 |
| 성원규 | 창녕 (경상) | 밀직부사 | | | |
| 홍영통 | 남양 (양광) | 밀직부사, 동지밀직 | | 홍언박 9촌조카 | 문벌. 홍자번 증손 |
| 이강 | 고성 (경상) | 밀직부사 | | | 급제. 이암 아들 |
| 김한귀 | 청도 (경상) | 밀직부사 | 경성수복 1등 | | 무장 |
| 정사도 | 연일 (경상) | 첨서밀직, 지밀직 | | | 급제 |
| 김선치 | 상주 | 밀직부사 | 기해홍건격퇴 1등 | 김득배 동생 | 무장 |
| 전록생 | 담양 (전라) | 밀직제학 | 신축호종 2등 | | 급제 |
| 이달충 | 경주 (경상) | 밀직제학 | | 신돈 주색 비판→파직 | 급제 |
| 楊伯淵 | 청주 (충청) | 밀직부사, 지밀직, 판밀직 | 홍왕토적 1등 | 중국 출신 | 무장. 금위제조 |
| 楊伯顔 | 청주? | 밀직부사 | | | 무장 |
| 박원경 | 삼척? | 밀직부사 | 신축호종 2등 | | 陟城君 |
| 안극인 | 죽산 (양광) | 동지밀직 | | | 안성. 급제 |

| 金精 | 광주<br>(전라) | 밀직부사 | | 金深 손자.<br>김주정 증손 | 해임. 반기 |
| 金鈜 | 의성<br>(경상) | 밀직재상 | 경성수복 1등 | | 무장.<br>나주 이주 |
| 임견미 | 평택<br>(양광) | 밀직부사 | 첨병보좌 1등<br>경성수복 1등 | | 무장 |

# 제8장
# 고려후기 都評議使司 체제의 성립과 발전

# 머리말

都評議使司는 충렬왕 5년에 기존의 都兵馬使가 개칭된 최고권력기구이다. 고려후기에 僉議府(門下府), 三司, 密直司(樞密院)의 재상들은 여기에 모여 국정 전반을 의논하였다. 그러므로 도평의사사의 기능과 성격을 살펴보는 것은 고려후기 정치운영의 실상을 파악하는 하나의 길이 될 수 있다. 그런데 도평의사사의 기능에 대해서는 두 가지의 설이 대립되어 있는 형편이다.

먼저 邊太燮에 의해 확립된 종래의 통설은 도당 구성원이 점차 확대되어 감에 따라 도당의 기능과 권한이 강화되어 간다고 보았다. 첨의와 밀직 자체의 수가 증가하였을 뿐만 아니라 삼사의 정원도 재추로서 도당에 합좌하게 되고 여기에 商議까지 합하여 말기에는 그 구성원이 7, 80명으로 확대되었다. 그 기능도 합의기관인 동시에 국가서무를 직접 관장하는 행정기관으로 되었으며, 임시기관에서 상설기관으로 변하였다. 왕의 旨, 중앙의 諸司, 지방의 諸道안렴사도 도당에 일원화되어 도당은 중앙의 최고정무기관이 되었다고 하였다.[1]

반면에 근래 金光哲은 이러한 종래의 통설에 반론을 제기하였다. 도평의사사가 행정기능을 소유하게 되었다는 것에 대해서 회의를 표명하였음은 물론, 그 구성원의 수적 증가가 곧 권한의 확대를 의미하는 것은 아니며, 오히려 재추의 증가는 이들의 의견을 결집시키는 데에 어려움이 있었고 권력의 분산을 가져와 왕권을 유지시켜 나가는 데에는 유리한 방향으로 작용했다고 보았다. 또한 원 간섭기에 그것의 기능이나 권한은 강력한

---

1) 邊太燮,「高麗都堂考」『歷史敎育』11·12 합집, 1969 ;『高麗政治制度史研究』, 一潮閣, 1971, 99~109쪽.

왕권에 의해 제약받았을 뿐만 아니라 必闍赤와 같은 권력기구의 존재와
폐행집단의 등장으로 위축되었다고 보았다.[2]

이처럼 도평의사사의 기능과 성격에 대해 서로 다른 의견이 제시되고
있는 원인은 여러가지가 있을 수 있지만 무엇보다도 도평의사사의 그것이
시기마다 차이가 있다는 점을 간과한 데에서 기인한 것 같다. 이 장에서
는 이러한 점에 유의하여 도평의사사 체제를 성립시기와 발전시기로 나누
어 고찰하였는데, 그 주된 대상 시기는 도평의사사 체제가 탄생하는 충렬
왕 5년(1279)부터 위화도 회군으로 정치세력이 교체되는 우왕 14년(1388)
까지가 될 것이다. 깊이 있는 글이 되지 못하지만 고려후기 정치체제와
그 운영의 이해에 조그마한 보탬이 되었으면 한다.

## 1. 都兵馬使의 都評議使司로의 개칭 배경

도병마사가 충렬왕 5년 3월에 왜 도평의사사로 개칭되었는지 아직 명
확히 밝혀지지 않고 있다. 이 개칭은 단순한 명칭의 변경이 아니라 해당
기구의 기능과 성격의 변화를 내포한다고 생각되므로 그 배경을 파악하는
것은 중요한 일이라 하겠다.[3] 필자는 국방관계 임시회의 기구인 도병마

---

2) 金光哲, 「元干涉期 王權과 世族」『高麗後期世族層硏究』, 동아대 출판부, 1991,
   156~160쪽.

3) 末松保和는 원과의 새로운 관계에 부응하여 도평의사사는 원의 고려지배에서 고려
   측의 受命機關으로서 改名하여 출현하였다고 보았다. 「朝鮮議政府考」『朝鮮學報』
   9, 1956.『靑丘史草』1에 재수록됨. 255~258쪽 참조. 이에 반하여 邊太燮은 고종말
   부터 도병마사가 국방에 관한 것 뿐만 아니라 국사 전반에 걸친 문제를 회의하고
   재추 전원에 의한 「都堂」으로 변질된 이상, 종래의 명칭은 적합하지 않아 새로운
   「도평의사사」의 명칭이 나타나게 되었다고 하였다. 앞 책 93~99쪽 참조. 한편, 金
   光哲은 고종말부터 도병마사의 기능이 강화되어 왕권을 제약하자 충렬왕이 비칙치
   를 설치하여 재추의 기능과 권한을 축소한 후 이들을 무마하기 위해 도평의사사로

사가 그 구성과 기능이 확대 강화되어 국정 전반을 논의하게 된 결과 도평의사사로 개칭되었다는 변태섭의 설을 지지한다. 하지만 그의 설명은 포괄적이어서 좀더 구체적인 배경의 제시가 필요한 것 같다.

백관지 기사 중에 '事元以來 事多倉卒 僉議密直每爲合坐' 라는 대목이 눈에 띈다.[4] 원을 사대한 이후 '事多倉卒' 해서 僉議와 密直이 매양 合坐했다는 것이다. '事元以來'는 몽고와 관계를 맺기 시작하면서로 보아야 할 것 같다. 요컨대 몽고와의 전쟁과 화해의 성립, 개경으로의 환도, 삼별초 토벌, 일본 정벌 등을 겪으면서 재추가 처리해야 할 일이 많아져 매양 합좌하게 되었던 것으로 판단된다. 이처럼 몽고와의 관계에 따라 군사·대외관계에서 처리할 일이 많이 발생하였는데 이것을 '事多倉卒'의 첫 번째 내용이라 할 수 있을 것이다.

그런데 도병마사는 군사·대외관계를 중심으로 회의를 하다가 고종말부터는 재정문제를 집중적으로 다루기 시작한다. 이는 '事多倉卒'의 두 번째 내용이라 할 수 있다. 고종 44년 6월에는 재추가 회의하여 '分田代祿'하기로 하고 給田都監을 두는데[5] 이것은 재정의 고갈로 녹봉을 제대로 지급하지 못해왔음을 시사해 주는 것이다.[6] 그 후 고종 46년(1259년) 몽고와의 강화가 성립되고, 원종 11년(1270년) 개경으로 환도하게 되면서 녹봉부족 문제를 해결하기 위한 시책이 도병마사에 의해 추진된다. 12년 2월에 도병마사가 경기 8縣에서 관품에 따라 祿科田을 지급할 것을 건의하여 재가를 받았던 것이다.[7] 도병마사는 당시에 백관의 녹봉이 부족한

---

개편하였다고 보았다. 앞 책 156~159쪽 참조.

4) "國初稱都兵馬使, 文宗定官制 …, 忠烈王五年 改都兵馬使爲都評議使司, 凡有大事 使以上會議 故有合坐之名, 事元以來 事多倉卒 僉議密直每爲合坐"(『高麗史』 77 百官志 2 諸司都監各色 都評議使司). 원래 이 기사는 李齊賢의 『櫟翁稗說』에 근거한 것임. 前集 1 참조.

5) 『高麗史』 78 食貨志 1 田制 祿科田 고종 44년 6월조.

6) 이후에도 녹봉은 제대로 지급되지 않았다. 『高麗史』 80 食貨志 3 祿俸條 참조.

7) 『高麗史』 78 食貨志 1 田制 祿科田 원종 12년 2월, 『高麗史』 27 원종 12년 2월

이유를 '近因兵興 倉庫虛竭'에서 찾고 있다. 즉 몽고와의 전쟁이 재정을 고갈시켰던 것이다.

고려의 재정상태는 충렬왕 즉위년 10월에 단행된 여몽연합군의 제1차 일본정벌로 더욱 악화되었다. 국용이 부족해지자 충렬왕도 전대의 고식책을 이어받아 科斂을 자주 이용하였으며,[8] 관직을 팔아 재정에 충당하는 방법까지 강구할 수밖에 없었다. 충렬왕 원년 12월에 도병마사가 國用의 부족을 이유로 銀을 납부하면 관직을 제수하도록 조처하였던 것이다. 3년 2월에도 도병마사는 관직을 구하는 자에게 은을 國贐都監에 납부케 한 후 제수할 것을 건의하여 윤허를 받는다.[9]

이처럼 고종말부터 충렬왕 초기까지 국정의 가장 중요한 문제가 재정의 해결이었으며 도병마사가 여기에 대한 대책을 강구하고 있었다. '事多 倉卒'의 첫 번째 내용으로 제시했던 군사·대외 관계도 특히 강화의 성립이후에는 몽고에 대한 공물의 헌납, 일본 정벌에 필요한 군사비 지출, 왕·왕비·세자와 사신 등의 몽고왕래 비용 등이 막대하였음을 고려하면 재정문제로 귀착된다. 충렬왕이 도평의사사로 개칭한 직후 그에게 三稅의 納否와 호구의 增耗를 檢察하여 稅額을 更定할 것을 촉구한 사실이 또한 이를 뒷받침한다.[10] 이를 통해 충렬왕이 도평의사사에 기대한 것은 증세를 통한 재정의 확보였던 것이다.

결국 충렬왕은 군사·대외 문제와 그로 인해 심화된 재정 문제를 해결해야 할 운명에 처해 있었던 것이다. 이는 단순히 대외 혹은 대내 문제로 분리될 수 없는 국정의 핵심이었다. 이러한 심각한 문제를 해결하기 위해서는 재상들의 활발한 논의와 전폭적인 협조가 필요했고, 거기에다가 전

---

계미조 참조.
8) 『高麗史』 79 食貨志 2 科斂條 참조.
9) 『高麗史』 80 食貨志 3 賑恤 納粟補官之制 충렬왕 원년 12월·3년 2월조.
10) 『高麗史』 29 충렬왕 5년 3월 계유조.

문성과 능력을 지닌 고위관료의 참여가 요구되었다. 그리하여 충렬왕은 이미 국정전반을 의논하는 성격을 띠어가고 있었던 도병마사를 그 역할에 걸맞게 도평의사사로 개칭하고 확대 개편함으로써 재상들의 적극적인 역할을 기대했던 것이라 여겨진다. 이는 또한 충렬왕이 자기의 세력기반을 넓히기 위한 체제정비의 일환이기도 하였다.

## 2. 都評議使司 체제의 성립

### 1) 三司의 참여에 따른 三府 체제의 출범

재정위기의 심화는 錢穀의 출납을 담당한 三司의[11] 지위를 고양시켜 재추만으로 운영되던 도평의사사에 三司의 재상이 참여하는 구성의 확대가 발생하였다. 충렬왕 8년 3월에 判三司事 韓康을 宰樞所 즉 도평의사사의 司存으로 삼았다는 기록이[12] 그것을 말해준다. 그러면 언제부터 삼사의 구성원이 도당에 참여하게 되었을까. 충렬왕 5년 3월 도평의사사 체제가 출범할 무렵이 아닌가 짐작된다. 왜냐하면 통상 기록되지 않던 三司使가 동왕 5년 12월의 정규 인사발령(B-1 사료)에 나타나기 때문이다. 이는 삼사사가 전임직으로서 재상이 되어 도평의사사에 참여하였음을 시사하는 것이다. 추측컨대 삼사사는 충렬왕 5년 3월 도평의사사의 출범 때 그에 참여한다는 원칙이 정해졌으며 12월의 정규인사 때 인사발령이 나

---

11) 三司의 조직과 기능에 대해서는 邊太燮의 자세한 연구가 있다. 「高麗의 三司」, 『歷史敎育』17, 1975. 그는 삼사가 충렬왕 이후 기구상으로는 강화되었지만 기능상으로는 도리어 약화되어 유명무실하게 되었다고 보았다. 하지만 필자는 삼사의 기능이 허설화되는 시기는 공민왕대 무장세력이 정권을 장악한 이후로 파악한다.
12) 『高麗史節要』20 충렬왕 8년 3월조.

면서 비로소 포함되었을 가능성이 크다. 그런데 判三司事는 도평의사사가 출범한 이후 이루어진 충렬왕 5년 12월, 6년 12월의 인사에 보이지 않는다. 이는 판삼사사를 僉議府의 하위재상이나 密直司의 고위재상이 겸하던 전통이 여전히 살아 있는 결과로 여겨진다. 그렇지만 韓康이 충렬왕 8년 3월에 판삼사사로 나타나며 이는 전임직으로 판단된다. 그는 7년 7월에 知密直司事로 나오므로[13] 아마도 7년 12월의 정기인사 때 판삼사사로 승진발령을 받은 것이 아닌가 한다.

이처럼 도평의사사가 출범한 직후 삼사의 재상이 전임직으로서 도당에 참여하게 되었다. 이로써 僉議府, 三司, 密直司의 재상이 도당에 참여하는 三府 체제가 성립하였다.[14] 이후 삼사의 위상이 강화되면서 충렬왕 중엽에는 三司使가 三司右使와 三司左使로 분리되어 더욱 조직화한다.[15] 이러한 진행은 그만큼 재정문제가 중요한 관심사로 떠오른 결과라 할 수 있다.

그러면 충렬왕대 判三司事와 三司使의 위상을 살펴보기로 하자. 먼저 판삼사사를 알아보기 위해 인사발령을 시기순으로 제시한다.

> A-1. 以廉承益爲僉議評理 鄭可臣判三司事 金忻同判密直司事 (『高麗史』30 충렬왕 13년 12월 丙寅)
>
> A-2. 以 … 趙仁規·廉承益 並知都僉議司事 朴之亮判三司事 印侯判密直司事 (『高麗史』30 충렬왕 13년 12월 癸未)
>
> A-3. 以洪文系爲僉議贊成事致仕 韓希愈判三司事 金忻判密直司事 (『高麗

---

13) 『高麗史節要』20 충렬왕 7년 7월조.
14) 『三峯集』4 記 高麗國新作都評議使司廳記에 따르면 門下府(첨의부)는 理典을, 삼사는 錢穀을, 밀직사는 軍旅를 담당하였다. 단 宿衛를 주로 하는 밀직이 軍旅를 관장하게 된 시기는 朴龍雲에 의하면 충선왕 복위 이후이다(후술). 고려 후기에도 '宰樞' 혹은 '兩府'라는 호칭이 관용적으로 많이 쓰이지만 삼사가 폐지된 기간을 제외하면 사실은 '三府'를 의미하는 것이다.
15) 『高麗史』76 百官志 1 三司 참조. 충렬왕 22년 2월에 安珦이 三司左使로 나타나는 것으로 보아 20년 전후에 左右로 갈라진 것 같다. 『高麗史』31 세가 참조.

史』30 충렬왕 17년 4월 癸酉)

A-4. 以 … 韓希愈知僉議府事世子貳保 金忻判三司事 鄭仁卿·柳陞·崔有渰
並同知密直司事 (『高麗史』30 충렬왕 18년 윤6월 辛亥)

A-5. 以 … 金忻知都僉議司事 金之淑判三司事 安珦爲密直司使 (『高麗史』
31 충렬왕 21년 정월 己巳)

A-6. 以李之氐爲都僉議贊成事 閔萱咨議都僉議贊成事 鄭瑎判三司事 李混
判密直司事 (『高麗史』32 충렬왕 30년 정월 丙子)

판삼사사는 判密直司事와 知僉議府事 사이로 나타나니, 그 서열은 밀
직사의 재상보다는 상위에, 첨의부의 재상보다는 하위에 위치했다고 볼
수 있다. 그러한 예를 하나만 들면 韓希愈는 判密直司事→判三司事→知
僉議府事로 승진했던 것이다.[16]

다음에는 충렬왕대 三司使의 위상을 살펴보기로 하겠는데 시기순으로
정리하면 다음과 같다.

B-1. 以 … 朴球爲密直副使 金伯鈞·禹濬冲 並爲三司使(『高麗史』29 충렬
왕 5년 12월 辛卯)

B-2. 以朴之亮副知密直司事 金惲爲三司使(『高麗史』30 충렬왕 13년 정월
辛未)

B-3. 以 … 金賆副知密直司事 薛景成爲三司右使 張碩爲軍簿判書 柳栢爲典
法判書(『高麗史』31 충렬왕 23년 8월 辛丑)

B-4. 以鄭瑎爲右常侍 吳仁永爲軍簿判書 柳栢副知密直司事 洪詵·黃元吉爲
三司左右使 洪子翰爲密直司知申事 … (『高麗史』31 충렬왕 24년 9월)

B-5. 以 … 李英柱爲密直副使·軍簿判書 黃元吉·尹萬庇爲三司左右使 兪甫
爲軍簿判書 (『高麗史』31 충렬왕 26년 11월)

B-6. 以 … 郭膺爲監察大夫 朴顒爲典理判書 高世爲三司右使 金文衍爲軍簿
判書 … (『高麗史』32 충렬왕 28년 6월 庚辰)

삼사사는 대체로 副知密直司事·密直副使와 知申事·4司 判書 사이에

16)『高麗史』30 충렬왕 16년 8월 기축·17년 4월 계유·18년 윤6월 신해조.

기록되고 있다. 따라서 삼사사는 서열이 밀직부사 다음에 해당하는 하위 재상이라 할 수 있다.[17] 삼사사의 위상을 알려주는 사례로 元卿의 경우 右副承旨에서 부지밀직사사로 승진하여 형인 元珝와 함께 재상이 된 적이 있었다. 그런데 그는 형보다 서열이 높아 편치 못하다고 충렬왕에게 아뢰어 결국 三司使로 改授되고 형은 副知密直司事에 임명된다.[18]

다음에는 충선왕의 치세에 三司의 위상은 어떠했는지 알아 보자. 그는 충렬왕 24년 정월에 즉위한 후 5월에 관제개편과 동시에 새로운 인사발령을 하는데[19] 삼사의 구성원이 보이지 않는다. 개혁정치의 일환으로 혁파되어 그 업무가 民曹에 흡수되었을 가능성이 크다 하겠다. 하지만 원의 간섭으로 6월에 新定官制가 회수당한 뒤 7월에 단행된 인사발령에는 다시 삼사의 구성원이 나타난다.[20] 여기에는 판삼사사가 知都僉議事와 密直使 사이에, 삼사좌우사가 密直副使 및 資政院副使와 知申事 사이에 위치하고 있다. 충선왕이 충렬왕파를 물리치고 다시 실권을 장악한 후를 보자. 그는 충렬왕 33년 3월에 인사발령을 단행하는데[21] 이 때 都僉議叅理·判三司事에 임명된 金深은 贊成事·判版圖司事와 判密直司事 사이에 위치하고 있다. 찬성사 다음에 언급된 것은 참리로서 판삼사사를 겸했기 때문으로 여겨진다. 또한 정당문학과 지도첨의사사는 임명되지 않은 것으로 판단된다. 삼사의 좌·우사는 密直副使 다음에 위치하고 있다. 아직까지는 이전과 근본적인 차이가 발견되지 않는다.

---

17) 단 趙仁規의 경우 同判密直司事 위에(『高麗史』 30 충렬왕 13년 2월 경신조), 李之氐의 경우 지밀직사사 위에(『高麗史』 31 충렬왕 23년 10월 신묘조), 安珦의 경우 副知密直司事 위에(『高麗史』 31 충렬왕 22년 2월 갑진조) 기록된 점이 문제된다. 이는 각각 知密直司事에서, 적어도 同知密直司事 이상에서, 密直司使에서 삼사사로 옮겨간 데 기인한 것으로 보인다.
18) 『高麗史』 124 元卿傳
19) 『高麗史』 33 충선왕 전 즉위년 5월조 참조.
20) 『高麗史』 33 충선왕 前 즉위년 7월 무술조.
21) 『高麗史』 32 충렬왕 33년 3월 신묘조 참조.

그런데 충선왕은 충렬왕 34년에 삼사를 혁파하여 民部에 병합하는 조치를 취하였다. 이 무렵 密直司도 역시 혁파된다.[22] 그런데 충선왕 원년 4월 단행된 인사에는 삼사의 구성원이 나타난다.[23] 이 때 밀직사가 다시 설치되는데 삼사도 역시 부활한 것이라 할 수 있다. 판삼사사는 評理와 判密直司事 사이에, 삼사의 우·좌사는 密直副使 다음에 위치하여 삼사의 위상은 충렬왕대 수준에 머물렀다고 할 수 있다.

## 2) 성립기 도평의사사의 활동과 추이

충렬왕은 도평의사사의 기능이 활성화되기를 바랐던 것 같다. 그것은 도병마사를 도평의사사로 개칭한 며칠 후에 그에게 조세납부의 여부와 호구의 증감을 조사하여 세액을 정할 것을 촉구한 데에서 알 수 있다. 그런데, 도평의사사의 재추는 三稅납부의 여부는 각 有司가 담당하는 것이며 호구의 증감은 농사철에 살피는 것이 아니라고 반대하여 이루어지지 못했다.[24] 왕의 뜻과는 달리 도평의사사는 아직 각 有司의 영역을 침범할 준비가 되어 있지 않았던 것이다.

하지만 도평의사사의 기능은 차츰 활성화되기 시작한다. ① 5년 6월에는 도평의사사가 聖旨에 의거하여 伊里干을 설치하여 朝聘役使를 담당하도록 요청하여 허락을 받는다.[25] ② 이 무렵에 도평의사사는 전쟁과 기근이 계속됨으로써 倉儲가 고갈되어 橫斂이 심하므로 戶口를 조사하고 賦

---

[22] 삼사에 대해서는 『고려사』 76 百官志 1 戶曹條에 충렬왕 34년에 충선왕이 "改爲民部 仍以三司·軍器·都塩院 倂焉"한 것으로 되어 있다. 밀직사는 충선왕 원년 4월에 중방과 더불어 복구되는 것으로 보아(『高麗史』 33 참조) 혁파당했음이 분명한데 그 시기는 삼사가 민부에 병합될 때가 아닌가 한다.

[23] 『高麗史』 33 충선왕 원년 4월조 참조.

[24] 『高麗史』 29 충렬왕 5년 3월 계유조.

[25] 『高麗史』 29 충렬왕 5년 6월 계묘조.

稅를 다시 정할 것을 상언한 결과 計點使를 누차 파견하게 된다.[26] ③ 8년 6월에는 도평의사사가 榜을 내려 米穀과 銀瓶의 折價를 마련하고 京市署로 하여금 풍흉을 따져서 그 가격을 정하도록 한다.[27] ④ 9년 3월에는 重房이 諸生까지 東征軍에 징발하려 하자 도평의사사가 그러한 행위를 한 자는 그 領府의 都將尉를 반드시 무겁게 처벌하겠다는 榜을 내린다.[28] ⑤ 16년 2월에는 哈丹賊이 처들어 온다는 소문이 들리자 회의를 열어 강화도로 천도할 것을 결정한다.[29] ⑥ 27년 9월에는 경상도 안렴사 朱印遠이 그 道의 勸農使를 겸하게 되자 宰樞가 백성을 侵虐하는 인물이라 하여 반대하는 상언을 하므로 왕이 그의 비리를 증언하는 인물들을 도당에 파견하여 그와 證詰하도록 한다.[30]

이처럼 도평의사사에서 논의한 사항은 외교(①), 경제(②,③), 군사(④), 천도(⑤), 인사(⑥) 등 國政 전반에 걸쳐 있었음을 알 수 있다.[31] 주목되는 점은 도평의사사의 역할이 정책을 협의하여 왕에게 요청하는 데에 머물고 있지 않다는 것이다. 도당이 자신이 결정한 정책을 榜을 붙여 시중에 널리 알리거나 京市署, 重房·領府와 같은 諸司에 명령한 사실이 바로 그것이다. 이는 도평의사사가 최고기구로서의 역할을 상당히 수행하

---

26) 『高麗史』 79 食貨志 2 戶口 충렬왕 5년 9월조.
27) 『高麗史』 79 食貨志 2 貨幣 市估 충렬왕 8년 6월조.
28) 『高麗史』 81 兵志 1 五軍 충렬왕 9년 3월조.
29) 『高麗史節要』 21 충렬왕 16년 2월조.
30) 『高麗史節要』 22 충렬왕 27년 9월조.
31) 이로 볼 때, 도평의사사로의 개편이 원의 受命 기관으로서의 역할을 담당하기 위해서 이루어졌다는 末松保和의 주장과, 국내 정치문제에 관한 의결기능을 약화시키고 대원관계 쪽으로 전환시키기 위한 조처로 이후 도당은 상징적인 최고기구에 그쳤다는 金光哲의 주장(앞 책 156~159쪽)은 재고를 필요로 한다고 생각한다. 한편, 충렬왕 4년 10월에 설치된 별청재추인 必闍赤가 문제된다. 이것이 계속 존속하였다면 도당의 영역을 상당부분 침식하였겠지만, 그 활동 사례가 나타나지 않는 것으로 보아 곧 폐지된 것으로 보인다. 충렬왕 10년을 전후하여 측근세력이 다수 도당에 참가하게 되면서 별청재추의 필요성은 더욱 감소한다. 충렬왕은 강력한 왕권을 바탕으로 측근세력은 물론 재상의 협조를 받아 정국을 안정시켰던 것이다.

였음을 보여준다.[32] 한편, 충렬왕 22년 2월에는 왕의 內旨도 도당을 거치
도록 하자는 상소를 재추가 올린 사건으로 도평의녹사가 하옥되며, 25년
4월에는 원에서 파견된 左丞 哈散이 韓希愈를 국문할 때 도평의녹사가
文案을 작성하는데[33] 이는 국정의 책임이 도당에 있었음을 말해준다. 이
러한 사례는 충렬왕 3년 정월에 충렬왕과 제국공주가 奉恩寺에 연등을
관람하러 갔을 때 재추가 늦자 왕이 僉議府史를 가둔 일과 대비된다.[34]
이는 고종말부터 도병마사가 '都堂'이라 칭해졌지만 아직 첨의부가 재추
를 대표하다가 도평의사사로 개칭된 후에야 이곳이 공식적으로 재추를 대
표하는 최고기구가 되었음을 시사한다.

그러나, 충렬왕대 도평의사사의 활동에는 아직 제약이 존재하였다. 이
는 충렬왕 22년 2월에 도당이 세가지 일을 上言한 데 대한 왕의 반응을
통해 추론이 가능하다. 그 중 특히 문제가 된 부분은 西北界의 일은 內旨
로 처리하면 소요를 일으키게 되니 왕이 도당에 명령하면 도당이 都指揮
使에게 牒을 내려 처리하게 할 것과 內旨로써 使로 나가는 자가 많아 민
폐가 되고 있으니 지금부터는 반드시 도당을 경유하도록 하자는 것이었
다. 이에 왕은 진노하여 堂吏를 고문하고 倡議한 자로 지목된 同知密直
司事 李混을 巡軍獄에 가두게 하고 결국 파직시켜 버렸다.[35] 內旨 즉 王
旨도 도평의사사를 경유해야 된다는 도당의 주장이 충렬왕에게는 왕의

---

32) 충렬왕이 도평의사사가 활성화되기를 바랐던 점은 그 외에도 많이 보인다. 동왕 6
년 10월에는 各道 指揮使의 判官과 錄事를 혁파하였는데 오직 도평의녹사만은 유
임시켰던 일, 7년 8월에는 최고의 고과를 받은 陰竹監務 金珥를 都評議案牘員으로
特差한 일, 8년 3월에 兩府의 '顧望退托'을 보완하기 위해 宰樞所에 司存을 둔 일
등이 그것이다. 『高麗史』29 충렬왕 6년 10월 정해·7년 8월 임신조, 『高麗史節要』
20 충렬왕 8년 3월조 참조.
33) 『高麗史』105 趙仁規傳, 『高麗史節要』21 충렬왕 22년 2월조. 『高麗史』123 印侯
傳, 『高麗史節要』22 충렬왕 25년 4월조 참조.
34) 『高麗史節要』19 충렬왕 3년 정월조 참조.
35) 『高麗史節要』21 충렬왕 22년 2월조 참조.

고유 권한이 침해받는 것으로 인식되었던 것이다. 이를 보면 이 시기에 王旨가 도당을 거쳐야 한다는 원칙은 성립한 것 같지 않다.

충렬왕대 도평의사사의 또 다른 한계는 일원적인 최고기구로서의 역할을 다하지 못한 점이다. 지방과의 관계나 다른 나라와의 외교관계에서 중앙정부를 대표하지 못하고 僉議府가 그 역할을 수행하였던 것이다. 충렬왕 7년 2월에 안동 사람이 부정축재한 法曹를 첨의부에 고발한 일, 23년 5월에 제국공주가 죽자 왕이 첨의부에 이어한 일 등은36) 첨의부가 여전히 지방 및 중앙을 대표하는 기관이었음을 말해준다. 이는 위에서 언급한 것처럼 都指揮使에게 내리는 內旨도 도당을 거쳐야 한다는 상언의 주도자를 처벌한 데에 잘 드러나 있다. 그리고 충렬왕 19년 7월에 行中書省이 都僉議使司에 箚付하여 진도와 탐라 문제를 언급한 일은37) 여전히 첨의부가 고려를 외교적으로 대표하는 기관이었음을 말해준다. 첨의부가 고려와 諸司를 대표하는 관부였기에 원은 첨의부에 충렬왕 5년 5월에는 정4품 印을, 7년 9월에는 종3품 인을, 19년 3월에는 첨의부를 都僉議使司로 고치고 종2품 인을 하사하였던 것이다.38)

이처럼 첨의부가 중앙과 지방의 관청을 대표하고, 대외적으로 고려를 대표하게 된 이유는 무엇일까. 이는 첨의부가 설치될 때 중서문하성이 상서성을 흡수하는 형태로 이루어진 데에서 기인한다. 왜냐하면 상서성은 지방관과의 관계에서 중앙정부를, 외국과의 외교관계에서 고려정부를 대표하였기 때문이다.39) 첨의부는 상서성의 그러한 기능을 계승하였던 것

---

36) 『高麗史節要』 20 충렬왕 7년 2월조, 『高麗史』 31 충렬왕 23년 5월조.
37) 『高麗史』 30 충렬왕 19년 7월조.
38) 『高麗史』 76 百官志 1 門下府, 『高麗史節要』 20 충렬왕 5년 5월, 『高麗史』 29 충렬왕 7년 9월 계미, 『高麗史』 30 충렬왕 19년 3월 을유조 참조.
39) 이는 朴龍雲, 「高麗時代의 尙書都省에 대한 檢討」, 『國史館論叢』 61, 1995, 78~80쪽 참조. 尙書都省은 국무를 실질적으로 총괄하지는 못했지만 6부나 중앙의 諸司가 州郡에 公貼을 보내려면 이곳의 심의를 통과해야 했으며, 중앙과 지방을 잇는 매개기관으로서 6부를 포함한 중앙의 여러 官署를 통제하는 일정한 역할과 함께 지방의

이다. 도평의사사가 국정을 협의하는 최고기구로 공식적인 출범을 하여 그러한 활동을 하였지만, 첨의부 또한 행정적인 절차상 諸官府를 대표하는 최고관부로서의 역할을 일정하게 수행하였던 것이다. 이는 도당이 아직 일원적인 최고기구로서 기능하지 못했음을 시사한다 하겠다.

그런데 후기로 가면서 충렬왕의 지위가 흔들리고 대신 충선왕이 부상함으로써 도평의사사의 구성원이 분열함에 따라 그 위상이 약화되어 간다. 충렬왕 24년 정월에 부왕의 양위를 받아 즉위한 충선왕은 詞林院을40) 중심으로 정국을 운영하였기 때문에 도당의 기능은 위축되었다. 5월의 관제개혁으로 密直司는 光政院으로 개편된 반면 삼사는 혁파된 것으로 보인다. 하지만 측근기구를 통해 독재적인 왕권을 추구한 충선왕의 관제개혁은 많은 불만을 야기하여 결국 즉위년 7월에 그것을 개정할 수밖에 없었다.41) 이 때 광정원이 밀직사로 복구되고 삼사가 부활한 것으로 여겨지는데 이는 이 때 단행된 인사발령에 그 구성원이 나타나기 때문이다. 이러한 조치와 함께 그 직후인 8월에 충선왕이 실각하고 충렬왕이 복위함에 따라 도평의사사의 기능도 활성화될 가능성이 커졌다. 12월에 관제를 완전히 復舊하는 조처가42) 그것을 더욱 뒷받침한다.

하지만 이후 충렬왕파와 충선왕파의 대립이 심화되면서 도당이 정국을 주도하는 데는 많은 어려움이 따랐다. 왕의 권위는 行省官의 增置를 통한 원의 내정간섭과43) 충선왕파의 무력을 동원한 韓希愈·吳祁 체포사건44)

---

州郡에 대해서는 중앙을 대표하는 기구의 위치에 있었다 한다.
40) 사림원에 대해서는 李起男의 자세한 연구가 있다. 「忠宣王의 改革과 詞林院의 設置」 『歷史學報』 52, 1971.
41) 『高麗史』 33 충선왕 즉위년 7월 무술조. 이미 6월에 원이 파견한 右丞 阿里灰와 洪基喜 등에 의해 新定官制는 회수되었다. 충선왕의 정치행태에 불만을 품은 자들이 원에 참소한 결과일 것이다.
42) 『高麗史』 31 충렬왕 24년 12월 경진조.
43) 『高麗史』 31 충렬왕 24년 9월조, 『高麗史』 31 충렬왕 25년 10월조~『高麗史』 32 충렬왕 27년 3월조 참조.

등에 의해 땅에 떨어졌다. 충렬왕은 倖臣·內僚 등을 가까이 하거나[45] 27년 7월에 별청재추를 다시 설치하여[46] 왕권을 수호하려 하지만 충선파는 도당을 통해 이에 대항하여[47] 정국은 반전을 거듭하였다.

마침내 권력투쟁에서 승리한 충선왕은 충렬왕 33년 9월에 都評議司에게 13~16세의 여자가 시집가려면 申聞을 받은 이후 허락하도록 명령한다.[48] 그동안 위상이 약화되었던 都評議使司이지만 국정의 최고기구라는 사실을 일단 인정한 셈이다. 하지만 충선왕이 충렬왕 34년 5월에 관제를 개혁하고 6월에 반포하면서 사정이 달라진다.[49] 앞에서 언급했다시피 이때 삼사는 民部에 흡수되고 밀직사는 폐지되었던 것이다. 도평의사사를 구성했던 재상기구 중에 첨의부만 남은 셈이니 그 合坐 기능은 이미 마비되었다고 할 수 있다. 그리하여 그 두 달 후인 8월에 도평의사사는 혁파된 것으로 판단된다.[50] 그 결과 僉議司가 복위식을 한 충선왕에게 향연을 베푸는 주체로 나타난다. 또한 충선왕이 諸道의 務農使로 하여금 폐정개혁에 따르지 않는 자가 있으면 처결한 후에 僉議府로 申報하도록 하는 조처를 취한 것도 같은 맥락으로 이해된다.[51] 이는 첨의부가 최고 권력기

---

44) 『高麗史節要』 22 충렬왕 25년 정월·2월, 『高麗史』 32 충렬왕 29년 8월·9월조.
45) 『高麗史節要』 22 충렬왕 25년 5월조 참조.
46) 이 별청재추는 충렬왕 30년 8월까지도 계속 존속하며 이후 충선왕파가 실권을 장악하는 어느 시기에 혁파된 것 같다. 『高麗史』 32 충렬왕 27년 7월, 『高麗史節要』 22 충렬왕 30년 8월, 『高麗史』 125 宋邦英傳 참조.
47) 吳祁를 체포하는 정변에 재추가 행동을 같이 한 점이 그것을 말해준다.
48) 『高麗史』 32 충렬왕 33년 9월.
49) 『高麗史節要』 23 충렬왕 33년 8월조, 『高麗史』 32 충렬왕 34년 5월·6월조.
50) 충선왕이 복위년 8월 近侍·茶房을 혁파했다가 官號擅改를 洪重喜가 중서성에 고소하자 원년 3월 傳旨해 前에 혁파한 近侍·茶房·三官·五軍을 모두 복구했다(『高麗史』 33). 三官·五軍도 복위년 8월경에 혁파되었다가 원년 3월에 복구된 것이었다. 三官은 迎送都監, 式目都監, 都兵馬使(都評議使司)의 錄事를 가리킨다(邊太燮, 「高麗의 式目都監」, 『歷史敎育』 15, 1973, 68~69쪽 참조). 업무를 주관하는 堂吏가 사라진 사실은 곧 도평의사사의 혁파를 의미하는 것으로 판단된다.
51) 『高麗史』 33 충선왕 복위년 8월·10월조 참조.

구의 역할을 수행하였음을 알려주는 것이다.

하지만 충선왕 원년 3월에 三官이 복구되어 都評議錄事가 다시 두어지고 4월에 밀직사와 삼사가 복구됨으로써 도평의사사가 다시 최고 권부로서의 기능을 회복한다. 이는 10월에 都評議使가 왕명으로 도평의녹사를 사헌규정과 함께 각 道에 파견하여 提察과 守令의 姦利를 廉問하도록 한 데에서 확인된다.52) 이러한 조치는 충선왕의 측근중심정치로 합좌기능이 마비되자 재상들이 반발한데다가 洪重喜가 고소했기 때문에 내려진 것으로 판단된다. 재추의 지지로 다시 집권한 충선왕으로서는 그들의 반발을 무시할 수만은 없었을 것이다. 한편, 왕은 守僉議政丞 최유엄이 나이가 많기 때문에 5일에 한 번만 都堂에 나와 '軍國大事'를 의논하도록 배려하고 찬성사 柳淸臣에게는 '細務'를 專理하도록 조처하기도 한다.53) 2년 8월에는 柳淸臣을 僉議政丞에 임명하여 최유엄 대신에 도당에서 국정을 의논하도록 명령하였다.54) 하지만 이 조치가 내려진 지 8일만에 諸司 및 州郡의 칭호를 고치면서 도평의사사는 식목도감에게 도당의 지위를 빼앗긴다.

## 3. 式目都監의 부상과 都評議使司의 위상 약화

도평의사사는 충선왕이 2년(1310) 8월에 式目都監이 '邦國重事'를 관장하도록 하고 僉議府, 三司, 密直司의 재상들이 그의 判事와 使가 되도록 명령하면서55) 유명무실해진다. 이제 식목도감이 도평의사사 대신에

---

52) 『高麗史』 33 충선왕 원년 3월·4월·10월조.
53) 『高麗史節要』 23 충선왕 2년 8월조. 崔有淔이 守僉議政丞에 임명된 시기는 충선왕 원년 4월 辛未이므로 이러한 조치는 그와 동시이거나 그 직후에 이루어졌을 것이다. 『高麗史』 33 충선왕 원년 4월 辛未條 참조.
54) 『高麗史節要』 23 충선왕 2년 8월조, 『高麗史』 33 충선왕 2년 8월 戊申條 참조.

국정의 최고 권력기구인 都堂으로 떠오른 것이다.56) 이 때 주목되는 점은
密直使가 첨의찬성사·삼사좌우사·첨의평리를 제치고 첨의부와 삼사를
각각 대표하는 첨의정승과 판삼사사 다음으로 명기된 사실이다. 이는 밀
직사의 위상이 상승된 결과를 반영한 것인데 이 때 밀직사를 2품으로 올
려 첨의부와 함께 兩府라 칭하게 했다는 기록이 그것을 뒷받침한다.57)
왕권의 주도적 역할을 중시했던 충선왕은 식목도감의 국정의논 과정에서
첨의부의 독주를 견제하기 위해 밀직사의 위상을 상승시켰던 것으로 보인
다.58) 또한 주목되는 점은 판삼사사가 첨의정승 다음에, 삼사좌우사가 찬
성사 다음에 기록된 사실이다. 이처럼 삼사의 서열이 급격히 상승한 것은
재정의 확보와 절감을 중시했던 충선왕이 그 기능을 강화할 필요를 느꼈
기 때문이라 여겨진다. 삼사와 밀직사 지위의 상승은 첨의사 독주의 견제
를 가능케 하여 왕은 통치권을 쉽게 행사할 수 있었다.59)

---

55) "忠宣王二年 敎曰 式目掌邦國重事 其以僉議政丞·判三司事·密直使·僉議贊成事·三
司左右使·僉議評理爲判事 以知密直以下爲使 又置商議式目都監事"(『高麗史』77 百
官志 2 諸司都監各色 式目都監).
56) 邊太燮은 식목도감의 도당화를 논증하였는데, 그 배경을 충렬왕파의 舊勢力을 제거
하기 위한 권력구조의 개편과 그에 따른 인사이동의 필요성에서 찾았다. 「高麗의
式目都監」, 『歷史敎育』15, 1973, 58~64쪽 참조.
57) 『高麗史節要』23 충선왕 2년 8월조, 『高麗史』76 百官志 1 密直司 참조.
58) 충선왕은 충렬왕 24년에도 밀직사를 光政院으로 개칭하면서 使를 종1품으로 하는
등 그 관질을 승격시킨 적이 있다(『高麗史』76 百官志 1 密直司). 그는 기본적으로
宿衛와 軍機를 담당한 밀직사를 왕권의 보루로 여겼다고 볼 수 있다. 한편, 朴龍雲
은 충선왕 복위 2년의 이 조치로 추밀원이 비로소 軍政을 담당하게 된 것으로 파악
하였다. 「高麗의 中樞院 硏究」, 『韓國史硏究』12, 1976, 129~132 쪽 참조.
59) 三府의 새로운 관계는 식목도감을 국정의 최고기구로 한 직후인 충선왕 2년 9월에
단행된 인사(『高麗史』33)에서 엿볼 수 있다. 여기에는 첨의정승 다음에 판삼사사,
찬성사, 密直使, 찬성사, 삼사우좌사, 평리 등의 순으로 기재되어 있다. 백관지 式目
都監條와 다른 점은 밀직사가 찬성사와 찬성사 사이에 위치한 것이다. 그런데 밀직
사 앞에 기록된 찬성사는 柳淸臣과 裴挺이다. 배정의 경우는 알 수 없지만 유청신
의 경우는 첨의정승에서 강등된 데 따른 대우의 차원에서 이루어진 것으로 여겨진
다. 密直使의 위상이 격상되었음은 이에 임명된 金深의 前職이 찬성사였음을 통해

이처럼 충선왕은 식목도감에서 첨의부, 삼사, 밀직사의 재상들이 서로 견제하는 가운데 왕이 주도권을 행사하는 정국운영을 추구하였다. 이러한 의도는 도평의사사를 제쳐두고 식목도감을 국정의 최고기구로 택한 데에서도 엿볼 수 있다. 부왕 때의 정치를 쇄신하려는 의지를 지녔던 충선왕은 부왕이 창설하여 국정의 최고기구로 만든, 더욱이 명칭상 국정을 모두 맡아 처리하는 뜻을 명확히 나타내어 왕권을 위협하는 듯이 느껴지는 도평의사사에 불만을 가졌을 것이다. 그리하여 古制를 중시하는 그는 고려 전기부터 존재하여 格式·通規의 제정을 담당해 왔던 식목도감을 새로운 권력기구로 출범시켰다고 볼 수 있다.

그런데 밀직사의 지위상승은 일시적인 현상에 불과하였다. 충선왕 3년 4월의 인사이동을 보면 密直使가 僉議評理 다음에 나타나기 때문이다.[60] 물론 삼사의 지위는 이후 큰 변동이 없어 판삼사사는 첨의정승 다음에 위치하였지만, 찬성사 다음에 위치했던 三司使가 評理의 위 또는 아래에 위치하여 평리와 비슷한 지위를 지니게 되는 점이 조금 달라질 뿐이다.[61] 그리하여 이제현은 충혜왕 복위 3년에 저술한 『櫟翁稗說』의 前集 1에서 '判三司事坐于亞相之上  左右使坐于評理之上下'라 기록하였던 것이다. 이는 판삼사사는 1명 또는 2명의 정승 다음에,[62] 삼사사는 평리의 위 또

---

서도 알 수 있다. 한편 『高麗史節要』23 충선왕 2년 9월조에는 密直使가 모든 찬성사 뒤에 기술되어 있다. 하지만 이는 모든 찬성사를 하나로 묶어 서술하려는 편의성의 추구로 인한 결과로 보여진다.

60) 『高麗史』34 충선왕 3년 4월 임술조 참조.

61) 그런데 金元祥이 8년 정월에 三司使에서 정당문학으로 이동한 것을(『高麗史』35 세가) 김원상전(『高麗史』125)에는 '陞'이라 표현하였다. 충선왕이 충숙왕 7년 10월 원에서 실각하여 유배되자 충숙왕이 삼사사의 지위를 한 단계 강등시켰을 가능성이 있다. 하지만 8년 10월에 김원상은 삼사사로 복귀하고 그 서열도 찬성사와 평리 사이에 위치하였다(『高麗史』35 세가). 충숙왕이 8년 4월에 원에 억류되면서 그 조치가 흐지부지된 것이 아닌가 한다.

62) 이는 판삼사사 金台鉉이 정승의 부재시에 '首居二府'했다는 데에서도(『高麗史』 110 金台鉉傳) 알 수 있다. 二府 즉 兩府에 포함되는 삼사의 재상은 서열이 상승하

는 아래에 위치하였음을 말해주는 것인데 이러한 모습은 계속 유지된다. 밀직사의 지위가 다시 하락하게 된 것은 그가 비록 軍機를 장악하였지만 평화기여서 그 기능을 제대로 발휘하지 못하였기 때문이라 여겨진다.[63] 결국 이후는 원래부터 政務를 담당한 첨의부와 재정의 중요성이 강조되면서 지위가 상승한 삼사의 고위재상이 중심이 되어 도당이 운영되어진다. 이처럼 왕의 시종관으로 왕권을 뒷받침하는 밀직재상의 위상이 약화되어 고위재상 중심으로 도당이 운영되면 왕권이 약화되었을 경우 도당의 권한이 매우 강화될 소지가 있는 것이다.

충선왕은 원래 여러 재상들의 습좌를 기피하여 삼사와 밀직사를 혁파하여 첨의부 만으로 재상기구를 축소했었다. 하지만 이러한 관제개혁을 洪重喜가 원에게 참소하자[64] 할 수 없이 삼사와 밀직사를 부활하여 도평의사사의 기능을 회복했던 것이다. 그렇다고 다시 도평의사사에게 계속 국정을 총괄하도록 하는 데는 마음이 내키지 않았다. 그리하여 그동안 그리 큰 역할을 못해 오던 식목도감에게 '邦國重事'를 맡긴 것이었다. 사정이 이러하니 식목도감은 비록 재상의 회의기구이지만 마치 측근기구처럼 충선왕에게 이용되었다.

그런데 중요한 변화의 하나는 식목도감이 외교관계에서 고려를 대표하는 것으로 나타난다는 것이다. 원 황제의 聖旨는 식목도감에 전달되었으며,[65] 충숙왕이 원에 억류된 동안 실권을 행사한 瀋王 暠의 명령도 식목

---

면서 '宰臣'으로 간주되었을 것이다.

63) 공민왕, 우왕대에는 전쟁이 잦아서 軍機를 담당하는 밀직사의 위상이 강화될 것 같지만 사실은 그렇지 않다. 당시 군령권은 도순문사, 원수 등이 장악하고 있었는데 첨의부와 삼사의 고위재상들이 주로 임명되었던 것이다.

64) 『高麗史』 33 충선왕 원년 3월 정미조 충선왕의 '傳旨' 참조.

65) 충숙왕을 비난하는 내용의 聖旨가 사라진 사건으로 식목도감의 녹사가 국문을 받았는데 녹사는 왕궁에 가 대언에게 전달하였다고 진술하였다. 이는 황제의 명령을 식목도감이 접수하였음을 말해준다. 『高麗史節要』 24 충숙왕 9년 3월조에 실린 瀋王이 재상에게 보낸 명령문 참조.

도감에 내려졌던 사실이[66] 그러한 사정을 알려준다. 이전에는 도평의사
사가 국정을 총괄하였지만 외교적으로는 첨의부가 국가를 대표하였었는
데 이제 식목도감에서 그러한 지위까지 차지하게 된 것이다. 이는 원에서
傳旨를 통해 고려를 다스린 충선왕의 통치방식과 관련이 깊을 것이다. 그
는 식목도감을 적절히 이용함으로써 원에 머무르면서도 고려를 효율적으
로 통치하였다고 볼 수 있다. 또한 식목도감은 첨의부 대신에 지방과의
관계에서 중앙정부를 대표하게 된 것으로 보인다. 이는 海州가 왕족인 璹
이 그 지역 5,000여결의 토지를 탈점한 데 반발하여 관부의 印을 도당 즉
식목도감에 반납한 것에서[67] 추론이 가능하다. 상왕인 충선왕이 식목도
감에 傳旨하여 5道에 사신을 파견하여 '怙勢之徒'가 州郡에 縱暴하는 행
위를 금지하라 명령한 것도[68] 그러한 사실을 반영한 것이라 볼 수 있다.
요컨대 충선왕은 도평의사사 때문에 약화되었던 식목도감의 기능을 원래
대로 회복시킨 위에 도당의 역할까지 수행하게 하였음은 물론 나아가 고
려왕조와 중앙정부를 대표하게 하였던 것이다.

충선왕은 충숙왕에게 양위한 다음에도 상왕으로서 식목도감을 통해 계
속 영향력을 행사하였다. 또한 충선왕의 총애를 받는 瀋王 暠도 충숙왕이
원에 억류되어 있는 동안 식목도감에 명령을 내려 고려의 내정에 간섭하
였다. 상왕과 심왕의 지나친 간섭에 불만을 품었던 충숙왕과 측근들은 그
들을 대리하는 식목도감에 대해서도 반발심을 지녔을 것이다. 식목도감의
활동은 충숙왕 12년 10월에 왕이 교서를 내려 식목도감에게 賜牌를 考覈
하여 초과한 것을 삭제하라는 명령을 내린 것을 끝으로 나타나지 않는다.
아마도 충숙왕은 상왕인 충선왕이 동왕 12년 5월에 세상을 뜨자 13년을
전후한 시기에 식목도감의 도당으로서의 기능을 다시 도평의사사로 환원

---

66) 『高麗史節要』 24 충숙왕 9년 6월조 참조.
67) 『高麗史』 90 宗室 1 顯宗 平壤公基, 璹.
68) 『高麗史』 34 충숙왕 3년 3월 정묘조 참조.

하지 않았나 여겨진다.[69]

이처럼 충숙왕은 상왕과 심왕의 영향 하에 있었던 식목도감의 도당으로서의 지위를 도평의사사로 이전하여 舊制를 회복하였다. 하지만 충숙왕이 심왕의 도전을 치러내는 과정에서 親政에 싫증을 낸 결과 폐행세력이 정권을 장악하였기 때문에 도평의사사의 역할은 축소되었다. 충혜왕도 폐행을 가까이 하면서 독단적인 통치를 폈기 때문에 도평의사사를 구성하는 재상의 발언권은 약화되었다. 도당의 역할이 무시된 것은 왕이 원에 압송되었을 때 문서를 작성하여 그를 구원하려는 재상들의 시도가 반대의견이 많아 좌절되는 결과를 초래한다.[70] 이처럼 충숙왕~충혜왕 시기에는 도당의 기능이 위축되어 제 구실을 다하지 못하였다.


## 4. 도평의사사 체제의 발전

### 1) 도평의사사의 활성화

충목왕이 8세의 나이로 즉위하여 개혁을 단행하면서 사정은 달라진다. 어린 왕을 보좌하는 재상의 역할이 중시되면서 약화되었던 도평의사사의 기능이 정상화되었던 것이다. 5월에 李齊賢이 폐정개혁안을 도당에 상서한 것이 그러한 사실을 뒷받침해준다. 그 내용은 국정 전반에 걸쳐 있는데,[71] 특히 그는 왕과 재상이 만나는 기회가 거의 없었던 선왕대의 일을

---

69) 변태섭은 『櫟翁稗說』에 '都兵馬使 … 其後 改爲都評議使 或稱爲式目都監使'라는 대목에 주목하고 문맥상 이제현이 이를 기술한 충혜왕 후3년에는 식목도감 시대가 아닌 것 같이 느껴져 당시에는 이미 도평의사사가 도당의 지위를 회복하였다고 보았다. 앞 논문 65쪽 참조.

70) 『高麗史』 36 충혜왕 복위 5년 정월 무진조 참조.

71) 『高麗史』 110 李齊賢傳, 『高麗史節要』 25 충혜왕 후5년 5월조 참조.

비판하고 이제는 날마다 재상과 만나 政事를 논의할 것을 강조하였다. 이
는 도당 기능의 활성화를 촉구한 것이라 볼 수 있다.

이에 따라 도평의사사의 위상이 강화되었으니 충목왕 원년 8월에 도평
의사사는 '權勢之家'들이 賜牌를 빙자하여 녹과전을 據執하고 있는 실상
을 비판한다. 이어서 선왕이 제정한 경기 8현의 土田에 의거하여 다시 經
理하고 여러 지목의 토지를 考覈하여 지급함과 동시에 그 나머지 賜給田
은 收奪하여 職田을 均給하며, 餘田은 租稅를 거두어 國用에 충당할 것
을 상언하여 制可를 받는다.[72] 권세가에 의한 私田의 확대는 당시 사회
모순의 핵심이었는데 도당이 그것을 시정할 것을 촉구하는 상소를 올려
제가를 받은 것은 그만큼 그 위상이 강화되었음을 말해준다. 한편, 張沆
은 도당에 상서하여 굶주린 자들에 대한 진휼을 요청하기도 하였다.[73] 도
평의사사의 활성화는 지방과의 연결을 더욱 밀접하게 만들었다. 충목왕
3년의 整理都監狀에 따르면 行省이 外方에 文牒을 보내는 公事는 都評
議使에 보고하면 도평의사사가 存撫使와 按廉使에게 문첩을 보내 施行
하도록 하는 것이 例라고 하였던 것이다.[74]

하지만 도평의사사는 여전히 외교적으로 고려를 대표하지 못했다. 整
治都監 判事인 王煦와 金永旽은 整治의 일이 征東行省 理問所의 간섭으
로 좌초될 상황에 빠지자 僉議府에 알리고 원의 中書省에 그 사정을 전달
해 달라고 하였던 적이 있다.[75] 이는 당시에도 첨의부가 고려를 대표하는
기관이었음을 말해준다. 이로 보아 중앙과 지방의 諸司를 대표하는 역할
도 첨의부가 담당했을 가능성이 크다. 이러한 기능들은 식목도감이 도당
의 기능을 상실할 때 원래대로 첨의부로 이관되었던 것이다.

---

72) 『高麗史』 78 食貨志 1 祿科田 충목왕 원년 8월.
73) 『高麗史節要』 25 충목왕 4년 2월조.
74) 『高麗史』 84 刑法志 1 職制 충목왕 원년조 참조. 충목왕 원년은 3년의 착오라고
　　한다. 閔賢九, 「整治都監의 設置經緯」 『國民大論文集』 11, 1977, 93쪽 참조.
75) 『高麗史節要』 25 충목왕 3년 5월조.

요컨대, 충목왕 때에는 왕권은 약한 반면 도당의 기능이 상당히 활성화 된 것으로 보인다. 충정왕 때에도 11살의 나이에 왕위에 오르고 충정왕파 와 공민왕파의 대결이 심화되었기 때문에 왕권은 약화되고 재상들의 발언 권은 계속 커졌다. 물론 정치도감의 개혁이[76] 실패한 충목왕말부터 충정 왕대에는 개혁세력이 후퇴하고 德寧公主와 禧妃의 폐행세력이 도평의사 사를 장악하여 정국을 주도한다.

그런데 충정왕파와의 대결에서 승리하여 즉위한 공민왕은 전왕대의 폐 행세력을 숙청하였지만 도평의사사 중심의 정국운영을 계승하였다. 원년 정월에 判書雲觀事 姜保가 음양의 拘忌를 빌미로 왕의 太廟 親享을 반대 하자 도당이[77] 그를 꾸짖은 일, 4년 12월에 지도첨의사사 金鏞이 왕지를 칭탁하여 3년상을 요청하는 상소문을 도평의사에 내려 시행하기를 핍박 한 일[78] 등이 그러한 사실을 말해준다. 공민왕 초기는 燕邸 시종신료를 중심으로 한 친왕세력이 도당을 장악하여 정국을 주도한다.[79] 이 중에 조 일신은 5軍錄事의 참소를 빙자하여 都評議錄事를 모두 除名禁錮시키고 5군녹사·학생 등으로 도평의사사의 案牘을 맡도록 하기도 하였다.[80] 그 는 추종자들로 보이는 5군녹사로 도당의 실무를 장악하게 함으로써 도당 을 보다 효율적으로 장악하였다고 볼 수 있다. 하지만 정변의 실패로 그 일파가 제거당하면서 왕권은 상당한 타격을 받고 친왕세력이 다소 위축된

---

76) 정치도감의 개혁에 대해서는 閔賢九,「整治都監의 設置經緯」『國民大論文集』11, 1977 및「整治都監의 性格」『東方學志』23·24 합집, 1980 참조.
77) 『高麗史』38 세가에는 僉議府로 나타나지만 『高麗史』89 后妃 2 明德太后洪氏와 『高麗史節要』26에는 都堂으로 나타난다.
78) 『高麗史』131 金鏞傳, 『高麗史節要』26 공민왕 4년 12월조 참조.
79) 필자가 전개하는 공민왕대 정국의 흐름은 공민왕 초기에는 친왕세력이, 홍건적의 침략과 홍왕사의 변을 겪은 후에는 무장세력이, 신돈집권기에는 그의 세력이, 신돈 몰락 이후에는 무장세력이 정국을 주도하였다는 閔賢九의 설에 바탕하였음을 밝혀 둔다. 辛旽의 執權과 그 政治的 性格」(상)·(하)『歷史學報』38·40, 1968 참조.
80) 『高麗史』131 趙日新傳, 『高麗史節要』26 공민왕 원년 4월조 참조.

반면 奇轍 등 부원배들의 영향력이 증대하였다.

## 2) 일원적인 최고기구로서의 도평의사사

공민왕은 5년(1356) 5월의 반원개혁 정책을 통하여 정국의 주도권을 장악하였다. 5월의 정변으로 기철 등 부원세력이 숙청당하고 그를 주도한 친왕세력이 정권을 장악하자 왕권은 안정되었다. 이후 왕은 5년 6월에 정방을 혁파하는 명령을 내리고, 7월에 官制를 고려전기의 상태로 復舊하는 제도상의 개혁을 추진한다.[81] 이러한 관제개혁의 일환으로 도평의사사의 직능도 제도적으로 정비되어졌을 가능성이 크다.

공민왕 8년 7월 당시 宰樞所 즉 도평의사사의 常時合坐에 六色掌이 持事啓課하고 있는 것으로 나타난다.[82] 이를 통해 도당의 업무가 6개 분야로 나뉘어져 있었음을 알 수 있는데, 그러면 언제 도당에 육색장이 설치된 것일까. 아무래도 공민왕 5년 7월의 관제개혁 때로 보는 것이 합리적일 것 같다. 이 때 첨의부는 중서문하성으로 개칭되고 삼사가 혁파되는 대신에 상서성이 부활한다.[83] 이 관제개혁으로 삼사가 혁파되어 그 기능이 호부에 흡수되었으며, 이미 혁파명령이 내려진 정방의 기능도 이·병부로 귀속될 수 있었다. 이처럼 6부의 기능을 정상화하는 한편 그 상급기관인 상서성을 부활하여 6부의 독립성을 표시하였다. 그 위에 도당에도 육색장을 설치하여 6부와 효율적으로 연결되는 관계를 만들어낸 것으로 보인다. 당시는 왕권이 강화되었으므로 도당이 6부를 허설화시켜 그 업무를 직접 관장하는 단계는 아니었을 것이다. 육색장이 설치됨으로써 도당은

---

81) 『高麗史』 39 및 『高麗史節要』 26 공민왕 5년 5월·6월·7월조 참조.
82) 『高麗史』 84 刑法志 1 職制 공민왕 8년 7월조.
83) 『高麗史節要』 26 공민왕 5년 7월조, 『高麗史』 76 百官志 1 문하부·상서성·삼사 참조.

보다 효율적으로 중요한 안건을 심의하여 6부를 포함한 諸司에 명령할 수
있게 되었다. 이는 또한 도당이 국정을 협의하는 데 그치지 않고 행정적
인 기능까지 갖추게 되었음을 알려준다.

또한 이 무렵 도당은 대외적으로 고려를 대표하는 기관으로 변모한다.
趙日新의 정변이 마무리된 직후 耆老들이 都僉議司에 상서하여 그 과정
을 원 조정에 고해줄 것을 요청하였는데[84] 이는 공민왕 초기도 도첨의사
가 대외적으로 고려를 대표하는 기관이었음을 말해준다. 하지만 공민왕
6년 8월에 도당은 정동행성에 글을 보내 雙城・三撒 등이 고려땅임을 역
설하고 이를 遼陽行省에 통보해 줄 것을 요청했다.[85] 이는 도평의사사가
도첨의사 대신에 대외적인 대표기관으로 기능하였음을 시사한다. 이러한
변화의 시점은 역시 5년 7월 관제개혁이 아닐까 한다.

그런데 공민왕은 5년 5월 기철 등 부원배들을 제거한 직후 敎를 내리
는데 그 가운데에는 기철 등이 탈점한 人口와 土田을 도첨의사가 都監을
세워 신고할 것을 허락하여 각기 本主에게 돌려주라 하였다.[86] 여기에서
도첨의사는 도감을 세우는 주체로 나타나고 있다. 이는 당시까지 도첨의
사가 제 관부를 대표하는 위치에 있었음을 말해준다. 하지만 그 다음 달
에 내린 교서에서는 도첨의사가 아니라 都評議使로 하여금 屯田官을 두
도록 하고 있다.[87] 이는 도평의사사가 첨의부를 대신하여 대내적으로도
관부를 대표하는 기관으로 변모하였음을 말해준다. 한편, 이 때 내린 교
서에서는 都評議司가 監察司와 더불어 存撫使와 按廉使를 규찰한 후 聞
奏하여 黜削할 것을 명령하였다.[88] 이처럼 5년 6월의 교서에서는 도당이
대내적으로 중앙을 대표하는 기관으로 설정되는 한편 감찰기능까지 부여

84) 『高麗史』 131 趙日新傳.
85) 『高麗史』 39 공민왕 6년 8월조 참조.
86) 『高麗史』 131 奇轍傳.
87) 『高麗史』 82 兵志 2 屯田 공민왕 5년 6월조.
88) 『高麗史』 75 選擧志 3 凡選用監司 공민왕 5년 6월조 교서 참조.

되어 도당의 위상이 강화되었다.

요컨대 공민왕은 5년 5월에 부원배를 숙청한 다음 6월에 내린 교서에서 도평의사사 중심의 정치체제를 천명하였다고 할 수 있다. 이는 7월에 행해진 관제개혁에 반영되어 도당은 명실공히 대내적으로 중앙정부를, 대외적으로 고려정부를 대표하는 일원적인 최고기구가 되었으며 협의기능만이 아니라 행정기능까지 소유하게 되었다. 그 결과 도평의사사는 모든 관부를 지배하는 기관으로 굳건히 자리잡는다. 왕명이 도당을 경유해야 한다는 원칙도 이 때 자리잡은 것으로 보이지만 왕권이 안정된 상황이었으므로 중요한 일에 한정되었을 것이다.[89]

이러한 상황은 왕권이 도당에 눌려서가 아니라 왕권의 행사에 자신감을 가졌기 때문에 가능하였다. 공민왕은 재상권을 보호해줌으로써 그들의 협조를 얻는 동시에 6전체제가 정상화됨으로써 국정을 원활히 수행할 수 있었다. 정책집행이 왕에서 재상, 재상에서 6부·諸司·지방으로 유기적으로 수행되었던 것이다. 당시 도당의 위상은 3번씩이나 어사대부(감찰대부)를 겸했던 이인복이 "瑣碎는 上聽을 번거롭게 할 만하지 않고 大事는 또한 廟堂에서 처리하고 있어 中撓할 수 없다"(瑣碎不足煩上聽 大事又在 廟堂 不可中撓也)라며 어사대가 끼어들기 어려운 입장을 표시한 데에 잘 나타나 있다.[90] 이는 당시에 도당이 대사를 처리하여 국정의 중심으로 기능하였음을 시사하는 것이다.

이렇게 되자 6부와의 관계에 마찰이 생길 소지가 다분히 발생하였다.

---

89) 이후 도당의 활동은 5년 9월에 도당이 百司로 하여금 화폐를 의논하도록 한 일(『高麗史』79 食貨志 2 화폐), 6년 12월에 왕이 교서를 내려 도평의사사와 어사대가 獄官의 枉刑을 申聞하여 科理하도록 한 일(『高麗史』39 세가), 8년 6월에 어사대가 都評議使로 하여금 太常寺에게 材瓦를 지급하여 祭廚·齋宿의 室을 짓도록 요청하여 윤허받은 일(『高麗史』62 禮志 4 吉禮中祀 籍田) 등에 잘 드러나 있다.

90) 『高麗史』112 李仁復傳. 그는 공민왕 3년 7월, 5년 11월, 8년 8월에 감찰대부 (어사대부)를 겸하도록 명령받는다. 『高麗史』38 공민왕 3년 7월, 『高麗史』39 공민왕 5년 11월·8년 8월조.

공민왕 7년에 지형부사인 鄭云敬은 都評議使로부터 訟事가 내려오자 "재상의 일은 백관을 式序하여 能者를 나아가게 하고 不能者를 물러나게 하는 것"이라고 전제하면서 "法守에 이르러는 각기 司存이 있는데 일마다 모두 廟堂을 경유하는 것은 侵官이다"(至於法守 各有司存 事事皆由廟堂 是侵官也)라 하여 반발했다는 기록이 그것을 말해준다. 그의 반발은 訟者가 그에게 輻湊하였다는 것으로 보아 상당히 효과가 있었던 모양이다.[91] 이는 도당이 六色掌을 설치하여 실무기능을 강화한 것이 6부의 기능을 상당히 잠식하였지만, 동시에 6부도 그 위상을 잃지 않으려 노력하여 성과를 거두었음을 말해준다. 정운경은 그 공로를 인정받아 1년여만에 형부상서에 超授된다. 공민왕은 안정된 왕권을 바탕으로 도당과 6부의 조정자역할을 성공적으로 수행하였다고 볼 수 있다.

### 3) 도평의사사 권한의 비대화

공민왕 10년(1361) 10월에 발생한 홍건적의 2차 침략과 왕의 南遷,전쟁 후에 진행된 친왕세력의 분열과 몰락, 홍왕사의 변, 덕흥군을 고려왕으로 옹립한 북원 군대의 침략 등은 왕권을 급속히 약화시키고 무장세력의 대두를 초래하였다. 그 결과 무장세력이 도당을 장악하게 되었으니 이는 왕권에 위협이 되었다. 신돈을 등용하여 因循의 폐단을 개혁하려 한 배경의 하나로 '왕이 재위한지 오래되어 재상이 많이 뜻에 맞지 않다'(王在位久 宰相多不稱志)를 지적한 데에서[92] 알 수 있듯이 왕은 도당을 불신하였다. 전쟁을 겪으면서 성장한 무장출신 재상이 지배하는 도당이 왕권을 위협하는 상황이 되었던 것이다.

이처럼 왕권은 약화된 반면 무장세력이 장악한 도평의사사의 위상은

---

91) 『三峯集』 4 鄭云敬行狀.
92) 『高麗史』 131 辛旽傳.

크게 강화되었다. 다음 세 사건은 그러한 사정을 잘 전해준다. 공민왕 11
년 8월에 안렴사 李之泰는 嬖人에게 公州倉의 米를 하사하라는 手敎를
"王命은 반드시 兩府를 경유해 내려와야 한다"라고 하면서 왕명을 받들
지 않았다. 왕은 재상 柳淑에게 "일마다 卿들을 경유해야 하는가"(事皆由
卿等耶)라고 하면서 울분을 토로하지만 결국 양보할 수밖에 없었다.[93]
11년 9월에 대언 李穡은 佛護寺의 僧에게 田을 하사하는 賜牌에 御寶를
찍으라는 왕명을 "이 일은 諸大臣과 의논해야 마땅해 輕易하게 처리할 수
없다"(此事宜議諸大臣 不可輕易)라 하며 반발하였다.[94] 13년 12월에 왕
은 豐儲倉使 丁得年에게 명하여 闍人에게 米를 하사하도록 하였지만 "명
령이 兩府를 경유하지 않았다"(命不由兩府)라 하여 받들지 않았다. 왕은
그를 杖流시키려 하지만 책임이 臣들에게 있다는 찬성사 崔瑩의 말을 듣
고 석방할 수밖에 없었다.[95] 이 최영의 발언은 주목되는데 최영 등이 지
배하는 도평의사사가 그러한 상태를 만들었다는 것을 시사한다.

　그렇다고 위 사건들이 일어난 시기에 와서야 왕명이 도당을 거쳐야 하
는 원칙이 성립한 것 같지는 않다. 위 사건들은 왕이 嬖人과 闍人에게 米
를, 僧에게 田을 하사하는 명령을 도당을 거치지 않았다 하여 받들지 않
고 있는 것이다. 이는 공민왕 11년 6월 內賜하는 王旨도 도당을 거쳐야
한다는 감찰사의 상언이[96] 받아들여진 데 따른 결과였다. 요컨대 왕명이
도당을 거쳐야 하는 원칙은 앞에서 언급한 것처럼 5년 7월의 관제개혁으
로 이미 성립하였지만 이제 왕권이 약화되면서 왕이 사적으로 행하는 內
賜까지 도당을 거쳐야 되었던 것이다. 공민왕이 한탄한대로 일마다 도당
을 거쳐야 하는 상황으로 왕의 입지는 상당히 축소되었다. 그리하여 세세

---

93) 『高麗史』 112 柳淑傳, 『高麗史節要』 27 공민왕 11년 8월조.
94) 『高麗史』 115 李穡傳. 공민왕 11년 9월에 監試 합격자를 취한 것에 근거하여 시기
　　를 추정하였다. 『高麗史』 74 選擧志 2 凡國子試 참조.
95) 『高麗史』 113 崔瑩傳, 『高麗史節要』 28 공민왕 13년 12월조.
96) 『高麗史』 80 食貨志 3 諸衙門工匠別賜 공민왕 11년 6월조.

한 일도 도당을 경유해야 하는 실정으로 발전하였다.

이러한 상황은 安祐 등을 살해한 직후인 공민왕 11년 3월의 관제개혁에 이미 예고되어 있었다. 중서문하성을 都僉議府로 개칭하면서 상서성을 혁파하고 삼사가 부활하였다. 樞密院은 密直司로, 6部는 6司로 개칭되었다.97) 이는 조종구제를 회복한 5년 7월의 관제개혁을 포기하고 원 간섭기와 유사한 모습으로 돌아간 것이었다. 삼사가 부활함으로써 도평의사사는 三府體制를 회복하였지만 삼사는 독립적인 기능을 제대로 발휘하지 못한 것 같다. 공민왕 14년 무렵에 兩府가 첨의·추밀·감찰·중방의 夕直者에 대한 공급을 재개하려 하였지만 오랫동안 정해지지 않자 都僉議使司의 吏들이 그 稽緩함에 화가 나서 錢穀을 관장한 녹사 朴允龍과 孫國英의 告身을 내주지 않겠다는 글을 간관으로부터 받아내 게시했다.98) 그런데 전곡을 관장한 녹사인 박윤룡과 손국영은 바로 도당의 녹사로 판단된다. 원래 전곡을 관장한 관부는 삼사인데 도당이 또한 그 일을 맡고 있는 것이다. 이 시기에는 삼사가 도당에 예속되어 독자적인 기능을 발휘하지 못하였던 것이다.99)

홍건적의 2차 침략 이후는 일마다 도당을 거쳐야 했고 그 결과 왕이 사적으로 행하는 일조차도 도당을 경유해야 했다. 이러한 상황에서 왕은 더 이상 재상과 6부의 조정자 역할을 수행할 수 없었을 것이며, 이는 도당

---

97) 『高麗史』 76 百官志 1 문하부, 상서성, 삼사, 밀직사, 6조 참조.

98) 『高麗史』 111 柳濯傳. 이 사건의 발생시기는 이와 연관된 시중 유탁이 공민왕 14년 3월에 시중이 되지만 5월에 신돈이 집권하면서 세력을 잃는 것에 의해 추정하였다.

99) 이후 신돈정권의 어느 시기에 가서는 그가 都事審官이 되고자 삼사에게 事審官의 부활을 요청하는 상소를 올리게 한 것으로 보아(『高麗史』 75 選擧志 3 銓注 事審官 공민왕 18년조) 삼사의 독립성이 보장되었을 가능성이 있다. 하지만 그의 실각 후에 사정이 달라진다. 이는 國用에 필요한 비용을 삼사가 아니라 도당이 지급하는 상황을 시사하는 낭사의 낭소에서 엿볼 수 있다. 『高麗史』 82 兵志 2 屯田 辛禑 5년 정월조 참조. 이처럼 도당이 재정에 적극 간여함으로써 삼사는 실권을 상실하였다. 공양왕 때 金子粹가 올린 상소에 "三司官 數至十五 署祿牌外 無餘事"(『高麗史』 120 김자수전)라 한 대목은 그러한 상황을 묘사한 것이라 할 수 있다.

행정기능의 강화를 초래하여 6부의 허설화를 초래케 하였을 것으로 판단된다. 『高麗史』76 百官志 1 序文에는 事元 이래 첨의와 밀직이 도평의사사에서 매양 회의하였고 그 숫자가 많이 증가한 결과 "六部가 헛되이 虛設이 되고 百司가 渙散해 統이 없다"(六部徒爲虛設 百司渙散無統)는 상태로 되었다고 적혀 있다.[100] 이 중 6부와 百司의 허설화를 지적한 부분은 특히 왕권이 흔들리고 도당의 권한이 강화되는 공민왕 11년 이후의 상황을 말한 것으로 판단된다. 이제 도당은 6부의 권한을 침해하게 되었으며 그에 따라 6부는 허설화되는 과정을 밟게 되었던 것이다.

이러한 상황을 반전시키는 개혁을 추진하기 위해 공민왕은 대외관계가 어느 정도 안정되자 신돈을 등용하였다. 신돈은 왕 14년 5월부터 20년 7월까지 정권을 장악하여 과감한 개혁정책을 추진한다.[101] 신돈은 무장세력 등 왕권에 거슬리는 인물들을 내 고 자기 사람들로 도당의 구성원을 채워 지배하였다. 신돈에게 타협한 재상들이 국정을 주도했고 그렇지 못한 자는 국정참여에서 배제되었다. 신돈의 주청에 의해 右侍中 柳濯과 三司右使 李仁任이 都堂에서 '庶政'을, 密直副使 金蘭·任君輔와 睦仁吉은 궁중에서 '庶務'를 장악하였다.[102] 후자는 內宰樞 제도를 의미하는 것으로 보이는데[103] 이후 신돈 집권기 동안 존속하는 것으로 판단된다. 이에 대해서는 신돈이 축출된 직후 내재추를 혁파할 것을 요청하는 羅州牧使

---

100) 이 백관지 서문은 趙浚의 관제개혁 상소를 많이 참고한 것으로 보인다. 이에 따르면 법이 오래되어 폐단이 발생하자 6司가 소관 업무를 제대로 수행하지 못하여 허설화되자 百僚庶司가 渙散無統하여 名存實亡한 상태가 되었다는 것이다. 『高麗史』118 趙浚傳.

101) 신돈의 개혁에 대해서는 閔賢九, 앞 논문 참조.

102) 『高麗史節要』28 공민왕 14년 5월조 참조. 이인임은 공민왕 14년 3월에 三司右使에 임명되었다(『高麗史』41).

103) 내재추는 재추의 일부가 궁내에서 機密事務를 비롯한 주요한 政務를 처결하여 사실상의 小都堂的 성격을 갖게 된 체제로 도당의 권한을 제약하고 축소시키는 역할을 하였다고 한다. 閔賢九, 앞 논문 (상), 78~82쪽 참조.

李進修가 올린 상소가 참고된다.[104] 그는 재신과 추밀이 도당에 모여 음양을 섭리하고 인물을 題品하며 의논할 일이 있으면 모두 紫門에 나아가 왕명을 받아 시행하는 것을 정상적으로 파악하였다. 반면에 내재추가 때가 아닌데도 들어가 알현하고 威福을 오로지하여 同列로 하여금 그 연유를 모르게 하는 상황을 비판하였다.

요컨대 왕과 신돈은 도당에서 庶政을 처리하게 하여 그 기능을 유지시키지만, 내재추로 하여금 궁중에서 機務를 관장하게 함으로써 도당의 기능을 견제하게 하였다. 도당과 내재추를 양립시키는 구도를 통해 왕권을 안정시켰던 것이다. 왕과 신돈은 측근에게 도당을 주도하도록 하는 한편 측근인 내재추를 통해 도당을 견제하게 하면서 동시에 서로 견제하게 함으로써 자신들이 조정자의 역할을 효율적으로 수행할 수 있었다. 이러한 조처로 왕권은 안정되었으며 도당의 기능은 위축되었다.

하지만 신돈은 공민왕 20년(1371) 7월 실각하여 죽음을 당한다. 이로써 개혁은 수포로 돌아가고 왕권은 추락하였으며 다시 무장세력이 득세하여 도당을 장악하였다. 앞에서 언급했다시피 신돈 제거 직후에 李進修는 내재추를 폐지하고 도당을 활성화할 것을 주장하였다. 그의 상소는 왕이 '嘉之'했다는 것으로 보아 받아들여진 것 같다. 이에 따라 그동안 위축되었던 도당의 활동은 다시 활발해졌다. 다음과 같은 공민왕 20년 12월의 敎가 그것을 뒷받침해 준다.

> C. 敎曰 一 百僚庶務 斷自都堂 近年 諸司凡有公事 擅移諸道存撫按廉 遺人徵督 甚者 直牒州縣 病民實多 自今 並令稟都評議司 區處 (『高麗史』84 刑法志 1 職制 공민왕 20년 12월)

왕은 먼저 百僚의 庶務는 그 결단함이 도당으로부터 말미암는다고 지

---

104) 『高麗史』 43 공민왕 20년 7월 기묘조.

적하였는데 이는 신돈 집권기 이전의 상황을 말한 것으로 판단된다. 그런데 근래에는 諸司가 公事를 마음대로 諸道의 存撫使와 按廉使에게 이첩하거나 심한 경우는 주현에게 直牒하고 있다는 것이다. 이는 바로 신돈 집권기에 도당이 약화되어 諸司·諸道를 지배하지 못했음을 알려주는 것이다. 결국 공민왕은 왕권의 존립기반이었던 신돈정권이 무너지자 百僚의 庶務 또는 諸司의 公事를 모두 都評議司에 아뢰어 區處하도록 조처하는 교서를 내릴 수밖에 없었다.[105] 이 교서에는 감찰기능 등 도당을 강화하는 내용이 담겨 있다.[106] 이제 도당은 신돈 집권기 이전의 위상을 회복하였음은 물론 왕권을 위협하게 되었다.

이러한 상황에서 10살의 어린 나이로 즉위한 우왕의 왕권은 탄탄할 수가 없었다. 우왕이 즉위하자 諫官 柳珣·安宗源 등이 宦者의 폐단을 개혁할 것을 왕이 아니라 都堂에 상소하였는데, 그 이유는 당시 우왕이 나이가 어려 政이 宰相으로부터 나왔기 때문이라고 한다.[107] 왕이 어렸기 때문에 政事를 都堂에서 결정했던 것이다. 이후 도당은 李仁任 등 우왕 추대세력과 崔瑩 등 무장세력이 지배하는 양상이 된다. 우왕 3년까지는 이인임, 최영, 池奫, 林堅味 등이 정권을 장악하고 그 이후는 이인임, 최영, 임견미, 廉興邦 등이 정권을 장악하였다. 한편 임견미는 洪永通·曹敏修와 더불어 內宰樞로서 권력을 휘두르기도 한다.[108] 내재추는 두 侍中 다

---

105) 金光哲은 이 조처 이후에야 비로소 도당의 기능이 강화된 것으로 파악하였다. 앞책 160~161 참조.
106) 『高麗史』 85 刑法志 2 恤刑, 『高麗史』 80 食貨志 3 賑恤 水旱疫厲賑貸之制, 『高麗史』 82 兵志 2 站驛, 『高麗史』 43 세가의 공민왕 20년 12월조 참조.
107) 『高麗史節要』 29 공민왕 23년(우왕 즉위년) 11월조.
108) 『高麗史』 126 林堅味傳 참조. 내재추가 다시 설치된 시기는 임견미가 우왕 3년 무렵부터 평리로, 임견미와 도길부가 5년 8월에 내재추로 나타나는 것으로 보아(『高麗史節要』 30 우왕 3년 8월조·5년 9월조) 池奫이 숙청당한 우왕 3년 3월 직후일 가능성이 크다. 이 사건으로 도당을 지배하는 이인임, 최영 등이 왕과 그 측근세력의 움직임을 감시하고 견제할 조치의 필요성을 느낀 결과물이 내재추의 설치가 아닌가 한다. 임견미는 달아나는 지윤을 평소 교분이 있는데도 불구하고 붙

음으로 중요한 위치를 차지하였지만[109] 신돈 집권기와 같이 왕권을 뒷받침한 것이 아니라 도당을 대변하는 역할을 한 것으로 판단된다. 이는 우왕의 乳媼 張氏와 연결된 許完과 尹邦晏이 그녀를 통하여 왕에게 내재추 임견미와 都吉敷를 참소하여 제거할 것을 요청한 데에서도 알 수 있다.[110]

고려말기 도당의 권한과 직무는 창왕이 즉위한 직후 조준이 올린 시무책에 都評議使가 中外의 官司에 移文하는 것은 모두 出納錢穀, 殺生威福, 發號施令 등의 일이라[111] 한 데에 잘 나타나 있다. 이는 공양왕 즉위 직후 그가 다시 올린 상소에서 '摠百揆 頒號令'으로[112] 축약되었다. 이는 공민왕 5년 7월 관제개혁으로 도당이 명실공히 일원적인 최고기구로 된 이후의 상황, 특히 공민왕 20년 신돈이 실각하고 도당의 권한이 다시 비대해지는 이후의 상황을 강조한 것이라 여겨진다.


## 5. 도평의사사의 운영


어떤 사안이 발생하면 재상들은 도당에 모여서 의논을 하였는데 의결

---

잡아 이인임과 최영의 신임을 얻은 결과 내재추에 선발되었을 것이다. 홍영통과 조민수도 그들과 가까운 재상이라 여겨진다. 임견미가 최영과 대립하는 것은 그의 세력이 좀더 커진 이후이다.

109) "禍在壺串 都堂遣知申事權執經 請還面送徐質 禍怒囚兩侍中及內宰樞家奴各三十人"(『高麗史』136 신우전 우왕 13년 6월)이란 기사가 그것을 시사한다. 이는 또한 내재추가 우왕 13년 6월 당시에도 존속했음을 말해주지만 위화도 회군 이후에 폐지되는 것으로 판단된다.

110) 그러자 임견미 등은 시중 경복흥과 이인임, 판삼사사 최영에게 奔告하는데, 이는 그들을 대표로 하는 도당과 내재추가 직결되어 있었음을 시사하는 것이다. 결국 최영은 兩府 百官 耆老를 소집하여 張氏 일파를 무력으로 축출하였다. 『高麗史節要』31 우왕 5년 9월조 참조.

111) 『高麗史』118 趙浚傳.

112) 『高麗史』84 刑法志 1 職制 공양왕 원년 12월조.

은 합의를 원칙으로 하였다. 이는 재상들이 도당에서 각기 可否를 말하는데 녹사가 그 사이를 오가면서 의견이 하나로 정해지도록 한 후에 시행하여 그것을 '議合'이라 했다는 데에서 알 수 있다.[113] 우왕 2년에 도당이 왕의 명령으로 폄출중인 康舜龍 등을 용서해 주고자 하여 의논이 정해진 일이 있었다. 그런데 이 때 판삼사사인 崔瑩은 사냥 나가서 참가하지 못했다. 후에 녹사가 그 案에 서명하기를 요청하자 화가 난 그는 "국가 大事는 반드시 大臣이 合議한 연후에 行해야 하거늘, 어찌 미리 告하지 않고 갑자기 서명을 받으려 하는가" 하면서 서명을 거부한다. 이처럼 도당에서의 의논은 재상 모두가 안건에 동의하는 서명을 거쳐야 결정되어 시행되었던 것이다. 재상이 의안에 찬성하면 도당의 녹사인 堂吏가 각자에게 서명을 받았다. 일이 있어서 출석하지 못한 재상이 있으면 당리가 그 집을 방문하여 서명을 받았던 것이다.

그런데, 도당의 구성원이 점차 늘어나고 商議職이 생겨나서 도당에 참여하면서[114] 議合에 이르기가 쉽지 않았다. 재상 수의 증가는 '謀政無主', '顧望退托'하는 상태를 초래할 수 있었다.[115] 충선왕은 宰執의 수가 古制보다 배로 늘어 公家의 議論이 많이 달라 '事事稽滯'하고 있다고 불평하였다.[116] 하지만 상의직의 폐단은 공민왕 전반기까지만 해도 의결권이 없어 덜 심한 것 같다.[117] 그런데 공민왕 12년 윤3월에 상의도 역시 재상이

---

113) 『櫟翁稗說』前集 1.
114) 邊太燮, 「高麗都堂考」『高麗政治制度史研究』, 99~102쪽 참조. 상의직은 洪子藩이 충렬왕 22년 5월에 商議都僉議事로 나타나는 것으로 보아 충렬왕 중엽에 생겨난 것 같다. 『高麗史』31 참조.
115) 전자는 김주정이 비칙치 설치의 사유로, 후자는 충렬왕이 재추소 司存을 두는 사유로 제시된 표현임. 『高麗史』104 김주정전, 『高麗史節要』20 충렬왕 8년 3월조.
116) 『高麗史』33 충선왕 즉위년 5월 신묘일의 교서. 한편 이제현은 "旅進而輩退 往往高談大笑 閨房夫婦之私 市井米塩之利 靡所不談"이라 비판하기도 하였다. 『櫟翁稗說』前集 1 참조.
117) 충렬왕 33년 6월 判에 의하면 첨의·밀직의 㕘議·權授者는 本官 同品의 아래에 앉는다 하였다. 㕘議는 商議와 유사한 직책으로 판단된다. 그런데 㕘議·權授者는 邀

므로 서명권을 갖게 하자는 논의가 도당에서 이루어졌고 商議 金貴가 드디어 서명하면서 사정이 달라진다.[118] 도당의 운영은 상의가 서명권을 지니게 됨으로써 이전보다 효율성이 떨어졌다 하겠다. 그 정도는 공민왕이 살해된 뒤에 재추가 70 내지 80명에 이르면서 더욱 심해졌다. 그래서 비록 合坐의 이름이 있었다 하나 무리지어 進退하여 국정에 참여하지 않는 자가 많았다 한다.[119]

이처럼 도당의 구성원이 많아지면서 의합에 이르기가 어려워지게 되었다. 그렇다고 도당의 결정이 마냥 미루어질 수는 없었으니 의안의 논의과정에서 이견은 조정되고 대체로 소수는 다수의 의견을 따르는 경우가 많았던 것이다. 충렬왕 16년 2월에 哈丹賊이 이미 국경을 넘었다는 소문을 듣고 耆老宰相들이 國都를 옮길 것을 회의한 적이 있었다. 그런데 모두 국도를 옮겨야 한다고 하자 수상인 許珙도 堂吏인 文証에게 衆議가 이와 같으니 저지할 수 없다고 토로하였다.[120]

하지만 무엇보다도 冢宰 즉 시중(중찬,정승)의 의견이 가장 중요시되었다. 총재는 1명이거나 때로는 左右 각 1인 또는 '守'를 따로 두어 2명일 경우도 있었다. 고려말에 양부의 재상이 상의직까지 포함하여 수십명이 되었지만 經濟를 관장한 자는 시중 2인에 불과했다는 조선초의 기록이 주목된다.[121] 이처럼 도당의 주도자는 兩侍中 즉 수상과 아상인 것이다. 결국 수상과 아상이 국정을 주도하였으며 그 중에서는 수상의 발언권이 더

---

請이 아니면 本官의 公事에 參署하지 못하도록 하고 있다. 『高麗史』 68 禮志 10 嘉禮 兩府宰樞合坐儀 참조. 또한 『高麗史』 114 목인길전에 따르면 故事에 상의가 된 자는 비록 국정을 논의하는 데는 참여하였지만 文移에는 서명하지 못했다고 하였다.

118) 『高麗史』 114 睦仁吉傳. 이 논의는 흥왕사변을 진압한 직후 辛丑扈從功臣을 책봉하기 전에 이루어졌다.

119) 『高麗史』 75 選擧志 3 銓注 공양왕 원년 12월의 郎舍 具成祐等의 上疏 참조.

120) 『高麗史節要』 21 충렬왕 16년 2월조.

121) 『定宗實錄』 4 정종 2년 4월 신축조.

컸을 것이다. 홍자번이 아상이었을 때 수상인 허공이 마지못해 그 의견을
따르는 경우가 있었다는 기록은[122] 보통은 수상이 아상보다 영향력이 컸
음을 말해준다.

그런데 우왕 6년에 우왕의 조모인 명덕태후가 왕에게 "원컨대 왕이 大
疑를 稽考해 大事를 결정할 때 侍中 慶復興·李仁任, 判三司事 崔瑩 및
諸相에게 반드시 자문해, 삼가서 徑情 直行하지 마시오"라는 유언을 남
긴다.[123] 이는 시중 2인 외에 그 다음 서열인 판삼사사의 의견도 많이 참
작되었음을 말해준다. 도당의 논의과정을 하나 소개하면, 도당에서 왜구
를 물리칠 元帥를 택하는 결정에 지윤이 반발하자 우시중 이인임, 판삼사
사 최영, 찬성사 지윤 등이 좌시중 경복흥의 집에 모여 그 일을 다시 의논
하였다. 그런데 지윤이 이인임의 정책에 강력히 반발하자 이인임은 "三宰
가 이 의논에 항의하면 내가 무엇을 할 수 있으리오"(三宰抗此議 則吾何
能爲)라 하면서 나가 버린다. 결국 지윤은 머리 숙여 사과할 수밖에 없었
다.[124]

요컨대 도당에서 논의를 주도하는 자는 시중, 그 다음에는 판삼사사(충
선왕 2년 이후), 그 다음에는 찬성사 등의 고위재상이라 할 수 있다. 물론
그 이외의 재상도 발언권이 있었지만 그들의 의견에 끝까지 반대하는 경
우는 드물었을 것이다. 홍자번이 자신의 의견을 옳다고 고집하면 그보다
서열이 높은 재상들이 어쩔 수 없었다는 일화는[125] 예외적인 현상이라 할
수 있다. 도당은 첨의부, 삼사, 밀직사의 재상으로 구성되었지만 밀직사의
발언권은 약했다. 첨의부와 삼사의 고위재상, 그 중에서도 첨의부를 대표
하는 시중과 삼사를 대표하는 판삼사사가 정국을 주도하였던 것으로 보인

---

122) 『高麗史』 105 洪子藩傳.
123) 『高麗史』 89 后妃 忠肅王의 明德太后 洪氏.
124) 『高麗史節要』 30 신우 2년 11월조 참조.
125) 『高麗史』 105 洪子藩傳.

다. 그리고 내재추가 존재한 시기에는 그들이 시중과 판삼사사 다음으로
영향력을 행사하였을 것이다.

하지만 정치상황의 변화에 따라 權臣이 발생하면 그들이 국정을 주도
하여 수상의 권한도 많은 제약을 당하는 경우도 생겨났다. 수상인 경복흥
이 권신인 이인임과 지윤에게 눌려 자신의 뜻을 관철시키지 못했다는 기
록이126) 그러한 사실을 잘 말해준다. 이처럼 권신이 도당을 지배하게 되
면 다른 구성원들은 그에게 반대 의견을 제시하는 것이 쉽지가 않았다.
이인임 지윤 임견미 등의 권신이 用事하자 三司右使 金續命은 "都堂에서
伴食하며 무릇 署事하는데 마음으로는 그르다고 하고 입으로는 옳다고
한다"(伴食都堂 凡署事 心非口是) 라고 토로하였다.127) 대부분의 재상들
은 마음속으로는 권신의 천단을 그르다고 생각하지만 입으로는 옳다고 말
하면서 동의하는 서명을 할 수밖에 없었던 것이다.


# 맺음말


고려는 충렬왕의 즉위를 전후해 몽고와의 관계로 인해 군사·외교관계
가 복잡하게 전개되었고 이로 인해 재정 부담이 심각해졌다. 이러한 문
제, 특히 재정문제를 재상의 논의와 협조로 해결하기 위해 도평의사사 체
제가 충렬왕 5년(1279) 3월 출범했다. 재정문제가 가장 중요한 현안으로
떠오르면서 宰樞 외에 三司가 전임직으로서 참여하게 됨으로써 첨의부,
삼사, 밀직사의 재상이 도당을 구성하는 三府 체제가 성립하였다. 충렬왕
대~충선왕 복위초의 도평의사사는 국정 전반에 대한 협의는 물론 榜을

---

126) 『高麗史』 111 慶復興傳.
127) 『高麗史』 111 金續命傳.

붙여 결정 사항을 알리는 등 상당히 제 기능을 발휘하였다. 하지만 僉議府가 여전히 국내적으로 諸司·諸道를, 대외적으로 고려를 대표하였다. 또한 王旨도 도평의사사를 거쳐야 한다는 원칙이 성립되지 못하였다.

그런데 충선왕은 2년 8월에 式目都監으로 하여금 邦國의 重事를 담당하게 하여 도평의사사 대신에 도당으로 기능하게 한다. 충선왕대, 충숙왕 초기의 식목도감은 첨의부 대신에 대내적으로 諸官府를 대표하고, 대외적으로 고려를 대표하는 역할까지 수행하였다. 식목도감이 도당의 역할을 함으로써 도평의사사는 유명무실해졌다. 도평의사사는 충숙왕 13년 전후에 도당의 지위를 회복한 것으로 파악된다. 이후의 그것은 충렬왕대와 유사한 모습으로 그려진다. 하지만 심왕파의 책동과 폐행세력의 대두로 그 기능을 제대로 발휘하지 못하였다.

하지만 충목왕이 즉위하여 개혁정치가 실시되면서 도평의사사는 다시 활성화되었다. 공민왕은 5년 7월에 관제개혁을 단행하는데 이는 도당에 중대한 변화를 초래하였다. 삼사가 혁파됨으로써 재추만으로 구성된 도당은 6색장이 설치되어 행정기능이 구비되었으며, 문하부 혹은 상서성 대신에 대내적으로 諸司·諸道를, 대외적으로 고려를 대표하게 되었다. 이로써 도당은 일원적인 최고기구로 탈바꿈하였던 것이다. 또한 이 시기에 王旨도 도당을 거쳐야 하는 원칙이 성립된 것으로 여겨진다. 하지만 당시는 안정된 왕권을 바탕으로 6전체제도 강화되었기 때문에 도당이 6부의 영역을 침범하는 일은 그리 많지 않았다.

하지만 공민왕 10년 10월의 홍건적 2차침략을 기점으로 왕권이 약화되고 무장세력이 도당을 장악하면서 도평의사사의 권한은 비대화되어 갔다. 왕이 사적으로 하는 內賜까지 도당을 거쳐야 하는 등 일마다 재상들이 간섭하여 왕권이 상당히 위축되었다. 이러한 상황을 타개하기 위해 공민왕은 신돈을 등용하여 개혁정치를 펴는데, 이로써 도당은 상당히 약화되었다. 그렇지만 신돈이 실각하고 무장세력이 다시 도당을 지배하면서 도당의 위상은 이전대로 회복되었다. 공민왕 시해 후에 어린 우왕이 즉위해 親政을 행하지 못해 도당이 국정을 맡자 그 위상은 더욱 상승하였다.

도당의 재상 수가 증가하면서 '議合'에 이르기가 쉽지 않았지만 그 과정에서 재상 또는 여러 정치세력 간의 조율과 타협이 이루어졌다는 사실을 주목해야 한다. 그 결과 정책의 시행이 비교적 순조로울 수 있었으니, 이는 고려후기 사회를 오랫동안 지탱하는 힘의 원천이 되었다. 재상 수의 확대가 직접적으로 도당의 위상을 강화하거나 약화하는 것은 아니었다. 도당의 위상은 왕권의 강약, 왕의 정국운영 방향, 강력한 정치세력이나 權臣·嬖幸의 대두 여부에 따라 결정되었던 것이다.

# 제9장
# 고려후기 別廳宰樞와 內宰樞

# 머리말

원간섭기 이후의 고려는 국왕의 측근세력이나 嬖幸 세력이 성장해 권력을 행사하기도 하였지만 국정 운영의 중심에는 재상의 합좌기구인 都堂이 자리잡고 있었다. 그러한 가운데 別廳宰樞 내지 內宰樞라는 존재가 종종 등장해 機務를 참결하는 일이 생겨났다. 이 존재는 왕과 도당 사이의 권력관계에서 정치적으로 중요한 역할을 수행하였다.

별청재추와 관련해서는 단연 충렬왕 4년 必闍赤의 성격 문제에 대해 연구가 집중되었는데 논자들의 입장은 必闍赤을 다룬 박용운의 논문에[1] 자세히 소개되었다. 한편 민현구는 신돈의 개혁을 설명하는 차원에서, 변태섭과 박용운은 都堂과 관련해서 내재추 내지 별청재추를 다루었다.[2]

지금까지 연구에서 별청재추 내지 내재추에 대해서 많은 부분이 해명되었지만 좀 더 종합적이면서 깊이 있게 접근할 여지가 있는 것 같다. 특히 그것의 성격이 문제인데 왕권이나 도당과의 관계, 정치세력과의 관계 등이 시기에 따라 어떻게 달라지는지 주의를 기울일 필요가 있다.

이 글은 이러한 점들에 유의하여 먼저 내재추의 유래와 범주를 살핀 후 각 시기별로 별청재추 및 내재추의 추이와 그 성격을 탐구해 나갈 것이다. 고려후기 정치사 연구에 조그만 도움이 되기를 기대하며 논의를 전개하려 한다.

---

1) 朴龍雲, 「고려후기의 必闍赤(필자적, 비칙치)에 대한 검토」 『李基白先生古稀紀念韓國史學論叢』, 一潮閣, 1994.
2) 閔賢九의 「辛旽의 執權과 그 政治的 性格(上)」(『歷史學報』 38, 1968), 邊太燮의 「高麗都堂考」(『歷史教育』 11·12 합집, 1969), 朴龍雲의 「高麗의 中樞院 研究」(『韓國史研究』 12, 1976).

# 1. 內宰樞의 유래와 범주

內宰樞는 '內'와 '宰樞'의 합성어이다. '內'는 禁中 혹은 禁內를 가리킨다. '宰樞'는 宰臣과 樞密을 가리키는 고려전기 이래의 관용어인데 宰相이라 통칭해도 무리가 없으며 三司의 위상이 강화된 후에는 그 재상까지 포함한다. 궁성 안을 가리키는 禁內에서 일을 보는 재추(재상)가 바로 내재추이며 '內相' 혹은 '內宰相'으로도 호칭된다.

왕의 공간인 궁성 안은 출입이 엄격히 통제되는 곳이었다. 이곳에서 업무를 수행하는 자들은 왕을 시중들거나 보좌하는 宦者, 內僚, 內侍, 翰林, 承宣 등 소수였다. 대부분의 관청은 궁성 밖에 위치하였다. 일반 관인들은 원칙적으로 조회나 용무가 있을 때만 궁성 안에 들어가 왕을 알현할 수 있었는데 이는 재상이라도 마찬가지였다. 그런데 고려후기에 재상 중의 일부에게 왕궁 안에 수시로 출입하면서 일을 처리하는 특권이 부여되는 경우가 종종 있었으니 그것이 바로 내재추였던 것이다.

그런데 翰林院이 '內相'으로 불려지기도 하였다. 이는 이규보가 지은 琴儀의 謝表에 翰林의 직책을 '內相'이라 한 데에서 알 수 있다. 한림은 신선이 사는 蓬萊宮으로 묘사되는 禁中에서, 玉皇으로 묘사되는 왕을 위해 詞命을 짓는 신선이라 인식되었다. 그래서 한림원은 玉署·仙署·玉堂으로, 나아가 신선이 사는 곳인 '銀臺'로 별칭되었다.[3] 또한 승선도 '內相'이라 불려지기도 했으니, 이승휴가 무신정권 때 승선 兪千遇를, 충렬왕 때 承制(承旨) 尹珤를 '內相'으로 호칭한 기록이 그것을 말해준다.[4] 충선

---

3) 『東國李相國集』 29 「琴秘監讓翰林侍讀學士」와 「琴諫議讓同知貢擧表」에 각각 이은 「同前謝表」, 『東國李相國集』 13 「丁卯十二月 初入翰林 夜直有作 示禁中諸公」·「次韻諸公見和」·「再入玉堂有作 書壁上」·「孫翰長復和次韻寄之」·「李郎中仁老·孫翰林 得之見和 復用前韻」, 『東國李相國集』 17 「坐上走筆 謝李詹事等諸公大設筵見慰」.

4) 유천우의 경우 『動安居士集』 行錄 1·2의 여러 곳에, 윤보의 경우 雜著 '上尹承制諱 珤啓'에 나타난다.

왕의 詞林院 시절에 절정을 누렸던 한림원(예문관)은 고려말로 갈수록 위
상이 약화된 반면 승선(승지, 대언)은 고려후기로 갈수록 위상이 상승해
그 결과 조선시대에는 승정원이 '은대'로 불려졌다.

　그러니까 文翰 비서인 한림과 왕명출납 비서인 승선이 禁內에서 왕을
보좌하는 비서로서 지닌 중요성으로 인해 재상도 아니면서 '내상'으로 불
렸던 것이다. 하지만 이들은 진정한 '내상'이 아니라 그렇게 주위에서 부
추겨 불러주는 雅稱이었을 뿐이다. 반면 고려후기에 등장하는 내재추는
재상의 일부가 궁중에서 정무를 처리하는 진정한 의미의 '내상'인 것이다.

　그러면 고려후기 내재추의 범주는 어떻게 설정할 수 있을까? 민현구는
공민왕이 그 14년에 金蘭 등에게 '掌庶務于宮中'한 조치를 그 20년에 李
進修가 혁파를 주장한 내재추로 파악하는 한편 우왕대의 내재추에 대해
서도 언급하였다. 그리고 공민왕 12년에 오인택 등을 호칭한 內相도 내재
추와 같은 성격으로 파악하였으며, 더 나아가 충렬왕 4년 別廳宰樞 必闍
赤에서 내재추의 기원을 찾았다.[5] 반면 朴龍雲은 충렬왕 4년 必闍赤은
재추와 거리가 먼 정방의 必闍赤이며 또 그 구성원도 대부분이 재추의
반열에 들어갈 수 없는 인물들이라는 점에서 별청재추는 곧 내재추가 아
니며 또 그 기원도 될 수 없다고 하였다. 그리하여 내재추의 기원을 공민
왕 14년 궁중에서 庶務를 관장토록 한 조치에서 찾았으며, 우왕대 내재추
에 대해서도 언급하였다.[6]

　문제의 요점은 충렬왕대의 別廳宰樞와 공민왕·우왕대의 內宰樞(內相,
內宰相)는 동일한 것인가이다. 전자는 '별청'이, 후자는 '內'가 강조되었

5) 閔賢九, 앞의 논문, 78~82쪽. 변태섭은 앞의 논문에서 내재추로 충렬왕 4년 別廳宰
　樞 必闍赤, 충렬왕 30년 8월조에 실린 別廳, 공민왕 때 오인택을 호칭한 內相과 이
　진수가 비판한 내재추, 우왕 때 내재추를 들어 별청재추와 동일시하였다.
6) 朴龍雲, 앞의 1976년 논문, 127~129쪽. 단 충렬왕 4년의 必闍赤을 정방의 必闍赤으
　로 본 부분은 서로 직접적인 관련이 없는 것으로 수정되었다. 앞의 1994년 논문,
　862·868·869쪽.

다. 그런데 후자는 물론 전자도 '內' 즉 禁內에서 업무를 수행하였으므로 이 점에서는 차이가 없다. 문제는 후자도 전자와 마찬가지로 궁중에 '별청'을 가졌을까이다. 아직 확신하기 어렵지만 후자도 왕명에 의해 공식적으로 운영된 경우는 별청을 가졌을 가능성이 높다. 別廳宰樞가 처음 생기는 충렬왕 때는 都堂과 다른 청사가 궁중에 마련된 게 충격적이어서 '별청'이 강조되었지만, 시간이 흐르면서 그것이 있는 禁內의 의미가 더 부각되어 內宰樞로 칭해진 것이 아닌가 한다. 충렬왕대의 별청재추에 공민왕대 이후의 내재추에 비해 재상이 아닌 관인들이 다수 포함되어 있다는 점도 문제가 된다. 이러한 차이는 분명 의미가 있는 것이지만 별청재추에도 그것을 대표하는 재상이 포함되어 있으므로 근본적인 성격에서 보면 내재추와 통하는 존재로 파악된다.

이러한 여러 면을 고려해 볼 때, 특히 禁內에서 기무를 처리한 재추라는 공통점에서 볼 때 충렬왕대의 별청재추도 내재추와 완전히 동일한 존재는 아니지만 내재추의 범주에 넣어 파악해도 큰 무리는 없을 듯 싶다. 물론 시기적으로 변화하는 차이는 인정해야 하지만, 재추의 일부가 궁중에서 기무를 처리하면 내재추로 포괄될 수 있다고 본다.

## 2. 충렬왕대의 別廳宰樞

고려는 원종 11년(1270)에 무신정권이 붕괴하면서 江都에서 개경으로 환도함으로써 원의 간접지배 하에 들어가게 되었다. 1274년에 즉위한 충렬왕은 무신정권 때 손상된 왕의 권위를 회복해야 했으며, 곧바로 몽골·고려 연합군의 제1차 일본 원정을 치러내야 했다. 그리고 附元輩 洪茶丘의 도전에 대응하고 수상 金方慶이 왕과 元에 謀叛하려 한다는 고발 사건을 처리해야 했다. 다행히 충렬왕 4년 7월에 김방경 사건이 誣告로 판정되었을 뿐만 아니라 홍다구가 소환되고 고려 주둔 元軍이 철수하였다.

그런데 이와 같은 즉위 초기의 정치적 혼란이 수습되어 어느 정도 왕권이 안정된 충렬왕 4년 10월에 별청재추가 설치된다.

　　舊制에 무릇 국가의 일은 宰樞가 회의하고 承宣이 王旨를 받아 행하였다. 金周鼎이, "지금 '宰樞甚多 謀政無主'하니 마땅히 '必闍赤'을 別置하여 機務를 맡겨야 하며, 또한 內僚 모두로 하여금 啓事하게 함은 不可하니 청컨대 사람을 택해 '申聞色'으로 삼고 그 나머지를 罷하십시오"라고 上言하였다. 廉承益·李之氐로 하여금 넌지시 왕을 깨우치도록 하여 드디어 必闍赤·申聞色을 설치하였다. 周鼎 … 鄭玄繼를 必者赤으로 삼고, 內僚郎將鄭承伍 … 河汭를 申聞色으로 삼았다. 항상 禁中에 모여 機務를 參決하니 당시 '別廳宰樞'라 불려졌다. (『高麗史』104 金周鼎傳)[7]

김주정의 건의가 받아들여져 必闍赤이 설치되었는데 항상 禁中에 모여 機務를 參決하여 '別廳宰樞'라 불려졌다 하니 별청재추가 처음으로 탄생하였던 것이다. 必闍赤(필자적, 비칙치)은 별청재추 자신은 물론 그 소속원들을 의미하였다.

必闍赤은 參文學事 朴恒, 密直副使 薛公儉, 左承旨 李尊庇, 左副承旨 金周鼎, 判禮賓事 廉承益, 大將軍 印公秀·趙仁規, 秘書尹 鄭可臣, 內侍將軍 李之氐, 寶文署待制 郭預, 大府少尹 安戩, 千牛衛錄事 李混, 詹事府錄事 尹珤, 大常府錄事 鄭瑎로 총 14명이었다. 재추가 2명으로 별청재추로서의 요건을 갖추었는데 첨의부의 하위재상이 1명, 밀직사의 하위재상이 1명으로 고위재상은 배제되었다. 재상 밑에는 승지가 2명, 실무진이 10명이었다. 필자적 안에서의 업무처리는 승지가 재상의 뜻을 받들어 실무진을 지휘하는 형태로 이루어졌을 것이다.

김주정은 필자적과 함께 申聞色의 설치를 건의하여 관철시켰다. 이와

---

7) 같은 기사가 『高麗史節要』20 충렬왕 4년 10월조에 실려 있다.

관련해 원래 국가의 일은 재추가 회의하고 승선이 왕지를 받아 행했는데 필자적을 別置했다는 부분, 그와 동시에 申聞色을 설치해 啓事하도록 한 부분, 신문색이 필자적과 함께 기무를 참결한 듯이 기록된 부분은 음미해 볼 필요가 있다. 이는 政事의 결정과정이 원래 재추회의－승선－왕으로 연결되는 구조였는데, 이러한 구조 외에 필자적－신문색－왕의 구조가 새로 생겨났음을 시사해준다. 필자적은 왕의 公的 비서인 승선이 아니라 私的 비서인 내료를 통해 왕과 연결되었다고 여겨지는 것이다. 필자적－ 신문색 구조의 탄생은 충렬왕이 초기의 정국불안을 경험하면서 정국안정 을 뒷받침해줄 수 있는 측근조직의 필요를 느끼게 된 결과로 여겨지지만, 이는 아직도 왕의 권력기반이 취약했음을 시사해 준다 하겠다.

　　당시 필자적의 구성원에 대해서는 이미 여러 연구자의 분석이 진행되 었다. 필자적은 급제자와 그렇지 않은 자로 이루어졌는데 대개 신진으로 국왕과 친밀한 인물들이었으며 왕권강화를 위해 설치되었다는 결론에 도 달하고 있다.[8] 그들 중의 급제출신을 신진관료로, 그렇지 않은 부류를 국 왕측근세력으로 구분하여 파악한 경우도 있지만[9] 양자를 모두 국왕측근 세력으로 분류해야 되지 않을까 한다. 이 필자적의 정체에 대해서 정방 혹은 정방 내의 조직이라는 견해가 다수였지만, 必闍赤의 용례를 자세히 분석한 끝에 충렬왕 4년 필자적이 정방과 관계가 없는 별도의 기무참결기 구였다는 주목할만한 견해가 제시되었는데[10] 필자도 동의한다. 이 필자 적은 설치기사에 언급되었듯이 '별청재추'로 바라보면 되는 것이다.

　8) 李起男의「忠宣王의 改革과 詞林院의 設置」(『歷史學報』52, 1971) 78~84쪽, 金光 哲의「高麗 忠烈王代 政治勢力의 動向－忠烈王初期 政治勢力의 變化를 中心으로 －」(『昌原大論文集』7-1, 1985) 155~161쪽.
　9) 李益柱,「高麗 忠烈王代의 政治狀況과 政治勢力의 性格」『韓國史論』(서울대) 18, 1988, 179·180·208~210쪽.
10) 朴龍雲, 앞의 1994년 논문. 특히 충렬왕 4년 必闍赤을 충정왕 이후 정방의 하급 실 무진으로 나타나는 必闍赤과 연결시켜 정방 내지 정방 내의 조직으로 파악할 필요 가 없다는 지적에 공감한다.

必闍赤은 원에서 황제의 怯薛에 소속된 존재로 文史를 주관하는 문사 내지 서기였는데 고려에 도입된 것이다.[11] 14명의 필자적 중에는 10명의 급제자 외에 비급제자가 4명 있지만 이들도 문사와 비교해 그리 손색없는 문학적 소양을 지닌 인물들로 여겨진다.[12] 특히 당시 원에서는 과거가 아 직 시행되기 이전이므로 그 必闍赤은 과거출신자일 필요가 없었다. 이런 배경으로 충렬왕은 측근조직인 별청재추와 그 요원을 必闍赤이라 칭했던 것으로 여겨진다. 과거 출신자 10명 중에는 정방원을 지낸 자가 박항과 김주정 등 2명, 당시 정방원인 이존비·정가신·안전·정해 등 4명으로 도 합 6명이다.[13] 충렬왕 4년 필자적은 전·현직 정방원을 중심으로 한 급제 출신의 측근과 그렇지 않은 다양한 출신의 측근으로 구성되었던 것이다.

충렬왕 4년 설치된 必闍赤은 재추회의 기능을 대체한 것일까? 이 시 기는 원간섭초기라 처리할 문제들이 山積해 있었다. 필자적은 산적한 재 추회의 업무 중에 상대적으로 덜 중요한 일로 빨리 처리해야 할 사안을 참결하였으며 바로 그러한 이유 때문에 설치되었다고 여겨진다. 필자적이 參決한 '機務'는 국정의 중요한 일을 가리킴은 분명하다. 기무는 넓게는 재상이나 왕의 측근들이 처리하는 모든 중요한 일을 의미한다. 庶務도 『高 麗史』 백관지에 중서문하성이 '百揆庶務'를 관장한다고 한 예처럼 모든 정무를 의미하지만, 후에 언급하듯이 신돈정권 때 都堂에서 '庶政', 궁중 에서 '庶務'를 담당하게 한 예처럼 좁은 의미로 쓰이기도 한다. 도당에서 처리하는 일은 '軍國大事'와 '細務'로 나누어지기도 하는데,[14] 충렬왕 4년

11) 박용운, 앞의 1994년 논문, 864~867쪽.
12) 염승익은 佛·神의 축문을 외워 치료하는 術士였으며, 文義에 통한 조인규는 몽골어 에 능통하여 몽골 詔勅을 완벽히 번역해 냈으며, 李之氏는 왕명을 전하고 궁중의례 의 실무를 담당한 內僚였다. 『高麗史』 123·염승익·이지저전, 『高麗史』 105 조인규 전. 인공수는 몽고에 자주 파견되어 고려측의 입장을 전달하였다. 『高麗史』 27 원 종 12년 1·2·8월, 『高麗史』 28 충렬왕 원년 정월.
13) 이혼과 윤보도 정방에서 활약하는데 이는 必闍赤 설치 뒤의 일로 여겨진다. 金昌 賢, 『高麗後期 政房 研究』, 고려대 민족문화연구원, 1998, 81~84쪽.

에도 軍國大事는 都堂에서, 細務는 必闍赤에서 처리하지 않았나 싶다. 물론 재추회의는 필자적이 업무의 일정 부분을 빼내갔을 뿐만 아니라 大事와 細務의 구분이 명확하지 않아 월권을 하는 경우도 발생하였을 것이므로 위상이 침해받아 약화된 것은 사실이라 하겠다. 이는 필자적이 別置되었을 때 사람들이 祖宗舊制가 아니라 하며 비난을 많이 했다는 데에서도 짐작이 된다.

'별청재추'라 불린 필자적을 정방으로 보는 연구자들은 이 필자적이 계속 존속하여 충렬왕대의 정치를 특징짓는 것으로 보는 경향이 있다. 이리되면 충렬왕대는 물론 그 이후에도 필자적이 권력기구로 기능한 것이 되어 고려후기 내지 말기 정치사는 온통 별청재추의 역사가 되어 버린다. 하지만 그러한 인식에는 문제가 있는 것 같다.

첫째 별청재추 필자적은 처음 설치와 그 당시 참여한 몇 인물의 임명기사만 보일 뿐 활동이 나타나지 않는다는 점이다. 기무를 참결한 필자적이 존속했다면 기록에 적어도 몇 번은 등장해야 한다. 이 필자적을 정방과 관련시켜 보는 논자들은 그 이후 등장하는 정방이나 정방원을 필자적으로 파악하기도 하지만 지나친 감이 있다. 충렬왕 4년에 別置한 것은 정방이 아니라 '必闍赤'이었다. 둘째 필자적의 설치를 주도한 金周鼎의 묘지명은 그가 세상을 뜬 충렬왕 16년에 작성되었지만 필자적에 대한 언급이 없다는 점이다.[15] 이는 필자적의 실제 활동 기간이 그리 길지 않았으며 그가 사망하기 훨씬 전에 혁파되어 세인의 관심을 끌지 못했기 때문이라 여겨진다. 셋째 필자적이 정방이란 이름으로 계속 존재했다면 이제현이 충목왕 즉위년에 상소를 올려 정방의 폐지를 주장하며 제시한 정방의

---

14) 以贊成事柳淸臣爲僉議政丞 先是 王以崔有渰年高 令五日一至都堂 議軍國大事 命淸臣專理細務 至是 遂以淸臣代之(『高麗史節要』23 충선왕 2년 8월)

15) 『高麗墓誌銘集成』401쪽 金周鼎 묘지명. 물론 13년 동안 '執政'했다는 부분은 있지만 이는 원종말~충렬왕초에 정방에 있었음을 말하는 것이지 필자적을 지칭한 것은 아니다.

폐해에 별청재추로서의 모습이 보여야 한다. 하지만 여기에는 정방이 인 사권을 남용했음이 언급되었을 뿐이다. 별청재추 필자적은 그 활동이나 구성원의 보충이 보이지 않는 점으로 보아 오래 존속되지 못하고 곧 혁파 되었다고 여겨지는 것이다.

그러면 충렬왕 4년 10월에 설치된 필자적이 혁파되는 시기는 언제였을 까? 충렬왕 5년 3월에 都兵馬使가 都堂으로서의 지위를 공식적으로 인정 받아 都評議使司로 개칭된 점, 충렬왕 8년 3월에 판삼사사 韓康과 밀직 부사 金伯鈞으로 宰樞所 司存을 삼은 점이 주목된다. 후자의 이유는 '時 兩府 皆顧望退托 莫適謀事'였다.[16] 충렬왕 4년에 필자적을 설치한 이유 가 '宰樞甚多 謀政無主'였는데 8년에 필자적이 존속하였다면 그와 유사한 이유로 재추소 즉 도당에 謀事를 책임지는 司存을 둘 필요가 없었을 것이 다. 필자적은 빠르면 도평의사사가 탄생하는 충렬왕 5년 3월경에, 늦어도 도당에 사존이 두어지는 8년 3월 이전에 해체되었다고 할 수 있다. 충렬 왕은 왕권이 안정되자 임시변통으로 만들어진 필자적보다 전통적으로 내 려오는 재추회의를 제도화한 도평의사사를 통해 통치권을 행사하였다고 판단된다.

그런데 별청재추라 불리는 존재는 충렬왕과 충선왕의 갈등이 심화되는 충렬왕 말기에 다시 등장한다. 충렬왕은 24년에 세자 충선왕의 도전으로 양위해야 했으며 몇 달만에 복위하였지만 원의 내정간섭과 충선왕파와의 도 전으로 왕권이 흔들렸다. 원은 충렬왕 복위 직후인 9월에 平章 闊闊出 등을 보내 고려의 國事를 다스리도록 하였다. 충선왕파인 萬戶 印侯·金 忻 등은 충렬왕 25년 정월 병력을 마음대로 동원하여 왕의 총신 韓希愈 등을 체포하였다. 이 정변은 왕의 권위를 땅에 떨어뜨렸다. 이후 충렬왕 파와 충선왕파는 극렬히 대립하게 되었으며 양 편의 관련자들은 원에 압

---

16) 『高麗史節要』 20 충렬왕 5년 3월·8년 3월.

송당한다.[17] 위기를 느낀 충렬왕은 倖臣·內僚 등을 가까이 함으로써[18] 왕권을 수호하려 하지만 왕이 사람들을 복종시키지 못하고 있다며 충렬왕 25년 10월에 원이 征東行省에 平章事와 左丞을 增置함으로써 타격을 받는다. 平章 闊里吉思는 27년 3월에 소환당할 때까지 고려의 내정에 간섭하였다.[19]

이처럼 왕의 위상이 약화되자 충렬왕은 자신을 뒷받침해줄 별청재추를 다시 만들게 된다. 27년 7월에 侍郎贊成事 韓希愈, 贊成事 崔有渰, 同知密直司事 宋和·金台鉉, 密直副使 金延壽, 知申事 吳祁(吳潛), 左承旨 宋邦英 등에게 명해 '利國便民之事'를 의논하여 아뢰도록 한 조처가[20] 바로 그것으로 판단되는 것이다. 7명의 구성원은 첨의부의 고위재상인 찬성사 2명, 밀직사의 하위재상 3명, 합하여 재상이 5명이며, 그 밑에 승지가 2명이었다.

최유엄은 崔冲의 후예인 평장사 崔滋의 아들로 문벌 출신이었고, 김태현은 증조 이래 대대로 벼슬하는 집안 출신으로 金周鼎의 조카였으며, 김연수는 장군·상장군을 거쳐 재상에 오른 인물로 원에 자주 사신 다니면서 출세한 자였다.[21] 송화는 隊正을 거쳐 樞密院副使로 致仕한 宋義(尹秀의 외삼촌)의 아들로 武職을 역임하다 母賤 때문에 3품 限職을 적용받았

---

17) 『高麗史』 31 해당 연월조. 한희유는 충렬왕 26년 윤8월에 돌아온다.
18) 『高麗史節要』 22 충렬왕 25년 5월조.
19) 『高麗史』 권 31 충렬왕 25년 10월~권 32 충렬왕 27년 3월조.
20) 『高麗史』 32 충렬왕 27년 7월.
21) 최유엄은 『高麗史』 110 최유엄전, 김태현은 『高麗史』 110 김태현전 및 金昌賢의 앞 저서 88~93쪽, 김연수는 『高麗史節要』의 권21 충렬왕 16년 5월·22년 7월 및 권 22 충렬왕 29년 7월 및 권23 충렬왕 31년 11월조 참조. 최유엄은 충선왕을 폐하고 瑞興侯를 후사로 삼으려는 시도를 충렬왕을 설득해 중단시켰으며, 김태현은 殿試에 합격하고 정방에서 활약한 충렬왕의 측근이지만 왕 父子 사이를 가까워지게 하려고 노력하였으며, 김연수는 충렬왕과 핵심인 吳祁를 몰아내는 데 동참하였다. 특히 최유엄과 김연수는 충렬왕 31년 원에 가는 충렬왕을 수행하였는데 이는 충선왕이 부왕을 감시하기 위해 원 황제에게 요청한 결과였다.

지만 극복하고 2품에 올랐다.[22] 한희유는 嘉州吏 출신으로 혁혁한 무공을 세워 출세한 신진이었고, 오잠은 증조때까지 향리를 지내다가 조부 이래 고위직을 배출한 집안 출신이었고, 송방영은 임유무의 제거를 주도하고 中贊으로 치사한 宋松禮의 손자이며 상장군 宋琰의 아들, 중찬 宋玢의 조카였다.[23] 이 중 김태현과 오잠은 급제한 인물이었다. 최유엄·김태현·김연수는 중립적이면서 충선왕과 가까운 인물이었던 반면 한희유·오기·송방영은 극단적으로 충선왕을 반대하는 충렬왕파로 이들이 실권자라 할 수 있다. 충렬왕은 정국을 안정시키려 골수 충렬왕파에다 친충선왕적인 인물까지 포괄하는 연립 별청재추를 출범시켰던 것이다.

하지만 충렬왕파와 충선왕파의 갈등은 누그러지지 않고 더욱 악화되었다. 특히 충렬왕 29년 7월에는 충선왕파의 공격으로 왕의 폐행인 石胄와 그 아들 石天補 등이 원에 압송되는 사태가 발생하였다. 원은 이 사건을 처리하면서 관리의 公事는 먼저 洪子藩과 商量해야 하며 국왕도 그의 말을 받아들이도록 하였다.[24] 충선왕파의 대표격으로 중찬을 지낸 홍자번으로 하여금 왕권 행사를 제한하도록 한 조처는 충렬왕에게 치욕적인 일이었다.

충선왕파의 반격은 더욱 거세져 8월에는 홍자번이 재추 및 만호 金深과 함께 3군의 將士를 움직여 대궐을 포위하고는 왕의 반대에도 寵臣인 知都僉議司事 吳祁를 체포하여 원으로 압송하는 사건이 벌어졌다. 이는 왕의 권위를 무시한 정변이었으니 이를 주도한 홍자번은 9월에 左中贊에 임명되어 右中贊 韓希愈를 제치고 다시 수상이 되었다.[25] 충렬왕파는 국

---

22) 『高麗史』 124 尹秀傳, 『高麗史』 26 원종 11년 8월조.
23) 한희유는 『高麗史』 104 韓希愈傳, 오잠은 『高麗史』 125 吳潛傳 및 金昌賢의 앞 저서 88~93쪽, 송방영은 『高麗史』 125 宋玢·宋邦英傳 참조.
24) 『高麗史節要』 22 충렬왕 29년 7월.
25) 『高麗史』 32 및 『高麗史節要』 22 충렬왕 29년 8월·9월, 『高麗史』 105 洪子藩傳. 충렬왕 28년 10월부터 한희유가 중찬 또는 우중찬으로 수상이었는데 이 때 홍자번

면을 전환하기 위해 충선왕의 환국저지 내지 폐위 운동, 그 妃인 계국공
주 개가 운동을 전개하지만 충렬왕 30년에 그것과 관련된 內僚 宋均이
재추에 의해 체포되는 수모를 겪는다. 충렬왕은 석방명령을 재추가 거부
하자 衛士를 동원해 궁문까지 데려와야 했다.[26] 충렬왕의 입지는 측근인
宋邦英·宋璘마저 충선왕 환국저지 운동을 주도한 여파로 원에 압송당하
면서[27] 더욱 좁아졌다. 홍자번의 정변에 재추가 행동을 같이 한 점, 송균
이 재추에 의해 체포된 점은 측근 중심의 별청재추를 통하여 정국을 운영
한 충렬왕과 그에 반발해 충선왕에게 기운 都堂 재추의 다수가 심각한 갈
등을 빚었음을 말해준다.

    충렬왕 27년 설치된 별청재추는 충렬왕파와 충선왕파의 대립이 심화되
는 과정에서 뒤에 언급하듯이 연립이 깨지고 충렬왕파 중심으로 재편되어
존속한다. 오잠과 송방영이 원에 압송당하면서 위기에 몰린 적도 있었지
만 충렬왕의 다른 측근으로 보충되었다. 원에 압송되었던 송방영과 송린
이 고려출신 宦者 李福壽(李淑)와 황제 乳媼의 구원운동으로 풀려나 충
렬왕 30년 8월에 환국했는데, '時' 혹은 '先是'에 韓希愈, 崔崇, 吳演 등이
'入內議事'하여 '別廳'이라 불려졌다 한다.[28] 이는 별청재추를 가리키는
'별청'이 충렬왕 30년 8월 이전부터 당시까지 존재해 왔음을 말해주는데,
바로 별청재추로 여겨지는 충렬왕 27년 조치의 연장이었다고 판단된다.

    충렬왕 27년 설치된 별청재추는 29년 8월에 吳潛이, 30년 3월에 宋邦
英이 실각하면서, 잔존한 첨의우중찬 한희유에다 충렬왕파의 승지 최숭·
오연 등이 보충되는 식으로 구성이 변화하여 30년 8월에 이르렀다고 할
수 있다. 3명의 구성원은 우중찬 1명, 승지 2명으로 이루어져 27년에 비

---

    이 좌중찬이 되면서 '左'가 '右'보다 높아졌다.
26) 『高麗史節要』 22 충렬왕 29년 9월 및 30년 2월·3월조.
27) 『高麗史節要』 22 충렬왕 30년 2·3·4월조.
28) 『高麗史』 125 宋邦英傳, 『高麗史節要』 22 충렬왕 30년 8월.

해 구성원, 특히 재상의 축소가 눈에 띄는데 그만큼 충렬왕의 측근이 위축되고 왕권이 약화되었음을 시사해 주는 것이다. 校尉 金時悅의 딸을 충렬왕에게 바쳐 총애를 받은 최숭과, 27년 별청재추의 요원이었던 오잠의 형제인 오연은 한희유와 더불어 충렬왕파였다.[29] 충렬왕 27년 당시의 구성원 중 충선왕에 가까운 최유엄, 김태현, 김연수 등은 그동안에 방출되었다고 여겨져 별청은 충렬왕파로만 이루어지게 되었다.

위상이 약화된 별청재추는 30년 8월에 골수 충렬왕파인 宋邦英과 宋璘이 새로 참여함으로써 재도약의 계기가 마련되었다. 우중찬 한희유, 密直副使(혹은 同知密直) 송방영, 知申事 송린,[30] 승지 최숭과 오연 등으로 어느 정도 짜임새를 갖추게 된 별청재추는 충렬왕의 왕권 옹호에 박차를 가할 수 있게 되었다. 송방영은 충렬왕 27년에 좌승지로서 별청재추에 참여했던 적이 있었으며, 송린은 그의 사촌으로 중찬 宋玢의 아들이었다. 총 5명의 구성원은 첨의부 고위재상 1명과 밀직사 하위재상 1명, 합하여 재상이 2명이며, 그 밑에 승지가 3명이다. 27년에 비해 총인원이 줄었는데 재상이 감소한 반면 승지는 늘어났다. 이는 충렬왕이 다수의 재추와 갈등관계를 일으켜 그들의 지지를 얻지 못한 결과였으니 都堂을 대표하는 우중찬 한희유까지 내재추에 참여해야 하는 기이한 상황도 그러한 사정을 시사해준다.

이렇게 측근을 별청재추에 집약한 충렬왕파는 洪子藩을 中贊에서 해임시키고 대신 韓希愈를 그에 임명하는 등[31] 충선왕파에 대한 공세를 강

---

29) 우중찬을 지내던 한희유는 충렬왕 30년초경에 잠깐 이에서 벗어났다가 30년 7월 다시 임명되었다. 오연은 29년 11월에, 최숭은 31년 10월에 승지로 나타난다. 『高麗史節要』 22·23 충렬왕 30년 7월·29년 11월·31년 10월조. 오연이 충렬왕파임은 『高麗史』 125 오잠전 참조.

30) 송방영은 충렬왕 29년 8월에 密直副使로, 30년 12월에 同知密直司事로 나타나며, 송린은 30년 7월에 지신사에 임명된다. 『高麗史』 32. 이들은 宋玢과 더불어 충렬왕파의 대표적인 인물들이었다. 『高麗史』 125 송분·송방영전 참조.

31) 『高麗史』 32 및 『高麗史節要』 23 충렬왕 31년 3월조 참조. 홍자번의 실각에 대해

화하는 한편 충선왕을 元에서 실각시키려는 운동을 계속해 나갔다. 하지만 새로운 元 황제를 옹립하는 데 공을 세운 충선왕이 반격을 시도하여 충렬왕 32년 후반~33년 초반에 충렬왕파를 숙청하고 실권을 장악함으로써 실패로 끝나고 만다.[32] 충렬왕 말엽 별청재추는 이. 무렵에 폐지되지 않았나 싶다.

요컨대 충렬왕대의 별청재추는 충렬왕 초기의 別廳宰樞 必闍赤, 충렬왕 말기의 別廳으로 나타났다. 이는 충렬왕대 내내 존재한 것이 아니라 전자는 충렬왕 4년~5년(아니면 4년~8년) 무렵에, 후자는 27년 후반~33년 초반 무렵에 한시적으로 존재하였다. 이들은 충렬왕의 왕권을 뒷받침하였지만 그것이 존재한 시기가 오히려 왕권이 취약했으니 별청재추가 없어 도평의사사가 제 역할을 한 시기가 오히려 충렬왕의 왕권이 안정돼 있었다고 하겠다.

충렬왕 초기 '必闍赤'은 재상, 승지, 중·하위급의 문무반으로 구성된 반면 말기 '別廳'은 재상과 승지로 구성돼 재추기구로서의 모습이 좀 더 뚜렷해졌다는 차이가 있다. 이러한 점이 '별청'에 文士를 의미하는 '必闍赤'이라는 명칭을 붙이지 않게 만든 것으로 보인다. '必闍赤'은 충렬왕 초기 도입될 때 잠깐 별청재추를 의미하였을 뿐 이후에는 몽골에서의 원래의 의미가 제대로 반영되어 하급 文士, 書記 정도를 의미하게 되었던 것이다.


## 3. 공민왕·우왕대의 內宰樞


고려는 공민왕 5년의 반원개혁으로 원의 간섭에서 벗어날 수 있었다.

---

吳·石·王·宋(충렬왕파인 吳祁·石天補·王惟紹·宋璘)의 黨이 그를 미워하여 왕에게 자주 참소한 결과라 기록되어 있다.
32)『高麗史』 32 및 『高麗史節要』 23 충렬왕 31년·32년·33년.

하지만 8년과 10년의 홍건적 침략, 특히 개경이 함락당하는 2차 침략은 왕의 권위에 심각한 타격을 입혔다. 고려군은 11년 정월에 홍건적을 격퇴하는 데 성공하였지만 친왕세력에 분열이 생겨 鄭世雲 등이 살해당하였으며, 12년 윤3월에는 공민왕이 홍왕사에서 습격당하는 사건이 벌어지기도 했다. 원은 11년에 나하추를 보내 침략하더니, 12년 무렵에 덕흥군을 고려왕으로 삼고 13년 정월에 침략하였다가 격퇴당하였다. 이러한 과정은 친왕세력을 급속히 약화시키는 대신 무장세력을 대두시켜 왕권의 기반이 약화되었다.

그런데 공민왕 12년 5월 무렵에 판밀직사사 吳仁澤과 밀직부사 金達祥이 왕에게 총애가 있어 機密을 마음대로 처리하여 '內相'이라 불렸다 한다.[33] 이는 무장세력이 장악한 도당의 위상이 위협적으로 커지자 왕이 이를 견제하기 위해 무장과 儒臣 중에서 각각 총애하는 오인택과 김달상을 내상 즉 내재추로 활용했다는 것을 의미한다. 이 2명의 밀직재상이 공식적으로 '內相'에 임명되었는지 비공식적으로 그러한 역할을 수행했는지는 확실치 않다. 군공으로 성장한 신진인 오인택은 修復京城·興王討賊 1등공신이었으며, 증조 이래 말단 관직자를 배출한 집안 출신으로 급제한 김달상은 扶侍避難·辛丑扈從 1등공신이었다.[34]

오인택·김달상이 '內相'으로 기능했음은 공민왕이 도당의 재상을 불신하였으며 그와 갈등관계였음을 말해준다. 공민왕은 이러한 상황을 반전시키기 위해 辛旽을 등용해 왕권을 위임하였다. 신돈은 왕 14년 5월부터 20

---

33) 『高麗史』114 吳仁澤傳. '內相'기사는 인사담당 기사보다 앞에 있다. 『高麗史節要』 27에 따르면 공민왕 12년 5월에 오인택은 판밀직사사, 김달상은 밀직부사로서 인사를 주관하였다. 12년 윤3월에 최영은 판밀직사사, 오인택은 전리판서에 임명되며, 최영은 평리를 거쳐 13년 정월에 찬성사로 나타난다. 『高麗史』40 세가, 『高麗史』 113 최영전. 오인택은 12년 5월경에 최영이 평리로 승진하자 판밀직사사에 임명되고 '內相'으로 불리기 시작하지 않았나 싶다.
34) 金昌賢, 앞의 저서, 177~191쪽. 이들은 인사를 담당하기도 하였다.

년 7월까지 정권을 장악하여 과감한 개혁정책을 추진한다. 신돈에게 타협한 재상들이 국정을 주도했고 그렇지 못한 자는 유배되거나 배제되었다.

그러한 가운데 공민왕은 14년 5월에 柳濯·李仁任에게 都堂에서 庶政을, 金蘭·任君輔·睦仁吉에게 宮中에서 庶務를 관장하도록 명했는데 慶復興은 政事에 與聞할 수 없었다 한다.[35] 물론 이에는 신돈의 의견이 반영되었을 것이다. 그런데 궁중에서 庶務를 관장하도록 한 조치는 바로 후에 이진수가 혁파를 요청한 '내재추'를 의미하는 것으로 보인다.[36] 도당에서 庶政을 관장한 유탁은 右侍中, 이인임은 三司右使였다. 政事에서 배제된 경복흥은 左侍中이었는데 신돈과 사이가 나빠 그렇게 된 것이었다. 도당의 庶政은 軍國大事, 내재추의 庶務는 細務 정도로 파악되지만, 庶務를 내재추에 넘겨주었을 뿐만 아니라 내재추가 월권을 하는 경우가 있었을 것이므로 도당은 약화되지 않을 수 없었다. 임군보가 김란·목인길과 함께 궁중에서 庶務를 관장하니 비교할 수 없을 정도로 寵幸을 누렸다는 기록이 이를 반증한다.[37]

내재추는 이에 임명된 金蘭·任君輔가 密直副使였으며 睦仁吉은 평리(혹은 前評理) 정도로 판단되어 밀직사의 재상 2명과 첨의사의 하위재상 1명, 합하여 3명의 재상으로 구성되었다.[38] 이는 충렬왕대의 별청재추에 비해 인원이 준 점, 승지 등의 하위 구성원이 보이지 않아 모두 재상으로 이루어진 점 등의 차이가 있다. '起自微賤'한 목인길은 중랑장으로 공민

---

35) 『高麗史節要』 28 공민왕 14년 5월.
36) 閔賢九, 앞 논문 (상), 78~82쪽. 내재추는 재추의 일부가 궁내에서 주요한 政務를 처결하여 사실상의 小都堂的 성격을 갖게 된 체제로 도평의사사의 권한을 제약하고 축소시키는 역할을 했다고 한다.
37) 『高麗史』 114 任君輔傳.
38) 이인임은 공민왕 14년 3월에 三司右使에 임명되었다. 14년 5월에 임군보와 김란은 密直副使에 임명되며, 6월의 인사에서 慶千興은 파직되고 말지만, 이인임은 찬성사, 목인길은 評理가 된다. 『高麗史』 41. 김란과 목인길은 12년 11월에 擊走紅賊 공신에 책봉된 바 있는데 목인길은 前評理로 나타난다. 『高麗史』 40.

왕을 원에서 시종하여 1등공신에 책봉된 측근으로 誅奇轍·己亥平賊·辛
丑扈從 1등 공신이었다. 擊走紅賊 2등 공신인 김란은 신돈에게 거처를
제공해 신임을 받았는데 신돈의 몰락 후 죽음을 당한다. '累葉衣冠'인 임
군보는 원래 공민왕의 총애를 입었으나 기철과 관련되어 처벌받았는데 신
돈에 의해 기용된 것이다.[39] 당시 내재추는 공민왕의 측근인 목인길, 신
돈의 측근인 김란, 신돈이 등용한 임군보로 구성된 셈이다. 공민왕은 내
재추의 구성에 신돈의 의사를 반영하면서도 자신을 대변하는 인물을 포함
시켰던 것이다. 그런데 15년 4월에 평리 목인길과 판밀직사사 임군보는
유배당하였다. 목인길은 신돈의 견제를 받았기 때문이고, 임군보는 신돈
을 비판하였기 때문이었다.

공민왕 14년 내재추는 목인길과 임군보가 중간에 탈락했으므로 구성에
변화가 생겼을 것이지만 신돈 집권기 동안 존속하는 것으로 여겨진다. 신
돈 실각 직후인 공민왕 20년 7월에 羅州牧使 李進修가 올린 상소가[40] 그
러한 사정을 잘 말해준다. 그는 '內宰樞'는 폐지되어야 한다고 전제한 후,
재추가 도당에 모여 음양을 섭리하고 인물을 題品하며 議事가 있으면 모
두 紫門에 나아가 왕명을 받아 시행하는 것인데, 내재추가 수시로 들어가
알현하고 威福을 出事하여 同列로 하여금 연유를 모르게 하므로 朝野가
모두 그 문하에 모여들어 僭逾하는 마음이 생길까 우려된다고 하였다. 그
리고 國制에 知申事 1인과 承宣 4인이 위계가 모두 3품을 넘지 않아 날마
다 번갈아 入直하여 報平을 執禮하고 왕명을 출납하여 片言이라도 감히
自發하지 않아서 龍喉라 하고 또한 '內相'이라 했다고 지적하면서 君臣이
서로 편안한 요체는 '內宰樞'를 一擧에 제거하는 데 있다고 역설하였다.

---

39) 목인길과 임군보는 『高麗史』114 睦仁吉傳·任君輔傳 및 『高麗史』41 공민왕 15년
   4월조, 김란은 『高麗史』40 공민왕 12년 11월 및 『高麗史』43 공민왕 20년 7월조
   참조.
40) 『高麗史』43 공민왕 20년 7월.

여기에서 내재추를 승선과 비교하여 승선의 역할을 재추의 일부가 하였음을 기술한 점이 주목되는데, 왕명을 대변하므로 '內相'이라 불리기도 한 승선의 역할을 수행한 재추가 '內宰樞'로 칭해졌음을 시사해준다. 내재추가 존재한 때에는 그가 승선의 역할까지 수행하여, 왕과 직접 연결되는 구조 혹은 도당－내재추－왕으로 연결되는 구조로 인해 승선의 위상이 약화되었으리라 짐작된다. 그리고 공민왕 때처럼 내재추와 왕(또는 신돈)이 밀착될수록 도당 또한 약화 내지 소외될 수 있었다. 내재추는 승선의 역할을 수행하면서도 승선과 차이점이 있었다. 이진수에 따르면 위계가 낮은 승선은 自發하지 않는 존재이지만, 위계가 높은 내재추는 威福을 마음대로 하는 존재였다. 내재추는 왕명의 단순한 출납에 그치지 않고 권력을 행사하거나 同列 재상이 모르는 상태에서 정책을 결정하기도 했던 것이다.

요컨대 왕과 신돈은 도당의 기능을 庶政과 庶務로 분리하여 후자를 내재추에 맡김으로써 권력을 효율적으로 장악하였다. 庶政에 한정된 도당은 신돈의 신임을 받는 이인임과 이춘부41) 등에 의해 장악되는 한편 내재추의 견제를 받았다. 왕과 신돈은 도당과 내재추를 양립시켜 서로 견제하게 하는 구도를 통해 왕권을 상당히 안정시킬 수 있었다.

하지만 신돈은 공민왕 20년(1371) 7월 실각하여 죽음을 당한다. 공민왕은 19년 10월에 대간과 6부로 하여금 왕에게 보고하기를 명령하여 親政 의지를 보이고, 12월에는 報平廳에 나아가 정무를 보는 등 영향력을 증대하였는데 이는 신돈의 지위가 반대파의 공세로 이미 흔들렸음을 말해준다.42) 결국 공민왕은 자신을 대리해 개혁을 추진하던 신돈을 위험시해 제거했다. 이로써 왕권은 추락하였으며 다시 무장세력이 득세하였다. 신돈 제거 직후 내재추의 폐지와 도당의 활성화를 주장한 이진수의 상소는

---

41) 『高麗史』132 辛旽傳, 『高麗史』125 李春富傳.
42) 『高麗史』41·42·43 해당 연월조.

왕이 '嘉之'했다는 것으로 보아 받아들여진 것 같다. 내재추가 폐지됨에
따라 도당의 위상은 상승한다.

　권위가 실추된 공민왕은 결국 23년 9월에 죽음을 당하고 만다. 이러한
상황에서 禑王이 10살의 어린 나이로 즉위하였기 때문에 왕권은 탄탄할
수가 없었다. 諫官이 宦者의 폐단 개혁을 都堂에 상소하였는데 그 이유가
왕의 나이가 어려 '政'이 宰相으로부터 나왔기 때문이라 하였듯이,[43] 도당
에서 政事를 결정하였다. 이후 도당은 이인임 등 우왕 추대세력과 최영
등 무장세력이 지배하였다. 우왕 3년경까지는 李仁任, 崔瑩, 池奫, 林堅味
등이, 그 이후는 이인임, 최영, 임견미, 廉興邦 등이 권력을 장악하였다.

　그런데 임견미가 評理였을 때 우왕이 비로소 內宰樞를 選置하여 出納
을 관장하게 하였는데 이에 林堅味, 洪永通, 曹敏修가 내재추가 되어 항
상 禁中에 있으면서 일마다 大小 없이 모두 먼저 關白한 연후에 행했다
한다.[44] 내재추가 우왕 때 다시 설치되었던 것인데, 구성원에 우왕 초기
의 실력자인 池奫과 그 일파가 보이지 않는 반면 우왕 3년 3월 지윤을
공격하는 데 앞장섰던 임견미·조민수가 포함된 점으로 미루어[45] 이 정변
이후의 일로 보인다. 임견미는 우왕 원년 8월에 知門下事로, 3년 5월에
평리로, 우왕 5년 9월에는 임견미와 도길부가 내재추로 나타난다.[46] 그러
니까 이 내재추의 설치시기는 일단 우왕 3년 3월~5년 9월로 좁혀진다.

　우왕 3년 10월의 전체 재상명단에는 임견미와 조민수가 평리로 나타난
다.[47] 반면 여기에 누락된 홍영통은 우왕 5년 5월에 南陽君으로 나타나
며, 그의 열전에는 "辛禑初 拜門下評理商議 封南陽君 尋陞贊成事商議"
라고 되어 있다.[48] 이로 보아 홍영통은 평리상의를 지내다 南陽君에 봉해

---

43) 『高麗史節要』 29 우왕 즉위년 11월.
44) 『高麗史』 126 林堅味傳.
45) 『高麗史節要』 30 우왕 3년 3월.
46) 『高麗史節要』 30 우왕 원년 8월·3년 5월·5년 9월조.
47) 『韓國金石全文』 1200쪽 廣通普濟禪寺碑.

지면서 관직에서 물러났기 때문에 우왕 3년 10월 재추명단에서 빠졌다고
판단된다. 이리되면 이 내재추의 설치시기는 우왕 3년 3월~3년 10월로 더
좁혀지게 되는데 아무래도 지윤이 숙청당한 우왕 3년 3월 직후가 아닐까
여겨진다.

구성원은 3명으로 임견미가 평리, 홍영통이 평리상의였으며, 조민수도
평리(혹은 知門下事)로 판단되는데,[49] 문하부 재상만으로 이루어진 점이
이전과 비교해 눈에 띈다. 뒤에 언급하듯이 우왕 5년 9월 국왕측근이 내
재추 임견미·도길부의 제거를 왕에게 요청하였다. 그 동안 구성원에 변화
가 생겼으니 임견미는 유임되었고, 도길부는 새로 충원되었던 것이다. 임
견미의 관직은 이전처럼 평리로 보이며, 도길부는 密直司使 정도로 파악
된다.[50]

그러면 우왕이 초기에 내재추를 설치한 이유는 무엇일까? 이인임, 최영
등이 지윤 일파를 제거한 사건과 밀접한 관련이 있지 않을까 한다. 지윤
일파는 새로운 우왕의 측근세력으로 성장하여 왕권을 위협하는 이인임 등
의 우왕 추대세력과 최영 등의 무장세력을 제거하려 하다 반격을 받아 실
패하였다. 이로 인하여 이인임, 최영 등이 지배하는 도평의사사는 우왕을
의심하게 되었을 것이다. 그리하여 도당의 재상을 궁중에 파견하여 왕과
측근세력의 움직임을 감시하게 하였던 것으로 판단된다.

우왕 초기 내재추는 우왕 3년 무렵에는 임견미·홍영통·조민수로, 우왕
5년에는 임견미·도길부로 일단 정리된다. 임견미와 조민수는 武功을 배
경으로 출세한 신진 武將이었고, 中贊 洪子藩의 증손자인 홍영통은 문벌

---

48) 『韓國金石全文』 1208쪽 普濟禪師舍利石鐘碑, 『高麗史』 105 洪子藩傳 附.
49) 조민수는 우왕 2년 3월 왜와의 淸水驛 전투에서 공을 세운 후 知門下事에 임명되고
    서북면 도체찰사를 거쳐 평리에 임명된다. 지윤 숙청 후 평리로 승진한 것이 아닌
    가 한다. 『高麗史節要』 30 우왕 2년 3월, 『高麗史』 126 曹敏修傳.
50) 임견미는 우왕 9년 3월 수시중에 임명된다. 『高麗史』 135 辛禑傳. 도길부는 우왕
    5년 5월에 密直司使로 나타난다. 『韓國金石全文』 1208쪽 普濟禪師舍利石鐘碑.

가문을 배경으로 출세한 자였고, 도길부는 이인임의 인척으로 출세한 신
진관료였다.51) 이들은 權臣 이인임·최영의 신임을 받는 인물들로 여겨진
다. 임견미와 조민수는 지윤 일파를 숙청하는 데 앞장섰는데, 특히 임견
미는 달아나는 지윤을 교분이 있음에도 붙잡았다. 홍영통은 우왕의 인척
이지만 이인임·최영과도 원만한 관계를 유지하였다. 임견미는 이인임의
腹心이자 사돈이었고, 조민수 및 중간에 보충되는 도길부는 이인임의 인
척이었으니, 구성원들은 군권을 쥔 최영보다 정권을 쥔 이인임 쪽에 더
가까운 인물들로 이루어졌다고 하겠다. 우왕 초기 내재추는 우왕이 選置
하였다고 되어 있지만 사실은 權臣 이인임·최영의 의지, 나아가 그들이
지배하는 都堂의 의지가 반영되었던 것이다. 임견미는 내재추는 물론 정
방제조52)의 역임을 통해 점차 독자적인 세력을 키워 나가게 된다.

내재추는 분명히 '出納'을 관장하여 항상 禁中에 있으면서 일의 대소에
관계없이 모두 먼저 關白한 후에 시행하였다고 되어 있다. 이는 내재추의
임무가 신돈집권기의 그것에 나타났듯이 왕명을 출납하는 것이었음을 말
해준다. 도당 내지 그것을 지배하는 이인임·최영은 왕과 밀착되어 있는
대언들을 왕명출납 과정에서 소외시키고 대신 자신이 파견한 내재추에게
그 역할을 맡겼던 것이다. 물론 내재추는 왕명출납만 담당한 것이 아니라
재상으로서 기무에도 관여하였지만 그 정도는 왕과 도당(혹은 權臣) 사이
의 권력관계에서 결정되었다. 우왕초 내재추의 구성원이 門下府 재상인 평
리들로 구성되고, 密直司 재상은 중간에 보충된 도길부 정도에 불과하였으
며 그것도 밀직사에서는 고위였다. 고위급 재상 위주로 구성된 점도 재상
의 입장을 반영하는 대신 우왕의 왕권을 저해하는 요소로 작용하였다.

---

51) 임견미는 『高麗史』 126 林堅味傳 및 『高麗史節要』 33 우왕 14년 정월, 조민수는
   『高麗史』 126 曺敏修傳 및 金昌賢의 앞 저서 193쪽, 홍영통은 『高麗史』 105 洪子
   藩傳 附 洪永通傳, 도길부는 『高麗史』 126 李仁任傳 참조.
52) 金昌賢, 앞의 저서, 161·162쪽.

　이리 보면 왕권이 미약했던 우왕초에는 내재추가 왕권을 뒷받침하지 못하고 이인임·최영 등의 權臣이나 도당을 대변하는 기능을 수행하였다. 이는 우왕 5년 9월에 정당문학 許完과 동지밀직 尹邦晏이 乳媼 張氏를 통하여 우왕에게 내재추 임견미·도길부를 참소하여 제거하기를 요청했다는 데에서도 알 수 있다. 우왕은 임견미 등에게 私第로 돌아가도록 하고 출입을 금한다. 이에 임견미 등은 시중 경복흥, 수시중 이인임, 판삼사사 최영에게 "허완 등이 우리 2인을 살해하고 諸公에게 미치려 한다"고 奔告하였다. 이는 내재추가 경복흥·이인임·최영을 대표로 하는 도당과 직결되어 있었음을 시사한다. 병력을 동원한 최영은 경복흥·이인임 등과 함께 兩府 百官 耆老를 소집하여 왕의 반발에도 張氏 및 그와 연결된 인물들을 축출하는 정변을 단행하였다.53) 우왕 5년 10월 내재추는 공민왕이 타던 輅를 준비해 花園에서 왕에게 타도록 청하였다가 거절당한다.54) 우왕과 재상의 갈등을 초래한 우왕초의 내재추는 그를 제거하려는 사건이 수습된 후 타협의 일환으로 폐지되었을 가능성이 크다.

　내재추는 우왕 후반에도 다시 등장한다. 우왕 13년 6월에 都堂이 壺串에 놀러가 있는 우왕에게 知申事 權執經을 파견하여 明使 徐質을 面送하기를 요청하자 화가 난 우왕이 '兩侍中 및 內宰樞'의 家奴 각 30인을 가둔 일이55) 그 예가 된다. 그런데 廉興邦이 三司左使에 제배되었는데 우왕이 親政을 하지 않아 염흥방이 동생 廉廷秀 및 禹玄寶와 國務를 專秉하여 모두 그들의 입에서 결정되었으며 혹 왕에게 아뢰지 않은 채 행해지는 것도 있었다는 기록이 주목된다.56) 이는 염흥방이 삼사좌사를 띠는 시점을 고려할 때 우왕 9년 혹은 11년 무렵의 기록인데 내재추의 부활을

---

53) 『高麗史節要』 31 우왕 5년 9월, 『高麗史』 113 崔瑩傳. 한편 경복흥은 수상이었지만 권력에서 소외되어 있었으며 후에 유배당한다. 『高麗史』 111 경복흥전.
54) 『高麗史』 134 辛禑傳.
55) 『高麗史』 136 신우전 우왕 13년 6월.
56) 『高麗史』 126 廉興邦傳.

의미하는 내용으로 보이며, 우왕 13년에 보이는 내재추도 이것의 연장으로 여겨지는 것이다.

우왕 9년 혹은 11년 무렵 내재추 구성원의 관직은 염흥방이 찬성사와 위상이 비슷한 삼사좌사, 우현보가 찬성사, 염정수가 지신사였다.[57] 찬성사급을 위주로 한 것은 고위급 재상으로 구성된 우왕초의 내재추보다도 더 고위의 구성이었다. 재상으로만 이루어진 공민왕대 및 우왕초기와 달리 지신사도 참여하였는데 원간섭기 별청재추를 참고하여 그 특색을 가미한 내재추의 변형으로 여겨진다. 염흥방은 서열 3위 재상을 지낸 염승익의 증손이자 시중 염제신의 아들로 장원 출신이었으며, 염정수는 그의 동생인데 역시 급제 출신이었다. 우현보는 증조 이래 고위관료를 배출한 집안 출신으로 염흥방의 형 廉國寶와 同年이었는데 임견미·염흥방과 가까운 사이였다.[58]

우왕 후반 정국을 보면 9년 3월에 조민수와 임견미가 각각 시중과 수시중에, 10년 9월에 崔瑩과 李成林이 각각 시중과 수시중에 임명되었다. 10년 11월에 최영 대신에 임견미가 다시 시중에, 12년 8월에 이인임과 이성림이 각각 좌시중과 우시중에 임명되었다. 13년 8월에는 이인임이 은퇴하고 이성림과 潘益淳이 각각 좌시중과 우시중이 된다.[59] 최영이 수상으

---

57) 염흥방은 『韓國金石全文』 1214쪽 神勒寺大藏閣記에 따르면 우왕 9년 9월에 삼사좌사로, 1223쪽 指空懶翁舍利石鐘碑에 따르면 우왕 10년 8월에 찬성사로, 1229쪽 圓證國師塔碑에 따르면 우왕 11년 9월에 삼사좌사로 나타난다. 또한 대장각기에 三司의 右使·左使가 찬성사와 찬성사 사이에 위치하였다. 이로 보아 충선왕 복위기에 평리와 비슷한 수준으로 향상되었던 三司使(金昌賢, 「高麗後期 都評議使司 體制의 성립과 발전」『史學硏究』 54, 1997)의 지위가 고려말로 가면서 찬성사 수준으로 더욱 상승했음을 알 수 있다. 우현보는 대장각기에 찬성사로 나타나고, 지공나옹비에는 누락되어 있고, 『高麗史節要』 32 우왕 11년 5월에는 찬성사로 나타난다. 염정수는 대장각기, 지공나옹비, 원증국사비에 지신사로 나타난다.

58) 염흥방과 염정수는 『高麗史』 126 廉興邦傳 및 『高麗史』 111 廉悌臣傳 및 『高麗史』 123 廉承益傳, 우현보는 『高麗史』 115 禹玄寶傳 및 金昌賢의 앞 저서 192쪽 참조. 급제 사실은 朴龍雲, 『高麗時代 蔭叙制와 科擧制 硏究』, 一志社, 1990, 資料 참조.

로 있던 석달 정도를 제외하면 임견미, 이인임, 이성림, 반익순이 도당을
장악하였으며, 염흥방은 내재추를 장악하였다. 임견미는 이인임·염흥방·
반익순(潘福海의 父)과 사돈관계였고, 이성림은 염흥방의 異父兄이었
다.60)

한편 임견미·도길부·우현보·李存性(이인임의 從孫, 이성림의 사위)은
政房提調로서 인사권을, 염흥방은 上萬戶, 임견미의 사위 潘福海는 都萬
戶, 도길부는 副萬戶로서 왕의 직속 보안부대인 巡軍을 장악하였다.61)
임견미·염흥방 세력은 도당, 내재추, 정방, 순군을 지배함으로써 정권을
장악하고 정국을 주도하였던 것이다. 이처럼 임견미는 염흥방과 손을 잡
음으로써 우왕 후반기에 이인임·최영의 영향력, 특히 후견인인 이인임의
그늘에서 벗어나 독자적인 세력을 형성함으로써 최영과 양립하게 되었다.

내재추가 다시 설치되는 우왕 9년 내지 11년 무렵에는 임견미가 수시
중 내지 시중으로 권력을 장악한 때였으니 그것의 설치에는 임견미의 의
지가 반영되었던 것으로 보인다. 도당을 지배한 임견미는 염흥방을 통해
내재추에 영향력을 행사할 수 있었다. 또한 그것의 등장 배경은 우왕이
親政을 하지 않은 결과라 하는 데 이를 뒤집으면 왕이 내재추에게 권한을
위임한 것이 되므로 왕의 의지도 반영된 것으로 보인다. 정권을 쥔 이인
임과 군권을 쥔 최영에 시달려왔던 우왕은 성인이 되면서 자신의 권위를
찾으려 노력하였다. 그러한 차원에서 그들 밑에서 성장해 왔던 임견미를
지원해 독자적인 세력을 형성시켜 그들을 견제하게 함으로써 왕권을 안정
시키려 하지 않았나 싶다. 우왕이 임견미의 아들 임치를 총애하여 항상
곁에 두었다는 기록도 왕이 임견미와 밀착되었음을 말해준다.62)

---

59) 『高麗史節要』 32 및 『高麗史』 135·136 辛禑傳 해당 연월조.
60) 『高麗史』 126 임견미·염흥방전, 『高麗史』 124 潘福海傳. 반익순은 아들 潘福海가
　　사냥 때 위험에 처한 우왕을 구해 '王'姓을 하사받고 아들로 취급되면서 출세하였다.
61) 『高麗史』 135 辛禑傳 우왕 9년 3월조, 『高麗史』 126 林堅味傳.
62) 『高麗史』 126 임견미전.

그러니까 우왕 후반기의 내재추는 왕권을 안정시키려는 우왕과 독자적인 세력을 구축하려는 임견미의 입장이 맞아떨어진 산물이라 하겠다. 우왕은 성인이 되는 후반기에 親政을 시도하였지만 잘 되지 않자 내재추를 설치해 그를 통해 왕권을 행사하였던 측면이 있는 것이다. 우왕은 임견미와 염흥방이 각각 지배하는 도당과 내재추를 통해 그의 치세 내내 군권을 거의 私的으로 장악해 끊임없이 왕권을 위협한 최영을 견제하려 하지 않았나 싶다. 염흥방이 지배한 내재추는 우왕의 의도에 부응하여 왕권을 뒷받침한 측면이 있다고 여겨진다.

조선 2대 정종 때도 兩府의 5, 6員을 禁內에 두어 '內相'으로 삼은 일이 있었다. 이에 반발한 門下府가 '內相' 또는 '內宰相'을 혁파하기를 요청하는 상소를 올리면서 그 이유로 고려 때 '內宰樞'의 폐해를 인용하였다.

> 前朝 때 主가 어려 나라가 위태롭자 權臣이 擅政하였습니다. 그 중 闕內에서 議事하는 자를 內宰樞라 하였는데 무릇 處置하는 바는 모두 장악하여 都堂大臣이 與聞하지 못했습니다. (『定宗實錄』 5 정종 2년 9월 병오조)

위에서 언급한 '前朝 때'는 主(王)가 어리고 권신이 擅政했다는 것으로 보아 우왕 때로 여겨진다. 우왕 때 내재추가 존재한 시기를 포괄적으로 언급한 것이지만 특히 최영·이성계가 임견미·염흥방 등을 몰아내는 배경이 되는 우왕 말기 상황을 강조해 지적한 것으로 보인다. 12년 8월 이후에는 임견미가 정치의 전면에서 물러나고 염흥방의 異父兄인 이성림이 우시중 또는 좌시중으로 도당을 장악하였다. 이 시기에는 염흥방이 이끄는 내재추의 힘이 도당을 압도하였을 개연성이 크다. 염흥방은 이성림을 앞세워 정국을 주도하였던 것이다. 내재추가 處置하는 바를 모두 장악하여 都堂大臣은 與聞하지 못했다고 한 부분은 염흥방이 주도하는 내재추가 실권을 장악하여 도당을 압도하였음을 말해준다.

우왕 후반의 내재추는 우왕이 13년 6월에 두 시중과 내재추를 처벌한 데에서 알 수 있듯이 우왕말까지 존속하였다. 우왕은 사신접대 문제로 도당을 대표하는 두 시중과 도당의 결정을 왕에게 알리는 내재추를 처벌하였는데 그 방법은 그들의 家奴를 가둔 것이었다. 내재추의 가노도 포함되었음은 내재추의 위상이 컸음을 반증한다. 이 사건은 우왕의 왕권이 도당과 내재추를 처벌할 정도로 상당히 회복되어 있었으며, 우왕이 임견미와 염흥방을 통해 최영을 견제한 방법이 어느 정도 효력이 발생했음을 시사해준다.

하지만 우왕의 그러한 방법은 임견미·염흥방 진영과 최영 진영의 갈등을 더욱 고조시켰다. 최영은 우왕 10년에 잠깐 문하시중을 지낸 후 곧 물러나 이후 판문하부사, 영삼사사 같은 명예직에 머물면서 군권을 장악하고 있었다. 정권을 거의 독점한 임견미·염흥방 세력은 병권을 장악한 최영을 꺼려 그를 제거하고자 하였으며,[63] 이에 따라 최영 세력과의 대립은 심해져 갔다. 한편 우왕말로 가면서 임견미·염흥방 세력의 권력은 왕의 제어범위를 넘어서려 하여 왕권을 위협하는 측면도 생겨가고 있었다. 더구나 임견미와 염흥방의 田民 탈점은 도가 지나쳐 民은 물론 관료에까지 뻗혀 관료사회의 안정을 흔들고 있었다. 양 세력이 곧 충돌하려는 급박한 상황은 우왕에게 선택을 강요하였다.

결국 우왕은 군권과 결탁하는 안전한 길을 선택하였으니 최영과 손을 잡았던 것이다. 우왕 14년 정월 이성계와 함께 군사를 동원한 최영은 임견미, 염흥방, 이성림, 반익순, 도길부, 염정수 등을 살해하고 그 족당에 대해서도 대대적인 숙청을 벌였다. 최영은 시중, 이성계는 수시중이 되어 정권을 장악하였다.[64] 이는 무장 내지 군부의 권력이 더욱 강화되었음과

---

63) 『高麗史』 126 임견미전.
64) 『高麗史節要』 33 우왕 14년 정월·2월. 이인임은 최영과 친분이 두터워 유배되는 데 그쳤다. 우현보는 6촌 禹仁烈이 최영과 친해서, 홍영통은 우왕의 인척이어서, 조

우왕 말기 내재추, 즉 고려의 마지막 내재추도 막을 내렸음을 알려준다.

정리하면 우왕 초기의 내재추는 權臣 내지 都堂을 대변하는 기구였지 왕권의 기반으로 작용하지 못하였다. 이는 왕권이 미약한 반면 權臣이 도당을 장악하여 국정을 주도하였기 때문이었다. 하지만 왕이 성년이 되어 親政을 하기도 하는 우왕 후반에 염흥방이 지배한 내재추는 임견미 혹은 이성림이 지배한 都堂과 호응하며 왕권을 어느 정도 뒷받침한 측면이 있었다.

## 맺음말

고려후기에는 재상의 일부가 마치 승선처럼 금내에서 기무를 처리하는 경우가 생겨나 別廳宰樞 내지 內宰樞(內相, 內宰相)로 칭해졌다. 충렬왕대는 별청재추로, 공민왕과 우왕대에는 내재추로 칭해졌지만 본질적으로는 유사한 범주에 속하는 것이었다. 이러한 존재의 잦은 출현은 그만큼 고려후기가 격심한 사회변화에 따라 정국이 요동치는 역동적인 시대였음을 말해준다.

충렬왕대의 별청재추는 초기와 말기에 설치되었다. 충렬왕 4년에 설치된 별청재추 '必闍赤'은 원간섭 초기에 산적한 문제들을 신속하게 처리하기 위해 마련된 것이었다. 구성은 재상 외에 승지와 실무진이 다수 포함되어 있었다. 충렬왕 27년 무렵에 설치되는 '別廳'은 충렬왕파와 충선왕파의 대립이 극심히 전개된 결과물이었다. 충선왕파의 공세에 밀린 충렬왕은 자신의 측근을 이 별청에 집중해 왕권을 유지하려 했던 것이다. 구

---

민수는 권력핵심에서 소외된 측면이 있고 정치일선에서 물러나 있어서 살아남았다고 여겨진다.

성은 재상과 승지로 구성되었으며 충렬왕 초기와 달리 하위 실무진은 보이지 않았다.

홍건적과의 전쟁으로 무장이 성장한 반면 권위에 타격을 받은 공민왕은 그 12년에 먼저 오인택과 김달상을 內相으로 활용하였다. 그리고 14년에 신돈을 등용하여 개혁을 추진하면서 궁중에서 庶務를 처리하는 내재추를 설치하였는데, 왕 또는 신돈은 이를 통해 자신의 의지를 관철할 수 있었다. 權臣이 많이 등장한 우왕대에도 내재추가 등장한다. 우왕 초기의 내재추는 지윤 사건으로 왕을 불신하게 된 權臣 이인임과 최영이 왕을 감시하기 위해 설치하였다. 우왕 후반에는 염흥방이 주도하는 내재추가 개설되는데 이전과는 달리 성인이 된 우왕의 권위를 뒷받침한 측면이 있었다.

별청재추와 내재추가 보통은 왕권을 뒷받침한 것이 사실이지만, 우왕 초기의 내재추처럼 왕을 견제하는 기능을 한 적도 있었다. 그것이 존재할 때 왕권이 반드시 강한 것도 아니었다. 충렬왕 초기 필자적도 아직 왕권이 안정되기 전이었고, 말기 별청재추 시기는 왕권이 매우 불안정했을 때였다. 공민왕에 의해 내재추가 설치되는 시기도 왕권이 흔들리는 시기로 신돈의 개혁을 빌려 상당히 회복할 수 있었지만 정상적인 상황은 아니었다. 우왕 때에도 초기 내재추 때 왕권이 미약했음은 물론 어느 정도 회복되는 후기 내재추 때도 親政을 하기가 쉽지 않았다. 그러니까 별청재추나 내재추가 설치되지 않고 도당이 정상적으로 기능할 때 오히려 왕권이나 정국이 안정되는 경향이 강하였던 것이다.

# 참고문헌

## I. 저서

姜晉哲,『高麗土地制度史研究』, 고려대출판부, 1980

姜晉哲,『韓國中世土地所有研究』, 일조각, 1989

姜晉哲,『韓國社會의 歷史像』, 일지사, 1992

高柄翊,『東亞交涉史의 研究』, 서울대출판부, 1970

高裕燮,『松都의 古蹟』, 悅話堂, 1977

高惠玲,『고려후기 사대부와 성리학 수용』, 일조각, 2001

국립중앙박물관,『고려불화대전』, 2010

權寧國,『高麗後期 軍事制度 研究』, 서울大 博士學位論文, 1995

김광식,『고려무인정권과 불교계』, 민족사, 1995

金光哲,『高麗後期世族層研究』, 東亞大出版部, 1991

김기덕,『高麗時代 封爵制 研究』, 청년사, 1998

金塘澤,『高麗武人政權研究』, 새문사, 1987

金塘澤,『고려의 무인정권』, 국학자료원, 1999

金塘澤,『원간섭하의 고려정치사』, 일조각, 1998

金庠基,『東方文化交流史論攷』, 을유문화사, 1948

金庠基,『新編 高麗時代史』, 서울대출판부, 1985

金成俊,『韓國中世政治法制史研究』, 일조각, 1985

김순자,『麗末鮮初 對元·明關係 研究』, 연세대학교 박사논문, 1999

金龍善,『高麗蔭敍制度研究』, 한국연구원, 1987

金龍善 편,『高麗墓誌銘集成』, 한림대 출판부, 1993

金龍善 편,『역주 고려묘지명집성』, 한림대 출판부, 2001

김인호,『고려후기 사대부의 경세론 연구』, 혜안, 1999

김창현,『高麗後期 政房 研究』, 고려대 민족문화연구원, 1998

김창현,『고려 개경의 구조와 그 이념』, 신서원, 2002

김창현,『고려 개경의 편제와 궁궐』, 경인문화사, 2011

김창현,『고려 도읍과 동아시아 도읍의 비교연구』, 새문사, 2017

金忠烈,『高麗儒學史 (增補)』, 고려대출판부, 1987

金翰奎, 『古代中國的世界秩序硏究』, 일조각, 1982

김혜원, 『고려후기 심왕 연구』, 이화여대 박사논문., 1999

金晧東, 『高麗武臣政權時代 文人知識層의 硏究』, 영남대 박사학위논문, 1992

盧啓鉉, 『麗蒙外交史』, 갑인출판사, 1993

돈황연구원·돈황현박물관 엮음, 『敦煌』, 범우사, 2001

돈황연구원 樊錦詩 著, 『敦煌石窟』, 倫敦出版有限公司(香港), 2010

동북아역사재단, 『13~14세기 고려-몽골관계 탐구』, 2011

라시드 앗 딘 지음·김호동 역주, 『칸의 후예들』, 사계절, 2005

文炳萬, 『高麗諸司都監各色硏究』, 제일문화사, 1986

閔丙河, 『高麗武臣政權硏究』, 성균관대출판부, 1990

민현구, 『고려정치사론』, 고려대출판부, 2004

박경안, 『고려후기 토지제도연구』, 혜안, 1996

朴龍雲, 『高麗時代 臺諫制度硏究』, 일지사, 1981

朴龍雲, 『高麗時代史 (上)(下)』, 一志社, 1985·1987

朴龍雲, 『高麗時代 蔭敍制와 科擧制 硏究』, 일지사, 1990

朴龍雲, 『고려시대 개경 연구』, 일지사, 1996

朴龍雲, 『고려사회와 문벌귀족가문』, 경인문화사, 2003

박용운, 『고려시대사(수정·증보판)』, 일지사, 2008

박윤진, 『고려시대 왕사·국사 연구』, 경인문화사, 2006

朴宗基, 『高麗時代 部曲制硏究』, 서울대출판부, 1990

朴鍾進, 『고려시대 재정운영과 조세제도』, 서울대출판부, 2000

박재우, 『고려 국정운영의 체계와 왕권』, 신구문화사, 2005

朴菖熙, 『韓國史의 視角』, 永言文化社, 1984

배상현, 『고려후기사원전연구』, 국학자료원, 1998

白南雲, 『朝鮮封建社會經濟史』, 개조사, 1937

邊東明, 『高麗後期性理學受容硏究』, 일조각, 1995

邊太燮, 『高麗政治制度史硏究』, 일조각, 1971

邊太燮, 『「高麗史」의 硏究』, 삼영사, 1982

申安湜, 『고려 무인집권과 지방사회』, 경인문화사, 2002

신호철 편, 『임연·임연정권 연구』, 충북대 출판부, 1997

위은숙, 『고려후기 농업경제연구』, 혜안, 1998

劉璟娥, 『鄭夢周의 政治活動 硏究』, 이화여대 박사학위논문, 1996

윤용혁, 『高麗對蒙抗爭史研究』, 일지사, 1991

윤용혁, 『여몽전쟁과 강화도성 연구』, 혜안, 2011

李基白, 『高麗兵制史研究』, 일조각, 1968

李基白 편, 『韓國上代古文書資料集成』, 일지사, 1987

李丙燾, 『高麗時代의 研究 —特히 圖讖思想의 發展을 中心으로— (改訂版)』, 아세아문화사, 1980

李炳熙, 『高麗後期 寺院經濟의 研究』, 서울대 박사학위논문, 1992

李相瑄, 『高麗時代 寺院의 社會經濟研究』, 성신여대 출판부, 1998

李樹健, 『韓國中世社會史研究』, 일조각, 1984

李佑成, 『韓國의 歷史像』, 創作과 批評社, 1982

李佑成, 『韓國中世社會研究』, 一潮閣, 1991

李益柱, 『高麗·元關係의 構造와 高麗後期 政治體制』, 서울대 박사학위논문, 1996

李貞信, 『高麗 武臣政權期 農民·賤民抗爭 研究』, 고대민족문화연구소출판부, 1991

이정신, 『고려시대의 정치변동과 대외정책』, 경인문화사, 2004

李智冠 편, 『校勘譯註 歷代高僧碑文』(고려편), 가산문고, 1994~1996

이진한, 『고려전기 관직과 녹봉의 관계연구』, 일지사, 1999

이진한, 『고려시대 송상왕래 연구』, 경인문화사, 2011

李泰鎭, 『韓國社會史研究 –農業技術 발달과 社會變動–』, 지식산업사, 1986

李泰鎭, 『朝鮮儒教社會史論』, 지식산업사, 1989

李熙德, 『高麗儒教政治思想의 研究 –高麗時代 天文·五行說과 孝思想을 中心으로–』, 일조각, 1984

이희인, 『고려 강화도성』, 혜안, 2016

張東翼, 『高麗後期外交史研究』, 일조각, 1994

장동익, 『원대여사자료집록』, 서울대 출판부, 1997

全海宗, 『韓中關係史研究』, 일조각, 1970

정병조, 『문수보살의 연구』, 한국불교연구원, 1988

정용숙, 『고려시대의 后妃』, 민음사, 1992

周藤吉之, 『高麗朝官僚制의 研究』, 法政大學出版局, 1980

주채혁, 『元朝 官人層 研究 –征服王朝期 中國社會身分構成의 한 分析–』, 정음사, 1986

蔡尙植, 『高麗後期佛教史研究』, 일조각, 1991

蔡雄錫, 『고려시대의 국가와 지방사회』, 서울대출판부, 2000

崔在錫, 『韓國家族制度史研究』, 일지사, 1983

崔貞煥, 『高麗·朝鮮時代 祿俸制 研究』, 경북대출판부, 1991

河炫綱, 『韓國中世史研究』, 일조각, 1988

韓基汶, 『高麗寺院의 構造와 機能』, 민족사, 1998

韓永愚, 『鄭道傳思想의 研究 (改正版)』, 서울大出版部, 1983

韓儒林 (主編), 『元朝史』, 人民出版社(北京), 1986

황병성, 『고려 무인정권기 연구』, 신서원, 1998

許興植, 『高麗社會史研究』, 亞細亞文化社, 1981

許興植 편, 『한국금석전문』, 아세아문화사, 1984

許興植, 『高麗佛敎史研究』, 일조각, 1986

許興植, 『韓國의 古文書』, 민음사, 1988

허흥식, 『고려로 옮긴 인도의 등불』, 일조각, 1997

洪承基, 『高麗貴族社會와 奴婢』, 일조각, 1983

洪承基 편, 『高麗武人政權硏究』, 서강대 출판부, 1995

黃雲龍, 『高麗閥族研究』, 東亞大出版部, 1990

히라카와 아키라 지음, 이호근 옮김, 『인도불교의 역사』(상), 민족사, 1989,

## II. 논문

강성원, 「원종대의 권력구조와 정국의 변화」 『역사와 현실』 17, 1995

姜順吉, 「忠宣王의 鹽法改革과 鹽戶」 『韓國史研究』 48, 1985

姜順吉, 「忠肅王代의 察理辨違都監에 대하여」 『湖南文化研究』 15, 1985

강은경, 「고려후기 신돈의 정치개혁과 이상국가」 『한국사학보』 9, 2000

강재광, 「최씨가 가노출신 정치인의 역할과 무오정변의 성격」 『한국사연구』 127, 2004

姜芝嫣, 「高麗 高宗朝 科擧及第者의 政治的 性格」 『白山學報』 33, 1986

姜晉哲, 「蒙古의 侵入에 대한 抗爭」 『한국사』 7, 1973

강화군·한국문화유산연구원, 『강화 관청리 163번지 유적』, 2015

高柄翊, 「高麗 忠宣王의 元 武宗 擁立」 『歷史學報』 17·18 합집, 1962

高柄翊, 「元과의 關係의 變遷」 『한국사』 7, 1973

高惠玲, 「方臣祐(1267~1343)小論」『高柄翊先生回甲紀念史學論叢』, 1984

구진경, 「고려 아미타팔대보살도 도상의 성립과 특징」『동아시아 문화와 예술』 2009년 특집

權寧國, 「14세기 權鹽制의 成立과 運用」『韓國史論』 13, 1985

權寧國, 「14세기 전반 '개혁정치'의 내용과 그 성격」『역사와 현실』 7, 1992

權寧國, 「원 간섭기 고려 군제의 변화」『14세기 고려의 정치와 사회』, 14세기 고려사회 성격 연구반, 민음사, 1994

權寧國, 「고려말 中央軍制의 변화」『史學硏究』 47, 1994

金庚來, 「瀋陽王에 對한 一考察」『誠信史學』 6, 1988

金光洙, 1969 「高麗時代의 同正職」『歷史敎育』 11·12 합집, 1969

金光哲, 「洪子藩硏究－忠烈王代 政治와 社會의 一側面－」『慶南史學』 1, 1984

金光哲, 「高麗 忠烈王代 政治勢力의 動向」『昌原大論文集』 7-1, 1985

金光哲, 「高麗 忠宣王의 現實認識과 對元活動－忠烈王 24年 受禪以前을 중심으로－」『釜山史學』 11, 1986

金光哲, 「高麗 忠肅王 12年의 改革案과 그 性格」『考古歷史學志』 5·6, 1990

金光哲, 「충렬왕대 측근세력의 분화와 그 정치적 귀결」『考古歷史學志』 9, 1993

金光哲, 「고려 충혜왕의 왕위계승」『釜山史學』 28, 1995

金光哲, 「14세기초 원의 정국동향과 충선왕의 토번 유배」『한국중세사연구』 3, 1996

金光哲, 「고려후기 도평의사사 연구」『한국중세사연구』 5, 1998

金九鎭, 「元代 遼陽地方의 高麗軍民」『李元淳敎授華甲紀念史學論叢』, 1986

金九鎭, 「麗·元의 領土分爭과 그 歸屬問題－元代에 있어서 高麗本土와 東寧府·雙城總管府·耽羅總管府의 分離政策을 중심으로－」『國史館論叢』 7, 1989

金基德, 「14세기 후반 개혁정치의 내용과 그 성격」『14세기 고려의 정치와 사회』, 1994

김난옥, 「고려말 四件奴婢의 유형화와 노비정책」『한국사연구』 145, 2009

김난옥, 「고려말 詩文 교류와 인적관계－辛裔를 중심으로－」『한국사학보』 61, 2015

金庠基, 「高麗 武人政治 機構考」『東方文化交流史論攷』, 을유문화사, 1948

_____, 「李益齋의 在元生涯에 對하여」『大東文化硏究』 1, 1964

金尙範, 「崔瑀의 執權과 寒士」『高麗武人政權硏究』, 서강대 출판부, 1995

김순자,「원간섭기 민의 동향」『역사와 현실』7, 1992

김순자,「고려말 대중국관계의 변화와 신흥유신의 사대론」『역사와 현실』15, 1995

金龍德,「高麗時代의 署經에 對하여」『李丙燾華甲紀念論叢』, 1956

金潤坤,「麗末鮮初의 尙瑞司－政房에서 尙瑞司로의 變遷過程을 中心으로－」『歷史學報』25, 1964

金潤坤,「新興士大夫의 擡頭」『한국사』8, 1974

金潤坤,「江華遷都의 背景에 關해서」『大丘史學』15·16, 1978

金潤坤,「抗蒙戰에 參與한 草賊에 對하여」『東洋文化』19, 1979

金潤坤,「고려 무신정권시대의 교정도감」『영남대 문리대학보』11, 1978

金毅圭,「高麗武臣執權期 文士의 政治活動」『韓㳓劤博士停年紀念史學論叢』, 1981

金毅圭,「무신정권과 문신」·「최씨정권과 문신」·「무신정권기 문신의 정치의식과 그 성향」『한국사』18, 국사편찬위원회, 1993

김인호,「이규보의 현실이해와 정치경제 개선론」『學林』15, 1993

김인호,「무인집권기 문신관료의 정치이념과 정책－명종 18년 조서(詔書)와 봉사(奉事) 10조의 검토를 중심으로－」『역사와 현실』17, 1995

金宗鎭,「李穀의 對元 意識」『泰東古典硏究』1, 1984

金昌洙,「成衆愛馬考－麗末鮮初 身分階層의 一斷面－」『東國史學』9·10, 1966

金昌洙,「麗代 內侍의 身分」『東國史學』11, 1969

김창현,「정중부 정권의 성립과 운영」『한국중세사연구』15, 2003

김창현,「고려시대 금강산과 그 불교신앙」『지역과 역사』31, 2012

金泰永,「高麗後期 士類層의 現實認識」『創作과 批評』12-2, 1977

金翰奎,「高麗崔氏政權의 晉陽府」『東亞硏究』17, 1989

金惠苑,「忠烈王 入元行績의 性格」『高麗史의 諸問題』, 삼영사, 1986

金惠苑,「麗元王室婚姻의 成立과 特徵－元公主出身王妃의 家系를 중심으로－」『梨大史苑』24·25, 1989

金惠苑,「高麗後期 藩(陽)王의 政治·經濟的 基盤」『國史館論叢』49, 1993

金惠苑,「원 간섭기 立省論과 그 성격」『14세기 고려의 정치와 사회』, 1994

金浩東,「蒙古帝國의 形成과 展開」『講座 中國史』Ⅲ, 1989

金皓東,「李義旼政權의 재조명」『慶大史論』7, 1994

羅滿洙,「高麗武人執權期의 國王과 文班」『震檀學報』63, 1987

羅滿洙, 「高麗 明宗代 武人政權과 國王」『成大史林』6, 1990

羅滿洙, 「高麗 明宗代 重房政治와 國王」『國史館論叢』31, 1992

羅滿洙, 「국왕의 권위」『한국사』18 고려무신정권, 국사편찬위원회, 1993

羅鐘宇, 「高麗武人政權의 沒落과 三別抄의 遷都抗蒙」『圓光史學』4, 1986

南仁國, 「崔氏政權下 文臣地位의 變化」『大丘史學』22, 1982

盧明鎬, 「高麗後期의 族黨勢力」『李載襲博士還曆紀念韓國史學論叢』, 1990

盧鏞弼, 「洪子藩의 '便民十八事'에 대한 研究」『歷史學報』102, 1984

都賢喆, 「牧隱 李穡의 政治思想研究」『韓國思想史學』3, 1990

都賢喆, 「高麗後期 朱子學 受容과 朱子書 普及」『東方學志』77·78·79, 1993

都賢喆, 「14세기 전반 유교지식인의 현실인식」『14세기 고려의 정치와 사회』, 1994

都賢喆, 「高麗末期 士大夫의 理想君主論」『東方學志』88, 1995

문명대, 「노영의 아미타 지장불에 대한 고찰」『미술자료』25, 1979

문명대, 「노영필 아미타구존도 뒷면 불화의 재검토」『고문화』18, 1980

文喆永, 「麗末 新興士大夫들의 新儒學 수용과 그 특징」『韓國文化』3, 1982

閔丙河, 「崔氏政權의 支配機構」『한국사』7, 국사편찬위원회, 1973

閔丙河, 「중방과 교정도감」·「진양부와 정방 및 서방」『한국사』18, 국편위, 1993

閔賢九, 「辛旽의 執權과 그 政治的 性格」(上·下)『歷史學報』38·40, 1968

閔賢九, 「高麗의 祿科田」『歷史學報』53·54, 1972

閔賢九, 「月南寺址 眞覺國師碑의 陰記에 대한 一考察」『震檀學報』36, 1973

閔賢九, 「高麗後期 權門世族의 成立」『湖南文化研究』6, 1974

閔賢九, 「高麗後期의 權門世族」『한국사』8, 1974

閔賢九, 「趙仁規와 그의 家門」(上·中)『震檀學報』42·43, 1976·77

閔賢九, 「整治都監의 設置經緯」『國民大論文集』11, 1977

閔賢九, 「高麗의 對蒙抗爭과 大藏經」『韓國學論叢』1, 1978

閔賢九, 「整治都監의 性格」『東方學志』23·24, 1980

閔賢九, 「李藏用小考」『韓國學論叢』3, 1980

閔賢九, 「高麗 恭愍王의 即位背景」『韓㳔劤博士停年紀念史學論叢』, 1981

閔賢九, 「益齋 李齊賢의 政治活動－恭愍王代를 中心으로－」『震檀學報』51, 1981

閔賢九, 「高麗後期의 軍制」『高麗軍制史』, 육군본부, 1983

閔賢九, 「高麗後期의 班主制」『千寬宇先生還曆紀念韓國史學論叢』, 1985

閔賢九,「閔漬와 李齊賢－李齊賢 所撰〈閔漬 墓誌銘〉의 紹介 檢討를 중심으로－」
　　『李丙燾博士九旬紀念韓國史學論叢』, 1987

閔賢九,「高麗 恭愍王의 反元的 改革政治에 대한 一考察－背景과 發端－」『震檀
　　學報』68, 1989

閔賢九,「高麗 恭愍王代 反元的 改革政治의 展開過程」『許善道先生停年紀念韓
　　國史學論叢』, 1993

閔賢九,「高麗 恭愍王代의「誅奇轍功臣」에 대한 檢討－反元的 改革政治의 主導
　　勢力－」『李基白先生古稀紀念韓國史學論叢』〔上〕, 1994

박영제,「원 간섭기 초기 불교계의 변화」『14세기 고려의 정치와 사회』, 1994

박옥걸,「무신란과 정중부정권」『백산학보』54, 2000

朴龍雲,「高麗의 中樞院 研究」『韓國史研究』12, 1976

朴龍雲,「고려후기의 必闍赤(필자적, 비칙치)에 대한 검토」『李基白先生古稀紀念
　　韓國史學論叢』〔上〕, 1994

朴龍雲,「高麗時代 官員의 陞黜과 考課」『歷史學報』145, 1995

朴胤珍,「高麗時代 開京 一帶 寺院의 軍事的·政治的 性格」『한국사학보』3·4 합
　　집, 1998

박재우,「高麗 忠宣王代 政治運營과 政治勢力 動向」『韓國史論』29, 1993

박재우,「고려 최씨정권의 政房 운영과 성격」『한국중세사연구』40, 2014

박재우,「고려 무신정권기 敎定都監에 대한 새로운 해석」『한국사학보』60, 2015

박종기,「12세기 高麗 政治史 研究論」『許善道先生停年紀念韓國史學論叢』, 1992

박종진,「忠宣王代의 財政改革策과 그 性格」『韓國史論』9, 1983

박종진,「고려후기 재정 운영의 변화」『14세기 고려의 정치와 사회』, 1994

朴菖熙,「武臣政權時代의 文人」『한국사』7, 1973

朴洪培,「高麗 鷹坊의 弊政－主로 忠烈王代를 중심으로－」『慶州史學』5, 1986

方東仁,「麗·元關係의 再檢討－雙城總管府와 東寧府를 중심으로－」『國史館論
　　叢』17, 1990

白仁鎬,「恭愍王 20년의 改革과 그 性格」『考古歷史學志』7, 1991

邊東明,「高麗 忠烈王代의 萬戶」『歷史學報』121, 1989

邊太燮,「武臣亂과 崔氏政權의 成立」『한국사』7, 국사편찬위원회, 1973

邊太燮,「高麗의 三司」『歷史敎育』17, 1975

邊太燮,「高麗의 政治體制와 權力構造」『韓國學報』4, 1976

邊太燮,「高麗의 文翰官」『金哲埈博士華甲紀念史學論叢』, 1983

邊太燮, 「高麗의 會議都監」 『國史館論叢』 61, 1995

서각수, 「고려 무인정권기 교정도감에 대한 신고찰」 『전농사론』 7, 2001

宋炳基, 「高麗時代의 農莊-12世紀 以後를 中心으로-」 『韓國史硏究』 3, 1969

송은석, 「고려불화의 화기」 『고려불화대전』, 국립중앙박물관, 2010

宋寅州, 「元壓制下 高麗王朝의 軍事組織과 그 性格」 『歷史敎育論集』 16, 1991

申安湜, 「대몽항쟁기 민의 동향」 『역사와 현실』 7, 1992

申安湜, 「高麗 崔氏武人政權의 對蒙講和交涉에 대한 一考察」 『國史館論叢』 45, 1993

안병우, 「고려후기 농업생산력의 발달과 농장」 『14세기 고려의 정치와 사회』, 1994

안영근, 「정중부정권과 송유인」 『건대사학』 7, 1989

梁元錫, 「麗末의 流民問題-特히 對蒙關係를 中心으로-」 『李丙燾博士華甲紀念論叢』, 1956

梁義淑, 「高麗 禿魯花에 대한 硏究」 『南都泳博士古稀紀念歷史學論叢』, 1993

양희정, 「고려시대 아미타팔대보살도 도상 연구」 『미술사학연구』 257, 2008

염중섭, 「'노영 필 고려 태조 담무갈보살 예배도'의 타당성 검토」 『국학연구』 30, 2016

오영선, 「최씨집권기 정권의 기반과 정치운영」 『역사와 현실』 17, 1995

오일순, 「고려후기 토지분급제의 변동과 祿科田」 『14세기 고려의 정치와 사회』, 1994

吳宗祿, 「高麗後期의 軍事指揮 體系」 『國史館論叢』 24, 1991

劉璟娥, 「李承休의 生涯와 歷史認識」 『高麗史의 諸問題』, 삼영사, 1986

_____, 「高麗 高宗·元宗時代의 民亂의 性格」 『梨大史苑』 22·23, 1988

柳昌圭, 「최씨무인정권하의 도방의 설치와 그 향방」 『동아연구』 6, 1985

柳昌圭, 「高麗 武人政權 時代의 문인 朴仁碩-고문 존중·계승과 관련하여-」 『東亞硏究』 17, 1989

柳昌圭, 「高麗末 趙浚과 鄭道傳의 改革 방안」 『國史學論叢』 46, 1993

柳浩錫, 「高麗後期 座主·門生 關係의 變化와 그 性格-元 干涉期를 중심으로-」 『國史館論叢』 55, 1994

윤용혁, 「고려의 海島入保策과 몽고의 戰略變化」 『歷史敎育』 32, 1982

윤용혁, 「高麗의 對蒙抗爭과 江都-江華遷都(1232)와 江都 경영을 중심으로-」 『高麗史의 諸問題』, 삼영사, 1986

윤용혁, 「고려시대 강도의 개발과 도시 정비」『역사와 역사교육』7, 2002

이강한, 「고려 충선왕의 국정 및 구제 복원」『진단학보』105, 2008

이강한, 「고려 충선왕의 정치개혁과 원의 영향」『한국문화』43, 2008

이개석, 『고려-대원 관계 연구』, 지식산업사, 2013

李景植, 「高麗末期의 私田問題」『東方學志』40, 1983

이경희, 「최충헌가문 연구」『부산여대사학』5, 1987

李起男, 「忠宣王의 改革과 詞林院의 設置」『歷史學報』52, 1971

李楠福, 「麗末鮮初의 座主·門生關係에 關한 一考察」『鄭在覺博士古稀紀念東洋
學論叢』, 1984

李男隨, 「白文寶의 性理學 受容과 排佛論」『韓國史研究』74, 1991

李丙燾, 「高麗南班考」『서울大論文集 人文·社會科學』12, 1966

李秉烋·朱雄英, 「麗末鮮初의 興學運動」『歷史敎育論集』13·14 합집, 1990

李相瑄, 「恭愍王과 普愚-恭愍王 初 王權安定의 一助를 中心으로-」『李載龒博
士還曆紀念韓國史學論叢』, 1990

李淑京, 「李齊賢勢力의 形成과 그 役割-恭愍王 前期(1351~1365) 改革政治의 推
進과 관련하여-」『韓國史研究』64, 1989

이숙경, 「高麗後期 賜牌田의 분급과 그 변화」『國史館論叢』49, 1993

李昇漢, 「高麗 忠宣王의 瀋陽王 被封과 在元 政治活動」『全南史學』2, 1988

李龍範, 「奇皇后의 冊立과 元代의 資政院」『歷史學報』17·18, 1962

李佑成, 「高麗朝의 '吏'에 對하여」『歷史學報』23, 1964

李愚喆, 「高麗時代의 宦官에 對하여」『史學研究』1, 1958

李源明, 「性理學 受容의 背景에 關한 一考察-高麗後期의 社會變化를 中心으로
-」『서울여자대학 논문집』16, 1987

李源明, 「高麗後期 性理學 受容에 關한 研究-元 干涉期 歷史認識의 變化를 中
心으로-」『國史館論叢』55, 1994

이익주, 「高麗 忠烈王代의 政治狀況과 政治勢力의 性格」『韓國史論』18, 1988

이익주, 「충선왕 즉위년(1298) '개혁정치'의 성격-관제(官制) 개편을 중심으로-」
『역사와 현실』7, 1992

이익주, 「공민왕대 개혁의 추이와 신흥유신의 성장」『역사와 현실』15, 1995

이정란, 「충렬왕대 계국대장공주의 개가운동」『한국인물사연구』9, 2008

이정신, 「고려 고종대 의주민의 항쟁」『史叢』43, 1994

이정신, 「고려 무신정권기의 교정도감」『동서문화연구』6, 1995

李貞薰, 「원간섭기 국정운영과 도평의사사」 『한국사학보』 59, 2015

李泰鎭, 「14·5세기 農業技術의 발달과 新興士族」 『東洋學』 9, 1978

李泰鎭, 「高麗末·朝鮮初의 社會變化」 『震檀學報』 55, 1983

이형우, 「鄭夢周의 政治活動에 대한 一考察」 『史學研究』 41, 1990

이형우, 「萬卷堂에 대한 일고찰 – 고려의 性理學 수용에 끼친 영향을 생각하며 – 」
『元代 性理學』, 포은사상연구원, 1993

이혜옥, 「고려후기 수취체제의 변화」 『14세기 고려의 정치와 사회』, 1994

임윤경, 「최충헌정권의 성립과 그 성격」 『이대사원』 20, 1983

張東翼, 「高麗後期 銓注權의 行方 – 銓注參與官僚들을 中心으로 – 」 『大丘史學』
15·16, 1978

張東翼, 「征東行省의 研究」 『東方學志』 67, 1990

張東翼, 「元의 政治的 干涉과 高麗政府의 對應」 『歷史教育論集』 17, 1992

張東翼, 「麗·元 文人의 交遊 – 性理學 導入期 高麗文人의 學問的 基盤 檢討를 위
해 – 」 『國史館論叢』 31, 1992

張東翼, 「신자료를 통해 본 충선왕의 재원활동」 『역사교육논집』 23·24, 1999

張得振, 「趙浚의 政治活動과 그 思想」 『史學研究』 38, 1984

張叔卿, 「高麗武人執權下 文士의 動態와 性格」 『韓國史研究』 34, 1981

鄭求福, 「李齊賢의 歷史意識」 『震檀學報』 51, 1981

鄭杜熙, 「高麗末 新興武臣勢力의 成長과 添設職의 設置」 『李載龒博士還曆紀念
韓國史學論叢』, 1990

정수아, 「金俊勢力의 形成과 그 向背 – 崔氏武人政權의 崩壞와 관련하여 – 」 『東
亞研究』 6, 1985

정수아, 「무신정권의 붕괴와 그 역사적 성격」 『한국사』 18, 국사편찬위원회, 1993

鄭容淑, 「元 간섭기 高麗 政局分裂의 원인에 대한 일고찰 – 忠烈·忠宣王 父子의
갈등관계를 중심으로 – 」 『趙恒來教授華甲紀念韓國史學論叢』, 1992

鄭希仙, 「高麗 忠肅王代 政治勢力의 性格」 『史學研究』 42, 1990

趙啓纘, 「朝鮮建國과 都評議使司」 『釜山史學』 8, 1984

趙仁成, 「崔瑀政權下의 文翰官 – '能文'·'能史'의 人事基準을 중심으로」 『東亞研
究』 6, 1985

曺佐鎬, 「麗代南班考」 『東國史學』 5, 1957

朱雄英, 「高麗朝의 限職體系와 社會構造」 『國史館論叢』 55, 1994

周采赫, 「洪福源一家와 麗·元關係」 (一) 『史學研究』 24, 1974

周采赫,「高麗內地의 達魯花赤 置廢에 관한 小考」『淸大史林』1, 1974

周采赫,「元 萬卷堂의 設置와 高麗 儒者」『孫寶基博士停年紀念韓國史學論叢』, 1988

周采赫,「몽골-고려사 연구의 재검토-몽골-고려사의 성격 문제-」『國史館論叢』 8, 1989

朱碩煥,「辛旽의 執權과 失脚」『史叢』30, 1986

채웅석,「고려 중·후기 '무뢰(無賴)'와 '호협(豪俠)'의 행태와 그 성격」『역사와 현실』8, 1992

채웅석,「명종대 권력구조와 정치운영」『역사와 현실』17, 1995

崔根成,「高麗 萬戶府制에 관한 硏究」『關東史學』3, 1988

崔柄憲,「太古普愚의 佛敎史的 位置」『韓國文化』7, 1986

崔柄憲,「修禪結社의 思想史的 意義」『普照思想』1, 1987

최연식,「공민왕의 정치적 지향과 정치운영」『역사와 현실』15, 1995

崔壹聖,「高麗의 萬戶」『淸大史林』4·5, 1985

崔濟淑,「高麗翰林院考」『韓國史學論叢』4, 1981

韓㳓劤,「麗末鮮初 巡軍硏究-麗初 巡檢制에서 起論하여 鮮初 義禁府成立에까지 미침-」『震檀學報』22, 1961

韓㳓劤,「勳官「檢校」考」『震檀學報』29·30, 1966

許興植,「1262년 尙書都官貼의 分析」(上·下)『韓國學報』27·29, 1982

洪承基,「賤民」『한국사』5, 국편위, 1975

洪承基,「高麗 崔氏武人政權과 崔氏家의 家奴」『震檀學報』53·54, 1982

洪承基,「元의 干涉期에 있어서의 奴婢出身 人物들의 政治的 進出」『韓國史學』 4, 1983

洪承基,「高麗後期 事審官制度의 運用과 鄕吏의 中央進出」『東亞硏究』17, 1989

홍영의,「恭愍王 初期 改革政治와 政治勢力의 推移」(上·下)『史學硏究』42·43·44, 1990

홍영의,「恭愍王의 反元政策과 廉悌臣의 軍事活動-國防政策을 中心으로-」『軍史』23, 1991

홍영의,「고려말 신흥유신의 추이와 분기」『역사와 현실』15, 1995

홍영의,「신돈-요승인가, 개혁정치가인가」『역사비평』31, 1995

黃雲龍,「高麗 恭愍王代의 對元明關係-官制改革을 中心으로-」『東國史學』 14, 1980

黃雲龍,「高麗賤流顯官考」『釜山史學』4, 1980

菊竹淳一·鄭于澤,『고려시대의 불화(도판편)』(시공사, 1996)

菊竹淳一·鄭于澤,『고려시대의 불화』(해설편), 시공사, 1997

熊谷宣夫,「魯英畵金漆釋迦像小屛」『美術研究』175, 1954

岡田英弘,「元の藩王と遼陽行省」『朝鮮學報』14, 1959

內藤雋輔,「高麗時代の重房及び政房に就いて」『稻葉還曆記念滿鮮史論叢』; 1961
　　　　『朝鮮史研究』, 東洋史研究會, 1937

內藤雋輔,「高麗時代の鷹坊について」『朝鮮學報』8, 1955

末松保和,「麗末鮮初に於ける對明關係」『史學論叢』2, 1941

北村秀人,「高麗に於ける征東行省について」『朝鮮學報』32, 1964

北村秀人,「高麗末に於ける立省問題について」『北海道大學文學部紀要』14-1, 1965

池內宏,「高麗恭愍王の元に對する反抗の運動」『東洋學報』7-1, 1917

池內宏,「高麗に於ける元の行省」『東洋學報』20-3, 1933

丸龜金作,「元·高麗關係の一齣－藩王について－」『靑丘學叢』18, 1934

# 찾아보기

## 바 ...

## 김창현

제주에서 나고 자람.
고려대학교 사학과에서 학사와 석사와 박사 학위를 받음.
성균관대학교와 성신여자대학교와 고려대학교 연구교수를 역임함.
대표적 논저로『고려 개경의 구조와 그 이념』,『고려의 남경, 한양』,『고려의 여성과 문화』,『고려 개경의 편제와 궁궐』,『고려의 불교와 상도 개경』,『고려 도읍과 동아시아 도읍의 비교연구』 등이 있음.

## 고려후기 정치사

초판 1쇄 인쇄 ｜ 2017년 11월 20일
초판 1쇄 발행 ｜ 2017년 11월 27일

지 은 이　김창현

발 행 인　한정희
발 행 처　경인문화사
총 괄 이 사　김환기
편　　집　김지선 한명진 박수진 유지혜
마 케 팅　김선규 하재일 유인순
출 판 번 호　제406-1973-000003호
주　　소　파주시 회동길 445-1 경인빌딩 B동 4층
전　　화　031-955-9300 팩　　스　031-955-9310
홈 페 이 지　www.kyunginp.co.kr
이 메 일　kyungin@kyunginp.co.kr

ISBN　978-89-499-4318-3 93910

값 40,000원